国家出版基金项目
NATIONAL PUBLICATION FOUNDATION

"十三五"国家重点
图书出版规划项目

第一卷 1840—1915 下

中国近代思想通史

(1840—1949)

郑大华 著

岳麓书社·长沙
人民出版社·北京

第 六 章

空前的思想启蒙

戊戌政变后，流亡海外的以梁启超为代表的维新思想家，一方面继续其未竟的维新事业，另一方面又以更大的热情投身思想启蒙活动，创办报刊，译介西书，传播启蒙思想，在中西文化的交融中整理和探讨中国固有的旧学术，并提出"史界革命""文学革命""小说界革命"和"诗界革命"等口号，他们和章太炎等革命派一道，推陈出新，在史学、文学、教育和白话文运动等多个领域取得丰厚成果，为中国资产阶级新文化的发展奠定了基础。与此同时，革命派在积极从事反清革命的过程中，也以饱满的热情批判封建专制主义、纲常名教和封建迷信，宣传资产阶级的人权、自由和平等思想，并提出了改造国民性的问题，为20世纪初期的思想启蒙做出过重要贡献。与19世纪末维新思想家的启蒙思想比较，20世纪初革命派的启蒙思想具有许多新的特征和内容。但长期以来，学术界对此关注不够。实际上20世纪初革命派的启蒙思想是连接19世纪末维新思想家的启蒙思想和新文化运动时期新文化派的启蒙思想的桥梁，在晚清乃至整个中国近代启蒙思想史上占有非常重要的地位。

第一节　戊戌后维新思想家的启蒙活动与思想

一、维新思想家的启蒙活动

戊戌政变发生后，谭嗣同、康广仁等"六君子"被杀，康有为、梁启超作为要犯受到通缉，后来分别在英国人、日本人的帮助下逃到日本。严复由于没有参加戊戌变法的实际活动，未受到清政府的政治迫害，继续当他的北洋水师学堂的校长。经过一段时间的痛定思痛之后，维新思想家们又重新振作起来，继续其未竟的维新变法事业，积极从事保光绪、救中国、反对慈禧太后废黜光绪帝阴谋的活动。1899 年 7 月，康有为在加拿大创立保皇会，宣布"保国保种非变法不可，变法非仁圣如皇上不可"[1]，得到广大爱国华侨的大力支持，不数年间，设总会于澳门，在美洲、南洋等设 11 个总部、103 个支部，势力遍及五大洲 170 余埠，会众达到 10 万余人。1900年，谭嗣同的好友、湖南维新志士唐才常在康有为、梁启超的指导支持下，联合会党，准备利用北方义和团运动，在南方发动自立军起义，武装勤王，并于这年 7 月在上海发起成立中国国会，推选中国第一位留美学生容闳为会长，严复为副会长，唐自为干事，负责日常事务，同时向海内外发表政治宣言，主张"保全中国自立之权，创建新自立国"，"请光绪帝复辟"。[2]后因事泄，自立军起义未及发动便遭张之洞的残酷镇压，唐才常牺牲。1901年，经义和团运动的打击和八国联军的入侵，其统治已摇摇欲坠的清王朝，为了"自救"被迫宣布"变法"。尽管清王朝的所谓"变法"是不得已而为之，但它在客观上使戊戌政变后一度在白色恐怖的高压态势下出现的谈维新、谈变法而色变的现象有了改观，从而为低落的维新变法思潮走向复苏提供了有利的社会空间。

---

① 康有为：《保救大清皇帝公司序例》（1899 年 10 月），载姜义华、张荣华编校《康有为全集》第五集，中国人民大学出版社，2007，第 152 页。

② 汤志钧：《戊戌变法人物传稿》上册，中华书局，1961，第 192 页。

在从事未竟的维新变法事业的同时，维新思想家们又以极大的热情投身于思想启蒙活动，而且与他们的维新变法事业相比较，他们的思想启蒙活动所取得的成绩要大得多，影响也大得多。概而言之，戊戌后维新思想家们的启蒙活动主要集中在以下几个方面。

第一，创办报刊，从事启蒙宣传。变法失败后，清政府查禁报馆，严惩主笔，三令五申，不得"莠言乱政"。国内不能办报，维新思想家和其他一些维新志士就跑到国外办报，先后创办了《清议报》《新民丛报》《大同日报》《东亚报》《天南新报》《新中国报》《文兴报》《维新报》《东华新报》等报刊。国内方面，1901 年后，由于清王朝宣布所谓"变法"，对言论的钳制有所松动，《苏报》《选报》《萃报》《岭海报》《羊城晚报》《大公报》《外交报》等刊乘机创办，其中有些是维新志士创办的。在所有这些报刊中影响最大的是梁启超创办的《清议报》和《新民丛报》。

《清议报》于 1898 年 12 月创办于日本横滨，至 1901 年 12 月因火灾停刊，共出版 100 期。其栏目有支那人论说、日本及泰西论语、支那近事、万国之近事、支那哲学、政治小说、杂文、诗文等，内容充实，形式活泼，每 10 天出一期，每期 40 页。梁启超认为《清议报》的内容有四个特点："一曰倡民权，始终抱定此义，为独一无二之宗旨"；"二曰衍哲理，读东西诸硕学之书，务衍其学说以输入于中国，虽不敢自谓有所得，而得寸则贡寸焉，得尺则贡尺焉"；"三曰明朝局"，对于清政府的废立阴谋，"病国殃民"的情况，"发微阐幽，得其真相，指斥权奸，一无假借"；"四曰厉国耻，务使吾国民知我国在世界上之位置，知东西列强待我之政策，鉴观既往，熟察现在，以图将来，内其国而外诸邦，一以天演学物竞天择优胜劣败之公例，疾呼而棒喝之，以冀同胞之一悟"。并强调说："此四者，实惟我清议报之脉络之神髓，一言以蔽之曰：广民智，振民气而已。"[①]

《新民丛报》创刊于 1902 年 2 月，至 1907 年 11 月停刊，共出版 96 期。第 1 期上刊有梁启超为该报定的 3 条宗旨：一、取《大学》新民之义，以为欲维新中国，当先维新国民。中国所以不振，由于国民公德缺乏，智

---

① 梁启超：《清议报一百册祝辞并论报馆之责任及本馆之经历》，载《饮冰室合集》第 1 册，文
  集之六，第 54 页。

慧不开，故此本报专于此病对症下药，务求采合中西道德以为教育之方针，广泛收集政治学理论，以为智育之源本。二、以教育为主脑，以政论为附从，故于政治亦不得不详。惟所论务在培养国民的国家思想，所以对于目前政府一二事之得失，无暇多费笔墨。三、为中国前途起见，一以国民公利公益为目的，持论务极公正，不偏于一党派，不为灌夫骂坐之语，以败坏中国者，咎非专在一人也。不为危险激烈之言，以导中国进步当以渐也。综观1902年至1907年的《新民丛报》，如有的研究者所认为的那样："大致是按这三条原则办的。但内容要更广泛一些，立论更尖锐一些，所谓'不偏于一党派'之说则没有贯彻执行，在和孙中山为代表的革命党人的大论战中，《新民丛报》是保皇派的喉舌，立场极为鲜明。"[①]《新民丛报》专栏多达25个，有图画、论说、学说、时局、政治、史传、地理、教育、宗教、学术、农工商、兵事、财政、法律、国闻短评、名家谈丛、舆论一斑、杂俎、问答、小说、文苑、绍介新著、中国近事、海外汇报、余录等。这些栏目虽有变动，但具有新颖、广泛、生动、信息量大的特点，一册在手，获益无穷。

　　梁启超不仅是《清议报》和《新民丛报》的创办者，也是这两报的主编和主笔。据统计，在总共100期的《清议报》上，梁启超发表的文章在100篇以上，几乎每期都有1至2篇。梁启超在《新民丛报》上发表的文章更多，据他自己说，他有时一天要为该报写5000多字的稿子，有不少期几乎成了他个人的专刊。当时，经常给《清议报》和《新民丛报》写稿的还有康有为、黄遵宪、严复、韩文举、麦孟华、欧榘甲、狄楚青、徐勤、徐佛苏、汤觉顿、梁启勋、杨度、蒋智由等，这些人不少是康有为的弟子和维新思想家。由于《清议报》和《新民丛报》专栏多，知识面广，内容丰富，尤其是梁启超的文章理论新颖，具有思想启蒙意义，且浅显流畅而富有情感，读起来朗朗上口，深受广大读者尤其是青年学生的欢迎，所以在社会上影响很大。《清议报》的发行量在3000册以上，行销日本、南洋、欧美及澳大利亚等地，尽管清政府屡下禁令，但在中国内地的销售量一直位居榜首。《新民丛报》开始时发行5000份，1903年增加至9000份，但仍不能满足广

① 李喜所、元青：《梁启超传》，人民出版社，1993，第142页。

大读者的需要，后又增加到 14000 多份，仅国内就有 97 个发行点，遍布 49
个县市，甚至在偏远的西南、西北等地，都有不少热心的《新民丛报》读
者。《新民丛报》创刊半年时，晚清著名诗人和文学家黄遵宪曾对该报有过
评价："《清议报》胜《时务报》远矣，今之《新民丛报》又胜《清议报》百
倍矣。惊心动魄，一字千金，人人笔下所无，却为人人意中所有，虽铁石
人亦应感动，从古至今文字之力之大，无过于此者矣。"[1]在给梁启超的信中
他又写道："此半年中，中国四五十家之报，无一非助公之舌战，拾公之牙
慧者，乃至新译之名词，杜撰之语言，大史之奏折，试官之题目，亦剿袭
而用之。精神吾不知，形式既大变矣；实事吾不知，议论既大变矣。嗟乎，
我公努力努力，本爱国之心，绞爱国之脑，滴爱国之泪，洒爱国之血，掉
爱国之舌，举西东文明大国国权民权之说，输入于中国，以为新民倡，以
为中国光。此列祖列宗之所阴助，四万万人之所托命也。"[2]黄遵宪充分肯定
了《新民丛报》的巨大影响力和思想启蒙的积极意义，并叮嘱梁启超责任
重大，继续努力。辛亥革命老人吴玉章回忆 1902 年求学时的情景，说自己
那时非常爱读梁启超的《新民丛报》和《新小说》。[3]1936 年毛泽东在与斯
诺谈话时，也毫不讳言他青年时代对梁启超的崇拜，《新民丛报》上的文章，
他"读了又读，直至差不多背得出来了"[4]。梁启超本人也因创办《清议报》，
尤其是《新民丛报》，大力传播西方思想，宣传民权自由，倡导民族主义，
在思想启蒙方面做出了重大贡献，被人们誉为"言论界之骄子"。

第二，广泛译介西方社会科学著作，传播西方思想文化。上引梁启超总
结《清议报》的四大特点，其中一条便是"读东西诸硕学之书，务衍其学
说以输入于中国"，也就是说，译介西方社会科学著作、传播西方思想文化
是《清议报》的主要内容和特点之一。《新民丛报》创刊后，译介西方社会
科学著作、传播西方思想文化的内容更为丰富、充实。以 1902 年的《新民
丛报》为例：这年共刊行 24 期，每期首篇和第二篇的内容，属于介绍西方

---

[1] 黄遵宪：《致饮冰主人书》，转引自丁文江、赵丰田编《梁启超年谱长编》，上海人民出版社，
1983，第 274 页。
[2] 丁文江、赵丰田编《梁启超年谱长编》，第 306 页。
[3] 吴玉章：《吴玉章回忆录》，中国青年出版社，1978，第 15 页。
[4] 斯诺：《西行漫记》，生活·读书·新知三联书店，1979，第 116 页。

思想文化的，占23期；全年共刊登80幅卷首插图，其中属于介绍西方国家景物和人物的，占75幅；这一年《新民丛报》发表各种文章、资料340多个篇目，其中评介西方思想文化的文字，计180多个篇目，占总数一半以上。[①] 有人估算过，该报所介绍过的西方学者、政治家，多达百人以上。所介绍的内容包括国家学说、政治法律思想、哲学、经济学、历史、地理、文学等，非常广泛。《清议报》和《新民丛报》对西方社会科学著作的译介，得到了国内和日本留学生界的"群起呼应，各种译书社和《译林》杂志纷纷问世，汇成一股强大的社会潮流"[②]。梁启超在《清代学术概论》中指出："壬寅癸卯间，译述之业特盛；定期出版之杂志不下数十种，日本每一新书出，译者动数家；新思想之输入，如火如荼矣。"[③] 其中，留日学生组织的"译书汇编社"，"专以编译欧美法政名著为宗旨"，成效卓著，"所译卢骚《民约论》、孟德诗鸠《万法精理》、斯宾塞《代议政治论》等名著，促进吾国青年之民权思想，厥功甚伟"[④]。上海各书局也"竞出新籍，如雨后之春笋"[⑤]。于是"欧西巨子之学说"，借此"滔滔焉渡重洋，竞灌输吾国同胞之意识界"。[⑥]

译书结构的变化亦很能说明问题。在此之前，中国人译介的主要是西方的自然科学著作，自然科学著作占译著的比重较大。而到了20世纪初，随着西方社会科学著作被大量译介，社会科学著作占译著的比重有了大的增加。译书结构的这种变化，可以从《西学书目表》《东西学书录》和《译书经眼录》所收的书目看出。梁启超1896年所著的《西学书目表》共收西学书目352种，其中自然科学259种，占总数的73.6%；社会科学93种，占总数的26.4%。徐维则1899年出版的《东西学书录》收书目537种，其中自然科学387种，社会科学126种，报章21种，就自然科学书目与社会科学书目比较，前者占72.1%，后者占23.5%。两者的比较与《西学书目表》反映的情况大致相符。所以梁启超在《西学书目表》的"序例"中说：在西

① 吴雁南、冯祖贻、苏中立、郭汉民主编《中国近代社会思潮》第一卷，第270页。
② 胡绳武编《戊戌维新运动史论集》，湖南人民出版社，1983，第97页。
③ 梁启超：《清代学术概论》，载《饮冰室合集》第8册，专集第三十四，第71页。
④ 冯自由：《开国前海内外革命书报一览》，载《革命逸史》第三集，中华书局，1981，第144页。
⑤ 冯自由：《中国教育会与爱国学社》，载《革命逸史》初集，第115页。
⑥ 张静庐：《中国现代出版史料甲编》，中华书局，1954，第389页。

学书中"格致诸书，虽非大备，而崖略可见；惟西政各籍，译者寥寥"①。这种情况在顾燮光的《译书经眼录》中有了根本改变。《译书经眼录》收 1900 年至 1904 年所译书目 491 部，其中自然科学 164 部，占总数的 33.4%，社会科学 327 部，占总数的 66.6%。

梁启超和严复是这一时期译介西方社会科学著作、传播西方思想文化的旗手。西方的众多思想家、学术流派及其著作是由他们译介到中国来的。比如梁启超就比较多地介绍过卢梭、培根、笛卡儿、达尔文、康德、亚当·斯密、孟德斯鸠、亚里士多德、柏拉图、苏格拉底、霍布士、斯宾诺莎（斯拼挪莎）、洛克、黎普尼士、休谟、倭儿弗、伯伦知理、边沁、颉德、哥白尼、瓦特、牛顿（奈端）、斯宾塞、富兰克林、福泽谕吉等人的学说，这其中既有哲学家、政治学家、经济学家、社会学家，也有科学家、伦理学家、文学家。希腊的古典学术、英国的经济学说、法国的民主政治理论、德国的哲学流派以及欧美蔚然兴起的社会主义思潮，在梁启超的笔下都有深浅不同、详略不等的介绍。据学者研究，科学社会主义学说的创始人马克思的名字，就首先是由梁启超在《新民丛报》这份纯粹由中国人办的刊物上，介绍给中国人的。②我们只要翻阅一下《饮冰室合集》的目录，浏览一下《新民丛报》的内容，就不得不承认他是 20 世纪初年译介西方社会科学著作、传播西方思想文化的旗手。据粗略统计，仅《饮冰室合集》涉及的欧美、日本有影响的思想文化名人，就达 50 多人，在当时无出其右者。

这里需要特别提出来的，是梁启超对西方近代民族主义的介绍和"中华民族"概念的提出。关于梁启超对民族主义的介绍，我们在第五章第三节中已有论及。梁启超最早提出"中华民族"这一概念是在 1902 年。先是 1901 年，梁启超在《中国史叙论》一文中首次提出了"中国民族"的观念，并将中国民族的演变历史划分为三个时代："第一，上世史，自黄帝以迄秦之一统，是为中国之中国，即中国民族自发达、自争竞、自团结之时代也"；"第二，中世史，自秦统一后至清代乾隆之末年，是为亚洲之中国，即中国民族与亚洲各民族交涉、繁赜、竞争最激烈之时代也"；"第三，近世

---

① 梁启超：《西学书目表序例》，载《饮冰室合集》第 1 册，文集之一，第 124 页。
② 耿云志：《〈新民丛报〉前期梁启超对思想启蒙运动的主要贡献》，载《论戊戌维新运动及康有为、梁启超》，广东人民出版社，1985，第 328 页。

史，自乾隆末年以至于今日，是为世界之中国，即中国民族合同全亚洲民族与西人交涉竞争之时代也"。①1902 年，梁启超又在"中国民族"的基础上正式提出了"中华民族"的观念。他在是年发表的《论中国学术思想变迁之大势》一文中，首先用诗一样的语言对"中华"一词的内涵做了说明："立于五洲中之最大洲而为其洲中之最大国者谁乎？我中华也；人口之居全地球三分之一者谁乎？我中华也；四千余年之历史未尝一中断者谁乎？我中华也。我中华有四百兆人公用之语言文字，世界莫能及。我中华有三十世纪前传以来之古书，世界莫能及。"②接着，在论述战国时期齐国的学术思想时他第一次使用了"中华民族"一词："齐，海国也。上古时代，我中华民族之有海思想者厥惟齐。故于其间产出两种观念焉，一曰国家观；二曰世界观。"③不久在《历史上中国民族之观察》（1904 年）等文中他又多次提到"中华民族"，并就"中华民族"自始是单一民族还是由多民族融合而成；如果是由多民族融合而成，则有无"最重要之民族"以及"最重要之族为何"等问题进行了考察。④

　　就这一时期梁启超对"中华民族"的使用和理解来看，首先，他讲的"中华民族"实际上指的是"汉族"。这一时期梁启超是"中国民族"和"中华民族"两词互用。当他指称中国境内所有民族时，多数用的是"中国民族"。比如，我们上面提到的他在《中国史叙论》中对"中国民族"的使用，无疑指的就是中国境内各民族。而当他指称汉族时，则多数用的是"华族"或"中华民族"。梁启超在《历史上中国民族之观察》一文中曾悍然下一断案曰："今之中华民族，即普通俗称所谓汉族者"⑤，它是"我中国主族，即所谓炎黄遗胄者"⑥。梁启超的这一"断案"说明，他以"中华民族"来指称"汉族"，并非一时心血来潮，而是他深思熟虑的结果，有其理论的自觉性。其次，他认为中华民族亦即汉族具有巨大的"同化力"，历史上许多民族曾被中华民族所同化，而成为中华民族的一部分。所以，中华民族"自始本非

①　梁启超：《中国史叙论》，载《饮冰室合集》第 1 册，文集之六，第 11—12 页。
②　梁启超：《论中国学术思想变迁之大势》，载《饮冰室合集》第 1 册，文集之七，第 1 页。
③　梁启超：《论中国学术思想变迁之大势》，载《饮冰室合集》第 1 册，文集之七，第 21 页。
④　梁启超：《历史上中国民族之观察》，载《饮冰室合集》第 8 册，专集之四十一，第 2 页。
⑤　梁启超：《历史上中国民族之观察》，载《饮冰室合集》第 8 册，专集之四十一，第 2 页。
⑥　梁启超：《历史上中国民族之观察》，载《饮冰室合集》第 8 册，专集之四十一，第 1 页。

一族，实由多数民族混合而成"①。在《历史上中国民族之观察》一文中，梁启超详细考察了"苗蛮族""蜀族""巴氏族""徐淮族""吴越族""闽族""百粤族"和"百濮族"等先秦时除华夏族之外的其他 8 个民族，以及它们最后大多被中华民族亦即华夏族所同化，而成为中华民族亦即华夏族一部分的历史事实，并得出结论："前所论列之八族，皆组成中国民族之最重要分子也。其族当邃古之时，或本为土著，或自他地迁徙而来，今不可考。要之自有史以来即居于中国者也。其中除苗濮二族外，率皆已同化于中华民族，无复有异点痕迹之可寻，谓舍诸族外更无复华族可也。"②

继梁启超之后，最早使用"中华民族"观念的是同为立宪派领军人物的杨度。1907 年，杨度在自己主办的《中国新报》上连载《金铁主义说》一长文，其中多次使用"中华民族"。一方面，和梁启超一样，杨度也是在汉族的意义上使用"中华民族"的。比如，他在解释之所以用"中华"而不是其他词作为民族名称的由来时便写道：中国自古以来虽然没有民族这个名词，但有是什么民族的这个称号。我们今天都把"中国最旧之民族"称之为"汉族"，实际上"汉"是刘姓天子时代的朝代名，而不是某一民族的民族名。"中国自古有一文化较高、人数较多之民族在其国中，自命其国曰中国，自命其民族曰中华。"③很显然，杨度所讲的自古以来就存在的这一"文化较高、人数较多"，且"自命"为"中华"的"民族"就是"汉族"。另一方面，与梁启超比较，杨度在"中华民族"之观念的认识上有两点又更为突出。

一、杨度比梁启超更强调文化认同对于"中华民族"形成的重要意义。他指出：人们所讲的民族，指的是广义的文化民族，而非狭义的血统民族。故德意志、意大利两国，其人民文化虽同，而血统则大异。以民族之定义言之，各家学说尽管不同，但最主要的区别无非两种，即血统说和文化说。"持血统说者，甄克思等是也。持文化说者，如巴尔鸠斯等是也。"文化说虽然也有多种说法，"然举其大同者而论之，则血统可以各异，而语言则必相同，殆各家之所同然，而与血统说大异者也"。④他赞同的当然是文化说，

① 梁启超:《历史上中国民族之观察》，载《饮冰室合集》第 8 册，专集之四十一，第 4 页。
② 梁启超:《历史上中国民族之观察》，载《饮冰室合集》第 8 册，专集之四十一，第 13 页。
③ 杨度:《金铁主义说》，载刘晴波主编《杨度集》，湖南人民出版社，1986，第 373—374 页。
④ 杨度:《金铁主义说》，载《杨度集》，第 373 页。

认为文化在"中华民族"形成的过程中起了非常重要的作用，中华民族与其他民族的区别就在文化而非血统。用他的话说，国家与国家的区别，主要在地域，"所谓中国云者，以中外别地域之远近也"。民族与民族的区别，主要在文化，"所谓中华云者，以华夷别文化之高下也"。就此而言，"中华"这一名词，既不是表示某一地域的国名，也不是表示某一血统的种名，而是表示某一文化的族名。"故《春秋》之义，无论同姓之鲁、卫，异姓之齐、宋，非种之楚、越，中国可以退为夷狄，夷狄可以进为中国，专以礼教为标准，而无亲疏之别。其后数千年混杂数千百人种，而其称中华如故。"以此推之，我们可以得出这样的结论："华之所以为华"，指的是文化，而不是血统，文化认同在中华民族的形成过程中占有重要的地位，判定一个人是不是"中华民族"的标准是看他是否认同和接受了"中华民族"的文化，而不是看他是否具有"中华民族"的血统，凡血统不同但文化上认同了"中华民族"文化的人都是"中华民族"的一分子。"故欲知中华民族为何等民族，则于其民族命名之顷，而已含定义于其中。"这与"西人"的"文化说"十分符合，而背于"西人"的"血统说"。从词源学上来看，"华为花之原字，以花为名，其以之形容文化之美，而非以之状态血统之奇，此可于假借会意而得之者也"。①

二、杨度比梁启超更强调现实中汉、满、蒙古、回、藏五族的交往与融合。梁启超在《历史上中国民族之观察》一文中主要考察的是先秦时除华夏族之外的"苗蛮族""蜀族""巴氏族""徐淮族""吴越族""闽族""百粤族"和"百濮族"等8个民族以及它们在历史的长河中最后与华夏族融合的史实，而对于先秦以后尤其是近代以来汉、满、蒙古、回、藏五族的交往与融合则没有作过多少考察，他只是在该文的最后写了这样一段文字："若其近古以后，灼然见为外族，其大部分今犹为异种，而小部分溶化以加入华族者，亦有可指焉，今先部居其种族之名称位置，次乃论其与我族之交涉。"②而杨度则在《金铁主义说》一文中重点考察了近代以来尤其是现实中汉、满、蒙古、回、藏五族的交往与融合，认为在五族之中，以汉族的

① 上引均见杨度《金铁主义说》，载《杨度集》，第373—374页。
② 梁启超：《历史上中国民族之观察》，载《饮冰室合集》第8册，专集之四十一，第13页。

文化程度为最高，汉族之外，以满族文化为最高，"满人以二百年来排斥汉人失败之结果，语言、文字全同于汉，因而其文化亦殆与汉人相等，而远在蒙、回、藏之上"，与汉人"已同一民族"。就汉族、满族之外的蒙古、回、藏三族而言，"蒙古尚在游牧时代，西藏尚在游牧与耕稼过渡时代，回族尚在耕稼时代。其所处皆为宗法社会"，各自有其语言、文字，而与汉人不同。① 语言、文字是文化的阶梯，是人们交往的工具，由于蒙古、回、藏三族不懂汉文，不通汉语，就无法与汉人交往，接受汉族文化，所以其文化程度也就远不及汉人，甚至不及满人。其结果，与满、汉已融合为"同一民族"不同，蒙古、回、藏三族则尚未完全融入"今日之中华民族"之中。② 不过，他要人们相信，随着"满汉平等，同化蒙、回、藏"的所谓"国民统一之策"的实行，各民族之间交往与融合的扩大，不久的将来，"不仅国中久已无满、汉对待之名，亦已无蒙、回、藏之名词，但见数千年混合万种之中华民族，至彼时而益加伟大，益加发达而已矣"。③

从杨度对"中华民族"的上述认识和阐释来看，尽管他还是在"汉族"的含义上使用"中华民族"的，但是他强调文化认同对"中华民族"形成的重要作用，尤其是他强调现实中汉、满、蒙古、回、藏五族的交往与融合，强调随着汉、满、蒙古、回、藏五族之间交往与融合的进一步扩大，汉、满、蒙古、回、藏五族将逐渐"混合"成为一个"中华民族"，这说明他不仅和梁启超一样已认识到了"中华民族"自古以来就是由多民族融合而成的"多元一体"的民族特征，而且已经初步具有了"中华民族"是中国境内汉、满、蒙古、回、藏等各民族共同称谓的意识。这在"中华民族"之观念的认识上是一巨大进步，初步奠定了现代"中华民族"观念的基本内涵，即：中国是一个多民族的统一国家，中华民族是各民族的统称。日本学者村田雄二郎就曾提出："在近代中国的国家主义历史过程中，把适合于政治单位的文化单位，以一个民族（中华民族）的象征来明确其定义的，恐怕杨度是其第一人。"④ 而以前的相关研究对此则重视不够，甚至少有提及，这不能

---

① 杨度：《金铁主义说》，载《杨度集》，第 368 页。
② 杨度：《金铁主义说》，载《杨度集》，第 374 页。
③ 杨度：《金铁主义说》，载《杨度集》，第 369 页。
④ 村田雄二郎：《孙中山与辛亥革命时期的"五族共和"论》，《广东社会科学》2004 年第 5 期。

不说是学术界对"中华民族"观念提出与形成之研究的一大缺失。

杨度的《金铁主义说》一文发表于 1907 年 5 月。同年 7 月，著名的革命党人章太炎在《民报》第 15 号上发表《中华民国解》一文。此文是章太炎专为反驳杨度的《金铁主义说》而写的。章太炎不同意杨度提出的"中华民族"是一"文化"民族而非"血统"民族的称谓、历史上那些在与华夏族的交往与融合中已接受了中华文化而非华夏族血统的民族实际上已成为中华民族亦即华夏族的一部分的观点，而认为血统对"中华民族"亦即华夏族的形成所起的作用要比文化所起的作用大得多。他批评杨度"中华之名词，不仅非一地域之国名，亦且非一血统之种名，乃为一文化之族名"的说法有"三惑"：一是"未明于托名标识之事，而强以字义皮傅为言"；二是"援引《春秋》，以诬史义"；三是"弃表谱实录之书，而以意为衡量"。在他看来，杨度对"华"字本义作了错误的理解，"华"的本义或第一义是地域名和国名，而不是族名，我们不能随意将"华"的含义扩拆，作"文化""华美"或"文明"解。"纵令'华'有文化之义，岂得曰凡有文化者，尽为中国人乎？必如所说，则凡有农夫，皆得为印度人。凡有贵人圣者，亦皆得为印度人，安得此渎乱汗漫之言也。今夫蛮夷戎狄，固中国所以表别殊方者。其始划种，为言语不相滥，久之而觪裘引弓之国，皆得被以斯名。胡本东胡，久之而称匈奴者亦谓之胡，久之而称西域者亦谓之胡。番本吐蕃，久之而称回部者亦曰西番，久之而称台湾之野人者亦曰生番。名既滥矣，而不得谓同称者即为同国同族，况华之名犹未同也。"尽管章太炎也承认历史上的华夏族对其他非华夏族的融合或同化作用，经过长时间的交往与融合，历史上的其他一些非华夏族已成为华夏族亦即后来的汉族的一部分，他同时又再三强调，历史是历史，现实是现实，二者不能混为一谈，更不能以历史来取代现实，如果说历史上确实存在着非华夏族被华夏族所同化、成为华夏族的事实，但现实中的满族并没有被汉族完全同化，满、汉之间还存在着明显的血缘不同。用他的话说："夫言一种族者，虽非铢两衡校于血统之间，而必以多数之同一血统者为主体。何者？文化相同，自同一血统而起，于此复有殊族之民，受我抚治乃得转移而翕受之。若两血统立于对峙之地者，虽欲同化莫由。"而现实中的汉族和满族就"立于对峙之地"，作为建立了清王朝的统治民族，满族不仅不受汉族的"抚治"，接受汉族的统治，相反还统治汉族，对汉族实行残酷的民族歧视和民族压迫政策，满、汉之间存在着明显的权利不平等，所以满、汉之间也就根本不可能像杨度所说的那样完全同化，"乃得转移而翕受之"，成为一个民族。他举"婚媾与寇"为例："以婚媾之道，而归女于吾族，彼女则固与吾族同化矣；以寇之道，而据我寝宫，入我床第，亦未尝不可与我同化。然其为怨为亲断可识也。"①

其实，章太炎和杨度对于"中华民族"是"文化"民族还是"血统"民族、现实中的汉族和满族是否已经同化而成了一个民族之认识上的这些不同，是与他们不同的"民族建国"主张联系在一起的。民族建国是西方近代民族主义的实质。受 20 世纪初传入中国的西方近代民族主义的影响，"民族建国"也成了以孙中山、章太炎为代表的革命派和以梁启超、杨度为代表的立宪派的共同要求和奋斗目标，但在建立一个什么样的民族国家的问题上，亦即是建立一个单一的汉民族国家还是建立一个包括满族在内的多民族国家的问题上，两派之间又存在着严重分歧。概括地说，以孙中山、章太炎为代表的革命派则主张"排满"，建立一个不包括满族和蒙古、回、藏等其他民族的单一的汉民族国家，这也就是同盟会十六字纲领中的"驱除鞑虏，恢复中华"的内容。这里的"鞑虏"指的是"满族"，"中华"指的是汉族，也就是要把"满族"赶回到东北老家去，恢复"汉族"的国家。章太炎在《中华民国解》中，从否定清王朝为中国正统王朝、中国正统王朝要以汉族为主的立场出发，将"中华民国"的法统上溯到汉王朝，并按照汉王朝或明王朝的国家构成模式，描绘了他理想中的"中华民国"的构成，即由单一的汉民族构成"中华民国"。②他在文中就明确提出："中国以先汉郡县为界，而其民谓之华民"，即使不能"以先汉郡县为界"，也"要以明时直省为根本"。③而以梁启超、杨度为代表的立宪派则主张"合满"，建立一个包括满族在内的统一的多民族国家。为此，他们之间展开过激烈论战。

① （章）太炎：《中华民国解》，《民报》第 15 号，1907 年 7 月 5 日。
② 参见王柯《构筑"中华民族国家"——西方国民国家理论在近代中国的实践》，载中国社会科学院近代史研究所编《近代中国与世界——第二届近代中国与世界学术讨论会论文集》（第一卷），社会科学文献出版社，2005，第 65 页。
③ （章）太炎：《中华民国解》，《民报》第 15 号，1907 年 7 月 5 日。

　　就孙中山、章太炎为代表的革命派和梁启超、杨度为代表的立宪派在"民族建国"问题上的论战而言，无论是从历史出发，还是着眼于现实需要，梁启超、杨度为代表的立宪派提出的"合满"和建立一个包括满族在内的统一的多民族国家的主张，可以说是近代中国建立民族国家唯一正确的选择。因为，自古以来中国就是一个统一的多民族国家，各民族都为中华民族和中华文化的形成和发展做出过自己的贡献。如果像孙中山、章太炎为代表的革命派所主张的那样，通过"驱除鞑虏，恢复中华"的"排满革命"，建立一个不包括满族和蒙古、回、藏等其他民族在内的单一的汉民族国家，那么历史上形成的统一的多民族国家就会发生分裂，汉族和满族以及与蒙古、回、藏等其他民族之间就有可能发生不少多民族国家在发生重大政治变动时所发生过的民族仇杀，其结果不仅近代的民族国家建立不起来，而且还会给帝国主义侵略和瓜分中国提供机会，从而使中国的民族危机进一步加深，甚至有亡国灭种的危险。因此到了1911年10月武昌起义爆发后，面对迅速发展的革命形势，革命派很快放弃了他们早先提出的通过"驱除鞑虏，恢复中华"的"排满革命"，建立一个不包括满族和蒙古、回、藏等其他民族在内的单一的汉民族国家的主张，而接受了立宪派的"合满"建议，主张"五族共和""五族平等"，建立一个包括满族和蒙古、回、藏等其他民族在内的独立、民主和统一的多民族国家。这是后话，在此不论。

　　最先把西方近代民族主义介绍到中国，并首次提出"中华民族"这一概念，这是梁启超的重大贡献。西方近代民族主义介绍到中国后，便很快与中国传统民族主义相结合，成为中国近代最主要的思潮之一，对中国社会产生过重要影响。[①]而"中华民族"概念的首次提出，则是中华民族自我意识觉醒、从"自在"的民族实体开始向"自觉"的民族实体转变的重要标志。正如费孝通先生所指出的那样，中华民族形成很早，但民族意识较为淡薄，古代的中华民族是一个"自在"的民族实体，而不是一个"自觉"的民族实体，中华民族成为一个"自觉"的民族实体是从梁启超提出"中华民族"这一概念开始的，经过清末民初、"五四"前后和抗战时期的发展和演变，"中华民族"这一概念从梁启超开始提出时的"汉族"代称而成了中国各民

---

① 参见郑大华《中国近代民族主义的来源、演变及其他》，《史学月刊》2006年第6期。

族的共同称谓。[①]

这里需要指出的是，梁启超虽然是第一个将西方近代民族主义介绍到中国的，但到了1903年，当民族主义思潮在中国勃然兴起后，他的认识却发生了变化。这年秋梁启超写了《政治学大家伯伦知理之学说》一文。在此文中，他介绍并接受了伯伦知理关于"国民与民族之差别及其关系"的理论。首先，伯伦知理认为"以往学者往往以国民与民族混为一谈"，但实际上国民与民族是有分别的，"民族者，民俗沿革所生之结果也"。民族有八个最主要的"特质"：即同地、同血统、同面貌、同语言、同文字、同宗教、同风俗、同生计，但"同地"与"同血统"仅就民族形成的初期而言，随着历史的发展，则同一民族而分居各地，或不同民族同居一地，以及经过同化血统不同但同为一族的现象也很普遍，"如美国民族不同地不同血统，而不得不谓之民族也"。在这八个特质中，又"以语言、文字、风俗为最要焉"。对比梁启超以前对民族的看法，即"同血统、同语言、同宗教、同习俗之人"形成民族，他所接受的伯伦知理对民族的定义有两点不同：一是同一民族可以包括不同血统的人，二是文化（如语言、文字、风俗）比血统对一个民族的形成更重要一些。其次，伯伦知理认为"民族与国家"的关系是：（一）凡一民族必须具有"其固有之立国心""能实行之势力"和"欲实行之志气"，然后才可以创立国家；（二）民族立国虽然不必将"同族之部民"悉纳入于国中，但"必须尽吸纳其本族中所固有之势力而统一于国家"；（三）"合多数之民族为一国家，其弊虽多，其利也不少"，但"此等多族混合之国，必须以一强力之族为中心点，以统御诸族，然后国基乃得坚"。在此之前，梁启超认为民族建国建立的是单一民族的国家，而现在伯伦知理则告诉他：建立多民族的国家不仅是可能的，而且"其利也不少"，因为"世界文明每由诸种民族互相教导互相引进而成，一国之政务亦往往因他族之补助而愈良"。复次，伯伦知理"不以民族主义为建国独一无二之法门"。因为在伯氏看来，凡一民族要有"其固有之立国心""能实行之势力"和"欲实行之志气"，然后才可以创立国家，而这首先必须使其民族的成员具有"国民资格"，即要有"发表其意想，制定其权力"的独立"人格"和在

[①] 参见郑大华《中国近代民族主义与中华民族自我意识的觉醒》，《民族研究》2013年第3期。

国家这一"完全统一永生之公同体"内充分活动的"法团"精神。所以"国民资格"是"国家所最渴需者"，但"国民资格"的培养和获得则有多种途径，民族主义并非唯一选项。①而此前梁启超则认为："今日欲救中国，无他术焉，亦先建设一民族主义之国家而已。"

正是基于他所接受的伯伦知理的这些理论，梁启超对"两年以来，民族主义稍输入于我祖国，于是排满之念勃郁将复活"的现象提出了三点疑问。第一，对汉人已具立国资格质疑。如前所述，根据伯伦知理的理论，一个民族必须具有（一）固有之立国心，（二）可实行之能力，（三）欲实行之志气这样三个条件，然后才可以建国。就汉族而言，梁启超认为，第一个条件"固有之立国心"是具有的，第三个条件"欲实行之志气"极少数人也具有，但第二个条件"可实行之能力"在"今日犹未"具备，汉族的绝大多数人还是民族的一分子，而非"国民"的一部分。所以，汉族的当务之急是养成"国民资格"，以便为民族建国做好实行的准备。第二，对"排满"质疑。他指出，所谓"排满"，是排满人呢？还是排满人所建立的恶政府呢？如果是排满人，以便汉人为政，那不过是"将腐败而亦神圣之"，换汤不换药，中国的政府还是一个恶政府。如果是排满人所建立的恶政府，则"虽骨肉之亲，有所不得而私"，与满不满则没有多大关系，难道只排恶政府中的满人，而不排恶政府中的汉人？如果以"排满"而取代排"恶政府"，那是"认偏师为正文，大不可也"。他尤其反对章太炎提出的"排满复仇论"，认为那是以"排满复仇"取代"民族建国"，是一种"不健全的理论"。第三，对排满才能建国的说法质疑。他指出，根据伯伦知理关于民族的定义，"吾中国言民族主义者，当于小民族主义之外更提倡大民族主义。小民族主义者何？汉族对于国内他族是也。大民族主义者何？合国内本部属部之诸族以对于国外之诸族是也"。因为汉族的同化力特别强，包括满族在内的很多少数民族在进入中原后早已与汉族同化，成了中华民族的一部分。所以，中国不提民族建国则已，中国要提民族建国，就必须"合汉合满合蒙合回合苗合藏组成一大民族"。否则，"将彼五百万之满族先摈弃之"，这与民族

---

① 梁启超：《政治学大家伯伦知理之学说》，载《饮冰室合集》第 2 册，文集之十三，第 71—74 页。

建国的目的是南辕而北辙。[①]

关于 1903 年后梁启超所以会接受伯伦知理的理论以及认识发生变化的原因，有不少学者做过分析，认为他主要是受游历美国时所见所闻和他老师康有为的影响，思想从原来的激进再度转为保守。对此，本书没有异议。但我们不同意那种认为 1903 年后梁启超已完全放弃民族主义而改信了伯伦知理的国家主义，换言之，以伯伦知理的国家主义取代了西方的近代民族主义的观点。因为就梁启超 1903 年以后的思想来看，他只是放弃或修改了他以前对民族主义的一些认识，并没有完全放弃民族主义，民族主义仍然是他思想的一个重要方面。实际上，伯伦知理的国家主义与民族主义并非如水火冰炭不能并存，梁启超在介绍伯伦知理"论国民与民族之差别及其关系"后便明确指出："由此观之，伯氏固极崇拜民族主义之人也。"[②] 既然作为国家主义学说的创立者伯伦知理都可以"崇拜民族主义"，为什么梁启超就不能在接受伯伦知理的国家主义学说的同时，又接受西方近代民族主义呢？当然，由于受伯伦知理的影响，他认为培养"国民资格"，以使他们具有民族建国的能力，可能比宣传、提倡民族主义更重要一些，加上革命派以民族主义鼓动"革命排满"，所以自 1903 年后，梁启超再没有集中介绍、宣传和谈论过民族主义的问题。

严译"八大名著"，除《天演论》出版于 1898 年和《名学浅说》出版于 1909 年外，其余 6 部都翻译和出版于 1901 年至 1905 年之间，其中《原富》出版于 1901—1902 年，《群学肄言》出版于 1903 年，《群己权界论》出版于 1903 年，《社会通诠》出版于 1904 年，《法意》（原著 31 卷，仅译其中 29 卷）自 1904 年开始分册出版，1909 年出齐，《穆勒名学》（实际上只翻译原著的一半）出版于 1905 年，这样短的时间内，翻译、出版 6 部西方名著，这是非常不容易、也是很了不起的事情。严复在致张元济的信中曾谈到过翻译这些西方名著的艰难："步步如上水船，用尽气力，不离旧处；遇理解奥衍之处，非三易稿，殆不可读。"他之所以要知难而上，目的是为了对国人进行思想启蒙。在致张元济的信中他写道："复今者勤苦译书，羌

---

① 梁启超：《政治学大家伯伦知理之学说》，载《饮冰室合集》第 2 册，文集之十三，第 74—76 页。
② 梁启超：《政治学大家伯伦知理之学说》，载《饮冰室合集》第 2 册，文集之十三，第 74 页。

无所为，不过闵同国之人，于新理过于蒙昧，发愿立誓，勉而为之。""极知力微道远，生事夺其时日；然使前数书得转汉文，仆死不朽矣。"[1] 在这些名著中，严复给我们译介了西方自由经济思想、民主与法制思想，传播了逻辑知识，宣传了科学思维，产生了巨大的社会影响。《新民丛报》称"严氏于西学中学，皆为我国第一流人物"[2]。梁启超在《清代学术概论》中对严复的翻译有一总的评价，他说："时独有侯官严复，先后译赫胥黎《天演论》，斯密亚丹《原富》，穆勒约翰《名学》、《群己权界论》，孟德斯鸠《法意》，斯宾塞尔《群学肄言》等数种，皆名著也。虽半属旧籍，去时势颇远，然西洋留学生与本国思想界发生关系者，复其首也。"[3]

第三，在广泛介绍西方思想文化的同时，梁启超等人认识到，西方思想文化的广泛传入，必将刺激中国思想文化的发展，因为"生理学之公例，凡两异性结合者，其所得结果必加良，此例殆推诸各种事物而皆同也"。当时世界上只有两大文明，"一泰西文明，欧美是也；二泰东文明，中华是矣。二十世纪，则两文明结婚之时代也。……彼西方美人，必能为我家育宁馨儿以亢我宗也"。[4] 基于上述认识，梁启超等人和其他（包括革命派）思想家、学者一起，一方面发扬国学传统，一方面吸收西方文明，在中西文化的交融中整理和探讨中国固有的旧学术，并提出"史界革命""文学革命""小说界革命"和"诗界革命"等口号，推陈出新，在史学、文学、教育等多个领域取得丰厚成果，为中国资产阶级新文化的发展奠定了基础。这方面的内容我们将在本章第二节中予以介绍。

二、梁启超的"新民说"

所谓"新民"，也就是革新国民，用梁启超的话说：即"吾民之各自新而已"。实际上，早在维新变法时期，严复就提出过"鼓民力，开民智，新民德"的主张，认为这是国家富强的基础。梁启超也主张欲"兴民权"，先"开民智"。戊戌变法运动失败后，他痛定思痛，更进一步认识到，"欲维新

---

[1] 严复:《与张元济书》（二），载《严复集》第三册，第527页。
[2] 梁启超:《绍介新著〈原富〉》，《新民丛报》第1号，1902年2月8日。
[3] 梁启超:《清代学术概论》，载《饮冰室合集》第8册，专集之三十四，第72页。
[4] 梁启超:《论中国学术思想变迁之大势》，载《饮冰室合集》第1册，文集之七，第4页。

吾国，当先维新吾民"。因为，中国所以积弱不振，根源就在于国民公德缺乏，智慧不开。所以他创办《新民丛报》，"专对此病而药治之，务采合中西道德以为教育之方针，广罗政学理论，以为智育之原本"。为表示他的这一决心，他将自己的笔名也从此改为"中国之新民"，并在《新民丛报》上以《新民说》为题，发表一系列文章，阐述自己的新民思想。这组文章共分 20 节，约 11 万字，前后连载 4 年。其中第 1 节至 15 节刊于 1902 年的《新民丛报》；第 16 节至 18 节，刊于 1903 年的《新民丛报》；第 19 节至 20 节，刊于 1904 年和 1905 年《新民丛报》。《新民说》不仅是 20 世纪初梁启超最重要的代表著作，也是这一时期中国启蒙思想最重要的代表作。

梁启超首先论证了"新民"的重要性。他指出，"国也者，积民而成"，"民"是国家的基础，立国的根本。可是，中国数千年来，统治者以民为奴隶，为妾妇，为机器，为盗贼，从而造成了中国人的"愚陋、怯弱、涣散、混浊"，他们缺乏公德意识，只享权利而不尽义务；只顾一身一家的荣华富贵，不顾国家的兴亡盛衰；不知有国家，只知忠于君，不知忠于国，甘为一姓之家奴走狗；不敢冒险，主柔好静，不尚竞争；缺乏"不自由毋宁死"的精神，习为古人之奴隶、世俗之奴隶、境遇之奴隶、情欲之奴隶；无自尊心，无毅力，无义务思想，缺乏独立人格；缺乏公共观念，不能合群，没有自治能力；思想保守，不思进取；如此等等。他认为，国民的这种落后的劣根性不加改造，中国就没有富强的希望和可能。因为，"国之有民，犹身之有四肢五脏筋脉血轮也。未有四肢已断，五脏已瘵，筋脉已伤，血轮已涸，而身犹能存者；则亦未有其民愚陋怯弱涣散混浊，而国犹能立者"。所以，"欲其身之长生久视，则摄生之术不可不明；欲其国之安富尊荣，则新民之道不可不讲"。①

他进一步指出，"新民"不仅是立国之本，也是解决"内治"和"外交"问题的"当务之急"。就"内治"而言，要改革国家政治，必从"新民"入手。因为政府与人民的关系，就像寒暑表里的水银与室内的温度一样，室内的温度高，寒暑表里的水银柱必然会升高，室内的温度低，寒暑表里的水银柱必然会下降；同理，人民的文明程度高，政治就会清明，人民的文

---

① 梁启超《新民说·叙论》，载《饮冰室合集》第 6 册，专集之四，第 1 页。

明程度低，政治便一定混浊。所以，"苟有新民，何患无新制度，无新政府，无新国家"；反之，如果没有"新民"，"则虽今日变一法，明日易一人，东涂西抹，学步效颦"，也无济于事。他总结"吾国言新法数十年"而成效不大的原因，即是"于新民之道未有留意焉者也"。①从"外交"来看，我们面临的是"民族帝国主义"的侵略威胁，"民族帝国主义"与"古代之帝国主义"不同，后者以一人之力，前者则合民族之力；后者的侵略不过一时，前者的侵略则图久远。因此，"欲抵当列强之民族帝国主义，以挽浩劫而拯生灵，惟有我行我民族主义之一策"，亦就是集合全民族力量与敌人进行长期的斗争，"而欲实行民族主义于中国"，则"舍新民末由"，只有使"吾四万万人之民德民智民力"，皆可与实行民族帝国主义的列强"相埒"，列强才不敢侵略中国。②

　　"新民"是立国之本，是解决"内政"与"外交"问题的"当务之急"。那么怎样"新民"？换言之，"新民"应该采取何种方法或途径？梁启超的回答是："新民云者，非欲吾民尽弃其旧以从人也。新之义有二：一曰，淬厉其所本有而新之；二曰，采补其所本无而新之。二者缺一，时乃无功。"③也就是说"新民"既非民族虚无主义，搞全盘西化，也非抱残守缺，搞复古倒退，而是在批判地继承传统思想文化中的有用成分并加以发扬光大的同时，"采补"西方思想文化中中国所缺乏的资产阶级的民主主义内容而加以消化吸收。所以梁启超一再指出："所谓新民者，必非如心醉西风者流，蔑弃吾数千年之道德学术风俗，以求伍于他人；亦非如墨守故纸者流，谓仅抱此数千年之道德学术风俗，遂足以立于大地也。"④他认为每个民族都有自己"独具之特质"，中华民族亦不例外。作为一个能数千年立于亚洲大陆的文明古国，中华民族存在着不同于其他民族的"宏大高尚完美"之"特质"，对于这种特质，"吾人所当保存之而勿使失坠也"。但这种"保存"，"非任其自生自长"，而要加以"日新"。"日新"的方法，便是要"博考各国民族

① 梁启超：《新民说·论新民为今日中国第一急务》，载《饮冰室合集》第6册，专集之四，第2页。

② 梁启超：《新民说·论新民为今日中国第一急务》，载《饮冰室合集》第6册，专集之四，第4—5页。

③ 梁启超：《新民说·释新民之义》，载《饮冰室合集》第6册，专集之四，第5页。

④ 梁启超：《新民说·释新民之义》，载《饮冰室合集》第6册，专集之四，第7页。

所以自立之道，汇择其长者而取之，以补我之所未及"。① 梁启超尤其强调，所谓"新民"，是"自新"而非"他新"："新民云者，非新者一人，而新之者又一人也，则在吾民之各自新而已。孟子曰：'子力行之，亦以新子之国。'自新之谓也，新民之谓也。"② 亦就是充分发挥人的主观能动性，通过自我教育，自我改造，去掉身上的"旧习染"，做一个有理想人格，适合时代要求的"新民"。

在论证了"新民"的重要性和如何"新民"的方法或途径后，梁启超从思想启蒙的要求出发，根据他对西方思想文化的理解，重点阐述了什么样的人才能称之为"新民"，也就是说，"新民"应该具有什么样的品格。

首先，"新民"应是自由的。梁启超指出，自由包括"我之自由"亦即人身自由和"精神自由"。这两种自由虽然都很重要，不可或缺，但就两者的比较而言，"精神自由"对于人的自由更具有其重要意义。所以他称人身自由为"小者"，"精神自由"为"大者"，认为在争取自由的过程中，只有"先立乎其大者，则其小者不能夺也"；"小不夺大，则自由之极轨焉矣"。他还将人身不自由比之为"身奴"，精神不自由比之为"心奴"，认为"心奴"比"身奴"更可怕、可悲，因为"身奴"可以借助于外力获得解放，然而"心奴"却"如蚕在茧，着着自缚，如膏在釜，日日自煎"，是无法借外力获得解放的。所以"辱莫大于心奴，而身奴斯为末矣"；"若有欲求真自由者乎，其必自除心中之奴隶始"。③ 在他看来，"心奴"主要表现在以下几个方面：一是诵法孔子，"为古人之奴隶"；二是俯仰随人，"为世俗之奴隶"；三是听天由命，"为境遇之奴隶"；四是心役于形，"为情欲之奴隶"。因此，要破除"心奴"，获得"精神自由"，就必须，"勿为古人之奴隶"，"勿为世俗之奴隶"，"勿为境遇之奴隶"，"勿为情欲之奴隶"。④ 总之，作为"新民"，应具有这样的品格："我有耳目，我物我格，我有心思，我理我穷，高高山顶立，深深海底行，其于古人也，吾时而师之，时而友之，时而敌之，无

---

① 梁启超：《新民说·释新民之义》，载《饮冰室合集》第 6 册，专集之四，第 6 页。
② 梁启超：《新民说·论新民为今日中国第一急务》，载《饮冰室合集》第 6 册，专集之四，第 3 页。
③ 梁启超：《新民说·论自由》，载《饮冰室合集》第 6 册，专集之四，第 47 页。
④ 梁启超：《新民说·论自由》，载《饮冰室合集》第 6 册，专集之四，第 47—50 页。

容心焉，以公理为衡而已。"①

　　其次，"新民"应具有利群、爱国的公德。梁启超指出，德有公德、私德之分，"人人独善其身者谓之私德；人人相善其群者谓之公德"。前者讲的是个人的道德修养，后者讲的是个人与群体之间的关系，"二者皆人生所不可缺之具也"。但就二者的比较而言，公德更为重要一些。这是因为，人作为"善群之动物"，如何"合群"是第一要紧的事。而要"合群"，乃"必有一物焉贯注而联络之，然后群之实乃举"，这"一物"便是公德。"公德者何？人群之所以为群，国家之所以为国，赖此德焉以成立者也。"②所以公德的基本精神是利群、爱国。公德的有无，直接关系到群体、国家的兴衰。可是，当时的中国，"所最缺者"就是公德。因为中国自古以来"皆知有私德，不知有公德"，重视个人的道德修养，而不重视个人与群体之间的关系，"国民中无一人视国事为己事者"，这也是造成中国"政治之不进，国华之日替"的重要原因。为了振兴中国，他大声疾呼提倡公德："知有公德，而新道德出焉矣，而新民出焉矣！公德之大目的，既在利群，而万千条理即由是生焉。"③并再三强调，群之最大者是国家，所以"新民"应当具有国家思想，个人和小群都要服从国家利益。

　　再次，"新民"应具有权利、义务观念。梁启超指出，权利"生于强"，即任何权利都是凭借暴力或强力实现的，人们要想得到和保持自己的权利，就必须树立权利思想，这也是"固其群善其群之不二法门也"。中国人的最大弱点，就是缺乏权利思想，自己的权利受到侵害也不觉痛苦，甚至麻木不仁。西方人对于权利则非常重视，绝不允许自己的权利有丝毫的侵害。所以，中国讲仁，西方讲义。"仁者人也，我利人，人亦利我，是所重者常在人也。义者我也，我不害人，而亦不许人之害我，是所重者常在我也"，仁与义虽然很难说谁最好，但"在今日，则义也者，诚救时之至德要道哉"。④他认为，要使中国人养成权利观念，"必自个人始"，人人都应具有绝"不肯损一毫"之精神。提倡这种精神，"非争此一毫，争夫人之损我

①　梁启超：《新民说·论自由》，载《饮冰室合集》第6册，专集之四，第48页。
②　梁启超：《新民说·论公德》，载《饮冰室合集》第6册，专集之四，第12页。
③　梁启超：《新民说·论公德》，载《饮冰室合集》第6册，专集之四，第14—15页。
④　梁启超：《新民说·论权利思想》，载《饮冰室合集》第6册，专集之四，第35页。

一毫所有权也"，而"所有权即主权"。这样，只有人人都争得和保住自己的那一份权利，那么，"一部分之权利，合之即为全体之权利；一私人之权利思想，积之即为一国家之权利思想"。① 而有无权利思想，这对于一个国家来说意义非同小可，如果把国家比之为一棵大树，那么"权利思想譬犹根也"，没有根已腐烂而树不死亡的。因此，他要求政治家以勿摧压权利思想为第一义，教育家以养成权利思想为第一义，广大国民各自以坚持权利思想为第一义。"国民不能得权利于政府也，则争之；政府见国民之争权利也则让之，欲使吾国之国权与他国之国权平等，必先使吾国中人人固有之权皆平等，必先使吾国民在我国所享之权利与他国民在彼国所享之权利相平等。"② 当然，他进一步指出，讲权利不要忘义务，因为"义务与权利对待者也，人人生而有应得之权利，即人人生而有应尽之义务"③。权利与义务相辅相成，有权利无义务，或有义务无权利，都不是正常的现象，小都不可能持久。中国人不仅没有权利思想，也缺乏义务意识，所以中国在培养国民的权利思想的同时，也要加强对国民义务思想的培养。

再其次，"新民"应具有进取冒险精神。梁启超指出，"天下无中立之事，不猛进，斯倒退矣"。中国就是不进则退的典型。欧美各国所以能后来居上，"优强于中国者，原因非一而其富于进取冒险之精神，殆其尤要者也"。如哥伦布发现美洲新大陆，马丁·路德的宗教改革，麦哲伦的环绕地球的航行，俄国彼得大帝的改革，克林威尔领导的英国革命，华盛顿领导的美国独立战争，如此等等，便是其明证。和欧美各国相反，"吾中国人无进取冒险之性质，自昔已然，而今且每况愈下也"。④ 这是中国所以落后的重要原因。他认为，是否具有进取冒险精神，是文明人区别于动物和野蛮人的一个标志。动物和野蛮人饥则求食，饱则嬉焉，知有今日而不知有明日。文明人则不同，他们有理想，有抱负，不满足于今日，而希望于明日，"惟明日能系我于无极，而三日焉，而五日焉……而一年焉，而十年焉，而百年焉，而千万年焉，而亿兆京垓无量数不可思议年焉，皆明日之积也"，否

① 梁启超：《新民说·论权利思想》，载《饮冰室合集》第 6 册，专集之四，第 36 页。
② 梁启超：《新民说·论权利思想》，载《饮冰室合集》第 6 册，专集之四，第 39—40 页。
③ 梁启超：《新民说·论义务思想》，载《饮冰室合集》第 6 册，专集之四，第 104 页。
④ 梁启超：《新民说·论进取冒险》，载《饮冰室合集》第 6 册，专集之四，第 23—29 页。

则，"保守今日故进取之念消，偷安今日，故冒险之气亡，若此者，是弃其所以为人之具，而自侪于群动也"。① 人如果没有进取冒险精神，便是自己将自己降到了动物与野蛮人的行列。所以，他一再强调，进取冒险精神是"新民"必须具有的品格。

除上述这些品格外，梁启超认为，作为"新民"，还应具有生利思想、合群思想、尚武精神，以及自治自尊、自治自立的观念等。

梁启超在《新民说》中，主张个性解放，反对奴隶思想，对中国人的国民劣根性进行了一次彻底批判，并在此基础上系统地向人们灌输了一套新的道德理想和价值观念，其实质是中国在从封建社会向资本主义社会转型的过程中，如何实现人的现代化问题，他讲的"新民"，也就是摆脱了封建主义压制和束缚的、具有资产阶级世界观人生观和价值取向的一代新人。"后来章太炎、孙中山和鲁迅等人也都注重于培养造就一代新人，提出了进行革命道德教育、改造旧'国民性'等重要主张。从中国近代关于改造旧'国民性'、造就一代新人的理论发展来看，梁启超提出的'新民'说是个重要的环节。"② 《新民说》刊载不久，黄遵宪在给梁启超的信中表露他阅读《新民说》时的心情："茫茫后路，耿耿寸衷，忍泪吞声，郁郁谁语，而何意公之新民说遂陈于吾前也。罄吾心之所欲言，吾口之所不能言，公尽取而发挥之，公试代仆设身处地，其惊喜为何如也。"③ 胡适在《四十自述》中回忆说："《新民说》诸篇给我开辟了一个新世界，使我彻底相信中国之外还有很高等的民族，很高等的文化。"④30年代，何干之写《中国启蒙运动史》，将《新民说》称作是"第三等级的人权宣言书"，说它"代表那时第三等级的政治主张"，认为单从启蒙的意义来说，"《新民说》最有价值，影响也最大"。⑤

① 梁启超：《新民说·论进取冒险》，载《饮冰室合集》第6册，专集之四，第26页。
② 冯契主编《中国近代哲学史》上册，上海人民出版社，1989，第342页。
③ 丁文江、赵丰田编《梁启超年谱长编》，第306页。
④ 胡适《四十自述》，载《胡适全集》第18卷，第61页。
⑤ 何干之：《近代中国启蒙运动史》，生活书店，1937，第80页。

三、康有为的"大同"世界

领导维新变法运动和撰写《大同书》，是康有为最重要的两大贡献。康有为的"大同"思想的形成有一个较长的过程。据康的《自编年谱》讲，1885 年他从事算学，即开始"以几何著人类公理"，"乃乎定大同之制"，大约至 1887 年写成了一个初稿。到 80 年代末 90 年代初，他把《公羊》的"三世"学说与《礼记·礼运》篇的"大同""小康"糅合一起，提出了他的大同之道。在万木草堂讲学期间，在第一稿的基础上，经过进一步的修改充实写成《大同书》的第二部草稿。在修改过程中，他曾与自己的两位高足陈千秋、梁启超反复讨论过。梁启超在《三十自述》中写道："先生时方著《公理通》《大同学》等书，每与通甫（陈千秋）商榷，辨析入微，余辄侍末席。"①《大同学》就是《大同书》。当时陈千秋和梁启超读到这部鼓舞人心的杰作，"读则大乐，锐意欲宣传其一部分"。康有为的次女康同璧小时也见过此书。及后因戊戌政变康有为逃到日本后，曾向日人犬养毅"出示《大同书》稿本二十余篇"。可见戊戌变法前康有为确写有《大同书》的草稿。但这第二部草稿已经散失。梁启超 1901 年写《康南海先生传》，称该书"其理想甚密，其条段甚繁，以此区区小篇，势不能尽其义蕴，今惟提其大纲"②。而这个大纲有一万多字，包括了今本《大同书》的主要内容。这说明戊戌变法前康有为的大同思想已基本形成。

1898 年 9 月戊戌政变发生后，康有为逃往海外，先后到日本、加拿大、英国、新加坡、印度等国游历。耳闻目睹，使他对资本主义国家的物质文明及其社会问题有了较具体的感性认识，于是他决定重修《大同书》。1902 年他隐居于印度北部山城大吉岭，潜心著述，经过四个多月的辛勤笔耕，写成第三稿，增加许多游历的见闻，对西方资本主义制度的高度发展作了具体肯定，对其弊端进行了尖锐的批评，对理想的大同社会的高度物质文明和精神文明展开了丰富的想象和具体的描述。书成之日，康氏曾赋诗述怀，其中有"廿年抱宏愿，卅卷告成书"之句。《大同书》的手稿，今藏于上海文管会和天津图书馆。

① 梁启超：《三十自述》，载《饮冰室合集》第 2 册，文集之十一，第 17 页。
② 梁启超：《康南海先生传》，载《饮冰室合集》第 1 册，文集之六，第 73 页。

　　1913 年，康有为将《大同书》一书的甲、乙两部刊于《不忍》杂志，1919 年由长兴书局刊印单行本，冠以《大同书》之名。他在《自序》中称："此书有甲、乙、丙、丁、戊、己、庚、辛、壬、癸十部，今先印甲、乙两部……余则尚有待也。"他的弟子们一再请他将全部书稿付梓，但均被拒绝，到他逝世后 8 年，即 1935 年，全书才由其弟子钱定安略加校订，由中华书局出版。与 1902 年成书的第三稿比较，1935 年本内容没有什么变化，但结构有所调整。《大同书》全书共 30 卷，约 20 万字，分为 10 部：即甲部《入世界观众部》，乙部《去国界合大地》，丙部《去级界平民族》，丁部《去种界同人类》，戊部《去形界保独立》，己部《去家界为天民》，庚部《去产界公生业》，辛部《去乱界治太平》，壬部《去类界爱众生》，癸部《去苦界至极乐》。

　　任何新的学说的形成，都必须从已有的思想材料出发。康有为的《大同书》也不例外，它所吸取的已有的思想材料是非常复杂的，范文澜就说康有为写作《大同书》，"混合公羊家三世说、礼运篇小康大同说、佛教慈悲平等说、卢骚天赋人权说、耶稣教博爱平等自由说，还耳食一些欧洲社会主义学说，幻想出一个'大同之世'"[1]。康有为自己也承认，他的《大同书》是集"孔子之太平世，佛之莲花世界，列子之甄瓶山，达尔文之乌托邦"而成。[2] 康有为把各家学说糅合在一起，形成了自己的大同思想体系，构筑起一个大同的理想世界。这是康有为的《大同书》的思想来源。《大同书》的主要内容，概而言之，一是对旧世界的批判，二是对新世界的憧憬。

　　康有为认为现实世界就是一个无处不苦、无人不苦的大苦海，并列举了人生之苦、天灾之苦、人道之苦、人治之苦、人情之苦、人所尊尚之苦、劳苦之苦、贱者之苦、压制之苦、阶级之苦等 38 种苦难，不仅劳动群众、贫困农民，就是富人、贵人、皇帝也苦不堪言。比如，他在"天灾之苦"中描绘了农民"终岁之勤，一粒无获"，"贫农仰天，呼泣呕血"的深重痛苦[3]；在"劳苦之苦""贱者之苦"中，诉说了民众遭受残酷剥削的痛苦；在"压制之苦""阶级之苦"中，叙述了现实制度的种种弊端："政权不许参预，

---

① 范文澜：《中国近代史》第一分册，生活·读书·新知三联书店，1938，第 314—315 页。
② 康有为：《大同书》，中华书局，1956，第 69 页。
③ 康有为：《大同书》，第 18—19 页。

赋税日以繁苛，摧抑民生，凌锄士气。务令其身体拘屈，廉耻凋丧，志气扫荡，神明幽郁"①。在他看来，"据乱世"是造成这种种苦难的根本原因。

康有为在批判"据乱世"的旧世界时，还把批判的矛头指向了以"三纲五常"为核心的封建伦理道德规范。关于"君为臣纲"，他指出，通过"名分"的限禁、"体制"的压迫和"义理"的桎梏，"君为臣纲"把人囚之于囹圄之中而不得自由，专制君主打着"君臣之义"的招牌，可以肆意廷杖大臣，残害忠良，把他们的妻子沦为乐户、娼妓，把他们的亲族流放于极地边陲。君主滥杀大臣，大臣还要承认该杀。他认为君为臣纲违背了人生而平等、自由、享有各种天赋人权的原则，因而也违背了天理，是最不人道的。他说："人人有天授之体，即人人有天授自由之权。故凡为人者，学问可以自学，言语可以自发，游观可以自如，宴飨可以自乐，出入可以自行，交合可以自主。此人人公有之权利也。"中国以"君为臣纲"为核心的伦理道德规范，禁止人们享有这些权利，故"谓之夺人权，背天理矣"。②关于"父为子纲"，他指出，父母虽然于子女有养育之恩，但子女并不是父母的私人财产，因为子女和父母一样都是天命所生，与父母不存在依附关系，不是父母的附属品，父母不能把子女当作自己的私有财产那样随意处置，虐待他们。父为子纲，要求子女绝对服从父母，不能有自己的自由，这是对子女天赋人权的侵犯，是通向太平之世、大同理想的"巨碍"，"不得不除之"。康有为着墨最多的是对"夫为妻纲"的批判。《大同书》中的戊部《去形界保独立》及己部《去家界为天民》，洋洋6万余言，基本上都是围绕这一主题展开的。他抨击具体体现夫为妻纲的"三从四德"，使妇女"失自立之人权，悖平等之公理甚矣"！③他认为天下最不公平之事莫过于男人对女人的压迫，男人"忍心害理"，对妇女"抑之，制之，愚之，闭之，囚之，系之，使不得自立，不得任公事，不得为仕宦，不得为国民，不得预议会，甚且不得事学问，不得发言论，不得达名字，不得通交接，不得预享宴，不得出观游，不得出室门"，把她们作为囚犯、刑徒、奴婢、玩具来对待，要求她们"斫束其腰，蒙盖其面，刖削其足，雕刻其身"，而男人

---

① 康有为：《大同书》，第 44 页。
② 康有为：《大同书》，第 136 页。
③ 康有为：《大同书》，第 134 页。

们自己则荒淫无度，为所欲为，"遍屈无辜，遍刑无罪，斯尤无道之至甚者矣！"①康有为还特别对"据乱世"社会的婚姻制度进行了严厉批判，认为在这种婚姻制度下，女子对自己的婚姻"全无自主之权"，"一切听他人播弄，其惨剧岂可复言哉！"②而结婚后，女子只能从一而终，"遂使夫也不良，得肆终风之暴，而女子怀恨，竟为终身之忧，救之无可救，哀之无可哀，于是谚所谓'嫁鸡随鸡，嫁狗随狗'，今果然矣，岂不哀哉！"③他认为夫为妻纲婚姻关系的实质，是男子"以女子为私有"，从而造成"不公不平，冤魂愁气，遂至弥天塞地矣"。④

　　康有为认为，作为"升平世"的社会，虽然比"据乱世"的社会文明、进步，但与"太平世"的大同社会比较仍有天壤之别，还存在着许多弊端和不合理的现象。譬如，一些国家贫富悬殊，大工厂、大轮船、大商场、大铁道……皆为大资本家所有，而工人阶级和其他下层群众则在饥饿死亡线上挣扎。举世闻名的头等繁荣大都市如法国的巴黎、英国的伦敦、美国的纽约，都是资本家的天堂，而与贫苦大众无缘。再如，自由竞争和无政府状态，生产的无计划性，造成物价波动和生产过剩，乃至"甲物多而有余，乙物少而不足"⑤，或应更新而守旧，或已见弃而仍力作。生产的大量过剩，造成财富的大量浪费。又如一些国家为争夺原料产地和商品倾销市场，而穷兵黩武，经常发动战争，给人民的生命财产造成巨大的损失和破坏。另外，在"升平世"的社会里，妇女也处在不平等的地位。她们不得为官，不得为议员，没有选举权和被选举权，议会中各政党之间尔虞我诈，钩心斗角，所谓竞选，实际上是金钱竞争。总之，"升平世"社会百孔千疮，并不十分完美。

　　批判旧世界的目的，是为了建设一个新世界。康有为在《大同书》中对大同世界的图景作了十分详细的描绘，其特征是：

　　一、财产归公，按劳分配。康有为所描绘的大同世界是建立在财产公

---

① 康有为：《大同书》，第126页。
② 康有为：《大同书》，第137页。
③ 康有为：《大同书》，第138—139页。
④ 康有为：《大同书》，第160页。
⑤ 康有为：《大同书》，第239页。

有的基础上的，不存在任何私有制。用康有为的话说："今欲致大同，必去人之私产而后可；凡农工商之业，必归之公。"① 土地公有，私人不得自由买卖。林业、渔业、牧业和矿业实行公营，工业生产资料由工部总管，依据地形、交通、市场的条件，开办各类工厂，"使天下之工必尽归于公……不许有独人之私业矣"②。商业也实行"公商"，商部于各地设立商局和各种类型商店，可按人们所需实行送货上门服务。银行由公经营，"凡全地之金行皆归于公，无有私产"③。其他如邮电、医院、学校以及育婴堂、养老院、考终院等各种文教公益事业无一不是公产公营。

与财产公有相适应，大同世界实行计划经济和按劳分配。全世界公政府设立农部、工部和商部。农部、工部和商部按人口需要和各地物产，制订相应的计划进行生产、运输和消费。人人工作，靠工资生活，"自农夫、渔、牧、矿工，各视其材之高卜，阅历之浅深，以为工价之厚薄，略分十级"，最低一级，"足为其衣食之资"。④ 其中优秀者，可以提拔为各级管理机构的人员。即使领取最低工资者，亦可丰衣足食。对那些请假不工作的人，必须扣除其工资。至于那些懒惰成性、不想工作或经常请假的人，则要开除公职。懒惰是大同理想社会最重要的禁忌。在罚懒的同时，奖勤赏精，如有创造发明或对社会有重大贡献，给予重奖。住房平等，每人可免费居住公房。衣食、日用及旅游等由工资载支，听各人自由选择，生活用品归个人所有。

二、没有阶级，人人平等。康有为所描绘的大同世界是一个没有阶级，人人平等的社会。他写道："当太平之世，既无帝王、君长，又无官爵、科第，人皆平等，亦不以爵位为荣，所奖励者惟智与仁而已。"⑤ 凡是想做帝王君长的人，都是对平等公理的背叛，是大逆不道的第一罪恶，应为全体公民所抛弃。因此他诅咒专制皇帝为"民贼屠夫"，激烈反对独尊，反对不平之法所造成的等级制度，认为等级制度会造成社会黑暗，不能进化，这

---

① 康有为:《大同书》，第 240 页。
② 康有为:《大同书》，第 246 页。
③ 康有为:《大同书》，第 269 页。
④ 康有为:《大同书》，第 244 页。
⑤ 康有为:《大同书》，第 275 页。

也是古代埃及、波斯和俄罗斯所以国家衰弱、以至灭亡的根本原因。他尤其强调了男女平等对实现大同社会的重要意义，认为男女平等是天赋人权的总体现，是大同社会的出发点，全世界人欲去家界之累，欲去财产之害，欲去国家之争，欲去种界之争，欲致大同之世，都"在明男女平等各有独立之权始矣，此天予人之权也"[1]。

由于大同世界人人平等，既没有臣妾奴隶，也没有君主统领，更没有教主教皇，实行的是一种社会自治制度，"大同之世，全地皆为自治，全地一切大政皆人民公议"，"没有统治者和被统治者"，"举世界之人公营全世界之事，如以一家之父子兄弟，无有官也"。大同世界也没有刑罚，仅有耻辱，人民无罪无刑，表现不好的唯受社会舆论的谴责而已。[2]

三、废除国家，设立公政府。康有为所描绘的大同社会"无国土之分，无种族之异"，破除了国界，没有国家，全世界的社会行政组织分为三级：第一级亦即最高级是"全地大同公政府"，设民部、农部、牧部、渔部、矿部、商部、金部等20个部，分别管理全地球各方面的事务。另设立会议院、上议院、下议院和公报院。会议院负责处理各部相关之事及公共大政，上议院是大同公政府的最高立法机关，下议院为群众公议机关，全体公民都是下议院议员，公报院掌管查考并向社会报道全球发生的事情。第二级亦即各度分政府。康有为分全球为100个度，每度设一自治公政府，设民、农、矿、工、商等14曹，并设立会议院、上议院、下议院和公报院。第三级亦即最下级是地方自治局，即基层自治政府，设农、矿、牧、渔、工、商、金等14个局。设地方议院公议本局立法诸事，选举本局官员。地方自治局下属各农场、牧场、渔场、工厂、商店等，规模都很大，各由厂主负责，不设乡官。这里需要指出的是，康有为设计的公政府是以美国、瑞士的民主制度为蓝图的。用《大同书》中的话说："统一于公政府者，若美国、瑞士之制是也。"[3]

大同社会里人民享有高度的民主自由，所有公民都有选举权和被选举权，各级公政府的官员、议员都不是统治者，而是人民的公仆，他们全由

---

[1] 康有为：《大同书》，第252页。
[2] 康有为：《大同书》，第255—261页。
[3] 康有为：《大同书》，第71页。

民选产生，任期一般一年，一切法律和重大事情由民主讨论决定，任何人不得专断独行。各级公政府的主要职责是管理生产、分配、文教和公共福利事业。

四、妇女解放，取消家庭。康有为所描绘的大同世界实现了真正意义上的男女平等，妇女通过实施"女子升平独立之制"的 11 条办法，得到了完全解放。这 11 条办法是：（一）设立女学，章程与男子学校同；（二）选举、考试、为官、为师，但问才能，不分男女，女子亦可当选大总统；（三）女子可充当议员，负责国事，与男子无别；（四）妻子与丈夫在法律上一律平等；（五）禁止从夫风俗，还女子本人的姓名；（六）婚姻自由，父母尊重儿女选择，不得包办；（七）禁止二十岁以前的早婚现象；（八）妇女成年后有出入、交接、游欢、宴会的自由；（九）禁止缠足、束腰、穿耳鼻唇以挂首饰，以及用长布掩面、蔽身，加锁于眉中、印堂等危害妇女健康的风俗；（十）女子在一切场合皆与男子平起平坐，不分领域；（十一）女子与男子衣服装饰相同。由此可见，在康有为所设计的大同社会里，妇女有为师、为长、为吏、为君、执职、任事权，有选举和被选举权，有婚姻自主权，有社交自由权，有在法律上与男子平等权。

与妇女解放相联系，康有为所描绘的大同世界不仅废除了国家，家庭也取消了。男女"婚姻之事不复名为夫妇，只许订岁月交好之和约而已"[1]，所生儿女由公政府抚育、教养，人们的生老病死统由公政府负责。每个地方自治局均设有人本院、育婴院、慈幼院、小学校、中学校、大学校、医疾院、养老院、恤贫院、考终院等一套公益机构，凡孕妇皆入人本院实行胎教，生育后 3 至 6 个月小孩断奶出院，入育婴院，3 至 6 岁入慈幼院，6 至 10 岁入小学院，11 至 15 岁入中学院，16 至 20 岁入大学院，毕业后由大学院向各业公所推荐，由其择聘，若无人聘用，则俯就贱业。60 岁入养老院，"务穷极人生之乐，听人自由欢快，一切无禁"[2]。人死后送考终院火化，骨灰作为肥料去肥田。

五、高度发达的物质文明和精神文明。康有为所描绘的大同世界是个高

---

[1] 康有为：《大同书》，第 252 页。
[2] 康有为：《大同书》，第 225 页。

度物质文明的社会。"大同之世无奴仆，一切皆以机器代之。"[1]机械化、电气化、自动化的程度极高，铁道横织于地面，气球飞舞于天空，轮船穿梭于江海湖泊，各种新机器、新技术，日新月异，层出不穷。他甚至设想出一种能活动的房屋，用电做动力，可以依据道路上的轨道自由活动，像火车一样或开到海滨，或开到湖边，或开到山野，听凭主人的指挥。他还天才地猜测出了一种专为人们传送饮食的机器鸟和机器兽，只要在家里打一个电话给公共食堂，机器鸟即可飞递所需要的食品，或者只要按一下餐桌的开关，菜饭便可从厨房运到桌子上来。从事农、工、商业工作的人，因为百举皆有机器，工作时就不会弄脏手足，也没有顶风冒雪的辛苦。由于实现了机械化、电气化和自动化操作，劳动起来就像"逸士之蓺花，英雄之种菜，隐者之渔钓，豪杰之弋猎"一样的轻松、舒适和随心所欲，每人每天只需工作三四个小时。

大同世界又是一个高度精神文明的社会。在这里，教育得到高度重视，成为社会进步的巨大推动力。根据康有为的描述，"太平世以开人智为主，最重学校，自慈幼院之教至小学、中学、大学，人人皆自幼而学，人人皆学至二十岁，人人皆无家累，人人皆无恶习"[2]。每个地方的自治公政府都设有博物院馆、图书馆、音乐馆、美术馆、公游园、动物园、讲道台、公报馆等，供人们参观和游乐。人们在劳动之余，可以随心所欲地去逛公园，看演出，听音乐，或到世界各地旅行，享尽人间欢乐。由于重视教育，人人都受过良好的专业训练，有很高的文化和道德修养，社会上几乎没有犯罪，大家都友好相处，"惟相与鼓舞踊跃于仁智之事"[3]。

以上是康有为为我们所描绘的大同世界的图景。这是一个什么样的社会呢？是资本主义社会？还是社会主义社会？这是学术界长期争论不休的一个老问题。按照康有为的描绘，看来相当符合空想社会主义的特征。康有为最得意的弟子、早在万木草堂时期就聆听过乃师讲解大同世界的梁启超就认为，"先生之哲学，社会主义派之哲学也"，其理想"与今世所谓世界

---

① 康有为：《大同书》，第296页。
② 康有为：《大同书》，第278页。
③ 康有为：《大同书》，第277页。

主义社会主义者多合符契"。① 应该说梁启超对乃师大同世界性质的评价是相当准确的。实际上康有为在写作《大同书》期间，就参考过欧美空想社会主义思想家的著作。1891 年末至 1892 年初，《万国公报》连载过美国空想社会主义思想家写的一部空想社会主义小说《回顾》（题名为《回头看纪略》，又称《百年一觉》）。小说描写波士顿一个青年，从 1887 年沉睡到 2000 年，说他睡醒时，看到了一个全新的世界：生产资料私有制被取消了，实行财产公有，没有失业率和贫困——《万国公报》是当时外国人在中国办的一份很有影响的报纸，由于它经常刊登国际国内新闻和发表一些鼓吹变革的文章，很受国内一些开明士大夫和官员的重视，康有为就经常看《万国公报》，读过这篇小说，深受其影响。

康有为为我们描绘了一个没有阶级、剥削和压迫，人人平等，人人幸福的大同世界，但如毛泽东所指出的那样，"他没有也不可能找到一条到达大同的道路"②。在《大同书》中，他设计的通往大同世界的道路是所谓"去九界"：（一）去国界，合大地；（二）去级界，平民族；（三）去种界，同人类；（四）去形界，保独立；（五）去家界，为天民；（六）去产界，公业生；（七）去乱界，治太平；（八）去类界，爱众生；（九）去苦界，至极乐。其中他又把"去形界"即男女平等作为去九界的第一步，再进而"去家界"即消灭家庭，以此来消除人世间的一切苦难，实现大同。他的设想是，只要"大明天赋人权之义，男女皆平等独立，婚姻之事不复名为夫妇，只许订岁月交好之和约而已；行之六十年，则全世界之人类皆无家矣，无有夫妇父子之私矣，其有遗产无人可传，其金银什器皆听赠人。若其农田、工厂、商货者皆归之公，即可至大同之世矣。全世界之人既无家，则去国而至大同易易矣"③。企图通过实现男女平等，取消家庭而达到世界大同，这只是一种天方夜谭。因为造成男女不平等的原因，除观念、传统习俗的影响外，最根本的是男女经济地位的不平等，而要实现男女经济地位的平等，就必须废除财产私有。作为社会最基本细胞的家庭，有它长期存在的合理性和必要性，就是实现了真正意义上的男女平等，家庭在相当长的时期内

---

① 梁启超：《清代学术概论》，载《饮冰室合集》第 8 册，专集之三十四，第 60 页。
② 毛泽东：《论人民民主专政》，载《毛泽东选集》第四卷，第 1471 页。
③ 康有为：《大同书》，第 252 页。

也不会被取消，因为产生家庭的基本条件，如个人财产依然存在。康有为不从废除私有财产，发展生产力入手，反而倒果为因，想通过实现男女平等，取消家庭来改造整个社会，达到大同世界，这只能是无法实现的空想。

在《大同书》中，康有为还提出过很多错误的观点。比如，他提出"去国界，合大地"，认为有国家就会有战争，要免除战争之苦，就必须去国界，消灭国家。而消灭国家的办法是"弱肉强食"，让强国大国并吞弱国小国，把它们变成强国大国的一个邦，这样随着小国的不断被吞并，强大的国家就会像滚雪球一样越滚越大，最后当全世界只剩少数几个强国大国时，人们再也不会产生其他奢望，"惟思大同"，于是合地球为一的公政府就会应运而生，国名、国界不再存在，从此也就不会再有战争。再如，他提出"去种界，同人类"，主张实现种族平等，却把社会达尔文主义用于人类，以黑色、棕色人种为劣种不能进入大同，必须加以同化改造，而改造的方法，是所谓迁地之法、杂婚之法、改良之法和淘汰之法，经过千百年的改造后，劣等的黑色、棕色人种将绝迹，剩下的是优等的白种、黄种，这样世界也就实现了大同。对有色人种的歧视，和他所主张的民族平等绝无半点共同之处。除错误的观点外，《大同书》中还夹杂着一些荒诞不经的内容。如在《去苦界至极乐》一章中，康有为提出，为了实现"净香之乐"，大同世界的人们将剃除发眉和五阴之毛，只留下鼻毛以御尘埃秽气，因为"人之身以洁为主，毛皆无用者也"。①

尽管康有为的《大同书》没有找到一条到达大同的道路，其中还夹杂着一些错误甚至荒诞不经的内容，但作为晚清思想史上的一部"奇书"，它具有重要的思想启蒙价值和历史意义。首先，《大同书》对"据乱世"的封建社会和纲常名教进行了严厉批判，而批判的理论依据是西方的天赋人权论和民主、自由、平等思想。就其批判的内容之广泛、言辞之激烈而言，在晚清思想家中，恐怕只有谭嗣同的《仁学》能与之相提并论。而批判封建社会和纲常名教，是具有思想启蒙意义的。尤其是它提出的妇女解放、男女平等思想，达到了很高的认识水平。恩格斯曾经说过，妇女解放是衡量一个社会进步与否的尺度。仅此而言，《大同书》就是一部杰出的思想启蒙

----

① 康有为：《大同书》，第298页。

著作。《大同书》在批判封建社会和纲常名教的同时，还对广大劳动人民和下层群众遭受的种种痛苦表示出了深切的同情，具有鲜明的民本意识。但这里需要指出的是，康有为虽然在《大同书》里批判对妇女的压迫，提倡妇女解放和男女平等，然而在实际生活中，他又是一夫多妻制和男权主义的维护者。其次，《大同书》和康有为的另外两部著作《新学伪经考》和《孔子改制考》一起，构成了康氏维新变法的理论体系。如果说《新学伪经考》的要旨在破除守旧理论，《孔子改制考》的要旨在树立变法理论，那么《大同书》的要旨就在宣传维新变法的光明前景，它对维新派起了一定的鼓舞作用。早在万木草堂时期，陈千秋、梁启超读了《大同书》的第二稿后"喜欲狂"，激动地向同窗宣传，"此后万木草堂学徒多言大同矣"。自称是康氏私淑弟子的谭嗣同也为大同思想所鼓舞，认为"南海先生传孔门不传之正学，阐五洲大同之公理，三代以还一人，孔子之外无偶"[1]。从此他亦"盛言大同"。戊戌变法失败后，它又成了鼓励维新派继续从事未竟的维新变法事业的有力武器。最后，晚清曾先后出现过三次社会主义空想，这就是洪秀全的农业社会主义空想（《天朝田亩制度》）、康有为的大同社会主义空想（《大同书》）和孙中山的民生社会主义空想（民生主义）。这三种社会主义空想在晚清的陆续出现和升级换代，反映了中国人民对旧的封建制度的憎恨和对美好幸福生活的渴望，反映了中国社会面临的客观时代课题和经济发生变化的深刻内涵。与洪秀全的农业社会主义空想相比较，康有为的大同社会主义空想的进步性不言而喻，因为洪秀全的农业社会主义空想是建立在小农经济基础上的，而康有为的大同社会主义空想是以高度发达的物质文明、精神文明和机器大生产为前提的。和孙中山的民生社会主义空想相比较，二者都批评资本主义制度，力图避免西方社会的种种不合理现象在中国重现。但孙中山的民生社会主义空想所提出的达到理想社会的途径，一是平均地权，二是节制资本。而平均地权的实质，是要实行土地国有化，从而为资本主义工商业的发展扫清障碍；节制资本的实质，是要发展国家计划的资本主义经济。所以孙中山民生社会主义空想的实质是发展资本主义，而发展资本主义符合当时中国社会的需要和国情，有其历史的进步性。

① 谭嗣同：《上欧阳中鹄书》（二十二），载《谭嗣同全集》（增订本），第 475 页。

康有为的大同社会主义空想要废除私有制，实行财产公有，则超越了中国
社会的历史发展阶段，带有更多的"乌托邦"色彩。

四、"严译名著"及其影响

我们前面已经提到，戊戌变法失败后，严复先后翻译和出版了《原富》
《群学肄言》《群己权界论》《社会通诠》《法意》《穆勒名学》和《名学浅说》
等西方名著。在这些名著中，严复给我们译介了西方自由经济思想、民主
与法制思想，传播了逻辑知识，宣传了科学思维，具有重要的思想启蒙意义。

《原富》（*An Inquiry into the Nature and Causes of the Wealth of Nations*），
原书名直译为《国民财富的性质和原因的研究》，又译为《国富论》，是英
国古典政治经济学家亚当·斯密（1723—1790）于1776年出版的一部代表
性著作。与严译《天演论》相类似，严复也没有直译原书名，而是根据自
己的理解译为《原富》。"原"者，察也，推求、察究之谓也。因此"原富"
的意思，也就是探究、寻找富强的原因。在《原富》的"译事例言"中严
复写道：关于经济学的书，按理应是越新越精密，但我为什么要翻译一本
一百多年前出的旧书呢？原因就在于该书"指斥当轴之迷谬，多吾国言财
政者之所同然"，翻译此书可以"温故而知新"，以纠正我国言政者的错误。
更为重要的是，"夫计学者，切而言之，则关于中国之贫富；远而论之，则
系乎黄种之盛衰。故不佞每见斯密之言于时事有关合者，或于己意有所枨
触，辄为案论，丁宁反覆，不自觉其言之长而辞之激也。嗟夫！物竞天择
之用，未尝一息亡于人间"。[①] 由此可见，为中国的富强和发展提供有益的借
鉴，这是严复翻译《原富》的根本目的。

和他翻译《天演论》一样，严复在翻译《原富》时也加了近6万字、
310条按语。在这些按语中，严复十分赞赏亚当·斯密的经济自由思想，反
复强调经济自由对国家富强的重要性和必要性。他认为，中国要谋求富强，
首先必须富民，因为富民是富国的前提和基础，而经济自由则是富民的最
佳途径。所以他反对国家对私人经济活动的干预，并以英国为例，比较了
经济自由与不自由的利弊得失："英五十年来，于赋税之事，几于悉贷与民，

---

① 严复：《译斯氏〈计学〉例言》，载《严复集》第一册，第98、101页。

而仅留其荦荦数大者，而后来之入，倍蓰于前。盖财者民力之所出。欲其力所出之至多，必使廓然自由，悉绝束缚拘滞而后可。国家每一宽贷，民力即一恢张，而其致力之宜，则自与其所遭之外境相剂。如是之民，其出赋之力最裕，有非常识所可测度者。若主计者用其私智，于一业欲有所丰佐，于一业欲有所沮挠，其效常终于纠掔，不仅无益而已。盖法术未有不侵民力之自由者。民力之自由既侵，其收成自狭。收成狭，少取且以为虐，况多取乎！"[1] 英国的经济发展，是由于经济自由，老百姓能自由地从事其经济活动。正是从这一认识出发，严复对洋务运动提出了严厉批评，认为洋务运动虽然历经"三十余年"，但除了"仰鼻息于西人"、耗费"无穷之国帑"外，"无一实效之可指"。[2] 其原因就在于它实行的是"畛域之致严"的经济垄断政策，是"官督商办"的经营形式，而没有给人民和企业经营自由权。严复还对当时的中外贸易、帝国主义强加给中国人民的战争赔款等问题发表了自己的看法，并热情地宣传资产阶级的民权自由思想，对中国的封建专制制度特别是清王朝的专制统治进行了猛烈抨击。《原富》正文中有一段关于国家应该开启民智，培养人民的爱国之心，而不应钳制人民的议论，严复加按语说，《原富》的这段话说的好像是中国，接着他发挥道："中国自秦政以降，大抵以议法为奸民。然宋元以前，朝政得失，士犹得张口而议也。至于明立卧碑，而士之性灵始锢。虽然，犹有讲学，而士尚可以自通。至于今世，始钳口结舌，以议论朝政为妖妄不祥之人，而民之才德识知，遂尽如斯密氏之所指。夫甚敝之政，其害必有所终。故自与外国交通以来，无往而不居其负。"[3] 专制统治是造成中国近代以来落后挨打、历次对外战争失败的原因所在。

严复翻译的《原富》出版后，得到了学术界的广泛好评。曾为该书作序的吴汝纶在致严复的信中，认为原著"理趣甚奥赜，思如芭蕉，智如涌泉，盖非一览所能得其深处"，翻译起来是非常困难的。但严复的译文"真足状难显之情，又时时纠其违失，其言皆与时局痛下针砭，无空发之议，此真

① 严译《原富》按语第 64，载《严复集》第四册，第 888 页。
② 严译《原富》按语第 66，载《严复集》第四册，第 888—889 页。
③ 严译《原富》按语第 96，载《严复集》第四册，第 907 页。

济世之奇构"。① 对严译《原富》给予了充分肯定。孙宝瑄于 1901 年 5 月购得《原富》甲、乙、丙三部后，以急迫的心情很快看完了全书，并在日记中大段大段地作了抄录，书中的经济思想也对他产生了一定的影响。他说，他原来对于修铁路、办矿务的重要性认识不足，以为这些都是变法的末节，现在读了严复翻译的《原富》，才知道富国之道，在于流通矿产，要想流通矿产，就必须修筑铁路，铁路可以"便商贩"，"通声气"，"利转输"，"便征调"，"便国利民，莫大于铁路者也"。② 所以，应将修铁路与办学堂、报馆和议院放在同等重要的地位。

《群学肄言》(The Study of Sociology)，直译为《社会学研究》，它是英国著名哲学家和社会学家斯宾塞（1820—1903）于 1873 年出版的一部著作。斯宾塞是个社会达尔文主义者，他认为生物界的物竞天择、适者生存的进化原理也同样适应于人类社会，人类社会的进化是一种渐变的进化。所以人们有时又称他为庸俗进化论者。《群学肄言》实际上是斯宾塞为自己的一部主要著作《综合哲学》所写的导论。全书分为 16 篇，其主要内容是研究社会学的意义、方法，并阐述其社会进化的观点。严复翻译这本书，除要继续介绍和宣传他在《天演论》中已经介绍和宣传过的进化论思想外，主要还在于他认为斯氏在书中所阐述的人类社会是在渐变中进化的原理，不仅与中国圣贤相传的思想有相通之处，而且也是医治中国现实问题的良方。他在《译〈群学肄言〉自序》中写道："二十年以往，不佞尝得其书而读之，见其中所以饬戒学者以诚意正心之不易，既已深切著明矣，而于操枋者一建白措注之间，辄为之穷事变，极末流，使功名之徒，失步变色，俯焉知格物致知之不容已。乃窃念近者吾国，以世变之殷，凡吾民前者所造因，皆将于此食其报。而浅谞剽疾之士，不悟其所从来如是之大且久也，辄攘臂疾走，谓以旦暮之更张，将可以起衰而以与胜我抗也。不能得，又搪撞号呼，欲率一世之人，与盲进以为破坏之事。顾破坏宜矣，而所建设者，又未必其果有合也。则何如稍审重，而先咨于学之为愈乎！"③

---

① 吴汝纶：《答严幾道》，载《吴汝纶全集》（三），施培毅、徐寿凯校点，黄山书社，2002，第207 页。
② 孙宝瑄：《忘山庐日记》上册，上海古籍出版社，1983，第 350 页。
③ 严复：《译〈群学肄言〉自序》，载《严复集》第一册，第 123 页。

　　《群己权界论》（*On Liberty*），直译为《论自由》，著者为英国自由主义思想家、逻辑学家约翰·穆勒（1806—1873）。原书写于 1859 年，其主要内容是宣传个性解放，反对封建迷信，倡导个人自由。这种自由包括思想言论自由、爱好和研究自由以及除了伤害他人以外的任何目的的组合自由。为保障个人的自由，穆勒主张应该给自由划出一个合理合法的范围，既能够使个人的自由获得空前的发展和发挥，也要使个人自由不至于妨碍他人，妨碍社会。为此，他提出了两条基本原则：第一，个人的行为只要不涉及他人的利害，个人就有完全行动的自由，不必对他人或社会负责，他人或社会都不得加以干涉；第二，当个人的自由危害到他人或社会的利益时，个人就要承担责任，受到社会的或法律的惩罚。很明显，穆勒的自由学说具有反对封建专制主义的积极意义。这是严复翻译该书的根本原因。严复最初翻译该书是在 1900 年前，最初的译本也是直译为《论自由》。但是经过 1898 年的戊戌政变，尤其是经过 1900 年义和团运动的混乱，以及此时兴起的"新政"改革等重大事件的刺激，他感到如果按原书直译为《论自由》，过于强调个人享有的种种不受社会干涉的自由，会使人产生误解，从而给动乱中的中国带来许多负面的影响。因此他斟酌再三，最后取了一个《群己权界论》的书名。[①] 所谓"群己权界"，也即个人（己）与群体或社会（群）的权利界限。严复认为，个人只有明白了"己"在"群"中的地位，明白了"己"对他人和社会的责任，而后自由之说"乃可用耳"；否则，"使无限制约束，便入强权世界，而相冲突"。[②] 穆勒的原著虽然也讲个人对他人和社会的责任，但强调得更多的是个人不受他人和社会干涉的自由；而严复强调得更多的是个人对他人和社会的责任。为了不使人对"自由"产生"放诞、恣睢、无忌惮"等"诸劣义"的误解，严复还将"自由"一律译为"自繇"。从严复对穆勒原著书名的更改和以"自繇"代替"自由"这一事实，可以看出 20 世纪初以严复为代表的中国自由主义者和以约翰·穆勒为代表的英国古典自由主义者对自由的认识差异。这种差异是双方历史处境的不同造成的。前者提倡自由时国家还没有获得独立，建立一个拥有主权

① 参见马勇《严复学术思想评传》，北京图书馆出版社，2001，第 154 页。
② 严复：《译〈群己权界论〉凡例》，载《严复集》第一册，第 132 页。

的民族国家、使中国尽快地富强起来，这是20世纪初以严复为代表的中国自由主义者优先考虑的一个问题。而后者生活在19世纪的中叶、工业革命正在高歌猛进的时代，彻底摆脱封建主义的束缚、为资产阶级的自由竞争和自由贸易提供理论依据，这是以约翰·穆勒为代表的英国古典自由主义者的历史责任。

《社会通诠》（*A History of Politics*），直译为《政治历史》，或《社会进化简史》，原书出版于1900年，英国社会学家甄克思（1861—1939）是该书的作者。作为一位著名的社会学家，甄克思主张用进化论来研究人类社会发展的历史。在他看来，人类社会是不断进化的，到目前人类社会大致经历过三个进化阶段：一是蛮夷社会，亦即图腾社会；二是宗法社会；三是国家社会，亦称军团社会。严复非常赞同甄克思对人类社会进化阶段的划分，他翻译《社会通诠》一书的目的，就是要使中国人认识社会的进化规律，他以甄克思对人类社会进化阶段的划分为标准，认为中国的唐虞以前是蛮夷社会，唐虞至周为宗法社会，秦以后到清是宗法社会向国家社会的过渡时代，这一时代虽然宗法社会和国家社会的成分混杂，但比较而言宗法社会的成分（占七成）比国家社会的成分（占三成）更多一些，其政法、风俗和人民的思维习惯都还是宗法社会的东西。为了说明中国当时是从宗法社会向国家社会过渡、而宗法社会的成分仍占据主导地位，严复在《社会通诠》第三章第十二节的第一段文字下写了这么一段按语："严复曰：中国社会，宗法而兼军国者也。故其言法也，亦以种不以国，观满人得国几三百年，而满汉种界，厘然犹在。东西人之居吾土者，则听其有治外之法权，而寄籍外国之华人，则自为风气，而不与他种相入，可以见矣。故周孔者，宗法社会之圣人也。其经法义言，所渐渍于民者最久，其入于人心者亦最深。是以今日党派，虽有新旧之殊，至于民族主义，则不谋而皆合。今日言合群，明日言排外，甚或言排满；至于言军国主义，期人人自立者，则几无人焉。盖民族主义，乃吾人种智之所固有者，而无待于外铄，特遇事而显耳。虽然，民族主义将遂足以强吾种乎？愚有以决其必不能者矣。"[1]在这里，严复把当时兴起的民族主义，尤其是革命党人以排满革命为特色

---

[1] 严复译《社会通诠》按语第8，载《严复集》第四册，第925—926页。

的民族主义等同于周（公）、孔（子）所倡导的以"夷夏之别"为内容的种族主义，而视之为宗法社会的思想加以否定，认为当时中国所需要的不是革命党人的民族主义，而是军国社会的"人人自立"。难怪他此论发表后既为当时正与革命派论战的改良派提供了反对排满革命的理论炮弹，同时也理所当然地遭到了革命党人的批判和反对。1907 年章太炎在《民报》第 12号上发表《社会通诠商兑》长文，说甄克思对人类社会进化的三阶段划分，根据的是"赤黑野人之近事与欧美亚西古今之成迹"，不能用于东方，特别是中国。他尤其强调，民族主义与宗法社会"固非一事"。[1] 严复将革命党人以排满革命为特色的民族主义说成是宗法社会的思想而加以否定是完全错误的。

　　《法意》（ _De L'esprit des Lois_ ），即法国著名的资产阶级启蒙思想家孟德斯鸠的重要著作《论法的精神》。原书出版于 1748 年，为法文，1768 年译成英文。严复是根据英文版翻译的。原书共 31 卷，严复只译了 29 卷。作为资产阶级的启蒙思想家，孟德斯鸠以统治者人数的多寡和政府的性质，把国家分为"公治、君主和专制"三种类型，"公治者，国中无上主权，主于全体或一部分之国民者也；君主者，治以一君矣，而其为治也，以有恒旧立之法度；专制者，治以一君，而一切出于独行之己意"[2]。孟德斯鸠肯定的是英国的君主立宪制度，提倡立法、行政、司法三权分立。对于孟德斯鸠这三种制度的分类，严复完全赞成，但他同时又认为，"公治"的民主制度，不仅仅存在于古希腊的城邦时代，随着人类社会的进化，也必将出现在人类的工业社会时代。就这三种制度的比较而言，和孟德斯鸠一样，严复倾心的也是"其主权必执于一人。其有法典，为行政所必循者"的君主立宪制度，而对于"其无法典，行政惟一人所欲者"的君主专制制度，他持的是激烈的批判态度，认为在君主专制制度下，"一人而外，则皆奴隶，以隶相尊，徒强颜耳"；其专制之君，"怒则作威，喜则作福，所以见一国之人，生死吉凶，悉由吾意，而其民之恐怖詟服乃愈至也"。[3] 为了说明君主立宪制度优于君主专制制度，他对二者进行了一番比较：在君主专制之

① 章太炎：《社会通诠商兑》，《民报》第 12 号，1907 年 3 月 6 日。
② 孟德斯鸠：《孟德斯鸠法意》上册，严复译，商务印书馆，1981，第 11 页。
③ 孟德斯鸠：《孟德斯鸠法意》上册，第 28、110、131 页。

国，虽有贤能之人，但迫于专制君主的威严，不敢考虑超出自己权位以外的事情，所以在君主专制之国，人才难寻。但在君主立宪之国，情况就大不一样，"主人非他，民权是已。民权非他，即以此为全局之画、长久之计者耳"。这也是君主专制之国日以弱、君主立宪之国日以强的根本原因。他还根据孟德斯鸠所宣传的国家观，把批判的矛头直接指向了中国和清政府，认为"中国自秦以来，无所谓天下也，无所谓国也，皆家而已。一姓之兴，则亿兆为之臣妾。其兴也，此一家之兴也；其亡也，此一家之亡也。天子之一身，兼宪法、国家、王者三大物，其家亡，则一切与之俱亡，而民人特奴婢之易主者耳，乌有所谓长存者乎！"[1]严复虽然倾心于君主立宪制度，但他同时又认为，在当时民力、民德和民智都还比较低下的情况下，贸然立宪法，设议院，并不会给中国带来福音，而只会给那些心术不正的政客提供钻营的机会，因此他主张先从地方自治做起，培养地方民主政治的基础。他尤其强调在"国群自由"和"小己自由"的关系上，不能像近一二百年的西方那样，以小己"自由为惟一无二之宗旨"，而应先谋"国群"的自由，然后再考虑"小己"的自由。因为和西方当时所处的历史境况不同，"观吾国今处之形，则小己自由，尚非所急，而所以祛异族之侵横，求有立于天地之间，斯真刻不容缓之事。故所急者乃国群自由，非小己自由也"[2]。

《穆勒名学》（*A System of Logic*），直译为《逻辑体系》，是前面我们已经介绍过的约翰·穆勒于1843年出版的一本逻辑学名著。严复实际上只翻译了该书的上半部，下半部他一直想翻译，但最终因精力不济而未能如愿，留下遗憾。严复非常赞同近代科学之祖培根的说法：逻辑是"一切法之法，一切学之学"，是一切科学的基础。任何科学都是应用逻辑，任何科学也必须遵守逻辑。在他看来，归纳逻辑是发现新知识、把人类的思维不断推向前进的工具。由此出发，他认为西方的富强和科学昌明，都源于它们有一套科学方法即逻辑，中国的贫弱和科学落后，也就在于中国缺乏一套科学方法即逻辑，中国的传统文化强调的是直觉。早在戊戌变法时期，严复就对中国传统文化重视直觉而不重视逻辑进行过批判，因此，要使中国富强

---

① 孟德斯鸠：《孟德斯鸠法意》上册，第87页。
② 孟德斯鸠：《孟德斯鸠法意》上册，第360页。

起来，就必须补课，引进西方的逻辑学，以改变中国人的思维方式。这也是他翻译《穆勒名学》的主要动机。蔡元培后来在《五十年来中国之哲学》一文中指出："严氏于《天演论》外，最注意的是名学。……严氏觉得名学是革新中国学术最要的关键。"[1]严复本人在谈到《穆勒名学》的价值时也认为："此书一出，其力能使中国旧理什九尽废，而人心得所用力之端；故虽劳苦，而愈译愈形得意。得蒙天助，明岁了此大业，真快事也。"[2]

《名学浅说》(*Primer of Logic*)，是英国逻辑学家耶方斯（1835—1882）于 1876 年出版的一部逻辑学入门书，该书的直译应是《逻辑学入门》。1908 年，严复应直隶总督杨士骧之聘，只身来到天津。不久有女弟子吕碧城请他讲解逻辑学。严复于是以耶方斯的这本书为教本，边讲边译，前后大约花了两个月时间将全书译完，于 1909 年交商务印书馆出版。由于该书是为了教学需要，中间加有译示和讲解，所以译义的"中间义旨，则承用原书，而所引喻设譬，则多用己意更易"[3]。

以上是戊戌变法后严复翻译西书的大致情况。除上述这几部西学名著外，他还译有英人宓克的《支那教案论》和德人卫西琴的《中国教育议》等，但这些译作的学术价值和影响无法与以上介绍的这几部西学名著相提并论。

通过翻译西学名著，严复第一次对西方哲学社会科学做了比较系统的介绍。中国翻译西书，并非始于严复，但在 19 世纪末、20 世纪初以前，翻译的西书除宗教著作外，主要是自然科学，如数学、天文学、物理学、化学、动植物学、地质学、地理学、医学等基础科学，以及与工业制造有关的冶炼、造船、化工、开采、纺织、驾驶、军械等应用科学，哲学社会科学虽然也有一些介绍，但这种介绍是附带的、零星的，无论在数量上，还是质量上，都远远无法与自然科学的介绍相比。胡适在《五十年来中国之文学》一文中曾指出，在 19 世纪末、20 世纪初以前翻译的西书，范围不广，只有宗教的书、格致的书和个别历史法制的书。宗教书是传教士传教的基

---

[1] 蔡元培：《五十年来中国之哲学》，载高平叔编《蔡元培全集》第四卷，中华书局，1984，第 352 页。

[2] 严复：《与张元济书》第 12，载《严复集》第三册，第 546 页。

[3] 严复：《〈名学浅说〉序》，载《严复集》第二册，第 265—266 页。

础。格致书在当时被认为是枪炮兵船的基础。历史法制书是要使中国人了解西洋的国情。"此外的书籍，如文学的书，如哲学的书，在当时还没有人注意。"为什么会出现这种状况？胡适认为是由于当时中国人"总想西洋的枪炮固然利害，但文艺哲理自然远不如我们这五千年的文明古国了"。他认为严复的功绩，便是"补救了"这方面的"缺陷"，所以"严复是介绍西洋近世思想的第一人"。[1] 任继愈在《中国哲学史》中也认为，"严复在中国近代思想史上占有比康有为、谭嗣同等人更为特殊的地位，他是中国最早最系统地介绍西方资本主义经济、政治理论和学术思想、宣传资本主义'西学''新学'以与封建主义的'中学''旧学'相抗衡的首要代表人物"[2]。本书认为胡适和任继愈对严复翻译西学名著在中国近代思想史上的历史地位的评价符合历史事实。严复翻译的西学名著遍及哲学、政治经济学、法学、政治学、社会学和逻辑学等诸多学科和领域，正是从严复翻译《天演论》和其他西学名著开始，西方哲学社会科学著作才被大量地翻译、介绍到中国来。这里尤须指出的是，严复每翻译一部西学名著，都有其鲜明的政治、学术目的和时代特色，用传统的话说，经世致用思想非常强烈。所以他翻译的西学名著，都进行过精心选择，经过一番苦心研究。如他翻译《天演论》，是为了惊醒麻木中的中国人，为保种和救亡图存服务；翻译《原富》，是为了发展资本主义，谋求中国的富强道路；翻译《法意》，是为了抨击君主专制统治，提倡三权分立，实行君主立宪制度；翻译《穆勒名学》，是为了给中国人补课，输入西方的科学方法，以改变中国人的思维方式；如此等等。为了达到其政治、学术目的，严复在翻译西学名著的过程中，还往往依据自己的理解和需要，在译文中加上不少按语，以阐发自己的思想和主张。因此和其他人翻译西书不同，严复翻译西学名著，不是一个简单的文化移植过程，而是一个文化再创造的过程，具有思想启蒙的积极意义。

---

[1] 胡适：《五十年来中国之文学》，载《胡适全集》第 2 卷，第 274 页。
[2] 任继愈主编《中国哲学史》第四册，人民出版社，1985，第 204 页。

第二节　学术启蒙的思想意义

一、"史界革命"及其成就

"史界革命"的口号是梁启超在 1902 年发表的《新史学》一文中首先提出来的。稍后，作为资产阶级革命派一翼的国粹派代表人物章太炎（1869—1936）、刘师培（1884—1919）、邓实（1877—1951）等也明确提出了"史界革命"的要求，认为"中国史界革命之风潮不起，则中国永无史矣，无史则无国矣"①。尽管维新派与国粹派的政治取向不同，前者主张保皇立宪，后者主张反清革命，但在改造封建旧史学、建立资产阶级新史学方面，他们是并肩作战的战友，是名副其实的同盟军，并且都做出了自己的贡献。

无论是以梁启超为代表的维新派，还是以章太炎、刘师培为代表的国粹派都非常重视史学。梁启超认为在世界所有的学问当中，史学是"学问之最博大而最切要也，国民之明镜也，爱国心之源泉也"。史学可以帮助国民鉴往知来，成为激励爱国心的源泉，怕就怕一个国家没有自己的史学，"苟其有之，则国民安有不团结，群治安有不进化者？"②欧美所以振兴，史学发达是其原因之一；中国要增强国民爱国心和民族凝聚力，必须大力发展普及史学。然中国的旧史学虽然源远流长，但陈陈相因，缺少生机，必须进行根本性的变革。早在维新变法时期，梁启超、谭嗣同等人就批评中国旧史学是"君史"，其目的主要是为帝王将相垂训资鉴服务的，他们主张效法西方史学，写"民史"。进入 20 世纪后，梁启超的史学思想有了进一步的发展，先后发表《中国史叙论》《新史学》等论著，对中国旧史学提出了系统的批评。他认为中国的旧史学存在着"四弊"：一、知有朝廷而不知有国家，二十四史实际上成了二十四姓的家族史，对国家的命运和前途没有给予一定的关注；二、知有个人而不知有群体，历史成了少数英雄人物活

---

① 邓实：《史学通论》，《政艺通报》第 12 期，1902 年 8 月 18 日。
② 梁启超：《新史学·中国之旧史》，载《饮冰室合集》第 1 册，文集之九，第 1 页。

动的大舞台，变成了个别人物的兴衰史，广大老百姓和群体被排除在舞台之外；三、知有陈迹而不知有今务，所有史书只是在为死人作"纪念碑"，而不能"察古知今"，为现实服务；四、知有事实而不知有理想，旧史书记录的都是一些具体的史事，而不能从这些具体的史事中找出规律，从感性认识上升到理性认识，"故汗牛充栋之史书，皆如蜡人院之偶像，毫无生气，读之徒费脑力"，不仅不能启迪民智，反而耗费民智。这"四弊"又引出"二病"："其一能铺叙而不能别裁"，史书所记载的都是一些无用的事实；"其二能因袭而不能创作"，编纂体例缺少创新。所以旧史书难读——史籍浩如烟海，一生难以尽读；难别择——读者难以分辨何为有用，何为无用；无感触——不能激励爱国心，团结合群力。为了改变旧史学的这种状况，他号召进行一场"史界革命"："呜呼！史界革命不起，则吾国遂不可救，悠悠万事，惟此为大。""史界革命"的目的，是要打破旧史学，建立新史学，他并把这看作是爱国救国的头等大事，"一刻不容缓者也"。[①]

　　和梁启超一样，章太炎、刘师培等人也认为，史学具有培养国民爱国心和鉴往知来、推进人类文明的两大社会功能。章太炎曾形象地将国民的爱国主义、民族主义比作庄稼，而将民族的历史比作庄稼赖以扎根和吸取养料的沃土，认为历史的"最大的用处"，就在于通过历史知识的教育，培养国民的爱国心。邓实认为人类社会历史的进化，为古今无穷递嬗的过程，历史的功能就在于为人类社会此种古今递嬗生命机制的正常运作，提供了无可替代的中介作用。他说："（人群进化）当其既进，有已往之现象，当其未进，有未来之影响。历史者，即其一大群之现象、影响也。既往之文明现象，惟历史能留之，未来之文明影响，惟历史能胎之。"[②]章太炎、刘师培等人在充分肯定史学的社会功能的同时，又深感中国旧史学实难"当意"，因而对它进行了猛烈批判，指出中国旧史学有三大弊端：一、有"君史"而无"民史"，有朝（代）史而无国史，二十四史"谓为二十四朝之家谱，又岂过欤"；二、"贵知记事，而文明史不详"，所记的都是一些"零碎之智识"，而对历史进化自身内在的必然性、规律性缺少探究和认识，因而"不

---

① 上引均见梁启超《新史学·中国之旧史》，载《饮冰室合集》第 1 册，文集之九，第 3—7 页。
② 邓实：《史学通论》，《政艺通报》第 12 期，1902 年 8 月 18 日。

足称科学"；三、"宗旨既非，焉有信史"，这表现在两个方面：一是史家不敢直笔以触文网，二是史家有意曲笔以取利。① 既然旧史学存在着严重弊端，因而就必须进行"史界革命"，建立起符合时代需要的"新史学"。所以，几乎与梁启超同时，章太炎、刘师培等人也在积极地探索如何从事"史界革命"、建立起符合时代需要的"新史学"的问题。

概而言之，以梁启超为代表的维新派和以章太炎、刘师培为代表的革命派提出的"史界革命"主张，主要包括以下一些内容：

第一，提倡"民史"，反对"君史"。我们在前面已经指出，早在维新变法期间，梁启超、谭嗣同等人就感到有撰写资产阶级"民史"的必要，并对中国旧的"君史"提出过批评。戊戌变法运动失败后，梁启超逃到日本，涉猎了许多西方资产阶级的哲学、社会学著作，尤其是史学著作，如法国基佐的《欧洲文明史》、英国巴克尔的《英国文明史》、格林的《英国人民史》，等等。受西方的这些"民史"著作和"民史"思想的影响，他在《新史学》中进一步对中国旧的"君史"进行了批判，认为中国旧史家"以为天下者君主一人之天下，故其为史也，不过叙某朝以何而得之，以何而治之，以何而失之而已，舍此则非所闻也"。梁启超在批判"君史"的同时，则又着力于"民史"的提倡和建构，提出史家写史要"为民而作"，要记述国民的"相交涉相竞争相团结之道"，记述国民的"所以休养生息同体进化之状"，从而"使后之读者，爱其群善其群之心，油然生焉"。② 和旧的"君史"强调"君统"、并以"君统"为大纲主线相反，梁启超提出了"民统"的观点，认为"苟其有统，则创垂之而继续之者，舍斯民而奚属哉"，统"在国非在君也，在众人非在一人也"，因此，"民史"应"以叙述一国国民系统之所由来，及其发达进步盛衰兴亡之原因结果为主"。③

梁启超的《新史学》发表不久，著名的革命党人马君武在《法兰西近世史》译本序中曾谈到中国旧史学"有君谱而无历史"的问题。几乎与此同时，邓实的《史学通论》也对中国旧史学是"君史耳，而非民史"的状况提出了批评，认为社会的进化不是一二君主的进化，而是整个群体的进

① 以上内容参见郑师渠《晚清国粹派文化思想研究》，第163—166页。
② 梁启超：《新史学·中国之旧史》，载《饮冰室合集》第1册，文集之九，第3页。
③ 梁启超：《新史学·中国之旧史》，载《饮冰室合集》第1册，文集之九，第21、25页。

化，"人是群体的生物"，"以群生，以群强，以群治，以群昌"，"舍人群不能成历史"。因此，写史就应写人群的历史，亦即所谓"民史"，具体而言，就是颂扬政治家、哲学家、教育家、生计家、探险家等"人群之英雄"，记述学术、宗教、种族、风俗、经济等"人群之事功"。这些才是真正的"历史之人物"和"历史之光荣"。后来，邓实又以"民史氏"自命，作《民史总叙》1 篇，《民史分叙》12 篇，即《种族史叙》《言语文字史叙》《风俗史叙》《宗教史叙》《学术史叙》《教育史叙》《地理史叙》《户口史叙》《实业史叙》《人物史叙》《民政史叙》《交通史叙》，进一步发展和丰富了他在《史学通论》中提出的"民史"主张，并就什么是历史、什么是"民史"、"民史"的研究对象、"民史"的意义、"民史"与民权的关系，以及各种专门史的编撰问题作了阐述，提出了自己的观点。据学者研究，像邓实这样专门而全面地论述"民史"及其相关问题，在中国近代史学史上可以说是绝无仅有。1902 年，章太炎着手搜集资料，打算写一部百卷的《中国通史》。他致书梁启超说："酷暑无事，日读各种社会学书，平日有修《中国通志》之志，至此新旧材料，融合无间，兴会勃发……一切谢绝，惟欲成就此志。"此书因故虽未写成，但就他撰成的《中国通史略例》和《中国通史目录》来看，他要写的是一部"发明社会政治进化衰微之原理"，能"鼓舞民气，启导方来"的"民史"著作。①

　　第二，以进化论为指导，探讨历史发展的因果关系，这是"史界革命"最为重要的内容。梁启超在《新史学》中给历史学提出的任务：一是"叙述进化之现象"；二是"叙述人群进化之现象"；三是"叙述人群进化之现象而求得其公理公例者也"，"求得前此进化之公理公例，而使后人循其理率其例以增幸福于无疆也"。他认为新史学与旧史学的根本区别主要在两方面：其一，新史学把历史看成是一个不断进化的过程，"且其进步又非为一直线，或尺进而寸退，或大涨而小落，其象如一螺线"；而旧史学则把历史看成了"一治一乱"的历史循环，他批评旧史学的历史循环论乃是"误会历史真相之言"，此即"吾中国所以数千年无良史"的重要原因。其二，新史学肯定历史有其"公理公例"，史家的任务就是要找出其"公理公例"，从

---

① 章太炎：《致梁启超书》，载《章太炎政论选集》上册，第 167 页。

而"以过去进化，导未来之进化者也"；而旧史学则视历史为一些现象的堆积，史家的任务只是把这些现象记载下来。他认为旧史学"所以不能有得于是者"，有两个原因：一是只知有局部之史，而不知有全体之史，"局于一地，或局于一时代"；二是只知有史学，而不知史学与他学之关系，所以不能"取诸学之公理公例"，而用于历史研究之中。[①]

梁启超还探讨了引起历史不断进化的动力问题。他依据达尔文的进化论，认为引起历史不断进化的动力是竞争，曾多次强调："世界以竞争而进化"[②]，"夫竞争者文明之母也。竞争一日停，则文明之进步立止"[③]，竞争是历史进化的根本动力。在《新史学》中，他更明确地将人类历史概括为人种竞争的历史，并据此为历史学下定义说："历史者何？叙人种之发达与其竞争而已。舍人种则无历史。""故叙述数千年来各种族盛衰兴亡之足迹者，是历史之性质也；叙述数千年来各种族所以盛衰兴亡之故者，是历史之精神也。"他于是把人类历史划分为"自结其家族以排他家族""自结其乡族以排他乡族""自结其部族以排他部族""自结其国族以排他国族"等四个阶段，认为当时世界正处在第四个阶段，亦即"自结其国族以排他国族"的阶段。梁启超又进一步以能否"自结"为标准，把人种分为"历史的"和"非历史的"两类，前者"能扩张本种以侵蚀他种，骎骎焉垄断世界历史之舞台"，后者则"日以陵夷衰微……寻至失其历史上本有之地位"。[④]和严复翻译赫胥黎的《天演论》一样，梁启超把历史进化的动力归结为竞争，认为"竞争之极，优者必胜，劣者必败"，尽管这是一种社会达尔文主义，但在当时它具有思想启蒙的积极意义。

章太炎不仅公开宣布自己是进化论的信奉者，而且也主张研究历史必须以进化论为指导。1902年他在《致梁启超书》和《致吴君遂书八》中，明确提出用进化论来编撰《中国通史》的主张，认为史家写史不仅仅是为了"褒贬人物，胪叙事状"，更重要的是要"发明社会政治进化衰微之原理"；不是要颂古非今，引导人们向后看，而是要通过对历史规律的发掘，以"鼓

---

① 上引均见梁启超《新史学·史学之界说》，载《饮冰室合集》第1册，文集之九，第7—11页。
② 梁启超：《论商业会议所之益》，载《饮冰室合集》第1册，文集之四，第10页。
③ 梁启超：《新民说》，载《饮冰室合集》第6册，专集之四，第18页。
④ 梁启超：《新史学·历史与人种之关系》，载《饮冰室合集》第1册，文集之九，第11—12页。

舞民气，启导方来"，引导人们向前看，旧史学的根本缺点就在不认"进化之理"，迷恋往古。他还从进化的历史观出发，对今文经学派的"三统""三世"说提出了批评："三统迭起，不能如循环；三世渐进，不能如推毂。"[1]并且表示自己在写《中国通史》时，将"熔冶哲理，以祛逐末之陋；钩汲智沉，以振墨守之惑"[2]。犹如梁启超，邓实也从进化论出发，将人类的已然历史分为四个时代：太古时代、群争时代、君权时代和民权时代，并指出 20世纪还将进入第五个时代，即"世界主义"时代。刘师培同样主张用进化的历史观来研究历史，他于 1903 年撰成的《中国民约精义》和《攘书》，便是 20 世纪初运用进化的历史观来研究、解释中国古代史的代表作。

第三，创新史学体例，扩大研究领域。中国传统的史学体例，不外编年、纪传和纪事本末体三大类。20 世纪初"史界革命"的倡导者和实践者们开始将西方的章节体引进中国，从而实现了中国史书体例的一次革命。最早引进这种体例的是梁启超。他于 1898 年写的《戊戌政变记》和 1901年写的《南海康先生传》，采用的就是章节体。最早将章节体用于中国历史研究的，是梁启超的好朋友、也是"史界革命"的拥护者和实践者的夏曾佑，他于 1904—1906 年陆续出版的《最新中学中国历史教科书》（后改名《中国古代史》），开创了中国人用章节体编撰中国历史的新时代。此书历经50 年一直被史学界所推崇，1933 年商务印书馆还把它列入《大学丛书》再版。章太炎、刘师培、邓实等人，也对新史书的体例非常关注，章太炎所拟定的百卷本《中国通史》，以 6 表、12 典、10 记、9 考纪、25 外录为体例构架，很显然这是对传统史书体例的继承和创新，"是受社会学启发后而精心构架的"。章太炎的体例构想，贯穿着一个基本的指导思想，即"史职所重，不在褒讥"，而在彰显社会进化的原理。于此，他提出了两个编撰原则：一是"独裁"，即将自己的见解一以贯之，使全书形成完整统一的思想体系；二是"熔冶哲理"，即以"新思想为主观"，以史迹为"客体"，"用在抽象不在具体"，充分显现宏观概括和理论思辨的能力。"二者相辅相成：唯有'独裁'，才能保证全书形成严谨的思辨；同样，唯有'熔冶哲理'，

---

[1] 章太炎：《太炎文录初编·征信论下》，载本社编《章太炎全集》（四），上海人民出版社，1985，第 59 页。
[2] 章太炎：《中国通史略例》，载本社编《章太炎全集》（三），上海人民出版社，1984，第 329 页。

'独裁'才能形成特色，不流于平庸。"① 刘师培于 1905—1906 年出版的 3 册本《中国历史教科书》(全书未完成，只写到周)，采纳西方近代史书的体例，将分时与分类结合在一起，全书共分 72 课，以"上古时代"(开辟到夏)、"古代"(商至周) 分期，每课所述，尽属专题，如"夏代之兴亡""商代之兴亡""古代之宗教""古代之学术""古代之官制""古代之工艺""古代衣服之述略"等。

在内容上，20 世纪初"史界革命"的倡导者和实践者们要求突破旧史学以帝王将相为中心、以王朝更替为线索、以政治制度史为基干的狭隘格局，扩大记载和研究领域，不仅要记载和研究政治制度史，还要记载和研究社会史、经济史、思想史、文化史、文学史、艺术史、学术史、教育史、风俗史、交通史、宗教史、人口史、民族史、边疆开发史等各个方面的历史。章太炎拟写的《中国通史》，就包括"制度的变迁""形势的变迁""生计的变迁""礼俗的变迁""学术的变迁"和"文辞的变迁"等方面的内容。刘师培在著名的《黄帝纪年说》一文中，附有"大事表"，并特别声明："此表最注意者凡三事：一民族、二政体、三文化。"后来他又将史书所应包括的内容概括为五点："历代政体之异同""种族分合之始末""制度改革之大纲""社会进化之阶级""学术进退之大势"。② 他的 3 册本《中国历史教科书》，非常重视社会生活的各个方面，如对古代田制、农器、商业、财政、工艺、宫室、衣服、饮食等，都列有专题予以论述。在方法上，20 世纪初"史界革命"的倡导者和实践者们大力吸收地理学、地质学、人类学、考古学、语言学、政治学、宗教学、法律学、社会学等其他学科的成果和方法，用"地理环境决定论""文化决定论""人口决定论"等从西方传入的一些理论来解释中国历史现象，尽管用这种方法来解释中国历史现象不可能得出科学的结论，但在当时旧的史学方法仍占绝对统治地位的历史条件下，它对于解放人们的思想有其积极的意义。

20 世纪初的"史界革命"取得了丰硕成果，梁启超、章太炎、刘师培、邓实、夏曾佑等一大批"史界革命"的倡导者和实践者，应用"新史学"理

---

① 郑师渠：《晚清国粹派文化思想研究》，第 175 页。
② 刘师培：《中国历史教科书·凡例》，国学保存会，1905，第 1—2 页。

论写出了一大批史学著作，为中国资产阶级新史学的建立奠定了坚实基础。

二、文学"三大革命"的发生和发展

所谓文学"三大革命"，指的是发生在 19 世纪末、20 世纪初的"诗界革命""文界革命"和"小说界革命"。这"三大革命"口号的提出者是梁启超。在中国新文学运动史上，这"三大革命"占有非常重要的地位，新文化运动时期的文学革命就渊源而言是对这"三大革命"的继承和发展。茅盾曾指出，"我们论述'五四'新文学运动的时候，应该立专章论述清末的风气变化和一些起过重要间接作用的前驱者。梁任公、黄遵宪等人的新运动（新小说运动和所谓"诗界革命"）已经在动摇着旧文学的阵脚，同时在一定程度上替'五四'新文学运动准备条件"[1]。郭沫若也说过："文学革命……的滥觞应该要追溯到满清末年资产阶级的意识觉醒的时候。这个滥觞时期的代表，我们当推数梁任公。"[2]犹如五四文学革命是五四启蒙运动的重要组成部分一样，文学"三大革命"也是 19 世纪末、20 世纪初的启蒙运动的重要组成部分。

（一）"诗界革命"。"诗界革命"的口号是梁启超在 1899 年 12 月 25 日写的《夏威夷游记》中所提出来的。但作为"诗界革命"前奏的"新诗"在维新变法期间即已出现。当时以夏曾佑、谭嗣同、梁启超为代表的一些受西方思想文化的影响、热烈追求"新学"的知识分子，对严重束缚人们思想和创作自由的旧体诗日益感到不满，开始突破旧体诗的樊篱，在诗歌中宣传资产阶级思想，使用一些翻译过来的或自造的"新名词"，甚至相约非佛教、基督教、儒教经文上的文字或西方翻译过来的文字不用，觉得只有这样的诗才有新意，有时即使把诗写得不像诗了，他们亦在所不惜。如"新诗"的首倡者夏曾佑就如此："穗卿（夏曾佑字穗卿——引者）自己的宇宙观人生观，常喜欢用诗写出来。他前后作有几十首绝句，说的都是怪话……当时除我（梁启超自称）和谭复生（即谭嗣同，嗣同字复生——引

---

① 茅盾：《中国现代文学史的另一种编写方法——致节公同志》，《社会科学战线》1980 年第 2 期。
② 郭沫若：《文学革命的回顾》，载王训昭等编《中国文学史资料全编 现代卷》，知识产权出版社，2010，第 204 页。

者）外没有人能解他，因为他创造出许多新名词，非常在一块的人不懂。"①
另一位提倡"新诗"的先锋谭嗣同对"寻扯新名词"的做法"亦綦嗜之"，
并将自己旧日所刻的《莽苍苍斋诗》题为"三十以前旧学第二种"②，以示与
旧诗的决裂。梁启超自言"彼时不能为诗"，但还是在夏曾佑、谭嗣同的影
响下，作了一些连自己有时也不懂的"新诗"。尽管如后来梁启超所反省的
那样，这些"新诗"不过是"堆积满纸新名词"③而已，算不得真正的新诗，
"但它毕竟给诗坛输入大量的新材料、新词语，表现出要在诗中反映新思
想、新内容的积极努力，在传统诗歌的领域中打开了缺口，实际上开始了
诗界的'革命'，其功自不可灭。即使仅从它给诗界革命的进一步发展提供
了教训而言，也有一定的历史价值"④。

　　戊戌变法失败后，梁启超逃到日本，积极从事思想启蒙的宣传工作，并
对文学思想启蒙的重要作用有了进一步的认识。1898 年他发表《译印政治
小说序》，肯定了译印政治小说于思想启蒙的积极意义。1899 年底，他在
《夏威夷游记》中正式提出了"诗界革命"的口号，强调诗界革命的兴起有
它的紧迫性和历史必然性："今日不作诗则已，若作诗，必为诗界之哥仑布、
玛赛郎（即麦哲伦——引者）然后可……要之支那非有诗界革命，则诗运殆
将绝。虽然，诗运无绝之时也。今日者革命之机渐熟，而哥仑布、玛赛郎
之出世，必不远矣。"⑤此后，梁启超又发表《饮冰室诗话》，通过系统评论
当代诗人作品的方式，进一步阐发了诗界革命的理论，总结了新诗创作的
经验和教训。

　　梁启超认为要进行诗界革命，诗人"不可不备三长：第一要新意境，第
二要新语句，而又须以古人之风格入之，然后成其为诗"⑥。"新意境"主要
是说诗必须具有新的思想和内容，梁启超希望新诗能够反映西方的思想文
化、物质文明和社会状况，所以他在《饮冰室诗话》中对那些介绍西方文

① 梁启超：《亡友夏穗卿先生》，载《饮冰室合集》第 5 册，文集之四十四（上），第 21 页。
② 梁启超：《诗话》，载《饮冰室合集》第 5 册，文集之四十五（上），第 1 页。
③ 梁启超：《诗话》，载《饮冰室合集》第 5 册，文集之四十五（上），第 41 页。
④ 张永芳：《试论晚清诗界革命的发生与发展》，载龚书铎主编《近代中国与近代文化》，湖南
　　人民出版社，1988，第 931 页。
⑤ 梁启超：《夏威夷游记》，载《饮冰室合集》第 7 册，专集之二十二，第 189—191 页。
⑥ 梁启超：《夏威夷游记》，载《饮冰室合集》第 7 册，专集之二十二，第 189 页。

明的诗作赞赏有加。"新语句"主要是指要大胆使用新名词，梁启超虽然对维新变法期间夏曾佑、谭嗣同等人的"新诗"提出过批评，但他对夏、谭二人善于使用新名词则持肯定态度。当然，"新语句"还包括民间俗语，他称赞丘逢甲在《己亥秋感》诗中采用民间俗语，"得不谓诗界革命一巨子耶？"①"以古人之风格入之"，是说作诗要用古代诗的格律。梁启超认为如果作诗不用古代诗的格律，诗便不再是诗了。就梁启超所提出的这"三长"论来看，所谓"诗界革命"，主要是诗的精神和内容的革命，而非诗的形式的革命，是"旧瓶装新酒"。用梁启超自己的话说："过渡时代，必有革命。然革命者当革其精神，非革其形式。……能以旧风格含新意境，斯可以举革命之实矣。"②梁启超的"旧风格含新意境"的诗界革命理论，后来为新文化运动时期的"学衡派"所继承和发扬。

梁启超正式提出诗界革命的口号之后，诗界革命以《清议报》《新民丛报》《新小说》为主要阵地，逐渐进入高涨阶段。早在梁启超的诗界革命口号正式提出之前，《清议报》的《诗界潮音集》专栏就经常发表一些维新思想家及其同情者的具有强烈爱国主义热情的政治色彩的诗作，从而为诗界革命口号的提出奠定了基础。诗界革命口号提出后，《诗界潮音集》更成了"诗界革命之神魂，为斯道别辟新土"③。《清议报》停刊、《新民丛报》创刊后，《诗界潮音集》专栏保留了下来，从第4号起，又特辟《饮冰室诗话》专栏，通过连载梁启超系统评论当代诗人作品的诗话，进一步阐发了"诗界革命"的理论，总结了新诗的创作经验和教训，大大扩大了诗界革命的影响。《新小说》辟有《杂歌谣》专栏，主要发表具有民间文学特点的通俗化新诗。随着诗界革命的进一步发展，通俗化新诗日益受到诗人的重视和读者的欢迎，晚清著名诗人黄遵宪是通俗化新诗的代表人物，他所创作的通俗化诗作，被称之"新体诗"。

尽管诗界革命中所创作的一些新诗并不十分成熟，诗界革命本身也随着《新民丛报》和《新小说》的先后停办而逐渐低落下来，但它的影响是巨

---

① 梁启超：《诗话》，载《饮冰室合集》第5册，文集之四十五（上），第24页。
② 梁启超：《诗话》，载《饮冰室合集》第5册，文集之四十五（上），第41页。
③ 梁启超：《清议报一百册祝辞并论报馆之责任及本馆之经历》，载《饮冰室合集》第1册，文集之六，第55页。

大的，所产生的思想启蒙作用不能低估。正是在诗界革命的影响下，一些年轻的知识分子开始学作新诗，有的甚至走上了革命的道路。资产阶级革命团体南社的著名诗人柳亚子即是受了诗界革命的影响而改变自己的诗歌创作道路的。他后来在追忆自己作诗的历史时说："到十七（岁）那年，受了梁任公《新民丛报》诗界革命的洗礼，便把这些东西（指他以前写的旧诗——引者）都付之一炬了。"①

（二）"文界革命"。和"诗界革命"的口号一样，"文界革命"的口号也是梁启超于 1899 年底在《夏威夷游记》中提出来的。他当时读了日本三大新闻主笔之一的德富苏峰的《将来之日本》等著作，盛赞"其文雄放隽快，善以欧西文思入日本文，实为文界别开一生面者"，并称赞德富苏峰不仅以文鸣世，而且大有鼓吹平民主义之功，断言"中国若有文界革命，当亦不可不起点于是也"。②1902 年，严复翻译的《原富》出版后，梁启超借评介该书的机会，批评严复的译文"太务渊雅，刻意摹仿先秦文体，非多读古书之人，一翻殆难索解"。他再次呼吁"文界革命"："夫文界之宜革命久矣！欧美、日本诸国文体之变化，常与其文明程度成比例"，"著译之业，将以播文明思想于国民也，非为藏山不朽之名著也"。③他要求以欧美和日本为师，改革中国文学，以便更好地传播西方思想和文化，对广大国民进行思想启蒙。

就梁启超提出的文界革命的内容来看，对中国文学的改革，包括两个方面：一是文体的改革，亦即形式的改革，二是内容的改革。文体的改革，要求通俗易懂，辞能达意，"即由古语之文学变为俗话之文学也。各国文学史之开展，靡不循此轨道"，"苟欲思想之普及，则此体非徒小说界当采用而已，凡百文章，莫不有然"。④内容的改革，是以欧美和日本为师，输入新的思想、新的学说，具体要求有三点：一要"宗旨定而高"，二要"思想新而正"，三要"材料富而当"。⑤但就文体与内容比较而言，梁启超认为内容

---

① 《柳亚子选集》（下），人民出版社，1989，第 1083 页。

② 梁启超：《夏威夷游记》，载《饮冰室合集》第 7 册，专集之二十二，第 191 页。

③ 梁启超：《绍介新著〈原富〉》，《新民丛报》第 1 号，1902 年 2 月。

④ 《小说丛话》，《新小说》第 7 号，1903 年 9 月 6 日。

⑤ 梁启超：《清议报一百册祝辞并论报馆之责任及本馆之经历》，载《饮冰室合集》第 1 册，文集之六，第 50 页。

更重要些。他曾指出："吾辈为文，岂其欲藏之名山，俟诸百世之后也，应于时势，发其胸中所欲言。"[①] 也就是说，写文章的主要目的是要解决现实问题，只要达到这个目的，即使明日将文章拿去"覆瓿"也无所谓。

"文界革命"的口号虽然迟至 1899 年底才由梁启超正式提出，1902 年他又进一步强调；但早在维新变法期间，以康有为、梁启超为代表的维新思想家就对八股文和古文进行过批判，梁启超还通过自己担任《中外纪闻》，尤其是《时务报》主笔的实践活动，创造了一种颇受读者欢迎的新文体，从而为文界革命口号的提出奠定了基础。梁启超在《清代学术概论》中曾总结过这种新文体的特点："务为平易畅达，时杂以俚语韵语及外国语法，纵笔所至不检束……其文条理明晰，笔锋常带情感，对于读者，别有一种魔力焉。"[②] 胡适对梁启超的这种新文体也有过评论："梁启超最能运用各种字句语调来做应用的文章。他不避排偶，不避长比，不避佛书的名词，不避诗词的典故，不避日本输入的新名词。因此，他的文章最不合'古文义法'但他的应用的魔力也最大。"[③]《时务报》时代，读者就非常欢迎以这种新文体写成的文章，及至《清议报》和《新民丛报》先后创刊后，梁启超所创造的这种新文体更趋成熟，其文章的影响也更大，"国人竞喜读之，清廷虽严禁，不能遏。每一册出，内地翻刻本辄十数。二十年来，学子之思想，颇蒙其影响"[④]。

文界革命口号的提出，不仅受到广大读者特别是青年学生的热烈欢迎，也得到不少思想家、作家的响应。狄葆贤说："若专以俗语提倡一世，则后此祖国思想言论之突飞，殆未可量。"[⑤] 林纾主张"合中西二文熔为一片"，"以彼新理，助我行文"。[⑥] 当然，文界革命的口号也引起了不少人的反对。就是在维新思想家内部，也有不同的声音。康有为 1905 年发表《物质救国

---

① 《饮冰室文集自序》，载丁文江、赵丰田编《梁启超年谱长编》，第 293 页。
② 梁启超：《清代学术概论》，载《饮冰室合集》第 8 册，专集之三十四，第 62 页。
③ 胡适：《五十年来中国之文学》，载《胡适全集》第 2 卷，第 286 页。
④ 梁启超：《清代学术概论》，载《饮冰室合集》第 8 册，专集之三十四，第 62 页。
⑤ 狄葆贤：《论文学上小说之位置》，载郭绍虞、罗根泽主编《中国近代文论选》（上），人民文学出版社，1959，第 237 页。
⑥ 林纾：《洪罕女郎传跋语》，载阿英编《晚清文学丛钞·小说戏曲研究卷》，中华书局，1960，第 225 页。

论》，既反对民主革命，也反对以欧美和日本为师，对中国文学进行改革，认为"美国人不尚文学，惟工艺致富"，没有什么值得中国学习的。严复虽然翻译了西方八大名著，但他主张固守古文典雅，不赞成对文体进行改革，认为文界革命不仅没必要，而且讲不通，因为如果说文界革命是为了使文章通俗化，以便于"市井乡僻之不学"，那不仅不是文界革命，简直是"陵迟，非革命也"。①

梁启超提出"文界革命"，主张以欧美和日本为师，改革中国文学，这产生了两个结果，一是"促进了外国文学思潮和外国文学作品的输入，以致当时出现了文学翻译事业的空前繁荣，造成了翻译多于创作的局面。外国文学新的思想和新的表现手法的输入，对中国的传统文学是一种冲击，而对中国新文学的创造则是一种借鉴之资。鲁迅说'五四'以后的文学创作，'一方面是由于社会的要求的，一方面则是受了西洋文学的影响'，文学改革的思潮虽然到'五四'时期才结出硕果，但溯其源流应当找到梁启超的文学改革"②。二是梁启超于维新变法期间创造的、深受广大读者欢迎的新文体日益走向成熟，并得到越来越多的人的认同，并对五四新文学运动产生过重要影响。

（三）"小说界革命"。"小说界革命"口号的提出者也是梁启超。早在维新变法期间，梁启超便提出了革新小说内容的主张，号召作者反映现实生活，揭露时弊，借以"振厉末俗"，"激发国耻"，改良社会。他看到西方各国以游戏、小说作为中、小学的教学内容，小说对国民的启蒙作用是日本变法成功的原因之一，因而建议通过小说来教育儿童、教育愚民，并视为"今日救中国第一义"。③

戊戌变法运动失败后，梁启超更加重视小说在政治宣传和思想启蒙上的作用，为此，他提出了"政治小说"的概念，并将发表、译介政治小说作为1898年底创刊的《清议报》的六项主要内容之一。他还亲自翻译了日本作家柴四郎的《佳人奇遇》，标以"政治小说"在《清议报》上连载。接着《清议报》又连载了日本作家矢野龙溪的《经国美谈》。据说这两部小说曾

---

① 严复：《与梁任公论所译〈原富〉书》，载《严复集》第三册，第516页。
② 赵慎修：《旧民主主义革命时期文学思潮的变迁》，《中国社会科学》1984年第1期。
③ 梁启超：《蒙学报演义报合叙》，载《饮冰室合集》第1册，文集之二，第56—57页。

对推动日本变法、启迪日本民智起过非常重要的作用。梁启超还为《佳人奇遇》在《清议报》上的发表写了篇《政治小说〈佳人奇遇〉序》，阐发革新小说的主张，肯定小说的巨大社会功能，强调小说与政治良窳的关系，认为"小说为国民之魂"，"美英德法奥意日本各国政界之日进，则政治小说，为功最高焉"。[1]这为他日后提出"小说界革命"的口号做了理论上的准备。后来这篇序以《译印政治小说序》发表在《清议报》的第1期上。1902年《新民丛报》创刊后，辟有"小说"专栏，长年连载小说译、著作，仅1902年一年，就先后有6篇小说连载，其中5篇以西方国家的人物故事为题材，讲的是这些国家或历史上的志士仁人或青少年，如何为国家、为民族追求自由、平等的新生活，不怕牺牲，英勇奋斗的事迹。梁启超本人也写了《劫灰梦传奇》和《新罗马传奇》两部传奇，尽管都没写完，但它表明了梁对创作小说的重视，希望用小说"把一国的人，从睡梦中唤起来"[2]。这年冬，《新小说》创刊。梁启超在创刊号上发表《论小说与群治之关系》一文，明确提出了"小说界革命"的口号："今日欲改良群治，必自小说界革命始；欲新民，必自新小说始。"

　　在该文中，梁启超还系统地阐述了小说的社会作用、文学地位及艺术特点等问题。他指出："欲新一国之民，不可不先新一国之小说。故欲新道德，必新小说；欲新宗教，必新小说；欲新政治，必新小说；欲新风俗，必新小说；欲新学艺，必新小说；乃至欲新人心欲新人格，必新小说。何以故？小说有不可思议之力支配人道故。"这样历来被人们视为文章小道末技的小说，在梁启超这里则被提升成了最具有文学价值和社会教育功能的艺术，成了医治社会百病的灵丹妙药，只要有了新小说，国家社会的种种问题皆可迎刃而解。既然小说有如此巨大的社会作用，故此他要求作家们必须关注社会，关注人生，其作品要力避流于海盗海淫，或为"尖酸轻薄毫无取义"的游戏之文。他甚至把中国所以群治腐败的原因，归结为中国过去的作家写的都是些"海盗海淫"的小说。小说为什么会产生这样巨大的社会作用呢？他认为，这除了小说具有"浅而易解""乐而多趣"的特点

---

① 梁启超：《译印政治小说序》，载《饮冰室合集》第1册，文集之三，第35页。
② 梁启超：《劫灰梦传奇》，载《饮冰室合集》第11册，专集之九十二，第3页。

外，还有两个方面的重要原因：第一，小说具有表达理想和反映现实的能力。前者"常导人游于他境界，而变换其常触常受之空气"，以满足人们对"身外之身，世界外之世界"的了解和追求，扩大其眼界；后者能将现实世界"和盘托出，澈底而发露之"，使人们对"行之不知，习矣不察"的现实生活有所了解，不仅"知其然"，而且能"知其所以然"。第二，小说具有"熏""浸""刺""提"等四种"支配人道"的艺术感染力。"熏"指的是作品对读者的潜移默化作用；"浸"指的是作品对读者的长期影响；"刺"指的是作品对读者的强烈刺激；"提"指的是读者的思想感情已融汇于作品之中，达到了忘我的境界。①

"小说界革命"的口号提出后，梁启超以《新民丛报》和《新小说》为阵地，一方面大力进行"小说界革命"的提倡与宣传，另一方面又身体力行，从事新小说的翻译和创作。1903 年，他仿照诗话、文话的体例，在《新小说》上开设"小说丛话"专栏，以新的文艺理论，评述古今小说。这一年，他还发表了《新中国未来记》（未完），创作了《侠情记传奇》（未完），翻译了《世界末日记》和《十五小豪杰》（与罗孝高合作）等新小说。

作为 20 世纪初中国"舆论界之骄子"，梁启超首倡"小说界革命"，并身体力行，对于小说在近代中国的变革产生了巨大的影响。在他的影响下，林纾相信"欲开中国之民智，道在多译政治思想之小说始"，并且打算与自己的合作者首先翻译有关拿破仑或俾斯麦传记之类的小说，只是一个偶然的机会，译本《茶花女遗事》才得以先行问世。邱菽园认为要开通"凡民智慧"，"转移士夫观听"，应多译如日本的《佳人奇遇》和《经国美谈》那样的作品，所以他希望"大集同志，广译多类，以速吾国人求新之程度耳"。②白葭说，读法国《十五小豪杰》，当知其旨趣在于"有独立之性质，有冒险之精神，而又有自治之能力是也"，凡此三者，皆为我国民所缺少，因此应当"吸彼欧、美之灵魂，淬我国民之心志"，以期睡狮之勃醒。③在梁启超提出"小说界革命"的口号之后，写小说、读小说，蔚然成为一代新风，一时之间，《绣像小说》《小说林》《新新小说》《月月小说》《小说月报》等文学

---

① 梁启超：《论小说与群治之关系》，载《饮冰室合集》第 2 册，文集之十，第 6—10 页。
② 邱菽园：《客云庐小说话》，载《晚清文学丛钞·小说戏曲研究卷》，第 408、411 页。
③ 白葭：《十五小豪杰·序》，载《中国近代文论选》（上），第 238 页。

期刊先后创办，极大地改变了人们认为小说是不能登大雅之堂的小道末技的传统偏见。晚清著名的文学家曾孟朴曾在回忆中以自己的亲身经历讲述了"小说界革命"引起了人们对小说认识的变化，他说：在清代"讲到小说戏剧的地位，大家另有一种见解，以为西洋人的程度低，没有别种文章好推崇，只好推崇小说戏剧……有一次，我为办学校和本地老绅士发生冲突，他们要禁止我干预学务，联名上书督抚，说'某某不过一造作小说淫辞之浮薄少年耳，安知教育？'竟把研究小说，当作一种罪案。不久，《新民丛报》出来了，刊行一种《新小说》杂志，又发表了一篇《小说有关群治》的论文，似乎小说的地位，全仗了梁先生的大力，增高了一点。翻译的小说如《茶花女遗事》等，渐渐的出现了。那时社会上一般的心理，轻蔑小说的态度确是减了"[1]。

　　观念的改变，促进了小说的繁荣。除大量的翻译小说外，据阿英先生的《晚清戏曲小说目》的统计，晚清创作的小说（包括戏曲）有600多种，其中十分之九是1902年以后创作的。[2] 在这些小说中，以批判社会现实为主的"谴责小说"成就最高，也最具有思想启蒙的意义。其中李伯元（1867—1906）的《官场现形记》、吴趼人（1866—1910）的《二十年目睹之怪现状》、刘鹗（1857—1909）的《老残游记》、曾朴（1872—1935）的《孽海花》号称"清末四大谴责小说"。

　　这里需要指出的是，我们以前讲"小说界革命"，只讲梁启超和他的同志。但实际上，和"史界革命"的主张一样，梁启超提出的"小说界革命"的主张，也得到了革命党人的响应和支持。他们认为中国的旧小说存在的问题太多，产生了非常不好的社会影响，比如，中国人的"机械变诈"，是受了《三国演义》等书的影响；中国人信鬼神，是受了《西游记》《封神榜》等书的影响。[3] 因此，要使小说发挥正面的社会功能，产生好的社会影响，就必须"改良小说"，进行小说革命。他们还提出了一些具体的原则和主张，

---

[1] 曾孟朴：《附录：曾先生答书》，载姜义华主编《胡适学术文集·新文学运动》，中华书局，1993，第506页。

[2] 中国社会科学院文学研究所现代文学研究室编《中国近代文学论文集·小说卷》，中国社会科学出版社，1983，第158页。

[3]《支那之真相（续）》，《大陆报》第6期，1903年5月6日。

并进行过写新小说的实践。这方面的代表作是陈天华的《狮子吼》。一些革命党人在响应小说界革命的同时，还进一步提出要改良戏剧，认为戏剧作为一种"有形有声""有声有色"的艺术，更易收到使人"情为之动，心为之移"的效果，所以一部好的革命戏剧，"其奏效之捷，必有过于劳心焦思、孜孜矻矻以作《革命军》、《驳康书》、《黄帝魂》、《落花梦》、《自由血》者，殆千万倍"[①]。基于对革命戏剧作用的上述认识，一些革命党人在从事革命的宣传过程中非常重视革命戏剧的创作，尽管这些革命戏剧总的来看艺术水平不是很高，但对革命的宣传起了一定的积极作用。

三、白话文运动的兴起及影响

白话文运动的最初源头要追溯到维新变法时期。当时维新思想家们出于"开民智"以及传播西方思想文化的启蒙目的，而积极提倡白话文，从而在中国大地上第一次发出了要求推广白话文、改革或废除文言文的呼声。而最早发出这种呼声的大概是梁启超。1896年他撰写《变法通议》一文，从开民智的角度论述了推广白话、俗语的重要意义。他指出，中国的民智不开与言文分离有重要关系，在古代，言即文，文即言，言和文相统一；后来言与文逐渐分离，言是言，文是文，其结果造成"今人出话，皆用今语，而下笔必效古言"的矛盾现象。由于言文分离，"妇孺农甿，靡不以读书为难事"，不少人"学文数年，而下笔不能成一字"，民智也因此而不得开启。相反，西方人从小学习的便是俗语、歌谣，言文合一，故"西人每百人中，识字者自八十至九十七八人"，文化发达，国家富强。既然言文分离是导致中国民智不开、国家因而不能富强的重要原因，那么解决这一问题的不二法门，是推广白话、俗语，从而使言文合一。为此，他建议"专用俚语，广著群书"，用它来"借阐圣教"，"杂述史事"，"激发国耻"，"旁及彝情"，甚至可以用来揭露官场的黑暗，考场的丑恶，鸦片的顽癖，缠足的虐刑，传播西方的思想文化和科学技术。[②]

梁文发表不久，黄遵宪也从言文一致语言随地而异、随时而变的角度，

① 陈去病：《论戏剧之益》，载殷安如、刘颖白编《陈去病诗文集》上编，社会科学文献出版社，2009，第412页。
② 梁启超：《变法通议》，载《饮冰室合集》第1册，文集之一，第54页。

探讨了推广白话文的可能性。他以西方诸国为例，论证了"语言与文字离，则通文者少，语言与文字合，则通文者多"的道理，他说："余闻罗马古时仅用腊丁语，各国以语言殊异，病其难用。自法国易以法音，英国易以英音，而英法诸国文学始盛。耶稣教之盛，亦在举《旧约》《新约》，就各国文辞普译其书，故行之弥广。盖语言与文字离，则通文者少，语言与文字合，则通文者多，其势然也。"同样的道理，中国文字在几千年的发展历程中也在不断地变化着，"愈趋于简，愈趋于便"。因此，诞生一种言文合一、比较简便并适合于普通百姓习用的通俗文字不仅完全可能，也非常必要，"欲令天下之农工商贾妇女幼稚，皆能通文字之用，其不得不于此求一简易之法哉"。① 几乎与黄遵宪同时，陈荣衮也写了《俗话说》一文，强调俗话对开民智的重要性。

梁启超、黄遵宪等人虽然主张推广白话文，但他们并没有明确使用"白话文"的概念，而用的是"俗语""俚语"等，真正第一次使用"白话文"概念的是江苏无锡举人裘廷梁。1898 年春，裘廷梁在上海《苏报》上发表了《论白话为维新之本》的文章，明确提出了"崇白话而废文言"的主张，认为西方、日本所以"人才之盛，横绝地球"，就在于"白话之效"；中国所以民智未开，国家贫弱，亦就在于"文言之为害"，所以要开民智，强国家，就必须"崇白话，废文言"，这是维新之本，因为与文言比较，白话有八点优长：一是"省日力"，二是"除憍气"，三是"免枉读"，四是"保圣教"，五是"便幼学"，六是"炼心力"，七是"少弃才"，八是"便贫民"。②

维新变法时期不仅出现了要求推广白话文、改革或废除文言文的呼声，而且还出现了白话报。据陈万雄先生的研究，维新变法时期（1895 年 5 月—1898 年 9 月），全国共创办白话报 9 份，分布在杭州、平湖、上海、无锡、重庆、广州、常州等地。③ 其中影响较大的是《无锡白话报》。该报为裘廷梁等人创办。早在 1897 年 7 月，裘廷梁到上海，找到《时务报》总经理汪康年，建议增办一份文义较浅的报纸，汪虽表示同意，但未能即办。后

---

① 黄遵宪《日本国志·文学志》，载中国科学院近代史研究所近代史资料编辑组编《近代史资料》第 2 期，中华书局，1963，第 115—116 页。
② 裘廷梁：《论白话为维新之本》，载《近代史资料》第 2 期，第 122—123 页。
③ 陈万雄：《五四新文化的源流》，生活·读书·新知三联书店，1997，第 135—137 页的"表"。

来出版了一种《演义白话报》，目的在"把各种有用的书籍报册，演为白话，总期看了有益"。对象主要是"成童以上学堂"的学生。内容有新闻、笔记、小说等。在第一号《白话报小引》中宣称：因国运危殆，"中国人要想发愤立志，不吃人亏，必须讲究外洋情形，天下大势。要想讲求外洋情势，天下大势，必须看报。要想看报，必须从白话起头，方才明明白白"①。《演义白话报》出版后，效果不是很好。于是裘廷梁于 1898 年 5 月，在无锡发起成立"白话学会"，同时刊行《无锡白话报》。报纸的内容分为三类："一演古"，即将一些古籍译成白话文；"二演今"，即将已刻已译的中外名人撰述和好的西方小说译成白话文；"三演报"，即取各报刊载的有关"中外之近事""西政西艺"以及"外人议论之足以药石我者"译成白话文。其目的在于"俾商者、农者、工者，及童塾子弟，力足以购报者，略能通知中外古今及西政、西学之足以利天下，为广开民智之助"。②5 期后，恐读者误解该报仅为无锡人而办，不足以号召全国，故改名为《中国官音白话报》。该报第 1 期为油印，第 2 期起改为木活印，初期每册 10 多页，后扩大为 20 多页，由"萃新时务书室"面向全国发行。由裘廷梁发起组织的"白话学会"，还打算成立"白话书局"，出版白话文图书，但可惜因故而未能如愿。

到了 20 世纪初，随着思想启蒙的深入，尤其是孙中山领导的资产阶级反清革命运动的兴起，白话报犹如雨后春笋般地涌现，据统计，1901 年到 1907 年间，全国共创办白话报 73 份，仅 1903、1904 这两年，创办的白话报就达到 29 份之多。出版地遍及北京、上海、四川、香港、广东、湖南、湖北、云南、河北、山东、山西、江西、江苏、浙江、安徽、沈阳、哈尔滨、吉林、天津、伊犁、西藏、蒙古等地，其中以上海、北京、江苏、浙江、安徽最多。如果说在此之前白话报的创办者主要是维新派或维新变法的同情者，如 1897 年、1898 年创办的《俗语报》《演义白话报》《蒙学报》和《无锡白话报》都是"维新时代的典型刊物"，那么到了 20 世纪初，尤其是进入 1903 年后，受拒俄运动和"苏报案"的影响，新的知识分子群体特别是留日学生的日益革命化，以孙中山为代表的革命派已逐渐取代以康

①《白话报小引》，《演义白话报》，1897 年 11 月 7 日。
② 陈万雄：《五四新文化的源流》，第 136 页。

有为、梁启超为代表的维新派或改良派成为清末政治舞台上的主角，革命派或反清革命的同情者也成为白话报的主要创办者，《新白话报》《绍兴白话报》《中国白话报》《俚语日报》（以上各报皆为1903年创办）、《安徽俗话报》《扬子江白话报》《白话日报》《山东白话报》《湖州白话报》《白话杂志》《江西白话报》《初学白话报》（以上各报皆为1904年创办）、《第一晋话报》（1905年创办）、《济南白话报》《晋阳白话报》《兢业白话报》（以上各报皆为1906年创办）、《丽江白话报》《中国女报》《广东白话报》《新中国白话报》（以上各报皆为1907年创办）等白话报都是革命派创办的，是反清革命的报刊。① 如蔡元培所说：这些报纸"表面普及常识，暗中鼓吹革命的工作"②，是反清革命运动的重要组成部分。

在白话报如雨后春笋般地涌现的同时，白话教科书、白话通俗读物和白话小说等也得到大量出版和印行，仅白话小说就有1500多种。另据《大公报》记载，1902年已有白话历史书。③ 同样，这些白话教科书、白话通俗读物和白话小说的出版者和作者，不少人也是革命派或反清革命的同情者。

以孙中山为代表的革命派不仅为白话文运动在20世纪初的兴起做出了重要贡献，他们同时也利用白话文这一通俗易懂的文字宣传资产阶级的民主、自由、平等思想，反帝爱国思想和反清革命思想。革命党人林獬用"白话道人""宣樊子"等笔名在《中国白话报》上发表了61篇文章，揭露帝国主义强占中国的矿山、铁路、河流，掠夺中国的财富，瓜分中国的土地，"把这中国当个西瓜……各分一块，把中国的百姓杀的杀，赶的赶"④。他谴责清政府对外屈膝投降，出卖国家主权，"把中国的地方，割把外国，还要帮着那外国人，来杀我们汉族的百姓"⑤，因此不推翻卖国的清王朝，中国就不可能走上独立富强的道路。他主张在推翻清王朝后，"把我们汉族中国，建个独立共和的政府"，国民应享有思想、言论、出版等各项自由权。⑥ 被誉为革命党大文豪的陈天华，在自己短暂的一生中，用白话文写了大量的

---

① 参见陈万雄《五四新文化的源流》，第137—151页。
② 蔡元培：《独秀文存·序》，载《独秀文存》卷首，上海亚东图书馆，1933。
③ 参见陈万雄《五四新文化的源流》，第160页。
④ 白话道人（林獬）：《大祸临门》，《中国白话报》第2期，1904年1月2日。
⑤《时事问答》，《中国白话报》第9期，1904年4月16日。
⑥ 白话道人（林獬）：《〈再告当兵的兄弟们〉附记》，《中国白话报》第20期，1904年8月30日。

宣传反帝爱国、反清革命的作品，如脍炙人口的《猛回头》《警世钟》，揭露了清王朝的腐败和帝国主义瓜分中国的阴谋，把20世纪初中华民族所面临的亡国灭种的危险摆到了大家面前："嗳呀！嗳呀！来了！来了！甚么来了？洋人来了！不好了！不好了！大家都不好了！老的，少的，男的，女的，贵的，贱的，富的，贫的，做官的，读书的，做买卖的，做手艺的，各项人等，从今以后，都是那洋人畜圈里的牛羊，锅子里的鱼肉，由他要杀就杀，要煮就煮，不能走动半分。唉！这是我们大家的死日到了！"[①] 另一位资产阶级革命家秋瑾在《白话杂志》《中国女报》上也发表了很多白话文章，号召广大妇女起来争取女权和男女平等，反抗黑暗现实，投身反清革命，用实际行动去"灿祖国文明之花，为庄严之国民之母"。[②] 在《〈中国女报〉发刊辞》中，她豪情满怀地向广大妇女发出呼吁：希望她们"为醒狮之前驱，为文明之先导……使我中国女界中放一光明灿烂之异彩，使全球人种，惊心夺目，拍手而欢呼"[③]。孙中山的战友陈少白更是在香港组织白话剧团，演白话剧，唤起国人的觉醒。

20世纪初兴起的白话文运动，是五四白话文运动的前驱或先导，五四白话文运动的倡导者，如蔡元培、陈独秀、胡适、钱玄同、高语罕、马裕藻等，都是20世纪初白话文运动的参与者，有的人还创办或主持过白话报，如陈独秀创办过《安徽俗话报》，胡适主编过《兢业白话报》。胡适主编《兢业白话报》的经历对他后来发动和领导五四白话文运动有重要影响，1933年他在写《四十自述》时写道："这几十期的《兢业旬报》（《兢业白话报》为旬刊——引者），不但给了我一个发表思想和整理思想的机会，还给了我一年多作白话文的训练……我知道这一年多的训练给了我自己绝大的好处。白话文从此成了我的一种工具。七八年之后，这件工具使我能够在中国文学革命的运动里做一个开路的工人。"[④] 五四白话文运动是五四启蒙运动的重要组成部分，有人甚至认为，没有五四白话文运动，也许就没有

---

① 陈天华：《警世钟》，载刘晴波、彭国兴编校《陈天华集》，湖南人民出版社，1958，第60页。
② 秋瑾：《实践女学校附属清国女子师范、工艺速成科略章启事》，载中华书局上海编辑所编《秋瑾集》，中华书局，1960，第9页。
③ 秋瑾：《〈中国女报〉发刊辞》，载《秋瑾集》，第13页。
④ 胡适《四十自述》，载《胡适全集》第18卷，第77页。

五四新文学运动，没有五四新文学运动，也就没有五四启蒙运动。而五四白话文运动是对 20 世纪初兴起的白话文运动的继承和发展。这就是 20 世纪初兴起的白话文运动的影响和意义。

第三节　20 世纪初革命派的启蒙思想 ①

一、批判专制制度，要求人权与自由

批判专制制度，要求人权、平等与自由，这是 20 世纪初革命派的启蒙思想的一个重要内容。和 19 世纪末的维新思想家一样，革命派用来批判封建专制制度的理论武器也是西方资产阶级的政治思想和学说。他们以卢梭的"民约论"，重新解释了君主与国家的起源。他们指出，上古时代，是没有什么皇帝和官吏的，人人都是老百姓。后来由于各种公共事务太多，需要有人专门负责，老百姓便推举几个"有德行有才干的人"负责此事，同时还定立了几条法律，供大家遵守，这样便产生了君主和国家，所以"国者积人而成者也"。② "国者民之国"，"集多数人民，以公同之力之志意，向公同之目的，发公同之行为者，则曰国"。③ 后来，人们渐渐忘了国家是多数人共同思想共同行为的结合体，少数首领便乘机"弄起权来"，把共同体的国家变成了一家一姓的私产，"而自尊曰君曰皇帝"，而本来是主人的老百姓反而成了他的奴隶、臣民。所以，"君""皇帝"都是窃国窃权的独夫民贼，他们没有和人民订立契约，其权力不是人民给予的，因而是非法的，人民有权力推翻其统治。

除了以"民约论"重新解释君主与国家的起源外，革命派还以进化论的原理否定了君主专制制度存在的合理性。他们指出，"天择物竞，最宜者存，万物莫不然，而于政体为尤著"。在他们看来，判断一个政体适不适宜生存

---

① 关于革命派的形成及其革命思想和活动，详见本书下一章（第七章）。
② 弃疾（柳亚子）：《民权主义！民族主义！》，《复报》第 9 期，1907 年 5 月 12 日。
③ 余一：《民族主义论（未完）》，《浙江潮》第 1 期，1903 年 2 月 19 日。

的标准有二：一是看它能不能增加绝大多数人的幸福。"以此政体与彼政体较，彼之于民所增幸福为多，则民虽立于此政体之下而心常在彼，早夜以求之，不变焉不止。既变矣，而他日又有人焉，发明更善之政体，所增幸福较前益多，则又舍其故而谋其新。"① 就专制政体而言，它"欲以一人擅神圣不犯之号，以一姓专国家统治之权"②，谋求的是少数人的幸福，而绝大多数人则没有幸福可言，所以是一种"民贼独夫"的政体。二是看它能不能使绝大多数人的"智识道德及活动力"发达起来。"穆勒氏之论政体也，一则曰能使人民发达其智识道德及活动力者为善，否则为恶；再则曰设适宜之机关利用其智识道德及活动力者为善，否则为恶"，恶者不适宜生存，要为善者所取代。以此来衡量，专制政体"恒欲愚民"，绝大多数人的"智识道德及活动力"不仅得不到发达，相反还备受摧残和打击，因此它是一种"恶"政体。既然专制政体既不能增加绝大多数人的幸福，又不能使绝大多数人的"智识道德及活动力"发达起来，那它也就没有任何存在的理由，必然要为新的能增加绝大多数人幸福和使绝大多数人的"智识道德及活动力"发达起来的政体所淘汰。他们由此得出结论："二十世纪之天地，盖断不容专制余威稍留其迹。"③

革命派在对专制制度的种种罪恶进行了揭露和批判后指出："天下之政体，莫毒于专制；天下之苦，莫惨于专制政府之压制。何以故？以专制政体惟谋少数人之幸福乐利故。以惟谋少数人之幸福乐利也，故虽牺牲全体国民之公益，亦有所不顾，亦有所不惜；国民苟有反抗之者，则出其全力以压抑之……故当文明之世，专制政体者，国民之公敌；专制政府之压制者，实人生之大蠹、社会之蟊贼也。"④

与 19 世纪末的维新思想家不同，20 世纪初的革命派在批判专制制度的过程中，还把矛头直接指向了孔子和儒学，一些文章称儒家为"迂儒""腐

----

① 竞盦《政体进化论》，《江苏》第 1 期，1903 年 4 月 27 日。
② 思黄（陈天华）：《论中国宜改创民主政体》，《民报》第 1 号，1905 年 12 月 8 日再版发行。
　注：该期未注明出版发行时间，学术界有认为初版发行是 11 月 26 日。
③ 竞盦：《政体进化论》，《江苏》第 1 期，1903 年 4 月 27 日。
④ 辕孙：《露西亚虚无党》，《江苏》第 4 期，1903 年 6 月 25 日。（注：按刊物声明，每月出版一期，每月初一出版，第四期应是七月初一日，而且第五期标明是八月初一日出版，但不知什么原因，第四期注明是闰五月初一日出版，即阳历 6 月 25 日）

儒""陋儒""贱儒"，并对孔子指名道姓地进行公开批判，《新世纪》曾发表过一篇著名"绝圣"的文章，题目就叫作《排孔征言》。革命派所以在批判专制制度的过程中要批判孔子和儒学，是因为在他们看来，孔子和儒学是为专制制度服务的。《名说》一文指出：孔子"创为君臣之伦，忠义之说，定之为人纪人纲，制之大经大法"，是适应君主专制统治的需要，杀人于无形。[1]《开通学术议》宣称："孔子的说话都是叫人尊君亲上的"，一部《论语》的"根本观念盖在防人犯上作乱，欲使天下为忠臣孝子"，服服帖帖地顺从专制君主的统治。[2]《排孔征言》强调："孔丘砌专制政府之基，以荼毒吾同胞者，二千余年矣。"[3]《道统辨》认为："宋儒尊三纲，定名分之说，可以有利于专制也。"[4]正因为孔子和儒学是为专制制度服务的，两千多年来的独夫民贼都非常喜欢他们，利用他们来维护自己的专制统治。吴虞在《辨孟子辟杨、墨之非》中指出："杨子为我主放任，则不利于干涉；墨子兼爱主平等，则不利于专制，皆后世霸者之所深忌。而儒家则严等差、贵秩序，上天下泽之瞽说，扶阳抑阴之谬谈，束缚之，驰骤之，于霸者驭民之术最合。故霸者皆利用之，以宰制天下，愚弄黔首。"[5]吴魂在《中国尊君之谬想》中写道：儒家"倡君尊臣卑之说。一人为刚，万人为柔，以孔子之圣，而曰民可使由之，不可使知之；曰事君尽礼……呜呼，所谓圣人为君主教猱升木，而君主因而利用之，祭庙、拜圣像、用圣言，彼非真信圣人也，信圣人学说之足以驾驭国民也……君主无圣人，则其压制臣民较难，惟有圣人而君主乃得操纵自如，以济其奸"[6]。君衍的《法古》一文认为，"'至圣'两个字，不过是历代的独夫民贼加给他的徽号。那些民贼为什么这样尊敬孔子呢？因为孔子专门叫人忠君服从，这些话都很有益于君的。所以那些独夫民贼喜欢他了不得，叫百姓都尊敬他，称他做'至圣'"，其结果老百姓"都入了那些独夫民贼的圈套，一个个都拿'忠君'当自己的义务"。[7]既然孔子和

---

① 铁厓（雷昭性）：《名说》，《越报》第 1 期，1909 年 11 月 12 日。

② 凡人：《开通学术议（未完）》，《广益丛报》第 185 号，1908 年 10 月 24 日。

③ 绝圣：《排孔征言》，《新世纪》第 52 号，1908 年 6 月 20 日。

④ 《道统辨》，《国民日日报汇编》第 3 集，1904 年。

⑤ 吴虞：《辨孟子辟杨、墨之非》，《蜀报》第 1 年第 4 期，1910 年 10 月 3 日。

⑥ 吴魂：《中国尊君之谬想》，《复报》第 1 期，1906 年 5 月 8 日。

⑦ 君衍：《法古》，《童子世界》第 32 期，1903 年 6 月 6 日。

儒学是为专制制度服务的，已成为"独夫民贼"维护自己专制统治的工具，革命派由此得出结论：要批判专制制度，就非批判孔子和儒学不可。用《排孔征言》作者的话说："欲世界人进于幸福，必先破迷信；欲支那人之进于幸福，必先以孔丘之革命。"[1]

革命派还从学术方面对孔子和儒学进行了批判。他们指出，儒学定于一尊，造成了两千多年来的中国学术专制，而学术专制又是造成"今中国学界之黑暗与进化之迟滞"的主要原因。因此，要开通学术，"革旧弊，明新法，造就新世界"，就必须打破儒学的独尊。[2] 他们还提出了"无圣"的主张，认为自孔子被尊奉为"圣人"后，人莫敢怀疑其学说，"故数千年来思想滞阂不进，学术凌迟，至不可救"，所以，不仅"破专制之恶魔"，"谋人类之独立"，"必自无圣始"，就是"立学界前途之大本"，也"必自无圣始"。[3] 有的人还把批判的矛头指向了儒家的"道统说"，认为"道统说"以儒家思想为"宗传"，来说明"国有正统，家有统系"，这一方面有利于君主专制统治，因为"政统之说，足以长君主专制之焰，统系之说，足以启家族压制之端"，历史上的专制君主也正是利用儒家的所谓"道统说"来"塞人民之心思耳目，使不敢研究公理"，从而达到他们"束缚臣民思想，使臣民柔顺屈从，而消磨其聪明才力"的目的；另一方面又形成了"学术之专制"，因为"道统说""宗师之一统"，"以圣贤相专之说"，排斥其他学说，人们只能"依附前人，承其余绪"，而"不能独辟思想"，有任何的学术自由和竞争。这是造成"中国学术所以日衰"的重要原因。用《道统辨》一文作者的话说："若执道统之说，则是当今之新理新学古圣贤所未言者，无论其为公理与否，皆以异端邪说斥之，入主出奴，固而不知通，其狭隘之范围，阻滞学术岂浅鲜哉！且学术所以进步者，由于竞争也。学者各出其所见所闻，以互相辩诘互相折衷，然后真理见。中国学术所以日衰者，由于宗师之一统也。宗师之一统，即学术之专制也。统一故无竞争，无竞争故无进步。溯其原始，孰非异学消亡之故乎？"[4]

---

① 绝圣：《排孔征言》，《新世纪》第 52 号，1908 年 6 月 20 日。

② 凡人：《开通学术议（未完）》，《广益丛报》第 185 号，1908 年 10 月 24 日。

③ 凡人：《无圣篇》，《河南》第 3 期，1908 年 3 月。

④《道统辨》，《国民日日报汇编》第 3 集，1904 年。

视孔子和儒学为专制制度的工具加以批判，说明革命派对于专制制度与孔子和儒学关系的认识比之维新思想家有了较大的进步，这种进步是思想启蒙运动在新的历史时期日益深入发展的重要标志，尽管革命派的认识并非完全正确，有些言论也未免过于片面和偏激，然而如《无圣篇》编者按所言："虽不免矫枉过正，然录之亦可觇思想进化之一斑"，其思想的启蒙意义不容低估。不过，这里需要指出的是，主张批孔批儒并不是 20 世纪初所有革命派的共同认识，当时一些革命党人对孔子和儒学依然持的是崇敬的态度，甚至把孔子与黄帝并列，视为中国的"国魂"，有的还主张立儒学为宗教，供人们信仰。因此，20 世纪初革命派的批孔批儒，仅限于极小的范围之内，并不像有的学者所认为的那样形成了大规模的批孔批儒运动，它只是开启了新文化运动时期大规模批孔批儒运动的先河。

革命派批判专制制度的目的，是要人权、平等和自由。什么是人权？他们指出，所谓人权也就是做人的权利，具体而言，"本分即权利之实质，权利因本分而生。人因保其体肉精神之本分，即有物之权利；人因继续其子孙之本分，即有婚姻之权利；人因干与国政之本分，即有参政权；人因不受他人制缚之本分，即有自由权"①。革命派从"天赋人权"的思想出发，认为这些权利是与生俱来的，任何人都不能加以剥夺。用《说国民》一文的话说："天之生人也，即与以身体自由之权利，即与以参预国政之权利。故一国行政之权，吾得而过问之，一国立法之权，吾得而干涉之，一国司法之权，吾得而管理之……故权利者，暴君不能压，酷吏不能侵，父母不能夺，朋友不能僭，夫然后乃谓之国民之真权利。"该文还特别强调，既然权利是与生俱来的，国民就应该积极争取和保护它，否则，如果"以一己之权利，拱手而授之他人，君主以一人而占有权利，我不敢与之争；贵族以数人而私有权利，我又不敢与之争；甚且外人盗我权利、诈我权利，我亦不敢与之争；是所谓放弃其权利者也。无权利者，非国民也"。②

革命派认为，不仅权利是与生俱来的，平等也是与生俱来的，"天之生人也，原非有尊卑上下之分"。后来随着社会的发展，出现了治人者与被治

①《权利篇》，《直报》第 2 期，1903 年 3 月。
②《说国民》，《国民报》第 2 期，1901 年 6 月 10 日。

者、贵族与平民、自由民与不自由民等的区别，人与人之间才有了"贵贱"和"主奴"的不同。"治人者为主则被治者为奴，贵族为主则平民为奴，自由民为主则不自由民为奴，男子为主则女子为奴。"既然平等是天生的、自然的，而不平等是后起的、人为的，那么"希望平等乃人民共具之心"。为了真正实现"一国之内无一人不得其平，举国之人无一人不得其所"，革命派号召人民起来，"冲决治人者与被治者之网罗"，使人人皆为治者，亦皆为被治者；"冲决贵族与平民之网罗"，使人人皆为王侯，亦皆为奴隶；"冲决自由民与不自由民之网罗"，使律例中无奴仆一类的文字，海外华工无苦力一类的称谓；"冲决男子与女子之网罗"，使女子和男子享有同等的权利。他们还特别强调：有平等之民才能有平等之国，"故不平等者，非国民也"。[①]

与人权、平等相联系的，是自由的问题。什么是自由？根据上引《说国民》一文作者的解释，"粗言之则不受压制，即谓之自由焉耳"。这种压制主要表现在两方面："一曰君权之压制，一曰外权之压制。"而"欲脱君权、外权之压制，则必先脱数千年来牢不可破之风俗、思想、教化、学术之压制"。因为从君权、外权的压制下解放出来，获得的是"自由之形体"，而从数千年来风俗、思想、教化、学术的压制下解放出来，获得的是"自由之精神"。与"自由之形体"比较，"自由之精神"更重要些，"无自由之精神，非国民也"。因此，中国人民不仅要向法国人民和美国人民学习，脱"君权之压制"和"外权之压制"，而得"形体"之自由，更要以孟德斯鸠、卢梭、伏尔泰等启蒙思想家们为榜样，脱"数千年来牢不可破之风俗、思想、教化、学术之压制"，而得"精神"之自由。[②]

革命派指出，专制制度的种种罪恶，归根到底在于它蔑视和践踏了人权、平等和自由。这也是专制制度所以不能留存于 20 世纪的根本原因。

二、批判纲常名教，提倡伦理、道德革命

批判纲常名教，提倡伦理、道德革命，这是 20 世纪初革命派启蒙思想的又一重要内容。他们指出，纲常名教不是什么天经地义的"大经大法"，

①《说国民》，《国民报》第 2 期，1901 年 6 月 10 日。
②《说国民》，《国民报》第 2 期，1901 年 6 月 10 日。

或人类"固有之物"，而是封建统治者"创造"出来的，其目的在于"以伪道德之迷信保君父等之强权也"。[1]"中国数千年相传之道德，殆无有能逾越是范围者。而其惑世诬民，则直甚于洪水猛兽。"[2]1903 年的《直报》发表"佚名"的《权利篇》，该文开宗明义道："礼者非人固有之物也，此野蛮时代圣人作之以权一时，后而大奸巨恶，欲夺天下之公权而私为己有，而又恐人之不我从也，于是借圣人制礼之名而推波助澜，妄立种种网罗，以范天下之人。背逆之事，孰逾于此！"正是在纲常名教的束缚和网罗下，人们养成了一种"卑屈之风，服从之性"[3]，"一任昏暴者之蹂躏鱼肉、宰割烹醢"[4]。这也是封建专制制度所以能维持两千多年之久的重要原因。因此，要打倒专制制度，就必须批判纲常名教，使人们从其束缚和网罗下解放出来，否则"欲提自由之空气，振独立之精神，拔奴隶之恶根，救民群之悲运，岂可得哉！"[5]

和维新思想家一样，革命派对纲常名教的批判，矛头首先指向的也是"君为臣纲"。因为"君为臣纲"是纲常名教的核心，是封建君主专制制度的护身符。《三纲革命》一文的作者指出，"据强权而制服他人者君也，恃君之名义威权而制服他人者臣（官）也，故曰君为臣纲，又曰官为民之父母"。对于这种"强权"，该作者发出了愤怒的质问："君亦人也，何彼独享特权特利？曰因其生而为君，是天子也。此乃迷信，有背科学。若因其有势力故然，此乃强权，有背真理。"[6]

为了批判"君为臣纲"，否认这种"强权"，革命派还对"父为子纲"以及以"父为子纲"为核心的大家族制度进行了批判。他们指出，父子关系，本来是一种平等的关系，"子幼不能自立，父母养之，此乃父母之义务，子女之权利。父母衰老不能动作，子女养之，此亦子女之义务，父母之权利。故父母子女之义务平，权利等，故父母之于子女，无非平等而已"。但是，"父为子纲"下的父子关系是不平等的，"就伪道德言之，父尊而子卑；

---

① 真：《三纲革命》，《新世纪》第 11 号，1907 年 8 月 31 日。
② 愤民：《论道德（续第二期）》，《克复学报》第 3 期，1911 年 8 月。
③《权利篇》，《直报》第 2 期，1903 年 3 月。
④ 铁厓（雷昭性）：《名说》，《越报》第 1 期，1909 年 10 月 16 日。
⑤《伦理学平等卮言》，《经世文潮》第 2 期，1903 年 6 月 10 日。
⑥ 真：《三纲革命》，《新世纪》第 11 号，1907 年 8 月 31 日。

就法律言之，父得杀子而无辜；就习惯言之，父得殴詈其子，而子不敢复"。① 在这种不平等的关系下，父辈对子辈有绝对压制的权力，而子辈对于父辈"叱之不敢怒，挞之不敢动。生服其命令，死不为复仇"②，除绝对顺从外，从小到大都没有半点权利可言。年幼时，父辈"不知导之以理，而动用威权，或詈或殴"，使子辈在肉体和精神上都备受摧残；稍长，子辈又被强迫"崇拜祖宗，信奉鬼神"，"敬长尊亲，习请安跪拜"之礼，从而"成其迷信，而丧其是非"，养成了一种"奴隶禽兽"似的"畏服"心理；及壮，"婚配不得自由，惟听父母之所择"，虽"男女两人之事"，父辈也要干预。甚至父母死了，"而复以繁文缛节以累之"。③ 革命派对于这种不平等的父子关系予以了猛烈抨击："总之为子者，自幼及长，不能脱于迷信与强权之范围。己方未了，又以教人，世世相传，以阻人道之进化，败坏人类之幸福。其过何在？在人愚。乘其愚而长其过者，纲常伦纪也。"④ 革命派进一步认为，以这种不平等的父子关系为核心的家族制度是造成中国政治落后、经济贫困、人们思想闭塞愚昧的重要原因。因此他们主张打倒大家族制度，"脱家族之羁轭而为政治上之活动是也，割家族之恋爱而求政治上之快乐是也，抉家族之封蔀而开政治上之智识是也，破家族之圈限而为政治上之牺牲是也，去家族之奴隶而立政治上之法人是也，铲家族之恶果而收政治上之荣誉是也"⑤。

革命派着墨最多的是对"夫为妻纲"及封建礼教对广大妇女压制的批判。他们揭露在"夫为妻纲"的关系下，丈夫对妻子"俨然具有第二君主之威权，杀人无死刑，役人如犬马"，而妻子在丈夫的压制下，"此身一误，蹂躏终生"，备受压迫、凌辱的摧残。因此，"家庭之压制，亦莫甚于夫妇"。⑥ 除在家庭中受夫权的压制外，广大妇女还要在社会上受君主专制和封建礼教的压迫，"出入无自由，交友无自由，婚姻无自由"，长期处于"沉沉黑狱"之中，她们既是被奴役的奴隶，又是备受污辱的玩物，"穿耳刖

---

① 真：《三纲革命》，《新世纪》第 11 号，1907 年 8 月 31 日。
② 愤民：《论道德（未完）》，《克复学报》第 2 期，1911 年 7 月。
③ 真：《三纲革命》，《新世纪》第 11 号，1907 年 8 月 31 日。
④ 真：《三纲革命》，《新世纪》第 11 号，1907 年 8 月 31 日。
⑤ 家族立宪者：《家庭革命说》，《江苏》第 7 期，1903 年 10 月 20 日。
⑥ 初我：《女子家庭革命说》，《女子世界》第 4 期，1904 年 4 月 16 日。

足"，命运极为悲惨，乃至"全国女界，皆成冢中枯骨，绝无生气"。① 革命派还特别批判了封建礼教以"女德""妇道"的名目对广大妇女的束缚和压迫。他们指出，所谓"女德""妇道"，集中表现为"三从四德"，"三从"，"所以禁锢女子之体魄"，"四德"，"所以遏绝女子之灵魂"。② 其实质是要剥夺她们的权利，贬损她们的人格，从而使她们"跧伏于男子万重压制之下，稍有逾越，即刑戮随之矣"③。革命派中还有人分析了妇女备受束缚和压制的经济根源，认为中国妇女"少则待食于其父"，就只得"在家从父"；结婚后"待食于其夫"，就只得"出嫁从夫"；老了后"待食于其子"，就只得"夫死从子"。④ 所以妇女要改变这种悲惨命运，就必须走出家门，自营生计，实现经济上的完全独立。

在批判"夫为妻纲"及封建礼教对广大妇女压制的同时，革命派还大力提倡男女平等，妇女解放。他们指出："地球生人以来，斯有男女。男女同生天地间，同有天赋之权利，同有争存之能力"⑤，"夫男女同为人，固无尊卑、贵贱、强弱、智愚之可分"⑥，应该一律平等。《女子家庭革命说》一文更是宣称："女权与民权，为直接之关系，而非有离二之问题"，因此，争取民权，首先就应争取女权，使广大妇女得到解放，和男子一样有参政权。⑦当时革命派创办了不少以妇女为对象，或专门论述妇女问题和妇女解放的刊物，如《中国女报》《女子世界》《中国新女界杂志》《留日女学会杂志》等，就妇女问题，尤其是妇女的解放问题展开讨论，他们号召广大妇女行动起来，摆脱封建礼教的束缚，投身到民主革命运动中去，在革命中"溅热泪，运妙腕，奋一往无前之精神，持百折不回之愿力"，实现自我解放，以恢复被男子剥夺了的"种种天赋完全之权利"。⑧ 妇女的政治权与经济权的提出，说明革命派的妇女解放思想与维新变法时期维新思想家的相关思想比

---

① 亚卢（柳亚子）:《哀女界》,《女子世界》第 9 期，1904 年 9 月 10 日。
② 亚卢（柳亚子）:《哀女界》,《女子世界》第 9 期，1904 年 9 月 10 日。
③ 愤民:《论道德（续第二期）》,《克复学报》第 3 期，1911 年 8 月。
④ 亚特:《论铸造国民母》,《女子世界》第 7 期，1904 年 7 月 13 日。
⑤ 竹庄:《论中国女学不兴之害》,《女子世界》第 3 期，1904 年 3 月 17 日。
⑥ 民（李石曾）:《无政府说（未完）》,《新世纪》第 35 号，1908 年 2 月 22 日。
⑦ 初我:《女子家庭革命说》,《女子世界》第 4 期，1904 年 4 月 16 日。
⑧ 初我:《女子家庭革命说》,《女子世界》第 4 期，1904 年 4 月 16 日。

较，前进了一大步。

　　女革命家秋瑾（1875—1907）在当时提出了比较完整的妇女解放思想。她认为封建宗法制度是妇女受压迫奴役的根源，正是由于封建宗法制度使广大妇女社会地位低下，过着像"牛马奴隶一样"的生活。她激烈反对束缚妇女的纲常名教，反对封建买卖婚姻，反对摧残妇女身心的缠足恶习，主张妇女组织起来，建立自己的团体。为此，她于 1907 年创办《中国女报》。在《〈中国女报〉发刊辞》中她说："吾今欲结二万万大团体于一致，通全国女界声息于朝夕，为女界之总机关；使我女子生机活泼，精神奋飞，绝尘而奔，以速进于大光明世界；为醒狮之前驱，为文明之先导。"[①] 她认为妇女解放的根本在妇女自己，首先要自主，摆脱对男子的依赖，争取独立的人格，自己掌握自己的命运；其次要学艺，掌握知识和技能，实现经济上的真正独立；最后要合群，建立妇女自己的团体。而要做到这几点，就必须与封建家庭决裂，参加民族民主革命，这是妇女解放的必由之途。故此，她号召广大妇女投身革命运动，把反清革命与妇女解放结合起来，在民主革命的运动中实现妇女的解放。她在诗中写道："扫尽胡氛安社稷，由来男女要平权。人权天赋原无别，男女还须一例担。"[②] 她本人于 1905 年 6 月加入光复会，8 月加入同盟会，同年冬回国参加革命活动，1907 年 7 月 13 日被捕，15 日英勇就义。

　　如果说批判纲常名教是"破"的话，那么主张伦理道德革命是"立"。革命派的一个重要观点，是认为伦理道德是随着社会的进化而进化的，社会进化了，原有的伦理道德不适应了，就必须用新的伦理道德取代旧的伦理道德。《论道德》一文将道德区分为二种：一种是天然之道德，"根于心理、自由、平等、博爱是也"；一种是人为之道德，"原于习惯、纲常、名教是也"。前者是"真道德"，也就是人们所讲的新道德，后者是"伪道德"，也就是人们所讲的旧道德。为什么不称新道德，而称"真道德"，不称旧道德，而称"伪道德"呢？"盖新旧不过判一时之好尚，而真伪足以定百世之是非也。"该文作者认为，随着社会的发展和进步，这种"原于习惯"的伪

① 秋瑾：《〈中国女报〉发刊辞》，载《秋瑾集》，第 13 页。
② 秋瑾：《精卫石》，载《秋瑾集》，第 130 页。

道德已不适应社会需要，必须将它革除，而树立起"根于心理"的真道德。[①]
与《论道德》作者一样，《无政府说》的作者也称旧道德为"虚伪之道德"，
新道德为"真正之道德"。"虚伪之道德者，君礼，臣忠，父慈，子孝，兄
爱，弟敬，夫贤，妇贞，长幼有序，尊卑有别，贫贱在命，富贵在天之谓
也。中国数千年以来，无数圣人贤士，所注意所提倡者，不外于斯。故其
所崇拜者，礼君，慈父，爱兄，贤夫，知天命者也；所栽培者，忠臣，孝
子，敬弟，贞妇，有序有别者也。"而"真正之道德"，可分为二种："（一）
对于己身之道德；（二）对于社会之道德"。具体而言，己身之道德，"大旨
重为人道，不自暴自弃，俨然立于世界上，不失其自由平等之权，与时进
化而已"。社会之道德，一是要爱家，二是要爱国，"爱家以亲疏，爱国以
利害"。所谓"爱国以利害"，就是说国要值得所爱，也即不能爱专制国家，
要爱民主国家；同时不能因爱自己的国家，而危害别的国家的利益。就历
史发展来看，"知识愈益发达，道德愈益真正。知识由鄙塞而开展，道德
由虚伪而真正。此亦进化之理也"。因此，以"真正之道德"取代"虚伪
之道德"这是历史发展的必然，不以人们的意志为转移。[②]《论习惯之碍进
化》的作者认为，世界在天天发展，事业也在日日更新，因习惯而形成的
一些伦理道德规范，如忠，如孝，如节，如义，如武，如俭，等等，已经
不适应时代的需要，如果不加改革，"则新机塞碍"，会严重影响社会的进
步。"譬彼舟行隘港，逆流阻之，风力阻之，积淤之沙石又阻之，节节被阻，
欲进而不前，欲前而不速，夫安得扬帆巨浸，乘风破浪以达仙乡而登彼岸
耶！"[③]有人将中国的一些旧伦理、旧道德和落后风俗拿来与世界其他国家
进行比较，"吾尝以之求欧洲诸大国矣。非惟从无此事，亦未尝闻此事也。
又求诸文明稍次之国，或亦闻此事，然未闻有此事也。求诸已亡之国，如
印度、埃及等，或亦有此事，而今则绝无仅有矣。呜呼，世界皆入于文明，
人类悉至于自由，独我中国犹坚持其野蛮主义，墨守其腐败风俗，以自表
异于诸文明国之外，遂使神明之裔濒于沦亡"[④]。通过比较得出的结论是：中

---

① 愤民：《论道德（未完）》，《克复学报》第 2 期，1911 年 7 月。
② 民（李石曾）：《无政府说（未完）》，《新世纪》第 38 号，1908 年 3 月 14 日。
③ 鞠普：《论习惯之碍进化》，《新世纪》第 50 号，1908 年 6 月 6 日。
④ 陈王：《论婚礼之弊》，《觉民》第 1—5 期合本，1904 年。

国的旧伦理、旧道德和落后风俗必须改革。

婚姻是人类社会两性结合的形式,家庭则是以姻亲、血亲关系建立起来的最基本的社会细胞。婚姻是家庭得以产生的前提,而家庭又对婚姻的稳定起着重要的维系作用。婚姻与家庭的伦理道德是社会伦理、道德的重要组成部分。所以,20世纪初革命派主张伦理道德革命的一个重要方面,便是要求对婚姻和家庭的伦理道德进行改造和革新。《觉民》1904年发表的《论婚礼之弊》一文,认为当时中国的旧式婚姻及姻礼主要存在着六大弊端:一是男女不相见之弊;二是父母包办婚姻之弊;三是媒妁之弊;四是聘仪奁赠之弊;五是早聘早婚之弊;六是繁文缛节之弊。对于这六弊,作者深恶痛绝,"于我子女之依赖也,不禁心为之怜;于其父母之专制也,不禁齿为之切;于媒妁之干涉也,不禁意为之索;于其奁币之纷杂也,不禁额为之蹙;于其早聘与早婚也,不禁腕为之扼;于其仪文之繁项也,不禁口为之哑"。这六弊仅仅是中国婚姻和婚礼之弊端的"鸟之一羽,兽之一体耳",但"已使人闻之色变,见之目瞪,读之舌拆,思之魄荡"。因此,该文作者要求破除旧的婚姻方式,对旧的婚礼进行改革,并表示要"发大愿,出大力,振大铎,奋大笔,以独立分居为根据地,以自由结婚为归着点,扫荡社会上种种风云,打破家庭间种种魔障,使全国婚界放一层异彩,为同胞男女辟一片新土,破坏男女之依赖,推倒专制之恶风,遏绝媒妁之干涉,斩刈仪文之琐屑……务将此极名誉、极完全、极灿烂、极庄严之一个至高无上、花团锦簇之婚姻自由权,攫而献之于我同胞四万万自由结婚之主人翁!"[1]刊登在《留日女学会杂志》上的一篇文章指出,当时中国的旧式婚姻,"其不良之点,欲悉数之",实在太多,而"急宜改革"的,一是早婚之弊,二是买卖婚姻,三是父母包办。特别是父母包办,是旧式婚姻中的弊之大端,非改革不可,改革方法,是"先令子女得自由选择,而复经父母之承认,然后决定,斯最当矣"。该文认为改革旧式婚姻,不仅仅涉及青年男女之间的幸福,而且还关系到"社会之发达"和"国家之进步"。因为"婚姻为人道之大经,未有夫妇不和而家庭能欢乐无事者,亦未有夫妇不和而能专心致志以为国家社会建事业者。故改良婚姻,微独为谋社会之

---

[1] 陈王:《论婚礼之弊》,《觉民》第 1—5 期合本,1904 年。

发达所当有事，亦为谋国家之进步所当有事也"。①《安徽俗话报》上的一篇文章对买卖婚姻进行了猛烈抨击，称它为"强奸似的""野蛮风俗"，并主张仿照西方的章程，实行婚姻自由，男女平等，如果"男女不合，都可以禀官退婚，各人另择嫁娶，以免二人不和，勉强配为夫妇，随后弄出不美的事来"。②

　　革命派对旧的家庭伦理道德观也进行了批判，要求冲破旧家庭的束缚，树立起新的家庭伦理道德观。《亡国篇》的作者指出："中国人最重的是家。每家有家谱，有族长，有户尊，有房长，有祠堂"。在旧的家庭伦理道德的熏陶下，人们"只知道有家，不知道有国"，"个个人一生的希望，不外成家立业，讨老婆、生儿子、发财、做官这几件事"。③因此，必须去掉这种旧的家庭伦理道德观，而树立起新的家庭伦理道德观。《家庭革命说》的作者认为，中国两千多年来，"家庭之制度太发达，条理太繁密，父子、兄弟、夫妇之间爱情太笃挚，家法族制、丧礼祀典、明鬼教孝之说太发明；以故使民家之外无事业，家之外无思虑，家之外无交际，家之外无社会，家之外无日月，家之外无天地。而读书、而入学、而登科、而升官发财、而经商、而求田问舍、而健讼私斗赌博窃盗，则皆由家族主义之脚根点而来也"。其结果人们心中只有家而无国，"家有令子而国无公民"，家成了"国家之坚敌"。因而作者提出在进行政治革命之前，先必进行"家庭革命"，使人先成为独立的个人，这样政治革命才有成功的可能。④为了打破旧的家庭对人的束缚，实现人人平等，一些思想激进者还提出了"毁家革命"的主张。1907年《天义》报第4期发表"汉一"的《毁家论》，认为家是"万恶之首"，因为"自有家而后人各自私，自有家而后女子日受男子羁縻，自有家而后无益有损之琐事因是丛生……自有家而后世界公共之婴孩乃使女子一人肩其任"。⑤1908年《新世纪》第49期刊登"鞠普"的《毁家谭》，指出要去强权，得自由，获平等，都需"自毁家始"，并且论证了在当时的

----

① 履夷：《婚姻改良论》，《留日女学会杂志》第1期，1911年5月。
② 三爱（陈独秀）：《恶俗篇（第三篇婚姻下）》，《安徽俗话报》第6期，1904年9月24日。
③ 陈独秀：《亡国篇（续）》，《安徽俗话报》第17期，1904年12月7日。
④ 家族立宪者：《家庭革命说》，《江苏》第7期，1904年1月。
⑤ 汉一：《毁家论》，《天义》第4期，1907年7月25日。

社会条件下"毁家"的具体途径："破除贞淫之说，复多设会场旅馆，为男女相聚之所，相爱则合，相恶则离，俾各遂其情，则必无乐于结婚者也。"人不结婚，当然也就没有了家庭。没有了家庭，人的生老病死问题如何解决？该文主张"广设协助公会，多兴慈善事业（如同志会、同业会、协助会、联合会及产妇院、养病院、娱老院、育婴院、幼稚园等公共事业），凡不婚之男女，平时则出其余财余力，以助公会，有事则入居公院，以生养休息，而公会公院一切职务，亦由不婚之男女自任之，使老有所养，壮有所用，幼有所长"。① 如果我们把这一主张与康有为在《大同书》中提出的相关主张加以比较，简直如出一辙。正如我们在评价《大同书》时已指出的那样，企图通过"毁家"，来打破家庭对人的束缚，实现所谓人人平等，这是不现实的，实际上也根本无法做到。因为家庭是人类社会发展到一定阶段私有制出现后的产物。作为社会最基本的细胞，只要存在私有制和私有财产，家庭就不会消亡。

革命派还认识到："欲救中国，必自改革习俗入手。"② 所以，除婚姻和家庭的伦理道德外，他们还主张改革旧习俗、旧习惯。概而言之，他们的主张主要集中在以下几个方面：第一，反对跪拜礼。他们指出："上古席地而坐，故其拜跪，出于自然，至椅桌兴则不适用矣，而世卒不能改，卑躬俯首，生气毫无"，因此应该以点头鞠躬取代跪拜礼，"点首鞠躬，最便宜，亦足示敬，且出于自然"。③ 第二，反对厚葬。他们认为，厚葬"使死者之骨占生人之地；死者之饰糜生人之财。有用化为无用，有益变为无益"④。故应该改厚葬为简葬。第三，反对妇女缠足。他们写道："今我国女子大都为废人、病夫，乃愚乃顽乃怯乃惰……女子者，国民之母，种族所由来也。黄种之繁，远过于白种……白种人常能以少数制黄种人之多数。南洋美洲，华民数十万，往往受制于数千白种人之下，驱之如牛马，戮辱之如羊豕……推原劣种之由，固由智识之不竞，亦实由体魄之脆弱。体魄脆弱，

---

① 鞠普：《毁家谭》，《新世纪》第49号，1908年5月30日。
② 壮者：《扫迷帚》第一回，《绣像小说》第43期，1905年。
③ 鞠普：《论习惯之碍进化》，《新世纪》第50号，1908年6月6日。
④ 鞠普：《论习惯之碍进化》，《新世纪》第50号，1908年6月6日。

非由国民之母，皆缠足之故哉！"[1] 既然缠足不仅给妇女的身心健康带来了
严重危害，而且还影响到国民的身体素质，那就必须加以革除。第四，主
张剪辫易服。1903 年《湖北学生界》发表《剪辫易服说》，主张剪去发辫，
以西装取代长袍马褂。同年《黄帝魂》发表《论发辫原由》，提出了相同的
主张。这两篇文章认为：习俗、服饰应以"宜时""便民"为原则，而"今
之辫、服，牵制行动，妨碍操作，游历他邦，则都市腾笑"，因此"今日
之中国，诚欲变法自强，其必自剪辫易服始矣"。在他们看来，剪辫易服
有"借以变法""借以养廉""可以强兵""可以强种""可便行役""可振工
艺""可善外交"和"可弭教案"等八大益处。[2] 一些革命派后来还发起成立
了社会改良会，就如何革除"旧染污俗"、树立新风的问题，提出了 36 条
具体主张，主要有：不狎妓，不置婢妾，废止早婚，自主结婚，承认再嫁
之自由，少生儿女，废跪拜礼，废缠足，不赌博，戒除风水迷信，戒除伤
身耗财的嗜好等。[3] 与维新变法时期维新派对旧习俗的批判和移风易俗的主
张比较，革命派显然又前进了一步。

三、批判"奴隶根性"，提倡"国民意识"

20 世纪初革命派思想启蒙的另一项重要内容是批判"奴隶根性"，提倡
"国民意识"。革命派的一个基本观点，是认为中国人有一种"奴隶根性"，
"不论上下，不论贵贱，其不为奴隶者盖鲜"[4]；"奴隶者，为中国人不雷同、
不普通、独一无二之徽号"[5]。他们对中国人的"奴隶根性"进行了揭露和批
判，概而言之，他们认为中国人的这种"奴隶根性"主要表现在以下几个
方面。

第一，安分守己，卑屈恭顺。《箴奴隶》形容在专制制度的高压下，中
国人"盲其目，曲其膝，磬折其躬，龟缩其首，朝扣头而夕稽颡，豺狼勿
顾，胡膻勿顾，杀吾祖父勿顾，奸吾妻女勿顾，吾侪小人，只恭顺孝敬，

---

① 竹庄：《论中国女学不兴之害》，《女子世界》第 3 期，1904 年 3 月 17 日。
②《剪辫易服说》，《湖北学生界》第 3 期，1903 年 3 月 29 日。
③ 宋教仁：《社会改良会章程》，载陈旭麓主编《宋教仁集》下册，中华书局，1981，第 378—
　　379 页。
④《说国民》，《国民报》第 2 期，1901 年 6 月 10 日。
⑤ 邹容：《革命军》，华夏出版社，2002，第 47 页。

表我奴才狗奴才之赤心，无他而已"①。《说国民》揭露当时的大小官吏，"其逢迎于上官之前则如妓女，奔走于上官之门则如仆隶，其畏之也如虎狼，其敬之也如鬼神，得上官一笑则作数日喜，遇上官一怒则作数日戚，甚至上官之皂隶、上官之鸡犬，亦见而起敬，不敢少拂焉。……即位至督抚、尚书，其卑污垢贱、屈膝逢迎者，曾不少减焉"②。官吏们的那种奴才相活脱脱地跃然于纸上。第二，不关心国家大事，对政治麻木不仁。《中国之改造》说中国人虽无不善于经营，对于"殖生产，牟利禄"非常关心，但"若询以国家之大局如斯，前途若何，则摇首曰，是有主者，何与我辈事"。于是农民则自肥其田，以"多收十斛麦，烹羊宰牛"为乐，"而庠序鞠为茂草，衣冠辱在泥涂，不顾也"。商人则操奇计赢，一心想的是发财，而从不考虑如何抵制外商的侵略以及民族商业的前途问题。官吏则唯事蠹国腹民，而对于国家大事从不关心。"凡上诸类，意存苟安，各便私图，不知结团体以御外敌，瘼视同胞之苦难，恰似秦人观越人之肥瘠焉。"③《论中国之前途及国民应尽之责任》批判中国人以土地为一家之私产，以人民为一家之私奴，以政治特权为少数人的专有物，"而于监督政权之事，则曰吾侪小人之所能及焉。饮食男女之外无思想，自私自利之外无责任，纳租税供鞭挞之外无事业，惟知服从专制主权，视为神圣不可侵犯之天宪，荣辱之惟彼，生杀之惟彼，曾未尝建一言，参一政，以增进和平之幸福焉"④。第三，没有独立、自主的人格。上引《论中国之前途及国民应尽之责任》一文认为，中国人"不尊人格，不明权限"，犹如"在网之鱼，在笼之兽"一样，"一任主人左右之，支配之，而无丝毫自主之能力"。对中国人没有独立、自主人格的揭露和批判最为尖锐和深刻的是邹容。他在《革命军》之第五章《革命必先去奴隶之根性》中写道：作为奴隶的中国人，"既无自治之力，亦无独立之心，举凡饮食、男女、衣服、居处，莫不待命于主人，而天赋之人权，应享之幸福，亦莫不奉之主人之手。衣主人之衣，食主人之食，言主人之言，事主人之事，倚赖之外无思想，服从之外无性质，谄媚之外无笑语，

①《箴奴隶》，《国民日日报汇编》第 1 集，1904 年。

②《说国民》，《国民报》第 2 期，1901 年 6 月 10 日。

③《中国之改造（续第四期）》，《大陆报》第 8 期，1903 年 7 月 4 日。

④《论中国之前途及国民应尽之责任》，《湖北学生界》第 3 期，1903 年 3 月 29 日。

奔走之外无事业，伺候之外无精神，呼之不敢不来，麾之不敢不去，命之生不敢不生，命之死不敢不死。得主人之一盼，博主人之一笑，如获异宝、登天堂，夸耀于侪辈以为荣。及撄主人之怒，则俯首屈膝，气下股栗，至极其鞭扑践踏，不敢有分毫抵忤之色，不敢生分毫愤奋之心，他人视为大耻辱，不能一刻忍受，而彼无怒色、无忤容，怡然安其本分，乃几不复自知为人"①。第四，没有爱国思想和民族意识。《中国灭亡论》痛陈中国面临被列强瓜分、亡国灭种的现实危险，"而我国国民愚蒙如故，涣散如故，醉生梦死，禽视鸟息"，以为中国即亡，亦不过和过去一样是王朝的改朝换代而已。②

革命派不仅对中国人的"奴隶根性"进行了揭露和批判，而且还进一步分析了中国人的这种"奴隶根性"形成的原因。他们认为，中国人的"奴隶根性"首先是专制制度造成的。因为在专制制度下，君主有绝对的权力，为了维持自己的统治，"视天下人皆草芥牛马"，对他们"施以种种牢笼、束缚、压制、威胁之术"③；只许他们服服帖帖，"叩头也，请安也，长跪也，匍匐也，唱诺也，恳恩也"，而不给他们一丝一毫的权利，久而久之，"奴隶二字，遂制成吾国人一般之公脑，驯伏数千年来专制政体之下，相率而不敢动"④。其次，为专制制度服务的儒家学说也要为此负责。因为儒家学说专"以柔顺为教"，极力培养人们的"卑屈之风，服从之性"，以便供专制君主"轭束役使之用"。⑤尤其是儒家提出的"君要臣死，不得不死；父要子亡，不得不亡"等"种种荒谬绝伦的邪说"，要老百姓乖乖地服从专制君主的统治，"任他把你浑身剁做成肉酱，不敢喊一声冤，叫一声痛；任他把你妻女来抢夺，还要三跪九叩首的谢恩"，日子一久，奴隶根性也就自然形成。⑥另外，他们认为，中国人的"奴隶根性"的形成与传统的"风俗""教育"和"学派"也有关系。因为"中国之风俗，一酿造奴隶之风俗也"；中国之教育，"即酿成一奴隶特别"之教育也；中国之学派，"无不可谓奴隶

① 邹容：《革命军》，第47—48页。
②《中国灭亡论（未完）》，《国民报》第2期，1901年6月10日。
③《二十世纪之中国》，《国民报》第1期，1901年5月10日。
④《箴奴隶》，《国民日日报汇编》第1集，1904年。
⑤《二十世纪之中国》，《国民报》第1期，1901年5月10日。
⑥ 弃疾（柳亚子）：《民权主义！民族主义！》，《复报》第9期，1907年5月12日。

之学派也"。凡此种种，再加上统治阶级的大力倡导，中国人的"奴隶根性""已深入脑浆"，牢不可破，他们不仅"以此丑态为美观，为荣誉，加意修饰之"，[1] 而且彼此间还以此互相劝勉，"父以戒子，师以率徒，兄以诏弟，夫妇朋友以相期望，莫不曰安分、曰韬晦、曰柔顺、曰服从"，"于是奴隶遂为一最普通、最高尚之科学，人人趋之，人人难几之"。[2]

革命派进一步指出，中国人的"奴隶根性"，不仅使人"驯服数千年来专制政体之下，相率而不敢动"[3]，而且视民权民主、自由平等之学说"为訾詈离经叛道，无父无君，大逆不道之议论"，闻之"掩耳咋舌"[4]。"奴隶根性"已成为推翻君主专制统治、提倡民权、平等和自由，树立国民的爱国思想和民族意识的最大障碍。一位自号为"辕孙"的革命党人在《露西亚虚无党》一文中就沉重写道："吾今而后知专制君主之压制国民不足畏，腐败官吏之鱼肉国民不足畏，所可畏者国民之奴隶根性耳。奴隶之劣性不去，则必以逼勒我赋税以供专制君主快乐为天职，朘削我膏脂以充腐败官吏之私囊为义务。此心不变，则其国永亡。不然者，虽专制手段残酷如露西亚，虽残酷百倍于露西亚，其国民终有出泥犁之一日也。"[5] 由此，革命派得出结论：要推翻君主专制统治，提倡民权、平等和自由，树立国民的爱国思想和民族意识，就"必先去奴隶之根性"[6]。

破与立是辩证的统一。革命派揭露和批判中国人的"奴隶根性"的目的，是要在中国人中树立起一种新的"国民意识"。所谓"国民意识"，也就是国民所应具备的思想品格。那么，国民应具备什么样的思想品格呢？《革命军》作者邹容认为国民与奴隶"相对待"，和奴隶无自治之力、无独立之心、无参政思想、无自由平等观念相反，"国民者，有自治之才力，有独立之性质，有参政之公权，有自由之幸福，无论所执何业，而皆得为完全无缺之人"。[7] 他还认为，作为一个国民除应具备上述这些品格外，还应

---

[1]《箴奴隶》，《国民日日报汇编》第 1 集，1904 年。
[2]《说国民》，《国民报》第 2 期，1901 年 6 月 10 日。
[3]《箴奴隶》，《国民日日报汇编》第 1 集，1904 年。
[4]《二十世纪之中国》，《国民报》第 1 期，1901 年 5 月 10 日。
[5] 辕孙：《露西亚虚无党（未完）》，《江苏》第 4 期，1903 年 6 月 25 日。
[6] 邹容：《革命军》，第 47 页。
[7] 邹容：《革命军》，第 47 页。

"当知中国者，中国人之中国也"，"当知平等自由之大义"，"当有政治法律之观念"。由此又派生出了国民应具备的其他四种品格：即"一、曰养成上天下地，惟我自尊，独立不羁之精神。一、曰养成冒险取进，赴汤蹈火，乐死不辟之气概。一、曰养成相亲相爱，爱群敬己，尽瘁义务之公德。一、曰养成个人自治，团体自治，以进人格之人群"。[1]《说国民》的作者则从权利、责任、自由、平等、独立等五个方面论述了国民应具有的思想品格，并且一再强调，具不具有这五个方面的思想品格是国民与奴隶的根本区别。用作者的话说："同是一民也，而有国民、奴隶之分。何谓国民？曰：天使吾为民而吾能尽其为民者也。何谓奴隶？曰：天使吾为民而卒不成其为民者也。故奴隶无权利，而国民有权利；奴隶无责任，而国民有责任；奴隶甘压制，而国民喜自由；奴隶尚尊卑，而国民言平等；奴隶好依傍，而国民尚独立。此奴隶与国民之别也。"[2]《国民新灵魂》的作者提出国民应具备以下五种精神：一是"山海魂"，即敢于冒险进取，具有"气吞云梦，口吸西江，指现须弥，胸蟠五岳"的英雄气概和探险精神；二是"军人魂"，即主张铁血主义，具有"闻战而喜，战死而相与贺"的不怕死精神；三是"游侠魂"，即崇尚个人英雄主义，具有"重言诺轻生死，一言不合拔剑而起，一发不中屠腹以谢"的大无畏精神；四是"社会魂"，即社会革命思想，具有"献身破产，铲平阶级"的平民主义精神；五是"魔鬼魂"，即从事秘密革命。他相信，只要国民具备了这五种精神，中华民族便可以立于世界民族之林。[3]《民族的国民》作者指出，国民和奴隶的区别在于：奴隶无国法上之人格，国民有国法上之人格，所以国民"自其个人的方面观之，则独立自由，无所服从；自其对于国家的方面观之，则以一部对于全部，而有权利义务，此国民之真谛也"[4]。尽管由于立论的方式和所要说明的问题不同，革命派对国民应具备的思想品格的阐述并不完全一致，但综合他们的观点，可以看出，他们认为国民至少应具备独立自主意识、平等自由思想、权利义务观念和冒险进取精神等主要思想品格。

① 邹容：《革命军》，第37—39页。
②《说国民》，《国民报》第2期，1901年6月10日。
③ 壮游：《国民新灵魂》，《江苏》第5期，1903年9月21日。
④（汪）精卫：《民族的国民》，《民报》第1号，1905年12月8日再版发行。

革命派所揭露和批判的中国人的"奴隶根性"，亦就是一些人所讲的民族的"劣根性"。批判"奴隶根性"，倡导"国民意识"，这是 20 世纪初中国思想启蒙的重要内容之一。除革命派外，当时以梁启超为代表的资产阶级维新思想家或改良派也就此发表过不少言论，如梁启超的"新民说"就对中国人的"奴隶根性"进行过揭露和批判，他主张的"新民"，实质上也就是具有独立自主意识、平等自由思想、权利义务观念和冒险进取精神等思想品格的新国民。革命派和以梁启超为代表的维新思想家或改良派的区别在于：以梁启超为代表的维新思想家或改良派主张用改良的方法，实现他们的"新民主义"。而革命派则认为，只有采用革命的方法，才能革除中国人的"奴隶根性"，使他们成为具有"国民意识"的新国民。《箴奴隶》一文在分析了中国人"奴隶根性"之形成的原因后认为，"中国欲革除国体之奴隶，不可不用强盗主义，欲革除个人之奴隶，不可不用强盗主义"。所谓"强盗主义"，亦就是通常所讲的革命，用该文作者的话来表示，即"粗用之则为强盗，精用之则所谓'武装和平'"。[1]邹容则提出"革命之教育"的主张，认为革命是国民的天职，目的是要扫除"障碍吾国民天赋权利之恶魔"，以增进国民幸福，恢复他们的"天赋之权利"。但要进行革命，就必须对"人格不完"的国民进行"革命之教育"，使他们成为像华盛顿、拿破仑那样的"建国之豪杰，流血之巨子，其道德，其智识，其学术，均有振衣昆仑顶，濯足太平洋之概焉"。[2]

四、破除封建迷信，宣传科学思想

20 世纪初革命派思想启蒙的另一重要内容是破除封建迷信，宣传科学思想。和纲常名教一样，封建迷信也是封建统治者用来维护其专制统治的重要工具。因此，革命派从反对封建专制统治的需要出发，在批判纲常名教的同时，也非常重视对封建迷信的揭露和批判。他们用来揭露和批判封建迷信的武器主要是西方资产阶级的唯物论、无神论和近代科学思想。1903 年，《大陆》杂志曾载文对法国启蒙运动中"百科全书派"的狄德罗和

---

① 《箴奴隶》，《国民日日报汇编》第 1 集，1904 年。
② 邹容：《革命军》，第 36 页。

拉美特利的唯物论学说做过介绍，并就"唯物论何以有功于法国之革命"的问题进行了讨论，认为"人莫患于有蔽。信教最笃之人民，必不能冲决网罗而为所欲为，其智识常昏而不明，社会腐败而不知改，同胞困苦而不知救，贸贸然苟活于世界，而不能为一豪举，不能尽一义务"。所以，先"必破宗教之迂说，除愚蒙之习见"，而后广大人民群众才能认识真理，"卓然独行"地投身于改造社会、拯救同胞的革命斗争之中，"流万人之血而不顾，犯一世之怒而不恤"。而要"破宗教之迂说，除愚蒙之习见"，就必须借助于唯物论。宣传唯物论是以狄德罗和拉美特利为代表的"百科全书派"的"绝大一纪念碑"，人民读其著作，受其影响，"因是知国家、真法律之性情及道德上之自由，信公理而不信真神"。这是法国革命能得到广大人民群众支持和参与的重要原因。就此，该文作者热情地称颂道："伟矣哉，唯物论之功乎！董通 Donton（即丹东——引者）之徒之共和事业，无一不自唯物论来也。"[1] 革命派相信，随着科学的进步和发展，必将导致唯物主义无神论的兴盛和唯心主义宗教迷信的衰微，"天然之哲学进而为轨范的科学，人道学派进而为实科学派"，这是历史发展的必然规律。[2]

以唯物论、无神论和近代科学思想为武器，革命派对封建迷信进行了揭露和批判。他们首先批驳了"有鬼论"。1904 年出版的《觉民》杂志发表了一篇题为《无鬼说》的文章，根本否认有鬼的存在。文章开宗明义便写道："岂知鬼者，可信其必无。"因为"人之生也，目司视而耳司听，鼻司嗅而口司味，可以任意自由。……不幸而死期至，目无视、耳无闻、鼻无息、口无张、其体僵、其血冷、其知觉亡，生人虽如何推之挽之，彼不知也，若是者，又岂能出现于人世间，而为人之所及见耶！盖棺已矣，长此终古，而犹谓冥冥中自有一物焉，斯人也，我名之曰'愚'"。接着，该文依据近代科学知识，又对"有鬼论"者视之为有鬼存在之"真凭实据"的"鬼火""鬼声"进行了科学的解释："鬼火者，磷质之误认物也；磷质者，鬼火之真相也。"磷是一种遇到热气能够自我燃烧的化学元素，在泥土、石头和植物之中都有分布，而动物的骨头之中含得最多，人们完全可以将它收集起来使

---

[1]《唯物论二巨子之学说（底得娄、拉梅特里）》，《大陆报》第 2 期，1903 年 1 月 8 日。
[2] 张继煦：《叙论》，《湖北学生界》第 1 期，1903 年 1 月 29 日。

之在黑暗中发光，"人而可造者，是谓人火，岂得谓之鬼火乎！"和"鬼火"一样，所谓"鬼声"也是一种自然现象，如风吹竹林可以形成一种"异声"，"或怪鸟声，或木裂声"。其实这些声音白天也有，不过因人声嘈杂而没有引起人们的注意，"至深夜人静时，则其声易于入耳"，人们便误以为是"鬼声"。[1]

为了进一步证明"有鬼论"的荒谬，革命派还对"灵魂不死"说进行了批驳。他们指出，"灵魂之说，幽渺而无据，世界之大哲学家、大医士，无不攻之。灵魂者，空名也，无物可见也"。有的以为人有知觉思想，便有灵魂，这是不对的。因为人的知觉思想发自于人的大脑。人的大脑之所以有知觉思想的能力，是由于它体形构造比较特殊，即它有许多"迭纹"。这也是人脑不同于其他动物脑的根本所在。人死之后，作为人的身体之一部分的大脑"也则必将与其身同死"，而不可能离开身体而独自存在。大脑既已死亡，人的知觉思想的能力也就没有了。因此，"灵魂不死者，尤谬说也"。[2] 他们坚信，精神依赖于物质，人死神灭，世界上没有能离开人的大脑而独自存在的灵魂，这就像传电体与电、传光体与光、传音体与音、传热体与热等的关系一样，"必有电有光有音有热而后可传"，没有传电体、传光体、传音体、传热体，电、光、音、热又怎能存在和发生作用。既然人死之后无灵魂存在，那么世上也就没有鬼的存在。用《续无鬼论》一文作者陈楑的话说："死后无魂魄，则夜间无鬼物可知。夜间无鬼物，则一切新鬼故鬼之现形，其为八公山草木之兵者，夫亦可以息喙矣。"[3]

革命派进一步指出，世界上不仅没有鬼，也没有神。比如风雨雷电，"俗谓天神所司"，但实际上"雷电成于电气之相激，雨成于水蒸气，风成于空气压力之变动"。它们都属于自然现象，各有其生成发生的内在原因和规律，与所谓"天神"毫无关系。"天神"纯粹是人们想象出来的，事实上根本不存在。又比如道家所宣扬的"仙山洞府"，也是自然现象，并非神仙的居住之处。他们写道："山脉中之石灰岩，最易为酸所溶解，故成洞窟。又溶后余滴，自上坠下，复成沉淀物，结成石笋、石柱，或极奇妙，而不

---

① 导述：《无鬼说》，《觉民》第1—5期合本，1904年。
②《唯物论二巨子之学说（底得娄、拉梅特里）》，《大陆报》第2期，1903年1月8日。
③ 陈楑：《续无鬼论》，《浙江潮》第1期，1903年1月18日。

知者又以为其洞天福地矣。"① 革命派还对神造人类和神造万物说进行了批驳。他们指出，人类是由其他生物经过长期演变而形成的，不是什么神造出来的，"世界起初，只有植物，后来才有动物。动物起先，又只有最愚蠢最下贱的动物，渐渐变到猴子，就离人不远了。自有世界以来，已不知有了几千万年，由猴子再一变才成了人。猴子是人的祖先，人是猴子的后身"②。同人一样，万物也非神造，为长期进化演变而成。"若万物必有作者，则作者亦更有作者，推而极之，至于无穷。然则神造万物，亦必被造于他，他又被造于他，此因明所谓'犯无穷过'者。以此断之，则无神可知已。"③

革命派不仅以近代科学知识为依据否认了鬼神的存在，而且还揭露了鬼神迷信的社会危害：既害家，又害国。就害家而言，由于信鬼神，有病不求医，而求于鬼神，结果病入膏肓，终不可治，"人之因此而死者，不可胜言"。自害国来看，由于信鬼神，破土动工有许多禁忌，结果"凡开矿、运河、筑铁路之大利，皆不能兴，国日以贫，交通因之不便"。更为严重的是，由于信鬼神，整天只知道崇拜鬼神，祈求鬼神的保佑，而不思进取，不知道发挥人的主观能动性，结果是"人心昏昏，国事不理"，国家民族面临着亡国灭种的严重危机。④ 因此，中国"欲与世界竞争，为黄种吐气，以免分割之祸，以伸国民之权"，就必须揭露和批判对鬼神的迷信。⑤

在批判鬼神迷信的同时，革命派还对传统的符咒、谶兆和风水等迷信进行了批判。关于符咒，他们指出，炉焚香、盂注水、首散发、手仗剑、烧符念咒以召神，是一种"愚不可及"的行为。因为声学原理告诉人们，声音的大小、强弱，与传播距离的远近是成正比的，咒语在空气中的传播与说话声在空气中的传播"必无差异"，而念咒时"仅喃喃语"，在远方的神仙又怎能听到呢？化学原理同样告诉人们，烧符与烧一般写有字的纸没有什么不同，烧后一为气体飞出，一为余剩物灰烬"落于地"，是"不能飞至他处请鬼神"的。如果说烧符可以请鬼神，为什么烧一般的纸就不能请

---

① 陈棪：《续无鬼论（续第二期）》，《浙江潮》第 3 期，1903 年 3 月 20 日。

② 陈天华：《狮子吼》，载《陈天华集》，第 94 页。

③ 太炎（章太炎）：《无神论》，《民报》第 8 号，1906 年 10 月 8 日。

④ 导迷：《无鬼说》，《觉民》第 1—5 期合本，1904 年。

⑤ 《江苏人之信鬼》，《江苏》第 9—10 期合刊，1904 年 3 月 17 日。

鬼神呢？因此可见，那些搞符咒迷信的人，"行将自欺，而自欺实由于欺人"。① 关于谶兆，他们指出，那种认为彗星、日月蚀、地震、白虹贯日、日中黑子的发生是"昭徵戒"，醴泉、甘露、芝草、白凤、黄龙的出现是"昭瑞应"的说法，是"神道主义"，不足信。因为根据天文学知识，"日蚀月蚀为月之阴影蔽地与地之阴影蔽月"所成；"虹为空中水滴分析日光"所成；"日中黑子，无日无之。而黑子之多寡，亦与地震颇有关系。此种原因，虽未尽悉，要之，太阳系诸星皆绕日行，凡所关系，匪惟我国，全球实依赖之，匪惟全球，同系诸星皆依赖之"，这些都是自然现象，"其与人事吉凶何与哉！"② 关于风水，他们指出，风水迷信的形成与秦汉以来的一些"名士""名儒"以及封建帝王的倡导、鼓吹是分不开的，如宋代大儒朱熹就曾大肆宣扬，说"风水夺神功，回天命，致力于人力所不及"，其结果是"风水"迷信盛极一时，"不特筑室营墓必请地帅，即掘井辟门、筑篱设灶，非术士亲观不敢兴举"。但事实上所谓"风水"没有任何的科学根据。比如，造房子有看风水，要避开所谓的"恶向"，否则将带来灾祸。假如说中国有恶向，他国也应有恶向，但"他国无相宅之说，而筑室营居随人所欲，从未闻触犯成灾，何以中国独有触犯乎"！看风水的术士自称可以避灾求福，避灾求福是人之常情，术士既能代人看风水，那么也能给自己看风水，使自己及子孙永远荣华富贵，"皆登庙堂"，但"质诸史乘"，能使自己及子孙永享荣华富贵的又有几人？革命派指出，和鬼神迷信一样，符咒、谶兆和风水等迷信也给社会带来了极大的危害，以风水迷信为例，"今中国地利不兴，矿藏不启，每于开矿兴利之举，莫不惑于风水祸福，阻挠百般，坐待困穷"；"今天下争风水而涉讼，因风水而停棺，信风水而妄求富贵，从风水而废财失业者，无地蔑有"。③

除批判鬼神迷信和符咒、谶兆以及风水等迷信外，革命派还批判了传统的天命神学观。他们指出，一方面由于历代统治者假造天命，自称"天子"，宣扬"君权神授"，以愚弄人民群众，使他们服服帖帖地接受自己的统治；另一方面又由于人民群众科学知识贫乏，缺乏对天的正确认识，以为天不

---

① 陈榥：《续无鬼论（续第一期）》，《浙江潮》第 2 期，1903 年 3 月 18 日。
② 陈榥：《续无鬼论（续第二期）》，《浙江潮》第 3 期，1903 年 4 月 17 日。
③ 上引均见《风水论》，《扬子江》第 2 期，1904 年 7 月。

仅同于人事界，而且还能"治人事界"，主宰人世间的生死、吉凶、祸福，
因此"中国数千年来之学子，莫不以天为最大之指归……凡遇有不可思议、
无可解说之事，辄曰：'天也，天也！'而人相与信之"。天命神学观既是
历代统治者维护其统治的工具，同时也成了束缚人民群众思想的精神枷锁，
给社会带来了严重危害。其危害之一，是"愚民恃天"，把吉凶祸福成败一
概归之于天命，而"废尽人事"，放弃主观努力，如果事业受挫，则"误以
事之败，为此天亡我，而失势者，遂任意丧志，一齐放倒，以沮败人类之
进步"。其危害之二，是"狡民依天"，打着天命的幌子，"售其欺诈"，要
是阴谋得逞，则"误以事之成为天命所归，而妄欲得天者，假符窃谶，以
扰乱天下之安宁"。据此，革命派对孔子的"获罪于天，无所祷也"、汉儒
的"天与经合"、宋儒的"天与道合"等天命神学观一一进行了批判，认为
它们不是妄说，就是废弃"世间录贤奖正、惩奸指妄之法"，不合事理。实
际上，"天者，冥冥而无足凭者也"，它没有意志，根本不可能成为人们生
死、吉凶、祸福的主宰。[1]

与对孔子等人的天命神学观的批判相反，革命派对中国古代的"人定胜
天"思想给予了很高评价，认为"人定胜天"思想是"以己之权行己之意，
无所谓天者也"。他们还将"天道"与"人道"相提而论，认为"崇尚不可
知之天道，而沮败当前即是之人道"，"中国数千年之坐误于此者多矣"。如
今已进入"公理大明，人智增进，将冲破无量之网罗，大索同胞之幸福"
的时代，人们要是"仍遮蔽于此"，迷信"冥冥而无足凭借"的天，而不能
充分发挥人在改造自然、改造社会方面的主观能动性，那就大错而特错了，
甚至不可救药。为了使人们从天命神学观的束缚中解放出来，革命派发出
了"天之不可以不革"的呼吁，并认为只有"天革"，破除了人们对天的迷
信，"而他革乃可言矣"。[2] 革命派"革天"思想的提出，沉重地打击了天命
神学观，极大地解放了人们的思想，它表明作为新兴资产阶级的代表，革
命派具有冲决一切网罗的愿望和勇气。

革命派认为，鬼神迷信、风水迷信、天命神学观以及其他种种封建迷信

①《革天》，《国民日日报汇编》第1集，1904年。
②《革天》，《国民日日报汇编》第1集，1904年。

所以能长期盛行，除历代统治者为了愚弄人民，以维护自己的统治而大力倡导外，另一重要原因是自然科学不发达，人们"不明万物所以运行生灭之理"，不能对自然现象做出正确解释。所以，要破除人们的封建迷信，就必须提倡科学，开启民智，对广大人民群众进行科学启蒙教育。用《中国鬼神原始》一文作者的话说："鬼神之盛衰，与民之智愚相比例，民智日卑，则鬼神之说盛，民智日启，则鬼神之说衰。"他们要求中小学开设科学课程，改变传统的重文轻理的思想，使科学与文学取得同等重要的地位。1903 年2 月出版的《大陆报》第 3 期发表过一篇《论文学与科学不可偏废》的文章。该文认为，在西方虽然科学与文学彼此为用，互相发明，但科学其实依然是文学的基础，"形而上"之文学之进步，皆"形而下"之科学之进步"有以致之"。而我国长期以来只重视文学，而忽视科学，"畏其科学之难，而欲就其文学之易"，其结果是科学落后，文学亦不发达。要改变这种状况，就必须重视科学。[1]

为引起人们对科学的重视，鲁迅在《河南》第 5 期发表了一篇《科学史教篇》的文章。他首先热情地赞颂了科学在人类历史发展进程中的作用，指出社会的每一改革和进步，"实则多缘科学之进步"。"盖科学者，以其知识，历探自然见象之深微，久之得效，改革遂及于社会，继复流衍，来溅远东，浸及震旦，而洪流所向，则浩荡而未有止也。"接着他具体考察了从古代希腊、罗马到近代西方科学的发展进程，分别论证了科学发展对学术、经济、政治乃至一个国家综合实力的影响和作用。比如，他指出古希腊、罗马的"学术之隆"是其"科学之盛"的必然结果，后来阿拉伯帝国也正是因为其帝王们"竞导希腊罗马之学，传之其国，又读亚里士多德与柏拉图书"，而"其学术之盛，盖几世界之中枢矣"；他又指出自近代以来西方的学术发展和物质文明，"无不蒙科学之泽"，尤其是"实业之蒙益于科学者固多"；他认为法国大革命后法国之所以能战胜欧洲反法同盟，"宁有他因耶？特以科学之长，胜他国耳"。总而言之，综观从古至今的历史发展，可以看出，"故科学者，神圣之光，照世界者也，可以遏末流而生感动"。正是出于对科学重要性的认识，鲁迅主张开展科学宣传，加强对国民的科学

---

[1]《论文学与科学不可偏废》，《大陆报》第 3 期，1903 年 2 月 7 日。

启蒙教育，以提高国民的科学知识水平。[1]

　　为了对广大国民进行科学启蒙教育，革命派在从事革命斗争的同时，还积极创办科学杂志，翻译和编辑了一些科学书籍。当然，这方面最突出的代表不是革命派，而是非革命党人的杜亚泉。1900 年，为提倡科学，培养人才，他创办亚泉学校，同时出版专门宣传科学的《亚泉杂志》。在为该杂志所写的《序》中，他指出，中国的传统观念是"政重于艺（即科学——引者）"，张之洞著《劝学篇》也认为西政为上，西艺次之，但实际上"政治与艺术（即科学——引者）之关系，自其内部言之，则政治之发达，全根于理想，而理想之真际，非艺术不能发现。自其外部言之，则艺术者固握政治之枢纽矣"。因此，要使中国实现富强，与其"热心于政治之为"，还不如"降格以求，潜心实际"，学习西方的科学技术，为国家奠定"不败之基础也"。[2]1903 年他将亚泉学馆（已改称为普通学书室）并入商务印书馆，自任商务编辑所博物理化部主任，负责编辑科学教科书。据王云五的《小学自然科词书序》称，经杜亚泉负责编辑的科学教科书达百种之多。故人们称他为"中国科学界的先驱"。

第四节　启蒙的实例：国民观的产生及其意义

　　国民观是清末知识分子在内忧外患的社会背景下探索救国救民的道路时对一国之民应该具有的特质作出的思考，是伴随着臣民观的瓦解和新国家观念之主权意识的确立而逐渐产生的，其内涵是认为国与民之间应该以国家为本位，人民享有权利并担负义务，但是必须重义务轻权利、重国家利益轻个人利益，国与民是内在的统一体，而国家优先于个人。

一、传统臣民观的瓦解与近代民族国家观念的产生

　　中国古代以小农经济为基础的封建宗法制度和君主专制制度，造就了中

---

① 令飞（鲁迅）：《科学史教篇》，《河南》第 5 期，1908 年 6 月。
② 杜亚泉：《〈亚泉杂志〉序》，《亚泉杂志》第 1 期，1900 年 10 月。

国传统社会所独有的臣民观念。臣民是指在封建社会中以君主为本位、对君主具有强烈的依附性、缺乏独立的人格和意志、相对君主权力而言只有义务而没有实质上有效权利的人。在中国古代的封建国家中，天下的百姓都是君主的臣民，这一点早在《诗经》中就有所体现："溥天之下，莫非王土；率土之滨，莫非王臣。"（《诗经·北山》）

具体地讲，臣民观念源于殷周而形成于秦汉时期，在以后的两千多年时间里不断得到发展完善，可谓是源远流长。臣民观念还和王权至上观念相辅相成，维系着封建时代的社会秩序和政治结构。西汉时期，儒者把臣民观念融入"三纲"之中，形成了封建社会的伦理价值核心体系。随着封建制度的日臻完善，臣民观念也日渐深入到民众的思想和生活实践当中，在宋明时期形成了"君叫臣死，臣不敢不死；父叫子亡，子不敢不亡"的僵化观念。在这样的价值观念的长期制约、熏陶卜，人们逐渐丧失了土体人格，心甘情愿成为奴仆，"四方之众，其义莫不愿为臣妾"（《盐铁论·备胡》），以君主为本位的臣民观念深入骨髓，成为中国古代社会民众所普遍奉行的道德准则。

然而到了近代，臣民观念开始逐步瓦解。1840 年鸦片战争的失败，使士大夫中极少数先觉者开始睁眼看世界，通过编撰世界历史地理书籍，初步打破了中国与外部世界的隔离。一些有着开放意识的官僚知识分子如徐继畬，还在《瀛环志略》中多次记述和颂扬了美国开国总统华盛顿建国后不传国于其子孙的事迹，这对在当时中国社会中仍占据主导地位的臣民观念产生了一定的触动。

19 世纪中叶以后，随着中外交往的增多，很多外国思想逐渐传入中国。一些外国传教士、出国使臣，特别是早期维新人士，开始大量介绍西方的社会、政治制度，如《万国公报》刊文介绍泰西各国"治国之权，属之于民"，立国之法，"出自于民，非一人所得自主"，西方各个民主国章程皆是"分行权柄"，即"行权""掌律""议法"三权分立。[①] 出使四国大臣薛福成曾直抒观感："西洋各邦立国规模，以议院为最良。"[②] 王韬甚至直接把"上下

---

① 林乐知：《译民主国与各国章程及公议堂解》，《万国公报》（第 340 卷）1875 年 6 月 2 日。
② 薛福成：《出使英法义比四国日记》，岳麓书社，1985，第 197 页。

相通，民隐得以上达，君惠亦得以下逮"的"君民共治"视为最良善的国家
制度[1]；郑观应鼓吹"欲张国势，莫要于得民心；欲得民心，莫要于通下情；
欲通下情，莫要于设议院"[2]。这些言论很多都涉及了西方国家的议会制度、
民权思想以及三权分立学说，无形中构成了对君主至上和臣民观念的挑战。

　　甲午战争后，清王朝面临着中国历史上前所未有的严峻形势，中国传
统的思想、观念、制度都在西方坚船利炮的冲击下如同末世的清王朝一样
岌岌可危。严复比较系统地把西方近代政治学说译介给国人，引导大家用
进化观念观察社会问题。在他的启蒙下，维新思想家们纷纷接受并按照来
自西方的契约立国论，向国人介绍君主及政府的产生，并说明君主、官吏
和民众之间的关系，且以此为武器猛烈抨击传统的封建君主制度的不合理。
谭嗣同说："生民之初，本无所谓君臣也，则皆民也。民不能相治，亦不暇
治，于是共举一民为君"，"君也者，为民办事者也；臣也者，助办民事者
也"。[3] 梁启超说得更明白：国家是根据老百姓的约定而成立的，故"国民
者，主人也；而官吏者，其所佣之工人而执其役者也"[4]，所以中国千百年来
"虽有国之民，而未成国之形也，或为家族之国，或为酋长之国，或为诸侯
封建之国，或为一王专制之国"[5]，都是因为臣民们"资贼"的结果。严复进
一步强调："国者，斯民之公产也，王侯将相者，通国之公仆隶也。"[6] "唯天
生民，各具赋畀，得自由者乃为全受。"[7] 并且在这里，严复所提倡的"民"，
已不再是传统意义上的以君主为本位的臣民了，而是如同西方国家那样拥
有"国"这一公产且有着民主自由权利的"民"了。这是一个根本意义上
的突破，标志着中国传统的臣民观念开始瓦解。

　　伴随着臣民观逐渐瓦解的是近代主权意识的兴起。主权是近代国家观念
的核心，指的是任何一个国家所固有的独立处理对内对外事务的权利。主
权是近代国家的象征和标志，欧洲近代以来的民族国家都是在主权概念基

① 王韬：《重民下》，载《弢园文录外编》卷一，第19页。
② 郑观应：《议院上》，载《郑观应集》上册，第314页。
③ 谭嗣同：《仁学》，载《谭嗣同全集》（增订本）下册，第339页。
④ 梁启超：《卢梭学案》，载《饮冰室合集》第1册，文集之六，第108页。
⑤ 梁启超：《少年中国说》，载《饮冰室合集》第1册，文集之五，第9页。
⑥ 严复：《辟韩》，载《严复集》第一册，第36页。
⑦ 严复：《论世变之亟》，载《严复集》第一册，第3页。

础上逐步建立起来的。19 世纪中后期，随着国际公法的输入，一些与西方
交往较多的中国知识分子和官员开始萌生出依据国际公法的准则捍卫国家
主权独立的意识。王韬是中国近代史上第一个提出主权观念的人，1864 年
他上书李鸿章，提出应依据"西律"、通过谈判挽回不平等条约中失去的
"额外之利权"，并通过"握利权"来"树国威"。继王韬之后，作为清政
府驻英法公使的曾纪泽，1887 年在伦敦的《亚细亚季刊》上发表英语文章
China，The Sleep and the Awakening，即《中国先睡后醒论》，也明确提出中
国应通过改约来收回自己的主权，如先前订立的"租界权"等等。除王韬
和曾纪泽外，郑观应也提出过政府应注重"海关事权"以及"关税自主权"，
黄遵宪也对"治外法权"的问题进行过讨论。但由于此时亡国灭种的危机
感还不是那么强烈，因此具有这种近代主权意识的人还只是知识分子中的
一小部分。

甲午战争的失败，使中国面临着前所未有的民族危机，危机推动了维新
变法运动的到来。1898 年 4 月，康有为在北京成立了以"保国、保种、保
教"为宗旨的保国会，并在保国会的章程中明确提出了"国权"观，这表
明维新知识分子群体已经初步具备了国家必须拥有自己的主权以及主权不
可侵犯的共识。

戊戌变法失败后，维新派知识分子们逃亡到了日本。清末新政开始以
后，大批中国学生也涌向日本求学。在日本，他们通过大量阅读日本翻译
的西方书籍，第一次系统地了解到了西方的政治、经济、法律制度，也包
括西方人的国家主权观念。关于国家主权，20 世纪初的中国知识分子们终
于明确了：主权是一个国家存在的标志和国家的实质，主权还是国家的最
高属性："主权具有不可侵犯的原则；朝廷和政府的兴替都不算是叫亡国，
只有主权没有了，国才等于亡了"，"凡有主权者则其国存，无主权者则其
国亡"。[1]

总之，清政府的统治从 19 世纪中叶开始已经是内忧外患，固有的臣民
观念在自然经济的瓦解和西方新思想的涌入下不断受到冲击，与此同时，
主权意识却在知识分子的心目中日益萌生，新的民族国家观念的产生已是

[1]《中国灭亡论（未完）》，《国民报》第 2 期，1901 年 6 月 10 日。

时代的呼声了。正是由主权意识发端，中国传统的国家观念发生了裂变，近代意义上的民族国家观念逐渐产生。

谈到近代的民族国家观念，就不能不谈世界近代史上影响深远的民族主义（nationalism）。其实，最初将来自西方的 nation 译作"民族"的是明治维新以后的日本人，这个译法后被中国人接受并使用。但从西方 nation 的概念史以及这个概念复杂的内涵与外延来看，仅仅将 nation 译作"民族"是远远不能代表 nation 的基本含义的。在现今的英汉等双语词典中，nation 依然有"民族""国家""国民"等译词。由于在汉语中无法找到一个能够完整地表达 nation 的含义的词语，故"民族"这个约定俗成的译法逐渐被广泛地接受。事实上，即使是在西方，nation 的概念其本身不仅没有公认的定义，而且既有的定义也常常是游离不定的，以至于有人将西方 nationalism 民族主义概念的研究称之为"术语密林"。

虽然不同的国家、流派在不同的时期对民族主义的含义有着各自的定义，但民族主义的一些基本内涵则已被广泛认可。作为一个"现代性或近代性的范畴，它是一种建立在'主权'观念基础上的民族自我意识，一种追求、保护本民族利益和发展并壮大自身的主体自觉状态。它对外贯注着反抗压迫、维护国权的主权诉求，对内则充溢着国民平等而又团结统一的精神感召，并凝聚为建立和发展现代民族国家的持久冲动"①。哈佛大学教授戈林费德也曾说："主权在于人民这一概念……组成了现代民族思想精义，而同时它们就是民主的基本原则，民主的诞生，伴随着民族性的自觉。这二者是内在相互联系的，割断这种联系则不能充分理解任何一者。民族主义是民主呈现在这个世界上的形式；民主被包含于民族的概念……最初的民族主义是作为民主发展的。"② 从以上可以看出，近代西方民族主义的较为普遍认可的基本含义为：国家由民族组成，一个国家一个民族，拥有对内对外的主权，且主权在民。因此，近代民族主义总是与民族国家以及主权在民联系在一起。所以，是否拥有独立主权、主权是否在民也成了区分传统王朝国家与近代民族国家的重要分水岭。

---

① 黄兴涛：《情感、思想与运动：近代中国民族主义的研究检视》，《广东社会科学》2009 年第 3 期。
② 转引自吴国光《再论"理性民族主义"——答陈彦》，《二十一世纪》1997 年第 2 期。

近代以来，面对来自西方的侵略和民族危机的不断加深，中国人的民族意识大大加强。但此时的民族意识仍笼罩在传统的族类观之下。随着总理衙门的成立、各国驻华使馆的设立以及派遣驻外大使和留学生的增多，中国逐渐被迫融入国际社会，许多西方近代国际观念和制度如国际法、主权、民族国家、议会制度等被传播到中国，促使了近代中国人主权意识的产生，并进而引发了近代民族国家意识的萌生。1887 年 1 月，清政府出使英法大臣曾纪泽在我们前面所提到的那篇《中国先睡后醒论》的英文文章中，共有13 处用了 nation（s），汉语均译为"国"字与之对应，用以论述中国、他国及国际事务。随着主权意识的产生，中国人越来越多地给各种事物加上了"国"的定位，于是乎"国地""国权""国民"在清末出现并流行开来，到了后来"国学""国粹""国乐""国画""国语""国剧""国故""国术"以及"国耻"等更是风靡一时。

有一点需要提及，近代中国民族国家意识的逐渐萌生，还和 19 世纪后期以来轮船、铁路、电报等新式交通、通信工具的出现以及报刊等新型媒体的推动作用有关。张之洞就曾在《劝学篇》中这样写道："乙未以后，志士文人，创开报馆，广译洋报，参以博议。始于沪上，流衍于各省，内政、外事、学术，皆有焉。虽论说纯驳不一，要可以扩见闻，长志气，涤怀安之鸩毒，破扪籥之瞽论。于是一孔之士、山泽之农始知有神州。"[1] 而甲午战争的失败所带来的丧权辱国、亡国灭种的切肤之痛，则直接成为中国近代国家观念产生的催化剂。一些先进的知识分子纷纷萌发出用西方理念来挽救民族危亡并进而改造中国社会的构想。

作为"清季输入欧化之第一人"的严复，将天赋人权、契约立国、主权在民、自由平等等近代西方思想较为全面、系统地介绍到中国来，对近代知识分子们的思想起到了惊醒般的启蒙作用。此后，先进的中国知识分子们以近代西方的思想为武器，对维护封建统治的旧国家学说进行了猛烈的批判。1895 年严复发表《辟韩》一文，以天赋人权理论为依据，对唐代韩愈的名篇《原道》中维护君权的中国传统国家学说进行了针锋相对的猛烈抨击，成为 19 世纪末国家学说除旧布新的强有力的启蒙宣传。梁启超亦根据

---

[1] 张之洞：《劝学篇》，华夏出版社，2002，第 105—106 页。

卢梭的民约理论，解说了国家的起源及其本质："国家之所以成立，乃由人民合群结约，以众力而自保其生命财产者也。各从其意之自由，自定约而自守之，自立法而自遵之。故一切平等。若政府之首领及各种官吏，不过众人之奴仆，而受托以治事者耳。"①将国家看作是来源于人民的自由意志，是众人在自愿的前提下为保障每个人天赋的平等、自由、人身安全而订立的社会契约所组成的一个整体。

具有强烈的民族意识的西方近代思想在中国的传播，有力地促进了近代中国民族国家意识的形成。如前所述，1898 年 4 月，康有为在北京成立了保国会，并在章程中明确提出了"国权"观，这表明当时的维新志士已经有了领土不可分割、主权不可侵犯的近代国家思想。进入 20 世纪后，来自西方的民族主义所阐发的基本理念由于顺应了中国挽救民族危亡、实现民族独立的时代主题，因而激起了中国先进知识分子们的广泛共鸣。像 19 世纪末的众多知识分子一样，梁启超也受到了当时盛行的社会达尔文主义的影响，崇尚力本论，并明确指出当时所处的时代是民族国家竞争的时代，对于民族主义这一历史潮流，"顺兹者兴，逆兹者亡"，"今日欲救中国，无他术焉，亦先建设一民族主义国家而已"。②中国要想在这场竞争中不失败并获得一席之地，唯一的出路就是发展中国的民族主义，建设近代民族国家。一篇名为《政体进化论》的文章也指出：现时需建立一"完全无缺之民族的共和国"，而"欲达此莫大之目的，必先合莫大之大群，而欲合大群，必有可以统一大群之主义，使临事无涣散之忧，事成有可久之势，吾向者欲觅一主义而不得，今则得一最宜于吾国人性质之主义焉，无他，即所谓民族主义是也"。③

作为最早将来自西方的民族、民族主义概念引进到中国的思想家，梁启超还运用大量的西方政治观念和方法来认识和分析中国的民族与国家问题。他在《少年中国说》中明确提出：相对于传统型国家"过去之国"而言，近代民族国家是具有主权、领土、人民以及主权在民的"未来之国"。这就准确地抓住了近代民族国家的内涵。他还强烈地意识到：自己所处的时代是

---

① 梁启超：《论学术之势力左右世界》，载《饮冰室合集》第 1 册，文集之六，第 112 页。
② 梁启超：《论民族竞争之大势》，载《饮冰室合集》第 2 册，文集之十，第 35 页。
③ 竞盦：《政体进化论》（续第 1 期），《江苏》第 3 期，1903 年 6 月 25 日。

民族国家竞争的时代，中国要改变目前的积弱状况，必须从"过去之国"转变为"未来之国"，即从传统的天下国家转变为近代民族国家。为了进一步驱散国人头脑中的天下主义思想、唤醒国人的近代民族国家意识，梁启超在《中国积弱溯源论》一文中，把中国人国家观念的缺失归结为三个原因："不知国家与天下之差别"，"不知国家与朝廷之界限"，"不知国家与国民之关系也"。梁启超认为要树立近代国家观念，首先必须从"不知国家与天下之差别"的传统天下观中摆脱出来。他深刻地批判了那种用天下主义代替国家的传统思维，指出传统天下观的弊端导致了中国人一方面"骄傲而不愿与他国交通"，另一方面"又怯懦而不欲与他国争竞"。[1] 梁启超指出，在这个"自由竞争最烈"的当今世界，已经容不得这种超脱的思想。

梁启超不仅认识到领土、主权、人民是组成近代国家的要素，还以此为基础明确区分了国家与朝廷、国家与国民的关系，"今夫国家者，全国人民之公产也；朝廷者，一姓之私产也"；他强调国民是国家的主体，"国也者，积民而成。国家之主人为谁？即一国之民是也"。[2] 如果说主权、领土、人民这三个近代西方国家要素的接纳，主要是对外而言，是用以反抗西方列强对中国的侵略的，那么接纳主权在民思想，并从政治观念上划清国家与朝廷、国家与国民两者的界限，则反映了以梁启超为代表的近代知识分子对中国社会内部变革方向的思考，是对内而言的。1904 年，陈独秀著《说国家》，亦提出国家要有一定的土地、人民和主权，并强调主权"是全国国民所共有"的，行使主权者乃代表全国国民的政府。[3] 此后中国知识分子们便一直沿着梁启超开辟的外争国权、内唤国民的思路行进着。

到了 20 世纪初期，由最初的主权意识引发的近代民族国家观念已初步形成。当知识分子们认定只有建立一个近代民族国家才是中国的唯一出路的时候，又一个问题迫在眉睫地摆在了他们的面前：在西方众多的近代民主政体类型中，中国应该选择哪一种呢？或者说，我们需要建立一个什么样的近代民族国家呢？如前所述，在清末的最后十年中，以梁启超为代表的立宪派知识分子和以孙中山为代表的革命派知识分子，依据西方的各种

---

① 梁启超：《中国积弱溯源论》，载《饮冰室合集》第 1 册，文集之五，第 14—17 页。
② 梁启超：《中国积弱溯源论》，载《饮冰室合集》第 1 册，文集之五，第 16 页。
③ 三爱（陈独秀）：《说国家》，《安徽俗语报》第 5 期，1904 年 6 月 14 日。

政治理论和现实民主政体模式，同时结合中国的历史及现实国情，提出了自己理想中的未来中国社会的国家理念和主张，并在一次次的论战和现实斗争中不断地对这些理念和主张进行修改和完善，直到中华民国成立和此后的民主宪政试验，这个探索的过程仍在持续着。

　　此外，中国在向近代民族国家转化的过程中，传统的国家身份和内涵并没有完全被丢弃。中国知识分子们在塑造近代民族国家的过程中，并没有按照"一个民族建立一个国家"的西方民族主义的经典模式进行，而是结合中国的历史、现实国情进行着适当的改造，这种因时、因地制宜的改造，最终有利于中国自身的延续性和统一性的保持。如：同盟会早期提出的"驱除鞑虏、恢复中华"的革命口号，就反映出孙中山等革命者最初是试图按照经典的西方近代民族国家的模式来打造中国革命的，满族被革命者视为外来压迫民族，中国革命被解释成为推翻满族统治者的民族解放运动。但如果按照这种西方经典的民族革命模式，中国很快就会解体。梁启超充分意识到了这一危险，他声称应倡导相对于革命派的"小民族主义"的"大民族主义"："小民族主义者何？汉族对于国内他族是也。大民族主义者何？合国内本部、属部之诸族，以对于国外之诸族是也。……合汉、合满、合蒙、合回、合苗、合藏，组成一大民族。"[1] 为了国家的统一和延续性的保持，孙中山等革命者最终超越了狭隘的种族意识，转而倡导"五族共和"。[2]

二、清末知识分子的国家思想

　　天赋人权、契约立国、人民主权理论是近代西方国家学说的重要内容，19 世纪末被介绍到中国来，以梁启超为代表的近代先进知识分子十分信仰这一理论，并以此为武器猛烈抨击中国几千年来的封建专制统治。不仅如此，各派知识分子还以西方近代国家学说为蓝本，构想自己理想中的中国未来社会的国家理念。

　　我们前面已经提到，梁启超于戊戌变法失败后流亡到了日本，在那里他接触到了许多西方近代国家理论，特别服膺卢梭的人民主权理论，是 20

---

① 梁启超：《政治学大家伯伦知理之学说》，载《饮冰室合集》第 2 册，文集之十三，第 75—76 页。
② 参见郑大华《论近代民族主义的思想来源及其形成》，《浙江学刊》2007 年第 1 期。

世纪初比较完整地提出要在中国建立美国式共和政体的先进知识分子之一。他认为共和制是当时世界上最美好的政权组织形式，能够使国民养成爱国心，能够保障国民的民主自由权利并参与国家事务的管理。但在 1903 年的美国之行以后，梁启超的思想发生了变化。他从在美华人社团的表现中意识到中国的国民程度与共和政体所要求的国民素质相差甚远，并在亲身感受到了美国共和政体的运转流弊之后感慨，"吾游美国而深叹共和政体实不如君主立宪者之流弊少而运用灵也"，加之担心共和推翻皇帝后势必造成党争和四分五裂的局面，这样就难以保持社会势力的平衡，甚至最终还会导致专制和动乱。因此，梁启超得出结论：君主立宪制"能集合政治上种种之势力种种之主义而调和之"，故"君主立宪者，政体之最良者也"。① 此后，梁启超放弃卢梭，开始信仰并热情宣扬伯伦知理的国家学说，并以伯伦知理的学说为蓝本，提出了"国家理性"具有最高性和权威性的国家理性至上思想。

梁启超的"国家理性"思想是在论述国与民的关系中展开的。他说："国也者，非徒聚人民之谓也，非徒有府库制度之谓也，亦有其意志焉，亦有其行动焉。"② 将国家看成一个有精神有行为的有机实体，并且明确地对国家和国民两者的关系进行界定。他在《国家思想变迁异同论》一文中写道："国家者，自国民而成者也。但中央统制之权，仍存于国家"，强调政府权力无限而人民必须服从，"国家者，由竞争淘汰不得已而合群以对外敌者也。故政府当有无限之权，而人民不可不服从其义务"。③ 从这一认识出发，梁启超认为，一个国家的主权既不在统治者，也不在人民，而在国家本身。他引用伯伦知理的话说："主权既不独属君主，亦不独属社会，不在国家之上，亦不出国家之外。"④ 这样，在梁启超的眼中，国家本身就理性化了，并且作为首要的政治目标，国家本身也就具有最高的权威性了。

梁启超国家理性至上的观点亦清楚地体现在他对国家之目的的阐述中。伯伦知理认为存在着两种国家观，一种国家是最高的目的，人民只是

---

① 梁启超：《立宪法议》，载《饮冰室合集》第 1 册，文集之五，第 1 页。
② 梁启超：《政治学大家伯伦知理之学说》，载《饮冰室合集》第 2 册，文集之十三，第 70 页。
③ 梁启超：《国家思想变迁异同论》，载《饮冰室合集》第 1 册，文集之六，第 14—15、19 页。
④ 梁启超：《政治学大家伯伦知理之学说》，载《饮冰室合集》第 2 册，文集之十三，第 87 页。

作为实现国家利益的一种工具而存在，另一种国家只是作为有益于每个个体利益的一种工具而存在。显然，梁启超非常赞成伯伦知理的第一种国家观——"故伯氏谓以国家自身为目的者，实国家目的之第一位，而各私人实为达此目的之器具也。"这样，在国家与国民的关系中，国家的存在和价值就是首要的了，而个体国民的价值则排在了第二位，在特殊的情况下，国家甚至可以要求国民为了国家利益而付出生命，"伯氏之意，则以为国家者，虽尽举各私人之生命以救济其本身可也"。[①] 正是本着国家理性至上的原则，梁启超在放弃了卢梭的人民主权论和共和建国的理想后，开始欣赏和颂扬君主立宪制，到后来革命形势高涨、资产阶级民主革命日益深入人心时，他又提出应实行开明专制的思想，认为今日中国"与其共和，不如君主立宪；与其君主立宪，又不如开明专制"[②]。在涉及民族建国的问题上，梁启超还接受了伯伦知理的"国民与民族之差别及其关系"的理论，并把它与中国传统及现实的国情结合了起来。

前已介绍，孙中山是中国民主革命的先行者，也是清末资产阶级革命派的领袖。他早年曾上书李鸿章，力主政府应改良以自救，上书失败后萌生革命思想，后信仰卢梭的人民主权论，始终坚信应采用革命的手段推翻清政权，按着人民主权的原则建立人人平等、民主、自由的共和国。1894年兴中会成立时，孙中山就提出要"创立合众政府"。1905年在东京成立同盟会时，以孙中山为代表的革命派知识分子以美国的民主共和制度为蓝图，提出"建立民国"的设想，并在同盟会的成立章程中具体勾画了未来中华民国的政权结构模式，"由平民革命以建国民政府，凡为国民皆平等以有参政权。大总统由国民共举。议会以国民公举之议员构成之。制定中华民国宪法，人人共守"。[③] 同盟会的政治纲领是民族、民权、民生三大主义，民族主义体现了革命派要开展排满革命和力图按照西方经典的民族主义理论的"一国家一民族"的思想建国；民权主义体现了要以暴力革命的方式推翻封建帝制，建立人民主权的共和政体；民生主义体现在革命派关于未来所设想的平均地权和土地国有上。其中关于民族主义的设想，后在与改良派的

---

① 梁启超：《政治学大家伯伦知理之学说》，载《饮冰室合集》第2册，文集之十三，第88页。
② 梁启超：《开明专制论》，载《饮冰室合集》第2册，文集之十七，第53页。
③ 孙中山：《中国同盟会革命方略》，载《孙中山全集》第一卷，第297页。

论战中，在意识到了排满的危害性后，以孙中山为首的革命派转而接受了梁启超的倡导五族共和的大民族主义思想。在民权主义方面，孙中山逐渐将曾经的人民主权理想与中国的现实结合，提出了五权宪法、权能区分和地方自治等较为成熟完善的国家思想。

大体上，清末时期很多先进知识分子都提出过一些富有创见的国家思想的片段，但就提出的思想的整体性、完善性以及在当时的影响力而言，还是以梁启超为代表的立宪派知识分子和以孙中山为代表的革命派知识分子的国家思想最具代表性。特别是梁启超，作为 19 世纪末 20 世纪初中国思想界的执牛耳者，其国家思想一经提出，即波及大众，产生了很大的影响，成为实际上的清末中国社会发展的主流方向，这一时期出现的国民思想、立宪思想和各种社会变革思想，实际上都被笼罩在了梁启超的国家理性至上的国家思想的阴影之中。

三、救国呼唤新国民

甲午战争的惨败，使中国的民族危机空前严重起来。战后不久，严复在其《原强》一文中介绍了达尔文的社会进化论学说，不久他又在 1897 年 12 月刊于天津的《国闻汇编》中，发表了自己两年前就已翻译好的英国生物学家赫胥黎的《天演论》。该文的基本观点是：自然界的生物不是万古不变的，而是不断进化的；进化的原因在于"物竞天择"，"物竞"就是生存竞争，"天择"就是自然选择，因此自然界的生物不断面临着为了生存而竞争、淘汰的过程。严复还在《天演论》序言的按语中介绍了斯宾塞的社会有机体论，社会有机体论认为生物界的生存斗争规律同样适用于人类社会，可以用来解释个人、民族乃至国家的兴衰存亡。在斯宾塞看来，社会同生物一样，也是一个有机体。"盖一国之事，同于人身"，"身贵自由，国贵自主"，"且一群之成，其体用功能，无异生物之一体"。[①] 而个人与社会的关系，也就相当于细胞与生物体。个体既不能享有无限制的自由而影响群体，社会机体的进步也离不开个体细胞的更新与发展。只有每一个人的素质提高了，才有国家和群体的富强，而国家只有强大了，才不至于在列国竞争中被淘

---

① 严复：《原强》，载《严复集》第一册，第 17 页。

汰。所以严复认为"今夫国者非他，合亿兆之民以为之也。国何以富？合亿兆之财以为之也。国何以强？合亿兆之力以为之也"[①]。"是故，欲规其国，先观其民，此定例也。"[②]

正是从斯宾塞的社会有机体论出发，严复认为：国家要富强，基础在国民，国民的智慧、德行、体力正是国家富强的最根本的因素。"今日要政，统于三端：一曰鼓民力，二曰开民智，三曰新民德。"国之"强弱存亡莫不视此"，"是以西洋观化言治之家，莫不以民力、民智、民德三者断民种之高下，未有三者备而民生不优，亦未有三者备而国威不奋者也"[③]。因此，他认为要挽救时局、要救国，就要鼓民力、开民智、新民德。严译名著《天演论》一发表便风行全国。其观点给清末社会带来了极大的震撼，不仅直接推动了近代中国一系列的思想观念的变革，而且也为后来的戊戌变法提供了理论上的支持，从而推动了维新变法高潮的到来。

但戊戌变法最终还是失败了。血的教训使爱国的知识分子们意识到，"凡一国之进步也，其主动者在多数之国民，而驱役一二之代表人以为助动者，则其事罔不成；其主动者在一二之代表人，而强求多数之国民以为助动者，则其事鲜不败"[④]。于是各派知识分子开始改变自己先前的救国思维方式，开始侧重于从社会变革的主体——国民的身上探究国家盛衰的原因，开始试图通过从下而上的努力来变革中国的现状、挽救中国的危亡。1899 年秋天梁启超在《论近世国民竞争之大势及中国之前途》一文，正式提出了"国民"一词，并指出当前的世界竞争，已非昔日之"国家"竞争，而是万众一心、全民族动员的国民竞争。然而，中国民众数千年来，绝无国民之观念，人人视国家若胡、越，以此而言对外竞争，绝无侥幸成功之理。就此，他满怀忧虑地写道："今我中国，国土云者，一家之私产也；国际（即交涉事件）云者，一家之私事也；国难云者，一家之私祸也；国耻云者，一家之私辱也。民不知有国，国不知有民。以之与前此国家竞争之世界相遇，或犹可以图存；今也在国民竞争最烈之时，其将何以堪之，其将何以

[①] 严复：《〈原富〉按语》，载《严复集》第四册，第 917 页。
[②] 赫伯特·斯宾塞：《群学肄言》，严复译，商务印书馆，2009，第 38 页。
[③] 严复：《原强》，载《严复集》第一册，第 18—27 页。
[④] 梁启超：《过渡时代论》，载《饮冰室合集》第 1 册，文集之六，第 32 页。

堪之？！"①

从梁启超思想的逻辑推演中可以看出，他认为治疗当时中国这个重症病人的良方是：应将中国人由传统意义上的"臣民"变为近代意义上的"国民"。为了救国，中国需要"国民"，显然已经成为 19 世纪末 20 世纪初中国先进知识分子们的基本共识。此后，梁启超再接再厉，从 1902 年开始发愤著述《新民说》，于《新民丛报》上连载，极尽详备地阐述自己理想中的中国国民所应具备的各种特质，对当时的中国思想界产生了巨大的影响。

其实，就"国民"这个词本身来说，早在先秦《左传》中就已出现。此后历代典籍中也屡见不鲜。1896 年梁启超在上海主持《时务报》时，在《文明日本报》之《中国论》一文中就已采用"国民"一词。而康有为曾经在保国会章程及给光绪帝的上书中，亦多次提及"国民"，并认为应该创立"国民学"以"鼓荡国民，振厉维新"。② 但在古代以及当时康梁等人文中出现的"国民"，结合"国民"出现的上下文语境来看，仍都只是传统意义上的"庶人""黔首""臣民""人民"等词语的替换物而已，在内容实质上和"臣民""百姓"并无二致。

首先给"国民"这个词的含义注入近代意义的是梁启超。他在 1899 年首次对国民做了完整的描述："国民者，以国为人民公产之称也。国者积民而成，舍民之外，则无有国。以一国之民，治一国之事，定一国之法，谋一国之利，捍一国之患；其民不可得而侮，其国不可得而亡，是之谓国民。"③ 此后他又提出，"有国家思想，能自布政治者，谓之国民"④，并且将国民与权利联系在一起"国民者，一私人之所结集也，国权者，一私人之权利所团成也"⑤。

除了梁启超，20 世纪初的其他知识分子对近代意义上的"国民"的含义亦做了描述。1905 年汪精卫在《民族的国民》一文中提出：除了被看作国家的一分子外，国民还应被看作立宪国家的主体，国民是一个法学用语，

---

① 梁启超：《论近世国民竞争之大势及中国前途》，载《饮冰室合集》第 1 册，文集之四，第 60 页。
② 康有为：《请开学校折》，载《康有为政论集》上册，第 305—306 页。
③ 梁启超：《论近世国民竞争之大势及中国前途》，载《饮冰室合集》第 1 册，文集之四，第 56 页。
④ 梁启超：《新民说·论国家思想》，载《饮冰室合集》第 6 册，专集之四，第 16 页。
⑤ 梁启超：《新民说·论国家思想》，载《饮冰室合集》第 6 册，专集之四，第 39 页。

在立宪国家中国民应有独立自由的人格，国民的真谛就在于有权利有义务，国民以自由、平等、博爱的精神结合起来，并按这些精神制定法律，依法治国。汪精卫描述的国民已经能够和权利义务、独立人格、依法治国联系起来了，这就进一步给国民含义注入了更多的近代内涵。

除了从国家与国民的关系的角度来阐发和界定"国民"的含义外，当时许多知识分子还从奴隶与国民的不同对比中对国民所应具有的近代内涵进行描述。发表在《国民报》上的《说国民》一文，第一次通过把国民与奴隶对立起来进行比较来说明国民的内涵："天使吾为民而吾能尽其为民也"，奴隶者"天使吾为民而卒不成其为民者也"，"故奴隶无权利，而国民有权利；奴隶无责任，而国民有责任；奴隶甘压制，而国民喜自由；奴隶尚尊卑，而国民言平等；奴隶好依傍，而国民尚独立。此奴隶与国民之别也"。①邹容也在《革命军》中指出："一国之政治机关，一国之人共司之，苟不能司政治机关，参与行政权者，不得谓之国，不得谓之国民。此世界之公理，万国所同然也。"并且还指出："奴隶者，与国民相对待，而不耻于人类之贱称也。国民者，有自治之才力，有独立之性质，有参政之公权，有自由之幸福，无论所执何业，而皆得为完全无缺之人。"②

这里需要指出的是，首先给"国民"这个词注入近代含义的梁启超以及后来的汪精卫、邹容等人，他们都是在留日之后，在接触到了大量的被翻译成日文的近代西方著作之后，萌生出近代国民意识的。但就"国民"这个词本身而言，却是他们从日文中辗转假借而来的西洋翻译名词而已，换言之，"国民"这个词并不是梁启超他们的首创。而中国古代恰恰也有"国民"这个词出现过，这只是一个巧合而已。显然中国古代的"国民"与被梁启超等从日本辗转假借而来并被注入近代内涵的"国民"的含义是截然不同的。

尽管带有较强的目的性——救国，并假借于他国——日本，但"国民"一词在"笔锋常带感情"的梁启超和其他知识分子的大力倡导下，很快在晚清社会不胫而走，风行一时。到20世纪初，为了救国而不做奴隶似的臣民、要做自由自主的国民的观念已形成一种国民思潮。据统计，截至宣统

---

① 《说国民》，《国民报》第 2 期，1901 年 6 月 10 日。
② 邹容：《革命军》，第 13、47 页。

三年（1911），海内外各类期刊以"国民"二字为名者，至少有 15 种之多。不管政治立场如何，这些刊物多以启发国民自觉、振奋国民精神等语为榜样。[1] 如 1901 年创办的《国民报》，1902 年创办的《新民丛报》，1903 年创办的《国民日日报》，1910 年创办的《国民公报》，等等。一些没有以"国民"或"新民"命名的报刊也宣称自己将以激扬国民精神为目标。当时还出现了以"国民"命名的团体，如上海的国民公会。因此，可以这么说，到了晚清特别是戊戌变法失败后，"民"在国家和社会中的被关注程度及地位大大地得到了提升。当然这一提升源于中下层社会逐渐获得了知识分子们的重视，源于知识分子们对政府和上层社会的失望，源于知识分子们想要尝试从下而上的变革方式，当然，毫无疑问从根本上来说是源于救国。

正是由于呼唤新国民的目的在于救国，或者说为了救国才呼唤新国民，所以尽管清末知识分子们论述了新时代的国民所应具有的一系列基本素质，如新国民应具有权利和义务的思想、独立和自由的思想、自尊和自信的思想、进取冒险和尚武的思想、公德合群和自治的思想以及国家思想等，但救亡的时代任务使他们未能在启蒙和进一步倡扬国民观念方面走得太远。比如梁启超一方面认可国民享有自由民主权利的合理性，另一方面又根据他的国家理性至上的国家观念认为：要让个体强壮，就要让个体彼此竞争，但这样的内竞很可能会导致整体利益受损，使整体失去竞争力，以至于在与其他整体的对抗中被淘汰，因此个人主义和自由主义都是对国家有害的。他直截了当地指出："自由云者，团体之自由，非个人之自由也。野蛮时代个人之自由胜，而团体之自由亡；文明时代团体之自由强，而个人之自由减。"[2] 其实又何止梁启超呢。1903 年《苏报》上的《学界风潮》一文亦认为："诸君亦知真自由与伪自由之分乎？真自由者，非言语自由，乃实际自由也；……非个人自由，乃团体自由也。"[3] 1905 年陈天华在揭示革命的政治方针时也说："吾侪求总体之自由者也，非求个人之自由者也。"[4] 又如权利，梁启超本着自己固有的国家理性至上的理念，认为国民应首先对国家尽义

---

[1] 史和、姚福申编《中国近代报刊名录》，福建人民出版社，1991，第 219 页。

[2] 梁启超：《新民说·论自由》，载《饮冰室合集》第 6 册，专集之四，第 44—45 页。

[3]《学界风潮》，《苏报》1903 年 4 月 13 日。

[4] 思黄（陈天华）：《论中国宜改创民主政体》，《民报》第 1 号，1905 年 12 月 8 日再版发行。

务而不是享权利，并且认为个人争取权利最终也是为了国家的权利，"一部分之权利，合之即为全体之权利；一私人之权利思想，积之即为一国家之权利思想。故欲养成此思想，必自个人始"[1]。革命派非常强调民权，陈天华甚至提出对国民而言享受权利应优先于对国家尽义务，但他又认同"开明专制"，用他的话说："吾侪既认定此主义，以为欲救中国，惟有兴民权，改民主；而入手之方，则先之以开明专制，以为兴民权改民主之预备；最初之手段，则革命也。"[2] 无论是梁启超还是陈天华居然都选择了开明专制，以之为培养国民的"入手之方"（或许也是一时的权宜之计），这不啻是对他们曾经倡扬的国民权利思想的极大贬损。

在清末知识分子的文章中此类言论比比皆是，它们与那些对国民进行民主自由启蒙的言论一起，共同构成了清末知识分子们的国民观。为什么清末知识分子既告诉广大民众民主、自由、权利等是如何的神圣、珍贵，是体现国民精神的价值所在，同时又要拼命地限制国民的权利、自由，而更为看重国家的权利、自由呢？其原因就在于救亡图存。为了帮助国民剔除其身上积存的"奴隶性"，先进知识分子们大量使用西方近代的公民价值要素来启发国民，而面对现实，知识分子们又往往"变通"地提倡从日本学来的以国家为本位的国民思想。面对内忧外患的时局，知识分子们在不那么紧迫的现实（帮助大众去除"奴隶性"）和急迫的现实（救亡）之间徘徊不定，并最终滑向后者。

四、清末国民观的特征及其影响

要享受权利、要承担义务、要有独立的品格和自由的精神、要自尊和自信、要有军人般尚武的意志和敢于进取冒险的气魄、要讲公德、要合群、要学会自治，当然更重要的是还要有国家思想和一颗爱国心，清末知识分子精心塑造了一个未来民族国家中理想的国民形象。那么，这个理想的未来国民形象或者说清末知识分子的国民观具有哪些特征呢？

（一）有机融汇中西近代思想之精华。我们在前面引用过梁启超的《新

---

[1] 梁启超：《新民说·论权利思想》，载《饮冰室合集》第 6 册，专集之四，第 36 页。
[2] 思黄（陈天华）：《论中国宜改创民主政体》，《民报》第 1 号，1905 年 12 月 8 日再版发行。

民说》："新民云者，非欲吾民尽弃其旧以从人也。新之义有二：一曰，淬厉其所本有而新之；二曰，采补其所本无而新之。二者缺一，时乃无功。"① 纵观梁启超的《新民说》和其他知识分子对国民观的大量表述，可以发现体现"采补其所本无"的西方近代思想的地方可谓比比皆是。权利、自由、独立、公德、自治等，这些来自西方的近代思想，被知识分子们不吝笔墨地征引，用以阐述自己的近代国民思想。英法两国的自由、民主的政治思想传统，德国学派学者关于"国家"与"国民"的整体性概念等等，这些不同时期的西方近代思想都被具有拿来主义精神的近代中国的知识分子们吸取，用以建构个人在国家政治生活中所应扮演的角色。法国 18 世纪的激进民族主义思想和法国人民的革命精神，被知识分子们倡导用以反对封建势力与帝国主义对中国的共同压迫；19 世纪英国的自由主义思想，被知识分子们汲取用以建构未来中国民主政治的基础；还有德国学派的民族主义和国家思想，也被知识分子们吸纳用以建构中国的未来国家构想，培养出了具有中国特色的民族精神。

除了西洋以外，东洋日本的近代思想也被知识分子们积极引进，用以建构自己的国民观。福泽谕吉、中村正直等日本近代启蒙思想家都非常注重培养国民独立自主、自尊自信的气质。梁启超觉得中村正直在鼓动日本国民之志气、使日本青年人人有自尊之志气方面的功劳很大，故而仔细阅读中村正直翻译的英国人斯迈尔斯的《自助论》，并将自尊、自信的思想纳入自己对未来中国国民思想的阐述中。在《新民说》之《论自尊》一节中，梁启超开头便引用了福泽谕吉的"独立自尊"之语，可见日本近代思想对梁启超国民思想的塑造产生的重大影响。日本近代的武士道精神和军国主义气氛，亦影响了 20 世纪初留日的各派知识分子，使他们觉得中国人精神的萎靡和体格的脆弱正是中国人任人宰割的重要原因，于是纷纷在论述国民观时提倡尚武的所谓军国民精神。

同时，国民观中的很多阐释亦体现了知识分子们对一些中国传统思想观念的继承。如谈到国民应享有的权利时，知识分子们首先就谈到了参政权，并强调应把参政权看作是兴国权的手段，这就体现了中国传统思想的特色。

---

① 梁启超：《新民说·释新民之义》，载《饮冰室合集》第 6 册，专集之四，第 5 页。

在西方社会，人们最重视的是自由权、生命权和财产权，特别是财产自由权，被洛克等西方思想家看作是个人自由的基础。而到了中国，在知识分子们看来国民们首先要争取的权利却是参政权，清末的国会请愿运动就体现了要争取参政权的要求。

这样一来，近代中国知识分子对国民观的阐述就像是近代东西方各派思想的大杂烩。知识分子本着实用的目的，对近代东西方各种思想重新进行调整、组合，并使一些很抽象的思想具体化、实用化，最终形成了中国近代国民思想的理论建构。尽管是在对东西方近代思想的吸取和对中国传统思想的继承中，知识分子们表达了自己的国民观；但在这些表述中，知识分子们思想的天平明显地偏向了西方思想的一边，他们对东西方近代思想的吸取要比对中国传统思想的继承多得多。

（二）注重民族主义和以国家为本位。近代中国知识分子对国民思想的论述，实际上是与当时的社会达尔文主义在清末的流行紧密相关的。当严复的《天演论》发表以后，中国知识分子深受其影响，观念为之一变，认定了"生存竞争，优胜劣败"乃是决定当今世界国家民族盛衰的不二法则。"故今日欲抵挡列强之民族帝国主义，以挽浩劫而拯生灵，惟有我行我民族主义之一策；而欲实行民族主义于中国，舍新民末由。"[1] 以梁启超为代表的近代知识分子，深受伯伦知理的"国家有机体论"的影响，认为国家乃是由其国民全体凝聚而成，国家的强弱盛衰，取决于其组成部分的分子——国民，"在民族主义立国之今日，民弱者国弱，民强者国强"[2]。于是先进知识分子开始倡导具有近代意义的国民思想。显然这种近代意义的国民思想是建立在民族主义和社会达尔文主义理论之上的，民族的生存和竞争是中国知识分子建构国民思想的落脚点，用梁启超的话说："民族主义者何？各地同种族、同言语、同宗教、同习俗之人，相视如同胞，务独立自治，组织完备之政府，以谋公益而御他民族是也。"[3] 在这里，独立、自治、国家思想

---

① 梁启超：《新民说·论新民为今日中国第一急务》，载《饮冰室合集》第6册，专集之四，第4—5页。

② 梁启超：《新民说·就优胜劣败之理以证新民之结果而论及取法之所宜》，载《饮冰室合集》第6册，专集之四，第7页。

③ 梁启超：《新民说·论新民为今日中国第一急务》，载《饮冰室合集》第6册，专集之四，第4页。

等近代国民要素已经与抵御他族、维护公共利益融合在了一起，成为民族主义的有力体现。

以国家为本位是注重民族主义的必然逻辑结论。知识分子们深受近代德国学派关于国家建构和国民理论的一系列观念的影响，梁启超尤其服膺伯伦知理，并以伯伦知理的理论为蓝本，创立了对 20 世纪初中国知识分子影响深远的国家理性至上的理论。根据梁启超的国家理性至上的理论，国家理性拥有至上性和权威性，主权不再属于人民或君主而是属于国家本身，国民只能是作为一个整体才有意义，个体的国民只能是国家实现其利益的工具。笼罩在国家理性至上理论之中的近代国民观无疑深深地被打上国家的烙印。

当初，为了去除国民身上的奴隶性，启蒙大众的国民观念，知识分子们论述了新时代的国民所应具有的自由、独立、权利意识等一系列内涵。而一旦面对紧迫的救亡图存的时代任务，知识分子们国民思想激进的一面就逐渐消退了，其现实的一面就显现了出来。梁启超虽然认可国民享有自由民主权利的合理性，但根据国家理性至上的理论，他又认为过分的内部竞争很可能会导致整体利益受损，因此梁启超觉得个人主义和自由主义都是对国家有害的。他指出："自由云者，团体之自由，非个人之自由也。野蛮时代个人之自由胜，而团体之自由亡；文明时代团体之自由强，而个人之自由减。"[1] 有类似看法的又何止梁启超一人。1903 年的《苏报》上的一篇文章认为："诸君亦知真自由与伪自由之分乎？真自由者，非言语自由，乃实际自由也；……非个人自由，乃团体自由也。"[2] 如前引，1905 年陈天华在揭示革命的政治方针时也再三强调：他们所追求的是团体的自由，而非个人的自由。而且，在国民权利和义务何者具有优先性的问题上，在清末社会有很大影响的立宪派主张国民应以对国家尽义务为优先。梁启超甚至认为当国家与国民的利益发生冲突时，解决之道应是："为国家生存发达之必要，不惜牺牲人民利益以殉之"，"牺牲人民一部之利益者，凡以为其全体之利益也，牺牲人民现在之利益者，凡以为其将来之利益也"。[3] 由此可见，在清

---

① 梁启超：《新民说·论自由》，载《饮冰室合集》第 6 册，专集之四，第 44—45 页。
②《学界风潮》，《苏报》1903 年 4 月 13 日。
③ 梁启超：《政治与人民》，载《饮冰室合集》第 3 册，文集之二十，第 7 页。

末知识分子们看来，国民个人的权利与自由在价值的选择上，始终是居于国家的利益与自由之下的，并且只有在国家的利益获得了充分的保障之后，才有个人的幸福可言，而一旦国民个人利益与国家利益相冲突时，个人应该毫无悬念地"屈己以伸群"。

国民在近代知识分子们眼中处于如此的境遇，正是由于当初知识分子们建构"国民"时的原动力来自对国家强盛目标的追求，"国民"被当作了救亡图存、增强国力的工具。在表面上，我们看到大量的对国民思想的叙述和对"国民"的颂歌，可实际上知识分子们真正的关注点和要加以神圣化的却是"国家"本身；在表面上，国民被视为国家组成的必要部分，和国家密不可分，可在实际上，真正处在这一系列论述之核心位置的，却是知识分子们所魂牵梦绕的目标——国家的强大；在表面上，知识分子积极提倡公德和进取冒险精神，可"对'公德'的强调在实际是要求国民关心国家和群体利益；他对冒险精神的颂扬，实际是要国民为国家献出一切"①。因此我们完全可以说：清末知识分子们所建构的国民观是以国家为本位的。这在清末《游学译编》发表的《社会教育》一文中鲜明地体现了出来："吾所谓伦理主义，但有绝对之国家主义，而其他诸事皆供吾主义之牺牲；吾所谓道德，但有绝对之国民之道德，而其他诸事皆为吾主义之糠秕。国家者……有绝对之完全圆满之主体，有绝对之完全圆满之发达。惟国家为绝对体，故民族之构造之也、崇奉之也、有绝对之恋慕、有绝对之服从。"②

有一点需要指出，这种以国家为本位的国民观念，由于更注重国民的整体性（强调合群）和国民对公共事务的参与（强调公德和参政权），使得近代知识分子们所塑造的国民更接近于古希腊雅典的共和主义公民，而与近代西方建立在个人主义基础之上的自由主义公民有着很大的差异性。

（三）具有道德主义和精英主义倾向。带有浓厚道德主义色彩的公德意识是清末知识分子们所大力倡导的国民素质之一。梁启超认为道德的本质在于利群，各国的道德虽因文野之差等而不同，但无不以能固其群、善其群、进其群为目的。中国的道德长于私德而最缺公德，因而亟待发明和提

① 陈永森：《告别臣民的尝试——清末民初的公民意识与公民行为》，中国人民大学出版社，2004，第155页。
②《社会教育》，《游学译编》第11期，1903年10月5日。

倡公德，而公德之目的，即在利群。其他知识分子亦从大量的中外对比中揭示中国人在公德方面与西方的差距，并积极探讨中国人缺乏公德心的原因，以期对症下药，提升国人的公德意识。但无论是过去中国所"长于"的私德，还是现在被知识分子们所倡导的公德；无论强调国民的公德意识是为了国家的利益，还是为了提升个人的素质和公共意识，民众的"德"的意识始终是清末知识分子关注的目标。在知识分子看来，虽然在不同的历史环境中大众所应具备的道德类型有所不同，但"德"却是肯定要具备的，无论这种"德"是私德还是公德，无论强调公德是为了国家利益还是为了个体的自我提升。

早在 19 世纪末严复宣扬要"鼓民力、开民智、新民德"的时候，知识分子们的国民观念就开始带着浓厚的精英主义倾向了。尽管梁启超开始曾认为："新民云者，非新者一人，而新之者又一人也，则在吾民之各自新而已"①，但让那些带着大量"奴隶性"的国人进行自我教育，其"自新"的效果可想而知。于是知识分子们又回到了原来的路子上来，认定国民素质的提升只能有赖于外力的推动，而推动者就是那一小群先知先觉的知识精英。先知先觉的知识精英们一方面通过学校、报刊等媒介启蒙广大知识分子们的国民思想，企图通过广大知识分子观念的转变以影响整个社会；另一方面又试图重新走政府改良的自上而下的道路来逐渐培养大众的国民思想。于是，在中国就出现了一个以精英知识分子为主体、以人民大众为客体、以培养大众具备近代国民素质为目标的精英式启蒙路径。梁启超的一段话或许能够成为这种精英式启蒙的注脚："今日谈救国者，宜莫如养成国民能力之为急矣。虽然，国民者其所养之客体也，而必更有其能养之主体。苟不尔者，漫言曰养之养之，其道无由。主体何在？不在强有力之当道，不在大多数之小民，而在既有思想之中等社会。……实则吾辈苟有能力者，则国民有能力；国民苟有能力者，则国家有能力。以此因缘，故养政治能力，必自我辈始。"②

就思想史的意义而言，清末国民观的影响主要是促进了近代国人主体自

---

① 梁启超：《新民说·论新民为今日中国第一急务》，载《饮冰室合集》第 6 册，专集之四，第 3 页。
② 梁启超：《新民说·论政治能力》，载《饮冰室合集》第 6 册，专集之四，第 156 页。

觉意识的初步觉醒。

主体意识是指人们对自身作为主体在主客体关系中的地位、作用的反映和认识，包括对象意识和自我意识两个部分。从臣民意识向国民意识的转变就反映了近代中国人主体意识的初步觉醒。中国古代以小农经济为基础的封建宗法制度和君主专制制度，造就了中国传统社会所独有的以君主为本位的臣民观念，使得臣民对君主具有强烈的依附性，缺乏独立的人格和意志，相对于君主权力而言只有义务却没有实质上的有效权利。因此，臣民实际上是不可能具有主体意识的。到了近代，尤其是 19 世纪末 20 世纪初，臣民观念逐渐瓦解，以国家为本位的具有近代西方独立、自由等内涵的国民观念横空出世，日益取代臣民观念。国民观念中诸如权利、独立、自由、自尊、自信、自治等意识要素的被倡导，开启了近代中国人主体意识逐渐觉醒的过程。

权利是区分传统臣民与近代国民的根本标志。在封建时代，臣民依附于君主只能尽义务而没有享受权利的可能。在长期臣民观念的熏染下，广大臣民日益习惯于自己的这种依附的身份，没有主体意识可言。但当国民意识要素之一的权利意识被介绍到中国来以后，国人们开始意识到朝廷和国家是有区别的，自己应是国家的一分子而不是君主的臣民，意识到自己作为国家的一分子是应该既尽义务也享受权利的，意识到自己是应享受到诸如参政权、生命财产权等一系列重要权利的。主体意识就这样通过权利意识开始在国人们心中萌生。

独立性和依附性是一对相反的人格形态。臣民依附于君主没有自由可言更谈不上拥有权利，传统社会中臣民的这种依附人格，使得臣民缺乏独立性，难以产生主体意识。近代国民观念的传播使国人意识到自己作为国家的一分子，不应再依附于君主了，自己应该具有独立性，应该拥有自由和权利。一旦广大国民具有了独立意识，主体意识的产生也就不再遥远了。

国民的自尊和自信意识也促进了近代中国人主体意识的逐渐觉醒。在封建时代，臣民们在君主面前是没有自尊可言的。君主掌握着生杀予夺的大权，臣民们没法掌握自己的命运，他们的命运随着君主的喜怒哀乐而变化起伏，随时面临着受辱和生命财产被剥夺的可能。而宣扬自尊和自信的国民观使广大国人意识到自己的命运应该掌握在自己的手中，人不应该在依附中生活，而应该依靠自己，依靠自己的自尊和自信力去成就一番事业，进而拯救危亡之中的国家。这样，主体意识就通过国民试图内在地去改变自己和国家的命运而逐渐在国民心中化生。

在封建时代，国家的一切权力属于君主，臣民是作为被统治的对象而存在的。近代国民观念倡导的自治意识打破了君主垄断一切权力的局面。国民们不仅意识到应该实行地方自治，而且意识到对自己也应该实行"自治"。这样，国民们就不仅直接从政治上，而且间接从个人自主权上摆脱了君主的统治。所以说自治意识也促进了近代国人大众主体意识的觉醒。

对于如何摆脱国民身上存在的"奴隶性"的问题，梁启超曾经认为办法就在于国民的"自新"。让充满"奴隶性"的国民们自己教育自己，效果可想而知。虽然梁启超后来意识到了这个矛盾并放弃了对"自新"的提倡，但他的试图通过引导国民自己去解决其自身存在的劣根性的思路，对近代中国大众主体意识的觉醒也起到了助力的作用。

革命派信仰卢梭的人民主权论，认为国家的主权应该属于国民，建立了共和国以后，国民应该享受到包括不受限制的普选权在内的一切民主、自由的权利。为了实现自己的政治构想，革命派一次次地举行武装起义，试图以暴力方式推翻清政府，同时也通过报刊、书籍等形式大力宣传反满、主权在民等革命思想。革命派的这一系列思想、活动，特别是对天赋人权、主权在民思想的大力宣传，使国人意识到：不要做依附于君主的没有权利和自由的臣民，而要做自己、国家乃至社会的主人的国民。这就有力地促进了国人的觉醒，更加激发了他们的主体意识。

国民观念就这样一步步地侵蚀、瓦解着传统的臣民观念，同时也一点点地培养、促进着近代中国人主体意识的逐渐觉醒。这样的一个主体意识逐渐觉醒的过程，印证了马克思所说的从"人的依赖性"到"人的独立性"的变迁过程，也反映了近代中国在救国方式上所经历的器物变革、制度变革和人的变革的过程。主体意识的觉醒亦反映了在中国近代化的过程中除了政治、经济、军事近代化以外，"人的近代化"的这么一个过程。

但是19世纪末20世纪初的这场"人的近代化"的过程是不彻底的，因为推动当时国人主体意识觉醒的国民观念是以国家为本位，而不是以个人为本位的。以国家为本位的国民，虽然摆脱了对君主的依附，却只能作为国民整体中的一分子从属于国家，虽然拥有自己的权利、自由和独立性，而一旦个人的利益和国家利益相抵触时，这种权利、自由和独立性就会被迫大打折扣。因此以国家为本位的国民虽然能够促进近代中国人主体意识的觉醒，却不能够完全唤醒人们的主体意识，所以这种觉醒只能是"初步"的，20世纪初的这场"人的近代化"并没有完成。这也是导致民初宪政失败的一个重要原因。

五、国民观：从臣民观到公民观的桥梁

19世纪末，面对来自东西方列强侵略的步步紧逼，传统的臣民观念已经不能适应新时代的需要了。先进的中国知识分子们为了唤醒国民，积极吸纳东西方近代先进思想以建构自己理想中的未来国民理念，由此产生了中国近代国民观念。但是民初宪政实践的失败又暴露了国民观无力解决现实问题的窘境，在对国民观的反思中新文化派知识分子萌生了对以个人为本位的公民观的向往，于是公民观逐渐取代了国民观。虽然国民观从兴起到衰落只有短短不到20年的时间，但是国民观在中国近代思想史中的地位却是重要的，国民观念实际上起到了从臣民观念到公民观念的过渡作用，而且这种过渡作用不可或缺。

首先，由于中西方文化背景的不同、社会生产力发展水平的差距，清末民初时期，国人的思想观念不可能从臣民观念直接进步到以个人为本位的公民观。19世纪末，虽然萌生了各种新思想、新观念，但以农业经济为基础的中国社会仍然处在清王朝的专制统治之下，传统的儒家思想对社会的主导地位仍然不可撼动。此时建立在工业生产基础上的西方社会已普遍建立了法治国家，西方的公民观念和个人主义思想正是建立在近代资本主义大工业生产和一系列资产阶级思想文化的基础之上的。而当时中国并没有产生与公民观念、个人主义思想相适应的经济基础和文化背景。在整个社会生产方式还没有改变之前，在中西方文化背景、生产方式如此之大的差距之下，即使臣民观念已经逐渐瓦解，中国社会也难以接受跨越幅度如此之大的思想移植。因此，清末时期国人的思想观念是不可能从臣民观直接进步到以个人为本位的公民观的。事实上，那时的梁启超就意识到了"欧美各国统治之客体，以个人为单位；中国统治之客体，以家族为单位。故

欧美之人民，直接以隶于国，中国之人民，间接以隶于国"①。但是个人主义思想却未能进入到梁启超的心中，梁启超在清末建构的国民思想是以国家为本位的。

其次，近代中国所面临的救亡的急迫任务和社会的实际发展水平决定了即使接触到了来自西方的新观念，清末知识分子也只能达到产生国民观念的程度。一方面，鸦片战争以后，中国开始面临着来自西方的侵略，甲午战争的失败和此后的庚子之乱更是把中国推到了亡国灭种的边缘，在社会达尔文主义的影响下，中国如何摆脱落后的境地、如何拯救中国于危亡始终是中国知识分子考虑的头等大事，因此知识分子们对未来的任何设想都是离不开"救国"这个主旋律的。另一方面，随着社会的发展，19世纪末中国各地出现了很多近代工业生产方式并产生了极具软弱性的资产阶级群体。在臣民观念日益瓦解的同时，新社会群体也在呼唤着反映他们意志的新观念，大量西方理念的输入使得自由、权利意识等成为清末知识分子建构自己理想的未来国家观念的要素。但脆弱的中国资产阶级群体，他们也就只是要求得到一部分权利（如参政权等）而已，虽然梁启超等清末知识分子已经意识到西方国家的民众是"以个人为单位"的，但在当时，他们没有、事实上他们也不可能提出未来的"国民"应以个人为本位。西方的公民观念是其社会长期自然演化的结果，是适应其大工业生产方式和生活方式而产生发展的，因此移植公民观念也需要有相应的经济方式和生活方式的支持。故而，清末知识分子所建构的"国民"虽然已经拥有了权利意识，却不是建立在个人主义基础之上的公民。加之总是面临着救亡的时代任务，这一切决定了清末时的国人只能是拥有权利自由等近代意识要素，但又必须处处优先考虑国家利益的国民。

最后，历史事实已经证明公民观的产生正是建立在对国民观的反思和对臣民观的批判的基础之上的。社会的发展有其一定的规律性，人类总是在对旧观念、旧理论的反思和批判中产生和发展出新观念、新理论的。

总之，救亡的时代任务、中西文化背景的悬殊、清末社会生产力的实际发展水平这一切都决定了：即使臣民观念日益瓦解，清末中国社会也不

---

① 梁启超：《新民说·论政治能力》，载《饮冰室合集》第6册，专集之四，第152页。

可能立即接纳来自西方的以个人为本位的公民观念，清末以梁启超为代表的知识分子们只能达到产生国民观念的程度。公民观的产生正是建立在对国民观的反思的基础上的这一历史事实，就更进一步地说明了在从臣民观到公民观的发展中，国民观的过渡桥梁作用是不可或缺的。而国民观在中国近代思想史中的地位就正是体现在国民观的这种过渡作用中的。西方学者扎罗曾指出："新词'国民'（Guomin）实际上起到了从'一国之民'（a mere national）到完整意义上的'公民'（a full-fledged citizen）的过渡作用。"（The neologism Guomin in effect straddled the distinction between a mere "national" and a " full-fledged" citizen.[①]）扎罗的话不无道理，但表述却不甚明确。他所说的"a mere 'national'"指的是"臣民"吗？如果不是，那么"a mere 'national'"肯定没有准确地把握鸦片战争以前中国社会中依附于君主的芸芸众生的实质内涵。但有一点，扎罗的意思是很明确的：中国的前近代状态的社会个体在向近代完整意义上的"公民"的演进过程中，起着过渡桥梁作用的正是"国民"。

---

① Joshua A.Fogel&Peter G.Zarrow，"Imagining the People—Chinese Intellectuals and the Concept of Citizenship，1890—1920，" *The Journal of Asian Studies*，58. no.1（Feb.1999）：161—163.

第七章

民主革命与君主立宪思潮的兴衰

　　1900 年义和团运动兴起，打出"扶清灭洋"的旗帜。八国联军乘机侵略中国，先后攻占天津和北京，慈禧太后逃往西安，表示要"量中华之物力，结与国之欢心"，并于 1901 年 9 月与 11 个帝国主义国家签订了晚清以来丧权辱国最为严重的《辛丑条约》。民族危机更趋深重。人们开始认识到：只有推翻清王朝，才能振兴中华，挽救民族危亡。民主革命思潮因之兴起，以孙中山为代表的革命派提出建立民主共和国的主张。为了实现这一主张，他们在对清王朝进行武器的批判的同时，又运用批判的武器，围绕三民主义与以梁启超为代表的改良派（即原维新派）展开激烈论战。革命派内部也存在着不同的思想派别。与此同时，为了弭灭革命，拉住改良派，清政府于 1906 年宣布预备立宪。君主立宪思潮因此兴起。以梁启超为代表的改良派这时因主张君主立宪而成了立宪派，他们要求在中国建立英国式的虚君制立宪制度，并与主张仿行日本式的二元制立宪制度的清政府围绕立宪问题进行斗争，发动大规模的国会请愿运动。但请愿的结果是"皇族内阁"的出笼。立宪思潮因此衰落下去，而革命成了历史的最终选择。

第一节　民主革命思潮的兴起

一、新知识分子群体的形成和民主学说的广泛传播

自洋务运动起，清政府就开始向国外派遣留学生，但人数较少。进入20世纪后，由于清政府实行所谓的"新政"，推行奖励留学政策，除官派外，还鼓励自费留学，特别是1905年宣布废除延续了一千多年的科举取士制度，到海外留学的人数急剧增多起来。如果说洋务运动时期，留学的国家主要是欧美，那么，这时留学的国家主要是日本。日本这时之所以会取代欧美成为中国学生的主要留学国，有以下几个原因：其一，中日甲午战争中中国的失败，日本的胜利，已使中国人感到震惊，对日本刮目相看，不再以"蕞尔岛国"视之，而1904年发生在中国国土上的日俄战争，再次以日本胜利而宣告结束，经历了明治维新的日本竟打败了不可一世的欧洲大国俄国，这不能不使中国人再一次感到震惊，再一次对日本人刮目相看，并从震惊、刮目相看逐渐转化为敬佩。如果说在此之前，中国的先进分子认为，要救国必须学欧美，那么，这时有不少人认为，要救国必须学日本。日本的今天，有可能成为中国的明天。其二，中日一衣带水，留学的路费远比前往万里之外的欧美节省，从天津到日本的东京，只有六七日的路程，相当于在国内由府、县到省会，由省会到京城。而到欧美，那时没有飞机，乘坐轮船最快也要两三个月。另外，留日的学费和生活费也远比欧美便宜。留学日本一般中等人家即可负担，而留学欧美则非上等富裕家庭不可。其三，中日两国文化同源，同属于儒家文化圈，日文与中文又相近，据说在日文尚未改革前，中国留学生从上海乘船到日本，只要临时抱佛脚，在船上学习几日日文，到日本后就能应付一般的生活问题。另外中日两国风俗、生活习惯也相近，到日本留学不会产生留学欧美时因文化、风俗、生活习惯的差异而产生的种种问题。其四，中日两国政府也都支持或欢迎中国留学生去日本留学。就日本政府而言，欢迎中国留学生去日本，是为了扩大

日本在中国的影响，培植亲日势力，以便进一步加强对中国的侵略。1898年日本驻华公使矢野文雄在致其外务大臣的信中说："如果将在日本受感化的中国新人材散布于古老帝国，是为日后树立日本势力于东亚大陆的最佳策略。其习武备者，日后不仅将仿效日本兵制，军用器材亦必仰赖日本，清国之军事将成日本化。又因培养理科学生之结果，定将与日本发生密切关系。此系扩张日本工商业于中国的阶梯。至于专攻法政等学生，定以日本为楷模，为中国将来改革之准则，果真如此，不仅中国官民信赖日本之情，将增加二十倍，且可无限量的扩张势力于大陆。"同年，矢野便正式以日本国家的名义，邀请中国派留学生去日本，并答应提供留学经费，促成此举。至于清政府支持留学生去日本留学，是因为欧美国家实行的都是民主共和体制或虚君立宪体制，或没有王朝（如美国），或君主仅为名义上的国家元首，没有任何实际权力（如英国），而日本实行的是二元君主立宪制，天皇有很大的权力，这比较符合清政府的理想。① 据《日本留学中国学生题名录》统计，1898 年，在日本的中国留学生仅为 77 人，但到 1905 年就达到了 8000 多人，形成了一股所谓"航东负笈，络绎不绝"的留日热潮。"学子互相约集，一声'向右转'，齐步辞别国内学堂，买舟东去，不远千里，北自天津，南自上海，如潮涌来。"② 与此同时，由于清末"新政"中新式教育的推广，特别是科举制度的被废除，促进了新式学堂如雨后春笋般地在全国各地涌现，据学部统计，1904 年全国学堂总数为 4222 所，学生92169 人；1909 年学堂总数猛增到 52346 所，学生达 156027 人。③ 一个不同于旧式文人和封建士大夫的新型知识分子群体在 20 世纪初年已经形成。概而言之，新式知识分子与旧式文人和封建士大夫有以下几个方面的不同特征 ④：

第一，新式学校教育的集中性决定了新式知识分子容易形成自觉的群体意识。中国传统的旧式教育形成了以国学、地方官学为主干，以书院、社

① 以上参见王奇生《中国留学生的历史轨迹》，湖北教育出版社，1992，第 94—95 页。
② 实藤惠秀：《中国人留学日本史》，生活·读书·新知三联书店，1983，第 37 页。
③ 李侃、李时岳、李德征、杨策、龚书铎：《中国近代史》（第四版），中华书局，1994，第 316 页。
④ 以下参见郑大华、彭平一《社会结构变迁与近代文化转型》，四川人民出版社，2008，第 410—412 页。

学、义学为支派的儒学教育体系。国学和地方官学无论数量还是规模都极其有限。国子监学额不足 300 名；各府州县学也只能容纳 30000 多名（按 1886 年的统计）。书院、社学和义学能够容纳的生员也不多，据广东、福建、湖北、湖南、江苏、浙江、山东和畿辅的统计，书院、社学和义学的生员总共不到 5500 名。如果按照这一数字来推算，全国书院、社学和义学的生员总数也只在 20000 名左右。这也就是说，能够进入官学与书院、社学、义学读书的士人大约只占童生士子总数的十分之一左右。[①] 其余十分之九的童生士子就只能靠自修或到私塾旁听了。因此在传统教育下，士子们基本上处于分散的状态，只有到科举时才短时间地汇聚在一起。这就使士子之间缺乏一种经常的、连续的和稳定的相互激励和相互制约，也就不能形成一种自觉的群体意识。而在新式教育体制中的学生一开始就离开家门，走向府州县城，甚至上省晋京出洋。他们在近代学校教育的班级教学体制下形成了以班、级、专业、校为单位划分的群体，进而又形成了地方和区域之间的联合。这种集中性使新式学生相互联系和相互影响的空间距离缩短，互相之间存在一种经常性、连续性、稳定性的相互激励和相互制约。在这种新式学生基础上形成的新式知识分子也就具有更为自觉的群体意识。他们有着本群体的核心利益，围绕着他们的核心利益而开展他们的活动，这就很容易产生对于朝廷官府的离心力。20 世纪初年的国内学潮和日本的留学生运动蓬勃兴起就很能说明这一点。

第二，新式教育的开放性扩大了新式知识分子的认知空间，优化了新式知识分子的知识结构。在旧式教育下，士子们往往被束缚在信息较为闭塞的地方，缺乏地域之间的经常性交流，没有近代化的信息传播手段，所接受的教育也主要是经验的传承，特别是教育者对于被教育者的要求是"两耳不闻窗外事，一心只读圣贤书"。这种闭塞的环境和条件使旧式士子的知识面非常狭窄，知识结构也很单一，思维方式也是一种单向的经验式的，严重地影响到旧式士子对现实社会的关心和参与。新式教育则具有更大的开放性。新式学堂的学生一般来自各个地区和社会各个层面，互相之间的地域交流更加广泛；新式学堂一般设立在交通比较方便、信息比较便捷的城

① 桑兵：《晚清学堂学生与社会变迁》，学林出版社，1995，第 150—151 页。

市，因此新式学生接受外界信息的速度容量与影响社会的能量质量大大超过旧式的士子；新式学堂以综合性的科学教育取代了旧式教育的经验传承，知识面和知识结构大为优化；特别是新式学堂的学生经常接触近代大众传播媒介，有的甚至直接创办新式报刊和新式学会，使他们与社会的联系更加广泛和直接。这些都使他们的认知空间大幅度扩展，对社会现实也更加敏感。

第三，新式教育的民主性唤起了新式知识分子的自我意识，也强化了他们的政治参与意识。旧式教育实质上是一种专制主义的教育，从教育目的而言，完全是为了培养专制统治下的奴隶；在绝对权威的师道面前，学生只能是服从；从教学内容到教学形式都是围绕科举制度而展开，教育成为了科举的附庸。在这种教育下，士子们没有自己的思想，没有自己的见解，实际上完全失去了自我。而新式教育是一种培养近代国民的教育。在新式学校中，教师的绝对权威和君主的专制权力都受到质疑而开始动摇，不仅是西方自然科学知识和技术工艺都进入了课堂，而且西方各种经济政治学说也成为学生争相追求的新知新理。这种教育使学生的自我意识和主体意识开始复归。个人主义、利己主义开始成为一代新式知识分子向封建专制主义挑战的思想武器。在旧式教育下以皇权为中心的专制国家观开始被民主宪政的近代国家观所取代。新式知识分子认识到自己的社会责任："二十世纪竞争之点，既集于中国之学生矣，其或本此能力以竞争而获胜利也，则二十世纪之中国，乃中国人之中国，吾学生为之支配之，为之整齐之。"[1]这种强烈的自我意识和主体意识使新式知识分子积极参与现实政治活动，从而使他们成为清末政治改革和政治革命的中坚力量。

新的知识分子群体的形成，于民主革命和君主立宪思潮的兴起有着重大影响，无论是革命派，还是立宪派，其基本力量都是新式知识分子，尤其是青年学生。

在新的知识分子群体形成的同时，由于清政府推行"新政"，采取奖励工商业的政策，如成立商部（1903年），制定和公布《商律》《公司注册试办章程》《商会简明章程》《奖励公司章程》《矿务章程》以及设立劝工陈列

---

[1] 李书城：《学生之竞争》，《湖北学生界》第2期，1903年2月。

所、高等实业学堂等，中国民族资本主义工商业在20世纪初的十年中有了较快的发展，仅1905至1908年间，新设资本万元以上的厂矿238家，资本总额61219000元。总计1901到1911年间，新设厂矿达386家，资本总额8.8348亿元，10年间超过前此30年设立的厂矿、资本总额数二倍以上。随着民族资本主义工商业区的发展，民族资产阶级的力量和组织程度都有了进一步的加强。自1903年商部"劝办商会"起，到1906的三四年间，全国范围内已成立的商务总会共30处，商务分会147处，会员数共58600多人；到1912年，全国商务总会已发展到57处，商务分会增加到871处，两会合计928处，拥有会员20万人以上，其中会董也有23795人。[1]安徽省于1906年成立芜湖商务总会，到1908年各埠商务总会、分会增至12个，1911年增至33个。许多重要集镇都设有商务会所、商务集议所等。

近代中国的商会是近代资本主义经济和资产阶级力量发展壮大的产物，也被认为是近代中国资产阶级由"自在"状态向"自为"状态过渡的标志。[2]从组织情况看，早期商会明显地具有资产阶级工商团体的性质。在清末、民初期间，所谓"商业""商人"的含义是极其广泛的。据1914年出版和发行的《商人通例》一书的解释，"商业"包括：买卖业、赁贷业、制造业或加工业、供给电气或自来水业、出版业、印刷业、银钱业与兑换金钱业或贷金业、担承信托业、作业或劳务之承揽业、设场屋以集客之业、堆栈业、保险业、运送业、承揽运送业、牙行业、居间业、代理业等，几乎遍及城镇工商业的各个部门。从事上述各业，资本在五百元以上而又有"商业之规模布置者"，一律称为"商人"，资本不足五百元的只能称为"小商人"。[3]按此商人的范围，早期商会组织成为包罗各业的工商业团体，每一个商会都由当地各业行会和新式企业的代表组成。如上海商务总会和北京商务总会成立时，加入者都是各个行业和企业的代表。其他各地的商会无不如此，基本上包罗了当地的主要企业和行会，不管这些行业和企业是新式的还是传统的。[4]

---

① 徐鼎新：《旧中国商会溯源》，《中国社会经济史研究》1983年第1期。
② 虞和平：《商会与中国资产阶级的"自为"化问题》，《近代史研究》1991年第3期。
③《商人通例》，转引自徐鼎新《旧中国商会溯源》，《中国社会经济史研究》1983年第1期。
④ 以上参见郑大华、彭平一《社会结构变迁与近代文化转型》，第424—425页。

　　民族资产阶级力量的进一步增长，其阶级意识也更加自觉起来，他们通过自己的代言人大力宣传自己的社会地位和社会责任。严复曾在上海对商部高等实业学校的学生演讲时，将经营实业的人比之禹、稷等圣人，充分体现了资产阶级对自己阶级地位及其前途的信心。他勉励实业学校的学生要认识到自己的事业，"实生人最贵之业，更无所慕于为官作吏，钟鸣鼎食，大纛高轩"①。除认识到资产阶级在社会经济生活中的地位外，有的言论还意识到了资产阶级的政治责任。《商务报》上有一篇文章指出："商会以强群，而即以强其国，毋任一夫垄断，必使众志成城；心营力追，廓无限量，联镳并襦，务达极程。"②这篇文章虽然是为了宣传建立商会的意义，但它体现了民族资产阶级想通过建立商会团结起来，在国家政治生活中享有更高地位，发挥更大作用的意愿，反映了资产阶级已经具有了阶级团结的自觉意识。陈天华在20世纪初年的一篇文章更是明确表明了希望中国革命由资产阶级来领导的愿望："泰西革命之所以成功者，在有中等社会主持其事；中国革命之所不成功者，在无中等社会主持其事。"③陈天华虽然还没有意识到中国的中等社会——即资产阶级已经形成并开始发挥自己的作用，但他已经意识到当时的中国革命必须由资产阶级领导才能取得胜利，这是资产阶级宣传家对资产阶级必须承担革命领导责任这一意识的明确表达，也是对中国民族资产阶级历史作用的明确定位。

　　民族资产阶级不仅具有了参与国家政治生活的愿望，并且开始将这种愿望付诸实践。在20世纪初年的政治风云中，我们可以经常看到像张謇、汤化龙、汤寿潜这样一些资产阶级头面人物的身影。就是一些普通的资产阶级成员，他们也都非常积极地参加当时的各种政治活动，以表达他们的政治愿望。如1900年上海以经元善为首的反对西太后废立阴谋的通电就有很多民族资产阶级成员参加。通电不久，上海又有以"上海合埠士商"名义发布的泣血公启，提出了"接到公启后，工商人等，合帮集议，分头拟电

① 《侯官严复在上海商部高等实业学校演说》，《中外日报》1906年7月2日（光绪三十二年五月十一日）。

② 《论公司商会宜力谋推广进步》，《商务报》第53期，载中国社会科学院近代史研究所文化史研究室丁守和主编《辛亥革命时期期刊介绍》（第三集），人民出版社，1983，第169页。

③ 思黄（陈天华）：《中国革命史论》，《民报》第1号，1905年12月8日再版发行。

阻止立嗣，要求复政"，"如朝廷置之不理，则工商通行罢市集议"等反对废立的行动方式。① 此后在上海召开的"中国国会"，与会者也有很多工商界人士。除国内的政治活动外，他们还先后领导了一系列的爱国活动，其中最重要的有 1903 年的拒俄运动、1905 年的抵制美货运动和收回利权运动。"随着阶级意识的增长，资产阶级开始有了自己的政治家、军事家、思想家和文学家。民族资产阶级更多的是通过自己的这些代表来反映自己的政治要求，并代表自己进行政治斗争。"②

上述种种迹象表明，民族资产阶级已成为时代的中心。资产阶级力量的进一步壮大，为民主革命和君主立宪思潮的兴起奠定了坚实的阶级基础。

至于西方民主学说的传播，据熊月之研究，19 世纪六七十年代以后，西方来华的传教士和其他外国人就在他们出版的中文书刊中断续地谈到过西方的"天赋人权论""社会契约论"等学说，清政府的出使人员（如郭嵩焘）和一些到过国外的洋务知识分子，亦即后来的早期维新思想家（如马建忠、王韬）也在他们的日记、著作或文章中对西方的民主制度及学说作过一些粗略介绍。但直到 1898 年戊戌政变之前，"中国人对西方民主学说的了解是零碎的，不系统的"③。戊戌政变后，如我们已指出的那样，以康有为、梁启超为代表的维新派逃到海外，一方面继续其未竟的维新事业，一方面则以极大的热情从事思想启蒙活动，而译介西方社会科学著作是主要内容之一。到了 20 世纪初，一些革命人士也加入到了译介西方社会科学著作的行列。随着西方社会科学著作的被大量地翻译介绍，作为西方社会科学重要组成的西方民主学说得到了前所未有的传播。熊月之根据徐维则的《东西学书录》、顾燮光的《译书经眼录》和沈兆祎的《新学书目提要》的统计，这时有 78 种关于西方民主学说的著作被翻译介绍，主要内容是④：

（一）民主政治学说。主要有法国人卢梭的《民约论》（今译《社会契约论》）：1898 年上海同文译书局出版日本人中江笃介用汉文翻译的《民约论》第一卷，书名为《民约通义》，这是《民约论》的最早中译本；1900 年

① 桑兵：《庚子勤王与晚清政局》，北京大学出版社，2004，第 45 页。
② 以上参见郑大华、彭平一《社会结构变迁与近代文化转型》，第 398—399 页。
③ 熊月之：《中国近代民主思想史》（修订本），上海社会科学院出版社，2002，第 328 页。
④ 下面几点内容参见熊月之《中国近代民主思想史》（修订本），第 329—343 页。

底到 1901 年初，留日学生杨廷栋等又据日译本转译此书，题为《民约论》，在《译书汇编》第 1、2、4、9 期连载；1902 年上海文明书局又出版了杨廷栋译的全本《民约论》，取名为《路索民约论》，书前附有《路索小传》和杨廷栋写的《初刻民约论记》。这是第一个《民约论》的中文全译本。法国人孟德斯鸠的《万法精神》（今译《论法的精神》）：1900 年《译书汇编》第 1—3 期曾刊载过该书的部分章节；1903 年 2 月上海文明书局出版了由张相文据日文本翻译的该书最早的中文完整译本；严复 1904—1909 年又据英译本翻译了孟德斯鸠的这部名著，取名《法意》。英国人约翰·穆勒的《自由原理》（今译《论自由》）：1903 年上海商务印书馆出版了严复的译本，取名《群己权界论》；同年马君武的译本由译书汇编社出版，封面题名《弥勒约翰自由原理》。以及瑞士人伯伦知理的《国家论》，《清议报》第 11、15—19、23、25—31 期连载，译者不详；《家法泛论》，《译书汇编》第 1—3 期连载；《国家学纲领》，上海广智书局出版，署名"中国饮冰室主人译"；英国人斯宾塞的《原政》，杨廷栋译，上海作新社 1902 年出版；《女权篇》，马君武译，少年新中国社 1902 年与达尔文的《物竞篇》合印；德国人那特砳的《政治学》，上海广智书局 1902 年出版，冯自由译；法国人纳炭尔布礼的《共和政体论》，上海广智书局出版，罗伯雅译；美国人海文的《义务论》，上海广智书局出版。

（二）各国民主革命的历史和文献。主要有日本人奥田竹松的《法兰西革命史》，青年会编译；日本人福本诚的《法兰西今世史》，出洋学生编译所出版，马君武译；《法国第一次革命之风潮》，"支那军国民"译；日本人涩江保的《佛国革命战史》，上海人演社译并出版；《美国独立战史》，上海商务印书馆出版，东京留学生译；日本人田中健三郎的《意大利建国史》，徐三省译；《意大利独立战争史》，东京留学生译；日本人柳井绚的《希腊独立史》，上海商务印书馆、广智书局出版，秦嗣宗译；《美国独立檄文》，《国民报》第 1 期译载；《法兰西人权宣言》，"支那翻译会社" 1903 年出版，小颦女士译；《玛志尼少年意大利章程》，支那翻译会社 1903 年出版，小颦女士译。

（三）民主革命家、思想家的传记及学说。主要有《卢梭学案》，梁启超撰，《清议报》第 98—100 期连载；《民约论巨子卢梭之学说》，梁启超述，

《新民丛报》第 11—12 号连载；《政治学大家卢梭传》，杨廷栋撰，《政艺通报》1903 年第 2 号载；《法理学大家孟德斯鸠之学说》，梁启超述，《新民丛报》第 4—5 号连载；《弥勒约翰之学说》，马君武述，《新民丛报》第 29—30、35 号连载；《政治学大家伯伦知理之学说》，梁启超述，《新民丛报》第 38—39 号连载；《华盛顿传》，日本人福山义春著，丁锦译，上海文明书局 1903 年出版；《拿破仑》，日本人土井晚翠著，赵必振译，上海益智译社出版；《意大利建国三杰传》，梁启超著，上海广智书局 1903 年出版；《意将军加里波的传》，上海广智书局编译，上海广智书局 1903 年出版；《日本维新百杰传》，上海开明书局出版。

西方民主政治学说的传播，对中国思想界的影响是巨大的，它不仅开阔了中国知识分子的眼界，使他们知道了除中国传统的封建专制主义学说和传统学术外，世界上还有先进的民主政治学说和新颖的学术，还有那么多灿若明星的学者，同时也为革命派和立宪派批判封建专制主义、从事革命与立宪的思想宣传提供了理论武器。邹容在《革命军》中就欣然地写道："吾幸夫吾同胞之得卢梭《民约论》、孟德斯鸠《万法精理》、弥勒约翰《自由之理》、《法国革命史》、《美国独立檄文》等书译而读之也。是非吾同胞之大幸也夫！是非吾同胞之大幸也夫！夫卢梭诸大哲之微言大义，为起死回生之灵药，返魄还魂之宝方……我祖国今日病矣、死矣，岂不欲食灵药、投宝方而生乎？苟其欲之，则吾请执卢梭诸大哲之宝幡，以招展于我神州土。"[1] 我们在后面将会看到，无论是革命派，还是立宪派，他们运用起西方的民主政治学说时是那么得心应手。

二、孙中山早年的革命思想与活动

孙中山（1866—1925）出生在一个贫困的农民家庭，乳名帝象，1876 年启蒙读书时，塾师为他取名孙文。也有另一说法，说孙文是他父亲为他取的学名。17 岁时取号"日新"。19 岁时又取名"德明"。第二年他到香港上学，国文老师按"日新"的粤语谐音为他改名"逸仙"。此后，他在与外国人的交往中常使用这个名字，故西方学者至今称他为孙逸仙。"中山"是

---

[1] 邹容：《革命军》，华夏出版社，2002，第 10 页。

他 1897 年在日本从事革命活动时，有次住旅馆用的日本化名。从此，"孙中山"就成为当时和后世人们对他的尊称。他自幼即参加生产劳动，了解农民的深重疾苦，并受家乡反清斗争传统的影响，向往太平天国的革命事业，曾以"洪秀全第二"自称。

因家庭贫困，孙中山到了 10 岁才入本村冯氏宗祠内的私塾读书。和那时千千万万个启蒙学童一样，孙中山读的也是《三字经》《千字文》和"四书五经"，但和别人的孩子不同，他读书特别喜欢动脑筋，喜欢向老师提问题，有一次老师讲《大学》课，他问《大学》的头一句"大学之道，在明明德"这句话怎样理解。老师不仅不回答，还告诉他对于古时圣贤的书只能读不能问。孙中山听后很不服气，心想学问学问，想学就要问，为什么古时圣贤的书就不能问呢？总有一天我会把其中的道理弄明白。

这一天终于来到了。1879 年 6 月，13 岁的孙中山穿着一身土布衣服，拖着一条大辫子，与母亲一道自澳门登船，去檀香山看望在那里发了财的大哥孙眉。浩瀚无垠的大海使从未离过家门，更没有坐过轮船的孙中山眼界大开。他后来自述当时的情景说："始见轮舟之奇，沧海之阔，自是有慕西学之心，穷天地之想。"[1]

到檀香山后，孙中山先到他大哥开设的一家商店当店员，不久即入英基督教监理会开办的意奥兰尼学校（男子初中）学习。这是一所英国色彩十分强烈的学校，教师全用英语讲课。刚入学时孙中山一点也听不懂，简直像个聋子哑巴。但经过一段时间刻苦学习，他取得了惊人的进步：已能熟练地掌握英语，听课、对话、阅读都不再成为问题。解决了语言这一难关后，孙中山学习更加努力，除完成老师布置的作业外，还利用课余时间学习中文，浏览中外书籍，他对有关美国独立战争，尤其是华盛顿、林肯生平的书籍非常感兴趣，希望能从中找到一些救国救民的真理。1882 年 1 月，他以英文文法考全年级第二名的优异成绩从意奥兰尼学校毕业。不久又考入奥阿厚书院继续求学。一年后，他离开檀香山回国。

回国后，孙中山在家乡待了一段时间，便去了香港继续他的学业。他先考入香港圣公会主办的拔萃书室（男子中学），第二年又转到另一所设备完

---

① 孙中山：《复翟理斯函》，载《孙中山全集》第一卷，中华书局，1981，第 47 页。

善的中等学校——中央书院学习。这期间爆发了中法战争。自战争开始，孙中山就十分关注战局的发展，他既为中国人民所表现出来的不屈不挠的反击外来侵略的爱国精神欢欣鼓舞，也为清政府在战局对中国十分有利的情况下与法国签订投降卖国的《中法新约》，致使中国不败而败痛心疾首，开始产生反清思想。1886 年夏，他修完中学课程，自中央书院毕业，经过慎重思考，他决定学医科。因为他认为"医亦救人之术"，要谋国家富强，先必谋健康的国民。是年秋，经人介绍，他考入美基督教长老会在广州开办的博济医院附设医校，第二年又转到香港西医书院继续深造。在香港读书期间，他经常利用课余和节假日，往来于广州、澳门和香山等地，广泛结交朋友，共同探索救国救民的真理，在他所结交的朋友中，陈少白、尢列、杨鹤龄三人和他最志同道合，他们经常在一起"商谈造反覆满，兴高采烈"，被人称为"四大寇"。

1892 年秋，26 岁的孙中山以优异成绩自香港西医书院毕业后，先后开业行医于澳门、广州，实践他早年所立下的行医救国夙愿。由于他医术高明，态度和善，行医不到三个月，便声名鹊起，找他就医者络绎不绝，"户限为穿"，其收入当然亦十分可观。但西方列强的侵略和清王朝的腐败统治，使孙中山逐渐改变了早年的看法，开始认识到"医术救人，所济有限，其他慈善事业亦然"，要想救国就应从"医国"入手。于是他决计"借医术为入世之谋"，积极从事"医国"的活动。1893 年冬，他邀请志同道合的尢列、陆皓东、郑士良、魏友琴、程璧光等人，聚会于广雅书局内的抗风轩（今文德路中山图书馆南馆），倡议成立一个以"驱除鞑虏、恢复中华"为宗旨的革命团体——兴汉会，得到与会者的赞同。后来由于参加人数过少，没有形成具体组织，拟议中的兴汉会只好中途搁浅作罢。

组织革命团体的事中途作罢后，孙中山决定采取另一个"医国"的行动：上书当时掌握清政府军、政、外交大权的直隶总督兼北洋通商大臣李鸿章。1894 年 1 月，他一个人静悄悄地回到家乡翠亨村，闭门谢客，奋战10 多天，起草了一封洋洋 8000 余言的《上李鸿章书》，阐述了他数年来关于仿效西方以求"富国强兵之道，化民成俗之规"的改革主张。他认为，西方国家的"富强之本，不尽在船坚炮利、垒固兵强，而在于人能尽其才，地能尽其利，物能尽其用，货能畅其流"，此四者，是"富强之大经，治国

之大本"。① 中国如果想要实现富强，就必须以此四者为急务，否则，片面追
求坚船利炮那是"舍本而图末"。为此，他建议：广设文、武、农、工、商
等专科学校，改革教育和选拔人才制度，做到"天无枉生之才"，"野无郁
抑之士"，"朝无幸进之徒"；开设农师学堂，举办农艺博览会，派人出洋考
察，开垦荒地，改革耕作方法，引进新式农具，促进农业生产；采用西方
先进科学技术，广泛推广机器之用，开财源节财流，"孜孜然日以穷理致用
为事"；取消层层关卡，减轻封建束缚，保护商人权利，多造轮船，广铺铁
路，便于货物流通。孙中山最后希望清政府能"步武泰西，参行西法"，进
行自上而下的改革。他并且相信，如果清政府能采纳他提出的上述主张，
"以中国之人民材力"，不要 20 年，就"必能驾欧洲而上之"。②

　　写好这封信，孙中山便兴冲冲地回到了广州。他请陈少白对他的这封
信稍作修改后，即开始做上书的准备工作，因为他知道自己作为一介平民
百姓，要见到直隶总督兼北洋通商大臣李鸿章绝非易事。几经周折，他先
后找到李鸿章身边的大红人盛宣怀的堂弟盛宇怀、早期维新思想家郑观应、
王韬写了推荐信，并于同年 6 月，孙中山怀揣他的《上李鸿章书》和推荐
信，与陆皓东一起到了天津，寄寓在法租界佛照楼客栈，随即通过盛宣怀、
罗丰禄等人，将自己的上书转呈给了李鸿章。他本来特别希望得到李鸿章
的接见，以便有机会当面阐述有关主张。然而无奈当时正值中日开战，李
鸿章在芦台督师，没有时间也不想见他，只是传下一句，"打完仗后再见
吧"。后来就不了了之。上书宣告失败。

　　关于孙中山上书李鸿章的动机和性质，史家历来都有不同的看法。而
据深悉内情并参与修改《上李鸿章书》的陈少白说："孙先生所以要上书李
鸿章，就因为李鸿章在当时算为识时务之大员，如果能听他的话，办起来，
也未尝不可挽救当时的中国。"③ 孙中山自己在《伦敦被难记》中是这样说明
他的上书动机的："中国睡梦之深，至于此极，以维新之机苟非发之自上，
殆无可望"；而采用上书请愿的方法，则可"冀九重之或一垂听，政府之或

---

① 孙中山：《上李鸿章书》，载《孙中山全集》第一卷，第 8 页。
② 孙中山：《上李鸿章书》，载《孙中山全集》第一卷，第 10—15 页。
③ 陈少白：《兴中会革命史要》，载《中国近代史资料丛刊：辛亥革命（一）》，第 28—29 页。

一奋起也"。① 如果陈少白和孙中山的说法真实可信，那么孙中山上书李鸿章的动机是想利用李鸿章的力量推动清政府实行自上而下的改革，以实现自己的一贯主张。而且就他为上书所做的准备来看，并不像有的研究者所说的，是借上书为名，游览京津，以"窥测清廷虚实"。

上书的失败，使孙中山进一步认清了清政府的顽愚腐朽。此时又适中日甲午战争爆发，民族危机空前深重。他目击时艰，已"知和平之法无可复施。然望治之心愈坚，要求之念愈切，积渐而知和平之手段不得不稍易以强迫"②。早已萌发的革命意识终于取代了和平改革思想在头脑中起了支配作用。

1894 年 10 月，孙中山怀着革命的远大抱负，自上海乘轮船途经日本，前往他少年时代求学的地方檀香山。孙中山这次去檀香山的目的非常明确，就是要联络华侨，宣传反清革命，创立革命团体。因此他到檀香山后，即在大哥孙眉的帮助下，深入到华侨中积极开展革命的宣传和组织工作。经过一个多月的四处奔走，孙中山的反清革命思想得到了部分华侨的同情和拥护，组织革命团体的活动日趋成熟。这年的 11 月 24 日，在火奴鲁鲁美商卑涉银行华人经理何宽的寓所举行了革命团体——兴中会的成立大会，到会的有何宽、李昌、邓荫南、宋居仁等 20 余人。孙中山被推为大会主席，并通过了由他起草的《兴中会章程》。

章程首先以强烈的爱国主义情绪，揭露了帝国主义瓜分中国，特别是日本帝国主义发动甲午战争给中华民族所造成的严重危机，批判了封建统治者"上则因循苟且，粉饰虚张；下则蒙昧无知，鲜能远虑"的昏庸无能。接着，说明了创立兴中会的目的，是"专为振兴中华、维持国体起见"。故"联络中外华人，创兴是会，以申民志而扶国宗"。③ 此外，章程还就经费、组织机构、议事制度以及吸收新会员等问题作了规定。由于当时包括孙中山在内的革命者的政治思想还不十分成熟，以及考虑到檀香山华侨的困难处境和为争取广泛的社会同情，《兴中会章程》写得比较温和，不曾明确提出革命的纲领和"排满"的口号，就是对清王朝的批判，措辞虽然严正，但

---

① 孙中山：《伦敦被难记》，载《孙中山全集》第一卷，第 52 页。
② 孙中山：《伦敦被难记》，载《孙中山全集》第一卷，第 52 页。
③ 孙中山：《檀香山兴中会章程》，载《孙中山全集》第一卷，第 19 页。

也只限于"庸奴误国，茶毒苍生"，并公开声明兴中会要"维持团体"。然而这并不妨碍兴中会是一个革命团体，因为它刚一成立，就拟定在广州发动武装起义。

孙中山为准备起义，领导会员进行了军事操练和筹饷募捐两项活动。他借用当地一所学校，聘请一位丹麦军官充教习，每周操练两次，参加者20余人。筹饷募捐也开展得较为顺利，年底已得一万三千多元。这时孙中山收到上海方面催其归国的来信，他即带邓荫南等经日本横滨，于1895年1月底回到香港，筹建兴中会总部。1895年2月21日，兴中会总部成立，并通过了修订的《兴中会章程》。这个章程与原来的章程比较，除提出了"设报馆以开风气，立学校以育人才，兴大利以厚民生，除积弊以培国脉"的发展资本主义的主张外，还将原来章程中的"乃以庸奴误国，茶毒苍生，一蹶不兴，如斯之极"，改为"乃以政治不修，纲维败坏，朝廷则鬻爵卖官，公行贿赂；官府则剥民刮地，暴过虎狼"，更明确地把矛头指向了朝廷和官府，公开揭示兴中会反清或"排满"的宗旨。[1]尤其是在会员入会的誓词里，首次提出了"驱除鞑虏，恢复中华，创立合众政府"的纲领，也就是要推翻清王朝，建立美国式的资产阶级共和国。

香港兴中会总部对外叫"乾亨行"，以经商形式掩护，由杨衢云、谢缵泰留港主持，负责筹措经费，购运枪械。孙中山自己则偕郑士良、陆皓东、陈少白等来到广州，设立兴中会广州分会，在会党和新军中发展会员。在此前后，中国在甲午战争中惨败，清政府被迫与日本订立割地赔款丧权的《马关条约》，举国震惊，群情激愤，社会矛盾骤然尖锐。孙中山感到起义时机已经成熟，便加紧起义准备。至10月，各方部署大致就绪。10月10日，兴中会开会选举起义后临时政府负责人。谢缵泰提名杨衢云，陆皓东、陈少白则推举孙中山，双方各不相让，孙中山为顾全大局，说服自己的支持者，将临时政府首脑席位让给杨衢云，称"伯理玺尔德"（英文总统的音译）。会上还决定阴历九月九日重阳节举事，因广东相沿重九祭祖扫墓的风俗，革命党人可以利用省城内外祭扫人群往来频繁的时机运械聚众，不致引起敌人怀疑，并推定孙中山留广州调度指挥，他人分头组织队伍，于重

---

[1] 孙中山：《香港兴中会章程》，载《孙中山全集》第一卷，第21页。

阳节前一天在广州会齐。起义时以"除暴安良"为口号，以陆皓东设计的青天白日旗为军旗，人员臂缠红布，以资识别。

重阳节清晨，各路人员都按计划赶到广州指挥部听命，只香港一路因杨衢云举措失当，不能按期赶来，所定人员枪械须延期两日才能启运。孙中山收到杨的密电后，知延缓日期，必然走漏风声，便当机立断，令各路人员从速撤回，并发电给杨衢云，"货不要来，以待后命"。次日孙中山离广州回港。果不出孙中山所料，清广州当局事先侦得此事，下令穷搜革命党人，陆皓东、朱贵全等40多人被捕，不久陆皓东、朱贵全、丘四在广州英勇就义。煞费经营的兴中会广州起义（因这年是乙未年，称乙未广州起义）就这样未及发动就失败了。孙中山被清通缉，在国内无法安身，被迫流亡海外，先后去了日本、檀香山、美国和英国。在英国伦敦期间，曾被清驻英公使馆诱捕，后经英国友人的营救才化险为夷。事后，孙中山用英文写了一本《伦敦被难记》。

孙中山脱险后，在伦敦继续居住了一年。在这期间，他几乎天天去大英博物馆，"潜心研读和从事著述，探求救国救民的真理"。据康德黎记述，孙中山读书的兴趣非常广泛，西方国家出版的有关政治、经济、军事、外交、哲学、文学、艺术以及农业、畜牧、矿业、机械工程等书籍都是他涉猎的对象。当时伦敦是流亡者活动的中心，是政治人才荟萃的地方，如法国的雨果，俄国的赫尔岑、奥加辽夫等都在这里避难，孙中山和他们都有交往，他曾在大英博物馆的图书馆里和几个俄国革命者交换过对两国革命的看法，对俄国人的"计划稳健，气魄伟大"，深感钦佩。他还会晤过俄国民粹派杂志《俄罗斯财富》的记者，强调必须用武力推翻清朝统治。除读书和会见各国革命者外，孙中山还多次赴英国宪政俱乐部调查访问，到爱尔顿农业馆家畜展览会、李勤街工艺展览会等处参观，与英国各阶层人物接触交往，考察英国社会经济状况，认真观察资本主义的社会政治制度。

通过大量阅读、与各国革命者的交往和对英国社会经济政治制度的考察，孙中山的思想和政治主张有了质的升华，他的三民主义学说开始形成。孙中山后来自述，他在伦敦居留期间，所见所闻，殊多心得，"始知徒致国家富强、民权发达如欧洲列强者，犹未登斯民于极乐之乡也；是以欧洲志士，犹有社会革命之运动也。予欲为一劳永逸之计，乃采取民生主义，以与民族、民权问题同时解决。此三民主义之主张所由完成也"[1]。当然，孙中山的三民主义学说有一个形成、发展和完善的过程。留居伦敦期间，他的三民主义仅是一个"雏形"，其发展和完善是在20世纪初年。

在伦敦留居了近一年后，孙中山于1897年7月2日起程，途经加拿大，于8月16日抵达日本横滨。本来他打算回香港，以便就近领导反清革命，但港英当局没有同意他居留香港的申请，于是只好留居日本，继续从事反清革命的宣传和组织工作，并于1900年乘北方义和团运动兴起之机，领导和发动了惠州起义，尽管起义最终失败，但打击了清朝统治者，扩大了孙中山的政治影响。

戊戌变法运动和自立军起义的失败，表明改良的道路在中国走不通。八国联军的入侵和《辛丑条约》的订立，标志着中国已完全沦为帝国主义共管的半殖民地，清政府已成了"洋人的朝廷"。不少爱国志士感于民族灾难的深重和清王朝的腐朽卖国，走上了革命救国的道路，然而，以康有为、梁启超为首的"万木草堂"的师徒们，却没有接受戊戌变法和自立军失败的教训，仍在那高唱保皇，蛊惑人心，甚至利用孙中山曾一度想采取与他们合作的愿望，大挖兴中会墙脚，攻击反清革命，连孙中山亲手创立的檀香山兴中会，也被梁启超破坏得面目全非，许多兴中会会员成了保皇会骨干，革命基业面临丧失殆尽的危机。严酷的现实使孙中山深深地感到保皇派对革命危害甚大，于是他第一个挺身而出，"大击保皇毒焰于各地"。1903年秋，孙中山与日本人日野、小室等在东京组织革命军事学校，专门收容当时有志于军事但因清政府的破坏而不得进入日本正规军事学校的留学生10余人入校学习，并以"驱除鞑虏，恢复中华，创立民国，平均地权"[2]十六字为该学校的誓词。与兴中会誓词比较，除改"创立合众政府"为"创立民国"外，还增添了"平均地权"的新内容。这是孙中山革命思想的一大进步，标志着他完整的三民主义思想开始形成。

---

① 孙中山：《建国方略》，载《孙中山全集》第六卷，中华书局，1985，第232页。
②《东京军事训练班誓词》，载《孙中山全集》第一卷，中华书局，1981，第224页。

三、改良思想与革命思想的消长

孙中山的反清革命思想萌发于 1894 至 1895 年之间，大致与康有为发动"公车上书"、领导和推动维新变法同时，甚至还稍早一些。然而在 20 世纪之前，其反清革命思想并没有得到传播，其影响远远不能与康有为的维新变法思想相提并论，国内的士大夫或知识分子还很少有人知道孙中山的名字，即使有一二个人听说过，也是将他当作绿林好汉或江洋大盗，1895 年他发动的广州起义，就被人们认为是小股会党或绿林好汉的骚扰攻掠。

1898 年戊戌变法运动的失败，"六君子"被杀，尤其是 1900 年自立军起义的失败，唐才常的死难，使一些曾经参与过维新变法或自立军起义活动的爱国青年终于认识到改良的道路（无论是自上而下的改革，还是武装勤王，拥光绪帝复辟）在中国行不通，于是他们开始接受孙中山的反清革命思想。如秦力山，参加过戊戌变法运动和自立军起义，起义失败后，他宣布与康有为、梁启超决裂，并在日本拜见了被一般留学生视为"骄桀难近，不与通"的孙中山，从此他积极在留学生中间进行反清革命的宣传，并于 1901 年 5 月，与沈翔云、戢云丞等在东京创办了留学生界第一份宣传反清革命思想的刊物——《国民报》，"宗旨在宣扬革命仇满二大主义"[1]，发表的文章"措辞激昂"，"峻削锋利"，矛头直指清政府，认为"支那欲立新国乎，则必自亡旧始"[2]。1902 年春，他又与章太炎等人，定于是年 4 月 26 日纪念南明覆亡 242 周年，是为"支那亡国二百四十二周年纪念会"，由章太炎起草的《宣言书》，号召人们继承明末清初郑成功、张煌言等反清志士的遗志，起来参与反抗清王朝的统治。再如禹之谟，1900 年参加了自立军起义，事败差点被捕，后东渡日本，在学习纺织工业的同时，"与革命同志往还，获识孙中山先生，受了熏陶，更坚定了他献身革命的决心"[3]。

有一些爱国青年受戊戌变法运动的失败，尤其是自立军起义的失败的刺激，开始接受孙中山思想，走上反清革命道路的同时，创办了一些宣传革

① 冯自由：《东京国民报补述》，载《革命逸史》初集，中华书局，1981，第 97 页。
② 《亡国篇》，《国民报》第 1 卷第 4 期，1901 年 8 月 10 日。需要说明的是，1904 年陈独秀以"三爱"为笔名，在《安徽俗语报》上也发表了一篇《亡国篇》，二文内容完全不同。
③ 陆曼炎：《禹烈士的惨烈牺牲》，载陈新宪、禹河樵、禹靖寰、禹坚白编《禹之谟史料》，湖南人民出版社，1981，第 20 页。

命或倾向于革命的刊物，除上面提到的《国民报》外，还有《开智录》《游学译编》《大陆》《浙江潮》《童子世界》《江苏》等，上海一家原来思想比较保守的报纸《苏报》也开始倾向革命，从事反清革命的宣传。《开智录》是由郑贯一、冯自由等人于1901年在日本横滨创办的第一个革命刊物，专事反对改良保皇，进行反清革命的鼓吹，对推动反清革命思潮的兴起发挥过重要的作用。

这时在留日学生中也出现了一些爱国小团体。1900年留日学生100多人在东京成立的"励志会"，是留日学生中的第一个爱国团体。该会以"联络感情，策励志节"为宗旨，刊印有《译书汇编》。1901年春，由郑贯一、冯斯栾等发起成立的"广东独立协会"，是留日学生成立的具有同乡会性质的爱国团体的先声。同年秋，留日学生发起组织"中国留学生会馆"，推动了留学生的爱国结社。1902年冬，秦毓鎏、张继、叶澜等发起成立东京"青年会"，取"少年中国"之意，提出"以民族主义为宗旨，以破坏主义为目的"，其成员大多是早稻田的中国留学生。1903年春后，浙江、江苏、湖北、福建、湖南、云南、贵州等省留日学生同乡会相继成立。这年4月，留日女学生成立"共爱会"，成为中国近代以来的第一个女留学生的爱国团体。各种爱国小团体和各省同乡会的成立，为日后革命团体的成立奠定了坚实的基础。

虽然戊戌变法运动的失败，尤其是自立军起义的失败，不仅使一些曾经参与过维新变法或自立军起义活动的爱国青年走上了反清革命的道路，并出现了一些革命或倾向于革命的刊物，革命的势力和影响比之19世纪末有了显著的增长，但在1903年之前，就整个华侨界、留日学生界和思想界而言，改良思想的势力和影响仍然很大，甚至占据着支配的地位。这可从两方面看出：其一，1903年之前的出版物，大部分是维新派或改良派创办的，革命派创办的不仅数量极少，而且没有一家刊物其影响力能与维新派或改良派的《清议报》和《新民丛报》相提并论。就是这些革命报刊，其宣传的重点，"一是反对帝国主义，二是资产阶级民主思想学说"[1]，真正鼓吹反清革命的文章极少。其二，1903年前真正的革命团体只有一个，即孙中山所

---

[1] 朱日耀主编，宝成关等著《中国近代政治思想史》，吉林大学出版社，1990，第251页。

创立的兴中会，兴中会主要以檀香山为活动基地，而在其他地方华侨中的势力不大，在日本留学生界和国内几乎没有什么影响，根本无法与康有为的保皇会相比。保皇会设总会于澳门，在美洲、南洋等设 11 个总部、103个支分，势力遍及五大洲 170 余埠，会众达到 10 万余人。

改良思想和革命思想发生明显消（改良思想）长（革命思想），革命派的势力和影响最终超过改良派，并成为历史发展主流的转折点是在 1903年。这一年，先是乘义和团运动之机侵占东北的沙俄军队拒绝执行与清政府达成的协议，未按期撤兵，并提出七项无理要求，激起全国人民的反对，形成全国范围的拒俄运动。留日学生尤为激昂，召开了有 500 余人参加的抗俄大会，决定组织"拒俄义勇队"（后改名为"学生军"），并通电清政府，要求出兵抗俄，学生军愿为先锋，与沙俄决一死战，同时派人回国活动。义勇队章程规定：定名：学生军。目的：拒俄。性质：甲、代表国民公愤；乙、担荷主战义务。体制：在政府统治之下。[1] 在《学生军缘起》中，他们沉痛指出：东北三省的存亡，关系到祖国前途和民族命运，决不可等闲视之；高呼"头可断，血可流，躯壳可糜烂，此一点爱国心，虽经千尊炮、万支枪之子弹炸破粉碎之，终不可以灭"，"宁为亡国鬼，不为亡国人"。[2]

无论就"拒俄义勇队"成立的背景，还是他们给清政府的通电、义勇队章程和《学生军缘起》来看，留日学生的拒俄运动都是一次纯粹的爱国运动，斗争的矛头所指是沙俄而非清王朝，然而反动卖国的清政府却污称爱国学生"名为拒俄，实则革命"，清驻日公使蔡钧勾结日本政府强行解散了义勇队，清政府还密谕各省督抚，对于回国学生，稍有怀疑即可"随时获到，就地正法"。爱国有罪，统治者充当了最合格的反面教员。清政府所起的反面教员的作用，使广大爱国学生，其中包括不少原来赞成改良的爱国学生终于认识到，清政府已成为"洋人的朝廷"，不可救药，要救国就非推翻它的统治不可。著名的黄花岗烈士方声洞，在拒俄运动中曾积极参加拒俄义勇队，"后经解散，君悲痛欲绝，热血如沸，逢人便痛论国事，谓非一刀两断，颠覆□□（原文如此——引者）政府，以建共和，则吾人终无安

---

[1] 冯自由：《青年会与拒俄义勇队》，载《革命逸史》初集，第 105 页。
[2] 《学生军缘起》，《湖北学生界》第 3 期，1903 年 3 月 29 日。

枕之日"[①]。辛亥革命老人吴玉章后来回忆，他曾从《新民丛报》中接受了许多新思想，对梁启超很崇拜，1903 年他去日本留学，原打算一到横滨就去拜访梁启超，但到日本后，正赶上拒俄运动，便立即投身其中，清政府对拒俄运动的态度，使他抛弃了原来的改良思想，义无反顾地走上了革命道路。[②] 据说，当时留日学生受拒俄运动事件的影响，"出保皇党以入革命党者，不可以千数计"[③]。

清政府勾结日本政府强行解散了拒俄义勇队后，义勇队中的激进分子黄兴、陈天华、秦毓鎏等，组织成立了军国民教育会。他们清除了改良思想的影响，抛弃了拒俄义勇队"乞怜于满州政府，愿为前驱"的错误做法，以"养成尚武精神，实行民族主义"为军国民教育会的宗旨[④]，决议以鼓吹、起义、暗杀为主要斗争手段，并派人回国策动起义。军国民教育会成立后，会员很快达到 200 人。

拒俄义勇队事件发生不久，又发生了震动一时的"苏报案"。《苏报》最初由一个日本人于 1896 年在上海创办，本来是一家很不起眼的小报。1900 年由湖南衡山人陈范承办。陈曾任江西铅山知县，因教案事被革职；其兄陈鼎也曾因参与戊戌变法而受株连入狱。陈范因此"愤官场腐败，思以清议易天下"，乃出资接办《苏报》。陈范在经营《苏报》过程中，经历过"由变法而保皇，由保皇而革命"的道路。自 1902 年起，在革命思想的影响下，该报经常发表一些支持学生爱国运动、抨击清政府腐败卖国的文章。1903 年，《苏报》更是连篇累牍地刊登"放言革命"的文章，其中最具代表性的是邹容的《革命军》和章太炎的《驳康有为论革命书》。章太炎在文中针对康有为提出的保皇主张，公然指斥光绪帝是"载湉小丑，未辨菽麦"[⑤]。《苏报》的革命宣传，引起了清朝统治者的惶恐，他们尤其对邹容的《革命军》和章太炎的《驳康有为论革命书》恨之入骨，于是发动了对《苏报》的围剿。1903 年 6 月，清政府勾结上海租界帝国主义设立的工部局，派巡捕

---

① 《神州日报》1911 年 8 月 2 日。
② 吴玉章：《辛亥革命》，人民出版社，1961，第 54 页。
③ 恨海：《来函旧日维持会之一分子 其二》，《民报》第 5 号，1906 年 6 月 26 日。
④ 冯自由：《东京军国民教育会》，载《革命逸史》初集，第 111 页。
⑤ 章太炎：《驳康有为论革命书》，载《章太炎政论选集》上册，第 199 页。

到《苏报》馆捕人，章太炎和邹容先后入狱，制造了震惊一时的"苏报案"。清政府要求引渡章、邹二人，解送南京审讯。帝国主义则担心这会影响他们在租界内的特权，而拒绝引渡。最后由租界会审公廨判决，章太炎监禁三年，邹容监禁二年。后来，邹容因不堪虐待死于狱中，年仅 20 岁。在审理此案过程中，清政府竟然作为原告向租界当局控告《苏报》和章、邹二人，演出了政府与老百姓在自己的国土上打官司、请帝国主义裁决的丑剧。清政府的丑恶行径和卖国嘴脸更加激起了人民的义愤，革命思想也因而得到进一步传播，"一传十，十传百，百传千万，于是排满之一主义，遂深入于四万万国民之脑髓中"[①]。

以拒俄运动和"《苏报》案"为转折，革命思想的影响迅速扩大，除原有的一些革命报刊或倾向于革命的报刊宗旨更加坚定、立论更加鲜明、文词更加犀利外，又有一批新的革命报刊如《国民日日报》《觉民》《中国白话报》《杭州白话报》《女子世界》《二十世纪之支那》等相继创办。一些中间性的报刊，这时也转而宣传革命思想。如 1903 年 1 月创刊的《湖北学生界》，以"输入东西之学说，唤起国民之精神"为宗旨，与梁启超等人的宣传没有根本区别，刊登的一些文章，甚至赞颂改良为"文明之母"，可以明显看出改良思想的影响。拒俄运动发生后，受清政府镇压爱国学生运动的刺激，该报从第 3 期起，转为突出宣传革命，不久又更名为《汉声》，以示与清政府的决裂。

与此同时，一些宣传民族独立、民族民主革命和民族革命历史的书籍也被印刷出版，得到广泛流传，如邹容的《革命军》（1903 年）、陈天华的《猛回头》和《警世钟》（1903 年）、章太炎的《驳康有为论革命书》（1903 年）以及刘师培的《攘书》（1903 年）、杨守仁的《新湖南》（1903 年）、黄藻编的《黄帝魂》（1903 年）、章士钊编的《苏报记事案》（1903 年）、爱国青年编的《教育界之风潮》（1903 年）、思想社编的《热血》（1903 年）、东大陆图书局编的《国民日日报汇编》（1904 年）、刘师培和林獬的《中国民约精谊》（1904 年）、金一的《自由血》（1904 年）、铁汉的《死法》（1904 年）、陈去病的《清秘史》（1904 年）、刘师培的《光汉写丛谈》（1904 年）、黄汉

[①]《咄！满汉两种族大争讼》，《江苏》第 4 期，1903 年 6 月 25 日。

兴的《回天手段》（1905年）、陶成章的《中国民族权力消长史》（1905年）等。在这些宣传民族独立、民族民主革命和民族革命历史的书籍中，邹容的《革命军》、陈天华的《猛回头》和《警世钟》、章太炎的《驳康有为论革命书》的影响最大。

邹容（1885—1905），字蔚丹，又作威丹，四川巴县人，1902年留学日本，1903年因"《苏报》案"入狱，1905年因不堪虐待，死于狱中，年仅20岁。辛亥革命胜利后，南京临时政府追赠为大将军。

鼓吹革命，是《革命军》一书最突出的思想内容。在该书开卷的第一章，邹容就满怀激情地歌颂革命是"顺乎天而应乎人"的"世界之公理"，是"由野蛮而进文明"的"天演之公例"，是"争存争亡过渡时代之要义"，是"起死回生之灵药，返魄还魂之宝方"。革命既然有如此伟大作用，那么，中国要推翻清王朝的统治，要与世界列强争雄，实现民族的独立和解放，要"长存于二十世纪新世界上"，成为"地球上名国，地球上主人翁"，就"不可不革命"。[1] 对于中国来说，"革命！革命！得之则生，不得则死"[2]。因此，他号召广大国民，"掷尔头颅，暴尔肝脑""驰骋于枪林弹雨中"[3]，为推翻清王朝统治、扫除帝国主义侵略势力，"竖独立之旗，撞自由之钟"[4]，进行伟大的革命斗争。其次，《革命军》探讨了革命的方法，强调对广大人民进行革命教育的重要性。邹容认为，要动员广大人民投身革命，就必须对他们进行教育，使他们"当知中国者，中国人之中国也"，"当知平等自由之大义"，并养成"政治法律之观念"，尤其要去掉几千年来形成的"奴隶根性"，成为具有独立意识和平等、自由思想的资产阶级共和国的国民。[5]再次，《革命军》明确提出了建立资产阶级共和国的要求。邹容用整整一章的篇幅向人们宣告，革命后要"模拟美国革命独立之义"，建立资产阶级的"中华共和国"，并且制定了二十五条纲领。其主要内容：全国人民不分男女，一律平等，无上下贵贱之分，人人都享有生命、言论、思想、出版等

---

① 邹容：《革命军》，第7页。
② 邹容：《革命军》，第10页。
③ 邹容：《革命军》，第59页。
④ 邹容：《革命军》，第7页。
⑤ 邹容：《革命军》，第37—39页。

自由权利，同时也有纳税、服兵役和忠于国家的义务。政府的权力由人民授予，其职责在于"保护人民权利"，如果失职，人民有权起来革命推翻它。实行议会制，各府、州、县都选举议员，总统由各省议员公举。以美国的宪法和法律为蓝本，并参照中国国情，制定自己的宪法和法律。[1]"少年壮志扫胡尘，叱咤风云《革命军》。号角一声惊睡梦，英雄四起挽沉沦。"[2]邹容的《革命军》一问世，立即"不胫而走"，成为清末发行量最大的革命宣传品之一，前后共印 20 余版，总印数 100 多万册，产生了不可估量的影响。

陈天华（1875—1905），字星台，别号思黄，湖南新化人，1903 年留学日本，参与组织拒俄义勇队和军国民教育会，同年著《警世钟》和《猛回头》，1905 年参与发起同盟会，并任《民报》编辑，同年底因抗议日本政府颁布《清国留学生取缔规则》在日本横滨蹈海自杀。其著作编为《陈天华集》。

如果说邹容的《革命军》的思想特色在反封建的民主革命，那么，陈天华的《警世钟》和《猛回头》的思想特色在反对帝国主义的侵略。首先，陈天华以大量篇幅描绘了"民族帝国主义"瓜分中国的险恶形势。《猛回头》采用群众喜闻乐见的"十言唱本"体裁，一字一泪地写道："俄罗斯，自北方，包我三面；英吉利，假通商，毒计中藏；法兰西，占广州，窥伺黔桂；德意志，领胶州，虎视东方；新日本，取台湾，再图福建；美利坚，也想要，割土分疆。"[3]"怕只怕，做印度，广土不保；怕只怕，做安南，中兴无望。""怕只怕，做波兰，飘零异域；怕只怕，做犹太，没有家乡！""怕只怕，做非洲，永为牛马；怕只怕，做南洋，服事犬羊。"[4]他比喻这样的形势，"好比火线相连，只要一处放火，就四处响应，遍中国二十二行省，都如天崩地坼一般，没有一块干净土了"[5]。中国的亡国灭种，已迫在眉睫，不容间发。其次，揭露了清王朝的投降卖国的丑恶嘴脸，号召人民起来推翻它。陈天华指出，中国之所以会成为"民族帝国主义"宰割的对象，关键就在于清朝统治者一方面拒绝向西方学习，进行改革，另一方面则"见了洋

---

[1] 邹容：《革命军》，第 54—57 页。
[2] 吴玉章：《纪念邹容烈士》，见吴玉章《辛亥革命》插页。
[3] 陈天华：《猛回头》，载刘晴波、彭国兴编《陈天华集》，湖南人民出版社，1958，第 37—38 页。
[4] 陈天华：《猛回头》，载《陈天华集》，第 39—41 页。
[5] 陈天华：《警世钟》，载《陈天华集》，第 63 页。

人，犹如鼠见了猫一样，骨都软了，洋人说一句，他就依一句"①，不敢对洋人说一个"不"字，特别是《辛丑条约》签订后，清王朝已成了名副其实的"洋人的朝廷"，其所作所为，不过是"替洋人，做一个，守土官长；压制我，众汉人，拱手降洋"②，心甘情愿地充当洋人的奴才和帮凶。对于这样投降卖国的政府，人民应该起来造反、推翻它。只有推翻已成为"洋人的朝廷"的清政府，中国的救亡图存才有成功的希望。他说"我们分明是拒洋人，他不说我们与洋人做对，反说与现在的朝廷做对，要把我们当做谋反叛逆的杀了"③，因此"我们要想拒洋人，只有讲革命独立，不能讲勤王"④。再次，要求抵抗"民族帝国主义"的侵略，但同时又主张"文明排外"。陈天华号召广大人民群众，"洋兵不来便罢，洋兵若来"，全不要怕他，要与他作殊死的斗争，"读书的放了笔，耕田的放了犁耙，做生意的放了职事，做手艺的放了器具，齐把刀子磨快，了药上足，同饮一杯血酒，呼的呼，喊的喊，万众直前，杀那洋鬼子"⑤。但同时他又反对盲目排外，而主张"文明排外"，强调"要拒外人，须要先学外人的长处"，"越恨他，越要学他；越学他，越能报他，不学断不能报"，"即如他的枪能打三四里，一分时能发十余响，鸟枪只能打十余丈，数分时只能发一响，不学他的枪炮，能打得他倒吗？"⑥并且他在《猛回头》中提出了救国"十要"，其内容涉及资产阶级的政党、军队、实业、教育、思想、妇女、社会风俗等各个方面，是一份向西方学习的详细纲领。⑦和邹容的《革命军》一样，陈天华的《警世钟》和《猛回头》曾多次再版，风靡一时，产生了广泛的社会影响。

　　章太炎（1869—1936），名炳麟，字枚叔，号太炎，一名章绛，浙江余杭县人，维新变法期间，曾担任过《时务报》撰述，主张维新变法，戊戌政变发生后，遭清政府通缉，避祸台湾，开始倾向反清革命，并于1899年夏和1902年春两次与孙中山见面，表示赞成民主革命思想。不久，与秦力山

---

① 陈天华：《警世钟》，载《陈天华集》，第59页。
② 陈天华：《猛回头》，载《陈天华集》，第36页。
③ 陈天华：《猛回头》，载《陈天华集》，第36页。
④ 陈天华：《警世钟》，载《陈天华集》，第76页。
⑤ 陈天华：《警世钟》，载《陈天华集》，第71页。
⑥ 陈天华：《警世钟》，载《陈天华集》，第83—84页。
⑦ 陈天华：《猛回头》，载《陈天华集》，第43—48页。

发起"支那亡国二百四十二周年纪念会"，亲自起草《宣言书》。后回到上海，与蔡元培等一起发起成立中国教育会和爱国学社，积极从事革命宣传。

《驳康有为论革命书》写于1903年5月。先是1902年，康有为发表了一篇蛊惑人心的公开信：《答南北美洲诸华商论中国只可行立宪不可行革命书》，坚持君主立宪，攻击和诋毁孙中山领导的反清革命运动。康文发表后，保皇派大加吹捧，广为宣传，印成小册子，题为《南海先生最近政见书》，在华侨中大量散发，影响极坏。为了驳斥康有为的种种谬论，打退保皇派的进攻，章太炎便针锋相对地写了这篇驳论文章，于1903年6月印成小册子发行，旋经章士钊节录，以《康有为与觉罗君之关系》为题发表在同年6月29日的《苏报》上。章太炎首先驳斥了康有为的"满汉不分，君民同治"的谬论，他以大量的事实指出，满汉并未同化，满洲贵族仍然是骑在汉族人民头上作威作福的国内的民族压迫者，而要消除国内的民族压迫，就非推翻清朝政府不可。接着，章太炎针对康有为所散布的中国民智未开，"公理未明，旧俗俱在"，只可立宪，不能革命的观点，论证了革命的伟大作用，革命不仅是"天雄大黄之猛剂"，而且还是"补泻兼备之良药"，历史的经验一再证明，"人心之智慧，自竞争而后发生"，因此，"今日之民智，不必恃他事以开之，而但恃革命以开之"。"公理之未明，即以革命明之；旧俗之俱在，即以革命去之。""民主之兴，实由时势迫之，而亦由竞争以生此智慧者也。"康有为还曾以革命将会引起外国干涉而恫吓革命派，要他们放弃革命。对此，章太炎的回答是："吾以为今日革命，不能不与外国委蛇，虽极委蛇，犹不能不使外人干涉。此固革命党所已知，而非革命党所未知也。"但我们不能以外人可能干涉而"少沮"，关键的问题不是放弃革命，而是如何"利用外人，而不为外人所干涉"。[①] 章太炎还以进化论的观点，抨击了封建专制制度的罪恶，斥责光绪帝是"未辨菽麦"的"小丑"，他并讥笑康有为说，当今皇上连自身的皇位都不能保，又怎能指望他搞什么立宪？康有为相信光绪帝能立宪，如同相信有人能"酿四大海水以为酒"一样荒诞可笑。章太炎的《驳康有为论革命书》虽然在满汉关系的问题上流露出了较浓厚的狭隘民族意识，但小瑕不掩大瑜，在当时它是一篇既有很

---

① 章太炎：《驳康有为论革命书》，载《章太炎政论选集》上册，第203—204页。

强的思想性和战斗性又极富文采的文章，发表后曾产生过巨大的社会影响。

革命思想影响的迅速扩大，使越来越多的资产阶级、小资产阶级知识分子成了反清革命的参加者或同情者。与此相适应，自 1904 年后国内先后出现了一些资产阶级的革命小团体。

1904 年 2 月，黄兴与宋教仁、陈天华等人在湖南长沙成立"华兴会"，主要成员为两湖地区的革命知识分子。该会与民间秘密会党哥老会的一支——洪江会的首领马益福取得联系，另成立"同仇会"为外围组织，积极筹划武装起义。同年 6 月，两湖志士刘静庵等在武昌成立"科学补习所"，吕大森任所长，胡瑛任干事，在新军中开展革命宣传和组织活动。是年冬，江浙革命党人陶成章、章太炎、蔡元培等在上海成立"光复会"，并通过陶成章联络会党成立了外围组织"龙华会"，有会众 3000 余人。此外，成立的革命小团体还有：1904 年江西成立的"自强会"，1904 年李伯东等在云南成立的誓死会，1905 年陈独秀在安徽芜湖与柏文蔚等发起成立的"岳王会"，以及贵州成立的"科学会"等。

这些革命小团体的相继创立，促进了革命运动的发展，他们活动的地区，也很快成为民主革命的中心。然而这些革命小团体不仅规模不大，人数不多，活动范围比较狭窄，具有明显的地域特征，相互间缺乏紧密联系，而且在组织形式和活动方式上都带着浓厚的秘密会社的色彩，没有比较完整的政治纲领，如华兴会的纲领是"驱除鞑虏，复兴中华"，科学补习所则"以记之宗旨'革命排满'四字为主"，光复会誓词和文告中提出的是"光复汉族，还我河山"，"重新建国，图共和之幸福"。这与迅速发展的革命形势日益显得不相适应。

1905 年夏，孙中山感到各革命小团体的分散活动，不能适应革命需要，必须在各革命团体联合的基础上组成统一的革命政党，以领导全国革命运动，为此，他在周游欧美各国，在中国留学生和当地华侨中积极开展革命宣传和组织工作后，于是年 7 月来到留学生集中的日本东京，紧张地进行宣传联络工作。他首先找到在留日学生中威望甚高的华兴会领导人黄兴，商定与华兴会联合的问题，得到黄兴的赞同。不久，他又与华兴会主要骨干宋教仁、陈天华晤谈，反复说明"互相联络"，建立统一的革命团体的重要性。华兴会在留日学生中具有举足轻重的地位，黄兴、宋教仁、陈天华等人赞同合作，保证了统一的革命团体得以迅速建立。

7月30日下午，各省革命志士70余人在东京赤坂区桧町三番黑龙会会所召开了同盟会成立前的预备会议。孙中山被推为主席，并首先演讲"革命之理由，及革命之形势，与革命之方法"，详言各革命团体联合起来，组成统一的革命组织的必要性。演讲约一个小时，之后，由黄兴宣布今日开会宗旨在于成立组织，请与会者签名，以示正式加入。曹亚伯率先签名，其他人随之也都签了名。接着讨论组织名称，孙中山提议定名为"中国革命同盟会"，这个提议得到与会者一致赞成，但为方便活动，统称"中国同盟会"。在讨论组织的宗旨时，孙中山建议以"驱除鞑虏、恢复中华、创立民国、平均地权"为同盟会的革命宗旨，有些人对"平均地权"表示怀疑，要求取消，但稍加解释后通过。黄兴随即提议推举孙中山为"本党领袖，不必经选举手续，众咸举手赞成"。接着由孙中山起草盟书，经会议公推黄兴、陈天华两人审定，誓词全文如下："当天发誓，驱除鞑虏，恢复中华，创立民国，平均地权，矢信矢忠，有始有卒，如或渝此，任众处罚。"随后由孙中山领导大家举手宣誓，并由孙中山分别口授会员握手暗号和秘密口号。事毕，孙中山和与会者一一握手，欣然祝贺说："为君等庆贺，自今日起，君等已非满朝人矣。"这时会场后面的座席因人多不堪重压，忽然"轰"的一声坍倒。孙中山目睹此景，诙谐地对大家说："此乃颠覆满清，革命成功之预兆。"大家为他的风趣与机智，热烈鼓掌。最后，会议推举黄兴、陈天华、马君武等人起草同盟会章程，提出下次大会讨论，准备召开成立大会。[①]

经过20来天的筹备，8月20日中国同盟会在东京赤坂区灵南坂日本人阪本金弥家召开正式成立大会，到会者100多人。会上首先通过了同盟会章程。章程规定："本会以驱除鞑虏，恢复中华，创立民国，平均地权为宗旨"，凡其他革命团体宗旨相同而又"愿联为一体者，概认为同盟会会员"。[②]接着黄兴提议选举孙中山为同盟会总理，全体赞成。根据三权分立原则，同盟会在东京总部设执行、评议和司法三部。执行部掌行政，负责组织革命的实际活动；评议部掌立法，司法部掌司法。除东京本部外，同盟

---

① 邹鲁：《中国同盟会》，载《中国近代史资料丛刊：辛亥革命（二）》，第6—7页。
② 孙中山：《中国同盟会总章》，载《孙中山全集》第一卷，第284页。

会在国内设东（上海）、西（重庆）、南（香港）、北（烟台）、中（汉口）
五个支部，支部下按省设分会，推定了各省分会的主盟人。海外华侨分南
洋、欧洲、美洲、檀香山四个支部，支部下按国别、地区设分会。最后由
黄兴提议，把《二十世纪支那》杂志改为同盟会机关报，并定名为《民报》，
大家鼓掌赞同。

四、三民主义思想体系的形成

在中国近代史上，同盟会第一次提出了一个比较完整而明确的民主革命
纲领。同年 11 月，孙中山在《〈民报〉发刊词》中把这个纲领概括为"三
大主义，曰民族、曰民权、曰民生"，也就是三民主义。孙中山的三民主义
雏形见于 19 世纪末，形成于 20 世纪初，到这时已发展成为一套完整的思
想体系。

（一）民族主义。孙中山的民族、民权、民生三民主义，宣传得最多、
影响最大的是民族主义。民族主义是三民主义的政治前提。在近代中国，
帝国主义与中华民族的矛盾，是最基本和主要的矛盾。同时，清王朝作为
全中国的统治者所推行的民族歧视和民族压迫政策，又造成少数满洲贵族
与广大汉族和其他少数民族人民的矛盾。孙中山的民族主义，正是在 19 世
纪末 20 世纪初，帝国主义列强掀起瓜分中国的狂潮，中华民族危机空前严
重，而腐败透顶的清王朝在帝国主义侵略面前卑躬屈膝，完全成了帝国主
义压迫和掠夺中国人民的工具，以致原本就存在的少数满洲贵族与汉族和
其他民族的矛盾更加尖锐的历史背景下提出来的。它不仅反映了近代中国
国内外民族矛盾交错的复杂情况，而且也体现了包括满洲人民在内的中国
各族人民反对帝国主义及其工具——清王朝的革命要求，是资产阶级革命派
为了挽救民族危机，实现民族独立、平等和国家富强的革命理论。

孙中山民族主义的思想源于中国历史上的反满传统，尤其是近代太平天
国的反满革命传统。孙中山小时就特别喜欢听太平天国老战士讲洪秀全反
清革命的故事，对洪秀全十分敬慕，称洪秀全为反清第一英雄，并以"洪秀
全第二"自居。后来，他不但经常以太平天国革命运动的事迹来鼓励同志，
赞扬太平天国对清王朝的英勇斗争，而且还经常谈起"洪秀全如何起兵广

西定都南京，李秀成如何六解天津围，如何打败英人戈登"①。1902 年，他还嘱咐刘成禺写了一本《太平天国战史》，以"发扬先烈"，作"为今日吾党宣传排满好资料"，并称赞太平天国革命"为吾国民族大革命之辉煌史"。②辛亥革命后，他在讲演中还多次提到洪秀全和太平天国，并骄傲地自认为是他们事业的继承者。除了历史上的反满思想尤其是太平天国的反满革命思想外，欧美及亚洲各国的民族独立思想和民主革命理论也对孙中山民族主义的形成产生过重要影响。他非常羡慕美国脱离英国而独立后的飞速进步。夏威夷人民不畏强暴反抗美国侵略、维护民族独立和尊严的英勇斗争，也给当时正在夏威夷求学的他留下过深刻的印象。

据孙中山的解释，他的民族主义包括兴中会和后来同盟会政纲中的"驱除鞑虏，恢复中华"两项内容，即推翻清王朝统治，重建汉人当权的政府。为什么要推翻清王朝的统治呢？1904 年孙中山在一篇题为《中国问题的真解决》中概述了他的理由：（一）清王朝的一切举动，都是为了他们自己的私利，而不是为了被统治者的利益；（二）清王朝阻碍包括汉族在内的其他民族在知识上和物质上的发展；（三）清王朝把包括汉民族在内的其他民族作为被征服民族来对待，不许这些民族享受与满族同等的权利；（四）清王朝侵犯了被统治者不可让与的生存权、自由权和财产权；（五）清王朝自己从事，或者纵容官场中的贪污和行贿；（六）清王朝压制言论自由；（七）清王朝禁止结社自由；（八）清王朝不经被统治者同意就向他们征收沉重的苛捐杂税；（九）清王朝在审讯他们所指控的犯人时，往往使用最野蛮的酷刑拷打，逼迫所指控犯人招供认罪；（十）清王朝往往不经过法律程序，就剥夺了被统治者的权利；（十一）清王朝不能依其职责保护其管辖区内所有居民的生命与财产。③

就以上孙中山所阐述的理由来看，他之所以要推翻清王朝统治，是因为清王朝实行民族压迫和封建专制，他曾一再指出：满洲政府实行排汉主义，谋中央集权，实行专制统治，这是我们要推翻它的重要原因。

正是从上述认识出发，孙中山的民族主义虽然具有强烈的"反满"或

---

① 冯自由：《兴中会初期重要史料之检讨》，载《革命逸史》第四集，第 64—65 页。
② 孙中山：《与刘成禺的谈话》，载《孙中山全集》第一卷，第 217 页。
③ 孙中山：《中国问题的真解决》，载《孙中山全集》第一卷，第 252 页。

"排满"色彩，甚至可以说"反满"是辛亥革命前孙中山民族主义的最基本内容，但与历史上大汉族主义的"反满"不同，它已抛弃了狭隘的民族复仇思想。孙中山曾明确指出：民族主义只反对少数害汉族的满洲贵族，对于广大普通满洲人绝无反对之理。又说：革命党并不仇恨普通的满洲人，仇恨的是害汉人的满洲人。假如革命党实行革命的时候，满洲人不加以阻害，那么革命党决不会去寻仇，并斥责那种认为"民族革命是要尽灭满洲民族"的主张是"大错"。所以，在同盟会成立的筹备会议上，当有人提议在"同盟会"前面冠以"对满"二字时，孙中山表示坚决反对，认为吾辈"革命宗旨，不专在对满，其最终目的，尤在废除专制，创造共和"①。由此可见，孙中山的民族主义的"反满"或"排满"，是要推翻清王朝的反动统治，把中国人民从满洲贵族设置的民族监狱中解放出来。

孙中山的民族主义除具有强烈的"反满"或"排满"的色彩外，还有以下几个特点：第一，"反满"与反专制压迫相结合。孙中山的民族主义，不仅要推翻清王朝的统治，解除民族歧视和民族压迫，而且"要将满洲政府所有压制人民之手段、专制不平之政治、暴虐残忍之刑罚、勒派加抽之苛捐与及满洲政府所纵容之虎狼官吏，一切扫除，不容再有膻腥余毒存留在我中华民国之内"②。因此，他指出：我们推翻清政府，从驱除满洲人这一面说是民族革命，从颠覆君主政体那一面说是政治革命，并不是把民族革命和政治革命分作两次去做。这样就把反满与反专制压迫结合了起来，从而使他的民族主义有了新的内涵。第二，反满与争取民族独立相结合。19世纪末20世纪初，各帝国主义国家在中国修铁路，开矿山，强占租借地，划分势力范围，掀起了瓜分中国的狂潮。孙中山认为，中国之所以会陷入被帝国主义"瓜分豆剖"的境地，原因就在于清王朝的软弱不振和卖国投降。他曾沉痛指出："曾亦知瓜分之原因乎？政府无振作也，人民不奋发也。政府若有振作……外人不敢侧目也"，因此中国"欲免瓜分，非先倒满洲政府，别无挽救之法也"。③这样，他的民族主义就把"反满"与反对帝国主义的瓜分阴谋，采取民族独立结合了起来，扩大了民族斗争的意义。这正如毛泽

---

① 邹鲁：《中国同盟会》，载《中国近代史资料丛刊：辛亥革命（二）》，第6页。
② 孙中山：《中国同盟会革命方略》，载《孙中山全集》第一卷，第310页。
③ 孙中山：《驳保皇报书》，载《孙中山全集》第一卷，第233—234页。

东所指出的："辛亥革命是革帝国主义的命。中国人所以要革清朝的命，是因为清朝是帝国主义的走狗。"[1]第三，具有民族平等的进步思想。如我们已指出的那样，孙中山曾一再强调，他的民族主义只反对害汉人的满族贵族，对于普通的满族人民和其他少数民族绝无反对之理，后来他进一步提出了汉、满、蒙、回、藏"五族共和""五族平等"的主张。1912 年，他在《临时大总统宣言书》中就强调指出，"国家之本，在于人民。合汉、满、蒙、回、藏诸地为一国，则和汉、满、蒙、回、藏诸族为一人。是曰民族之统一"[2]。为了使中国境内各民族在政治上得到平等，都有发言权和参政权，他宣布汉、满、蒙、回、藏"五族一家，立于平等地位"。

孙中山的民族主义在辛亥革命时期"起了很大的作用，革命的风暴主要是这样鼓动起来的"（吴玉章语）。因为作为那个历史时期民族斗争的旗帜，民族主义反映了中国各族人民要求摆脱清朝贵族的民族压迫的强烈愿望，表达了他们的战斗意志，从而极大地动员了各族人民投身于辛亥革命。当然，孙中山的民族主义也有它的弱点，其中最主要的弱点是它没有明确提出反对帝国主义的口号和纲领。

（二）民权主义。以建立资产阶级民主制度为中心的民权主义是孙中山的三民主义的核心。和他的民族主义是近代中国帝国主义与中华民族的矛盾、清朝贵族与汉族和其他民族的矛盾的反映一样，民权主义也是近代中国封建主义与人民大众矛盾的反映，体现了广大人民群众要求摆脱封建专制统治和争取民主、自由的强烈愿望。它的提出表明近代先进的中国人向西方寻找救国救民真理的途程已进入了一个新的阶段。在近代中国思想史上具有划时代的进步意义。

孙中山的民权主义思想早在兴中会成立之初就已略见端倪，兴中会入会的誓词"驱除鞑虏，恢复中华，建立合众政府"，朦胧地表达了他要建立民主共和国的政治理想。在稍后的一系列文章和谈话中，孙中山更进一步表明了他的这一政治愿望。如 1897 年 3 月，他在英国《双周论坛》上发表的《中国的现在和未来》一文，就要求"打倒目前极其腐败的统治而建立

---

① 毛泽东：《唯心历史观的破产》，载《毛泽东选集》第四卷，第 1513 页。
② 孙中山：《临时大总统宣言书》，载《孙中山全集》第二卷，第 2 页。

一个贤良政府"①，使"大多数的诚实的人们"能够"进入公共民主的生活"②。
1898 年他在与宫崎寅藏的谈话中更明确地指出，"共和政治"适合于中国国
民，并在谈话中使用了"联邦共和"和"共和宪法"的概念。1900 年，由
他领衔的《致港督卜力书》所附《平治章程》规定：全国设中央政府，"举
民望所归之人为之首，统辖水陆各军，宰理交涉事务。惟其主权仍在宪法
权限之内，设立议会，由各省贡士若干名以充议员"；各省设自治政府，"由
中央政府选派驻省总督一人，以为一省之首；设立省议会，由各县贡士若
干名以充议员"；省议会之代议士"由民间选定"。③上述事实说明，孙中山
的民权思想在创立合众政府的口号下于 19 世纪最后几年得到了相当的发
展。到同盟会成立时，他的民权主义思想已经成熟。他认为民权主义是政
治的根本，民权主义的目的是建立资产阶级民主共和国。他在《中国同盟
会革命方略》中，为人们勾画了一幅资产阶级民主共和国的蓝图："凡为国
民皆平等以有参政权。大总统由国民公举。议会以国民公举之议员构成之。
制定中华民国宪法，人人共守。敢有帝制自为者，天下共击之！"④

　　要建立资产阶级民主共和国，首先就必须推翻君主专制统治，这是民权
主义的主要任务。他在一系列文章中对封建君主专制统治进行了尖锐的批
判，指出中国几千年的封建专制主义统治，扼杀了人们的个性和自由，造
成了中国的积弱和贫困，这种封建专制政体是"恶劣政治的根本"，"自由
平等的国民"不"堪受"，因此，他强调，"就算汉人为君主，也不能不
革命"。⑤

　　为了论证推翻封建君主专制统治，建立资产阶级民主共和国的必然性，
孙中山以社会进化论为武器，把人类社会的发展分为"洪荒时代"→"神
权时代"→"君权时代"→"民权时代"几个历史阶段，认为现在已进化
到"民权时代"，"神权"和"君权"虽然在历史上曾起过积极作用，但随
着社会的进化已成为"过去的陈迹"，"民权"则成了时代的主流。他还指

---

① 孙中山：《中国的现在和未来》，载《孙中山全集》第一卷，第 88 页。
② 孙中山：《中国的现在和未来》，载《孙中山全集》第一卷，第 106 页。
③ 孙中山：《致港督卜力书》，载《孙中山全集》第一卷，第 193 页。
④ 孙中山：《中国同盟会革命方略》，载《孙中山全集》第一卷，第 297 页。
⑤ 孙中山：《在东京〈民报〉创刊周年庆祝大会的演说》，载《孙中山全集》第一卷，第 325 页。

出，"民权"这股世界潮流，犹如滔滔的黄河、长江之水，虽然沿途九曲
十八弯，受到重重阻拦，但东流奔向大海，是不可抗拒的。历史无情，顺
之者昌，逆之者亡，任何阻拦中国推翻封建专制统治，建立资产阶级民主
共和国的图谋，都注定要失败。

孙中山在提出民权主义的同时，还对以梁启超为代表的资产阶级立宪
派所宣扬的普通国家必须经过君主立宪才能进入民主共和的主张进行了批
驳，他指出：那种认为各国皆由野蛮而专制，由专制而君主立宪，由君主
立宪而始共和，这种井然的次序无法逾越，因此中国今日亦只可为君主立
宪，而不能逾越为民主共和的观点，是一种谬论，这可于铁路的修筑中得
到证明。铁路上跑的机车，开始时非常"粗恶"落后，后来逐渐得到改良，
有了进步，中国现在修路，是按部就班地用以前那种非常粗恶落后的机车，
还是直接用最近得到改良的机车呢？答案当然是后一种。政治制度也一样，
完全可以逾越落后的君主立宪制度而直接采用更进步的民主共和制度。

孙中山的民权主义主要来源于西方资产阶级民主主义思想和民主共和
国方案。但他在向西方学习，根据西方资产阶级民主主义思想和民主共和
国方案设计中国政治制度蓝图的过程中，并没有对西方资产阶级共和国方
案采取机械地全盘照搬的态度，而有自己新的创见和新的探索。比如，他
在继承资产阶级行政、立法、司法三权分立学说的同时，又看到了它的缺
陷以及由此而引起的西方资产阶级共和国中的种种弊端，从而提出了自己
的"五权分立"的思想，也就是把考试从行政中分出，监察从立法中分出，
使行政、立法、司法、考试、监察五权各自独立，互相监督，并认为这样
就可以使西方国家出现的"政治腐败""议员专制"等现象得以根除。孙中
山后来又根据"五权分立"思想主张在国家机构中设立行政、立法、司法、
考试、监察五院，他称之为"五权宪法"，并视之为民主共和国的命脉。他
曾将自己的学说概括为八个字："三民主义，五权宪法"。

孙中山还在《中国同盟会革命方略》中把建设资产阶级民主共和国的
"措施之次序"，规定为"军法之治""约法之治""宪法之治"这样三个递
进时期。所谓"军法之治"，就是在新光复地区，"军队与人民同受治于军
法之下"，军队为人民努力杀敌，人民为军队提供军需，地方行政，概由军
政府掌管，"以次扫除积弊"。"军法之治"，一般以三年为限。所谓"约法

之治"，就是"军政府授地方自治权于人民，而自总揽国事之时代"，以全国平定后六年为限。在此期间，解除军法，颁布约法，规定军政府与人民的权利义务，相互遵守。所谓"宪法之治"，就是"军政府解除权柄，宪法上国家机关分掌国事之时代"。军政府解除兵权、行政权，国民选举大总统和国会议员，并组织议会。一国的政事，依据宪法进行管理。[1]后来，孙中山又多次强调了实现民主政治需经过三个时期的必要性。

孙中山的民权主义表达了中国资产阶级的政治要求，也反映了广大人民群众对民主和自由的渴望，在中国近代思想史上有着极其重要的意义，但和民族主义一样，民权主义也存在着严重的弱点。首先，缺乏彻底的反封建内容。孙中山把推翻清王朝的专制统治当成是实现民权主义的终极目标，但没有认识到消灭封建专制主义，不仅要推翻封建王朝，更重要的是要推翻封建专制制度的社会基础，即封建地主阶级。其次，对人民群众的历史作用认识不足。孙中山所以主张把资产阶级民主共和国的建成分为三个时期的一个重要原因，就是认为中国广大人民群众必须经过相当长时期的训练，才有可能"养成平等自由的资格"。

（三）民生主义。孙中山的民生主义是继民族主义、民权主义之后提出的"社会革命"纲领，是三民主义中最具思想特色的部分。

民生主义的基本内容是"平均地权"。根据孙中山的解释，所谓"平均地权"，实际上是这样一种解决土地问题的方法：对于地主所有的土地，核定其现在的地价，将来地价因经济发展、社会进步而上涨时，其现价仍属地主所有，超出现价的部分则归国有，从而为国民所共有。比如，他举例说："地主有地价值一千元，可定价为一千，或多至二千；就算那地将来因交通发达价涨至一万，地主应得二千，已属有益无损，赢利八千，当归国家。"[2]

孙中山民生主义思想的形成有一个过程。我们在前一章中已经提到，1895年广州起义失败后，孙中山先后去了美国和英国，他一边在华侨中从事反清革命的宣传和发动工作，一边大量阅读西方出版的有关政治、经济、哲学等方面的著作，考察西方社会状况。当时英美等西方主要资本主义国

---

① 孙中山：《中国同盟会革命方略》，载《孙中山全集》第一卷，第297—298页。
② 孙中山：《在东京〈民报〉创刊周年庆祝大会的演说》，载《孙中山全集》第一卷，第329页。

家已完成向帝国主义的过渡，资本主义社会所固有的种种矛盾随着社会财富的大量积累而日益尖锐激化，贫富差距的悬殊、经济危机的爆发、罢工运动的浪潮，动摇了孙中山原先对资本主义全盘认同的信念，他发现：西方主要资本主义国家，虽然国家富强，民权发达，但贫富不均的现象十分严重，以致有社会革命运动的不断发生。以英国为例："统计上，英国财富多于前代不止数千倍，人民的贫穷甚于前代也不止数千倍，并且富者极少，贫者极多。"① 由西方，他又想到了中国。在他看来，中国"虽贫富不均的现象"还不像西方那样严重，但这只是"分量之差"，而"非性质之殊"，如果"不为绸缪未雨之计"，当今西方所发生的社会革命在不远的将来就会在中国重演。如何防患于未然，认识和解决西方国家所出现的这些问题呢？正当孙中山殚精竭虑地探求答案时，他读到了亨利·乔治的《进步与贫困》一书。

亨利·乔治（1839—1897）是19世纪末美国的经济学家，他在《进步与贫困》一书中把资本主义社会贫富悬殊的原因归结于社会进步所引起的地租和地价的不断上涨，他主张把土地从非法占有者的手中夺回来，实行土地国有政策。但他又认为采取没收地主土地的手段过于激烈，最好的方法是由国家每年向每块土地征收相当于地租额的土地税，因社会进步引起的土地涨价归代表全体人民利益的国家所有，同时废除其他一切租税。这就是著名的"单一税"理论，又被称为单税"社会主义"。

亨利·乔治的理论对孙中山的影响很大。很早就追随孙中山从事反清革命的冯自由就说孙中山对于欧洲之经济学说最服膺的是亨利·乔治的单税论，认为此种单税论最适宜于我国社会经济之改革，"故倡导惟恐不力"，他的"平均地权"主张，"即斟酌采用亨利佐治学说而自成一家者也"。②

为了制定解决土地问题的方案，孙中山于1897年7月离开英国伦敦回到日本之后，曾与梁启超、章太炎、秦力山等多次讨论过"我国古今之社会问题土地问题"，并经过反复讨论，民生主义思想逐渐明朗起来。1903年秋，孙中山在东京创办革命军事学校时，以"驱除鞑虏，恢复中华，创立民国，平均地权"为该学校的誓词。这一誓词与后来同盟会的纲领完全相同。

---

① 孙中山：《在东京〈民报〉创刊周年庆祝大会的演说》，载《孙中山全集》第一卷，第327页。
② 冯自由：《同盟会四大纲领及三民主义溯源》，载《革命逸史》第三集，第206—207页。

"平均地权"的提出，表明孙中山的民生主义思想最终形成。

孙中山对自己的"平均地权"主张评价甚高，认为它至少有以下三点重要意义：第一，可以使国家繁荣富强。他说实行平均地权后，私人永远不用纳税，仅收地租一项，中国就会成为国库充裕的最富强的国家；第二，可以避免少数人对财富的垄断。他说实行平均地权后，少数人把持垄断财富的弊端自当永绝，这是最简易的施行之法；第三，可以使民主革命与社会革命毕其功于一役，有效地预防欧美所面临的社会革命在中国发生。他说实行平均地权后，不会产生贫富悬殊的社会问题，社会革命也就"已成七八分了"。所以，孙中山自认为他的民生主义就是社会主义。

孙中山虽然真诚地相信他的民生主义就是社会主义，但实质上他的民生主义是带着土地国有的"社会主义"标志的资本主义纲领，它实行的结果，只能促进资本主义的发展，而不会带来其他别的什么东西。因为核定地价，增价归公，就必然限制地主阶级对土地的垄断，而限制地主阶级对土地的垄断，是资本主义发展的必要前提。孙中山把这样一个纯粹资本主义纲领的"民生主义"称之为"社会主义"，这说明他向往没有阶级压迫和剥削、没有贫富差距的社会主义社会，同时又对社会主义本质缺乏真正的理解。

和他的民族主义、民权主义一样，孙中山的民生主义在当时的历史条件下具有非常积极的意义。作为近代第一个把土地问题和发展资本主义联系起来的经济纲领，民生主义反映了中国民族资产阶级要求从封建主义束缚下解放出来，发展工商业的迫切愿望，而发展资本主义是近代中国的历史选择。同时，它也在一定程度上反映了孙中山和革命派对农民和土地问题的重视。如何解决农民和土地问题，历来都是中国革命和改革的重要问题之一。当然，民生主义也有它的弱点和局限性。最主要的弱点就是缺乏彻底的反封建的土地革命内容，孙中山虽然主张"平均地权"，但由于他和亨利·乔治一样反对采用没收地主土地的激烈手段把土地分给无地或少地的农民，而不能满足农民对土地的要求。不能满足农民对土地的要求，就很难激发起他们参加革命的积极性，这也是辛亥革命所以会迅速失败的一个重要原因。

第二节　革命派与改良派的论战及革命派内部的思想派别

一、革命派与改良派的思想论战

早在同盟会成立之前，以孙中山为代表的革命党人就开始了与改良派的斗争。1903 年 5 月，章太炎写成《驳康有为论革命书》，批驳了康有为在《答南北美洲诸华商论中国只可行立宪不可行革命书》中散布的种种奇谈怪论。在此前后，孙中山也"大击保皇毒焰于各地"，先后发表《驳保皇报书》和《敬告同乡书》等重要文章，揭露康有为、梁启超的保皇论的欺骗性和反动性。《驳保皇报书》揭露康有为所标榜的"爱国"，爱的是少数满洲贵族的"大清国"，而非中国人民的"中华国"，"保异种而奴中华，非爱国也，实害国也"。并批驳了康有为所散布的革命将"召瓜分"的谬说，指出清政府已成了帝国主义侵略中国的工具和"鹰犬"，"故欲免瓜分，非先倒满洲政府，别无挽救之法也"。①《敬告同乡书》揭露了梁启超散布的"名则保皇，实则革命"的欺骗性，指出梁"所言保皇为真保皇，所言革命为假革命"，要求广大华侨划清保皇与革命的界限，充分认识到"革命、保皇二事决分两途，如黑白之不能混淆，如东西之不能易位。革命者志在扑满而兴汉，保皇者志在扶满而臣清"，革命与保皇"事理相反，背道而驰，互相冲突，互相水火，非一日矣"。②孙中山号召广大华侨"大倡革命，毋惑保皇"，投身于反清革命事业。为了和保皇党争夺群众，孙中山还在檀香山正埠拜盟加入洪门，被封为"洪棍"之职。1904 年春，他又去了保皇会活动比较猖獗的北美大陆，在旧金山致公堂首领黄三德的支持下，修订致公堂章程，改组《大同时报》，聘请革命党人刘成禺主持，对致公堂会员重新订记注册，这对削弱保皇派在华侨中的影响起了积极作用。

同盟会成立后，以孙中山为领导的革命党人，更加意气风发地围绕同盟

<hr />

① 孙中山：《驳保皇报书》，载《孙中山全集》第一卷，第 233—234 页。
② 孙中山：《敬告同乡书》，载《孙中山全集》第一卷，第 232 页。

会的三民主义纲领，与以康有为、梁启超为代表的改良派展开了一场大的论战。1905 年 11 月出版的《民报》创刊号，除孙中山的《发刊词》正面阐发了同盟会的三民主义的纲领外，其余的文章大多从不同角度对改良派所散布的保皇论进行了批判。接着，1906 年 4 月出版的《民报》第 3 号以"号外"的形式发表《民报与新民丛报辨驳之纲领》一文，将革命派与改良派的分歧归纳为十二个问题，即：一、《民报》主共和，《新民丛报》主专制；二、《民报》望国民之民权立宪，《新民丛报》望政府以开明专制；三、《民报》以政府恶劣，故望国民之革命，《新民丛报》以国民恶劣，故望政府以专制；四、《民报》望国民以民权立宪，故鼓吹教育与革命，以求达其目的，《新民丛报》望政府以开明专制，不知如何方副其希望；五、《民报》主张政治革命，同时主张种族革命，《新民丛报》主张开明专制，同时主张政治革命；六、《民报》以为大革命自颠覆专制而观则为政治革命，自驱逐异族而观则为种族革命，《新民丛报》以为种族革命与政治革命不能相容；七、《民报》以为政治革命必须实力，《新民丛报》以为政治革命只须要求；八、《民报》以为革命事业专主实力，不取要求，《新民丛报》以为要求不遂，继以惩警；九、《新民丛报》以为惩警之法在不纳租税与暗杀，《民报》以为不纳租税与暗杀不过革命实力之一端，革命须有全副事业；十、《新民丛报》诋毁革命，而鼓吹虚无党，《民报》以为凡虚无党皆以革命为宗旨，非仅刺客以为事；十一、《民报》以为革命所以求共和，《新民丛报》以为革命反以得专制；十二、《民报》鉴于世界前途，知社会问题必须解决，故提倡社会主义，《新民丛报》以为社会主义不过煽动乞丐流民之具。该文并郑重宣布："本报以为中国存亡诚一大问题，然使如《新民丛报》所云，则可以立亡中国。故自第四期以下，分类辨驳，期与我国民解决此大问题。"[1] 于是，从第 4 号起，《民报》发表了大量批驳改良派的文章，双方论战由是全面展开。

在当时，改良派的势力和影响还是很大的。改良派的代表人物除康有为外，主要是梁启超。戊戌变法运动失败后，尤其是自立军起义失败后，梁启超一度倾向于革命，发表过一些倡言"破坏"和"革命"的文章，并在

---

[1]《民报与新民丛报辨驳之纲领》，《民报》第 3 号号外，1906 年 4 月 5 日。

致乃师康有为的信中明确表示"中国以讨满为最适宜之主义……满廷之无可望久矣"。[1]为此，他曾遭到康有为的严厉训斥。但到了1903年，他的思想又回到了保皇和改良的立场。这一方面与康有为对他思想的严格管束有关，另一方面也与他这一年的美国之行有关。他在美国耳闻目睹的"种种黑暗情状"，使他"深叹共和政体实不如君主立宪者之流弊少而运用灵也"。华侨在美国所受的歧视、华人在美国所建社团的纷乱状况，在梁启超心中留下了很深的印象。他认为这些社团实行民主的结果，一是"一二上流社会之有力者，言莫予违，众人唯喏而已"；二是"一议出则群起而噪之，而事终不得决"。他由美国想到国内，"近年来号称新党志士者所组织之团体，所称某协会某学社者，亦何一非如是。此固万不能责诸一二人，盖一国之程度，实如是也"。[2]梁启超的思想回到保皇和改良立场后，便立即向革命派发动进攻，于1903年到1904年之间，先后发表《敬告我国民》《论俄罗斯虚无党》《新大陆游记》《中国历史上革命之研究》等文章，反复说明中国不必进行革命，如果革命，将会引起内乱和外国干涉，中国因此而会亡国。《民报》创刊后，他连续在《新民丛报》上发表《论中国今日万不能行共和制之理由》《申论种族革命与政治革命之得失》《答某报第四号对本报之驳论》等一系列文章，并且出版了题为《中国存亡一大问题》的论文集，鼓吹改良，反对革命。革命思想与改良思想的论战全面展开后，他又成了革命派最主要的论敌，他自己也视革命派为最主要的敌人。在给康有为的信中他写道："革党现在东京占极大之势力，万余学生从之者过半。""彼播种于此间，而蔓延于内地，真心腹之大患……今者我党与政府死战，犹是第二义；与革党死战，乃是第一义。有彼则无我，有我则无彼。"[3]梁启超在这里所说的"与政府死战"，并非是要反对或推倒清政府，只是反对慈禧太后囚禁光绪帝，把持朝政，将保皇党排斥于统治集团之外。改良派对清政府的真实态度，如果用政闻社1907年成立时梁启超为该社所写的宣言来表达：即"以秩序的行动，为正当之要求，其对于皇室，绝无干犯尊严之心；

---

① 丁文江、赵丰田编《梁启超年谱长编》，第286页。
② 梁启超：《新大陆游记》，载《饮冰室合集》第7册，专集之二十二，第123页。
③ 丁文江、赵丰田编《梁启超年谱长编》，第373页。

其对于国家，绝无扰紊治安之举"①。

所谓"以秩序的行动，为正当之要求"，也就是通过上书和伏阙请愿等形式，要求清政府认真实行预备立宪。1905年，清政府迫于局势的压力，派遣五大臣出洋考察各国宪政。考察的结果是：清统治者发现实行日本式的二元君主制立宪，既能确保"皇位永固"，又"内乱可弭"，对维护摇摇欲坠的清王朝统治大有好处。于是，1906年9月清政府颁发上谕，宣布"仿行宪政"，实行"预备立宪"，而将真正的立宪日期，推到遥远的将来。尽管清政府的所谓"预备立宪"只是权宜之计，却给了以康有为、梁启超为代表的改良派莫大的希望，激励了他们与革命党人斗争到底的勇气，同时也在一定时期内和一定程度上使他们的保皇改良主张有了一些市场，从而使这场论战更加激烈和尖锐。

《民报》是革命党人论战的主要阵地，同时散布在海内外各地的革命报刊，如南洋的《中兴日报》、檀香山的《民生日报》（后改为《自由新报》）、旧金山的《大同报》、曼谷的《华暹新报》、仰光的《光华报》、温哥华的《大汉公报》、香港的《中国日报》等，也纷纷投入了战斗，发表文章批判改良派的保皇谬论。改良派的主要喉舌，是梁启超在日本东京主编的《新民丛报》，除此，分布在南洋的《南洋总汇报》、檀香山的《新中国报》、旧金山的《文兴报》、香港的《商报》、广州的《岭海报》以及《启南新报》《日新报》等也积极为改良派摇旗呐喊，与革命派展开论战，论战的主要地点有国外的东京、横滨、新加坡、檀香山、旧金山、温哥华、仰光和国内的上海、广州及香港。双方论战的主帅分别是孙中山和梁启超。虽然在论战的前期，孙中山由于忙于领导武装起义，对清政府进行武器的批判，而没有亲自撰写论战文章，但他不仅经常过问论战的情况，关心论战的进展，而且他的三民主义是革命党人论战的立论基础。《民报》的发刊词是他写的，他对三民主义的全面阐述，有力地驳斥了保皇派反对革命的论调，成为革命党人批判改良派的锐利武器。《民报》第1、2号上发表的由汪精卫署名的《民族的国家》，第6号汪精卫所撰写的《驳革命可以召瓜分说》，第12号由胡汉民署名的《告非难民生主义者》等重要论战文章，都由孙中山口授

---

① 中国史学会主编《中国近代史资料丛刊：辛亥革命（四）》，第115页。

而成。这些文章以大量而无可争辩的事实，揭露了清朝政府投降卖国，残酷奴役人民的罪行，指出清王朝的反动统治是导致中国积弱积贫不能独立的根源，只有用革命手段推翻这一"野蛮专制政体"，建立资产阶级的民主共和国，才能使中国免遭列强的瓜分，实现独立富强，而改良派非难革命，想方设法为清王朝辩护、开脱罪责，这说明他们所标榜的爱国是假的，他们所爱的是虐民媚外的清政府。除上述文章外，《民报》发表的其他重要文章，如朱执信的《论满政府欲立宪而不能》《社会革命与政治革命并行》《心理的国家主义》《就论理学驳〈新民丛报〉论革命之谬》，陈天华的《论中国宜改民主政体》《中国革命史论》，胡汉民的《〈民报〉之六大主义》，汪精卫的《驳〈新民丛报〉最近之非革命论》等，也都是在孙中山的指导下撰写和发表的。孙中山还拒绝过梁启超提出的"调和"要求，坚持把论战进行到底。事情的经过是：1907 年 1 月，在与革命党人的论战中已明显处于劣势的梁启超托一个叫徐应奎的人，通过宋教仁向《民报》提出要求"调和"，说什么"以前《新民丛报》和《民报》论战是出于'不得已'，希望双方以后'和平发言，不互相攻击'"，梁启超还亲自"私见汪精卫，欲以乡谊动之"，希望《民报》能停止论战。① 第二天，宋教仁、胡汉民就此事向孙中山请示，孙中山明确表示：坚持到底，决不妥协，反对章太炎"可以许其解和"的主张。

此次论战的规模之大，时间之长，参战人员之多，论战之激烈，在晚清思想史上都是前所未有的，是继维新变法以后又一次资产阶级的思想解放运动。论战主要围绕同盟会的三民主义纲领而展开。

（一）关于民族主义的论战：要不要用暴力推翻清政府？这是全部论战的中心问题。革命派主张用暴力推翻清政府。因为在他们看来，清政府已成了"洋人的朝廷"，是一个"放弃主权，分裂河山，今日卖铁路，明日赠矿山，恶极滔天，神人共愤"的卖国政府。② 帝国主义所以"乐存此旧政府，以其为桃梗土偶"，完全是为了"便于盗窃"，以"亡中国"。③ 同时他们还

---

① 汪东：《同盟会和民报片断回忆》，载中国人民政治协商会议全国委员会文史资料研究委员会编《辛亥革命回忆录》第六集，第 26 页。
② 金马：《云南讨满洲檄》，《民报》临时增刊《天讨专号》，1907 年 4 月 25 日。
③ 寄生（汪东）：《革命今势论》，《民报》第 17 号，1907 年 10 月 25 日。

以大量的历史事实，揭露自 17 世纪中叶清王朝建立以来，对汉族人民实行的种种民族歧视和民族压迫政策，抨击满洲贵族入主中原是"据其土地山河，窃其子女玉帛，践汉人之土，食汉人之毛，日受汉人之豢养而不思感戴汉人，固古人所谓倒行逆施者矣。况复戕其身命，劫其资财，使之呻吟于虐政之中"①。所以，推翻这样一个对外卖国、对内实行民族歧视和民族压迫的"恶政府"，具有其充分的合理性、正义性和必要性。

改良派则从"保君保国"的立场出发，不仅否认清政府已成为"洋人的朝廷"，是一个出卖国家主权的卖国政府，而且还否认清政府推行过民族歧视和民族压迫政策，说什么清朝统治"为中国数千年所无，亦为地球万国古今所未有"的"至仁之政"，光绪皇帝是"天生皇上之圣仁"，"所以救中国生民者也"。②他们认为满汉早已平等，满汉之间根本不存在什么民族歧视和民族压迫问题，"若国朝之制，满汉平等，汉人有才者，匹夫可为宰相……若外官则惟才是视，绝无满汉之分"③。他们甚至否认中国存在着封建制度和封建压迫，认为"吾国久废封建，自由平等，已二千年余，与法（国）之十万贵族压制平民，事既不类，倡革命言压制者，已类于无病而学呻矣"。既然清政府没有卖国，也没有对汉族人民实行民族歧视和民族压迫，甚至连封建制度和封建压迫都不存在，那革命还有什么必要呢？所以改良派攻击革命派倡言反清革命，是"丧心病狂"，是"无忧而服鸩自毒，强健无病而引刀自割"。④

针对改良派的上述观点，革命派质问道："汉满人数与官缺之比例，汉员升转与满员升转之迟速，果平均耶？其对士人也，奴叱娟畜，果无意耶？其对工商也，厘金赔款，诛求顾不虐耶？其对农民也，重征浮收，且岁征漕米，养彼旗丁，果国民应尽之义务耶？其对平民也，滥刑苛法，不许越诉，视彼黄红带子作奸犯科而不受汉官惩治者，果平等耶？"⑤他们一针见血地指出，满洲贵族对广大汉族人民实行民族歧视和民族压迫，这是

---

① 枚韦之裔（刘师培）：《普告汉人》，《民报》临时增刊《天讨专号》，1907 年 4 月 25 日。
② 康有为：《答南北美洲诸华商论中国只可立宪不可行革命书》，载《康有为政论集》上册，第 483—484 页。
③《南海先生辨革命书》，《新民丛报》第 16 号，1902 年 9 月 16 日。
④ 明夷（康有为）：《法国革命史论》，《新民丛报》第 85 号，1906 年 8 月 20 日。
⑤《烈士吴樾君意见书》，《民报》第 3 号，1906 年 4 月 5 日。

铁一般的事实，不是改良派对清王朝的美化所能否认掉的，改良派所以要颠倒是非，混淆黑白，美化清王朝，否认满洲贵族对广大汉族人民的民族歧视和民族压迫，其目的不仅仅是要维护清王朝的统治和报光绪帝的恩德，而且还有不可告人的私心，即以此来换取清王朝对自己的信任，以便做帝师、宰相，入内阁军机。

　　为了达到反对革命的目的，改良派断言，中国一旦爆发革命，必将亡国无疑。因为"革命之举，必假借于暴民乱人之力"，而乱民一起，则将杀人盈野，流血成河，给社会造成巨大的破坏，同时也会"唤起各地方的排外势力"，"闹教案杀西人"，危害列强在华的既得利益，这样也就必然会引起列强的干涉，并乘机出兵瓜分中国，其结局是中国亡国。①革命派则强调资产阶级革命不同于旧式的农民起义，是有秩序的运动，不会发生"恐怖时代之惨状"，更不会引起改良派所说的内乱，从而招致帝国主义的瓜分。他们认为，中国所以会面临被帝国主义瓜分的危险，原因就在于清王朝的腐败无能，因此，与其说革命会招致瓜分，还不如说清王朝的存在会导致瓜分，要挽救民族危亡，避免被帝国主义瓜分，其不二法门是推翻腐败卖国的清王朝。"欲求免瓜分之祸，舍革命未由。良以木必自腐，然后虫生，外人之所以敢觊觎中国者，以中国政府之敝败也。颠覆政府，当以兵力，去其敝败，而瓜分之途塞。"②

　　改良派把革命描绘得像毒蛇猛兽、洪水泛滥那样的恐怖可怕，认为"民权之害，遂如洪水决堤，浩浩荡荡，怀山襄陵，大浸稽天，无所不溺；亦若猛兽出柙，无所不噬"。他们以法国大革命为例，说法国革命"百二十九万人流血以去一君，卒无所成"，中国如果革命，"岂止流血百二十九万哉，不尽杀四万万人不止"。并诋毁法国大革命"妄行杀戮，惨无天日"，咒骂罗伯斯比尔、马拉、丹东这些名垂千古的法国大革命领导人是"恐怖狂戮，贤哲同焚，流血百二十九万，祸垂八十余年之弥天大恶"的"酷毒民贼""屠伯悍贼"，宣称"虽尼罗之暴臣民，第度之屠犹太，亦无若法革命之大祸"。③所以，他们反对革命，反对用暴力推翻清王朝的统治，而

---

① 明夷（康有为）：《法国革命史论》，《新民丛报》第85号，1906年8月20日。
② 寄生（汪东）：《革命今势论》，《民报》第17号，1907年10月25日。
③ 明夷（康有为）：《法国革命史论》，《新民丛报》第85号，1906年8月20日。

主张用和平的手段，"劝告"和"要求"清政府实行"开明专制"或"君主立宪"。用梁启超发表在《新民丛报》第79号的《答某报第四号对于本报之驳论》一文的话说："我国民对于现政府所当行者，本有两大方针：一曰劝告，二曰要求……所劝告者在开明专制，而所要求者在立宪。"① 改良派要人们相信：只要清政府真心诚意地实行"开明专制"或"君主立宪"，"内修政治，外联邦交"，必能达"救国之目的"。② 革命派承认革命会流血，但它有一定的限度，并非改良派说的那样恐怖可怕，而且就是"不革命则杀人流血之祸"也无法避免，"革命之时，杀人流血，于双方之争斗见之。若夫不革命之杀人流血，则一方鼓刀而屠，一方戮棘而就死耳"。③ 即使是立宪，也同样会流血。他们以英日两国的"立宪史"为例："彼夫英吉利之三岛，与蕞尔弹丸之日本，世人艳之，谓为无血之革命。乃试一翻两国之立宪史，其杀人流血之数，殆不减于中国列朝　姓之鼎革，特其恐怖时期为稍短促耳。"④ 实际上，他们指出，"革命流血之少，而（较之）不革命遭清政府有形或无形之杀戮（戮）流血之多，（相差）何止百数十倍"⑤。针对改良派对法国革命的诋毁，革命派则称赞法国革命"革除王位，宣布人权，乃为新世纪革命之纪元"⑥，"世界所以有今日之进步者，法兰西之革命为之也"⑦。他们主张中国向法国学习，推翻清王朝的统治，建立一个民主、自由的新国家。

革命派重点批驳了改良派关于中国不必革命、只需改良的谬论。他们指出，要挽救中国危亡，实现强国富民的目的，只有革命，用暴力手段推翻清王朝，其他所有"补苴罅漏、半新半旧之变法"都无济于事⑧。孙中山形象地把清政府比作一座将要倒塌的大厦，任何枝枝节节的修补、支撑都于事无补，只有将它推倒，彻底清理旧的基地，然后才能在旧基地上建立新的大厦。革命派以历史为证，"中国未有于一朝之内，自能扫其积弊者也，

---

① 饮冰（梁启超）：《答某报第四号对于本报之驳论》，《新民丛报》第79号，1906年4月24日。
② 饮冰（梁启超）：《申论种族革命与政治革命之得失》，《新民丛报》第76号，1906年3月9日。
③ （汪）精卫：《驳革命可以生内乱说》，《民报》第9号，1906年11月15日。
④ 饮冰（梁启超）：《申论种族革命与政治革命之得失》，《新民丛报》第76号，1906年3月9日。
⑤ 孙中山：《在美国各埠的筹款演说》，载《孙中山全集》第一卷，第541页。
⑥《新世纪之革命》，《新世纪》第1号，1907年6月22日。
⑦ （汪）精卫：《驳革命可以生内乱说》，《民报》第9号，1906年11月15日。
⑧《烈士吴樾君意见书》，《民报》第3号，1906年4月5日。

必有代之者起，于以除旧布新，然后积秽尽去，民困克苏。不革命而能行改革，乌头可白，马角可生，此事断无有也"①。他们强调在清王朝已成了"洋人的朝廷"、成了列强掠夺和统治中国的奴才和工具的情况下，要救亡，就必须"排满"，而不能"扶满"，"欲救亡而思扶满，直扬汤止沸，抱薪救火"，结果只能适得其反。② 如果说在戊戌时期，改良还有其进步意义的话，那么，随着时代的前进，改良已经落伍于时代，"革命之宣告殆已为全国之所公认，如铁案之不可移"③，不是几个改良派所能否定得了的。

（二）关于民权主义的论战：要不要建立资产阶级共和国？这是革命派和改良派争论的又一问题。革命派把民族革命与政治革命紧密地联系在一起，主张在从事推翻清王朝的民族革命的同时，实行政治革命，建立资产阶级共和国。孙中山在《民报》创刊一周年庆祝大会的演说词中即明确指出："我们推倒满洲政府，从驱除满人那一面说是民族革命，从颠覆君主政体那一面说是政治革命，并不是把来分作两次去做。讲到那政治革命的结果，是建立民主立宪政体。"④ 然而改良派则主张君主立宪，甚至主张"开明专制"。康有为在《法国革命史论》中坚持他早年的庸俗的三世进化说，认为历史的发展必须由据乱世经过升平世，才能进入太平世，即由封建专制必须经过君主立宪，才能实现民主共和，"苟未至其时，实难躐等"⑤。梁启超不仅认为实行民主共和是"躐等"，实行君主立宪也是"躐等"，"君主立宪制，非十年乃至二十年以后，不能实行"，现在能实行的只能是"开明专制"。如果"躐等"，实行民主共和，"必至于亡国"，实行君主立宪，"则弊余于利"。所以他一再强调："与其共和，不如君主立宪；与其君主立宪，又不如开明专制"⑥，"为今日计，舍开明专制外更有何途之从！"⑦

革命派对改良派的所谓"躐等"论，即封建专制只有经过开明专制和君主立宪，才能实现民主共和的谬论进行了批驳。孙中山在东京留学生大会

---

① 思黄（陈天华）：《论中国宜改创民主政体》，《民报》第 1 号，1905 年 12 月 8 日再版发行。
② 《烈士吴樾君意见书》，《民报》第 3 号，1906 年 4 月 5 日。
③ 民意：《告非难民生主义者》，《民报》第 12 号，1907 年 3 月 6 日。
④ 孙中山：《在东京〈民报〉创刊周年庆祝大会的演说》，载《孙中山全集》第一卷，第 325 页。
⑤ 明夷（康有为）：《法国革命史论》，《新民丛报》第 85 号，1906 年 7 月 24 日。
⑥ 饮冰（梁启超）：《开明专制论（续第七十四号）》，《新民丛报》第 75 号，1906 年 2 月 23 日。
⑦ 饮冰（梁启超）：《答某报第四号对于本报之驳论》，《新民丛报》第 79 号，1906 年 4 月 24 日。

上发表的演说词指出，改良派的所谓"躐等"论非常愚蠢可笑，学习外国应取法乎上，学最进步的东西，这样中国才能迎头赶上西方发达国家，改变自己落后的局面，否则，按部就班，循序发展，中国将永远落在欧美各国的后面，受他们的欺负和侵略，而无独立富强之日。他打比方说：这就像修铁路，"铁路之汽车（即蒸汽机——引者），始极粗恶，继渐改良，中国而修铁路也，将用其最初粗恶之汽车乎，抑用最近改良之汽车乎？于此取譬，是非较然矣"①。既然修铁路可以"躐等"，直接采用"最近改良之汽车"，政体为什么不能"躐等"，直接采用比开明专制和君主立宪更好、更进步的民主共和呢？

在要不要建立资产阶级共和国的问题上，革命派和改良派争论的焦点是：中国人民是否具备共和国国民的资格？改良派认为，只有"能行议院政治能力"的国民，才能享受民主共和，而中国由于几千年的封建专制统治，民智未开，国民行议院的"政治能力"极差，需要经过长时期的培养。否则，如果骤然实行民主共和，"社会险象"将"层见不穷"，"民无宁岁"，出现社会动乱，结局必然归于专制。梁启超在 1906 年 4 月出版的《新民丛报》第 79 号上，以"饮冰"笔名发表《答某报第四号对于本报之驳论》一文，针对《民报》第 3 号以"号外"形式发表的《〈民报〉与〈新民丛报〉辨驳之纲领》，再次重申："本报论文最要之点曰，今日之中国万不能行共和立宪制；而所以下此断案者，曰，未有共和国民之资格。"他指出，判断有无共和国民之资格的标准，既不是自由、平等、博爱的精神，也不是"公法"和国家观念，而是"可以行议院政治能力"。中国人民根本不具有这种能力，因为这种能力的养成"必在开明专制时代或君主立宪时代，若非在此时代，则非惟数十年不能，即数百年亦不能也"，而中国则没有经历过开明专制或君主立宪时代。② 梁启超宣称，如果不经过开明专制或君主立宪时代，不提高国民"能行议院政治能力"，就贸然搞政治革命，实行民主共和，其结局只有两种：一是由刘邦、朱元璋辈实行个人专制；二是由军政府实行少数人专制。他指责革命派打着共和的旗号，实际上是刘邦、朱元璋之为。

---

① 孙中山：《在东京中国留学生欢迎大会的演说》，载《孙中山全集》，第一卷，第 283 页。
② 饮冰（梁启超）：《答某报第四号对于本报之驳论》，《新民丛报》第 79 号，1906 年 4 月 24 日。

他说："故持革命论者，如其毋假共和立宪之美名以为护符，简易直捷以号于众曰，吾欲为刘邦，吾欲为朱元璋，则吾犹壮其志服其胆而嘉其主义之可以一贯也；而必曰共和焉共和焉，苟非欺人，必其未尝学问者也。"[①]

革命派不同意改良派的关于中国人民不具备共和国国民、因而不能实行民主共和的观点。孙中山举例说，檀香山的土著、美国南部的黑奴可以实行共和，成为共和国的国民，难道中国人民"反比不上檀香山的土民吗？""反不如米国的黑奴吗？"如果说中国人民没有资格实行民主共和，那就是"将自己连檀香山的土民、南米的黑奴都看做不如了"，这无疑是对广大中国人民的诬蔑和诋毁。[②]陈天华以大量不可辩驳的事实说明，中国不仅有必要实行民主共和，中国人民亦有能力实行民主共和。他指出中国人民的能力并不比世界上别的民族差，只是由于长期受封建专制的压迫，无法表现而已。实际上早在西方各国尚处在"榛狉之时"，中国文明就已经很发达了，近几年"民族主义提倡以来，起而应之者，如风之起，如水之涌，不可遏抑，是岂绝对无能力者所能之耶？"[③]改良派说中国人民无实行民主共和之能力，这纯粹是无稽之谈。革命派进一步指出，与广大人民群众的能力相比，清统治者的能力更差，都是一些"至不才至无耻者"，"所谓皇帝，以世袭得之，不辨菽麦"，"所谓大臣，以蝇营狗苟得之，非廉耻丧尽，安得有今日？"[④]然而以梁启超为代表的改良派却认为他们有能力实行开明专制或君主立宪，有能力培养人民群众"能行议院政治能力"，而真正有能力的人民群众却没有能力实行民主共和，这岂不是黑白颠倒！退一步说，就算由于几千年的封建专制统治，中国人民"能行议院政治能力"极差，但能力差可以用革命提高之，"革命者，救人世之圣药也。终古无革命，则终古成长夜矣"。[⑤]革命派一针见血地指出，改良派所以要贬低人民群众的能力，目的无非是"扬扬然望满洲人专制而已"。

（三）关于民生主义的论战：要不要实行土地国有制？以孙中山为代表

---

① 饮冰（梁启超）：《开明专制论（续第七十四号）》，《新民丛报》第75号，1906年2月23日。
② 孙中山：《在东京中国留学生欢迎大会的演说》，载《孙中山全集》第一卷，第280页。
③ 思黄（陈天华）：《论中国宜改创民主政体》，《民报》第1号，1905年12月8日再版发行。
④（汪）精卫：《再驳〈新民丛报〉之政治革命论》，《民报》第7号，1906年9月5日。
⑤ 思黄（陈天华）：《中国革命史论》，《民报》第1号，1905年12月8日再版发行。

的革命派主张"举政治革命、社会革命毕其功于一役"①，在建立资产阶级共和国的同时，"平均地权"，实行土地国有制，即核定全国地价，"其现有之地价，仍属原主所有；其革命后社会改良进步之增价，则归于国家，为国民所共享"②，从而避免西方贫富悬殊的社会弊病在中国重演。他们称这样一个"纯粹资本主义的、十足资本主义的土地纲领"为"社会主义"纲领。

尽管如我们在评价孙中山的民生主义时已指出的那样，革命派的土地国有政策具有很大的妥协性，而且也不可能实现，但它仍遭到了与封建土地所有制有着千丝万缕联系的改良派的激烈反对。他们认为封建土地所有制是合理的，神圣不可侵犯，而土地国有制则违背"自然法则"，将妨碍社会进步，给生产力造成巨大破坏，"今一旦剥夺个人之土地所有权，是即将其财产所有权最重要之部分而剥夺之，而个人勤勉殖富之动机，将减去泰半"。他们害怕土地国有制"以剥夺其（指地主——引者）土地所有权之故"，使地主"不惟经济上蒙莫大之损害，即政治上之危险且随之矣"，从而动摇清王朝的统治基础。③因此，他们攻击革命派的"土地国有"主张是"掠夺政策"，是"摭拾布鲁东、仙士门、唛喀（即普鲁东、圣西门、马克思——引者）等架空理想之唾余，欲夺富人所有以均诸贫民"，是"利用此以博一般下等社会之同情，冀赌徒、光棍、大盗、小偷、乞丐、流氓、狱囚之悉为我用，俱赤眉、黄巾之不滋蔓而复从而煽之"。④梁启超在《新民丛报》第90、91、92号上发表的《再驳某报之土地国有论》的长文中，从财政、经济和社会问题方面提出39条理由，断言"土地国有论之不能成立"⑤。因此他要求"扫荡"土地国有这一"魔说"，并表示："虽以匕首揕吾胸，吾犹必大声疾呼曰：敢有言以社会革命，与他种革命同时并行者，其人即黄帝之逆子，中国之罪人也，虽与四万万人共诛之可也。"⑥

---

① 孙中山:《〈民报〉发刊词》,载《孙中山全集》第一卷, 第 289 页。
② 孙中山:《中国同盟会革命方略》,载《孙中山全集》第一卷, 第 297 页。
③ 饮冰（梁启超）:《再驳某报之土地国有论（续第九十号）》,《新民丛报》第 91 号, 1906 年 11 月 16 日。
④ 饮冰（梁启超）:《开明专制论（续第七十四号）》,《新民丛报》第 75 号, 1906 年 2 月 23 日。
⑤ 饮冰（梁启超）:《再驳某报之土地国有论（续第九十一号）》,《新民丛报》第 92 号, 1906 年 11 月 30 日。
⑥ 饮冰（梁启超）:《开明专制论（续第七十四号）》,《新民丛报》第 75 号, 1906 年 2 月 23 日。

　　对于改良派的挑战，革命派进行了反击。先是朱执信（署名县解）在《民报》第5号上发表《论社会革命当与政治革命并行》一文，着重论述了"社会革命"的必要性和可行性，认为中国的"政治革命"与"社会革命"同时并举是最有利的办法，并对改良派所散布的"社会革命"是所谓"贫民专政"、是"强夺富民财产而分之人人"的观点进行了辩驳，强调"社会革命固欲富者有益无损也"。接着《民报》第12号发表了署名"民意"的《告非难民生主义者》的长篇论文，着重从经济理论和经济史的角度，批驳了改良派对土地国有主张的诋毁，指出土地国有制不仅不会像改良派所说的那样妨碍人们从事生产的积极性，相反由于消除了社会上"坐食土地之利"的地主阶级，使资本转入工业生产，还会促进社会生产的发展，保障劳动者的生活。不久《民报》又先后发表《土地国有与财政》（第15、16号连载，作者朱执信，署名县解）和《斥〈新民丛报〉驳土地国有之谬》（第17号）两文，前文从考察中、英两国财政的历史和现状入手，论证土地国有之可行，驳斥了梁启超在《再驳某报土地国有论》一文中"专就财政以攻击吾辈之说"的种种谬论；后文则对革命派主张土地国有政策与重农学派土地单税论之间的差别做了辨析，指出改良派的攻击实际上是把土地国有论当成了土地单税论，因此牛头不对马嘴。

　　由于革命派内部本身对"平均地权"的认识就存在着分歧，加上孙中山提出的土地国有方案又缺少可操作性，所以革命派虽然对改良派的一些观点进行了批驳，但总的来看不够有力，许多问题也没有展开讨论，更没有引起社会舆论的广泛注意。这说明当时人们关心的主要问题，是要不要推翻清王朝和建立资产阶级共和国。

　　这场围绕同盟会的三民主义纲领而展开的革命派和改良派的论战，比之戊戌时期围绕要不要变法和怎样变法而展开的维新派与顽固派、洋务派的论战规模更大，影响也更深远。作为继维新变法以后发生的又一次思想解放运动，它为辛亥革命做了必要的思想准备和干部准备，其历史意义不可低估。

　　首先，通过这场论战，划清了革命和改良的界限，扩大了革命派的影响。据统计，1905年论战高潮之际，留日学生大约有8000人，"其政治思想则可大别之为'革命'与'保皇立宪'两派，而其时犹以倾向'保皇立宪'

者为多（立宪保皇相表里，其名不同，其实一也）"①。但到了1906年，双方阵营就发生了明显变化。梁启超在给乃师康有为的信中写道："革党现在东京占极大之势力，万余学生从之者过半……近且举国若狂矣。"② 这年12月革命派借东京锦辉馆召开《民报》周年纪念大会，有七八千人出席，散发增刊增书券五千多份，盛况空前，会议从上午8时一直开到午后2时，"会场中人人感慨淋漓"，"其辩理则静，及动于情激越而不可制"。③1907年《新民丛报》的一篇文章在谈到革命派与改良派势力之消长时不得不承认："数年以来，革命论盛行于国中；今则得法理论、政治论以为之羽翼，其旗帜益鲜明，其壁垒益森严，其势力益旁薄而郁积。下至贩夫走卒，莫不口谈革命，而身行破坏……至于立宪政体者，在今日文明诸国中，必流无量之血，掷无数之头颅，乃始得此君民冲突之结果，而在于吾国，似为一极秽恶之名词。"④ 正因为革命派与改良派势力之消长的变化，1907年初，梁启超托人给革命派表达要求休战的意思，但被孙中山等人拒绝。他们理直气壮地指出：真理愈辩愈明，如果立宪派的立宪之说果有真理，就应该继续和革命党人辩驳下去，"一驳不胜则再驳，再驳不胜则三驳，至于十驳，极于千驳，尽摧《民报》论议之根据，使无立锥"。立宪派既然害怕与革命党人继续辩驳，可见其立宪之说根本就是错误的。革命派宣称，他们将把辩驳进行到底，"犁廷扫穴，不留余种以毒人矣"。⑤ 其结果，梁启超不得不将《新民丛报》停刊，而另行成立政闻社，从事立宪活动。其次，通过论战，宣传了三民主义思想，三民主义作为同盟会的革命纲领，为越来越多的留日学生所接受。

革命派虽然取得了论战的胜利，但我们也应看到，在论战中，革命派也暴露了不少理论上的弱点。

首先，在围绕民族主义的论战，亦即要不要推翻清王朝的论战中，革命派过于集中于"反满"宣传，不恰当地强调了满汉之间的种族区别，有的人

---

① 胡汉民：《胡汉民自传》，（台北）传记文学出版社，1987，第14页。
② 丁文江、赵丰田编《梁启超年谱长编》，第373页。
③ 民意：《纪十二月二日本报纪元节庆祝大会事及演说辞》，《民报》第10号，1906年12月20日。
④ 与之（梁启超）：《论中国现在之党派及将来之政党》，《新民丛报》第92号，1906年11月30日。
⑤ 弹佛：《驳劝告停止驳论意见书》，《民报》第10号，1906年12月20日。

甚至把清王朝说成是"异族"政权，认为满洲人入关是"中国亡国"，所以作为汉人，要推翻满人的"异族统治"，"建立汉族新国家"。革命派的"反满"宣传，在当时的历史条件下，对于动员广大汉族官僚、知识分子和人民群众结成最广泛的反清革命统一战线，最大限度地孤立少数满洲统治者，起了一定的积极作用，这也是武昌起义后革命能迅速取得胜利的一个重要原因。但这只是问题的一方面，问题的另一方面，革命派的"反满"宣传，也带来了不少消极影响。由于过于强调"反满"，冲淡了反封建的色彩。革命派的一些文章，为了"反满"的需要，不加分析地歌颂汉族的悠久历史、文化和典章制度，歌颂历代汉族统治者的"德政"，宣扬秦汉以后中国已不存在贵族阶级，人民已享有不少民主自由权利，甚至把封建糟粕当作"国粹"来赞美。这样，一个倾向就掩盖了另一个倾向，对满洲贵族所实行的民族压迫政策的揭露和批判，取代了对封建统治者所实行的阶级压迫的揭露和批判，在猛烈地反对清王朝统治的同时，却放过了吃人的封建主义。未能对封建主义进行彻底清算，这也是辛亥革命在推翻清王朝后便迅速走向失败的原因之一。

革命派也未能很好地回答改良派在论战中提出的革命会引起动乱，从而招致帝国主义干涉的问题。他们中的大多数人认为，只要革命能够"文明"地、"有秩序"地进行，就不会发生动乱，帝国主义也就失去干涉中国革命的借口。他们不懂得"革命是人民的节日"，只有充分发动人民群众、保护和调动他们的革命热情，革命才有成功的可能。而革命派试图用"秩序"来束缚人民的手脚，将革命限制在他们所许可的范围以内，这反映了他们害怕人民群众、不相信人民群众的政治态度。不敢充分发动人民群众，这是辛亥革命在推翻清王朝后便迅速走向失败的又一重要原因。他们也不懂得帝国主义是中国封建主义的靠山，为了维持和扩大它们在华的侵略势力，帝国主义必然要支持中国的封建势力，干涉和破坏中国革命。革命派天真地以为，只要将革命限制在一定的范围内，并有秩序地进行，不使帝国主义的利益受到任何侵害，就不会引起帝国主义干涉。所以他们一再声明："革命之目的，排满也，非排外也。"[1] 他们甚至在宣言里郑重其事地承认

---

[1] （汪）精卫：《驳革命可以召瓜分说》，《民报》第6号，1906年7月25日。

帝国主义与清政府签订的所有不平等条约，企图以此来换取帝国主义对革命的同情。但事实证明，这只能是一厢情愿的幻想。梁启超就批评革命派以为"秩序之革命，绝不诒外国以干涉之口实"的想法，"苟非欺人，其必自欺而已"。[①] 就此而言，比起革命派，改良派对帝国主义侵略本质的认识更为清醒，他们提出的帝国主义一定会制造借口干涉中国革命的看法也是正确的。他们的问题不在于提出了帝国主义对中国革命的干涉，而在于想用帝国主义干涉来吓唬革命派，抵制革命的发生。

其次，在围绕民权主义的论战，亦即要不要建立资产阶级共和国的论战中，革命派虽然批驳了改良派提出的"躐等"论，即从封建专制到民主共和，必先经过开明专制和君主立宪的过渡，坚持认为在推翻满洲异族统治之后，就能直接建立起民主共和制度，他们把民主共和制度的建立看得太简单、太容易了，而没有认识到它的艰巨性和复杂性，以为只要推翻清王朝，废除君主政体，确立共和政体，民主共和制度就建立了起来，也就万事大吉了。用胡汉民的话说："今惟扑满，而一切之阶级无不平，其立宪也，视之各国有其易耳。"[②] 他们不懂得，君主制度的废除，并不等于封建制度的被推翻，共和政体的确立，也不等于民主共和制度的建立，只有彻底打倒封建势力，推翻整个封建制度，才能使民主共和制度真正建立起来。否则，如果仅以变更政体为目的，而不触及整个封建制度，那么在新的政体下还会出现新形式的专制，甚至出现封建制度的全面复辟。辛亥革命后的历史就充分证明了这一点。

革命派对建立民主共和制度的艰巨性和复杂性的认识不足，还表现在他们对改良派以中国人民尚不具备共和国民的资格为理由，反对在中国建立民主共和制度的种种论说的批驳上。从他们批驳的理由来看，如有的学者所指出的那样，"他们对国民的了解甚笼统，除了皇帝及助其掌握最高权力的一小部分人，其余皆为国民，没有经济上、政治上、思想上的差别。也没有自身权力的认知与争取实现的过程，只要去掉现时压在他们头上的异族专制政府，则天下尽是共和国民，共和立宪之实行乃是自然而必至的事

---

① 饮冰（梁启超）：《暴力与外国干涉》，《新民丛报》第 82 号，1906 年 7 月 6 日。
② 胡汉民：《〈民报〉之六大主义》，《民报》第 3 号，1906 年 4 月 5 日。

实……未曾考虑从专制到民主的过渡是一长期曲折的过程"①。汪精卫就曾一再声称："革命之后必为民权立宪，何也？其时已无异族政府，只有一般国民故也。"②也正因为革命派对建立民主共和制度的艰巨性和复杂性认识不足，过于乐观地相信中国人民天生就具有实行民主共和政治的能力，所以在从事革命的过程中，他们几乎没有对人民群众进行过革命教育，进行过民主政治能力的培养，广大人民群众根本不知道民主共和为何物。与革命派相比较，以梁启超为代表的改良派更重视对人民群众政治能力的培养。

最后，在围绕民生主义的论战，亦即要不要实行土地国有制的论战中，革命派虽然批判了改良派维护封建土地制的主张，表示要解决土地问题，但他们提出的"平均地权"的土地纲领，不是要把土地分配给农民，所以当改良派指责革命派的土地纲领是要"夺富人之田为己有"时，他们则解释说，"盖社会革命者，非夺富民之财产，以散诸贫民之谓也"。③不分配给农民土地，土地问题就不可能得到根本解决，而土地问题不解决，就不可能调动广大农民的革命积极性，甚至得不到农民的支持。农民不投身革命，革命就没有取得最后胜利的可能。这是辛亥革命在推翻清王朝后便迅速走向失败的另一重要原因。另外，革命派提出的"平均地权"，用列宁的话说，本来是一个十足的资本主义的土地纲领，然而革命派却把它当作社会主义纲领来宣传，要"毕"民主革命和社会主义革命之功"于一役"。这样就混淆了民主革命和社会主义革命两个阶段的不同任务，不可避免地要引起人们思想的混乱。改良派也正是抓住了革命派的这一理论上的偏差，批评革命派不顾中国国情，机械地照搬欧美的社会主义学说，在帝国主义经济侵略面前，不仅不大力发展资本主义，保护资本家的利益，反而要"以排斥资本家为务"，阻碍资本主义的发展。④应该说，改良派的上述批评有它的一定道理。就对中国社会性质的估计而言，以梁启超为代表的改良派比之以孙中山为代表的革命派可能更正确一些。

① 耿云志等：《西方民主在近代中国》，中国青年出版社，2003，第84—85页。
②（汪）精卫：《驳〈新民丛报〉最近之非革命论》，《民报》第4号，1906年5月1日。
③ 县解（朱执信）：《论社会革命当与政治革命并行》，《民报》第5号，1906年6月26日。
④ 饮冰（梁启超）：《杂答某报（续第八十五号）》，《新民丛报》第86号，1906年9月3日。

二、国粹派与国粹主义思潮的兴起

早在 1902 年，受日本明治维新后由三宅雪岭、志贺重昂提出的"保存国粹，可以强国"思想的影响，邓实、黄节等人在上海创办了一份从事国粹宣传的革命报刊《政艺通报》，先后发表了一些宣传国粹、激发民族主义和爱国思想的文章，认为"国必有学而始立，学必以粹为有用，国不学则不国，学非粹则非学，非学不国，其将何以自存矣"[①]。为了避免亡国灭种的危险，只有振兴国学，发扬国粹。到 1905 年初，为推动国学研究，进一步宣传国粹主义，邓实、黄节和刘师培等人，又在上海发起成立了以"研究国学，保存国粹"为宗旨的"国学保存会"，并发行《国粹学报》，由邓实任总纂，作者主要有邓实、黄节、陈去病、章太炎、刘师培、黄侃、马叙伦、王国维、罗振玉、王闿运、廖平、柳亚子、郑孝胥等 50 多人，多数是国学保存会成员，1909 年南社成立后，又多数是南社成员。这些人的共同特点是出身旧学，有的还是经学世家，长期受中国传统文化的熏陶，不少人是著名的国学学者，是刚刚从旧士大夫营垒中转化（或正在转化）的知识分子。作为国学保存会的机关刊物，《国粹学报》自 1905 年初创刊到 1911 年初停刊，7 年间从未间断，共出 82 期，内分政、史、学、文等栏目，除刊载有 60 份《国学保存会报告》外，还先后发表了诸如《国学微论》《国学通论》《国学今论》《读〈国粹学报〉感言》《论国粹无阻于欧化》《古学复兴论》《国学真论》《国学无用辨》《某君与人论国粹书》《论中土文字有益于世界》等研究国学、宣传国粹的文章，以及上千篇的国学权威著作和明末清初诸儒遗文，在当时的思想界和学术界产生了较大的影响。在编辑《国粹学报》的同时，邓实、黄节等人还大规模地从事古籍的校勘整理工作，先后编辑出版有《国粹丛书》《国粹丛编》《神州国光集》《国学教科书》等著作，又在上海设藏书楼一所，印刷所一处，并曾计划开设国粹学堂。1906 年章太炎来到日本，在东京留学生举行的大会上他号召人们"用国粹激动种性，增进爱国的热肠"[②]。经过他的活动，"国学讲习会"和"国学振起社"在东京相继开办成立，刘师培任国学讲习会正讲习，章太炎任国学振起社社长，

---

① 邓实：《国粹学》，《政艺通报》甲辰第 13 号，1904 年。
② （章）太炎：《演说录》，《民报》第 6 号，1906 年 7 月 25 日。

积极从事国粹主义的宣传。东京也因此继上海之后成了国粹主义思潮较为活跃的又一中心。

除《政艺通报》和《国粹学报》外，当时主要从事国粹主义宣传的刊物还有出版于日本东京的《学林》和出版于广州的《保国粹旬报》。这两份刊物虽然创刊较晚（《学林》创刊于 1909 年，《保国粹旬报》创刊于 1910 年），存在的时间也不长（《学林》只存在两个年头，即 1909—1910 年，《保国粹旬报》只存在 3 个月，即 1910 年 2 月—4 月），但还是产生了一定的影响。《民报》作为同盟会的机关刊物，在章太炎主编期间，也发表过不少宣传国粹主义的文章。据统计，章太炎前后共编发 14 期，发文总数 160 篇，其中属于国粹研究的文章 57 篇，占总数的 36%。章本人在第 7—24 号上共发表文章 64 篇，其中有关国粹研究的文章 34 篇，占总数的 53%。在刘师培总共发表的 7 篇文章之中，有 5 篇是研究国粹的文章，占总数的 71%。尤其是第 14 号共刊文四篇，章太炎、刘师培各二篇，内容全然为国粹研究，不啻成为国粹研究的专集。在《民报》的影响下，《醒狮》《河南》《复报》《汉帜》《江苏》《云南》《粤西》等革命刊物也都从事过国粹主义的宣传。

目前大多数学者认为，1905 年国学保存会的成立，是国粹主义思潮兴起和国粹派形成的标志。国学保存会的宗旨是"研究国学，保存国粹"。那么什么是"国粹"和"国学"？两者之间的关系又是怎样的呢？尽管国粹派知识分子对"国粹"并无统一的界定，但综观其主要代表人物的见解，其一，指的是中国的历史、文化。章太炎在东京留学生欢迎会上就明确指出："国粹"就是历史，"这个历史，是就广义说的，其中可以分为三项：一是语言文字，二是典章制度，三是人物事迹"。① 其后国学讲习会成立，请章太炎宣讲的内容，也是"一、中国语言文字制作之原；一、典章制度所以设施之旨趣；一、古来人物事迹之可为法式者"。② 其二，指的是源于中国的历史、文化而形成的中国民族精神或特性。邓实说："夫一国之立必有其所以自立之精神焉，以为一国之粹，精神不灭，则国亦不灭。"③ 许守微也说："国粹者，一国精神之所寄也，其为学本之历史，因乎政俗，齐乎人心之所同，

---

① （章）太炎：《演说录》，《民报》第 6 号，1906 年 7 月 25 日。
② 国学讲习会发起人：《国学讲习会序》，《民报》第 7 号，1906 年 9 月 5 日。
③ 邓实：《鸡鸣风雨楼独立书·语言文字独立》，《政艺通报》癸卯第 24 号，1903 年。

而实为立国之根本源泉也。"①

　　和他们对"国粹"的论述一样，国粹派代表人物也是在两层意义上来论述"国学"的。其一，指的是中国汉民族所固有的学术，尤其是先秦的学术。邓实强调：一国有一国之学术，中国自"秦火之焚，而专制之政体出"和"王朝之乱而外族之朝廷兴"，便是国与学俱亡了。迄今"异学异国"充塞神州，"国之不国，学之不学也久矣"。他抨击"伪儒"立身伪朝，"卖国卖学"。②黄节也写道：何谓国？"对于外族则言国，对于君主则言国，此国之界也。国界不明，诸夏乃衰……国于吾中国者，外族专制之国，而非吾民族之国也；学于吾中国者，外族专制之学，而非吾民族之学也。而吾之国之学之亡也，殆久矣乎。"③其二，指的是与"君学"相对立的、"不以人君之是非为是非"的学术传统。邓实指出："近人于政治之界说，既知国家与朝廷之分矣，而言学术则不知有国学君学之辨，以故混国学于君学之内，以事君即为爱国，以功令利禄之学，即为国学，其乌知乎国学之自有其真哉。"④所谓"君学"，就是"以人君之是非为是非者"，它为历代帝王所尊崇，颁为功令，奉为"治国之大经""经世之良谟"；所谓"国学"，就是"不以人君之是非为是非者"，它为历代帝王所排斥，是中国文化的真正精粹和脊梁。⑤他们认为，秦、汉以降，中国既为君主专制的一统天下，神州学术伏于专制君统之下，"遥遥二千年神州之天下，一君学之天下而已"⑥。"国学"的式微，是造成自汉、宋以来，国破家亡，外祸迭起，君臣屡易的重要原因。

　　就以上国粹派代表人物对"国粹"与"国学"的论述看，正如郑师渠在《晚清国粹派文化思想研究》中所指出的那样，二者之间并无严格的界限，"'国学'无论是在近代的意义上指中国的历史、学术、文化，还是在与'君学'相对立的意见上，指中国文化的脊梁，从广义上说，都是弥足珍贵的'国粹'……因此，保存'国学'是保存'国粹'的前提，而研究'国粹'又是'国学'得以保存的必由之路。这样，说到底，'国学'与'国粹'的

---

① 许守微：《论国粹无阻于欧化》，《国粹学报》第1年第7号，1905年8月10日。
② 邓实：《国学保存论》，《政艺通报》甲辰第3号，1904年3月。
③ 黄节：《〈国粹学报〉发刊辞》，《国粹学报》第1年第1号，1905年2月23日。
④ 邓实：《国学真论》，《国粹学报》第3年第2号，1907年4月2日。
⑤ 邓实：《国学无用辨》，《国粹学报》第3年第5号，1907年7月29日。
⑥ 邓实：《国学真论》，《国粹学报》第3年第2号，1907年4月22日。

关系，可归结为两个层次：一是二者均可泛指中国的历史文化，因而是可互代的等量概念……二是'国学'即指中国学术文化，而'国粹'则为内含的精华"①。

国粹主义思潮在 20 世纪初的兴起不是偶然的，有其深刻的思想根源和社会背景。首先，它是对 20 世纪初兴起的西化思潮的回应。前面已经提到，20 世纪初，由于受民族危机和殖民地半殖民地环境的影响，在部分知识分子中滋生出一种"醉心欧化"思想倾向，认为中国这个数千年老大帝国已成了"陈尸枯骨"，虽欲保存，但其"臭味污秽，令人掩鼻作呕"，只能起阻碍青年吸收新理新学的作用，而不会有其他任何积极意义，西方新的文明既已诞生，那么，已成为"陈迹"的中国过去的历史文化自然"当在淘汰之列"，"醉心欧化"才是中国文化出路的唯一选择。正如章太炎所指出的那样："近来有一种欧化主义的人，总说中国人比西洋人所差甚远；所以自甘暴弃，说中国必定灭亡，黄种必定剿绝。因为他不晓得中国的长处，见得别无可爱，就把爱国爱种的心，一日衰薄一日。"②鲁迅在《破恶声论》一文中对此也有揭露："时势既迁，活身之术随变……掣维新之衣，用蔽其自私之体……倘其游行欧土，偏学制女子束腰道具之术以归，则再拜贞虫而谓之文明，且昌言不纤腰者为野蛮矣。""见中国式微，则虽一石一华，亦加轻薄，于是吹索抉剔，以动物学之定理，断神龙为必无。"③这种具有民族虚无主义之特征的"欧化主义"思潮的兴起，就不能不引起以章太炎、刘师培、邓实为代表的一些出身经学世家、从小就受中国传统文化熏陶的国粹派知识分子的警觉和反对，他们因此挺身而出，批判"欧化主义"，提倡保存国粹，发扬光大中国的传统文化和古老文明。这是国粹主义思潮兴起的一个重要原因。《〈国粹学报〉发刊辞》就写道："不自主其国，而奴隶于人之国，谓之国奴；不自主其学，而奴隶于人之学，谓之学奴。奴于外族之专制固奴，奴于东西之学说，亦何得而非奴也。同人痛国之不立，而学之日亡也，于是瞻天与火，类族辨物，创为《国粹学报》一编，以告海内。"④

---

① 郑师渠：《晚清国粹派文化思想研究》，第 117—118 页。
② （章）太炎：《演说录》，《民报》第 6 号，1906 年 7 月 25 日。
③ 迅行（鲁迅）：《破恶声论》，《河南》第 8 期，1908 年 11 月。
④ 黄节：《〈国粹学报〉发刊辞》，《国粹学报》第 1 年第 1 号，1905 年 2 月 23 日。

　　国粹主义思潮兴起的另一重要原因是对西方资本主义制度所固有的种种弊端的反思。我们知道，自 19 世纪 70 年代自由资本主义向垄断资本主义过渡以来，西方资本主义制度所固有的种种弊端日益暴露无遗，尤其是资产阶级议会政治更是百病丛生。这就不能不引起人们的反思：如何才能使这些弊端在中国不会重演？以章太炎、刘师培、邓实为代表的国粹派知识分子认为，要使西方资本主义制度的种种弊端，特别是它的议会政治的弊端在中国不会重演，就必须改弦更张，把目光从西方文化和政治制度转向中国的传统文化和政治制度。章太炎就曾指出："他国未有议员时，实验未著，从人心所县揣，谓其必优于昔，今则弊害已章，不能如向日所县拟者。汉土承其末流，琴瑟不调，即改弦而更张之尔，何取刻画以求肖为？"[1] 他们认为，中国既然"立国已二千年"，就必然有"独优之法制"，这种"独优之法制"，在新的历史条件下，必能"复为」壮"，成为医治西方文化弊端的灵药妙方。[2]

　　民族危机的日益加深是国粹主义思潮兴起的又一重要原因。19 世纪末，帝国主义掀起瓜分中国的狂潮，尤其是 1900 年八国联军侵华，使国人对西方帝国主义的猖獗极为关切。以章太炎、刘师培、邓实为代表的国粹派知识分子认为，中国之所以积弱不振，民族危机日益加深，其根本原因就是没有提倡国粹。因为在他们看来，一个国家所以能立于世界民族之林，不仅在于武力，更重要的还在于有赖以自立的民族"元气"，这就是各国固有的"国粹"。然而自清政府举办洋务运动以来，中国不是在提倡国学、发扬国粹的基础上学习西方，而是依样画瓢，先学习西方的科学技术，进而学习西方的政治制度，其结果"将三十年，而卒莫收其效，且更敝焉"[3]。画虎不成反类犬。所以，要振兴国家，挽救民族危机，其关键就在于讲求国学，提倡国粹。他们甚至认为，只要国粹尚存，即使不幸亡国，也终有复国之一日；要是国粹不保，中国所面临的将不仅是亡国，而且是亡天下，即将陷万劫不复的灭种之灾："学亡则亡国，国亡则亡族。"[4] 他们因此而提出了

---

[1]（章）太炎：《代议然否论》，《民报》第 24 号，1908 年 10 月 10 日。
[2] 章绛（太炎）：《国故论衡》三卷，《国粹学报》第 6 年第 4 号，1910 年 5 月 28 日。
[3] 许守微：《论国粹无阻于欧化》，《国粹学报》第 1 年第 7 号，1905 年 8 月 20 日。
[4] 黄节：《〈国粹学报〉发刊辞》，《国粹学报》第 1 年第 1 号，1905 年 2 月 23 日。

"保种、爱国、存学"的口号，大声疾呼：爱国之士不仅当勇于反抗外来侵略，而且当知"爱国以学，读书保国，匹夫之贱有责焉"的道理①，奋起保存国学、国粹，以挽救民族危亡，实现国家复兴。尽管国粹派本末倒置，把文化救亡当成民族救亡的前提，犯了文化决定论的错误，但从中我们亦不难窥见其反帝爱国的民族主义情怀。就此而言，以章太炎、刘师培、邓实为代表的国粹派知识分子也是爱国的民族主义者。

国粹主义思潮在 20 世纪初兴起的第四个重要原因是反清革命的需要。20 世纪初的时代最强音是反清革命，以章太炎、刘师培、邓实为代表的国粹派知识分子也基本上是反清革命派。他们大多出生在历史上抗清斗争最为激烈而损失也最惨重的江浙一带，从小就深受传统的"华夷之别"种族观念的影响，反清意识非常强烈。章太炎自己就说过："兄弟少小的时候，因读蒋氏《东华录》，其中有戴名世、曾静、查嗣庭诸人的案件，便就胸中发愤，觉得异种乱华，是我们心里第一恨事。后来读郑所南、王船山两先生的书，全是那些保卫汉种的话，民族思想渐渐发达。"②刘师培也是"少读《东华录》夙具民族思想"的。他曾有诗写道："大厦将倾一木支，乾坤正气赖扶持；试从故国稽文献，异代精灵傥在兹。"③因此，当他们转向革命之后，便自觉地利用传统的种族观念和历史上汉族人民反抗包括满族在内的国内其他少数民族统治的掌故，为反清革命服务。

受上述思想和历史背景的影响，国粹主义思潮兴起后，国粹派的宣传主要集中在以下三个方面。

第一，"反满"的民族主义思想。如前所述，以章太炎、刘师培、邓实为代表的国粹派大多具有强烈反满的民族主义思想，而他们的民族主义往往又表现为大汉族主义。所以在他们的宣传中，充满了"春秋大义""内夏外夷"一类的陈词滥调。比如刘师培在他的《两汉学术发微论》一文中就一再强调："清儒内夏外夷之言，岂可没欤！"在国粹派看来，只有汉族统治者才是正统，包括满族在内的少数民族不应入主"中原"，取得国家的统治权，否则便是"亡中国"。《国粹学报》从一出刊，便以凄怆的笔调写道：

---

① 邓实：《国学保存会小集叙》，《国粹学报》第 1 年第 1 号，1905 年 2 月 23 日。
② （章）太炎：《演说录》，《民报》第 6 号，1906 年 7 月 25 日。
③ 刘师培：《甲辰年自述诗》，《警钟日报》1904 年 9 月 10 日。

"悲夫痛哉！风景依然，举目有江河之异，吾中国之亡也，殆久矣乎！栖栖千年间，五胡之乱，十六州之割，两河三镇之亡，国于吾中国者，外族专制之国，而非吾民族之国也。"① 此类言论在《国粹学报》中比比皆是。正是从"春秋大义""内夏外夷"一类的大汉族主义的思想出发，他们把种族革命、逐满光复看成第一件大事，把恢复汉族政权，重见"汉官威仪"视为资产阶级革命的重要目标。章太炎就曾指出："吾以为今人虽不尽以逐满为职志，或有其志而不敢讼言于畴人，然其轻视鞑靼以为异种贱族者，此其种姓根于二百年之遗传，是固至今未去者也。"因此在章太炎所设想的共和国中，政治上的主体是汉族，少数民族只有经过二十年的汉化，"然后可与内地等视"，享有政治上的选举权。②

当然，国粹派毕竟生活在资产阶级民主革命已蓬勃兴起的时代，他们的反满思想也就不能不受到时代潮流的影响，而与历史上的大汉族主义的反满思想有所区别。比如章太炎就一再强调，反满并不是要反对满族平民，而是反对满洲政府，颠覆满洲贵族的统治，建立以汉族为主体的资产阶级国家。他在《定复仇之是非》一文中就明确指出："夫排满洲即排强种矣，排清主即排王权矣。譬如言捕狮子，则不必别以捕猛兽为名，何以故？闻狮子之名而猛兽在是故。然必举具体之满洲清主，而不举抽象之强种王权者，强种与王权，其名无限，满洲与清主，其名有限。"③ 很显然，在章太炎这里，"排满"已成为反对民族压迫（强种）和封建压迫（王权）的替代词，"满"即是"强种"和"王权"的具体化身。在《"社会通诠"商兑》一文中，章太炎又着重阐述了"军国社会"和"宗法社会"之民族主义的区别。所谓"军国社会"，大体指的是资本主义社会；所谓"宗法社会"，大体指的是封建社会。他认为，革命派的民族主义"则惟军国社会是务，而宗法社会弃之如脱屣耳矣"。④ 刘师培在《普告汉人》中宣称："近日之满洲乃一族肆于民上者也。以一人肆于民上犹不可，况以一族肆于民上耶！故就种界而言，则满洲之君为异族；就政界而言，则满洲之君为暴主。今日之讨满，

---

① 黄节：《〈国粹学报〉发刊辞》，《国粹学报》第 1 年第 1 号，1905 年 2 月 23 日。
②《正仇满论》，《国民报》第 4 期，1901 年 8 月 10 日。
③（章）太炎：《定复仇之是非》，《民报》第 16 号，1907 年 9 月 25 日。
④（章）太炎：《"社会通诠"商兑》，《民报》第 12 号，1907 年 3 月 6 日。

乃种族革命与政治革命并行者也。"① 虽然从"种界"立论刘师培还将"满洲之君"称为"异族"，但就"政界"而言他又将"满洲之君"称为"暴君"，尤其是"种族革命"与"政治革命"的提出，表明刘师培的思想已跳出了狭隘的大汉族主义的藩篱。其他一些国粹派知识分子在主张"反满"时，也或多或少地把它与政体变革和社会进步联系起来。如以"反满"而著称的黄节，就不满足于仅仅划清"种界"，而要求在进行种族革命的同时，取得"财产自由主权"，实现"群治"进步，并明确指出："虽使种界常清，而群治不进，则终如甄克思之说，种将日弱尔。"②

尤其可贵的是，国粹派的反满思想中还包含有反帝爱国思想的内容。如刘师培为了进一步激起整个民族对清王朝的反抗，特作《中国民族志》一书，以辨明汉满"种界"，提倡"种界革命"。然而他在辨明满汉"种界"的同时，又比较全面地阐述了中国所面临的严重民族危机及其产生的根源。他在书中慷慨陈词："嗟乎！廿纪以前之中国，为汉族与蛮族竞争时代，廿纪以后之中国，为亚种与欧种竞争时代。""中国当'蛮族'入主之时，'夷族'劣而汉族优，故有亡国而无亡种。当西人东渐之后，亚种劣而欧种优，故忧亡国，更忧亡种。"③ 尽管刘师培以种族的优劣来解释中国所面临的严重民族危机是错误的，这实际上是一种社会达尔文主义，但他毕竟认识到并明确指出了西方帝国主义的侵略不同于历史上少数民族的入主中原，给中华民族造成的灾难更为深重。他还指出清王朝"为虎作伥"，把中国的土地和人民当作贡品向帝国主义献媚投降，已完全成了"洋人的朝廷"，成了帝国主义侵略中国的帮凶和走狗，因此不推翻清王朝，"即无以免欧族之侵陵"。④ 这样他就把反清与反帝结合了起来。

在国粹派中，章太炎的反帝爱国思想最具特色，也最为突出。早在1897年，他在《论亚洲宜自为唇齿》一文中，就从种族主义的角度出发，号召亚洲各族人民联合起来，反对白种人的侵略，并指责清王朝"有兵实不练，有地藏不启，有学校不教，受侮邻国，惟北方（指俄国——引者）尤

① 韦裔之裔（刘师培）：《普告汉人》，《民报》临时增刊《天讨专号》，1907年4月25日。
② 黄节：《黄史总叙》，《国粹学报》第1年第1号，1905年2月23日。
③ 刘师培：《中国民族志》，宁武南氏校印本，1934，第53—54页。
④ 刘师培：《中国民族志》，第54页。

甚"①。随着戊戌变法尤其是义和团运动的失败，章太炎对帝国主义的侵略本质以及清王朝已成为"洋人的朝廷"有了进一步的认识，并逐渐形成了反帝必先反满的革命观点。在《客帝匡谬》中他明确指出："满洲弗逐，欲士之爱国，民之敌忾，不可得也。浸微浸削，亦终为欧美之陪隶已矣。"②1907—1908 年，他在《民报》上先后发表《五无论》《印度人之观日本》《革命军约法问答》《答祐民》等文章，揭露帝国主义"寝食不忘者，常在劫杀，虽磨牙吮血，赤地千里，而以为义所当然"，"其屠戮异洲异色种人，盖有甚于桀纣"。③这些号称文明的西方强盗给中华民族带来的危害，"其烈千万倍于满洲"④。他号召人民起来驱逐帝国主义的在华势力，并表示反帝就不要惧怕"伤白人之感情"，"欲令白人无怒，惟有钳口结舌，勿吐一言耳"。⑤针对那些认为帝国主义会援助中国革命的想法，他指出这只是一种"迷梦"，"纵媚之亦未必成功"。⑥1907 年 3 月，章太炎与张继、刘师培等联合印度革命者在日本发起成立"亚洲和亲会"，在他为和亲会起草的约章中，明确主张"反对帝国主义，而自保其邦族"，"期使亚洲已失主权之民族，各得独立"。⑦他解释《民报》六大主义中的"维持世界真正之平和"，是要"使欧美人不得占领亚洲，使亚洲诸民族，各复其故国而已"，并郑重声明："此条主义，往日尚未宣明，今仆始有意发扬之"。⑧上述解释，是发其他革命派所未发，它说明章太炎的反帝爱国思想不仅在国粹派中非常突出，在所有革命派中也是非常突出的。

第二，"古学复兴"的思想。国粹派最重要的思想是"古学复兴"。"古学复兴"原是欧洲文艺复兴的一种别称。国粹派希望 20 世纪将成为中国文艺复兴的时代。1905 年 10 月，邓实在《国粹学报》第 9 号上发表《古学复兴论》一文说："吾人今日对于祖国之责任，惟当研求古学，刷垢磨光，钩

---

① 章太炎:《论亚洲宜自为唇齿》,《时务报》第 18 期, 1897 年 2 月 22 日。
② 章太炎:《客帝匡谬》, 载《章太炎全集》(三), 第 120 页。
③ (章) 太炎:《五无论》,《民报》第 16 号, 1907 年 9 月 25 日。
④ (章) 太炎:《革命军约法问答》,《民报》第 22 号, 1908 年 7 月 10 日。
⑤ (章) 太炎:《答祐民》,《民报》第 22 号, 1908 年 7 月 10 日。
⑥ (章) 太炎:《五朝法律索隐》,《民报》第 23 号, 1908 年 8 月 10 日。
⑦ 汤志钧编《章太炎年谱长编》上册, 第 243 页。
⑧ (章) 太炎:《答祐民》,《民报》第 22 号, 1908 年 7 月 10 日。

玄提要，以发见种种之新事理，而大增吾神州古代文学之声价，是则吾学者之光也……则安见欧洲古学复兴于十五世纪，而亚洲古学不复兴于二十世纪也。呜呼！是则所谓古学之复兴者矣。"[1]许守微在《论国粹无阻于欧化》一文中也大声疾呼："欧洲以复古学而科学遂兴，吾国至斯，言复古已晚，而犹不急起直追，力自振拔，将任其沦坟典于草莽，坐冠带于涂炭，侪于巫来由、红棕夷之列而后快乎？必不然矣！"[2]

国粹派主张"复兴古学"，但他们所讲的"古学"，并非指的是中国一切传统学术和文化。因为如前所述，他们把中国的传统学术和文化分为"以人君之是非为是非"的"君学"和"不以人君之是非为是非"的"国学"这样两大部分，他们要复兴的主要是"国学"，亦即包括儒学在内的先秦诸子之学，而对于"君学"，他们持的是激烈的批判态度。邓实就曾指出，"呜呼！学术至大，岂出一途；古学虽微，实吾国粹。孔子之学，其为吾旧社会所信仰者，固当发挥而光大之；诸子之学，湮没既千余年，其有新理实用者，亦当勤求而搜讨之。夫自国之人，无不爱其自国之学，孔子之学固国学，而诸子之学亦国学也"[3]。章太炎虽然将先秦诸子之学进一步推而广之，认为"所谓诸子学者，非专限于周秦，后代诸家，亦得列入"，但他同时又强调指出，在论述诸子之学时要以"周秦为主"。[4]在国粹派看来，包括儒学在内的先秦诸子之学与古希腊学术文化有许多相似之处，"夫周秦诸子之出世，适当希腊学派兴盛之时。绳绳星球，一东一西，后先相映，如铜山崩而洛钟应，斯亦奇矣。然吾即《荀子》之'非十二子篇'观之，则周末诸子之学，其与希腊诸贤，且若合符节"。既然欧洲借复兴古希腊学术文化，而开近代文明的先河；那么中国也可以通过复兴与古希腊学术文化相似的先秦诸子学，"吹秦灰之已死，扬祖国之耿光"，振兴中国文化，实现国家富强，"亚洲古学复兴，非其时邪"。[5]

这里需要指出的是，国粹派主张"复兴古学"，绝非是要"复古"，相

---

① 邓实：《古学复兴论》，《国粹学报》第 1 年第 9 号，1905 年 10 月 18 日。
② 许守微：《论国粹无阻于欧化》，《国粹学报》第 1 年第 7 号，1905 年 8 月 20 日。
③ 邓实：《古学复兴论》，《国粹学报》第 1 年第 9 号，1905 年 10 月 18 日。
④ 章太炎：《诸子学略说》，载《章太炎政论选集》上册，第 285 页。
⑤ 邓实：《古学复兴论》，《国粹学报》第 1 年第 9 号，1905 年 10 月 18 日。

反，他们以"复兴古学"为号召，首先，对二千多年来将儒学、孔子定于
一尊的正统观念进行了揭露和批判。他们指出，周秦之际我国的学术所以
会出现繁荣，原因就在于当时政治很少干涉学术，诸子百家能够自由争鸣，
然而自汉武帝"罢黜百家，独尊儒术"之后，"学术之途，愈趋愈狭，学说
之传，日远日微"①，中国学术也由此而日益走向衰落。因此，他们认为，要
"复兴古学"，繁荣学术，使湮没已久的先秦诸子学得到应有的承认，就必
须破除二千多年来儒教"一尊"的地位，剥去历代统治者披在孔子身上的
"千古圣人"的伪装，还儒学和孔子以本来面目。正是从这一认识出发，国
粹派撰写和发表了大量的批判儒学和孔子的文字。如章太炎在《诸子学略
说》中批判孔子热心利禄："《艺文志》说儒家云，辟者随时抑扬，违离道
本，苟以哗众取宠。不知哗众取宠，非始辟儒，即孔子固已如是。庄周述
盗跖之言曰：'鲁国巧伪人孔丘，不耕而食，不织而衣，摇唇鼓舌，擅生是
非，以迷天下之主。使天下学士，不反其本，妄作孝弟，而侥幸于封侯富
贵者也。'此犹曰道家诋毁之言也，而微生亩与孔子同时，已讥其佞，则儒
家之真可见矣。"②刘师培则从训诂的角度解释"儒"字，证明儒家的传统就
在伪装，指出孔子所以津津乐道于"六艺"，目的是要借此作为进身的资本，
"干禄"的阶梯。他还批判孔子学风霸道，是"儒教排外之鼻祖"，"盖禁言
论思想之自由，仍沿官学时代之遗法，故凡遇学术稍与己异者，即排斥不
遗余力，观孔子之诛少正卯，可以知其故矣"。③国粹派对儒学和孔子的批
判，开启了新文化运动批儒反孔的先河。其次，对包括儒学在内的先秦诸
子之学进行了新的发掘和解释。邓实指出，诸子之书"其所含之义理，于西
人心理、伦理、名学、社会、历史、政法，一切声光化电之学，无所不包，
任举其一端，而皆有冥合之处"④。许之衡认为，"孔子之遗经，无一为主张
专制者，虽不主共和之制，然其所言君权，大抵主限制君权之说居多。以
愚意度之，其殆主张君民共主之制者乎？夫孔子之掊击专制，皆属于微言，
其最多在《易》，其次在《春秋》。以掊击专制之孔子，而固谓主张专制者

① 邓实：《古学复兴论》，《国粹学报》第 1 年第 9 号，1905 年 10 月 18 日。
② 章太炎：《诸子略说》，载《章太炎政论选集》上册，第 289—290 页。
③ 刘光汉（刘师培）：《孔学真论》，《国粹学报》第 2 年第 5 号，1906 年 6 月 11 日。
④ 邓实：《古学复兴论》，《国粹学报》第 1 年第 9 号，1905 年 10 月 18 日。

乎？亦多见其不知量而已"①。尽管此类发掘和解释有些牵强附会，因而缺少必要的思想深度，但我们不能不承认，这是谋求先秦诸子之学实现近代转换的一种努力，国粹派试图从先秦诸子之学里发掘出某些为中国近代化所需要的东西。最后，主张引进西学以研究古学。国粹派从历史立论，认为西方的输入从来都是"中国学术变迁之关键"。元代地连欧洲，西学因之东渐，"此历数音韵舆地之学，所由至元代而始精也"。②明清之际，诸子学与西学，"相因缘而并兴"，尤为引人注目。进入近代，西学愈益东渐。"外学日进，而本国旧有之古学亦渐兴。"因此，要实现"古学"的"复兴"，就必须引进西学以研究"古学"，"古学"复兴的过程，同时也就是中西学术会通融合的过程。用邓实的话说："以诸子之学，而与西来之学，其相因缘而并兴者，是盖有故焉。"③许守微的《论国粹无阻于欧化》一文，在广征博引大量例子以说明中西文化的交流对复兴古学的作用后，"一言以蔽之"地得出结论："国粹也者，助欧化而愈彰，非敌欧化以自防，实为爱国者须臾不可离也云尔。"④发表于《政艺通报》上的《国粹保存主义》在解释什么是"国粹"时也再三强调："本我国之所有而适宜焉者国粹也，取外国之宜于我国而吾足以行焉亦国粹也。"⑤

第三，对西方代议制的抨击。我们前面已经指出，国粹主义思潮兴起的原因之一，是对西方资本主义制度种种弊端的反思，而反思的重点是西方的代议制。代议制是资产阶级民主政治的重要表现形式。对于资产阶级民主政治，国粹派并不反对，他们还在不同程度上做过一些宣传。早在1903年前后章太炎在《驳康有为论革命书》中就指出："民主之兴，实由时势迫之，而亦由竞争以生此智慧者也。""在今之世，则合众共和为不可已。"⑥《国粹学报》刊出后，也曾刊载过宣传和介绍资产阶级"三权分立"的民主政体。特别是刘师培与林獬合著的《中国民约精义》一书，对于天赋人权学说有较详尽的介绍，并明确地提出了合群力、去人君、建立共和政府的主张。

① 许之衡：《读〈国粹学报〉感言》，《国粹学报》第1年第6号，1905年7月22日。
② 刘光汉（刘师培）：《国学发微》，《国粹学报》第2年第11号，1906年12月5日。
③ 邓实：《古学复兴论》，《国粹学报》第1年第9号，1905年10月18日。
④ 许守微：《论国粹无阻于欧化》，《国粹学报》第1年第7号，1905年8月20日。
⑤ 黄纯熙：《国粹保存主义》，《政艺通报》壬寅第22号，1902年12月30日。
⑥ 章太炎：《驳康有为论革命书》，载《章太炎政论选集》上册，第203页。

以章太炎为代表的国粹派虽不反对资产阶级民主政治，也不反对在中国实行民主共和，但他们反对在中国实行代议制，并对代议制进行了猛烈抨击。在他们看来，西方代议制，实际上是中国古代分封制的变种，"其上置贵族院，非承封建者弗为也。民主之国虽代以元老，蜕化而形犹在"，欧洲、日本所以实行代议制，原因就在于这些国家"去封建犹近"。他们还认为，实行代议制，实际上是在人为地制造"阶级"，在人民头上设置压制者，加剧不平等。用章太炎的话说："君主之国，有代议则贵族不相齿；民主之国，有代议则贫富不相齿；横于无阶级中增之阶级。"他还举美国的议员有司法豁免权为例，"代议士在乡里，有私罪不得举告，其尊与帝国之君相似"，他们名为议员，实则在人民头上又横加"数十百议皇"。这与民权平等思想风马牛不相及。由于欧美、日本的选举权是以财产为基础的纳税多少来确定的，选举出来的议员，也无一例外的是富豪。富豪本来平常就恃强凌弱，欺压百姓，如果再当选为议员，由他们来组成议会，制定法律，决定国家的司法、财政、教育大权，那就更如虎添翼，无法无天了。"故议院者，民之仇，非民之友"也。① 而且，就欧美、日本的经验来看，议员都是由党派选出来的，"名为代表人民，其实依附政党"②，因此，在议会中，他们考虑的不是人民的利益，而是党派的利益，"惟以发抒党见为期，不以发抒民意为期"。议员名为选举产生，但实际上靠的是金钱贿买，"凡为代议士者，营求入选，所费金无虑巨万，斯与行贿得官何异？"③ "议院者受贿之奸府"也。④

章太炎等人不仅对代议制的种种弊端进行了猛烈的抨击，而且认为代议制根本就不适用于中国。因为，第一，中国取消分封制已两千多年，"秩级已废，人人等夷"，如今再要恢复名为民主、实为在人民头上加一特权等级的"议皇"，这不是伸张民权，而是压制民权，完全是一种倒退行为；第二，中国是一人口众多的大国，如果按日本的比例，每13万人产生一名议员，"则议员当得三千二百人，其数与虎贲等"，如此众多的议员集聚在一

① （章）太炎：《代议然否论》，《民报》第24号，1908年10月10日。
② （章）太炎：《五无论》，《民报》第16号，1907年9月25日。
③ （章）太炎：《官制索隐》，《民报》第14号，1907年6月8日。
④ （章）太炎：《五无论》，《民报》第16号，1907年9月25日。

起，根本无法开展工作。退一步，如果按照西方议会的规模，以 700 左右
的议员构成，那么中国 60 万人才可选举一名议员，议员之数与所代表的人
口不成比例，无法了解民情，代表民意。而且由于议员人数少，有钱有势
者就必然会四处钻营，以当选为议员，其结果"徒令豪民得志"。总之，由
于中国人口众多，"多选议员，则召喧哓，少选议员，则与豪右"，横竖都
行不通。[①] 如果硬要实行的话，"其蠹民尤剧于专制。今之专制，直刑罚不中
为害，他犹少病，立宪代议，将一切使民沦于幽谷"[②]。

以章太炎为代表的国粹派对西方代议制之种种弊端的抨击，这本身没有
错，西方代议制的确存在着这些弊端。他们反对中国实行代议制，认为代
议制根本就不适用于中国，这本身也没有大错，后来的历史证明，不顾中
国具体国情搞议会选举，其结果只能画虎不成反类犬，并没有给中国带来
真正的民主，他们所担心的议员"喧哓"和少数豪右垄断议员席位的情况后
来也都发生过。而且他们反对在中国实行代议制，也含有抵制清政府预备
立宪、打击正热衷于预备立宪的以梁启超为代表的立宪派的目的。但他们
把代议制说成是中国古代分封制的变形，这就混同了二者的性质区别，尤
其是他们否定代议制取代封建专制制度的历史进步性，认为"代议政体必不
如专制为善"[③]，则是十分错误的，至少反映了他们思想的片面性和偏激性。

代议制不适用于中国，那么什么样的制度能适用于中国呢？章太炎认
为，能适用于中国的制度是一套以总统为元首的行政、民法、教育三权分
立的政治制度。概而言之，即由国民直选总统，"总统主行政国防，与外交
则为代表，他无得与"，以限制总统权力。"司法不为元首陪属，其长官与
总统敌体"，"虽总统有罪，得逮治罢黜"。法律由"明习法律者与通达历史、
周知民间利病之士"组成的学者会议制定，"法律既定，总统无得改，百官
有司毋得违越"。学校"不当隶属政府，惟小学校与海陆军学校属之。其他
学校皆独立，长官与总统敌体"。不设议会，遇"外交、宣战诸急务"时，
临时由每县派一人为代表，赴京讨论议决，"议既定，政府毋得自擅"。实
际上，章太炎所设计的这套制度在某种意义上可以说是对明清行省官制的

① （章）太炎：《代议然否论》，《民报》第 24 号，1908 年 10 月 10 日。
② （章）太炎：《与马良书》，《民报》第 19 号，1908 年 2 月 25 日。
③ （章）太炎：《代议然否论》，《民报》第 24 号，1908 年 10 月 10 日。

改造或变通。他在《代议然否论》中就明确承认，他的这套制度是"借观"了明代"行省有布政、按察二使，政、刑分权，无他官以临其上，及满洲常设巡抚一员，为行省长，学政又与巡抚抗礼，政、学分权，无他官以临其上"的基础上设计出来的。①

尽管章太炎认为，他所设计的这一套制度能克服代议制的种种弊端，真正实现民主，保障民权，但实际上他并没有真正找到一条实现民主、保障民权的途径。因为根据他的设计，总统虽然不掌管司法和教育权，但他"主行政国防"，掌握军事大权，如果没有一整套民主制度对他的权力加以监督和制衡，仅凭司法和教育长官是很难与他"敌体"的，遇到权势欲极强的人，结果必然是军事独裁。因为和清时的巡抚不同，巡抚上面有朝廷和皇权对他的权力加以节制。总统虽说是由国民直接选举产生，但如何选举，由谁主持选举，都没有具体规定。总统就职后，也没有常设的民意机构对他的权力加以监督，就是总统犯法，都没有机构对他进行弹劾，这至少在政治体制上是不完备的。从中外古今的政治实践来看，人民要真正实现自己的权力，还是需要有自己的代表机构，没有民意代表机构，任何民主制度都无法实现，问题的关键不是要不要，而是建立一个什么样的代表机构。章太炎因噎废食，因资产阶级的代议制出现了种种弊端，而反对设立任何民意机关，只主张在国家需要的时候，由各县临时选派一人到京议事，以决取舍，这只能是一种无法实行的空想。

以上是国粹主义思潮的主要内容。那么，应该怎样评价国粹派和国粹主义思潮呢？我们认为，首先必须肯定以章太炎为领袖的国粹派是革命派内部的一个思想派别，在辛亥革命的前几年间，他们的宣传活动基本上是围绕同盟会的革命纲领进行的，并写出了《驳康有为论革命书》《訄书》《中国民约精义》等一些曾产生过广泛影响的革命或进步作品，为当时革命派与改良派的论战、革命思想与封建思想的斗争做出过积极贡献，其历史意义不容否认。他们的排满宣传尽管夹杂着许多大汉族主义的思想糟粕，但在当时历史条件下，对动员人民参加反清革命起过重要的作用。尤其是他们的反满思想中还包含着丰富的反帝爱国的思想内容，特别是章太炎提出

---

① （章）太炎：《代议然否论》，《民报》第24号，1908年10月10日。

的亚洲各被压迫民族联合起来反抗帝国主义的思想，值得我们认真地总结。他们虽然倡导国粹，主张"复兴古学"，但他们绝非是要复古，也非一味地反对向西方学习，他们对二千多年来将儒学、孔子定于一尊的正统观念的揭露和批判，对包括儒学在内的先秦诸子之学新的发掘和解释，以及引进西学以研究古学的主张和实践，都有其积极的思想价值和意义。因此，国粹派所提倡的"保存国粹"和"复兴古学"，与清朝统治者为抵制革命而提倡的"保存国粹"和"复兴古学"不能相提并论。[①] 他们尽管没有找到一条真正能实行民主、保障民权的途径，但他们对西方资产阶级代议制的种种弊端的揭露和抨击，并力图防止西方代议制的弊端在中国重演，其思想是深刻的，说明他们在思想观念上是一个真正的民主主义者。

当然，这只是问题的一方面；问题的另一方面，国粹派和国粹主义思潮又起过非常不好的消极作用，尤其是到了后期，其消极作用越来越大，越来越明显。这主要表现在：他们充满了"春秋大义""内夏外夷"一类陈词滥调的排满反清宣传，以消极的大汉族主义冲淡了对整个封建主义的思想斗争，这是造成后来革命取得成功后又迅速失败的一个重要原因。他们在提倡"复兴古学"的过程中，表现出了浓烈的恋古情结，因此他们对待中国传统文化，尤其是其中的封建主义糟粕，往往是理不胜情，不能客观地加以认识和评价，从而削弱了反封建思想的锋芒，甚至助长了复古主义逆流的残渣泛起。他们虽然不一味反对向西方学习，但他们始终未能认识到中国传统文化在时代性上落后于西方近代文化的事实，未能认识到中国有向西方学习的必要性和紧迫性，相反他们人为地夸大了中国文化将被西方文化同化、中国将不成其为中国的现实危险性，从而造成了人们的心理紧张和对西方文化的拒斥，阻碍了西方资产阶级新思想、新文化在中国的传播和发展。

正是由于国粹派和国粹主义思潮起过不好的消极作用，他们受到了革命派内部一些人的批评，主要是批评他们的复古倒退的思想倾向。比如鲁迅的《科学史教篇》，一方面批评了据今蔑古的历史虚无主义，一方面则指出

---

① 1903 年，清政府颁布《学务纲要》，规定各级学校必须"重国文以存国粹"，并把"存国粹"视为"息乱源"之本。

了国粹派笃古自欺的错误。他在文中写道："惟张皇近世学说，无不本之古人，一切新声，胥为绍述，则意之所执，与蔑古亦相同。盖神思一端，虽古之胜今非无前例，而学则构思验实，必与时代之进而俱升，古所未知，后无可愧，且亦无庸讳也。"[①] 国粹派则不如此认为，他们往往以"国已有之"自欺欺人，以为"一若今之学术艺文，皆我数千载前所已具"。如果听任这种错误发展下去，必然会严重阻碍新学的引入，而迷古不化的恶果将愈演愈烈。我们后面将要介绍的《新世纪》也发表过一篇《好古》的文章，作者站在无政府主义的立场，对国粹派"惟尊古薄今，故谓古人为圣人，无所不知，所言无不合理，今人之所言者，虽异于古，然皆古人之唾余也"的"笃古"倾向提出了严厉批评，并针对国粹派将"西人之新理新学"往中国古人上靠，认为它们都源之于中国的现象指出，"一新理一新学之出现，必有其所以为新理之据，所以为新学之实，适了时而宜于行也。一人倡之，众人和之，以至于实行，非必求合于古人之所言，而后可以流行也，尤非赖一二首倡之力而得普及也"。[②] 应该说鲁迅和《新世纪》作者的批评一针见血，切中了国粹派和国粹主义思潮"笃古"的时弊。今天我们读来仍然有其现实意义。

三、无政府主义派与无政府主义思潮的泛滥

无政府主义（又译作安那其主义）来源于古希腊文 avapxia，原意是"无权力、无秩序的状态"。作为一种社会思潮，无政府主义形成于 19 世纪 40 年代的欧洲，与马克思主义的诞生大致同时，其代表人物主要有法国人蒲鲁东（1809—1865）、俄国人巴枯宁（1814—1876）和克鲁泡特金（1842—1921）等。如果说马克思主义是代表无产阶级向资本主义制度的宣战，那么，无政府主义则反映出资本主义制度倾轧下小资产阶级对现实社会的愤懑。

中国人最早接触到近代西方无政府主义是在 20 世纪初。和那时中国人对西学的接触一样，日本也是中国人最初接触西方无政府主义的"桥梁"或

---

① 令飞（鲁迅）:《科学史教篇》,《河南》第 5 期，1908 年 6 月。
② 民:《好古》,《新世纪》第 24 号，1907 年 11 月 30 日。

"中转站"。1902年上海广智书局发行《俄罗斯大风潮》一书，译者马君武作序介绍说，无政府主义是一种"新主义"。同年商务印书馆出版《社会主义广长舌》一书，其中有日本早期社会主义者幸德秋水写的《无政府主义之制造》一章。1903年，张继（署名"自然生"）根据日文书刊中无政府主义思想资料编译而成的《无政府主义》一书在上海出版。也是这一年，上海广智书局出版了专门宣传无政府主义的《近世之社会主义》和《社会党》两书，作者均为日本人。1904年，上海东大陆图书译书局出版了金一（天翮）根据日本人烟山太郎的《近世无政府主义》一书翻译而成的《自由血》。

19世纪末、20世纪初，社会主义思潮在日本非常流行，而无政府主义是作为社会主义的一个流派而为日本的进步思想家或社会主义者所接受和宣传的。日本的进步思想家或社会主义者在宣传、介绍无政府主义学说时，突出介绍的是俄国民粹主义派的思想和活动。众所周知，俄国民粹主义派形成于19世纪60年代，反映了俄国小生产者的政治要求和利益。他们以农民为革命的主要力量，提出"到民间去"的口号，自以为是人民的精粹，故得名"民粹派"。民粹派主张通过暗杀和武装暴动等手段，扩大影响，推动社会革命。民粹派活动遭到沙皇政府的血腥镇压，一些民粹主义者因在国内无法安身而逃到日本，与日本的进步思想家或社会主义者交往密切。民粹主义在本质上既不是社会主义，也不是无政府主义，但日本的进步思想家或社会主义者却没有把它与社会主义和无政府主义进行区分。这是他们在宣传、介绍社会主义和无政府主义时，突出宣传、介绍民粹主义的重要原因。受日本的影响，20世纪初的一些革命党人在宣传、介绍社会主义和无政府主义时，突出宣传、介绍的也是俄国的民粹主义，他们称民粹主义派为虚无党，并号召人们向俄国虚无党学习，投身反清革命。1903年6月19日出版的《苏报》刊载有《虚无党》一文，以极大的热情颂扬了俄国虚无党的事业："吾今日震惊于虚无党之事业，吾心动，吾血喷，吾胆壮，吾气豪，吾敢大声疾呼以迎此潮流而祝曰：杀尽专制者，非此潮流荡薄之声乎！而何以冲激之气，独钟于斯拉夫民族"，"而我国独何以此风不盛，党派之不能横行耶？"作者称赞民粹派的暗杀"直接痛快，杀君主，杀贵族，杀官吏，掷身家性命以寒在上者之胆"，出生入死，值得尊敬。作者认为这股潮流如能输入中国，中国便能"逐异种，复主权"，推倒满洲人的统治。[①]6月在日本出版的《江苏》第4期发表署名为"辕孙"的《露西亚虚无党》一文，对俄国的虚无主义和虚无党进行了介绍，热情地歌颂了虚无党的英勇行为，认为虚无党之所以要搞暗杀，搞破坏，是因为"彼其处于水深火热之时，政府官吏既不可望，而其愁苦惨淡之情又抑郁而无可诉，乃以为欲去此社会之荼苦，必先建设新国家，欲建设新国家，不得不推翻旧政府，诛灭残暴之君主，于是不得不出于破坏之一策"。中国清王朝的专制和腐败与俄国的沙皇政府相同，因此中国"欲去此社会之荼苦"也就"必先建设新国家，欲建设新国家，不得不推翻旧政府，诛灭残暴之君主，于是不得不出于破坏之一策"。这是作者撰写这篇文章的根本原因。用作者自己的话说，他写作此文的目的在于"述英雄之伟业，借文字为鞭策之资；伤祖国之沦亡，发大声以醒同胞之梦"。[②]这年出版的《新湖南》作者"湖南之湖南人"，称颂俄国虚无党是"今世界各国中破坏之精神"之"最强胜者"，他们"自革命文学时期升而为游说煽动时期，自游说煽动时期升而为暗杀恐怖时期，愈挫愈奋，愤盈旁魄，几使俄政府权力威命之所及，俱陷于盲风晦雨之途焉"。作者特别欣赏他们用水雷、地雷、炸弹搞暗杀，认为如能做到"水银泻地，无孔不入"的效果，其举动"何其壮也"。作者希望革命党人能像俄国虚无党那样，"缟素苴经以当破坏之凶门"。[③]

这里需要指出的是，20世纪初年，不仅革命党人宣传、介绍和提倡过俄国的虚无主义，当时曾一度倾向于革命的梁启超以及其他一些持改良或保皇立场的报刊，也宣传、介绍过俄国的虚无党和虚无主义。如梁启超在1904年专门写有介绍俄国虚无党的《论俄罗斯虚无党》一文，赞颂"虚无党之事业，无一不使人骇，使人快，使人歆羡，使人崇拜"。但在此文中他又声称，虽然钦佩俄国虚无党人的手段，但不赞成他们的主义，因为"彼党之宗旨，以无政府为究竟"。而在他看来，主张无政府，"不徒非人道，亦非天性也"。[④]同年6月出版的《大陆报》第7期刊载有一篇题为《俄罗斯虚无党三英杰传》的文章，在介绍了海尔曾（赫尔岑）、契尔那威基（车尔尼雪夫斯基）和孛克林（巴枯宁）的生平思想后，作者对中、俄做了比较，认为"俄国之中有虚无党，虚无党者，皆冒万死以求覆专制政治者也。识者乃谓中、俄强败之故，其在斯乎"。作者撰写此文的目的，是要使"中国之人，读之当不能无动乎其中也"。①

　　以上是1905年中国人宣传、介绍无政府主义的大致情况。1905年11月中国同盟会机关刊物《民报》创刊。《民报》在宣传孙中山的三民主义革命领导的同时，出于对社会主义的同情，也宣传、介绍过各种社会主义学说，其中也有无政府主义。和此前的宣传、介绍一样，《民报》也是把无政府主义作为社会主义各种学说中之一种加以宣传和介绍的，就宣传、介绍的文章看，大多能持一种比较客观的叙述态度。同时出于革命的需要，对俄国虚无党宣传、介绍较多，并持赞赏的态度。《民报》曾大量刊登过虚无党人暗杀活动的照片（或写真画）和著名虚无党人的照片，发表过不少虚无党人的传记，称赞虚无党人的暗杀行为是"惊天地泣鬼神之大事业"②。

　　总的来看，1907年《新世纪》和《天义》创刊之前，宣传、介绍无政府主义的主要是留日学生，由于受日本思想界的影响，他们对无政府主义的宣传、介绍并不系统，存在着理论浅薄，误将俄国的民粹主义视为无政府主义而重点宣传、介绍的特点。革命党人中受无政府主义思想影响的虽然不少，但真正信奉无政府主义学说的则不多，他们主要欣赏的是俄国民粹派的暗杀恐怖行为。真正把无政府主义当成一种科学的学说，而系统地加以宣传、介绍，那是1907年6月《天义》和《新世纪》创刊以后才开始的。

　　1907年6月，在日本东京和法国巴黎的中国革命党人中，几乎同时出现了无政府主义派别。东京的无政府主义派别，以张继、刘师培、何震、汪公权为代表，他们发起成立社会主义讲习会，出版《天义》半月刊，因此人们又称他们为"天义派"。巴黎的无政府主义派别，以张静江、李石曾、吴稚晖、褚民谊为代表，出版《新世纪》周刊，因此人们又称他们为"新世

---

① 《俄罗斯虚无党三英杰传：亚历山德海尔曾》，《大陆报》第7期，1903年7月。
② 无首：《苏菲亚传》，《民报》第15号，1907年7月5日。

纪派"。中国革命党人中的无政府主义派别在东京和巴黎的出现，与 20 世纪初年东京和巴黎无政府主义的流行有关。

我们前面已经提到，19 世纪末 20 世纪初，社会主义思潮在日本非常流行。1901 年日本就成立了社会民主党。但这个党成立不久，即遭到日本政府的禁止。1906 年，社会民主党以社会党的名义重新组建，但一开始内部就存在着严重分歧：以片山潜、田添铁二为代表的一派，主张通过争取普选权和议会的多数来实现革命；而以幸德秋水、堺利彦为代表的一派，主张"直接行动"，用无政府主义的总同盟罢工和暗杀来实现革命。1907 年 6 月，两派正式分裂，片山潜等被称为软派，组织社会主义会；幸德秋水等被称为硬派，组织社会主义金曜（星期五）讲演会。

日本社会主义组织内部的上述分裂，对东京的中国革命党人影响很大。1903 年曾翻译出版过无政府主义著作的张继，于 1906 年将幸德秋水翻译的意大利人马拉叠斯所著《无政府主义》一书译成中文，不久又与幸德秋水建立了联系，受其影响，成为无政府主义者。[1] 此前就提到过无政府主义的刘师培[2]，1907 年初与其妻何震、何震之表弟汪公权一起赴日本，加入同盟会，担任《民报》编辑，并开始接触到一些无政府主义思想和人物，尤其是俄国克鲁泡特金的《互助论》及思想对他影响很大，他也因此而成了中国最早的一批无政府主义者。这年 6 月初，刘师培通过其妻何震，以"女子复权会"的名义创办了《天义》半月刊。在 6 月 25 日出版的第 2 卷上，刊出了《社会主义讲习所广告》。广告中说："近岁以来，社会主义盛行于西欧，蔓延于日本，而中国学者则鲜闻其说，虽有志之士渐知民族主义，然仅辨种族之异同，不复计民生之休戚，即使光复之说果可实行，亦恐以暴易暴，不知其非。同人有鉴于此，又慨社会主义之不明，拟搜集东西前哲各学术，参考互验，发挥光大，以饷吾国民。复虑此主义之不能普及也，援创社会主义讲习会，以讨论斯旨。"[3] 实际上广告中说的社会主义，也就是无政府主

① 张继：《回记录》，载《张溥泉先生全集》，第 2360 页，转引自金冲及、胡绳武《辛亥革命史稿》第二卷《中国同盟会》，上海人民出版社，1985，第 243 页。

② 在 1903 年刘师培与林獬合著的《中国民约精义》一书中，即认为无政府主义者"亦出于民约论之一分子"。

③ 张继、刘光汉（刘师培）：《社会主义讲习所广告》，《天义》第 2 卷，1907 年 6 月 25 日。

义。在 8 月 31 日社会主义讲习会成立大会上，刘师培就明白宣布："吾辈之宗旨不仅以实行社会主义为止，乃以无政府为目的者也。无政府主义，于学理最为完满。""吾辈之意，惟欲于满洲政府颠覆后，即行无政府，决不欲于排满以后另立新政府也。"他认为如果推倒满洲政府后又立新政府，那就"势必举欧美、日本之伪文明推行于中国"，其结果必将使中国人民较今日更为困苦。① 从刘师培给"社会主义讲习会"定下的调子可以看出，社会主义讲习会以宣传、介绍无政府主义为宗旨，是中国最早的无政府主义组织。该会从成立到 1908 年 6 月停止活动，共开演讲会 13 次，先后作过演讲的，中国方面有刘师培、何震、张继、章太炎、景定成、潘怪汉、汪公权、南桂馨、陶成章等；日本方面有幸德秋水、堺利彦、山川均、大杉荣等。演讲者的演说辞，后来多发表在《天义》上。所以，从社会主义讲习会成立后，《天义》半月刊实际上成了女子复权会和社会主义讲习会的共同刊物。

　　1908 年初，社会主义讲习会的主要成员张继因参加日本的金曜会第二十次会议，遭日本警察的追捕，逃亡巴黎。不久社会主义讲习会内部又发生矛盾。这年 4 月，为了避免日本的注意，刘师培将《天义》半月刊停刊，改出《衡报》，托名在澳门出版，实际上编者和主要撰稿人都是刘师培。10 月，《衡报》出至十一号被日本政府查禁。11 月，刘师培与何震回国。以社会主义讲习会和《天义》半月刊为依托的东京无政府主义派别自此不复存在。

　　和东京的以张继、刘师培为代表的无政府主义派一样，巴黎的以张静江、李石曾、吴稚晖、褚民谊为代表的无政府主义派别的形成，也是受了当地的无政府主义的直接影响。20 世纪初巴黎的无政府主义者非常活跃，仅无政府主义报刊就不下数十种。张静江、李石曾和吴稚晖等人与法国无政府主义者关系非常密切，受他们的影响，1906 年冬，发起成立了世界社组织。翌年 6 月，《新世纪》周刊在巴黎问世。周刊直接取名于法文的无政府主义刊物《新世纪》，其社址也设在法文《新世纪》编辑部的楼上（或隔壁）。自创刊到 1910 年 5 月 21 日停刊，在近 3 年的时间里，《新世纪》周

---

① 公权：《社会主义讲习会第一次开会记事》，《天义》第 6 卷，1907 年 9 月 1 日。

刊共出版 121 号。此外，还出版有《新世纪丛书》第 1 集。

《天义》半月刊和《新世纪》周刊在宣传、介绍无政府主义学说方面有共性，也有自己的特点。就共性而言①，第一，它们都把无政府主义当为科学的真理，狂热地加以宣传，在各派无政府主义学说中它们宣传、介绍得最多的又是俄国克鲁泡特金的学说。刘师培就认为，"苦鲁泡特金之学说，于共产无政府主义最为圆满"，是"悉以科学为根据"。②他特别对克氏的"互助论"最为欣赏，认为它"仰观太空，俯察物众，近取诸身，远取诸物，均由各体互相结合，以成自然之调和；彼此调和，斯成秩序。援引各例，以证人类之互融；复援引历史，以为人类社会生活，在国家生活之先。近日以来，自由结社之风，遍于世界。由是而进，即能以社会代国家，而其要归之旨，则在于实行互相扶助，可谓持之有故者也"。③《新世纪》周刊译载的无政府主义论著，人多是克鲁泡特金的作品，如《互助论》《法律与强权》《国家及其过去之任务》《面包略取》《狱中逃狱》等。第二，宣传无政府革命优于民族革命和民主革命，主张在反清革命胜利后不再成立政府，实行无政府。何震和刘师培在《论种族革命与无政府主义之得失》一文中便认为，"无政府革命凡种族革命之利无不具，且尽去种族革命之害，况实行无政府，则种族、政治、经济诸革命均该于其中。若徒言种族革命决不足以该革命之全，此无政府革命优于种族革命者也"。又说："欲保满洲君统固不足道，即于排满以后另立政府亦有以暴易暴之虞"，最好的办法便是于排满之后不成立政府，"实行无政府之制"。④《新世纪》的一篇文章，把人类历史上的革命划分为三个阶段：第一是易朝换代，叫做旧世纪革命；第二是倾覆旧政府、建立新政府，叫做新旧过渡时代革命；第三是扫除一切政府，叫做新时期革命。《新世纪》所追求和主张的便是"新时期革命"，也就是无政府革命。⑤《天义》和《新世纪》的上述主张理所当然地受到了同盟会的

---

① 以下内容详细请参见金冲及、胡绳武《辛亥革命史稿》第二卷《中国同盟会》，第246—252页。
② 申叔（刘师培）：《苦鲁泡特金学术述略》，《天义》第11—12合卷，1907年11月30日。
③ 齐民社同人译《无政府主义哲理同理想·编者按》，《天义》第16—19合卷，1908年3月。
④ （何）震、申叔（刘师培）：《论种族革命与无政府主义之得失》，《天义》第6卷，1907年9月1日。
⑤ 真民（李石曾）：《革命》，《新世纪丛书》第1集，转引自《辛亥革命前十年间时论选集》第二卷下册，第998—1003页。

批评。为了弥合与同盟会的分歧，《新世纪》极力宣扬"合力说"，宣称无政府主义"非与民族主义、民权主义背驰者也，不过稍有异同耳"。无政府革命"求世界人类自由平等幸福"，民族主义、民权主义"求一国一种族少数人之自由平等幸福"，两者"犹行程之有远近，初非背驰者也"。[①]他们特别强调，无政府革命和民族、民主革命都主张推翻清政府，因此虽主义不同，但"无碍其同为革命党"，所以应该团结起来，"合力以达革命同一之目的"。[②]这表明，无政府主义派属于革命内部的一个派别。第三，主张用暗杀和发动下层群众武装暴动等手段，推翻清政府，实现无政府革命。《天义》和《新世纪》对此都有大量的宣传，尤其是《新世纪》，曾大量宣传西方各国历史上重大的暗杀事件，介绍暗杀事件中英雄人物的事迹。该刊第 34 号还列有一份"世界暗杀表"，列出了从公元前 44 年到 1908 年期间发生的 49 次重大暗杀事例，以证明恐怖手段是推翻旧政权的最简便有效的途径。《天义》和《新世纪》都主张发动下层群众，但在具体对象上二者又有一些差别，《新世纪》主张发动会党，"与会党为伍"，而《天义》和后来的《衡报》则提出"欲行无政府革命，必自农民革命始"[③]，农民是他们发动的中心。

就各自的特点来看，《天义》的特点主要表现在以下几个方面：第一，重视妇女问题，把妇女解放与无政府革命联系在一起。几乎每期的《天义》都刊登有提倡妇女解放的文章，如《女子复仇记》《女子解放问题》《节妇辩》《女界呼天录》等。这些文章发表后，影响很大。《天义》的这一特点，与它是"女子复权会"的机关报，尤其是与何震是社会主义讲习会的主要成员和《天义》的主要作者有关。何震在《女子解放问题》一文中就明确指出：在有政府的社会里，即使有一部分妇女参加了政权，但大多数妇女仍然要受压迫，受不公正和不公平的待遇，只有实行无政府革命，打倒一切政府，"妇女斯可解放"[④]。她并提出了"妇女解放"的七个标准：（一）实行一夫一妻制；（二）女子出嫁后不从夫姓，以父母姓并列；（三）为父母者，应生

---

① 民（褚民谊）：《伸论民族、民权、社会三主义之异同，再答来书论〈新世纪〉发刊之趣意》，《新世纪》第 6 号，1907 年 7 月 27 日。
② 李石曾：《与友人论种族革命党及社会革命党》，《新世纪》第 8 号，1907 年 8 月 10 日。
③ 刘师培：《无政府革命与农民革命》，《衡报》1908 年 6 月 28 日。
④ 震述（何震）：《女子解放问题》，《天义》第 7 卷，1907 年 9 月 15 日。

男生女都一样，一矫轻女重男之恶习；（四）男女养育同等，教育同等，职务同等；（五）夫妇感情不和可以分离；（六）以初婚之男配初婚之女，男子再娶只能娶再婚之女，女子再嫁只能嫁再婚之男；（七）废除娼妓。[①] 何震和《天义》虽然提倡妇女解放，但并没有找到一条妇女解放的道路。她们以为只要实行"男女革命"，破除家庭，妇女就理所当然地获得了解放。但实际上如果不实现男女经济上的平等或平权，妇女解放只能是一句空话。就此而言，何震和《天义》的妇女解放思想虽然激烈，但就其深刻性而言，不如女革命家秋瑾。第二，力图将无政府主义与中国传统文化熔为一炉，带有浓厚的传统主义的色彩。他们一会儿称老子为无政府主义的发明家，一会儿又试图以儒家、道家思想阐释近代西方的无政府主义。刘师培、何震就认为："儒、道二家之学说主于放任，故中国之政治主放任而不主干涉……名曰有政府，实与无政府无异"，既然中国历史上实行的就是无政府主义，那么，在今天中国实行无政府主义就要比世界其他国家容易得多，"故世界各国无政府，当以中国为最先"。[②]《天义》的这些观点曾遭到以正统无政府主义传人自居的《新世纪》的批评，"但将近代西方无政府主义思想溶解于传统中国思想文化之中的思路，颇合一般'西学中源'的习俗，即迎合了当时社会对西学的接受心理模式，对无政府主义从西方搬运到中国并流传推广是有化解疑惑作用的"[③]。《天义》的这一特点，与刘师培等人出身于旧学、稔熟中国传统文化不无关系。第三，在宣传、介绍无政府主义的同时，也宣传、介绍过马克思主义。《天义》曾译载过恩格斯为《共产党宣言》英文版所写的"序"，并在"记者识"中，称《共产党宣言》发明阶级斗争说，最有裨于历史"[④]。《天义》和后来的《衡报》还译载过《共产党宣言》第一章、第二章，以及恩格斯的《家庭、私有制和国家的起源》的个别段落，除宣传马克思主义的阶级斗争学说外，还宣传过历史唯物主义的思想以及剩余价值理论。尽管《天义》宣传、介绍马克思主义的目的是要证明无政府

---

① 震述（何震）：《女子宣布书》，《天义》第 1 卷，1907 年 6 月 10 日。

② （何）震、申叔（刘师培）：《论种族革命与无政府主义之得失》，《天义》第 6 卷，1907 年 9 月 1 日。

③ 高瑞泉主编《中国近代社会思潮》，华东师范大学出版社，1996，第 336 页。

④ 民鸣译《〈共产党宣言〉序》，《天义》第 16—19 合卷，1908 年 3 月。

主义比马克思主义更为优越，也不赞成马克思主义的国家观和无产阶级专政理论[1]，但在当时无论是量上对马克思主义著作的翻译、介绍，还是质上对马克思主义学说主要观点的理解、阐述，它都达到了同时代的最高水平，其历史意义应该肯定。

《新世纪》的主要特点是：第一，对无政府主义的宣传、介绍比较系统和正统。它大量地宣传、介绍过巴枯宁、克鲁泡特金、葛德文、梯于格、托尔斯泰、施蒂纳等无政府主义代表人物的生平、活动和学说，发表过不少无政府主义著作，尤其是克鲁泡特金著作的译文。据有的学者研究，"《新世纪》这样大量和较系统地介绍著名无政府主义人物和思想，不仅前所未有，而且也为他们之后的无政府主义宣传所不及"[2]。所以民国初年中国无政府主义的主要代表人物刘师复就认为："中国无政府主义之种子，实由此报播之矣。"[3] 由于《新世纪》设立于当时西方无政府主义者活动中心的巴黎，处于西方无政府主义的直接影响下，它的主要作者如李石曾、吴稚晖等人与西方一些著名的无政府主义代表人物都有比较密切的联系，所以它所宣传、介绍的无政府主义都是正统的无政府主义理论，比较注意以进化论来说明无政府主义实现的必然性。正统性有余而创造性不足，这是《新世纪》不同于《天义》的特点，也是后来的中国无政府主义者奉《新世纪》而不是《天义》为中国无政府主义之正统的根本原因。第二，在思想文化方面主张"尊今薄古"和"行孔丘之革命"。针对当时清政府掀起的尊孔逆流和革命党内部的"国粹派"提出的"复兴古学"，《新世纪》明确主张"尊今薄古"，认为"中国之所以不能随世运而进，好落人后者，以尊古薄今也。泰西之所以实事求是、精益求精者，以尊今薄古也"。尊古薄今的人，"非古人言不敢言，非古人行不敢行"，其结果思想被束缚，知识受蒙蔽，而成了"古人之奴隶"。因此，中国要实现富强，追赶时代的潮流，就必须"尊今薄古"，

---

[1] 刘师培在《〈共产党宣言〉序》所写的"记者识"中就批评马克思所讲的共产，"系民主制之共产，非无政府制之共产也"。认为这是马克思学说"之弊"。（《天义》第16—19合卷，1908年3月）在《社会主义与国会政策》中他又公开宣称："由今而降，如有借社会主义之名，希望政权者，决非吾人所主张之政策，虽目为敌仇，不为过矣。"（《天义》第15卷，1908年1月5日）

[2] 高瑞泉主编《中国近代社会思潮》，第333页。

[3] （刘）师复：《致无政府党万国大会书》，《民声》第16号，1914年6月27日。

吸收"外来的新理新学",这样才能"今胜于古,而进化无极也"。①《新世纪》
对国粹派所宣传的国粹主义也提出了严厉批评,说国粹派"动则称扬国粹",
"甚者则曰国粹之不讲,则中国其真不可救药",是因为他们"受历史之毒"
甚深。②《新世纪》主张"行孔丘之革命",认为"孔丘砌专制政府之基,以
荼毒吾同胞者,二千余年矣。今又凭依其大祀之牌位,以与同胞酬酢",所
以,今"欲世界人进于幸福,必先破迷信;欲支那人之进于幸福,必先以孔
丘之革命"。要"行孔丘之革命",就须采用"刮骨破痈之术",即"尽集其
一生之言行,分门著论。言则取类似者,仿《左氏博议》之例,排比为题,
痛加驳斥。行则或就身世,或以所言反诘,要勿稍留余地"。③除主张"行孔
丘之革命"外,《新世纪》还提出过"祖宗革命""三纲革命"和"家庭革命"
的主张,对中国几千年的封建宗法制度和纲常伦理进行过猛烈批判,其目
的是实现无政府革命,建立无政府主义的社会。用《无父无君无法无天》一
文作者的话说,"祖宗革命""三纲革命"和"家庭革命"是"成立无政府
之要素"。④

　　一开始,无政府主义的宣传并没有引起革命党人的注意。但到了1905
年前后,一些革命党人开始认识到了它的危害性。1905年10月陈天华(署
名思黄)在《民报》第1号上发表的《论中国宜创民主政体》一文就对无
政府主义所宣扬的无政府革命提出了批评。不久,叶夏声又在《民报》第7
号上发表《无政府党与革命党之说明》一文,指出同盟会所主张的政治革
命与无政府主义主张存在着五个方面的根本区别:(一)无政府主义在废绝
政治,而政治革命在革新政治;(二)无政府主义在破坏政府,而政治革命
在改良政府;(三)无政府主义因欲废灭政府而至摈斥国家,而政治革命则
为巩固国家而革新政治;(四)无政府主义不论专制与立宪之政体皆破坏之,
而政治革命则仅破坏专制而企图立宪;(五)无政府主义蔑视法律政治,而
政治革命则尊重法律。"此五者皆为两者正反对之点。"该文认为,无政府
主义虽然自称为"革命",但实际上是"非革命"。因为它不承认国家的统

---

① 民:《好古》,《新世纪》第24号,1907年11月30日。
② 反:《国粹之处分》,《新世纪》第44号,1908年4月25日。
③ 绝圣:《排孔征言》,《新世纪》第52号,1908年6月20日。
④ 四无:《无父无君无法无天》,《新世纪》第52号,1908年6月20日。

治权，更不认法律的存在，而唯以破坏手段达其自由平等之目的。所谓的"革命"，仅有破坏而无建设。"无建设之革命，乌得云革命哉！"① 廖仲恺在《民报》第9号发表的《无政府主义与社会主义》的译文中，也对同盟会所主张的社会主义与无政府主义做了划界，指出同盟会所主张的社会主义是要改良社会组织，"与人以自由"，而无政府主义"不过哲学的空想，如梦游华胥，非不美也，却鲜事实之根据"。② 《天义》和《新世纪》创刊后，不少革命党人与之进行了斗争，甚至投稿到这两家刊物，批驳它们对无政府主义的宣传。

革命党人对无政府主义的批判主要是无政府主义者对国家的错误认识。《民报》第17号发表的铁铮（雷铁崖）的《政府说》是这方面的代表作。作者从进化论的观点出发，说明人类社会是物质世界的自然产物，国家、政府又是人类社会的自然产物，它们的产生、发展和消亡都有自己的规律性，人们并不能随心所欲地把它们废除。如果在废除它们的条件还不成熟的时候要人为地把它们废除，就必然会受到规律的惩罚，甚至会招致"灭绝"的惨祸。所以无政府主义者主张无政府革命、要求废除国家和政府是错误的。

作者在理论上指出了无政府主义者对国家的错误认识之后，又进一步从实践上指出了无政府主义者所主张的无政府革命的危害性。认为无政府主义者虽然"以大同为圆满"，主张无政府革命，但他们"又无能力去各国政府，以使世界大同"，只有"于中国求大同"。在中国求大同，那就不得不容纳清政府，要求人民放弃反对清政府的斗争，否则就"有悖大同之义"。其结果，无政府主义者虽然口口声声要去政府，但实际上"适以巩固满政府"，就此而言，无政府主义者可以"与汉奸同处"。③ 除《政府说》一文作者外，其他一些革命党人也对无政府主义者所主张的无政府革命的危害性进行了揭露。张钟瑞在《河南》第4期上撰文指出，无政府主义者在列强对中国虎视鹰瞵的情况下，"高言大同，破坏政府，是自失其团结力，解其责任心，而一切抵制各国之器具，必至消除以净尽，则中国全地，已自现其

---

① 梦蝶生（叶夏生）：《无政府党与革命党之说明》，《民报》第7号，1906年9月5日。
② 渊实（廖仲恺）：《无政府主义与社会主义》，《民报》第9号，1906年11月15日。
③ 铁铮（雷铁崖）：《政府说》，《民报》第17号，1907年10月25日。

瓜分之形状"①。有的革命党人还投书《新世纪》，质问主张无政府主义的《新世纪》作者，说你们讲大同，而不讲国家，如果帝国主义"乘此机会以实行瓜分中国政策"，你们怎么办？伸公理吗？到什么地方去伸？所以无政府主义者声称是"为众生求幸福"，但实际上是"先贻国人以祸"，必导致帝国主义对中国的瓜分。②应该说，革命党人的上述批判击中了无政府主义者对国家错误认识的实质。

除了批判无政府主义者对国家的错误认识外，一些革命党人还对无政府主义者以暗杀等恐怖手段来推动革命的主张提出了质疑。我们上面提到的叶夏生的《无政府党与革命党之说明》一文，即对无政府革命与同盟会的政治革命在革命手段方面的区别做了说明："无政府主义之革命以爆烈弹为之，而政治革命则人民对于政府为公然之战争也。"③这表明，一些革命党人是不赞成用暗杀等恐怖手段来推翻清政府的，而主张建立革命军队，与清政府作"公然之战争"。另一位革命党人汪东发表在《民报》第16号上的《刺客校军人论》，虽然不一概反对使用暗杀等恐怖手段，并对"刺客"不怕死的英勇行为表示出了高度的敬意。但他认为，革命的成功不能靠刺客，而只能靠军人，这就好比伐桑，"刺客拔其叶而敌落其实，军人并其根株而尽拔之"。所以就"刺客"（暗杀）和"军人"（革命军队）的比较而言，"苟言其用，则犹当急军人而缓刺客"。④在当时无政府主义者极力鼓吹暗杀，不少革命党人因历次武装起义失败而滋生出绝望情绪，企图以暗杀来"复仇雪恨"的情况下，上述言论是弥足珍贵的。

无政府主义派和无政府主义思潮在20世纪初年的中国出现和泛滥，不是偶然的，有它深刻的社会和思想根源。首先，中国是一个小生产者有如汪洋大海的国家。这些城乡小生产者在20世纪初年因帝国主义和封建势力的双重压迫，尤其是《辛丑条约》强加给中国人民的沉重负担，而深切地感受到生存的严重危机和压力，他们渴望能维护自己的小生产者的经济地位。一旦他们的这种渴望不能实现时，长期被压抑在他们心头的愤怒就会像火

① 鸿飞（张钟瑞）:《对于要求开国会者之感喟》,《河南》第4期，1908年5月5日。
② 真:《驳新世纪丛书〈革命〉附答》中引用的驳论,《新世纪》第5号，1907年7月20日。
③ 梦蝶生（叶夏生）:《无政府党与革命党之说明》,《民报》第7号，1906年9月5日。
④ 寄生（汪东）:《刺客校军人论》,《民报》第16号，1907年9月25日。

山一样爆发出来，要求打破一切旧的秩序，实现彻底的自由和平等。无政府主义就其实质而言，就是一种小生产者的社会主义，反映的是在资本主义制度倾轧下小生产者对现实社会的愤懑。这是无政府主义派和无政府主义思潮之所以会在 20 世纪初年的中国出现和泛滥最根本的社会原因。另外，清王朝君主专制的暴戾统治所引起的广大人民群众尤其是知识分子对它的憎恨，也是无政府主义思潮得以泛滥的原因之一。其次，中国一些传统的思想观念，为无政府主义在中国的传播和泛滥提供了某种文化上的认同感。比如老庄的"无为而治"主张、儒家的"人性本善"说、墨家的"兼爱"思想，以及《礼记·礼运》中的"大同理想"，都曾经被牵强附会地说成是西方近代无政府主义学说的起源，老子被尊奉为近代无政府主义的鼻祖。尽管这样的比附极其荒谬，却使无政府主义在中国有了一种"似曾相识"之感，从而为它的传播和泛滥提供了有利的条件。最后，20 世纪初年宣传、介绍无政府主义的主体是一些青年留学生和革命党人，这些人思想解放，比较敏感，敢言人之不敢言，行人之不敢行，但他们又因脱离群众，脱离社会实践，而往往抱有一种不切实际的空想，热情有余而理智不足，面对中国黑暗的现实，他们要求革命，要求对社会进行彻底改造，然而他们又缺乏进行长期斗争的心理准备，总希望能在旦夕之间就取得革命的成功。因此当同盟会发动的历次武装斗争均以失败而告终时，他们便滋生出了一种绝望情绪，并由绝望而接受和信仰了无政府主义。借用恩格斯的话说，无政府主义在某种意义上是小资产阶级知识分子绝望情绪的反映。恩格斯逝世后国际社会主义运动分别向左右两个方向转化的现实，特别是日本、法国和俄国无政府主义的影响，则为他们接受和信仰无政府主义提供了直接条件。

和评价国粹派一样，我们也应该首先承认 20 世纪初年的中国无政府主义派别，无论"天义派"，还是"新世纪派"，都是革命派中的一员，他们对民主革命思潮的兴起和发展都起过一定的积极作用。比如，他们都揭露和批判过清王朝的腐朽统治，揭露和批判过清政府搞所谓"新政"和"预备立宪"的实质，宣传过反清革命思想；他们也都揭露和批判过帝国主义对中国的侵略和掠夺，揭露和批判过帝国主义与清政府相勾结，企图瓜分中国的罪恶阴谋。《新世纪》上的一篇文章就明确指出，帝国主义正"利用鞑鞑之灭汉种策，则不数年而十八省之好江山、四百兆之肥猪豚，可垂手而得也"①。《天义》的一篇文章称帝国主义是"现今世界之蟊贼"，认为"今日欧美各国政府及富民势力日增而人民日趋于贫苦，其故何哉？则帝国主义盛行之故也"。②尽管他们不太赞同同盟会的三民主义革命纲领，并因此受到过同盟会内一些革命党人的批评，但除刘师培等个别人外，他们一般还能维护革命派内部的团结，维护孙中山的革命领袖地位。因此，我们不能因刘师培后来背叛了革命、成了清政府的座上客，不能因吴稚晖、张静江、李石曾等人后来成了国民党内的右派分子、反对过国共合作而否定 20 世纪初年的"天义派"和"新世纪派"是革命派内部的一个派别。同盟会的一些人与他们的争论，是革命派内部的争论，与革命派和改良派的争论不可同日而语。这是其一。其二，无论"天义派"，还是"新世纪派"，他们在宣传、介绍无政府主义的过程中，都曾发表过大量同情工农人从痛苦遭遇的文章，表达出他们对工农大众的深切同情，并在此基础上提出了"平民革命""农民革命"等口号，认为工农大众是资产阶级革命的天然盟友，是革命的主力军。所以与以同盟会为代表的其他革命党人相比，他们更加重视工农问题。他们表示不仅要废除封建土地所有制，而且要"锄资本家之横暴"，以实现"为农者自有其田，为工者自有其厂"③，"土地财产均为公有"④的理想社会。中国无政府主义者的这些主张，"不仅直接促进了工农群众直接投入资产阶级革命；更重要的是为中国民主革命留下了足资借鉴的思想资料，在认识领域，开辟了重视工农群众的新思想"⑤。值得我们认真地总结。其三，我们前面已经提到，《天义》在宣传、介绍无政府主义的同时，还宣传、介绍过马克思主义，并且达到了那个时代的最高水平，尽管其目的是要证明无政府主义比马克思主义优越，但宣传马克思主义的客观意义应该肯定。《新世纪》反对"厚古薄今"，提出"行孔丘之革命"以及"祖宗革命""三纲革命"和"家庭革命"等革命主张，并对两千多年的封建伦

① 《帝国主义之结果》，《新世纪》第 63 号，1908 年 9 月 5 日。
② 申叔（刘师培）：《亚洲现势论》，《天义》第 11—12 合卷，1907 年 11 月 30 日。
③ 《社会革命大风潮》，《天义》第 2 卷，1907 年 6 月 25 日。
④ 申叔（刘师培）：《废兵废财论》，《天义》第 2 卷，1907 年 6 月 25 日。
⑤ 吴雁南、冯祖贻、苏中立主编《清末社会思潮》，福建人民出版社，1990，第 481—482 页。

理道德和宗法制度进行过猛烈抨击，具有思想启蒙的积极意义。

当然，如同国粹派和国粹主义思潮一样，无政府主义派和无政府主义思潮在20世纪初年的中国出现和泛滥，也起过非常不好的消极作用。这主要表现在他们对同盟会的三民主义革命纲领，尤其是民族、民权革命纲领的批评上。比如，他们认为同盟会"建立民国"的主张是"重蹈欧美覆辙"，因而坚决反对，主张推翻清政府后实行无政府制度。甚至称"民权主义"是"自利主义"，批评主张"民权主义"的人，"非为贫民计也，实为己之富贵计也"。①他们从无政府主义的立场出发，攻击"驱除鞑虏"的民族主义有失"博爱之谊"，具有狭隘性和自私性，因为在他们看来，民族主义只是"公于一国一种"，而非公于世界，"不得谓之至公"。尽管《新世纪》的一些作者，在他们的观点遭到同盟会内部的一些革命党人的批评后，提出"合力说"，力图弥合与同盟会的分歧，但他们对同盟会三民主义革命纲领的批评还是产生了恶劣的社会影响。另外，无政府主义者在革命的方法上，过于强调暗杀等恐怖手段对于推动革命发展的重要作用，有人甚至认为暗杀是革命的唯一方式，因而积极提倡暗杀。辛亥革命时期暗杀活动的频繁发生，与《天义》和《新世纪》的大力鼓吹是有一定关系的。暗杀，作为武装斗争的一种辅助行为，并非一概不能运用，就实际效果来看，辛亥革命时期一些革命党人的暗杀也确实对清王朝造成了一定的打击，扩大了革命派的影响。但如果把暗杀提高到不恰当的地位，就会把革命引向歧途，甚至造成革命的失败。

四、同盟会内部的思想分歧及其影响

同盟会内部的思想分歧，主要体现在以下三个方面：一是"三民主义"革命纲领的分歧；二是武装斗争革命方略的分歧；三是"省界"意识在同盟会会员中的普遍存在。

前已论及，同盟会的纲领是"驱除鞑虏，恢复中华，创立民国，平均地权"。继而孙中山在《〈民报〉发刊词》中又把这个纲领概括为"三大主义，曰民族、曰民权、曰民生"，也就是"三民主义"。表面上看，加入同盟会

---

① 民（褚民谊）:《伸论民族、民权、社会三主义之异同，再答来书论〈新世纪〉发刊之趣意》，《新世纪》第6号，1907年7月27日。

的原兴中会、华兴会、光复会等革命小团体成员以及其他加入同盟会的革命党人都统一在了"三民主义"的大旗下，但实际上其内部对"三民主义"纲领一开始就存在着"一民主义""二民主义""三民主义"的思想分歧。

所谓"一民主义"，即只认同和接受"三民主义"纲领中的"民族主义"，而没有或不完全认同和接受"三民主义"纲领中的"民权主义"和"民生主义"。章太炎就是"一民主义"的代表。一方面，他强调以"光复"代替"革命"，亦就是以"光复"汉族政权，来代替建立资产阶级共和国。他在为邹容的《革命军》所写的"序"中就指出："改制同族，谓之革命；驱逐异族，谓之光复。今中国既灭亡于逆胡，所当谋者光复也，非革命云尔。"① 在主持《民报》期间，他又多次强调："所谓革命者，非革命也，曰光复也，光复中国之种族也，光复中国之州郡也，光复中国之政权也。以此光复之实，而被以革命之名。"② 章太炎之所以强调以"光复"代替"革命"，一个重要原因，就在于他把革命与反满等同了起来，用他自己的话说，无论是革命，还是反满，"总之不离吕（留良）、全（祖望）、王（船山）、曾（静）之旧域也"③。另一方面，他对建立资产阶级共和国持的则是怀疑和消极的态度。如前所述，1908 年章太炎曾写有《代议然否论》一文，批评西方的代议制度的弊端，认为西方的代议制度不适合于中国，他希望建立的是一个中西结合、专制主义与共和主义熔于一炉的政体，"此政体者，谓之共和，斯谛实之共和矣；谓之专制，亦奇觚之专制矣。共和之名不足多，专制之名不足讳，任他人与之称号耳"④。章太炎不仅反对君主立宪，也反对民主立宪，在 1907 年 10 月"社会主义讲习会"上，他大声疾呼："无论君主立宪，民主立宪，均一无可采。"⑤ 他还在 1907 年 6 月发表的《官制索隐》中将拿破仑和华盛顿，亦即专制与民主相提并论，表示都要反对："政府之可鄙厌，宁独专制？虽民主立宪，犹将拨而去之。借令死者有知，当操金椎以趋冢墓，下见拿破仑、华盛顿，则敲其头矣。"⑥ 他甚至认为，如果没

① 章太炎：《〈革命军〉序》，载《章太炎政论选集》上册，第 193 页。
② （章）太炎：《革命之道德》，《民报》第 8 号，1906 年 10 月 8 日。
③ 章太炎：《光复军志序》，载《章太炎政论选集》下册，第 681 页。
④ （章）太炎：《代议然否论》，《民报》第 24 号，1908 年 10 月 10 日。
⑤ 《社会主义讲习会第三次开会记》，《天义》第 8、9、10 卷合刊，1907 年 10 月 30 日。
⑥ 章太炎：《官制索隐》，载本社编《章太炎全集》（四），上海人民出版社，1985，第 87 页。

有均配土田、官立工场、限制财产相续、解散议员等四条作为保证，那么，"勿论君民立宪，皆不如专制之为愈"①。正是从上述认识出发，章太炎对同盟会纲领中的"民权主义"，亦即建立资产阶级民主共和国这一条不以为然，认为它在革命中只能起"调剂"的作用而已。"余尝谓中国共和，造端与法、美有异。始志专欲驱除满洲，又念时无雄略之士，则未有能削平宇内者。如是犹不亟废帝制，则争攘不已，祸流生民，国土破碎，必为二三十处；故逆定共和政体以调剂之，使有功者得更迭处位，非曰共和为政治极轨也。调剂敷衍，所谓以相忍为国，起因既尔，终后即当顺其涂径，庶免败绩覆驾之祸。"②正因为在"驱除满洲"后的"政治极轨"是"光复"汉族政权，还是建立资产阶级共和国的问题上，章太炎与孙中山存在着差异，所以尽管为了"驱除满洲"，他能暂时"调剂敷衍"，"相忍为国"，集合在同盟会的旗帜之下，但道不同不相为谋，最终与孙中山反目，重建光复会，造成同盟会的分裂，用他的话说，导致他后来与孙中山反目、同盟会分裂的根本原因，"特民权、民生之说殊耳"③。实际上，同盟会中原光复会的绝大多数成员以及后来参加同盟会的人不少都是"一民主义"的认同者和主张者，如陶成章、陈去病、邓实等，借用后来鲁迅的话说，这些人都"抱着一种幻想，以为只要将满洲人赶出去，便一切都恢复了'汉官威仪'，人们都穿大袖的衣服，峨冠博带，大步地在街上走"④。至于以吴稚晖、李石曾、刘师培为代表的无政府主义者，他们从其无政府主义的政治立场出发，当然就更不赞成孙中山提出的推翻清政府以后要建立资产阶级共和国的主张，亦即"三民主义"革命纲领中的"民权主义"了。

如果说章太炎是"一民主义"的代表的话，那么，宋教仁、胡汉民则是"二民主义"的代表。所谓"二民主义"，即只认同和接受"三民主义"纲领中的"民族主义"和"民权主义"，而没有或不完全认同和接受"三民主义"纲领中的"民生主义"。宋教仁就很少提到孙中山的"民生主义"。1906年10月8日，他在日记中写道："今而后吾乃益知民族的革命与政治

①（章）太炎：《五无论》，《民报》第16号，1907年9月25日。
② 汤志钧编《章太炎年谱长编》上册，中华书局，1979，第372页。
③ 汤志钧编《章太炎年谱长编》上册，第320页。
④ 鲁迅：《二心集·关于左翼联盟作家的意见》，载《鲁迅全集》第四卷，第234页。

的革命不可不行于中国矣！"①胡汉民因为不同意"平均地权"，与孙中山争论过整整一晚上。何香凝回忆说，胡汉民刚到日本东京时住在她家，孙中山也住在她家，"胡汉民为了'平均地权'四个字与孙中山先生辩驳了差不多一个通宵。胡汉民认为不宜于在那个时候提出'平均地权'的口号……我记得那天夜里我在床上醒了又睡，睡了又醒，还听见他们在隔壁房间争论不休，一直辩论到深夜三时以后，胡汉民方才勉强加盟"②。除宋教仁、胡汉民外，同盟会内部只认同和接受"三民主义"纲领中的"民族主义"和"民权主义"的人还不少，尤其是原华兴会成员和后来参加同盟会的来自长江中上游省份的人基本上都是"二民主义"者。1907 年 8 月，张伯祥、焦达峰、刘公、孙武等主要来自两湖地区的同盟会员在日本东京成立的共进会，就将同盟会的"平均地权"改为"平均人权"，标榜"以推翻满清政权，光复旧物为目的"③。1911 年 7 月，主要来自长江流域尤其是两湖地区的同盟会会员宋教仁、陈其美、谭人凤等在上海成立中部同盟会，以"推覆清政府，建设民主的立宪政体为主义"，其章程中就根本没有提及同盟会纲领中的"民生主义"。

实际上，早在 1905 年 7 月 30 日，在同盟会成立筹备会上讨论同盟会的纲领时，就有不少人对"平均地权"一条提出了异议。据冯自由记载："时有数人对于'平均地权'有疑义，要求删去此项。总理乃起而演讲世界各国社会革命之历史及其趋势。谓现代文明国家最难解决者即为社会问题，实与种族政治二大问题同一重要。我国目前因工商业尚未发达，而社会问题之纠纷不多，但为未雨绸缪计，不可不杜渐防微，以谋全体人民之福利，欲解决社会问题，则平均地权之方法乃实行之第一步，本会系世界上最新之革命党。应高瞻远瞩，立志远大，必须将种族政治社会三大革命毕其功于一役等语。详细说明，约一时许。众始无言。"④另据吴弱男回忆，"一开始，在讨论会章时，不主张提'平均地权'的就十居八九。……但中山先

---

① 湖南省哲学社会科学研究所古代近代史研究室校注《宋教仁日记》，湖南人民出版社，1980，第 269 页。
② 何香凝：《我的回忆》，载中国人民政治协商会议全国委员会文史资料研究委员会编《辛亥革命回忆录》第一集，中华书局，1961，第 17 页。
③ 李白贞：《共进会从成立到武昌起义前夕的活动》，载《辛亥革命回忆录》第一集，第 501 页。
④ 冯自由：《同盟会四大纲领及三民主义溯源》，载《革命逸史》第三集，第 201—202 页。

生对这一条坚决主张，不肯通融，结果大家拗不过他，才没有把这一条删掉，可是谁也没有把这句话同‘驱除鞑虏’同等地郑重看待”①。同盟会正式成立后，虽然入盟者都要宣誓接受同盟会的纲领，但真正理解“三民主义”的意义，尤其是“民生主义”意义的人并不多。仇鳌回忆说，“同盟会成立，孙中山先生正式提出‘驱除鞑虏，恢复中华，创立民国，平均地权’的革命政治纲领。但当时也只有少数人了解大革命的意义，大多数人还只是知道种族革命。至于平均地权的问题，一般人更是莫测高深”②。张永福也回忆道，“对于民族民权虽已有些模糊的影子，若至于民生主义是不会想到的”③。章太炎虽然也主张解决农民的土地问题，但他的方案与孙中山的“民生主义”是不一样的。在《五无论》中，他主张“均配土田，使耕者不为佃奴”④。在《代议然否论》中，他更明确提出了“田不自耕植者不得有，牧不自驱策者不得有，山林场圃不自树艺者不得有，盐田池井不自煮暴者不得有，旷土不建筑穿治者不得有，不使枭雄拥地以自殖也”的主张。⑤作为无政府主义者，刘师培在土地问题上的主张更为激进，他主张通过“农人革命”的手段，“尽破贵贱之级，没富豪之田，以土地为国民所共有，斯能真合于至公”；他认为“今之田主，均大盗也”，因而主张“夺其所有，以共之于民，使人人之田均有定额，此则仁术之至大者也”。⑥他还对孙中山的“平均地权”提出了尖锐批评，认为孙中山的平均地权“名曰均财，实则易为政府所利用。观于汉武、王莽之所为，则今之欲设政府又以平均地权愚民者，均汉武、王莽之流也”⑦。当时真正全面认同和坚持同盟会“三民主义”纲领，尤其是“民生主义”的，除孙中山外，只有朱执信、廖仲恺、汪精卫等少数人。

在武装斗争革命方略上，同盟会成立后，孙中山认为革命的形式应首

---

① 吴弱男：《孙中山先生在日本》，载中国人民政治协商会议上海市委员会文史资料工作委员会编《辛亥革命七十周年——文史资料纪念专辑》，上海人民出版社，1981，第5页。

② 仇鳌：《辛亥革命前后杂记》，载《辛亥革命回忆录》第一集，第438页。

③ 张永福：《南洋与创立民国》，中华书局，1933，第7页。

④ （章）太炎《五无论》，《民报》第16号，1907年9月25日。

⑤ （章）太炎：《代议然否论》，《民报》第24号，1908年10月10日。

⑥ 韦裔（刘师培）：《悲佃篇》，《民报》第15号，1907年7月5日。

⑦ 申叔（刘师培）：《西汉社会主义学发达考》（续），《天义》第5卷，1907年8月10日。

选会党起义，起义的地点应以广东为中心，或者靠近广东的西南边境地区。因为，广东不仅是自己的家乡，能得到各方面的支持，而且地处沿海，与香港和澳门连接，便于取得海外的饷械接济和从华侨处筹款，靠近广东以及靠近广东的西南边境地区清政府统治较为薄弱，起义容易取得胜利。1905 年 8 月，程潜在仇亮的介绍下加入同盟会，并当面向孙中山请示革命方略。他问孙中山："中国如此之大，选择革命基地，究以何处为宜？"孙中山回答他说：革命必须根据敌我形势的变化来决定，如果形势于我有利，而于敌不利，则随处可以起义。至于选择革命基地，则北京、武汉、南京、广州四地，或为政治中心，或为经济中心，或为交通枢纽，各有特点，而皆为战略所必争。"北京为中国首都，如能攻占，那么，登高一呼，万方响应，是为上策。"武汉绾毂南北，控制长江上下游，如能攻占，也可以据此号召全国。南京虎踞东南，但必须上下游同时起义，才有成功希望。"至于广州，则远在岭外，僻处边徼，只因其地得风气之先，人心倾向革命，攻占较易；并且港澳密迩，于我更为有利。"所以，尽管"以上四处，各有千秋"，但"从现时情况看来，仍以攻取广州，较易为力"。①1907 年 6 月 5 日，孙中山在《复张永福函》中又指出："日来潮起于东，钦廉应于西，全省风动。尚有数路，次第俱发。当合广、韶、惠、潮、钦、廉诸军，以联为一气，则粤事机局宏远，大有可为也！"②其实，早在 1887—1898 年间，孙中山在与宫崎寅藏等就起义地点等问题进行"笔谈"时即已形成了三点认识："盖起点之地，必先求得人，其次接济军火之道，其三不近通商口岸，免各国借口牵制。"正是依据这三点认识，他拒绝了宫崎寅藏提出的以"四川"某地或"山东、河南、江苏交界之处"的"海州"为起义地点的设想。因为"四川不近海口，接济军火为难"；海州的海口"不便入巨舰"，而且"只离州城二十里"，"州城有厘金，每小船通过稽查甚严"，尤其是他对海州的"聚人""毫无把握"，而能否"聚人"则是选择起义地点应首先考虑的条件。这也是他之所以选择以广东为起义地点的重要原因。用孙中山的话说："盖起点之地，不拘形势，总求急于聚人，利于接济，快于进取而

---

① 程潜：《辛亥革命前后回忆片断》，载《辛亥革命回忆录》第一集，第 70—71 页。
② 孙中山：《复张永福函》，载《孙中山全集》第一卷，第 336 页。

矣。……盖万端仍以聚人为第一着，故别处虽有优势，虽便接济，而心仍不能舍广东者，则以吾人之所在也。"[1] 同盟会酝酿时期，黄兴是不太赞同孙中山的以广东为起义地点之革命方略的，而主张以长江一带尤其是湖南为起义的首选之地，并为此与孙中山发生过争论，据宫崎滔天的记载："孙和黄兴第一次在凤乐园见面，就进行了激烈的争论。……黄主张从长江一带开始干，孙则主张从广东开始干。黄对孙说：'你不要光讲自己老家好不好。'孙说：'你要在长江一带干，但从哪里运送武器呢？长江一带很难运送武器进去，你知道么？而广东则有几个运送武器的地方。'争来吵去，终于是黄屈服了。"[2] 同盟会成立后，在孙中山的影响和工作下，黄兴彻底改变了自己的看法，认为"广东财政充足，交通利便，各种形势为天下最，抑且极宜于建立军政府之地也"[3]。从此，黄兴成了孙中山革命方略的积极支持者和执行者。1911 年 10 月 5 日，亦即武昌起义发生之前夜，他在写给冯自由的信中，再次解释了选择两广而没有选择长江流域为起义地点的原因，"前吾人之纯然注重于两粤而不注意于此者，以长江一带，吾人不易飞入，后来输运亦不便，且无确有可靠之军队，故不欲令为主动耳"[4]。同盟会的另一位重要军事领导人赵声同样认为，"四川天府之国，攻守两宜，惟向外推动作用迟缓。武汉地点适中，一旦发动，足以震撼全国，惟败则难于久守。广东地方富庶，民气开通，交通便利，易与海外取得联系，优点特多。将来首先发难，其在百粤间乎"[5]。基于上述认识，同盟会先后在广东和靠近广东的西南边境地区发动了一系列武装起义，主要有：1907 年 5 月的潮州黄冈起义，也称丁未黄冈之役；1907 年 6 月的惠州七女湖起义，亦称丁未惠州七女湖之役；1907 年 9 月的钦、廉防城起义，亦称丁未防城之役；1908 年 3 月的钦、廉上思马笃山起义，也称戊申马笃山之役；1910 年 2 月的广州新

① 孙中山：《与宫崎寅藏等笔谈》，载《孙中山全集》第一卷，第 184 页。
②《宫崎滔天谈孙中山》，载中国人民政治协商会议广东省委员会、文史资料研究委员会、中山大学历史系孙中山研究室合编《广东文史资料》第二十五辑《孙中山史料专辑》，广东人民出版社，1979，第 316—317 页。
③ 黄兴：《与胡汉民致加拿大同志书》，载湖南省社会科学院编《黄兴集》，中华书局，1981，第 60 页。
④ 黄兴：《致冯自由书》（二件），载《黄兴集》，第 67 页。
⑤ 赵启騄：《赵声革命事迹》，载《辛亥革命回忆录》第四集，文史资料出版社，1963，第 301 页。

军起义，也称庚戌广州新军之役；1911 年 4 月 27 日广州黄花岗起义，也称辛亥广州"三二九"之役；但这些起义都先后归于失败。

开始时，除个别人外，同盟会内部对孙中山专意于在广东和在靠近广东的西南边境地区发动起义还是持认同和支持态度的。但随着一系列起义的相继失败，一些革命党人对此则产生了不满，并提出了不同于孙中山主张的革命方略。1908 年云南河口起义失败后，章太炎就向黄兴说道："吾在此以言论鼓舞。而君与逸仙自交趾袭击，虽有所获，其实不能使清人大创，徒欲使人知革命党可畏耳。愚意当储蓄财用，得新式铳两三千枝、机关铳两三门，或可下一道数府，然后四方响应，借群力以仆之。若数以小故动众，劳师费财，焉能有功"，但是，"克强未应"。① 陶成章向来主张"中央革命"，即在江、浙腹地或华北地区发动武装起义，以"袭取重镇"来达到革命的目的。待到孙中山、黄兴发动 系列起义失败后，他则积极活动，恢复光复会，以实现他的"中央革命"方略。据章太炎记载："焕卿（陶成章）亦言：'逸仙难与图事，吾辈主张光复，本在江上，事亦在同盟会先，曷分设光复会。'余诺之，同盟会人亦有附者。"② 1908 年成立的共进会领导人张伯祥、焦达峰等人对于同盟会总部"专力广东，经略不远，皆不悦，以君（指谭人凤——引者）楚士，欲与规长江上游"③。有鉴于"这几年孙总理、黄克强等专在沿海几省，靠几处会党，携少数器械，东突西击，总是难达到目的"，湖北革命党人杨时杰力主放弃在边省的起义，而改"在两湖腹地动手，和满清一拼"，并明确表示，他"不相信边省能够成大事，洪杨在广西起义，打了十几年，不能推翻满清，反被满清消灭了"。④ 1910 年，宋教仁在东京同盟会本部与谭人凤、林时爽、居正等人讨论"革命大举方略"时认为："革命地点应居中不宜偏僻，革命时期应缩短不可延长，战争地域宜狭小不可扩大"，得到大家赞同。⑤ 不久，他又提出了革命方略"三策，以取决于众议"。具体内容为："上策为中央革命，联络北方军队，以东三省为后

① 《太炎先生自定年谱》，龙门书店，1965，第 12 页。
② 《太炎先生自定年谱》，第 13 页。
③ 章太炎：《前长江巡阅使谭君墓志铭》，《制言》半月刊第 33 期，1937 年 1 月 12 日。
④ 杨玉如编《辛亥革命先著记》，科学出版社，1958，第 25、36 页。
⑤ 徐血儿：《宋先生教仁传略》，载上海社会科学院历史研究所编《辛亥革命在上海史料选辑》，上海人民出版社，1981，第 942 页。

援，一举而占北京，然后号令全国，如葡、土已事，此策之最善者也；中策在长江流域各省同时大举，设立政府，然后北伐，此策之次者也；下策在边隅之地，设秘密机关于外国领地，进据边隅，以为根据，然后徐图进取，其地则或东三省，或云南，或两广，此策之又次者也。"①经过讨论，大部分党人认为"下策太不济事，上策太不容易，我们还是以取中策为好"②，亦就是要把革命重心放在长江流域，尤其是九省通衢的武汉地区。这一革命方略提出后，立即得到了包括共进会在内的不少革命党人的赞成。湖北革命党人孙武认为，"武昌是新军集中地点，自从发动以来成效显著，已经到了成熟时期，武昌已经打下了稳固的基础，所以不能不重视武昌。以兵力而论，将来发难，当然非从武昌入手不可"③。陈其美同样认为，"南方卒不可为矣。长江者，襟带全国，控制中部，而武汉据长江上游，四战之地，上海为之咽喉，一旦有事，则足以震撼南北，为兵家所必争"④。为了实现这一革命方略，便有了1911年7月中部同盟会的成立。

除了在"三民主义"的革命纲领和武装斗争的革命方略上的分歧外，"省界"意识也在同盟会会员中广泛存在。

众所周知，中国省制起源于元朝，历经明、清，而得到完善和发展，它"既是中央政府的派出机构，又是地方最高行政区划"，省之最高长官总督巡抚的权力虽然很大，但"他们的权力只是中央政府行政权力的延伸，或者说，他们只是代表中央执行权力。督抚贯彻朝廷旨意，并将执行情况逐项及时以奏折形式向皇帝报告，省没有独立的财政、军事系统。因此，在很长的一段时间里，清人意识中的'省'，只是一种行政区划概念"⑤，借用康有为的话说："省者，中书省也，政府也；行省者，分政府也。"⑥但到了20世纪初，随着"省"地位的提高，各省矿业和铁路公司的兴办，国权与

---

① 徐血儿：《宋先生教仁传略》，载《辛亥革命在上海史料选辑》，第942—943页。
② 邹永成：《邹永成回忆录》，载《近代史资料》1956年第3期。
③ 李白贞：《共进会从成立到武昌起义前夕的活动》，载《辛亥革命回忆录》第一集，第508—509页。
④ 邵元冲：《陈英士行状》，载《革命文献》（第46辑），（台北）中国国民党党史委员会，1979，第133页。
⑤ 刘伟：《晚清"省"意识的变化与社会变迁》，《史学月刊》1999年第5期。
⑥ 康有为：《废省议》，载《康有为政论集》下册，第745页。

民权之意识的形成，尤其是地方自治思潮与运动的兴起和发展，一种被称为"省界"的意识开始萌生和出现。所谓"省界"意识，也就是"对省的认同意识，也包含了省的自主意识"，即"一种立足于一定地域经济文化认同和自身利益的新的省意识"[①]。据学者研究，"省界"一词就是这一时期出现的。[②]一说是起于欧榘甲的《新广东》，"省界胎于庚辛之间，广人《新广东》出世，省界问题如花初萌，于时各省同乡恳亲会先后成立，承流附风遂遗其始，至今日而省界之名始定矣"[③]。一说起于湖南留日学生的《游学译编》，"近数百年来天下归于一统，故省界二字未闻。自东京派留学生，湖南学生联络团体而省界二字起矣。自湖南《游学译编》出，而《江苏》《浙江潮》《湖北学生界》，相继而起，当留学生之他者界也"[④]。

无论是起于欧榘甲的《新广东》一文也好，还是起于湖南留日学生的《游学译编》也罢，总之，到了 20 世纪初，以留日学生为中坚的新式知识分子大多已具有了这种"省界"意识，"本省"已成为他们经常使用的一种流行语。这可以从以下两个方面得到论证。一是"某某省为某某省人之某某省"之提法盛行开来。这一提法的始倡者便是我们上面提到的欧榘甲。1902 年，欧榘甲以笔名"太平洋客"在《文兴报》上连载长篇政论文《论广东宜速筹自立之法》27 篇，该文后易名为《新广东》（又名《广东人之广东》），1902 年 8 月由梁启超主持的新民丛报社出版单行本。在该文中，欧榘甲大力倡导"广东省，广东人之广东省"的观念。因为在他看来，"救他人者不如救其家人亲戚之急，爱中国者不如爱其所生省份之亲"，这是"人情如趋，未如何也"。因此，"窥现今之大势"，与其将"不相闻问，不相亲爱"，"此省视彼省也，与秦人视越人之肥瘠，无以异也"的各省硬拉在一起，还"莫如各省先行自图自立，有一省为之倡，则其余各省，争相发愤，不能不图自立"，待各省都自立了，"然后公议建立中国全部总政府于各省政府之上"，从而实现中国的自立和统一，而广东则有"自立之特质"，所以"自立"可以"自广东始"。这也就是他所主张建立的"新广东"及

① 刘伟：《晚清"省"意识的变化与社会变迁》，《史学月刊》1999 年第 5 期。
② 许小青：《20 世纪初"非省界"与"筹边建省"思潮合论》，《史学月刊》2004 年第 10 期。
③《非省界》，《浙江潮》第 3 期，1903 年 5 月 13 日。
④《论省界不可分》，《警钟日报》1905 年 1 月 6 日。

其意义。①《新广东》一文出版后，"新广东"一词立即在留日学生中流行开来，几乎成了欧榘甲之别称。此后，类似于《新广东》性质的文章相继出现，如1903年，湖南籍留日学生杨笃生（杨毓麟）以"湖南之湖南人"的署名出版《新湖南》，提出"湖南者，吾湖南人之湖南也"，强调"吾湖南人也，欲谋中国，不得不谋湖南"。②同一年，湖北籍留日学生撰文也指出："夫岂有捐弃大局，偏视故乡，甘使天下人士，谓吾楚人皆沐猴而冠带者乎？吾辈既为湖北人，则以湖北人谋湖北，亦自有说。"③几乎同一时期，《云南》杂志刊载的《论云南人之责任》一文称："今日振作精神，固结团体，正我滇人之责任也"；"今日倡公私立之学校，增社会之知识，正我滇人之责任也"；"今日倡勇敢，习武事，非滇人之责任乎"；"旋转乾坤之伟业，皆我滇人分内事耳"；"我为滇人，当以滇事为己任。其亡耶，滇人受其祸；其存耶，滇人蒙其福。存亡之会，间不容发。则请大声而疾呼之曰：滇之存亡，当以滇人责任心之有无为断"。④二是同省籍留学生组建的同乡会以及所创办的体现"省籍"刊物的大量出现。前已论及，甲午战后，尤其是到了20世纪初，中国人纷纷负笈东渡，到日本留学。1903年清政府出台的《癸卯学制》，提出以省为单位向日本派官费留学生，此后各省的官费留学生增多起来。在此背景下，各省留学生纷纷组建以同省籍留学生参加的同乡会，如湖南留日学生同乡会，湖北留日学生同乡会，直隶留日学生同乡会，浙江留日学生同乡会，江苏留日学生同乡会，河南留日学生同乡会等。各省留日学生同乡会的组建，既是留日学生"省界"意识的产物，同时又推动了"省界"意识在留日学生中的进一步发展。这主要表现在各省留日学生同乡会所创办的体现"省籍"的刊物上。各省留日学生同乡会成立后，便开始创办以本省籍留日学生为主要对象的刊物，如1902年12月，湖南留日学生同乡会创办的《游学译编》；1903年1月，湖北留日学生同乡会创办的《湖北学生界》（后改名为《汉声》）；1903年2月，直隶留日学生同乡会创办

---

① 欧榘甲：《新广东》，载《辛亥革命前十年间时论选集》第一卷上册，第270页。

② 湖南之湖南人（杨笃生，即杨毓麟）：《新湖南》，载《辛亥革命前十年间时论选集》第一卷下册，第614、615页。

③《湖北调查部纪事叙例》，《湖北学生界》第1期，1903年1月。

④ 崇实：《论云南人之责任》，载中国科学院历史研究所第三所编著《云南杂志选辑》，科学出版社，1958，第299页。

的《直说》；同月，浙江留日学生同乡会创办的《浙江潮》；1906 年 11 月，河南留日学生同乡会创办的《豫报》；1907 年 9 月，山西留日学生同乡会创办的《晋乘》；1907 年 11 月，广东留日学生同乡会创办的《粤西》；1907 年 12 月，河南留日学生同乡会创办的《河南》；1908 年 1 月，四川留日学生同乡会创办的《四川》；这年 2 月，陕西留日学生同乡会创办的《关陇》。"省界"意识是创办和维系这些体现"省籍"刊物的重要纽带。①

　　作为活跃于这一时期的革命党人，同盟会会员也同样具有"省界"意识，有时甚至比其他非革命党人的新式知识分子的"省界"意识表现得更为强烈。前面已经提到，同盟会是在兴中会、华兴会、光复会等革命小团体联合的基础上建立起来的，而这些革命小团体的成员基本上都是同"省籍"的人，体现出的正是"省界"意识。如兴中会，"看起来很像广东人的组织，外省人参加者不多"②。薛君度的《黄兴与中国革命》一书，引用了一份原始记录，这份记录表明："从一八九四年十一月二十四日到一八九五年九月二日，有一百一十二个中国人——华侨实业家、商人、厨师、店员、裁缝、工人、农民和地方政府雇员——参加了这个组织。他们几乎全部是广东人，绝大部分出生于孙的家乡。"③另据薛君度的统计，在兴中会存在的 11 年间，入会人数不超过 500 人，其中 286 人有姓名可查。在这 286 人中，271 人是广东籍。④《中国日报》是兴中会的机关报，该报主笔陈少白、杨肖欧、洪孝元、陈春生、冯自由、郑贯公、廖平子、卢信、陈思仲、陆伯周、黄世仲等，及其他工作人员，如丁雨辰、郭云衢、冯扶、洪孝冲、区灵生等均隶广东籍。华兴会也是如此，其成员基本上都是湖南籍。光复会则是以浙江和安徽两省的志士组成的，用冯自由的话说："光复会既成立，与会者独浙皖两省志士，而他省不与焉。"⑤同盟会成立后，其内部的"省界"意识并未消除，并形成了以孙中山、胡汉民为代表的广东人，以章太炎、陶成章为代表的浙皖人和以宋教仁、孙武为代表的两湖（湖南湖北）人这样三个"省

---

① 参见郑大华《报刊与民国思想史研究》，《史学月刊》2011 年第 2 期。
② 张玉法：《清季的革命团体》，（台北）"中央研究院"近代史研究所，1975，第 173 页。
③ 薛君度：《黄兴与中国革命》，杨慎之译，湖南人民出版社，1980，第 33—34 页。
④ 薛君度：《黄兴与中国革命》，第 51 页。
⑤ 冯自由《光复会》，载《革命逸史》第五集，第 55 页。

籍"小团体，这三个"省籍"小团体尤其是广东人和浙皖人的相互猜忌、排挤，是同盟会后来发生矛盾和冲突的一个重要原因。

同盟会内部在革命方略上之所以产生分歧，"省界"意识也是其重要的原因之一。因为孙中山是广东人，他要以广东和靠近广东的西南边境为起义的地点；宋教仁、焦达峰、孙武是两湖人，而两湖地处长江中游，所以他们把起义的地点选在长江中游地区；章太炎、陶成章是浙江人，他们因此而主张在江、浙一带发动革命，推翻清政府。尽管孙中山、宋教仁、章太炎等人在提出自己的革命方略时，都列举了诸如地理位置适宜、交通便利、革命力量相对较强等种种理由，但实际上起作用的还是他们的"省界"意识。这也难怪他们，因为他们对"本省"或"本地区"的情况比较熟悉，人脉关系也较广，比其他省区有更多可以利用的资源。

同盟会内部的"省界"意识，还体现在相互之间的交往上。比如，孙中山是同盟会的总理，按理说，他应该和所有同盟会会员交朋友，建立起密切的联系，这也利于同盟会的团结和各项工作的开展，但实际上，孙中山交往最多、联系最广、关系最密切的还是广东籍的革命党人。有人对1981年中华书局出版的《孙中山全集》第一卷的内容做过分类统计，这一卷收录的1890年10月17日至1911年10月9日的文献共332件，其中246件是通信，占这一时期孙中山文献总数的73%。这246件通信的对象，以国内为主，国内又以原来兴中会会员和南方同盟会会员为主，其中给邓泽如（广东新会人）的信最多，达35件。就是说，不到一个月的时间，孙中山和邓泽如就有一次信件来往。[1] 而兴中会会员和南方同盟会员基本上都是广东人。章太炎、宋教仁等人也是一样，与他们交往密切的也主要是本省籍或同地区的同盟会会员，如与章太炎密切交往的有陶成章、蔡元培以及他的一帮浙江籍弟子；与宋教仁密切交往的不离黄兴、谭人凤、刘揆一、陈天华、孙武等两湖革命志士。

同盟会内部的上述思想分歧所产生的最直接的影响，就是造成了同盟会内部的不团结甚至分裂。除一些小的内斗外，同盟会内部还曾先后发生过两次大的"倒孙（中山）"风潮，要求罢免孙中山同盟会总理一职，以黄

---

① 尹全海：《析孙中山"武昌之成功，乃成于意外"》，《江西社会科学》1999年第7期。

兴取而代之。这两次"倒孙"风潮的主角都是章太炎和陶成章。尽管由于各方面的工作，尤其是黄兴的高风亮节和大局意识，使这两次"倒孙"风潮最后都得以化解，但它对同盟会所造成的伤害是十分巨大的，甚至一度使同盟会陷入瓦解的危机。[①] 当然，造成同盟会内部不团结甚至分裂的原因是多方面的，如个人的性格、品质、处事方式、人事纠纷，以及一些误解、隔阂，少数日本人的从中挑动等[②]，然而思想上的分歧则是众多原因中的最主要原因。作为过来人，何香凝在《我的回记》一文中就写道："'驱除鞑虏，恢复中华，创立民国，平均地权'是孙先生当年组织同盟会提出的口号，它初步概括地体现了孙先生当时的革命理想。这四句口号是一个整体，不可分割，也不应该分割。……可惜的是在全体同盟会员之中，只有一部分的同盟会员对这四句口号是真心拥护到底的，有一部分同盟会员仅仅在表面上接受，实际上心里是不接受，或者并不是完全接受的。所以后来革命阵线内部一再发生分歧，其实在这个时候就已经预伏远因了。"[③] 如我们前面提到的，1907 年 8 月，张伯祥、焦达峰、刘公、孙武等主要来自两湖地区的同盟会员之所以要成立的共进会，1911 年 7 月，宋教仁、陈其美、谭人凤等主要来自长江流域尤其是两湖地区的同盟会员之所以要成立中部同盟会，一个重要原因，就是对孙中山专意于在广东和在靠近广东的西南边境地区发动起义不满，而想实施他们自己的以长江中游地区为起义地点的革命方略。同时，他们也没有完全认同和接受孙中山"三民主义"革命纲领中的"民生主义"。除此，"省界"意识也起了一定的作用。1910 年 2 月，章太炎、陶成章之所以要重建光复会，恢复光复会的活动，虽然有人事纠纷、相互误解等原因，但更主要的原因同样是在"三民主义"的革命纲领、武装斗争的革命方略上存在着严重的思想分歧，再加上"省界"意识的作怪，导致了光复会与同盟会的分裂。

因思想分歧和其他一些原因而导致的同盟会内部的不团结甚至分裂，严

---

① 关于这两次"倒孙"风潮的有关情况，可参见杨天石、王学庄《同盟会的分裂与光复会的重建》（《近代史研究》1979 年第 1 期）和李玉《同盟会内部的政治与权势争夺》（《社会科学研究》2004 年第 4 期）。

② 有关日本人挑动的情况，可参见李时岳《同盟会内部风潮与孙中山》，《广东社会科学》1990 年第 3 期。

③ 何香凝：《我的回记》，载《辛亥革命回忆录》第一集，第 17—18 页。

重影响了革命形势的发展。武昌起义前，同盟会实际上已处于涣散的状态。所以，武昌起义后，同盟会缺乏对起义直接而坚强的领导。后虽因孙中山的回国，以同盟会为中心组建起了南京临时政府，然而同盟会员尤其是领导人不仅不能一心一德，组成坚强有力的领导团队，为创建民主共和制度而共同打拼，相反有的人脱离了同盟会，与立宪派和旧官僚搞在了一起，处处与孙中山和同盟会过不去，成了孙中山和同盟会的反对派，章太炎甚至提出了"革命军兴，革命党消"的口号，起了非常不好的作用。同盟会内部的不团结甚至分裂所产生的消极影响及其后遗症，可以说是导致辛亥革命最终失败的原因之一。

第三节　君主立宪思潮从兴盛到衰落

一、君主立宪思潮的兴起和发展

虽然早在维新变法时期，以康有为、梁启超为代表的维新思想家们要求兴民权、开民智，实行君主立宪，并就此做过一些宣传，但到了"百日维新"期间，他们则收起了立宪的主张，只要求设制度局于宫中。他们再次要求立宪法，设议院，实行君主立宪则是到了20世纪初。

先是经历了义和团运动和八国联军入侵的清政府，为了挽救其摇摇欲坠的统治，不得不宣布变法，实行"新政"，并先后采取了诸如派遣留学生、兴办学堂、奖励工商、筹饷练兵等一些"新政"措施，但收效甚微。这引起了梁启超等人的不满。黄遵宪曾撰文批评清政府的"新政"，"所用之人，所治之事，所搜括之款，所娱乐之具，所敷衍之策，比前又甚焉，辗转迁延，卒归于绝望。然后乃知变法之诏，第为避祸全生，徒以之媚外人而骗吾民也"[1]。他们认为要真正挽救危机，就必须改弦更张，实行立宪。1901年6月7日，梁启超率先发表《立宪法议》的文章，明确指出"采定政体，决

---

[1] 黄遵宪:《驳革命书》，载《辛亥革命前十年间时论选集》第一卷上册，第336页。

行立宪，实维新开宗明义第一事，而不容稍缓者也"。他依据日本明治初年宣布立宪而 20 年后才真正实行的经验认为，中国立宪至少要有 10 年到 15 年的预备期，以便为实施宪政做好必要的准备工作，并且提出了中国立宪应采取的六个步骤，即：一、"皇上涣降明诏，普告臣民，定中国为君主立宪之帝国，万世不替"；二、"派重臣三人游历欧洲各国及美国日本，考其宪法之同异得失……以一年差满回国"；三、"所派之员既归，即当开一立法局于宫中，草定宪法，随时进呈御览"；四、"各国宪法原文，及解释宪法之名著，当由立法局译出，颁布天下，使国民咸知其来由，亦得增长学识，以为献替之助"；五、"草稿既成……先颁之于官报局，令全国士民皆得辩难讨论……逐条析辨，如是者五年或十年，然后损益制定之。定本既颁，则以后非经全国人投票，不得擅行更改宪法"；六、"自下诏定政体之日始，以二十年为实行宪法之期"。[①] 也就在这一年，状元企业家张謇著《变法评议》一文，主张效法日本，"置议政院，所以通上下之情"；"设府县议会，以地方大小定议员多寡"。[②] 到了 1902 年后，要求立宪的呼声更加增多起来，这其中既有以梁启超为代表的维新思想家，也有国内民族资产阶级的代表人物，以及一些海外华侨，甚至清政府内的个别官僚。比如美洲华侨叶恩，1902 年曾向清政府的赴英特使载振上书，提出设议院、立宪法的要求。同年，侍读学士朱福诜也向朝廷提出了立宪的建议。在要求立宪的官僚中，特别值得一提的是驻法公使孙宝琦。他于 1904 年上书政务处，强烈要求仿效日本及英德之制，"定为立宪政体之国，先行宣布中外"，然后"饬儒臣采访各国宪法折衷编定；饬修律大臣按照立宪政体参酌改订，以期实力奉行"；并建议变通办法，设立上下议院，即定政务处为上议院，都察院为下议院，议员由钦派大臣会同院长从翰林院及入道人员中挑选，以及各省督抚从每府挑选一名绅士组成，其基本精神"不外破除壅蔽之积习，冀决是非于公论"。[③] 尽管孙宝琦的设上下议院的方案不过是早期维新思想家的老调重弹，但他明确要求清政府仿日本英德之制，实行立宪，这在社会上产生了很大的影响。天津《大公报》著文指出："前者忽有驻法孙星使，奏

---

① 上引均见爱国者草议（梁启超）《立宪法议》，《清议报》第 81 册，1901 年 6 月 7 日。
② 叶文：《张殿撰謇变法平议摘要》，《万国公报》第 150 册，1901 年 7 月。
③《出使法国大臣孙上政务处书》，《东方杂志》第 1 年第 7 期，1904 年 9 月 4 日。

请立宪之举，继又有某某督抚亦以立宪为请。近来课吏校士，亦有以宪法发为问题者"，立宪之"潮流已隐隐然而欲涌出"。①

这种立宪要求真正成为一种社会思潮的契机是1904—1905年的日俄战争。这是一场发生在中国领土上的两个新老帝国主义之间的战争。战争给中国人民的生命财产造成了巨大灾难。但反动腐朽的清政府则任凭它们在中国领土上厮杀，而宣布所谓"局外中立"。这种奇耻大辱带给中国人民的刺激可想而知，而战争的进程和结局给中国人民的震动更大。众所周知，俄国是个非常凶恶的军事帝国主义国家，自19世纪中叶起就不断地侵略中国，给中国造成过巨大损害，清政府也长期对它唯命是从。可是在这场战争中，它被"蕞尔岛国"的日本打得威风扫地。尽管日胜俄败的原因很多，但要求立宪的人们认为，日胜俄败的根本原因是日本是立宪之国，而俄国是专制之国，日本打败俄国，是立宪打败了专制，专制则亡，立宪则强，并以此为理由，强烈呼吁清政府赶快立宪。立宪思潮也因此而勃然兴起。1905年12月出版的《东方杂志》中的一篇文章说当时"上自勋戚大臣，下逮校舍学子，靡不曰立宪立宪，一唱百和，异口同声"，以至"立宪之声，洋洋遍全国矣"。②《时报》的一篇评论也认为，当时"通国上下望立宪政体之成立，已有万流奔逐，不趋于海不止之势"③。随着立宪思潮的兴起，原来的资产阶级维新派或改良派，从此以要求立宪为其主要的政治目的，故也被称之为立宪派。

立宪思潮兴起后，以梁启超和张謇为代表的海内外立宪派，一方面创办报刊，发表文章，鼓吹立宪，加强社会舆论宣传，当时宣传立宪的报刊，除梁启超主编的《新民丛报》外，还有《中外日报》《外交报》《政艺通报》《大公报》《时敏报》《羊城日报》《广益丛报》《政法学报》《香港商报》《东方杂志》《扬子江》《时报》《京话日报》《浙东杂志》《扬子江画报》以及《浙源汇报》等；另一方面则走上层路线，积极活动两江总督魏光焘、湖广总

① 《论中国立宪之要义》，《东方杂志》第1年第5期，1904年7月8日。

② 闽闇：《中国未立宪以前当以法律遍教国民论》，《东方杂志》第2年第11期，1905年12月21日。

③ 《论朝廷欲图存必先定国是（录六月二十六日〈时报〉）》，《东方杂志》第1年第7期，1904年9月4日。

督张之洞、直隶总督袁世凯以及一些比较开明的朝廷大臣和王公贵族，要他们出面呼请立宪。梁启超还先后"为若辈代草考察宪政，奏请立宪，并赦免党人，请定国是一类的奏折，逾二十余万言"[①]。他们还以反清革命思潮的兴起，警告清政府，如果拖延时机，再不立宪，将被革命推翻；只有幡然醒悟，宣布立宪，才有弭灭革命于无形的可能。一些地方督抚、驻外使节和朝廷大臣也纷纷以立宪奏请，就是一年前还持观望态度的袁世凯，这时也奏请朝廷派亲贵大臣出洋考察政治，以为实行立宪的准备。

面对"朝野上下，鉴于时局之阽危，谓救亡之方只在立宪。上则奏牍之所敷陈，下则报章之所论列，莫不以此为请"的压力[②]，清政府经再三权衡，终于在1905年7月16日发出上谕，任命镇国公载泽、户部侍郎戴鸿慈、兵部侍郎徐世昌、湖南巡抚端方等，随带人员，分赴东西洋各国考察政治。27日，又加派商部右丞绍英随同出洋考察。9月24日，五大臣在北京正阳门车站上车准备出发时，遭革命党人吴樾炸弹袭击，绍英等受伤，出发受阻。不久，徐世昌兼任巡警部尚书，无法出国。于是，清政府改派山东布政使尚其亨和顺天府丞李盛铎，代替绍英和徐世昌。考政五大臣于12月2日，分两批赴欧美、日本考察，历时半年，1906年7—8月相继回国。他们向清政府建议，立宪有三大好处，一是皇权永固，二是外患渐轻，三是内乱可弭，因此应"立颁明诏，先定国是。以十五年或二十年为实行立宪之期"[③]。9月1日，清政府发布上谕，宣布预备"仿行宪政"，其根本原则是"大权统于朝廷，庶政公诸舆论"；至于何时实行立宪，上谕只是虚晃一枪，说要"视进步之迟速，定期限之远近"，"再行宣布天下"[④]。

本来清政府是迫于各方压力，不得已而宣布预备立宪，并且对何时立宪没有规定明确日期，但此道上谕还是使期盼中的立宪派们兴奋不已。发布上谕的当天，远在日本的梁启超便怀着无比兴奋的心情致信蒋观云说："今夕见号外，知立宪明诏已颁，从此政治革命问题，可告一段落。此后所当

---

① 丁文江、赵丰田编《梁启超年谱长编》，第353页。
②《考察宪政大臣达寿奏考察日本宪政情形折》，载故宫博物院明清档案部编《清末筹备立宪档案史料》上册，中华书局，1979，第25页。
③《出使各国考察政治大臣戴鸿慈等奏请改定全国官制以为立宪预备折》，载《清末筹备立宪档案史料》上册，第367页。
④《宣布预备立宪先行厘定官制谕》，载《清末筹备立宪档案史料》上册，第44页。

研究者，即在此过渡时代之条理何如。"[1] 有的人更是称它为"千百年来世界上惊天动地的事情"[2]。为了帮助或推动清政府预备立宪，他们纷纷组织团体，据张玉法《清季的立宪团体》一书的统计，从1906到1908年间，以预备立宪为目的而组成的社会团体达51个之多，大大超过了前几年各种团体的总和。[3] 其中影响较大的主要有上海的预备立宪公会、在东京成立而后回国活动的政闻社、宪政讲习会等。

预备立宪公会成立于1906年12月16日，参加者主要是一些资本家、绅士和现任或退休的官吏。据对1909年的《预备立宪公会会员题名录》所列会员358人的不完全统计，有77人曾经做过知县以上的官员，约占会员总数的21.5%；有84人是企业主、公司经理、商会总理，及各种工商企业职员，约占会员总数的23.5%。起主导作用的是一些大资本家和大绅士，如会长郑孝胥、副会长张謇、副会长汤寿潜以及董事王清穆、周廷弼、许鼎霖等。这些人财大气粗，很有一些社会地位，加上他们与岑春煊、张之洞、袁世凯等实力派地方督抚以及朝廷的一些王公大臣关系密切，"因此，立宪运动中，预备立宪公会俨然有领袖群伦、举足轻重的地位"[4]。

政闻社于1907年10月17日在日本东京成立，参加者主要是原维新派人士，实际领导人是梁启超。政闻社的政纲有四条：1. 实行国会制度，建设责任政府；2. 厘定法律，巩固司法独立权；3. 确立地方自治，正中央与地方之权限；4. 慎重外交，保持对等权利。为了得到清政府对其合法地位的承认，《政闻社宣言书》还特别声明："其对于皇室，绝无干犯尊严之心，其对于国家，绝无扰紊治安之举。"[5] 由于受戊戌政变的牵连，康有为和梁启超还不能回国内公开活动，政闻社没有设会长、副会长，只设总务员一人，由马良（相伯）担任；常务员二人，由徐佛苏和麦孟华担任，负责实际社务。1908年春，政闻社本部自日本迁回上海，遂以上海为大本营，派人到各省活动，筹建分社。但出于各种原因，政闻社的活动进展并不顺利。不

---

① 丁文江、赵丰田编《梁启超年谱长编》，第365页。
②《论预备立宪》，中国社会科学院近代史研究所文化史研究室丁守和主编《辛亥革命时期期刊介绍》（第三集），人民出版社，1983，第316页。
③ 张玉法：《清季的立宪团体》上册，台湾"中央研究院"近代史研究所，1971，第90页。
④ 章开沅、林增平主编《辛亥革命史》中册，人民出版社，1980，第404页。
⑤《政闻社宣言书》，《政论》第1号，1907年10月7日。

久，清政府以政闻社社员、法部主事陈景仁独自电奏朝廷，要求以三年为召集国会期一事为由，下令查禁了政闻社。

宪政讲习会，又称宪政公会，于 1907 年夏由杨度和熊范舆等在日本发起成立。本来一开始梁启超想拉杨度合伙组建立宪团体，后因矛盾，杨度另组宪政讲习会。虽然宪政讲习会的《总章》态度平和，但其《意见书》则认为欲救中国"非改造责任政府不可，欲改造责任政府，则非设立民选议院不可"①。要求设立民选议院，作为预备立宪的中心。不久，杨度回到国内，以候补四品京堂在宪政编查馆行走，宪政讲习会也因此迁回国内，在国内从事国会请愿运动。

各立宪团体成立后，一方面创办报刊，或利用原有报刊，积极从事舆论宣传活动，如预备立宪公会的《预备立宪公会报》半月刊和《宪志日刊》(北京出刊)，政闻社的《政论》杂志，宪政讲习会的《中国新报》，宪政研究会的《宪政杂识》月刊，以及吉林自治会的《公民报》，贵州自治学社的《自治学社杂志》，由梁启超担任主笔的《国风报》等，都发表过大量关于立宪的文章。据有的学者研究，各立宪团体或立宪派创办或控制的报刊共 30 多种，"这些报刊除了几家原有的外，大多创刊于 1906 年预备立宪开始之后，且大多数国内报刊集中在经济文化较发达的京、津、沪、粤等地，海外则以东京和美洲为主"②。另一方面，则积极投身立宪活动，发动和领导国会请愿运动。这一切，都推动了君主立宪思潮的进一步发展。

二、立宪派与清政府的"立宪"之争

清政府宣布预备立宪之初，曾使立宪派们激动了好一阵子。但不久他们就发现，清政府的预备立宪与自己的立宪要求相差甚远。于是之后立宪派和清政府在立宪问题上便矛盾频出、争吵不断。概而言之，立宪派与清政府在"立宪"问题上的矛盾、争吵主要集中在以下两个方面。

第一，立什么样的宪？是实行日本式的二元君主立宪制？还是英国式的虚君立宪制？清统治者认为，"我国而行立宪，当仿日本为宜"。③揆诸清政

---

① 《中国宪政讲习会意见书》，《时报》1907 年 8 月 12 日。
② 郭汉民：《晚清社会思潮研究》，中国社会科学出版社，2003，第 239—240 页。
③ 故宫博物院明清档案部编《清末筹备立宪档案史料》上册，第 114 页。

府所设计的立宪方案，实际上是日本明治立宪的翻版。在众多的立宪国中清统治者为什么要以"日本为宜"，选择日本的立宪模式呢？究其原因：一、我们前已指出，中国立宪思潮兴起的契机是日俄战争，小国日本能一举战胜大国俄国，这就不能不使清统治者和全国人民一样，对日本的政治制度产生浓厚的兴趣；二、中日两国同属亚洲近邻，两国有着悠久的政治、经济和文化交往，有近似的文化结构和民族心理，这使清统治者容易接受同文同种的日本的影响；三、尤其重要的是，日本所采用的是二元君主立宪制，君主具有非常大的权力，用 1906 年载泽在"奏请立宪"密折中对西太后的话说："凡国之内政外交，军备财政，赏罚黜陟，生杀予夺，以及操纵议会，君主皆有权以统治之。论其君权之完全严密，而无有丝毫下移，盖有过于中国者矣。"[1] 与英国式的虚君立宪制等其他类型的立宪制度比较，它更适合清统治者维护自身利益、少变革旧的政治制度的要求。而立宪派要求的是英国式的虚君立宪制，君主的权力要受到相当的限制。梁启超就明确指出："立宪政体非他，君权有限而已。"[2] 正因为清政府要立的是君权很大的日本式的二元君主立宪制，而立宪派要立的是君权有限的英国式的虚君立宪制，因此二者就必然要发生矛盾和争吵。实际上，我们原来所讲的清末"真假立宪之争"，就性质而言，是立英国式的虚君立宪制还是立日本式的二元君主立宪制之争。下面我们不妨把两者的具体主张做一比较分析。

（1）宪法。清统治者在考察了各国制宪史后认为，中国制宪应取日本式的钦定程序，"于君上大权无妨援列记之法，详细规定"。1908 年清政府颁布的《钦定宪法大纲》共 23 条，其中有 14 条是对君上权力的规定，"君主有统治国家之大权，凡立法、行政、司法，皆归总揽"[3]，其权力之大，较日本天皇还有过之而无不及。立宪派则主张中国立宪不能取日本式的"钦定之主义"，而应取英国式"君民共定之主义"，使国民多数尤其是以他们为代表的"中等社会"有参与制宪权，"若欲颁布宪法，而出于君定，或执政诸人之定，民之视宪法，直不关痛痒耳。惟使国民多数参预政事，使之有

---

① 故宫博物院明清档案部编《清末筹备立宪档案史料》上册，第 174 页。
② 沧江（梁启超）：《立宪国诏旨之种类及其在国法上之地位》，《国风报》第 2 年第 11 期，1911 年 5 月 19 日。
③ 故宫博物院明清档案部编《清末筹备立宪档案史料》上册，第 101 页。

协定宪法之权……宪法乃为有效"。① "宪法若纯由钦定，则将来人民必常倡改正之议，反以牵动国本，故不如采协定宪法之可垂诸久远。协定者，由政府起草，交议院协赞之谓也。"② 他们反对清政府依据日本宪法而制定《钦定宪法大纲》，认为中国情形与日本不同，今以日本为模范而制定宪法，"不无削足适履之嫌"，如果需要一个蓝本，还不如直接采纳英制。③ 而英制宪法的原则，是"君主不负政治上之责任"④。据此，他们要求限制君主权力。依据立宪派的设想，君主虽有裁可各种法律的制定及修正权，但他只能对议会的议决简单地表示赞成或不赞成，而无权对法律内容的本身做任何改动或修正；君主虽有任免大臣之权，但其任免必须得到议会的同意，如果越其范围，违其格式，"则或侵犯议会之权限，或紊乱法律之内容，是立宪国之所不许也"⑤。也就是说，君主只是名义上的国家元首，临朝而不理政，既无独立的立法权，也无独立的行政权，对司法权也不宜过问。

（2）内阁。根据清统治者的设计，内阁由皇帝任命的总理大臣、协理大臣和各部尚书组成，辅弼皇帝行使行政大权，皇帝所颁诏书敕令须由内阁副署，内阁对皇帝而非对议会负责。立宪派所设计的内阁总理不是由皇帝任命，而是由议会中的多数党党首充任，党首任其党员为各部大臣，组织"政党内阁"，内阁对议会而不是对皇帝负责，"国会而认政府所行有害于发达国民也，则亦有责任纠弹之制度以颠扑之"。⑥ 他们尤其强调内阁对议会而非对君主负责于立宪政治的重要意义，认为"所谓责任内阁者，此责任二字，非对于君主而言，对于议会而言也。专制国大臣之责任，对于君主负责，而立宪内阁之责任，是对于议会，此即立宪与专制区分之要点也"。⑦ 用梁启超的话说："所谓立宪的政治之特质者何？则政府对于国会而负责是已。盖他事皆立宪政体与专制政体之所同，惟此事惟立宪政体之所独。"⑧ 据

① 李庆芳：《中国国会议》，《中国新报》第9号，1908年1月12日。
②《国会请愿同志会意见书》，《国风报》第1年第9期，1910年5月9日。
③ 邵羲：《制定宪法刍议》，《预备立宪公会报》第9期，1908年6月26日。
④ 沧江（梁启超）：《立宪国诏旨之种类及其在国法上之地位》，《国风报》第2年第11期，1911年5月19日。
⑤ 柳隅：《论裁可权的范围及裁可法律谕旨之格式》，《国风报》第2年第17期，1911年7月16日。
⑥ 刘晴波主编《杨度集》，第313—323页。
⑦《论国会不与内阁并立之弊》，《时报》1910年11月7日。
⑧ 沧江（梁启超）：《论政府阻挠国会之非》，《国风报》第1年第17期，1910年7月27日。

此，他们批驳了内阁对君主而非国会负责的种种说法，指出："所贵于立宪者，徒以尧舜汤武，不能代有其人，故于君主之下，而别置一机关焉，使对于国家负政治上之责任。立宪国之所以示异于专制者，全在此耳。如曰大臣惟对于君主而负责任也，则是取立宪政体之原则翻根柢以破坏之，而复返于专制。"[1] 立宪派所主张的内阁制是英国的议院内阁制，其目的是想依据自己的政治能量组织起全国性的第一大党，然后通过选举控制议会，进而组织起自己的政党内阁，以实现与封建势力分享政权或独享政权的夙愿。所以，他们一再宣称，所谓立宪政治就是国会政治，而国会政治也就是政党政治，"是故今日欲谋国家之发达，必当扫去官僚政治，而建设国民政治。而欲建设国民政治，必赖有健全政党之出现"[2]。他们认为政党的作用可分为三个时期：即初期是未开国会前的要求；中期是议会中的监督；终期是组织政党内阁，以实现立法与行政的统一，"国会中议事之进行，先取决于各党之党见。往往经多数党议决之后，即可视为国会正式之议决"[3]。

（3）议会。清统治者设计的议会由上、下两院组成，议员分为钦选和民选两种，钦选议员包括王公世爵、宗室觉罗、硕学通儒和纳税多者，民选议员有财产、性别、年龄、学历等严格限制，其职权仅为协赞立法、监督政府，尤其是决议预算案，其他一切用人、军事大权，"皆非议院所得干预"；"国交之事，由君上亲裁，不付议院议决"；"皇室经费"与"皇室大典"等议院不得置议、干预。与西方国家的议会不同，清统治者所设计的议会仅与君主"共有立法权"，"所有决议事件，应恭候钦定后，政府方得奉行"[4]，严格来说还不是独立的立法机关。立宪派虽赞同"合上下议院而成立国会"，上议院则钦定议员组成，下议院由民选议员组成，但他们要求民选议员在人数上远远多于钦选议员，在议会中"以人民选举之议员为中坚"。[5] 真正的权力机构是下议院而非上议院。因为所谓"立宪政治"，"质言之，国民政治而已。以多数国民之意思，而定国家行政之方针。虽然，国

① 沧江（梁启超）：《内阁果对于谁而负责任乎？》，《国风报》第2年第12期，1911年5月28日。
② 柳隅：《阃阅的之政治家与平民的之政治家》，《国风报》第2年第5期，1911年3月11日。
③ 黄可权：《国会论（续第一号）》，《政论》第2号，1907年11月16日。
④《宪法大纲暨议院法选举法要领清单》，载《清末筹备立宪档案史料》上册，第58—59页。
⑤《政闻社总务员马良等上资政院总裁论资政院组织权限说帖》，《政论》第3号，1908年4月10日。

民之意思无由发见也，于是以国会为国民意思之机关"。①议会的职权，一是监督政府，议会可随时质问、诘责以至弹劾任何一个阁员，甚至"政府一切之所为，吾国民皆得借国会之地位而过问之"②，"此立宪政体晶莹坚粹之特质也"③。二是监督财政，凡政府收支尤其是预算案非议会决议不得擅自施行，"国会之为物，所以能制君主之淫威而不虞撼动者，即预算、决算之财政权是也"。他们甚至把财政监督权视之为"真正立宪国之神髓"④。三是"改定宪法及附属法令"，"提出法律、议决法律"，是独立的立法机构，"君主对于国会，只有不裁可所议之事之权，绝无强迫以遵命议事之权"。⑤梁启超在《论政府阻挠国会之非》一文中提出将来的国会应有 7 种权力：即"参预改正宪法之权"；"提出法律、议决法律之权"；"议决预算、审查决算之权"；"事后承诺之权"；"质问政府之权"；"上奏弹劾之权"；"受理请愿之权"。他认为，"此种职权，苟缺其一，即不成为国会"。⑥

（4）司法。清统治者承认立宪之重要者，"司法权独立于行政权之外，不受行政官吏之干涉"，主张成立各级裁判所，"据一定之法律以裁判刑事、民事之诉讼，乃以此保护人民之生命财产"。⑦但他们主张司法官由皇帝任命，司法的最终裁决权在君主而不是独立的法官。立宪派把司法权与行政权的分离看成是近代国家的一项基本原则，要求成立独立的司法机关，其权限不得受行政及君权的干预。

从上述比较中可以看出，清政府与立宪派的争论，是走日本式的二元君主立宪制（清政府）的道路，还是走英国式的虚君立宪制（立宪派）的道路之争。作为政权的所有者，清政府不愿意也不可能向立宪派让出更多的权力，实行英国式的国王临朝而不理政的虚君制君主立宪制度，将权力归于资产阶级控制的议会。这突出反映了清政府政治上的保守性。

①《论今日为开国会必要之时机》，《时报》1908 年 4 月 13 日。
②熊范舆：《国会与地方自治》，《中国新报》第 1 年第 5 号，1907 年 5 月 20 日。
③《国会请愿同志会意见书》，《国风报》第 1 年第 9 期，1910 年 5 月 9 日。
④《论皇室经费亟当厘定》，《时报》1908 年 3 月 9 日。
⑤《国会请愿同志会意见书》，《国风报》第 1 年第 9 期，1910 年 5 月 9 日。
⑥沧江（梁启超）：《论政府阻挠国会之非》，《国风报》第 1 年第 17 期，1910 年 7 月 27 日。
⑦端方：《请定国是以安大计折》，《端忠敏公奏稿》卷六，载沈云龙主编《近代中国史料丛刊》第十辑，（台北）文海出版社，1972，第 700 页。

清政府选择君主有很大权力的日本式的二元君主立宪制，这固然反映了它政治上的保守性，但二元君主立宪制与封建君主专制制度还是有所不同。因为：（一）日本式的二元君主立宪制度本身就是对"朕即国家"专制皇权的限制，尽管"君上大权"仍然硕大无比，但已不是"至高无上"，他的权力不仅不能逾越宪法规定的范围，而且多少还要受到内阁、国会的制约。（二）内阁、国会和独立的司法机关，都是近代国家的政权组织形式，它是根据孟德斯鸠的立法、行政、司法三权分立的学说形成的，虽然清政府对它做了重大修改，君权不仅凌驾于内阁、国会和司法权之上，而且行政权优于立法权，议会从属于内阁，但相对于传统的封建专制制度它又是巨大的历史进步。（三）二元制和虚君制一样，都属于君主立宪制度，其实质是封建势力和资产阶级分享政权，前者对封建势力有利，后者更有利于资产阶级，究竟采用哪种制度，是由当时资产阶级和封建势力的力量对比决定的。在清末预备立宪中，清政府和立宪派都在争取实现对自己有利的立宪制度，由于宣统政局的变动和辛亥革命的爆发，他们都没有实现自己的目的。实际上，清政府已开始把资产阶级上层分子接纳到政权中来，一些资产阶级化了的士绅进入谘议局和资政院就是证明。尽管这种接纳是被迫和极其有限的。纵观世界上的一些君主立宪制国家，如英国，开始立宪的时候采纳的是君主权力很大的二元君主立宪制，但随着社会的发展，资产阶级力量的增长和政治民主化进程的推进，资产阶级的权力一步步扩大，与此相反，君主的权力则一步步缩小，乃至最终变二元制为虚君制，实现了资产阶级控制政权或独享政权的局面，君主只是名义上的国家元首。辛亥革命爆发后，清政府为了拉住立宪派，曾颁布过一份《十九信条》，就其内容来看，是向立宪派让步，同意实行他们曾一再要求过的英国式的虚君立宪制。但此时为时已晚，革命已成为历史的选择。

第二，什么时候立宪？是按部就班，长期筹备，还是速开国会，尽早立宪？我们前面已经指出，清政府宣布预备立宪是迫于各方压力，采取的一种不得已的应对之策，就骨子里来说，它并不希望在中国实行西方的立宪制度。所以从一开始它就借口需要长期"预备"而拖延立宪时间。1906 年，奉命出洋"考察宪政"的载泽在给清政府的密折中便提出："今日宣布立宪，不过明示宗旨，为立宪之预备。至于实行之期，原可宽立年限。日本于明治十四年宣布宪政，二十二年始开国会，已然之效，可仿而行也。"① 其他几位随同出洋考察宪政的大臣，也建议清政府"先定国是，以十五年或二十年为实行立宪之期"。后来清政府采纳了载泽等人的建议，并变本加厉，在9月1日发布"仿行宪政"的上谕中，根本就对何时立宪不作明确规定。一直到 1908 年 8 月 27 日，在立宪派发动的立宪请愿运动的压力下，清政府才宣布以九年为预备立宪期。

　　其实，最早提出立宪要有一定时间的预备期的是立宪派。我们前面引用过的梁启超 1901 年发表的《立宪法议》一文，就依据日本明治初年宣布立宪而 20 年后才真正实行的经验认为，中国立宪至少要有 10 年到 15 年的预备期，以便为实施宪政做好必要的准备工作。但后来随着清政府预备立宪的宣布，尤其是清政府在随后的官制改革中对国会与责任内阁制的回避，引起了立宪派的强烈不满，加上同盟会领导的反清革命运动的持续高涨，使立宪派认识到如不赶快立宪，清王朝就有被推翻的可能。于是他们改变了初衷，要求清政府速开国会，尽早立宪，并为此发动过大规模的国会请愿运动。这一运动从开始发动到失败，大致经历过三个发展阶段：第一阶段，1907 年秋到 1908 年夏，各立宪团体和各省分别进行请愿签名活动；第二阶段，1909 年 10 月到 1910 年 11 月，各省联合发动三次大规模的请愿运动；第三阶段，1910 年 12 月到 1911 年 1 月，奉天省和直隶省的第四次请愿遭到清政府弹压，请愿运动彻底失败。

　　清政府强调立宪要有一个相当长的预备期的理由之一，是说中国人民的程度还没有达到实行宪政的资格。对此，立宪派从三个方面加以了批驳。（一）以其人之道，还治其人之身的办法，说明中国人民具有实行宪政的能力。他们指出，中国人民的程度比起"东西诸立宪国"的人民来说可能是要低些，但这并不能成为不能速开国会、尽早立宪的理由，因为作为一国之人，官吏和民众"同受一国历史、地理、政教、风俗之感化"，其程度应相差无几，"未有朝皆俊杰，野无贤才也"。② "既有人堪为政府官吏，而独云无人堪为国会议员，此犹谓力足以举百钧而不足以举一羽，天下宁有是

① 故宫博物院明清档案部编《清末筹备立宪档案史料》上册，第 175 页。
②《国会请愿同志会意见书》，《国风报》第 1 年第 9 期，1910 年 5 月 9 日。

理？"①实际上，就当时的实际情况而言，中国民众的程度虽比欧美、日本民众的程度要低，但比起现政府中那些顽固守旧、昏庸愚昧的官吏还要高些，既然"现政府之程度，比于一般人民尤为劣下"，那么，"以现在人民之智识，优足以监督之而有余"②。因此，中国人民完全有实行立宪政治的能力。（二）退一步说，他们指出，即使一般老百姓因不识字可能没有实行宪政的资格，但这并不能成为拒绝速开国会、早日立宪的理由，因为"国会中之议员，固由人民所选举之代表，遵守国家法令，限有一定之程度者，非人民皆可为议员。且选举议员之人，亦有法令上之限制，非人民皆可选举议员"。这样经过严格的限制，"既于千万人民中择其少数之有程度者，畀以选举权；又于千万人民中择其少数之有程度者，畀以被选权"，怎么会存在人民程度不足的问题呢？中国有句古话，叫"士为四民之秀"，今议员主要由士担任，也就是由"四民之秀"担任，难道作为"四民之秀"的士还不如那些昏庸的官吏？实际上搀诸历史，士是中国风气的开启者。十年前"主张变法维新、启沃君心、浚发民智、开今日宪政之幕者"的是士，十年来"主持全国风气、矫正舆论、发扬国光、以维持国家权利者"的是士，"吸纳世界智识、研求专门学问，吐宪政之菁华，握改革之枢纽者"的还是士。③士完全具有担任国会议员、实行宪政的能力。（三）再退一步说，他们指出，即使"吾国民今日"存在着所谓程度"不足"，但这是经验问题，而非能力问题，经验所以不足，是由于"吾国无国会"，人民缺乏"行使参政权"的实践。④因此，要提高人民的程度，就必须让他们参与立宪的实践，实践"进行一步，即程度高一步。鼓其进行，即所以养其程度。若不进行，而待程度之足，虽再历万年，犹将不足也"⑤。他们质问清政府："若宪法不立，而以向日怙势借权之道陵之，国民何有？资格何有？民方皇惑于恐怖之中，必无程度可言矣。"⑥由此可见，只有早日立宪，才能提高人民程度，否则"谓

① 沧江（梁启超）：《论政府阻挠国会之非》，《国风报》第 1 年第 17 期，1910 年 7 月 27 日。
② 沧江（梁启超）：《读十月初三日上谕感言》，《国风报》第 1 年第 28 期，1910 年 11 月 12 日。
③《国会请愿同志会意见书》，《国风报》第 1 年第 9 期，1910 年 5 月 9 日。
④ 熊范舆：《国会与地方自治》，《中国新报》第 1 年第 5 号，1907 年 5 月 20 日。
⑤ 杨度：《〈中国新报〉叙》，《中国新报》第 1 年第 1 号，1907 年 1 月 20 日。
⑥ 埋照：《人民程度之解释》，《东方杂志》第三年临时增刊《宪政初纲》，1906 年。

国民程度不足，坐待其足然后立宪者妄也"①。应该说立宪派对清政府以人民程度不足为借口拒绝早日立宪的批驳可谓理由充分，一针见血，尤其是他们提出人民的程度只有在立宪政治的实践中才能得到提高，这就剥夺了清政府拖延立宪的主要借口，在理论和实践上都有其重要意义。

清政府强调立宪要有一个相当长的预备期的另一理由，是说宪政需要长时间的筹备，并于 1908 年制定了一个九年筹备清单，宣称只有这些事项筹备完全才可以召开国会，实行立宪。但在立宪派看来，宪政并不需要长时间的筹备，以清政府搞的九年筹备清单而言，"虽胪列八十余项目"，但实际上按其内容可归纳为 14 项，而这 14 项中，真正与立宪有密切关系的，只有宪法、议院法和选举法的制定等"数事"而已。而就这"数事"论，"并无必须长时之筹备者"。如宪法，无论是按清政府的设想采取钦定的方式，还是按立宪派的意愿采取协定的方式，"编订皆易从事"。因为作为"根本法"和"固定法"，宪法"与一切单独法、特别法、手续法，大有繁简之不同。荦荦数十条成文，即可确定君主之体制与权力，即可规划臣民之权利、义务与各种机关之权限、职务。其余细目，皆可列之于他种法律中"。再如议院法，"性质明了，作用简单，无学理之可研究，按照议院之各事实，随手即可编成。若搜集各国议院法，而参互考证，则可更增完备矣"。② 由此可见，清政府的所谓"筹备必经九年始能完全，未完全则不能召集国会"实行立宪的奇谈怪论，"直欺罔而已"。③

立宪派除正面批驳清政府以人民程度不高和宪政需要长期筹备为借口，拖延立宪时间的种种怪论外，还进一步阐述了他们要求速开国会、尽早立宪的理由。第一，只有速开国会，尽早立宪，才"可革一切贫弱之根源"。立宪派指出：造成中国贫弱的原因固然很多，但主要的不外三端："一在君民情感不通，一在官僚不负责任，一在财政困窘。而万事丛脞，悉由此起。"如果能速开国会，尽早立宪，"则以上数弊皆可免除"。因为君民情感所以不通，原因就在于中国实行的是专制政治，而"专制政治皆主独裁，其执行政务者惟官吏，人民则全退处于俯承命令之地。是君主与官吏有关系，

---

① 梁启超：《政闻社宣言书》，《政论》第 1 年第 1 号，1907 年 10 月 7 日。
②《国会请愿同志会意见书》，《国风报》第 1 年第 9 期，1910 年 5 月 9 日。
③ 沧江（梁启超）：《论政府阻挠国会之非》，《国风报》第 1 年第 17 期，1910 年 7 月 27 日。

与人民无关系，其官吏能擅威福宜也"。立宪政治则与专制政治不同，实行的是三权分立，其最主要机关为议院，议院的议员主要由人民选举产生，"与行政部同立于君主统治之下，各有宪法之护持"。君主发布的命令，需交议院公认，议院制定的法律，要呈献君主裁定。这样，通过议院就实现了君民的"常相接洽"。官僚不负责任也就在于，在专制政治下，"全国政务无所统一，质言之，即无人负责任之国家"。这并非官僚都不贤明，不想负责任，而是由于"各部政务之权限既不分明，又无一人绾连带责任之纽，故不知各部责任如何负起、全内阁责任如何负起也"。立宪国则不同，"国会为监督内阁负责任之法定机关，其官僚若不得国会之拥护，即无组织内阁之资格"。内阁总理大臣不仅在组织内阁时，须提出政纲、政见，以获议院通过，而且还要经常接受议院的质问、诘责，甚至弹劾。"有此强大之监督机关纠之于其旁，故内阁非纯粹负全国之责任不可，其大臣非确有才识资望，不能当国。"至于财政，他们指出，财政的主要来源是租税，"租税者，人民之膏血也。欲多立名目，吸取人民膏血，非得人民之同意，决无其他苛敛之方"。否则，必大乱蜂起，"危及国本"。而要人民同意，就必须给予国会以监督财政权，其预算案和决算案要得到国会的议决，其额外支出要得到国会的追认。这样才能保证租税"用之于国利民福之一途，无甚枉滥"。也只有如此，人民才会"踊跃输将，无所于吝"。①第二，只有速开国会，尽早立宪，才可以救亡图存。立宪派曾一再强调，他们主张速开国会、尽早立宪之理由，"救亡乃其第一义"②。早在1907年冬熊范舆等首请早开国会的呈文中便指出，中国"本千钧一发之际，存亡危急之秋，以言乎外，则机会均等之政策并起于列强，以言乎内，则革命排满之风潮流行于薄海"，而内忧外患的根源是专制政体，只有速开国会，尽早立宪，让人民参与国政，才可以"同德一心，合力御外"。③后来梁启超在《论政府阻挠国会之非》中也一再强调，立宪派要求速开国会、尽早立宪的第一目的，是救亡图存。因为在以梁启超为代表的立宪派看来，当时的中国险象环生，全国之兵变

---

① 上引均见《国会请愿同志会意见书》，《国风报》第1年第9期，1910年5月9日。
② 沧江（梁启超）：《论政府阻挠国会之非》，《国风报》第1年第17期，1910年7月27日。
③《湖南即用知县熊范舆等请速设民选议员呈》，载《清末筹备立宪档案史料》下册，第610—616页。

与全国之民变，必起于一二年之间。兵变或民变一旦发生，"则政府及其他赫赫之官吏为怨毒所集者，惟有束手以听暴民暴兵之脔炙而已"。由于清政府只能招乱而不能平乱，东西列强必不容我鼎沸糜烂，而派兵入侵中国，"则其祸岂惟中于三百年之皇室，势必且中于五千年之国家"。所以中国不救亡图存则已，要救亡图存，就必须速开国会，尽早立宪，否则，"吾中国永永无开设国会之时矣。借欲有之，则如芬兰之求国会于俄、印度之求国会于英也"。① 可以说，救亡图存是推动君主立宪思潮兴起和发展的重要原因之一。

三、国会请愿失败：君主立宪思潮的衰落

前面已经提到，各立宪团体成立后，一方面创办报刊或利用已有报刊，积极从事舆论宣传；另一方面则投身立宪活动，发动和领导国会请愿运动。

最早揭开这一运动序幕的是宪政讲习会。1907 年秋，宪政讲习会的熊范舆第一个上书请开国会。随后，宪政讲习会的雷光宇以全湘士民的名义上书、宪政讲习会的翰林院侍读学士朱福诜专折上奏，陈述速开国会、尽早立宪的必要性。宪政讲习会的要求迅速得到其他立宪团体的响应。1908 年 7 月，预备立宪公会的郑孝胥、张謇、汤寿潜等两次发出请开国会电，希望清政府"以两年为限"召集国会。政闻社总务员马良也致电宪政编查馆，"乞速宣布期限，以三年召集国会"②。在此前后，不少省份的立宪派也行动了起来，他们纷纷派请愿代表到京，向都察院或宪政编查馆递交有成百上千甚至上万人签名的请愿书，要求早日召集国会。一些地方督抚和驻外使臣，如湖南总督陈夔龙、两江总督端方、河南巡抚林绍年、四川总督赵尔巽、驻德使臣孙宝琦、驻日使臣胡惟德等，也先后奏请清政府"速定"召集国会的年限。面对立宪派的请愿和内外臣僚上奏的压力，清政府于1908 年 8 月 27 日颁布《钦定宪法大纲》，宣布以九年为筹备宪政期，期满召集国会。尽管立宪派对清政府以九年为筹备宪政期、期满召集国会的决定十二分的不满，但由于不久光绪帝和慈禧太后先后去世，朝廷发生重大

① 沧江（梁启超）：《论政府阻挠国会之非》，《国风报》第 1 年第 17 期，1910 年 7 月 27 日。
② （章）太炎：《马良请速开国会》，《民报》第 23 号，1908 年 8 月 10 日。

变故，以及各省谘议局的筹备成立，不得不把请愿的事暂时搁置了下来。

1909 年 10 月 14 日（宣统元年九月初一日）各省谘议局宣布成立。各省谘议局一成立，即发动了大规模的国会请愿运动。这次国会请愿运动的发起者为江苏谘议局。它派人或致函各省谘议局，请推派代表齐集上海，商讨进京请愿问题。至这年 11 月中旬，先后有 16 省谘议局代表 55 人到达上海，举行"请愿国会代表团谈话会"，经多次协商，决定组成 33 人的代表团赴京请愿，并推方还（江苏）、罗杰（湖南）、刘兴甲（奉天）和刘崇佑（福建）四人为干事，决议即时进京向都察院递交请愿书。代表们情绪激昂，纷纷表示"不请则已，请必要于成，不成不返"，有的人甚至声称："不得请，当负斧锧死阙下"。[1] 1910 年 1 月 16 日，"请愿国会代表团" 33 人，由直隶议员孙洪伊领衔向都察院呈递请愿书："九年之中，患机叵测，设使雄猜者时遂其进步，窃恐和平者亦易其方针，外交必更颠危，民怨必更剧烈，万一有强邻之群蠢，得无惧覆辙之蹈前？"希望清政府"速降谕旨，颁布议院法及选举法，期以一年之内召集国会"。[2] 尽管请愿书又是要求，又是威胁，但清政府不为所动，在请愿书递上十多天后，发下"谕旨"，说了一句"具见爱国恫忱，朝廷深为嘉悦"之后，便断然拒绝了代表团的请求，坚持原定九年期限，循次筹备。

此次请愿失败后，孙洪伊等即商议发动第二次请愿事宜。为扩大请愿声势，他们着手组织"请愿即开国会同志会"，联合绅、商、学各界，"凡赞成请愿者，均得入会为会员"，设总部于京师，各省设立分会。该会以"请求政府即开国会为目的"[3]，"非到国会成立之日，不得解散"[4]。与此同时，民政部六品警官黎宗岳等在京师发起成立"国会期成会"，并希望各省谘议局联合各地方自治宪政会等，设立"国会期成分会"，推举代表入京请愿。在国会请愿同志会和国会期成会的推动下，要求速开国会的呼声迅速高涨，不少立宪团体和社会团体，甚至个人，纷纷上书都察院，要求清政府收回九年筹备的成命。为配合日益高涨的国会请愿运动，并给运动以理论指导，

---

① 张謇：《送十六省议员诣阙上书序》，《国风报》第 1 年第 2 期，1910 年 3 月 2 日。
② 孙洪伊等：《国会代表请愿书》，《国风报》第 1 年第 1 期，1910 年 2 月 20 日。
③《记国会请愿代表进行之状况》，《东方杂志》第 7 年第 2 期，1910 年 4 月 4 日。
④《请愿即开国会同志会简章》，《时报》1910 年 2 月 4 日。

梁启超先后在自己主编的《国风报》上发表《立宪九年筹备案恭跋》《宪政浅说》《中国国会制度私议》《论请愿国会当与请愿政府并行》《论政府阻挠国会之非》等文，全面阐述了立宪派的立宪主张和要求速开国会的理由，批驳了清政府拖延召开国会的种种借口。《时报》也发表《时评》，号召"士农工商各界，群起而请国会之速开也，庶几有不可遏抑之势，政府虽不欲，其奈此全体之国民何哉？"①1910 年 6 月，各省各界赴京请愿代表达 150 多人，有 20 多万人在请愿书上签名。6 月 16 日，请愿代表 80 多人前往都察院，递上不同社会团体的 10 份请愿书。虽然此次请愿比第一次请愿的规模和影响大得多，但清政府依然我行我素。6 月 27 日，清政府发布"上谕"，宣布"仍俟九年筹备完全，再行降旨定期召集国会"，并以"兹事体大，宜有秩序"为词，警告立宪派们"毋得再行渎请"。第二次国会请愿运动再次宣告失败。

已认定只有速开国会、尽早立宪才能解决当时的政治、社会危机的立宪派，并没有被清政府"毋得再行渎请"的"上谕"所吓倒。孙洪伊等复电各省："请愿无效，决为三次准备，誓死不懈"。为了准备更大规模的第三次请愿，他们决定对请愿代表团进行改组，打破原以谘议局议员为限的界线，吸收各界团体代表参加，并将第三次请愿的时间定于来年（宣统三年）的二月。在此期间，立宪派发起大规模的签名运动，每省签名人数至少要达到百万以上，到京代表近的百人以上，远的也要在五十人以上。于此之前，还要上书资政院和请各省督抚代奏。不久，"各省谘议局联合会"在京宣告成立。8 月 15 日，请愿国会代表团召开评议会，鉴于形势的发展，决议将第三次请愿时间从原定的来年（宣统三年）二月提前到本年九月资政院开会期间进行，函请各团体派代表至迟于 8 月底到京，同时又向谘议局联合会提出两项议案：（一）限制民选资政院议员，不得承认新租税，"以消灭政府假立宪之威焰也"；（二）拟请本年谘议局常年会，即以请愿速开国会为第一议案，呈请督抚代奏，若不允代奏，全体议员同时辞职，"以破除假立宪狡猾也"。②

---

①《时报》1910 年 3 月 19 日。
②《中国时事汇录·国会请愿之近状》，《东方杂志》第 7 年第 8 期，1910 年 9 月 28 日。

实际上从 7 月开始，第三次请愿运动就已陆续开展起来。第三次请愿运动的最大特点，是许多省会城市都举行了大规模的群众集会和游行。至资政院正式开会（10 月 3 日，宣统二年九月初一日）前后，各地的请愿运动达到高潮。如直隶省于 10 月 5 日在天津举行省各界人士二千数百人参加的集会，推举出进京请愿的代表，然后列队到总督衙门，要求总督陈夔龙代奏直隶省人民请愿书。河南省省会开封，10 月 16 日各界人士三千多人在游梁祠集会，会后游行到巡抚衙门向巡抚宝棻递交请愿书，并请其代奏。第一、第二次请愿表现不很突出的四川省，这一次也有三千人到督署前集会，要求总督赵尔巽代奏请愿书。

　　按照《资政院章程》，资政院议员由"钦选"和"民选"各 100 人组成。本来清政府召开资政院，是为了拉住立宪派，为所谓的筹备宪政装饰门面，但结果是事与愿违，立宪派充分利用资政院这一合法场所，抨击清政府的专制统治和它对立宪的拖延。10 月 7 日至 9 日，国会请愿代表团先后向监国摄政王载沣和资政院上书，请速开国会。与此同时，各省谘议局联合会也向资政院提出了《请愿速开国会提议案》。10 月 22 日，资政院决议向朝廷转奏国会请愿代表团和各省谘议局联合会以及其他一些团体和个人要求速开国会的请愿书和提案，并通过了一个专折，奏请朝廷允许国会请愿代表提出的速开国会的要求。一些地方督抚以及将军、都统在本省立宪派的怂恿下，从维护自己利益的前提出发，也纷纷发表谈话或通电，倡议早开国会，成立内阁。10 月 25 日，他们以东三省总督锡良领衔，上奏朝廷要求"立即组织内阁"，"定以明年召开国会"。

　　对于立宪派的请愿，清政府可以不加理睬，但对于手握大权的地方督抚的奏请，它却不能置之不理。于是经过反复商议，11 月 4 日清政府发布"上谕"，宣布缩短预备立宪期，于 1913 年召集国会，并强调"年限一经宣布，万不能再议更张"。同日它还发布了另一"上谕"，要求民政部和各省督抚对"所有各省代表""剀切晓谕，令其即日散归，各安职业，静候朝廷详定一切，次第施行"。①

　　立宪派要求的是速开国会，而清政府只是缩短预备立宪年限，将原定

---

①《令民政部及各省督抚解散请开国会之代表谕》，载《清末筹备立宪档案史料》下册，第 646 页。

于 1917 年召集国会提前为 1913 年召集国会，这与立宪派的要求相差甚远。因此，他们并没有按"上谕"的要求"静候朝廷详定一切"，而是准备继续请愿速开国会。这年 12 月下旬，东三省代表十余人到京，呈递请愿书，要求明年（1911 年）召开国会。其他各省谘议局也纷纷电请请愿代表团，要他们不要解散离京。面对有可能出现的更大规模的请愿压力，清政府迅速采取措施，严令民政部、步军统领衙门立即将东三省代表"迅速送回原籍，各安生业，不准在京逗留"。并威胁说：如果再搞什么请愿，就是"聚众滋闹"，各省督抚即应"查拿严办，毋稍纵容"。[①] 随即，天津学界请愿同志会会长温世霖因"创议联合全国学界，罢学要求"，被清政府发派新疆，交地方官严加管束。

在清政府的高压下，已"不能再行存在"的国会请愿代表团只得宣布自行解散。至此，国会请愿运动宣告失败。国会请愿运动的失败，是对立宪派的沉重打击。国会请愿代表团在被迫解散之前，发表过一份《国会请愿代表通问各省同志书》，其失望与愤懑之情溢于言表。书中写道："敬告者，某等承全国诸父老委托之重，匍匐都门，请求国会。积诚罄哀，一年于今，三次上书，幸值各省督抚连翩之电奏，力争于外，资政院全体之通过，主持于中。王大臣乃始临朝震悚，翻然改图，会议数四，顾犹回翔容与，疏慢不促，定为宣统五年实行开设议院。昨奉上谕，已宣示臣民。千气万力，得国会期限缩短三年，心长力短，言之痛心。以诸父老希望之殷，而效果止此，委系非人，能无惭悚。"[②] 随着国会请愿运动的失败，曾高涨一时的君主立宪思潮也因此而衰落了下去。

国会请愿运动虽然失败了，但其社会影响和意义不容低估。立宪派发动国会请愿运动的根本目的，是要速开国会，早日立宪，以便实现他们参政议政的愿望。为了实现这一目的，给清政府以巨大的压力，他们发动了大规模的签名运动，据统计，在 1910 年的三次请愿中，第一次有 20 万人，第二次有 30 万人，第三次的人数更多，而且第三次举行了大规模的群众集

---

① 《开设议院年限不能再议来京请愿人等迅速送回原籍谕》，载《清末筹备立宪档案史料》下册，第 652—653 页。

② 《国会请愿代表通问各省同志书》，《东方杂志》第 7 年第 11 期，《记载第一·中国大事记》，1910 年 12 月 26 日。

会和游行。这种大规模的群众集会和游行在中国是史无前例的。"可以说，除了社会最下层的工农群众，几乎各个阶层都在相当程度上卷入其中了。"[1] 在运动中，立宪派大力宣传他们关于速开国会、尽早立宪的诉求和理由，以争取各界群众的支持，这无疑是对参加运动的群众进行民主教育。就此而言，国会请愿运动，也是大规模的民主教育运动。与此同时，在请愿过程中，立宪派还对腐朽的清朝专制制度进行了批判，揭露了清政府在立宪问题上的保守、拖沓和阳奉阴违，这不仅沉重打击了清政府的权威，使其政治上更加陷入了孤立，而且在客观上也有利于扩大革命的影响，促进人们的觉悟。所以，在君主立宪思潮因国会请愿运动的失败而走向衰落的同时，革命思潮则日益高涨起来。

---

[1] 耿云志等：《西方民主在近代中国》，中国青年出版社，2003，第207页。

第 八 章

中华民国的成立与民初
思想文化斗争

　　当历史进入到 1910 年后，革命时机日益成熟。一方面，革命派的"排满"宣传，起到了动员人民群众参加革命的巨大作用，而他们发动的一系列武装起义，尽管都失败了，但扩大了革命派的影响，加剧了本已严重的社会危机；另一方面，三次国会请愿运动的失败，尤其是"皇族内阁"的成立及其随后宣布的"铁路干道国有"政策，把本来拥护清王朝、只主张君主立宪而反对共和革命的立宪派，一步步推到了革命派一边，并最终"帮助"他们完成了由"立宪"向"革命"的转变。与此同时，风起云涌的民变和下层民众反清心理或思想的表达，表明广大民众已无法照常生活下去，清王朝也无法照常统治下去了，革命已不可避免。1911 年 10 月 10 日，武昌起义爆发。1912 年 1 月 1 日，中华民国临时政府在南京宣告成立，清王朝的统治随之土崩瓦解。但南京临时政府仅仅存在三个月就夭折了。1912 年 4 月 1 日，孙中山正式辞去临时大总统职务，让位于袁世凯。在袁世凯的肆意践踏和破坏下，南京临时政府所建立的民主制度荡然无存，中华民国只剩下了一个空招牌，尊孔复古和帝制复辟思潮沉渣泛起。"无量头颅无量血，可怜购得假共和。"辛亥革命事实上的失败，不能不引起人们对中国出路的思考和选择。

第一节　革命思潮的高涨与中华民国的成立

一、革命党人的"排满"宣传和武装起义及其影响

革命派的"排满"宣传，起始于 20 世纪初。据学者的统计，1902 年至 1903 年间革命派创办的《游学译编》《湖北学生界》《浙江潮》等杂志，所发表的文章中涉及"排满"宣传的约占总数的 15%～20%，《江苏》杂志涉及"排满"宣传的文章比例更高，达到了 30% 以上。[①]同盟会成立后，"三民主义"成了革命派宣传的主要内容，而在"三民主义"中，宣传得最多的是"民族主义"，亦即"驱除鞑虏、恢复中华"的"排满"思想。据同盟会会员李书城回忆："同盟会会员对孙先生所提'建立民国，平均地权'的意义还不大明白，以为是将来革命成功以后的事，现在不必推求。……因此，同盟会会员在国内宣传革命、运动革命时，只强调'驱除鞑虏、恢复中华'这两句话，而对'建立民国、平均地权'的意义多不提及。……辛亥武昌起义以及全国各地响应起义所用的共同口号，只是'排满革命'。"[②]戴季陶后来也承认："当时在三民主义旗下的人，大都是一民主义。——不完全的一民主义——这时候革命党所用的量尺，仅是以排满复仇主义作材料制造出来的。用这一把量尺，来量全国的人，合格的便是革命党，不合格的便是非革命党。换一句说，就是以排满复仇为民族主义全意义，是革命党的必修科，民权主义是随意科。民生主义，仅仅是科外讲演。"[③]1920 年，孙中山在《在上海中国国民党本部会议的演说》中检讨辛亥革命的失败教训时也说："当初同盟会还只明白民族主义，拼命去做；至于民权、民生两主义，不很透彻，其实民族主义也还没有做完。至于我主张的五权宪法，那时不懂的

---

① 陶绪：《晚清民族主义思潮》，人民出版社，1995，第 186 页。
② 李书城：《辛亥前后黄克强先生的革命活动》，载《辛亥革命回忆录》第一集，第 182 页。
③ 戴季陶：《国民革命与中国国民党》，黄埔中央军事政治学校翻印，1927，第 11 页。

更多。"①

就革命派的"排满"宣传来看，他们主要宣传了以下一些内容：

第一，从传统的"夷夏之辩"思想出发，强调满、汉不同种，不是一个民族。刘师培在《辨满人非中国之臣民》一文中就一再强调，"满汉二民族，当满族宅夏以前，不独非同种之人，亦且非同国之人，遗书具在，固可按也"②。为了辨明满、汉"种界"，证明满、汉不是一个民族，刘师培还特作《中国民族志》一书。陶成章在《中国民族权力消长史叙例七则》中把满族归入蒙古族，以证明满族与汉族不是同种同族。自称为"革命军中马前卒"的邹容，在《革命军》一书中不惜以大量篇幅证明"吾同胞今日所谓朝廷，所谓政府，所谓皇帝者，即吾畴昔之所谓曰夷、曰蛮、曰戎、曰狄、曰匈奴、曰鞑靼。其部落居于山海关之外，本与我黄帝神明之子孙不同种族者也"③。满汉既然不同种，不是一个民族，那么根据儒家的观点，其结论自然是："非我族类，其心必异。"更有甚者，一些排满思想较为浓厚的革命党人，不仅认为满、汉不同种，甚至认为满族人民不是中国人，满族聚居地不是中国土地，只有汉族人民才是中国人，只有汉族的聚居地才是中国土地。比如《浙江潮》第7期发表的《四客政论》一文中就强调："中国者，中国人之中国也，孰为中国人？汉人种是也。"④《江苏》第6期的"补白"也声称："中国者，中国人之中国，非胡虏之中国也。"⑤既然满族不是中国人，那么清朝取代明朝，也就非一般皇室更替的改朝换代，而是中国被外族灭亡。革命派倡言"亡国"的目的，是为了"亡清"，推翻清王朝的统治。因为只有"亡清"，推翻清王朝的统治，才能"恢复中华"，建立一个汉人居于统治地位的新中国。这也就是以章太炎为精神领袖的国粹派（他们是革命派的一翼）主办的《国粹学报》自创刊号起，便以凄怆的笔调大肆渲染汉民族亡国之痛的真正原因。

第二，为了唤起汉族民众的历史记忆，对满族贵族在建立和维护清王

---

① 孙中山：《在上海中国国民党本部会议的演说》，载《孙中山全集》第五卷，第392页。

② 韦裔（刘师培）：《辨满人非中国之臣民》，《民报》第14号，1907年6月8日。

③ 邹容：《革命军》，第29页。

④ 愿云：《四客政论》，《浙江潮》第7期，1903年9月11日。

⑤ "补白"，《江苏》第6期，1903年9月21日。

朝的过程中所实行的民族屠杀、民族压迫和民族歧视政策进行揭露和批判。众所周知，清王朝建立之初，曾对汉族实行过残暴的民族屠杀和民族压迫政策，那时候满汉矛盾十分激烈。但当清王朝统治稳定下来后，清统治者采取了一些缓和民族矛盾的措施，加上岁月的流逝，人们已逐渐习惯了清王朝的统治，满汉矛盾也逐渐缓和了下来。然而到了 19 世纪末尤其是 20 世纪初，满汉矛盾又开始激化。造成满汉矛盾激化的原因非常复杂，既有清朝贵族主动挑起的，也有汉族进步知识界尤其是以孙中山、章太炎为代表的革命派宣传鼓动起来的。还有其他方面的原因。比如，康有为发动和领导戊戌变法的目的是救亡图存，但以刚毅为代表的一些满族亲贵则将戊戌变法与满汉民族利益联系并对立起来，认为康有为发动和领导戊戌变法只救汉人的中国，而非保满人的大清，甚至散布所谓"汉人强，满洲亡，汉人疲，满人肥"一类的言论，从而挑起满汉之间的对立。在汉族进步知识界方面，早在戊戌变法期间，出于对清王朝统治导致了民族危机日益加深，以及清朝贵族为了一族一姓一家私利而反对变革的强烈不满，谭嗣同、唐才常等人就流露或宣传过一些排满思想。到了 20 世纪初，以孙中山为代表的革命派为了唤起汉族人民的历史记忆，以达到动员他们参加排满革命的目的，大量翻印了那些控诉清朝入关时所实行的民族屠杀和民族压迫之罪行的旧籍，如《扬州十日记》《嘉定屠城记略》等。他们还搜集这方面的史资，编写成《清秘史》《光汉室丛谭》等出版。明末清初一些具有强烈反满倾向的思想家的著作，如王夫之的《黄书》、黄宗羲的《明夷待访录》等也被他们大量翻印发行。除了翻印和出版上述书籍外，他们还在文章中对清王朝的民族屠杀、民族压迫和民族歧视政策进行了揭露和批判。从扬州十日、嘉定三屠说到"剃发令""文字狱"，从镇压太平天国说到杀害维新志士，从垄断政权说到各省驻防，从滥行苛法说到虐待士人，从对农民的重征浮收说到对工商的诛求盘剥，清政府的所作所为几乎都在揭露和批判之列。"虐我则仇"，既然"满洲之对于汉民也，无一而非虐，则汉人之对满洲也，亦无一而非仇"。①

第三，把"排满"与"反帝"结合起来，控诉和批判清王朝的种种卖

---

① 韦裒之裔（刘师培）：《普告汉人》，《民报》临时增刊《天讨专号》，1907 年 4 月 25 日。

国罪行。在前面谈到孙中山的民族主义时就曾指出，孙中山民族主义的一大特点，是把反满与反帝结合起来。实际上不唯孙中山，其他革命派也是如此，把"排满"与"反帝"结合了起来。他们指出，清政府是一个"放弃主权，分裂河山，今日卖铁道，明日赠矿山，恶极滔天，神人共愤"的卖国政府[1]；帝国主义所以"乐存此旧政府，以其为桃梗土偶"，完全是为了"便于窃盗"，以"亡中国"。[2]因此，要抵抗列强，就绝对不能依赖这样的卖国政府，要挽救民族危机，实现中华民族的独立，"除革去卖国之旧政府，建设救国之新政府外，其道末由"[3]。陈天华在《猛回头》中写道：《辛丑条约》签订后的清王朝不过是"替洋人，做一个，守土官长；压制我，众汉人，拱手投降"。这样的卖国政府如果不推翻，中国的救亡图存就没有任何希望。章太炎在《驳康有为论革命书》中强调："满洲弗逐，而欲士之争自濯磨，民之敌忾效死，以期至于独立不羁之域，此必不可得之数也。浸微浸衰，亦终为欧、美之奴隶而已矣！"[4]

第四，受西方近代民族主义一个民族建立一个国家之思想的影响，主张建立不包括满族在内的单一的汉民族国家，从而将"排满"与近代的"民族建国"结合起来。中国古代只有传统的民族主义，近代民族主义是20世纪初梁启超最早从西方传入中国来的。而西方近代民族主义的实质就是"民族建国"，亦即一个民族建立一个国家。[5]受其影响，革命派认为中国的民族建国建立的也应是单一的汉民族国家。《浙江潮》上的一篇文章就强调，所谓民族主义，其实质就是"合同种异异种，以建一民族的国家"。"惟民族的国家，乃能发挥其本族之特性；惟民族的国家，乃能合其权以为权，合其志以为志，合其力以为力"。所以，一国之内不能"容二族"。否则，"以言特性，则各异其异，孰从而发挥之；以言合其意、合其权，则其意相背，其害相消长，又孰从而合之。故曰：一国之内而容二族，则舍奴隶以外，无以容其一"。[6]既然一国之内不能"容二族"，那么该文的结论自然是：中

---

① 金马：《云南讨满洲檄》，《民报》临时增刊《天讨专号》，1907年4月25日。
② 寄生：《革命今势论》，《民报》第17号，1907年10月25日。
③ 汉驹：《新政府之建设》，《江苏》第6期，1903年9月21日。
④ 章太炎：《驳康有为论革命书》，载《章太炎政论选集》上册，第207页。
⑤ 参见郑大华《论中国近代民族主义的思想来源及形成》，《浙江学刊》2007年第1期。
⑥ 余一：《民族主义论（未完）》，《浙江潮》第1期，1903年2月19日。

国要民族建国，就必须"排满"。柳亚子在《民权主义！民族主义！》一文中也明确指出："凡是血裔风俗言语同的，是同民族；血裔风俗言语不同的，就不是同民族。一个民族当中，应该建设一个国家，自立自治，不能让第二个民族占据一步。"①作为孙中山主要的理论助手和三民主义阐释人的汪精卫曾公开声明："吾愿我民族实行民族主义，以一民族为一国民。"②即使是孙中山本人，在革命的初始阶段，主张建立的也是不包括满族在内的单一的汉民族国家。

恩格斯曾经说过，革命是人民群众的盛大节日。而要人民投身革命，就必须对他们进行革命动员。辛亥革命时期，革命派的"排满"宣传，则起到了动员人民群众参加革命的巨大作用。早在1903年革命派就曾向反对革命的康有为、梁启超等人公开声明："今日新学中人，由革命而生出排满，蓬蓬勃勃，一发而不可制，推原其始，亦由救国来也。痛宗国之沦衰，而在上者仍不振，于是思所以革命。革命之说一起，而思满人平日待我之寡恩，而排满之念又起焉……故排满有二义：以民族主义感动上流社会，以复仇主义感动下流社会，庶使旧政府解散，而新政府易于建立也。"③在当时民族危机与社会危机都非常严重的历史条件下，革命派的"排满"宣传，对于动员"上流社会"中那些深受儒家"夷夏之辨"思想影响的汉族官僚、知识分子和"下流社会"中那些具有反清复明思想传统的会党群众结成最广泛的反清革命统一战线，最大限度地孤立少数满族统治者，其作用不可低估。梁启超在当时就曾指出："满汉两族并栖于一国之下，其互相猜忌者，二百余年如一日，一旦有人焉刺激其脑蒂，其排满性之伏于其中者，遂不期而自发，此革命党之势力，所以如决江河，沛然而莫之能御也。"④这也是武昌起义后革命能迅速取得胜利的一个重要原因。胡汉民回忆辛亥革命说："从来中国历史论一代政府之倾覆者，辄曰：'人心已去，事无可为。'此于满清之亡为尤剧！中流人士固多有发愤亡秦之志，而民众亦既厌且憎；即其

---

① 柳亚子：《民权主义！民族主义！》，《复报》第9期，1907年3月30日。

② （汪）精卫：《民族的国民》，《民报》第1号，1905年12月8日再版发行。

③ 饮冰室自由书（梁启超）：《答和事人》，《新民丛报》第42—43号合刊，1903年12月2日。

④ 舆之（梁启超）：《论中国现在之党派及将来之政党》，《新民丛报》第92号，1906年11月30日。

文武大僚从得禄位，当与共休戚者，亦更不为之效忠致力。革命军起，封疆大吏辄望风窜走，否则树降旗以求自保。仲恺告余，谓'陈昭常在东三省，闻南军战胜则喜，闻清军战胜，反戚戚然。'故是时种族之辨，真厘然有当于人心。"这与太平天国时期的情况形成鲜明对比："曾国藩、胡林翼辈挟以对抗民族主义，使清室亡而复存；其他为满洲城守死节者，亦相望于道。至辛亥革命，而一切呈相反之现象。以此较衡，可知排满宣传战胜一时之思想者，实为根本之成功。"① 辛亥革命时期山西新军起义领袖阎锡山也认为：辛亥革命的成功，"一半为利用时机力量"，另一半则为革命派的"排满主义"之宣传。② 征诸历史，胡汉民和阎锡山的回忆是可信的。

革命派在从事"排满"宣传的同时，又先后发动了一系列武装起义。这一系列武装起义虽然都先后归于失败，但它们扩大了革命派的影响，沉重打击了清朝统治者，加剧了本已严重的社会危机。以革命派发动的三次广州起义为例。1895 年的乙未广州起义是革命派发动的第一次反清武装起义。孙中山在领导这次起义过程中，提出了"创立合众政府"的口号。起义虽然失败，但其意义不可低估。它不仅是此后革命派一系列起义的起点，而且也使孙中山作为革命派的领袖开始引起社会舆论的注意。当时的日本就首次称孙中山为"支那革命党的首领"。1910 年广州新军起义的意义，除证明孙中山关于在新军中开展革命动员工作、把新军发展成起义主力之思想的正确外，同时也使许多人消除了对革命能否成功的怀疑，增强了必胜的信心。曾参与起义的姚雨平指出："在新军起义前，一般人认为，在科学昌明的时代，船坚炮利，非有充足的武力，不足以谈革命；革命党人只凭赤手空拳，充其量只凭民军、会党、绿林的一点力量，是无能为力的。新军起义后，观感为之一新，大大增强了革命的信心，加速了革命形势的发展；特别是在华侨方面，影响更大，大部分华侨都愿输财资助革命，基本上解决了革命党人进行革命活动所需经费的问题。"③ 1911 年黄花岗起义的失

---

① 胡汉民：《胡汉民自传》，第 64 页。
②《求学是去欲之良法》，载《阎百川先生言论类编》卷六，第二战区司令长官司令部，1939，第 79 页。
③ 姚雨平：《追忆庚戌新军起义和辛亥三月二十九日之役》，载《辛亥革命回忆录》第二集，第 290 页。

败，虽然使同盟会丧失了一大批骨干和优秀分子，但这次起义鼓舞了全国人民的斗志，加剧了社会危机，促进了本已成熟的全国性革命高潮的到来。后来孙中山在谈到这次起义的意义时指出："是役也，集各省革命党之精英，与彼房为最后之一搏。事虽不成，而黄花岗七十二烈士轰轰烈烈之概已震动全球，而国内革命之时势实以之造成矣。"① 当时有民谣就说："不用掐，不用算，宣统不过二年半。"② 这说明清政府离灭亡已为期不远了。

革命派在发动武装起义的同时，还针对清统治者中的上层人物实施了一系列的暗杀活动。实际上，早在同盟会成立之前，军国民教育会的杨笃生等人，就在日本组织过极为秘密的军国民教育会暗杀团。同盟会成立后，沿袭军国民教育会的做法，设立了专门从事暗杀的团体，并聘请流亡在日本的俄国"虚无党"暗杀专家为教授，向黄兴、秋瑾、汪精卫等同盟会领导人和一般会员传授暗杀技术和经验。武昌起义之前，革命派比较有名的暗杀活动就有吴樾炸出洋考察宪政"五大臣"（1905年）、刘思复炸广东水师提督李准（1907年）、汪精卫炸摄政王载沣（1910年）、邝佐治刺杀满族亲王载洵（1910年）、温生才刺杀广州将军孚琦（1910年）、林冠慈和陈敬岳再炸广东水师提督李准（1911年）、李沛基炸广州将军凤山（1911年）等。尽管革命派的暗杀行动不可能推翻清王朝，更不可能摧毁支撑清王朝的社会基础，但它能够造成统治阶级尤其是统治阶级上层的心理恐慌。这对于促进革命的高涨是有帮助的。武昌起义的枪声一响，湖广总督瑞澂便弃城逃走，从而导致武汉清军群龙无首，不堪一击，就与这种恐慌心理有关。

革命派武装起义的最大影响或历史功绩，是为辛亥革命准备了必要的军事力量。1908年之前，革命派的武装起义依靠的主要是具有反清复明传统的会党。为此，他们做了大量的联络、组织和发动会党的工作。比如，华兴会成立后，就专门成立了一个外围组织同仇会，作为联络会党的机构。光复会成立后，也很快与浙江会党建立了密切联系，他们还在大通学校内开设体操专修科，以训练兵操、倡办团练为名，招来金华、处州、绍兴三府的会党入学，对他们进行"排满"革命教育。孙中山在革命的初始阶段就

① 孙中山：《建国方略》，载《孙中山全集》第六卷，第242页。
② 《明年种地不纳粮》，载中国民间文学集成全国编辑委员会、中国歌谣集成河北卷编辑委员会编《中国歌谣集成·河北卷》，中国 ISBN 中心，2004，第363页。

非常重视会党。他亲自领导第一次武装起义（即 1895 年广州起义）时，曾派郑士良等广泛联络会党参加。1899 年，他又派陈少白、郑士良在香港联络两湖地区的哥老会和闽粤地区的三合会首领成立兴汉会，并出任总会长。同盟会成立后，联络和争取会党参加起义，更成为孙中山和革命派的一项重要工作。但萍浏醴起义和西南边境一系列起义的失败，使孙中山和一部分革命党人认识到，会党虽易于发动，但自由散漫，不听号令，战斗力不强，这是一系列起义失败的一个重要原因。于是，他们开始把工作重点转向新军，在新军中做革命的联络、组织和策反工作。比如，武汉地区的革命组织文学社于 1911 年初成立后，就一直以新军士兵为发展对象。武汉地区的另一革命组织共进会成立（1909 年初）不久，也把发展的重点从会党转向了新军。经过艰苦细致的工作，革命派联络、组织和策反新军取得重大进展。1909 年 10 月同盟会南方支部在香港成立时，广州新军加入同盟会的人数已达三千多人。1910 年广州新军起义和 1911 年的黄花岗起义，其主力便是新军。武昌起义前，湖北新军中的革命势力已占据明显优势，许多士兵和下级军官都是文学社、共进会或其他革命组织的成员。在湖南，经革命党人陈作新、刘文锦的宣传鼓动，驻长沙的新军第二十五混成协的许多士兵和下级军官日益革命化，并且有了初步的组织，各标、营、队、排都有代表，全协有代表 60 余人。除广州、湖北和湖南之外，其他各省的新军也都不同程度地呈现出革命化倾向。

革命派长期联络会党尤其是新军的工作，在辛亥革命中得到了很好的回报。1911 年 10 月 10 日，打响武昌起义第一枪的便是湖北新军工程第八营的革命士兵。武昌起义之后，各省纷纷响应。其中，湖南、江西、陕西、山西和云南的起义均由新军发动，而在贵州、浙江、广西、安徽、福建、广东、四川和江苏等省的革命中，也得到了新军的有力支持。清政府曾计划全国编练新军 36 个镇（师），但实际上在武昌起义之前仅编成 15 个镇和 20 个协（旅）。在武昌起义的 50 天内，有 7 个镇 10 个协参加起义，即有一半左右的新军成了革命军，可以说，新军在革命各省推翻清王朝的武装起义中发挥了中流砥柱的作用。实际上，如果革命各省的谘议局和学绅商界不率先行动，已程度不同地呈现出革命化倾向的各省新军也会顺应历史潮流主动起来革命。而新军之所以能够参加革命，是革命派长期工作的结果。

二、立宪党人从"立宪"向"革命"的转变

如前所述，立宪派是随着立宪思潮的兴起而形成的一个政治派别，它主要由两部分人组成。一是以康有为、梁启超为代表的康门师徒及其追随者，戊戌变法时期他们主张维新变法，被称为维新派；19世纪末20世纪初他们因成立"保皇会"，高举"保皇"旗帜，被称为"保皇派"；立宪思潮兴起后他们又成了立宪派，这派人主要是在海外活动，故有时人们又称他们为"海外立宪派"。二是以张謇、汤化龙为代表的在清末新政中逐渐发展壮大起来的新式企业老板、新式教育创办者和地方上的一些开明士绅，这些人的活动主要在国内，人们又称他们为"国内立宪派"。无论是"海外立宪派"，还是"国内立宪派"，在立宪准备开始时对清政府的预备立宪持的都是积极支持和参与的态度，但随着预备立宪的推进，他们和清政府在立什么样的宪和什么时候立宪等问题上的分歧和矛盾越来越大，尤其是三次大规模的国会请愿运动的失败，使他们对清政府的失望一再强化，并由失望而产生怨恨和离心倾向。1910年6月，第二次国会请愿被拒后，国会代表团于7月11日"开评议会讨论一切"，并通过了《国会代表团提交谘议局联合会议案》，明确指责清政府的立宪是"假立宪"①，对其失望和愤怒之情溢于言表。等到这年的10—11月第三次请愿被拒，清政府严令请愿代表"即日散归"，不许他们在京城逗留；不久又将东三省请愿代表逐出北京，将天津学界请愿同志会会长温世霖发派新疆，交地方官严加管束，凡此种种，更使立宪派对清政府的失望和愤怒之情达到了极点。我们前面已经提到，国会请愿代表团在被迫解散之前，发表过一份《国会请愿代表通问各省同志书》，表示出了对清政府的严重不满，甚至愤怒。另据徐佛苏说，在第三次国会请愿被拒，清政府严令请愿代表"即日散归"的那天晚上，部分请愿代表曾到他主持的《国民公报》馆中，"秘议'同人各返本省，向谘议局报告清廷政治绝望，吾辈公决秘谋革命，并即以各谘议局中之同志为革命之干部人员，若日后遇有可以发难之问题，则各省同志应即竭力响应援助起义独立'云云。此种秘议决定之后，翌日各省代表即分途出京，返省报

---

① 《中国时事汇录·国会请愿之近状》，《东方杂志》第7年第8期，1910年9月28日。

告此事"。[1] 参与过第三次请愿运动的伍宪子后来也回忆，"当请愿代表被勒令出都之日，曾经秘密会议，将以各省独立要求宪政。汤化龙、蒲殿俊等同为请愿代表参与秘议之人，其一触即发，并非偶然"[2]。依据这两位当事人所记，可以肯定一部分请愿代表在被清政府逐出北京之前，的确就以后的行动有过密议，按照徐佛苏的说法，是"公决秘谋革命"，而伍宪子回忆的，是"以各省独立要求宪政"。这两个人的说法看似不同，一个说是"革命"，一个说是"宪政"，但它们的前提都是谋求"各省独立"，这说明在一部分立宪派那里，已经萌生了与清政府分道扬镳的思想。当然，这只是部分立宪派的密议，就大多数立宪派来看，尽管他们对清政府的失望达到了极点，但他们还没有对清政府彻底绝望。所以他们在《同志会通告书》中表示，此次国会请愿代表团"即奉朝命，劝谕解散，自不能再行存在，致招干涉。纵国会期限之缩短，揆之请愿之初衷，殊未圆满，亦未便了一时之间，出而要求。盖既为事实上决无效力，诚不如暂时消灭代表团，异日再有要求，另行组织"[3]。他们并没有放弃继续请愿的打算。

真正使大多数立宪派对清政府彻底绝望，而转向革命的是"皇族内阁"的成立，以及"皇族内阁"成立后所发布的"铁路干道国有"政策。1911年5月，清政府宣布依照预备立宪的程序，成立以庆亲王奕劻为总理的责任内阁。在13名阁员中，满洲贵族9人，其中7人又是皇族，而汉族官僚仅4人，这完全是一个以皇族为中心的内阁，所以人们又称之为"皇族内阁"。本来，立宪派连续发动国会请愿运动，要求清政府早日召开国会，实行宪政的目的，就是希望借助实行宪政的机会，实现其参政，尤其是参与中央大政方针的决策。然而"皇族内阁"的成立，则表明清政府根本没有向立宪派开放中央政权的迹象，同时它也打破了清王朝历来实行的中央一级官吏满汉平均的惯例，政治重心开始向满人方面倾斜，权力越来越集中到满人特别是皇族的手中。这严重背离了君主立宪的精神和原则。所以"皇族内阁"宣布成立后，立即遭到了立宪派的抨击。当时正在北京参加谘议

① 徐佛苏:《梁任公先生逸事》，载丁文江、赵丰田编，欧阳哲生整理《梁任公先生年谱长编（初稿）》，中华书局，2010，第267页。
② 伍宪子:《中国民主宪政党党史》，世界日报，1952，第16页。
③《中国大事记·同志会通告书》，《东方杂志》第7年第11期，1910年12月6日。

局联合会的各省立宪派领袖和骨干分子，连续两次上折，抨击皇族内阁不合立宪精神，指出"君主不担负责任，皇族不组织内阁，为君主立宪国唯一之原则，世界各国苟号称立宪，即无一不求此与原则相吻合"，"今皇族内阁不合立宪公例，请另组责任内阁"。① 然而和三次大规模的国会请愿运动的结果一样，清政府不仅没有接受他们的要求，而且严词申斥他们的"议论渐进嚣张"，要他们"懔遵《钦定宪法大纲》"，对于朝廷的用人大权，"不得率行干请"。立宪派在绝望中奋力抗争，但得到的则是更彻底的绝望。绝望之余，他们不得不另做打算，有的人开始萌生革命思想。刘厚生在《张謇传记》中就指出，清政府推出"皇族内阁"使亲贵揽权的结果，"足令全国谘议局之议员人人丧气而绝望。谘议局议员绝望之日，即清朝基础动摇之时，至是内外人心皆去"②。刘厚生的论断是有事实支撑的。比如，湖北谘议局局长汤化龙在谘议局联合会会议上发言时就一再强调："大家要知，我们提倡此种舆论，是极健全而不可抗之舆论，果能布告国民，使国民确知现政府之不可恃，生出种种恶感，将来政府一定能推倒，此是确有把握的。"③《时报》刊文也称："此次谘议局联合会有一最可注意之事实，即其态度与去年大变，绝不重视谘议局、资政院议案之准备也。盖经历次失败，民党已深知谘议局、资政院之不足恃，故咸趋重于自卫之一途。其所拟提出之议案，有所谓商量国民军办法及民产炮兵工厂云云。"④ 借用林增平先生的话说，"皇族内阁"成立后，立宪派态度从"立宪"向"革命"的转变，"已经不是蛛丝马迹，而是颇有点鸣鼓树帜的势态了"⑤。

"皇族内阁"刚成立，便抛出了"铁道干线国有"的政策。先是腐败的清政府为取得列强的欢心和支持，大量出卖矿山、铁路主权。1900 年以后，全国各地的爱国群众，展开了收回路权的运动。据统计，1903 年至 1907 年五年间，先后有 15 个省开设铁路公司，着手集股修路。到 1911 年时，四

① 《各省谘议局议长议员袁金铠等为皇族内阁不合立宪公例请另组责任内阁呈》，载《清末筹备立宪档案史料》上册，第 577 页。
② 刘厚生：《张謇传记》，上海书店，1985，影印本，第 184 页。
③ 《联合会第二届第二十三次会员记事录》，载《直省谘议局议员联合会报告书汇录》，邱涛点校，北京师范大学出版社，2013，第 214—215 页。
④ 《中国政党小史》，《时报》1911 年 5 月 14 日。
⑤ 林增平：《评辛亥革命时期的立宪派》，《湖南师范学院学报》（哲学社会科学版）1981 年第 4 期。

川川汉铁路公司预筹股款 2099 万元，实收 1645 万元；广东粤路公司预筹
股款 2000 万元，实收 1513 万元；浙江铁路公司预筹股款 600 万元，实收
925 万元。综合十二个省铁路公司，共实收股款 5987 万元。尽管各省铁路
公司一般是由地方政府通过赋税附加的方式集股筹款，但股份中也有不少
是各种商业行会或社会团体的投资，因而具有民族资本的性质，一些把持
铁路公司、插手筹款集股而获得丰厚利益的地方官绅也由此而开始甚至完
成了向资产阶级的转化，成为民族资产阶级的代表人物。与此相适应，在
政治上，他们积极参与清末的立宪活动，如江苏铁路公司总经理王清穆、
协理张謇，浙江铁路公司总理汤寿潜，安徽铁路公司总理周学铭，云南铁
路公司总办陈荣昌、会办丁彦，广西铁路公司协理（代行总理职务）梁廷
栋，首倡设立湖南铁路股东共济会的谭延闿，湖北铁路协会负责人汤化龙、
张国溶，四川铁路同志会首脑蒲殿俊、邓孝可，山西保晋公司倡办人和股
东梁善济、渠本翘，在立宪运动中都非常活跃，他们不仅是各省谘议局的
正、副议长或骨干分子，同时也是三次大规模的国会请愿运动的参与者、
发起者和领导者。如今清政府宣布所有各省商办干线一律收归"国有"，从
而将各省自办铁路的权力一笔勾销。而清政府的所谓"国有"，也就是把修
筑铁路的权利卖给对中国路权一直虎视眈眈的帝国主义国家，因为当时清
政府处于国库空虚，举债度日的境地，根本没有钱去修铁路，要修铁路只
有通过出卖路权向帝国主义借款一法。所以，在"皇族内阁"5 月 9 日颁
布"铁路干线国有"政策后的第 11 天，即 5 月 20 日，"皇族内阁"的邮传
部大臣盛宣怀便同英、美、德、法四国银行团签订了 600 万英镑的《湖北
湖南两省境内粤汉铁路鄂境川汉铁路借款合同》，把湖南、湖北、广东三省
人民在 1905 年收回路权运动中从美国手中赎回的粤汉铁路和川汉铁路的修
筑权，又重新卖给了帝国主义列强。当时人抨击清政府的"铁路干线国有"
政策，是"夺之所亲而予其敌"，"务国有之虚名，坐引狼入室之实祸"。[1] 梁
启超在《收回干线铁路问题》一文中更是称清政府这一政策为"恶政"。他
在文中写道："其恶政之涉于全体者，则如假君主大权政治之名，以自为护
符肆逞淫威也；假中央集权之名，吸全国之膏髓以供少数人之咕嘬也。其

---

[1] 戴执礼编《四川保路运动史料》，科学出版社，1959，第 142 页。

恶政之涉于一部分者，则如假扩张军备之名，多设局署，位置私昵，竭泽
而渔，不恤民力也；假中央银行之名，为当局者公然挂借侵蚀之机关，以
陷国家于破产也；假利用外资之名，甘卖国家使为生计上之隶属国，而以
快大小官吏一时之挥霍也。今之所谓国有铁路政策，亦若是则已耳。"①

　　更要命的是，清政府抛出"铁路干线国有"政策，宣布将已归商办的川
汉、粤汉铁路收归国有，但又不许原来的股东保本退款，只许换发铁路股
票，即清政府不仅收路，而且还要夺款。这将使股东们血本无归。如果说
"皇族内阁"的成立，使立宪派借助实行宪政的机会，实现其参政，特别是
参与中央大政方针决策的愿望破灭，那么"铁路干线国有"政策，则是经济
上对立宪派赤裸裸的剥夺，严重损害了他们的经济利益。而经济又是国内
立宪派的命根，这就不能不激起他们的激烈反抗。于是，他们掀起了声势
浩大的保路运动。保路运动首先在湖南发起，湖北、广东和四川迅速跟进，
特别是四川，发起成立了有数万人参加的"保路同志会"，谘议局议长蒲殿
俊为会长，副议长罗纶为副会长，下设四股办事，分别为总务股、文书股、
交际股和游说股。保路运动开始是和平进行的，主要方式是进京请愿和示
威游行，但清政府却故伎重演，不仅责令各省官吏对参加保路运动的人"严
行惩办"，而且还将各省派到北京请愿的代表"押解回籍"。物极必反，清
政府的高压政策，使一些对清王朝还有少许留恋的立宪派最终下定了与之
分道扬镳的决心。保路运动兴起后，湖南谘议局推举左学谦、周广询为代
表前往请愿，"适遇四川请愿代表谘议局议长蒲殿俊等，因拒款请愿，被押
解回籍，左搭车送之；蒲告以'国内政治，已无可为，政府已彰明较著不
要人民了，吾人欲救中国，舍革命无他法。我川人已有相当准备，望联络
各省，共策进行'。周因留京而左返湘，以目击情形，详告同人。于是遂各
各暗中增组机关，而谋进行革命愈力"②。

　　现代西方政治学理论表明："每一个未被吸收到政治体系中的社会阶级
都具有潜在的革命性……挫败一个集团的要求并拒不给它参与政治体系的机

① 沧江（梁启超）：《收回干线铁路问题》，《国风报》第 2 年第 11 期，1911 年 5 月 19 日。
② 粟戡时：《湖南反正追记》，载《湖南文献汇编》第二辑，湖南文献委员会，1949，第 373 页。

会，有可能迫使它变成革命的集团。"① 为丛驱雀，为渊驱鱼，清政府的倒行逆施，把本来拥护清王朝，只主张君主立宪而反对共和革命的立宪派，一步步推到了自己的对立面，从而"帮助"他们完成了由"立宪"向"革命"的转变。

三、"民变"与下层群众反清革命思想的表达

民变概念最早从何而来，目前已很难考证。不过在官修正史中，从《明史》开始已有关于民变的记载。如《明史》卷二十一："临清民变，焚税使马堂署，杀其参随三十四人。""武昌、汉阳民变，击伤税使陈奉。"《明史》卷二十二："是月，两当民变，杀知县牛得用。"《清史稿》中有关民变的记载也不少见。就这些正史的记载来看，所谓"民变"，指的是因官员的横征暴敛或苛刑酷法而激起的下层民众的骚乱或反叛。所以 1397 年定本的《大明律》中的《兵律》列有"激变良民"条："凡牧民之官，失于抚字，非法行事，激变良民因而反叛，失陷城池者斩。"沿用《大明律》的《大清律例》中的《兵律》同样列有"激变良民"一条："凡有司牧民之民，平日失于抚字，又非法行事，使之不堪，激变良民，因而聚众反叛，失陷城池者，斩监候。止反叛而城池未陷者，依守御官抚绥无方致军人反叛，按充军律奏请。"就上述律条可见，民变的主体是"民"而不是"匪""寇"或"兵"；引起民变的原因是地方官员"平日失于抚字，又非法行事"，因此对民变负有责任的官员要受严惩。至清末，民变一词已频繁出现在当时的报刊杂论和官员奏折之中，因受西学传播的影响，其含义也有所扩大，比如章太炎在他那篇著名的《驳康有为论革命书》中就将西方资产阶级为争取"自由议政之权"而进行的议会争辩和暴力抗争都称为"民变"："然则立宪可不以兵刃得之耶？既知英、奥、德、意诸国，数经民变，始得自由议政之权。民变者，其徒以口舌变乎？抑将以长戟劲弩、飞丸发簇变也？近观日本，立宪之始，虽徒以口舌成之，而攘夷覆幕之师在其前矣。"② 但就绝大多数的例证来看，指的仍是下层民众因自身利益受到侵害而激起的以暴力反抗官府的行为。1904 年，《东方杂志》第 11 期转载有《论近日民变之多》一

---

① 塞缪尔·P·亨廷顿：《变动社会的政治秩序》，张岱云、聂振雄、石浮、宁安生译，上海译文出版社，1989，第 299 页。
② 章太炎：《驳康有为论革命书》，载《章太炎政论选集》上册，第 201 页。

文，内称："民变一事，千里万缘，非久居其地，目击其事，恐不能确知其原委……案近年民变之由来有二，一曰抗捐，一曰闹教。夫曰捐曰教者，皆国家所实行之实事也。"[1] 又 1910 年山东巡抚孙宝琦的《奏遵旨覆查莱阳民变实在情形折》："以官激民变，复借口剿匪，纵兵焚掠，戕毙无辜。"[2]

　　民国以来，尤其是中华人民共和国成立以来，学术界对民变一词的理解虽然继承了传统的含义，但也加入了许多新的内涵。比如，1948 年中华书局出版的《晚明民变》（作者李文治）一书，是第一本以民变为题的研究著作。但就该书研究的内容来看，主要研究的是晚明的农民起义及其过程，实际上已超越了民变一词的原义。新中国成立后的很长一段时期内，学术界在研究下层民众反抗官府的斗争时，大多使用的是"农民起义"或"下层群众自发斗争"的概念，很少使用民变一词，直到 20 世纪 80 年代，才有两种以民变为标题的资料出现。一是发表在《近代史资料》1982 年第 3 期和第 4 期的《清末民变年表》（张振鹤和丁原英编），二是 1985 年中华书局出版的上、下两册《辛亥革命前十年间民变档案史料》（北京师范大学历史系编）。这两种资料虽然都冠以民变的标题，但并没有对民变一词的含义作出明确的界定和解释。与此同时出版的一些有影响的著作，比如章开沅、林增平主编的《辛亥革命史》（人民出版社 1980 年版）、李新主编的《中华民国史》第一卷，也都涉及民变的内容，但使用的仍然是"城乡下层群众的自发反抗斗争"一类的表述。真正对民变一词的含义作出明确界定和解释的是 1992 年上海人民出版社出版的陈旭麓的著作《近代中国社会的新陈代谢》。该书专辟有"民变与革命"一章，探讨民变反映出的社会变迁以及民变与革命相互激荡的关系。陈旭麓认为："民变是下层群众用直接诉诸行动的方式以表达自己对现存社会的不满与反抗，是中国社会内在矛盾激化的产物。"[3] 根据这一定义，《近代中国社会的新陈代谢》一书将民变从内容上概括为 10 类，即：抗捐抗税、抢米风潮、为求食有盐而导致的城乡骚乱、会党和农民起义、罢工罢市、兵变、学潮、反教会和反外国侵略者的斗争、

① 《论近日民变之多》，《东方杂志》第 1 年第 11 期，1904 年 6 月 8 日。
② 武昌辛亥革命研究中心组编，严昌洪主编《辛亥革命史事长编》第七册，武汉出版社，2011，第 124 页。
③ 陈旭麓：《近代中国社会的新陈代谢》，上海人民出版社，1992，第 296 页。

反对"新政"和其他反对压迫的斗争。就这 10 类可以看出，除革命派所领导和发动的反清武装起义外，其他民众自发地反对官府的行为，都被《近代中国社会的新陈代谢》一书纳入到了民变的范围。此后人们对民变一词的界定和解释，基本上采用的是陈旭麓的定义，至多只是表述上稍微有所不同而已，实质上并没有大的差别。本书所讲的"民变"，采用的也是陈旭麓的定义。

虽然从《明史》开始官修正史才有民变的记载，但民变则自古有之，借用《东周列国志》第一回中的话说："（周厉王）暴虐无道，为国人所杀，此乃千年民变之始。"此后，民变于历朝历代都屡见不鲜，而王朝末年尤其兴盛。清王朝也没有逃脱这一规律。概而言之，清末 10 年或辛亥革命时期的民变有以下几个特点：

第一，次数多，规模大。杨庆堃根据《大清历朝实录》统计出的晚清以后的民变次数是：1836—1845 年，246 次；1846—1855 年，933 次；1856—1865 年，2332 次；1866—1875 年，909 次；1876—1885 年，385次；1886—1895 年，314 次；1896—1911 年，653 次。[①] 从上述数字可见，晚清时期民变次数最多的是 1856—1865 这 10 年，达到 2332 次，其他如1846—1855 和 1866—1875 这两个 10 年发生的民变次数，也要高于清末的1896—1911 年，但考虑到这一时期正是太平天国和捻军等农民起义的发生、发展和走向最后失败的时期，其民变的次数高于清末的 1896—1911 年实属正常。另外，《大清历朝实录》所记载的主要是上报中央的大、要案，地方自行处理的案件一般不计。同时，各地方官皆有自保其身、免受责罚的趋利避害行为，上报的案件数必然要远小于实际发生数，因而依据《实录》统计出的民变次数就会明显偏低，辛亥前 10 年尤其如此。所以，张振鹤、丁原英所编的《清末民变年表》统计出的 1902—1911 年间各地民变的次数是 1300 余起[②]，李新主编的《中华民国史》第一编《中华民国的创立》（下）统计出的 1905 年至 1910 年间"城乡下层群众的自发反抗斗争"的次数是

[①] 杨庆堃：《十九世纪中国民众运动的几种最初形式》，载费正清主编《剑桥中国晚清史（1800—1911 年）》下卷，中国社会科学出版社，1985，第 658 页。

[②] 张振鹤、丁原英：《清末民变年表》，载《近代史资料》1982 年第 3 期，第 108—181 页；第 4期，第 77—121 页。

1017 起①，章开沅、林增平主编的《辛亥革命史》统计出的清末"抗捐抗租抗税""抢米""秘密会社""反洋教""反户口调查""少数民族反清"等属于民变性质的事件的次数是 553 起②，都远高于杨庆堃根据《大清历朝实录》统计出的"民变"次数。有人又根据张振鹤、丁原英所编的《清末民变年表》统计出的 1902—1911 年各地民变的次数做了分年统计，发现清末民变又主要集中在 1906 年（133 起）、1907 年（139 起）、1909 年（116 起）、1910 年（217 起）和 1911 年（108 起），其中 1906—1907 年、1909—1911 年是清末民变的两个高发期。也就是说，越接近清王朝的灭亡，其发生民变的次数也就越多。越接近清王朝的灭亡，不仅民变发生的次数越多，而且规模也越大，清末规模和影响较大的两次民变，即湖南长沙的抢米风潮和山东莱阳的抗捐斗争都发生在 1910 年，长沙抢米风潮有超过两万人参加，并波及周边多个城市，最后虽因清政府的派兵镇压而平息，但清政府也不得不作出让步，除罢免湖南巡抚岑春蓂外，还出示平粜，才稳定了局面。莱阳抗捐最后发展为有数万人参加的起义，与清军展开激战，并坚持达两月之久，才因寡不敌众，加上武器落后，缺乏组织和训练，遂告失败。

第二，全民参与，地域广泛。清末民变参与者的成分非常复杂，除了从土地中游离出去的破产农民、无业游民、手工业者、船夫、小贩、和尚、算命者、士兵、警察、衙门胥吏、散兵游勇、会党、盐枭、地痞、土匪、无赖、罪犯之外，还有富商大贾、城镇市民、失意文人、中下级军官、种地农民、乡村士绅、革命党人、新式学堂的学生和留学生，以及妇孺孩童等，可以说是士农工商，全民参与，这在中国历史上是不多见的。在中国历史上，士作为四民之首，虽然也有人参加民变或农民起义，但人数不多。研究表明，即使在清王朝的前、中期，参与民变的人大多是失业或半失业者，没有固定的永久工作，会党、帮会成员中真正的读书人也微乎其微。但进入到 20 世纪初，亦就是清末时期，由于科举制的废除和工商业受到重视等原因，士逐渐失去了四民之首的地位，且日益边缘化，不少人甚至面临着越来越严重的生存危机。社会地位的下降，特别是科举制度的废除断

---

① 李新主编《中华民国史》第一编《中华民国的创立》（下），中华书局，1982，第 1 页。
② 章开沅、林增平主编《辛亥革命史》（上），第 265—270、277—284、294—296、303—314 页；《辛亥革命史》（中），第 323—331、335—347、348—359、361—364 页。

绝了"学而优则仕"的升迁之路，这就必然会导致一些被边缘化了的士人对现实社会的不满，因此，一旦有机会他们就会参与到反对现实社会的队伍中来。我们发现，士参与清末民变已不是个案，而是一种普遍现象，在绝大多数的民变中我们都可以找到他们的身影。清末民变的主力军仍然是农民，尤其是失地的农民，当时风起云涌的抗捐抗税斗争，农民是其主体，其他的一些民变，如《近代中国社会的新陈代谢》所列举的抢米风潮、为求食盐而导致的城乡骚乱、会党起义、兵变、反教会和反外国侵略者的斗争、反对"新政"和其他反对压迫的斗争，实际上主要的参与者也都是农民或从土地中游离出去的破产农民。除了传统的士农工商这"四民"之外，一些新的阶级和阶层的参与，更是给清末民变赋予了一些新的内涵。比如，兴起于1905年的抵制美货运动，就是以商会为代表的新兴的民族资产阶级发动和领导的。而新兴的工人阶级的罢工，更是此伏彼起，据不完全统计，规模较大的工人罢工，1905年9次，1906年11次，1907年6次，1908年3次，1909年9次，1910年5次，1911年12次。短短的7年时间，共发生了55次。[1]至于罢市和学潮，其参与者主要是新兴的市民和新式学堂的学生，他们也属于新的阶级和阶层。

除了全民参与之外，地域的分布之广，也是清末民变的一个重要特点。据统计，全国各省都发生过民变，其中江苏最多，275起；其次为浙江，178起；江西，69起；安徽，64起；广东，62起；湖北，56起；直隶，53起；福建，38起；湖南，35起；河南，35起；四川，32起；广西，29起；山东，24起；奉天，17起；山西、吉林、陕西，各9起；甘肃、贵州，各8起；云南，7起；黑龙江，4起；热河，3起；宁夏、蒙古、新疆、西藏，各1起。[2]从比例来看，江苏一省的民变次数占全国总数的四分之一多，浙江占六分之一多，经济发达的江浙地区发生的民变次数几乎占到了全国的一半，如果再加上同属经济相对较为发达的长江中、下游地区的江西、安徽、湖北、湖南以及广东和福建，其民变次数占了总数的四分之三以上，而经济相对比较落后的西北地区发生民变的次数相对较少，宁夏、蒙古、

① 李新主编《中华民国史》第一编《中华民国的创立》（下），第18页。
② 杜涛：《清末民变研究初论》，硕士学位论文，中国社会科学院研究生院，2005，第5页。

新疆、西藏四省每省只有 1 起。这种"民变"次数不平衡现象的出现，主要与以下几个因素有关：

（一）与自然灾害有关。清末 10 年，尤其是 1906 年后，长江中下游一带，水灾频仍，造成粮食减产，而不法奸商，则乘机囤积居奇，哄抬米价，使米价暴涨，"细民无以糊口，思乱者十室而九"，于是有抢米、抢粮风潮的发生。据统计，1906 到 1911 年间，因米的问题而引起的民变共 192 起，其中规模最大、影响也最大的就是上面提到过的 1910 年长沙的抢米风潮。（二）与捐税负担有关。长江中、下游地区，特别是经济发达的江、浙地区，历来都是清王朝税收的主要来源地。1901 年后，清政府为了筹集庚子赔款，便向各省摊派，而摊派最多的也是长江中、下游各省，尤其是江苏和浙江。与此同时，清政府为了挽救摇摇欲坠的统治，开始实行新政。1906 年后，又宣布预备立宪，但无论是新政也好，预备立宪也罢，都是需要投入大量的银元，而当时清政府根本没有钱投入新政和预备立宪，其经费只能够通过加税抽捐、搜刮民脂民膏来解决。农民和其他纳税者的生活本来已经十分困难，摊派庚子赔款和新政的加税抽捐，更使他们无法生活下去，因而被迫铤而走险。据统计，1902 年至 1911 年间，因摊派和税捐负担而引起的民变就达 262 起之多。除了摊派的庚子赔款最多之外，当时新政和预备立宪进行得较有声色的省份也是长江中、下游各省，特别是江苏和浙江，这也就意味着这些省份的农民和其他纳税人负担的税捐要远远多于那些新政和预备立宪开展得较不好，甚至没有动静的省份。因此，这 262 起因摊派和税捐负担而引起的民变，也就主要发生在直隶以及长江中、下游各省，特别是江苏和浙江。（三）与近代化程度有关。陈旭麓的《近代中国社会的新陈代谢》所归纳的 10 类"民变"，其中"罢市""罢工"和"学潮"这 3 类"民变"就与近代化程度有关。罢市的前提是城市近代化的程度较高，要有近代意义上的市民阶层的形成和壮大。而当时中国城市近代化程度较高、近代意义上的市民人数最多的地区就是长江中、下游城市，尤其是上海，所以清末的"罢市"也绝大多数发生在上海。罢工也是如此，其前提要有作为无产阶级的工人队伍的存在，而工人是近代企业亦即资本主义企业的产物，企业主是资产阶级，打工的便是无产阶级亦即工人。当时中国的资本主义企业大多集中在经济最为发达的上海，"罢工"也就理所当然地几乎成了上海的专利品。"学潮"的前提是新式学堂的创办和发展，而清末新式学堂创办较多、发展较快的也是长江中、下游地区的各省，其中又以经济最发达的江苏和浙江为最。（四）与政治生态有关。长江流域历来都是天地会、哥老会等传统会党和散兵游勇比较活跃的地区，进入 20 世纪后，这一地区尤其是中、下游地区又成了革命派比较活跃的地区，比如，1904 年 2 月在长沙成立的"华兴会"、6 月在武汉成立的"科学补习所"，是年冬在上海成立的"光复会"，以及江西的"自强会"等革命小团体，都在这一地区。1905 年同盟会成立后，同盟会先后派了许多革命党人到这一地区进行革命活动。1910 年 6 月，鉴于当时革命局势的变化，宋教仁、谭人凤、赵声等同盟会领导人在日本东京，召集 11 省同盟会分会长会议，决定组织中部同盟会，以推进长江流域的革命运动。1911 年 7 月中部同盟会在上海秘密成立后，即派人到江苏、安徽、湖南、湖北、四川等地设立分会。此外，如前所述，长江流域的江苏、浙江、湖南、湖北、安徽、江西、四川，也是清末新政和预备立宪开展得较好的省份，尤其是地方自治，开展得有声有色，这也就意味着清王朝在这一地区的统治有所松动。这一切都为"民变"的发生创造了条件。实际上，不少"民变"的发动者就是会党成员、散兵游勇、乡村士绅或革命党人。

第三，形式多样，新旧并存。陈旭麓的《近代中国社会的新陈代谢》一书将清末民变归纳为 10 类，其实这 10 类中，有的类又有多种表现，比如"反外国侵略者的斗争""反对'新政'和其他反对压迫的斗争"，其表现形式就多种多样。在这多种多样的"民变"形式中，最主要的是以下几种：（一）反洋教斗争。如本卷第五章第二节所述，反洋教的斗争兴起于 19 世纪的五六十年代，而到 19 世纪末 20 世纪初的世纪之交义和团运动达到高峰。之后虽然在清政府和帝国主义的联合镇压和防范下，反洋教斗争有所低落，但它始终存在，有时还出现高涨，是清末"民变"的主要形式之一，并和当时的收回路权、矿权运动以及抵制美货、反对排华的爱国运动交织在一起。（二）抗捐抗税斗争。我们前面已经提到，为了筹集庚子赔款和推行新政的费用，清政府和地方当局不断增加捐税，除了正常的地丁粮税、盐斤、田房契税、茶、烟、酒、糖等税和朝廷施行的八省土膏统捐、印花税等捐税外，各省增加的新税、附加税的名目之多，多如牛毛，"所有柴、米、纸张、杂粮、菜蔬等项，凡民间所有，几于无物不捐"[1]。以江苏苏州牙厘局为例，据《时报》宣统元年（1909）十二月十二日的报道，它征收的捐税名目，就有百货捐、茶业捐、茧捐、丝经捐、用丝捐、黄丝捐、米粮捐、花布捐、烟酒捐、皮毛捐、牲畜捐、竹木捐、瓷货捐、药材捐、厂纱捐、加抽下成茶糖捐、加抽二成烟酒捐、烟酒坐贾捐、续加二成烟酒捐、续加烟酒坐贾捐、烧酒灶捐、新加烟酒坐贾捐、船捐、随丝带抽塘工捐、随丝带抽饷捐、茧行分庄印照捐、机捐，共27种之多。[2] 如此多的捐税，大大加重了本来生活就十分贫困的民众负担，使他们无法生存下去。就连清政府也承认："近年以来，民力已极凋敝，加以各省摊派赔款，益复不支，剜肉补疮，生计日蹙……各省督抚因举办地方要政，又复多方筹款，几同涸泽而渔。"[3] 而办捐税之"牧令中十人难得一循良，苛派者必十之八九"[4]。这就更使广大民众尤其是农民生活在死亡线上。为了生存，他们只能铤而走险，所以反抗清政府和地方当局滥征捐税的斗争是清末民变的一种主要形式，其中规模最大的一次，就是1910年山东莱阳的抗捐斗争。（三）抢米风潮。清末的最后几年，天灾连年不断，尤其是长江流域的水灾，不仅给民众的生命财产造成重大损失，同时也导致了米价暴涨，而不良商贩又囤积居奇，哄抬粮价。为求生存，抢米风潮在各地迅速蔓延开来。据不完全统计，1906年至1909年期间，每年抢米事件大约在一二十起之间，但到了1910年，因前一年的大水猛然增加到五十多起[5]，其中尤以水灾最为严重的长江中、下游各省最为激烈，这其中就包括我们前面提到的1910年的长沙抢米风潮。（四）新政引起的民变。从清政府实行新政的那天起，其反对新政的民变，特别是反对户口调查、反对自治机构、反对钉门牌、反对警察下乡、捣毁学堂等民变就从来没有停止过。据《清末民变年表》统计，仅1909年1月至1911年10月二年多的时间里，全国10个省就发生过69起

---

① 中国第一历史档案馆、北京师范大学历史系编选《辛亥革命前十年间民变档案史料》上册，中华书局，1985，第355页。
② 李新主编《中华民国史》第一编《中华民国的创立》（下），第2页。
③ 朱寿朋编《光绪朝东华录》（第五册），中华书局，1958，第5251页。
④ 中国第一历史档案馆、北京师范大学历史系编选《辛亥革命前十年间民变档案史料》上册，第6页。
⑤ 李新主编《中华民国史》第一编《中华民国的创立》（下），第10页。

反对户口调查的民变。民众之所以反对户口调查，主要是怕被政府课以丁税，以为户口调查是为加重丁税做准备。比如，发生反户口调查次数较多的江西，巡抚冯汝骥就向朝廷奏称："第一次调查人数，乡愚惑于谣言，辄以征收丁税为疑，间生阻力，是以查报一切，请从简单。"① 又比如1910年4月初，广东罗定县开始户口调查，有乡绅广贴告示，谓"国库支绌，罗掘已穷，今日调查户口，实为将来抽人税之张本"。于是乡民哗然，引起暴动，4月9日，数千乡民将前来调查户口的知州陈模一行围住殴打，"二绅受伤颇重，陈委员器物亦被劫掠一空"②。除担心增加丁税外，另一个引起反对户口调查的原因，是当时民智未开、民众易受蛊惑。江苏宜兴反户口调查的民变起因于这样一个传言，即谓官府借户口调查是要查取男女生辰，然后"将人名造具清册，售与外人作海中造铁轨三千里下桩之用"③。和反对户口调查一样，农民之所以要捣毁学堂，是因为开办学堂的费用主要是通过征收学捐的方式来解决的，这就增加了农民的负担，因而激起他们反对。如1910年2月，"广西永淳县农民抗学捐，聚众入城拆毁学堂"④。同年3月，"江苏常州武进县渡桥乡农民反对征收学捐，捣毁学校"⑤。当然，捣毁学堂的发生，也关系到利益和文化的冲突。当时清政府大力推行庙产兴学政策，利用各地的僧道庙产来解决办学经费和校址困难，这就遭到一些僧道住持和信教群众的反对，从而引发民变。其他如反对自治机构、反对钉门牌、反对警察下乡、反对设立警署等反新政的民变，其主要起因亦不外经济负担的加重以及利益和文化的冲突。

在清末发生的这些各式各样的民变中，有的是传统民变形式的继续，如抗捐抗税、抢米风潮、为求食盐而导致的城乡骚乱、会党和农民起义、兵变等，历朝历代都有发生，反洋教斗争虽然是19世纪五六十年代以后才有的，但到了清末，也已不是新的形式了，而且反洋教斗争的高潮是在19世纪末20世纪初的义和团运动时期。但除了这些传统的民变形式外，清末还

---

① 转引自王士达《民政部户口调查及各家估计（一）》，《社会科学杂志（北平）》第3卷第3期，1932年9月。
②《记广东劣绅抗查户口之风潮》，《东方杂志》第7年第7期，1910年8月29日。
③《江苏宜兴乡民焚毁学堂》，《东方杂志》第7年第3期，1910年5月4日。
④ 张振鹤、丁原英:《清末民变年表》，载《近代史资料》1982年第4期，第90页。
⑤ 张振鹤、丁原英:《清末民变年表》，载《近代史资料》1982年第4期，第91页。

有一些新的民变形式，如我们上面提到的反对新政的各种形式的民变、罢工和学潮。反对新政的民变，是因为清政府从 1901 年开始实行新政、从而增加了民众尤其是广大农民的负担而引起的，当然其中亦有利益和文化的冲突，甚至与农民的愚昧和听信谣言也有一定的关系。借用 1910 年《东方杂志》的一篇报道中的话说："野老乡竖，于一切新政，既为平素所未见未闻，一旦接触于耳目间，自不免传为异事，演成不经之说；而从事其中者，或不脱盛气凌人之习，不为解说其原委，其在举动轻脱之人，则尤足使乡民饮恨。由是乐于有事之徒，从而乘之，遂以酿成非常之巨祸。"[1] 罢工和学潮也是清末才出现的民变形式，是资本主义有了初步发展、作为无产阶级的工人队伍开始形成和 1905 年科举废除后、新式学堂的学生日益增多的产物。

作为下层民众对社会不满的一种自发性的表达，清末风起云涌的民变虽然处于分散状态，没有形成一股强大的反对清政府的力量，很多都是旋起旋灭，没有坚持多久，但由于它发生的次数多，规模大，全民参与，分布广泛，形式又多种多样，所以对清政府的打击是沉重的。一方面，它在客观上配合了当时以孙中山为代表的革命派发动的一系列武装起义，使清政府顾此失彼，疲于应付，形成两条战线作战的被动局面，从而有力地促进了革命形势的发展，武昌起义的爆发和成功，就与四川的保路运动有关。另一方面，它反官府，杀官吏，烧官衙，抗捐抗税，挑战清王朝的王法和统治秩序，不仅使昔日高高在上的官府、官吏的威严荡然无存，同时也使清王朝制定的各种王法成了被民众踏在脚下任意蹂躏的废纸，这就极大地动摇了清王朝的统治根基，催生了人们反清革命之心理。有人记载自 1910 年长沙抢米风潮后，"人心愈愤，仇视清吏若眼中钉，必去之而后快者，其革命潮流，竟成为一般人民之心理矣"[2]。美国学者周锡瑞在他的《改良与革命：辛亥革命在两湖》一书中谈到长沙抢米风潮等民变的影响时也写道："这类人民暴动，在上流阶层中最终产生了对法律和社会治安的严重关切，这种关切诱导上流阶层转而支持辛亥革命。"[3]

清王朝灭亡之前广为流传的一些民谣，便是下层民众这种反清之心理或

---

① 《江苏江宁县民滋事殴伤调查员》，《东方杂志》第 7 年第 4 期，1910 年 6 月 2 日。
② 郭汉民、杨鹏程主编《湖南辛亥革命史料》（第一册），湖南人民出版社，2011，第 468 页。
③ 周锡瑞：《改良与革命：辛亥革命在两湖》，杨慎之译，中华书局，1982，第 8 页。

思想的直接表达。比如一首名叫《除了宣统都是贼》的民谣："你问我，我问谁，除了宣统都是贼！不用掐，不用算，宣统不过二年半。别看皇帝岁数小，今个儿明个儿长不了。今年猪吃羊，明年种地不纳粮。"[①]另一首《宣统谣》的歌词是这样的："宣统，宣统，无水下种，要想栽秧，拿刀弄枪，要想割稻，重换国号。"[②]还有一首《正阳门》的民谣："正阳门，连西东，左边亡明，右边亡清。"[③]《大清亡，中国强》的民谣："南北通，铁路长，大清亡，中国强。"[④]

如果说上述民谣表达的是广大下层民众对清王朝灭亡的预测和期望的话，那么下面这些民谣表达的则是对清王朝卖国和腐败的揭露和鞭挞。如《尽是民膏与民脂》："割地求和真无耻，朝廷枉然设官吏；慷慨赔款几万两，尽是民膏与民脂！"[⑤]《皇帝老儿烂死无用》："洋人本来却不凶，皇帝老儿烂死无用，仗打胜了还赔款，锦绣山河割让空，割让空，只剩一座美皇宫。"[⑥]《清政府，不像样》："清政府，不像样，对外是奴才，对内逞凶狂。欺压百姓的太上皇，把洋人当作干爷娘，洋人放臭屁，反喊：'香！香！香！'"[⑦]《大清国》："大清国，没法说，将军都比老鼠多。红顶子，蓝顶子，来来往往像穿梭。有用的少，没用的多，打起仗来往后缩。依不打，长坐坡，宋大将军一败四百多。"[⑧]《清代刺世谣》："做官不爱财，枉自戴纱台。天大的官司，地大的银钱。官似阎罗吏如虎，三年保正毒如蛇。百姓怕官，官怕皇帝，皇帝怕洋人，洋人怕百姓。"[⑨]《唱公堂》："一个老爷坐正堂，两旁衙

① 《除了宣统都是贼》，载中国民间文学集成全国编辑委员会、中国歌谣集成北京卷编辑委员会编《中国歌谣集成·北京卷》，中国 ISBN 中心，2009，第 53—54 页。

② 《宣统谣》，载《中国歌谣集成·北京卷》，第 54 页。

③ 《正阳门》，载《中国歌谣集成·北京卷》，第 54 页。

④ 《大清亡，中国强》，载《中国歌谣集成·北京卷》，第 54 页。

⑤ 《尽是民膏与民脂》，载中国民间文学集成全国编辑委员会、中国歌谣集成福建卷编辑委员会编《中国歌谣集成·福建卷》，中国 ISBN 中心，2007，第 69 页。

⑥ 《皇帝老儿烂死无用》，载中国民间文学集成全国编辑委员会、中国民间文学集成江苏卷编辑委员会编《中国歌谣集成·江苏卷》，中国 ISBN 中心，1998，第 94 页。

⑦ 《清政府，不像样》，载中国民间文学集成全国编辑委员会、中国歌谣集成上海卷编辑委员会编《中国歌谣集成·上海卷》，中国 ISBN 中心，2000，第 94 页。

⑧ 《大清国》，载中国民间文学集成全国编辑委员会、中国歌谣集成吉林卷编辑委员会编《中国歌谣集成·吉林卷》，中国 ISBN 中心，2005，第 34 页。

⑨ 《清代刺世谣》，载中国民间文学集成全国编辑委员会、中国歌谣集成四川卷编辑委员会编《中国歌谣集成·四川卷》上，中国 ISBN 中心，2004，第 100 页。

役赛虎狼；三句官腔一开口，四十大板打身上；五脏疼痛如刀绞，六魄出窍像死样；七手八脚推我醒，八字衙门胜阎王。究（九）竟我犯哪条罪？实（十）在白布落染缸。"①

以下这些民谣则是鼓励民众造反，推翻清王朝的统治。如《朝政乱一团》："前门开，后门张，前门引进虎，后门引进狼。不管虎与狼，终朝每日铛铛铛。天子坐金銮，朝政乱一团，黎民苦中苦，乾坤颠倒颠，干戈从此起，休想太平年。"②《别看嘴巴上了锁》："别看嘴巴上了锁，穷人心头有团火，二天齐心烧出来，皇帝老倌无处躲。"③《天平地平》："天平地平，官府不平；官府一平，天下太平。天平地平，世道不平；世道一平，天下太平。"④

风起云涌的民变和下层民众反清心理的表达，表明广大民众已无法照常生活下去，清王朝也无法照常统治下去了，反清革命的条件已经成熟。

四、武昌起义与中华民国的成立

同盟会成立后，以孙中山为代表的革命党人，一方面运用批判的武器，与改良派（或立宪派）进行论战，批判他们散布的种种反对反清革命、反对建立民主共和国的谬论；另一方面又进行武器的批判，先后发动了一系列的武装起义，给清王朝以沉重的打击，尤其是1911年广州"三二九"之役，虽然使同盟会丧失了一大批骨干和优秀分子，但这次起义鼓舞了全国人民的斗志，推进了本已日益成熟的全国性革命高潮的到来。

广州"三二九"之役失败不久，湖南、湖北、广东和四川又爆发了保路运动，特别是四川的保路运动，成立了有数万人参加的保路同志会，声势浩大，却遭到了清政府的镇压。9月7日，新任四川总督赵尔丰诱捕谘议局议长和保路同志会会长蒲殿俊、谘议局副议长和保路同志会副会长罗纶以及保路同志会、川路股东会其他负责人颜楷、张澜、邓孝可等，封闭铁路

① 《唱公堂》，载中国民间文学集成全国编辑委员会、中国歌谣集成浙江卷编辑委员会编《中国歌谣集成·浙江卷》，中国 ISBN 中心，1995，第 65 页。
② 《朝政乱一团》，载《中国歌谣集成·北京卷》，第 55 页。
③ 《别看嘴巴上了锁》，载《中国歌谣集成·四川卷》上，第 100 页。
④ 《天平地平》，载《中国歌谣集成·浙江卷》，第 65 页。

公司和保路同志会。消息传出，数万群众到总督衙门前和平请愿，要求放人，赵尔丰竟丧心病狂地命令军队向手无寸铁的请愿群众开枪，当场打死32人，酿成"成都血案"。当晚，曹笃、朱国琛等人将写有"赵尔丰先捕蒲罗，后剿四川，各地同志速起自保自救"字样的数百块小木板涂上桐油，投入锦江，顺流而下。这些被人称为"水电报"的小木板把消息传遍川南、川东各地，激起群愤，同志会纷纷揭竿起义。9月25日，同盟会会员吴玉章、王天杰领导荣县独立，建立起辛亥革命时期第一个脱离清王朝的县级政权。四川保路运动从温和的抗议发展为武装起义，使清政府震惊不已，于是急调督办粤汉、川汉铁路大臣端方率领部分湖北新军入川镇压。湖北新军入川，这在客观上削弱了清军在湖北的防御力量，有利于武汉革命形势的形成，不久便有武昌起义的发生。

1911年10月10日晚，新军工程第八营的革命党人打响了武昌起义的第一枪。枪声迅速传遍大江南北，各地纷纷响应，短短的50天内，就先后有湖北、湖南、山西、云南、江西、上海、贵州、江苏、浙江、广西、福建、安徽、广东、四川等14个省宣布脱离清王朝，清王朝的统治土崩瓦解。1912年1月1日，中华民国临时政府在南京宣告成立，孙中山被推举为临时大总统。后经过南（南方革命政权）北（袁世凯北洋军阀）双方的讨价还价，最后达成协议：袁世凯赞同革命，孙中山则将临时大总统一职让位于袁世凯。1912年2月12日清帝溥仪发布退位诏书，统治中国达276年之久的清王朝被推翻，延续了2000多年的封建帝制也就此画上了句号。从此，中国进入一个新的历史时期，即中华民国时期。

近年来学术界流行有这样一种观点，即认为以孙中山为代表的革命派人数甚少，力量有限，辛亥革命之所以能够推翻清王朝，建立民国，其主要功劳不在革命派，而在以张謇为代表的国内立宪派和以程德全为代表的汉族官僚的"咸与革命"；在袁世凯的接受和谈，愿与革命派合作逼迫清帝下台；在以隆裕太后为首的清朝统治者的"识大体"，主动退位，没有作困兽之斗；甚至有人认为立宪派主导的中央资政院和各省谘议局是辛亥革命的真正发动者和领导者。所以，对于革命派在辛亥革命中的作用不能评价过高。此种观点本书不能苟同。本书承认辛亥革命之所以发生并取得成功，是多种力量共同作用的结果，这其中包括革命派、立宪派、汉族官僚以及开明的满族亲贵的作用，但在这多种力量的共同作用中，革命派的作用最大，影响和左右着辛亥革命的进程。就好像一个乐队，有大提琴手、小提琴手、打击乐手、小号手等演奏者，他们虽然都很重要，是演奏的参与者，但指挥乐队演奏并决定演奏成功与否的是乐队指挥。辛亥革命就是一个乐队的演奏，有很多力量参与，然而指挥乐队演奏并使得演奏成功的则是革命派。具体来讲，革命派在辛亥革命中的作用主要体现在以下几个方面：

第一，革命派的革命宣传，尤其是"排满"宣传，起到了动员汉族官僚、知识分子和广大下层民众参加辛亥革命的巨大作用。（本节前面已有论及，此不再述）

第二，革命派的武装起义和暗杀活动，不仅加剧了本已严重的社会危机，造成清统治者的极大恐慌，而且也为辛亥革命准备了必要的军事力量，这就是新军的日益革命化，并成为辛亥革命的中流砥柱。（本节前面已有论及，此不再述）

第三，武昌起义后，革命派提出"五族共和"的建国主张，尤其是他们以革命和国家为重的大局意识，对辛亥革命的成功具有十分重要的意义。

我们前面已经提到，受西方一个民族建立一个国家的近代民族主义的影响，革命派主张建立一个不包括满族在内的单一的汉民族国家，并为此与以梁启超为代表的立宪派展开过激烈论战。很显然，革命派的这一主张对于动员广大汉族民众投身"排满"革命虽然有它的积极意义，但它在理论上和实践上又是极其错误的。因为中国自古就是一个统一的多民族国家，生活在中国境内的各个民族，在长期的生产、生活和交往中，在血缘上已形成你中有我、我中有你的关系，我们不可能找到一个纯血统的民族存在；在文化上各民族之间相互影响，共同创造了以儒家思想为核心的中华文化，并形成了共同的历史和文化记忆。作为中华民族的一员，各民族都为中华民族的形成和发展做出过自己的贡献。如果像革命派所主张的那样，"排满"的目的是要建立一个不包括满族在内的单一的汉民族国家，那么中国这原本统一的多民族国家就会发生分裂，满汉民族之间就会发生仇杀，其结果是不仅近代的民族国家建立不起来，而且还会给帝国主义列强侵略和瓜分中国提供机会，从而更进一步加重中国的民族危机。立宪派的另一代表人物杨度在《金铁主义说》中就写道：要是近代中国的民族建国真的像革命派所主张的，是要建立一个单一的汉民族国家，那么满、蒙、回、藏等民族也将建立自己的民族国家，结果是"分一大国为数小国，分一大国之人民为数小国之人民，分一大国之领土为数小国之领土"，那些本以瓜分中国为基本国策的西方列强，"一见我五族分立，领土瓜分，岂有不欢欣鼓舞投袂而起……故中国之在今日世界，汉、满、蒙、回、藏之土地，不可失其一部，汉、满、蒙、回、藏之人民，不可失其一种"，否则，"一有变动，则国亡矣"。① 以孙中山为代表的一些革命党人在与立宪派的争论中也逐渐认识到了这一错误。所以，武汉光复的次日，起义的领导人便议定"改政体为五族共和"；"国旗为五色，以红、黄、蓝、白、黑代表汉、满、蒙、回、藏为一家"。虽然湖北军政府实际上并没有将五色旗作为国旗，而采用的是代表汉族聚居的十八省人民团结和铁血精神的十八星旗，但此议一出，实开"五族共和"之建国主张的先声。12 月 4 日，江苏都督程德全、浙江都督汤寿潜、沪军都督陈其美以及黄兴和各省留沪代表在上海开各省代表会，在讨论国旗式样时，决定以象征汉、满、蒙、回、藏的五色（红、黄、蓝、白、黑）为国旗，"取五族共和的意义"。这一决定尽管因当时大部分代表已去武汉而不具有完全的法律效力，但它说明"五族共和"之建国主张已经成为革命阵营内部包括革命派（黄兴、陈其美）、立宪派（汤寿潜）和旧官僚（程德全）等各派力量的政治共识。12 月 25 日，孙中山自海外回到上海，29 日，各省代表会议正式选举孙中山为临时大总统。1912 年 1 月 1 日，孙中山在南京宣誓就职，宣告中华民国临时政府成立。在《临时大总统就职宣言书》中，孙中山向海内外明确宣布了"五族共和"的建国方针："国家之本，在于人民。合汉、满、蒙、回、藏诸地为一国，即合汉、满、蒙、回、藏诸族为一人。是曰民族之统一。"② 此后不久颁布的《中华民国临时约法》，又将"五族共和"之建国方针以国家根本大法的形式确定了下来。

这里需要指出的是，"五族共和"虽然最先是由革命党人提出来的，但它的思想渊源则可以追溯到梁启超的"大民族主义"思想，尤其是杨度的《金铁主义说》。日本学者村田雄二郎在《孙中山与辛亥革命时期的"五族

---

① 杨度：《金铁主义说》，载《杨度集》，第 304 页。
② 孙中山：《临时大总统宣言书》，载《孙中山全集》第二卷，第 2 页。

共和"论》就认为，杨度 1907 年在《金铁主义说》一文中所提出的"五族合一""五族一家"论是后来"五族共和"的思想渊源。[1] 村田雄二郎提出了这一问题，但他没有展开论证。

"五族合一""五族一家"论是贯穿于杨度《金铁主义说》的一个重要思想。他认为，当时中国有汉、满、蒙、回、藏五个民族，这五个民族尽管"皆为中国之国民"，然而历史与现实的多种原因，他们发展的程度是不一样的，"五族之中，其已进入于国家社会而有国民之资格者，厥惟汉人。若满、蒙、回、藏四族，则皆尚在宗法社会，或为游牧之种人，或为耕稼之族人，而于国民之资格，犹不完全"。在这里，杨度依据甄克思在《社会通诠》一书中提出的人类社会必须经历"图腾社会""宗法社会"和"军国社会"这三种社会形态的理论，认为只有汉族已进入到"军国社会"，而满、蒙、回、藏都还停留在"宗法社会"里，因而还不完全具有"国民"的资格。而在满、蒙、回、藏四族之中，由于满族长期与汉族交往，已被汉族同化，接受了汉族文化和风俗习惯，所以其程度又要高于还没有被汉族同化的蒙、回、藏三族。汉、满、蒙、回、藏五族之间的这种差异，体现在"能力与责任心"上，则有"高下"的不同。就能力言之，可分为三级，"汉为首，满次之，蒙、回、藏又次之"；而从责任心来看，"则虽汉犹有所不足，而满族更甚，蒙、回、藏更甚"。[2]

以"如此程度不一"的五个民族同处于弱肉强食的"军国社会"里，面临着帝国主义列强"环伺其傍"、欲对中国的瓜分，只能"五族合一"，而不能"五族分立"。因为，在汉、满、蒙、回、藏这五族之中，只有汉、蒙、回、藏四族有土地可分，而满族则没有土地可分，"不能独成一国"；而在有土地可分的汉、蒙、回、藏四族之中，又只有汉族"有立国之资格者"，其他蒙、回、藏三族则"决不能组织国家，以与强邻相抗"。如果"五族分立"、都成立国家的话，其结果是"蒙、回必入于俄，藏必入于英，满洲必入于日，黄河流域必入于德，云、贵、两粤必入于法，长江流域必入于英，河北一带必入于俄，而分立之四国俱亡，即中国全亡矣"，所以"五族分立

---

[1] 村田雄二郎：《孙中山与辛亥革命时期的"五族共和"论》，《广东社会科学》2004 年第 5 期。
[2] 杨度：《金铁主义说》，载《杨度集》，第 301 页。

之说，乃亡国之政策，决不可行者也"。①

　　杨度进一步指出，"五族合一"虽然为此后中国"至要之政"，但要真正实现"五族合一"则不是一件容易的事情。因为"一国之国民，而语言文字各不相同，欲斯其合同一致，对于国家而负责任，难矣"。这也是俄罗斯、奥地利、匈牙利等国"以数十民族复杂并立，不能同化，而终以害国家之繁荣"的重要原因。为此，他提出了"欲使全国之民语言文字一切皆同"的"国民统一之策"。在他看来，中国和俄罗斯、奥地利、匈牙利等国不同，这些国家是数十民族并立，但没有一个人数最多、文化最高、完全可以统一其他民族的主体民族，所以"虽欲统一而不能统一"。而中国的汉族，"其人数之多，数倍于其他各族之和数；其文化之高，各族中无可与抗而不相下者"，是中国的主体民族，因而以"汉化"求统一，是容易实现的。尤其幸运的是，"五族之中，满人文化又已完全同于汉，一切语言、文字、宗教、习惯无不同也"。只要我们进一步"使蒙、回、藏等亦同于满汉之文化"，那么"国民统一之策"亦就不难"于以告成"了。具体来说，"国民统一之策"主要包括两个方面："首曰满、汉平等，次曰蒙、回同化。"因为在他看来，满汉已经同化，不存在满人进一步汉化的问题，满汉之间的主要问题，是汉人的政治平等和满人的生计自由。他认为，只要实现汉人的政治平等和满人的生计自由，"则满汉之界全然混合，而后合满汉之力以营蒙、回同化之事，且以及于西藏"，这样"国民之程度相齐，能力相等，责任心相等，合五族为一家，并力以向外，必愈足以收广土民众之用，而于世界中立一雄大壮伟之经济战争国矣"。②

　　正是基于"五族合一""五族一家"这一立场，杨度反对民主立宪，而主张君主立宪。在他看来，要实行民主立宪有两个困难："一曰蒙、回、藏人之文化不能骤等于汉人，二曰汉人之兵力不能骤及于蒙、回、藏人。"这两个困难中，如果第一个困难能够得到解决，则第二个困难就不会发生，否则，第二个困难就将成为民主共和成功与否的生死问题，同时也成为中国存在与否的生死问题，"能解决之则民主立宪可以成，而中国可以存；否

---

① 杨度：《金铁主义说》，载《杨度集》，第 302 页。
② 杨度：《金铁主义说》，载《杨度集》，第 305 页。

则不仅民主立宪必不成，且中国亦必因此而亡"。他认为，民主立宪是解决不了第一个困难的，因为主张民主立宪的革命党人提出的解决办法无非两种：一是以比较野蛮的民族主义为手段，对非汉族的其他民族采取压制或分立的政策，二是以比较文明的非民族主义为手段，对非汉族的其他民族既不压制，也不分立，而是与他们联合成立国家。但无论是比较野蛮的民族主义手段，还是比较文明的非民族主义手段，都无法解决蒙、回、藏问题。且不论民族主义的压制或分立政策，就是非民族主义的联合政策，在蒙、回、藏文化远不及满、汉又没有足够的兵力的情况下，如果实行民主立宪而不统一议会用语为汉语，将会造成交流的障碍，甚至会动摇国本，"促汉、蒙、回、藏之分裂"；若实行民主立宪而统一议会用语为中国语，则会引起蒙、回、藏的强烈不满，甚至武力反抗，"是于开国会之先，促汉、蒙、回、藏之分裂。二者无一可者也"。① 既然民主立宪行不通，那么行得通的只能是君主立宪，用杨度的话说："欲保全领土，则不可不保全蒙、回、藏；欲保全蒙、回、藏，则不可不保全君主，君主既当保全，则立宪亦但可言君主立宪，而不可言民主立宪。此予所以主张君主立宪之惟一理由也。"②

　　以上是杨度在《金铁主义说》一文中提出的"五族合一""五族一家"论的主要内容。就其内容来看，第一，他论证了中国存在着满、汉、蒙、回、藏五个民族，因历史和现实等多种因素，他们发展的程度是不一样的。第二，他论证了五族只能合一，不能分立的理由。第三，他提出了如何实现"五族合一""五族一家"的"国民统一之策"，这就是以"汉化"为目的，实现"满、汉平等，蒙、回同化"。第四，在此基础上，他主张君主立宪。尽管杨度的观点并不完全正确，尤其是他有一种大汉族主义的民族观，认为只有以汉族为主体来"同化"其他民族，才能实现"国民统一"，但他对满、汉、蒙、回、藏五个民族历史与现状的分析，特别是他对五族只能合一、不能分立之理由的论证，则具有很强的说服力。如前所述，《金铁主义说》连载于《中国新报》。《中国新报》是杨度1907年在日本东京创办的

---

① 杨度：《金铁主义说》，载《杨度集》，第381页。
② 杨度：《金铁主义说》，载《杨度集》，第383页。

的一份报纸，是立宪派的最重要的言论阵地。《金铁主义说》在《中国新报》连载后产生了广泛的社会影响，在当时立宪派与革命派围绕"三民主义"的论战中，为立宪派提供了理论依据。

实际上，从杨度的"五族合一""五族一家"论，到武昌起义后"五族共和"主张的提出，只有一步之遥。因为正是从"五族合一""五族一家"论出发，杨度得出了中国只能君主立宪，而不能民主立宪亦即民主共和的结论，当然，杨度所讲的君主立宪，是五族君主立宪，用他的话说，即国形、国体不变，唯政体变化而已。所谓国形、国体不变，也就是领土、人民和君主制度不变；所谓政体变化，也就是从君主专制变为君主立宪。武昌起义后，民主共和已为人心所向，大势所趋，成了革命派、立宪派和以前一些赞成君主立宪的旧官僚的共同选择，而要维护国家统一，防止各民族间的分裂与仇杀，就必须实现汉、满、蒙、回、藏的"五族合一"，于是便有了"五族共和"主张的提出并成为中华民国的建国方针。

革命派以"五族共和"之建国主张取代他们早先提出的建立单一的汉民族国家的建国主张，不仅避免了统一的多民族国家的分裂，避免了一些多民族国家在发生重大的政局变动时民族间往往相互仇杀的悲剧发生，从而为后来中国统一的多民族国家的不断巩固和发展奠定了较好的政治和社会基础，而且在当时对于动员除汉族之外的其他少数民族民众，以及满族中不满于清王朝专制统治的有识之士投身推翻清王朝的革命斗争也起了巨大作用。尤其重要的是，革命派"五族共和"之建国主张的提出，消除了立宪派"咸与革命"的思想障碍。因为立宪派和革命派的分歧之一，也可以说是最主要的分歧，就是立宪派主张"合满"，建立一个包括满族在内的统一的多民族国家；而革命派则主张"排满"，建立一个不包括满族在内的单一的汉民族国家。如今革命派主张"五族共和"，这就使得那些对于清政府的预备立宪已彻底失望而转向革命的立宪派在历史潮流的推动下"咸与革命"成为可能。而立宪派的"咸与革命"，对于辛亥革命的成功有着重要意义。

武昌起义以及后来的各省响应，不少都是革命派领导和发动的，或者是革命派参与其中，并发挥了极其重要的作用。按理，革命后建立的政权应该掌握在革命派手中，但实际上在许多地方，掌权的不是革命派，而是"咸与革命"的立宪派、旧官僚以及一些新军的高级将领。这其中的原因很复杂，但也与革命派所具有的那种天下为公、以革命和国家为重的大局意识有关。当时在革命派中普遍存在着这样一种信念：革命不是为了当官发财，谋自己的前程或出路，而是为了拯救民族和国家。他们没有传统的那种打天下的人理应坐天下的想法。这也是辛亥革命成功后不少革命党人功成身退、选择出国留学的根本原因。所以，在一些地方出现这样一种现象：在起义的过程中或胜利后，革命派主动地将权力交给了"咸与革命"的立宪派、旧官僚或新军高级将领，让这些比自己更有军事和政治经验的人来收拾残局，治理国家。这方面最典型的例证便是武昌起义不久革命党人推举新军统领黎元洪担任湖北军政府都督。关于革命派在起义的过程中或胜利后的主动让权，学术界有不同的评价，但就客观效果而言，它确实有利于争取立宪派、旧官僚以及新军高级将领的"咸与革命"，从而最大限度地减少革命的对立面和最大限度地孤立少数清政府的顽固维护者；有利于人心、军心和社会秩序的稳定。以上面提到的武昌起义后革命党人推举黎元洪担任湖北军政府都督为例。据曾参加过武昌起义的辛亥老人万鸿阶回忆，革命派之所以推举黎元洪出任湖北军政府都督，主要出于两方面考虑：（一）黎是当时名将，用他可以慑服清政府，增加革命军的声威；（二）黎在湖北新军中素得士心，可以号召部属附和革命。[①] 事实上，黎元洪出任湖北军政府都督也确实如革命派所希望的那样起到了稳定局面、扩大革命军影响的作用。这对保证武昌起义的成功和湖北军政府的顺利建立是有积极意义的。而没有武昌起义的成功也就不会有所谓的辛亥革命。后来在组建南京临时政府时，革命派也能以革命和国家为重，把一些总长职位甚至一些重要的总长职位（如内政总长）礼让给"咸与革命"的立宪派和旧官僚，以换取他们对南京临时政府的支持。

与革命派推举黎元洪出任湖北军政府都督相似，学术界对辛亥革命中孙中山让位于袁世凯也有不同评价。其中比较流行的一种观点认为，它反映了革命派的妥协性，反映了革命派缺乏革命到底的勇气和信心。但本书不同意这种观点，本书认为它反映的是孙中山以革命和国家为重、牺牲小我

---

① 万鸿阶：《辛亥革命酝酿时期的回忆》，载中国人民政治协商会议湖北省委员会编《辛亥首义回忆录》第一辑，湖北人民出版社，1979，第126页。

以成全大我的大局意识。因为，首先，孙中山同意让位给袁世凯是有前提条件的，即袁世凯必须真心拥护共和、迫使清帝退位。而推翻清王朝、建立共和国，这是辛亥革命的最终目的。在这一原则问题上，孙中山从来没有让步或妥协过。其次，袁世凯在直隶总督和后来的军机处任内，曾积极推行或筹办过清末新政和预备立宪，因此他当时在人们心里是一副能干、开明的形象，这也是以张謇为代表的国内立宪派之所以看重和支持他的重要原因，再加上他又遭受过摄政王载沣的打击迫害，因而得到了不少人的好感和同情。这就使得孙中山和一些革命党人认为袁有可能成为中国的华盛顿。实际上不仅孙中山和革命派，当时包括梁启超、张謇在内的不少人都是这样认为的。再次，袁世凯所掌控的北洋军队，无论其装备还是战斗力，都远远超过南京临时政府所能掌握和指挥的军队。基于以上几方面的原因，孙中山以自己让位来换取袁世凯支持共和，这不仅无可厚非，而且应该给予充分肯定。因为以最小的代价达到革命的目的，这是革命的最佳选择。试设想，如果孙中山不让位，袁世凯就会与革命派为敌，那么大规模的战争就不可避免，我们姑且不论革命派有无与袁世凯对抗到底的军事能力，即使有，也会玉石俱焚，造成人民群众生命财产的重大损失和社会生产力的巨大破坏。古今中外，像孙中山这样能以革命和国家为重、牺牲小我以成全大我的又有几人？我们看到的往往是为了一己权位或一党一派利益，不惜拼个鱼死网破，血战到底，而人民群众的死活和社会生产力是否会遭到破坏从不在考虑之列。

目前还有一种观点，认为孙中山让位给袁世凯是不得已为之，与他的个人品质毫无关系，因为当时革命派的军事力量明显弱于袁世凯的北洋军队。表面看来，此观点有一定道理，但细加分析，则又值得商榷。两年后，革命派的军事力量比辛亥革命时期更弱，出于筹集不到军饷等原因，南京临时政府所掌握的军队这时已被遣散殆尽。然而当"宋案"发生，孙中山看清了袁世凯假共和、真专制的面目后，便不顾包括黄兴在内的多数革命党人的反对，毅然以卵击石，发动"二次革命"，因敌我力量悬殊，不到三个月，"二次革命"即遭失败，孙中山再次流亡海外。同样都是敌强我弱，为什么辛亥革命时期孙中山可以让位于袁世凯，两年后则又要用武力把袁世凯赶下台呢？唯一的解释就是：辛亥革命时期孙中山还没有看清袁世凯的真面目，认为袁世凯有可能成为中国的华盛顿，于是他以大局为重，用自己的让位来换取袁世凯逼清帝退位，从而实现推翻清王朝、建立民国的革命目的；而两年后袁世凯的真面目已暴露无遗，不把袁世凯赶下台，民主、共和就只能是一句空话，所以孙中山明知其不可为而为之，不惜以自己的失败来唤醒人们对袁世凯的觉醒。我们可以事后诸葛亮式地批评辛亥时期的孙中山没有认清袁世凯的本质（实际上在当时几乎没有人能做到这一点。而且人的野心是随着权势的增长而增长的，并无材料证明一开始袁世凯就有当皇帝、复辟帝制的野心），却没有理由否认孙中山在让位袁世凯一事上所表现出来的以革命和国家为重、牺牲小我以成全大我的大局意识。正是这种大局意识，对辛亥革命的成功具有十分重要的意义。

就上述这三方面来看，我们有理由认为，没有革命派，也就没有辛亥革命及其胜利。以孙中山为代表的革命派在辛亥革命中的历史作用应该给予充分肯定。

除了正解认识和评价革命派在辛亥革命中的历史作用外，还有一个如何正确认识和评价立宪派在辛亥革命中的历史作用的问题。传统的流行观点是认为立宪派的"咸与革命"是一种投机行为。这种观点目前虽然已不再流行，但其影响还是存在，我们在新世纪以来发表的一些文章或著作中还能明显或隐约地看到这种观点。实际上，立宪派的"咸与革命"，是有他们的思想基础的。我们前面已经论及，三次大规模的国会请愿运动的失败，已使立宪派对清政府极度失望和不满，而"皇族内阁"的成立以及"铁路干线国有"政策，更进一步使立宪派对清政府从极度失望变成了彻底绝望，从不满变成了怨恨。正是这种绝望和怨恨，促使他们一步步从"立宪"转向了革命。如前所述，在武昌起义之前，立宪派已经有了革命的酝酿和准备，甚至已经开始革命（四川保路同志会的起义），所以，武昌起义爆发后，面对急剧变化的局势，立宪派加入反清起义，可以说是他们自然而然的选择，不存在着所谓投机问题（这是就整个立宪派而言，并不排除个别人的投机）。当然，由于具体情况不同，各地立宪派"咸与革命"的时间有早有晚，主动性有强有弱，作用有大有小，不能一概而论，但总的来看，立宪派的"咸与革命"，对于稳定起义各省政局，推动革命的发展，是有积极作用的。林增平在具体分析了起义各省立宪派的活动后就曾指出："在起义各省，立宪派人都曾利用谘议局，不同程度地协助了反清的'独立'运动……他们的活动，确实有助于起义在各省的胜利，发挥了瓦解清统治的作用。"[1] 以湖北谘议局议长汤化龙为例。武昌起义后的第二天，汤化龙被革命党人推举为"总参议"，不久又出任湖北军政府政事部长一职。在当时革命胜负未定，人心惶惶的危急形式下，他的"咸与革命"，对于稳定武汉军心、民心，争取社会各界，尤其是商会等向来与立宪派亲近而不赞成反清革命的团体对革命的同情、理解和支持，起了极为重要的作用。当时的汉口总商会、汉口各团体联合会，是武汉乃至湖北一支举足轻重的力量。因此，首义爆发后，革命派和清政府都极力争取这两个团体的支持。武昌起义后仓皇出逃的湖广总督瑞澂还于 10 月 11 日请求汉口总商会设法相救。由于汉口总商会、汉口各团体联合会均为汉口宪政同志会成员，而汤化龙是汉口宪政同志会的发起人和主要领导人，彼此关系一直很好，所以在得知汤化龙已出任湖北军政府要职的消息后，本来打算组织团练用以自保的汉口总商会总理蔡辅卿即转而赞成革命，并派人接应自武昌到汉口的民军，为民军提供给养，赞助民军军费。汉口各团体联合会不仅协助军政府在汉口扩组新军，维持社会秩序，还帮助革命军驱逐不赞成革命的清军，"这对安定人民，壮大革命军实力起了一定的作用"[2]。再看江苏南京光复，立宪派不仅参与其中，而且发挥了举足轻重的作用。在革命派策反南京新军受挫后，同盟会江苏支部便把江浙立宪派首领张謇从南通请到上海，由张謇出面写信给两江总督张人骏和提督张勋，希望他们能认清形势，响应革命。但张人骏和张勋不仅不予理睬，相反还派兵东下高资，准备对革命实行镇压。于是，张謇便以江苏临时省议会议长的名义，在苏州留园召开省议会临时大会，"呼吁苏、浙、沪，联合三军，进攻南京"，南京遂很快被革命军光复。南京光复后，成立全国性的革命政府提上议事日程。12 月 22 日，江浙联军代表李燮和赴沪，请黄兴（当时孙中山还没有回到国内）到南京组织全国性的临时政府，黄兴以财政困难、人才缺乏婉拒。张謇得知此消息后，为了帮助黄兴解决财政困难，他随即担保向日商三井洋行借银元三十万元，供组织临时政府

---

[1] 林增平：《评辛亥革命时期的立宪派》，《湖南师范学院学报》（哲学社会科学版）1981 年第 4 期。

[2]《文史资料选辑》编辑部编《文史资料精选》（第二册），中国文史出版社，1990，第 210 页。

之用。他在担保书上写道："兹因黄君克强为中华民国组织临时政府之费用，向贵行借用上海通行银元三十万元。约定自交款日起一个月归还，并无抵押物。如还期不如约，惟保证人是问。"[①] 后来为了帮助南京临时政府解决外省军队调离江苏的经费问题，张謇又商请各商会筹垫二十万元。

当然，这只是问题的一方面，问题的另一方面，我们在肯定立宪派"咸与革命"的积极作用的同时，也要看到立宪派的"咸与革命"给革命带来的消极影响。这主要表现为在革命政权内部对革命派的排斥、打击与争权夺利。还是以湖北的汤化龙为例。他曾利用担任湖北军政府政事部长一职之机，拟定过一份《中华民国军政府暂行条例》，其目的是想通过整顿军政府组织机构，使权力重心向都督黎元洪和以他为首的立宪派转移，以改变武昌起义后革命党人对军政府的控制。1911年10月7日，《中华民国军政府暂行条例》正式颁布。根据条例，湖北军政府各部人选共20人，其中旧官僚和立宪派及其亲近者16人，革命党人仅4人，只占总数的五分之一，军政府不再设副都督，军事方面的权力统辖于都督黎元洪，军务各部所任人员几乎是清一色的旧军官，民事方面的权力则统辖于政事部部长汤化龙之手，政事部下属的7局局长，均由汤化龙委任，几乎全是"旧谘议局议员或与他亲近的人士"[②]，"首义干部，少有预焉"[③]。汤化龙对革命党人的排挤，引起革命党人的强烈不满。于是他们在10月25日重开会议，将《中华民国军政府暂行条例》修改为《中华民国鄂军政府改定暂行条例》，取消政事部，将政事部下的7局除文书局外的6局改组为部，与原军令、军务、参谋3部平行，隶属于都督府，各部人选重新洗牌，其结果是旧官僚和立宪派及其亲近者的人数大为减少，而革命党人的人数大大增加。这场因《中华民国军政府暂行条例》而引起的革命派与立宪派的博弈，最后虽然以汤化龙的失败而告终，但它所造成的消极影响是巨大而深远的，从此革命政权内部摩擦和斗争不断，革命党人对汤化龙和立宪派的猜忌日深，汤化龙本人也再难在武汉立足而去了南京。追根溯源，引起革命政权内部摩擦和斗争的始作俑者则是汤化龙对革命党人的排挤。其他如湖南、贵州、山西、

---

① 毛注青：《黄兴年谱长编》，中华书局，1991，第250页。
②《座谈辛亥革命》，载《辛亥首义回忆录》第一辑，第14页。
③ 胡祖舜：《武昌开国实录》，武昌久华印书馆印本，1948，第45页。

浙江等省，也都发生过立宪派排斥、打击革命党人的行为。如湖南谘议局议长谭延闿，在湖南独立后出任军政府的民政部长，不久即以民政部长名义，以"模仿英国立宪之精神，而防专制独裁之弊"为由，合同湖南绅商界的大佬们，将谘议局改为参议院，并迫使都督焦达峰同意自己为院长，规定"凡募兵给饷，任免官吏将校，经参议院可决方得施行"，以限制都督、副都督的权力，因为这两个都是革命党人。他又在都督府下设军政、民政两部，选派亲近自己的立宪派人士担任。谭延闿的所作所为，引起谭人凤等革命党人的不满和反对，于是在谭人凤等人的活动下，参政院和都督府下的军政、民政两部被取消，谭延闿也被迫辞去了参议院议长的职位。但不久湖南发生兵变，都督焦达峰、副都督陈作新被杀，谭延闿则被推上了都督的宝座。

第二节　民主共和制度的创立及袁世凯对它的破坏

一、民主共和制度的创立与除旧布新

武昌起义爆发时，孙中山正在美国科罗拉多州募款，准备继广州黄花岗起义后再发动一次新的起义。12 日，他从丹佛的地方报纸上看到了一条"武昌为革命党占领"的电讯，喜出望外，立即中止了在美国各埠继续演说筹款的计划。他本打算立即回国，"亲与革命之战，以快平生"，但考虑到成立共和国将要碰到不少困难，尤其是列强可能勾结起来反对革命，因此，他认为"此时吾当尽力于革命事业者，不在疆场之上，而在樽俎之间，所得效力为更大也"，故决定先留在国外进行外交活动，争取在外交和财政上的支持，"俟此问题解决而回国"。① 直到 12 月 25 日，孙中山在经历了 16 年海外流亡生活后才终于回到上海。

当时正值南京临时政府成立前夕。在此之前，独立的各省代表围绕临时

---

① 孙中山:《建国方略》，载《孙中山全集》第六卷，第 244 页。

政府的地点和临时大总统的人选，曾从上海争到武汉，又从武汉争到南京，各持己见，互不相让，致使临时政府迟迟建立不起来，这严重地影响着革命形势的发展。而如本卷第六章的有关内容所述，因主义、起义地点的分歧和人事纠纷，同盟会这时已趋解体，不能对革命实行有力的领导。更有甚者，在一些参与推翻清王朝的立宪党人和旧官僚的拉拢和分化下，原本已在同盟会内部存在的派系矛盾这时更加尖锐起来，尤其是章太炎的"革命军兴，革命党消"之口号的提出，对同盟会的破坏力极大。但孙中山的到来使革命党人的士气大振。孙中山抵达上海的第二天，就在由黄兴和上海都督陈其美主持的同盟会宴请席上，与黄兴、宋教仁、陈其美等商讨组织临时政府问题，力图建立以革命党人为主导的新政府。商讨的结果是：推举孙中山为大总统，分头向各省代表转达，并由马君武言于《民立报》，唤起舆论。当晚，孙中山又在自己的寓所主持召开了同盟会最高干部会议，商讨组织临时政府的具体方案。出席会议的有黄兴、宋教仁、陈其美、胡汉民、张静江、汪精卫、马君武、居正等人。讨论时，宋教仁力主责任内阁制，而孙中山则力主总统制，二人都各持己见，谁也说服不了谁。最后是张静江首先表态，支持孙中山的主张。在张静江表态后，其他参加会议的人也都表示赞同孙中山的意见。于是会上决定临时政府实行总统制。但到了第二天继续开会时，宋教仁又提出了内阁制的问题，强调"责任内阁之适于民国"。后来经黄兴从中调解，说临时政府究竟是实行总统制还是实行内阁制，待到南京后与各省代表商量后再作决定，宋教仁才没有坚持自己的意见。会后，宋教仁和黄兴先后回到南京。

这场有关总统制和内阁制的争论表面上来看是一场实行何种政治制度的争论，但从其思想渊源来看，它在一定程度上反映了当时的政治文化环境和政治文化心理对政治制度的影响。

第一，争论集中反映了中国近代向西方学习过程的阶段性发展。如前所述，从戊戌维新到清末新政是中国近代向西方学习的重要阶段，即由洋务运动时期的学习器物文化发展到学习制度文化的层面。然而，在戊戌维新运动和清末新政中，尽管也进行了一些移植西方政治制度的尝试，但总体上来说还是处于理论探索和文化准备的阶段，而在推翻了清朝统治后，革命党人将在制度层面的向西方学习推向了一个全面实施的阶段。也只有在这一全面实施的阶段，才会出现这种对西方根本政治制度的权衡、探索和选择。毫无疑问，总统制和内阁制之争绝不应该看作是革命党人内部的权力之争，也不是总统制和内阁制孰优孰劣的争论，而是这两种制度哪一个更适应当时的中国实际，更有利于革命党人掌权的争论。而这种争论只有在精英阶层普遍认可西方民主共和的政治制度的文化氛围下才可能形成。事实也确实如此，武昌起义后，不仅革命党人对实行西方民主共和的政治制度跃跃欲试，就是原来极力反对民主共和的立宪派也为"天相中国，共和聿成"而欢呼。①

第二，争论既体现了革命党人对西方民主制度的热情追求，同时也反映了革命党人在学习西方的过程中试图根据中国的具体情况以选择更适合中国国情的政治制度的用意。孙中山力主总统制的理由之一："内阁制乃平时不使元首当政治之冲，故以总理对国会负责，断非此非常时代所宜。"②他认为在推翻清朝专制统治后的非常时期，百废待举，各方面建设都必须统一筹划，这就需要政府有很稳定和统一的权力，同时也要求政府首脑能够不受牵制地掌握和运用这些权力，总统制的"最大长处在于它能提供一个稳定而强有力的政府"③。另外，相对于内阁制，总统制对国民的政治素质无太高的要求，在当时"人民之不识字实居大多数，更不知民主为何物"，而且中国长期以来推行君主专制制度，在实行集权政治传统的情况下，选择总统制比较适合国民的政治觉悟程度。而宋教仁积极主张内阁制，一方面出于他长期以来对西方政治制度的研究。因为在他看来，总统作为一国国本，不能轻易更动，让内阁来掌握实际权力，总统不负实际责任，所受的政治冲击自然要小些："内阁不善而可以更迭之，总统不善则无术变易之，如必欲变易之，必致摇动国本，此吾人所以不取总统制，而取内阁制也。"④另一方面也是出于他对辛亥革命后出现武人专政和个人集权的一种担忧。这种担忧应该说是不无道理的。中国有着几千年君主专制统治的传统，从民众心理来说，很容易造成对个人威信和强权的迷信。而在辛亥革命的过程中，

---

① 梁启超：《中国立国之大方针》，载《饮冰室合集》第4册，文集之二十八，第39页。
② 胡汉民：《胡汉民自传》，第63页。
③ 谢俊美：《政治制度与近代中国》（增补本），上海人民出版社，2000，第386页。
④ 宋教仁：《国民党沪交通部欢迎会演说辞》，载陈旭麓主编《宋教仁集》下册，第460页。

军人由于推翻清朝统治有功而居功自傲，很容易走向拥兵自重。宋教仁正是分析了这一国情和政治文化环境后，力主实行个人权力不那么集中的内阁制。在袁世凯被选为临时大总统后，他更明确地表达了他出于这一担忧而选择内阁制的用意："改总统制为内阁制，则总统政治上之权力至微，虽有野心者，亦不得不就范。"① 可见，无论是孙中山选择总统制，还是宋教仁选择内阁制，都曾对中国长期实行君主专制统治这一国情进行过分析。只不过是孙中山在分析了这一国情后，从适应现实需要出发而选择了总统制；而宋教仁则在分析这一国情后，从防止专权出现的角度而选择了内阁制。

第三，争论还反映了即使是孙中山等政治精英在革命过程中的政治心理还不得不受中国传统政治文化的影响。以孙中山为代表的资产阶级革命派倾心于西方资产阶级民主共和制度，热切地希望革命后的中国建立一个真正的资产阶级民主共和国，然而他们的政治心理又不得不受制于整个社会的政治心理，甚至他们的心灵深处也还保持着传统政治文化的强人政治和人治思想的残余。在1906年孙中山主持制订的《革命方略》中，他就提出了通过"军法之治""约法之治"到"宪法之治"的革命程序。按照他的设想，"军法之治"和"约法之治"需要持续9年。在这9年中，不仅要由军政府来实行统治，并且军政府有无上的权威，类似英国克伦威尔和法国拿破仑时代，其权威甚至比之拿破仑有过之而无不及。换一个说法，"《革命方略》的规定意味着以专制来实行民主"，"此种设计，与梁启超在清末曾一度倡导的'开明专制'、'强有力政府'有很多共同之处"。② 在筹建南京临时政府的过程中，孙中山力主总统制，应该说与他主持制订《革命方略》有着同样的强人政治的思想基础。另外，孙中山反对内阁制的理由中还有一条是："吾人不能对于惟一置信推举之人，而复设防制之法度。余亦不肯徇诸人之意见，自居于神圣赘疣，以误革命之大计。"③ 这段话有两层意思，其一是，既然临时大总统是我们大家推举的，就应该充分相信他，不能设置法律和制度来防备和制约他；其二是，我担任临时大总统不能因为大家的意见而自居于虚位而耽误了革命事业。当然孙中山的这番话有其特殊的

---

① 胡汉民：《胡汉民自传》，第73页。
② 迟云飞：《宋教仁与中国民主宪政》，湖南师范大学出版社，1997，第83页。
③ 胡汉民：《胡汉民自传》，第63页。

历史背景，他坚持总统制，而且强调总统必须有职有权也是为着革命事业。然而仔细分析他说这番话的思想基础，不能不指出，确实有中国传统政治中人治和因人设法原则的痕迹。

这场关于总统制和内阁制争论的结果是孙中山的意见得到了绝大多数革命党人的支持，1912 年 1 月 2 日公布的《修正中华民国临时政府组织大纲》采取的便是总统制。但宋教仁仍未放弃自己的理想。后来袁世凯逼清帝退位了，孙中山准备将临时大总统职位让给袁世凯。这时，不仅是宋教仁，而且孙中山等也认为需要对临时大总统的权力加以限制，以防范袁世凯的野心。于是在临时参议院通过并由孙中山于 1912 年 3 月 11 日公布的《临时约法》中，规定内阁总理和国务员（即各部部长）"辅佐"大总统处理全国政务，大总统提出法律案、公布法律和发布命令必须有内阁总理"副署"，否则无效。这就把原来的总统制变成了具有内阁制色彩的总统制。孙中山和宋教仁关于总统制和内阁制的争论终于告一段落。

1912 年 1 月 1 日，中华民国宣告成立后，以孙中山为临时大总统的南京临时政府颁布和实施了一系列有利于发展资本主义经济、民主政治和文化教育的政策法令和革新措施。

在经济方面，"临时政府成立以来，即以保护人民财产为急务"[1]。根据孙中山的指示，临时政府内务部发布了保护人民财产的五条命令，其中除规定没收清政府官产、查抄为清政府出力反对民国政府的清政府官吏的财产外，还明确规定"凡在民国势力范围之人民，所有一切私产，均应归人民享有"，甚至明确规定那些"确无反对民国之实据"的清政府官员的财产，也"应归该私人享有"。[2] 在后来制定的《临时约法》中又明确规定："人民有保有财产及营业之自由。"[3] 这实际上是规定了资产阶级私有财产不可侵犯和资本主义企业自由经营的原则。同时，临时政府还颁布了一些保护工商业、鼓励兴办实业的法令规章，并鼓励各地创办各种实业团体，以促进民族工商业的发展。在临时政府的保护和鼓励政策影响下，民国初年出现了一个兴办实业的热潮，使民族资本主义经济得到了一定程度的发展。

---

① 孙中山：《令内务部通饬所属保护人民财产文》，载《孙中山全集》第二卷，第 59 页。
②《内务部通饬保护人民财产令》，中国第二历史档案馆藏南京临时政府档案（二十六）—7。
③《中华民国临时约法》，载《孙中山全集》第二卷，第 220 页。

在政治和社会改革方面，南京临时政府颁布了一系列改革旧习、建立新制的法令。

（1）建元改历。1911年12月31日，各省代表会议讨论了孙中山的改用阳历的提议，并通过了决议。在讨论这一提议时，曾有人以孔子主张"用夏之时"为理由，反对改历。而赞成改历的代表认为现在世界各国通用阳历，且阳历以冬至后第十天为岁首与中华始祖轩辕氏的历法以冬至为岁首相近。经过讨论，大部分代表同意改用阳历。1912年1月2日，孙中山通电各省："中华民国改用阳历，以黄帝纪元四千六百九年十一月十三日，为中华民国元旦。"[1]建元中华民国，在政治上宣布了新的国家与旧政权的决裂，也给广大人民群众以新国家的心理归属感和思想上的巨大鼓舞；改用阳历则适应了世界各国普遍使用阳历的这一趋势，也有利于中华民国与世界各国的交往。

（2）保障人权，废除刑讯体罚。南京临时政府成立后，在保障人权，保护人民权利方面颁布了一系列法令和政令。1912年3月2日，孙中山发布《令内务部禁止买卖人口文》指出"民国开国之始，凡属国人咸属平等"，他针对清朝统治期间"政治不纲，民生憔悴，逃死无所，妻女鬻为妾媵，子姓沦于皂隶，不肖奸人从而市利，流毒播孽"的情况，命令内务部"迅即编定暂行条例，通饬所属，嗣后不得再有买卖人口情事，违者罚如令。其从前所结买卖契约，悉与解除，视为雇主雇人之关系，并不得再有主奴名分"。[2]同一天，《临时政府公报》发布孙中山的《令内务司法两部通饬所属禁止刑讯文》，规定"不论行政、司法官署，及何种案件，一概不准刑讯。鞫狱当视证据之充实与否，不当偏重口供。其从前不法刑具，悉令焚毁"[3]。3月11日，内务部和司法部又根据孙中山的命令，通饬各部门和各地，"不论司法、行政各官署，审理及判决民、刑案件，不准再用笞杖、枷号及他项不法刑具。其罪当笞杖、枷号者，悉改科罚金、拘留"[4]。3月17日，孙中山就改变所谓"贱民"身份和保证他们各项权利的问题令内务部通令各

① 孙中山：《临时大总统改历改元通电》，载《孙中山全集》第二卷，第5页。
② 孙中山：《令内务部禁止买卖人口文》，载《孙中山全集》第二卷，第156页。
③ 孙中山：《命内务部司法部通饬所属禁止体罚令》，载《孙中山全集》第二卷，第157页。
④ 孙中山：《命内务部司法部通饬所属禁止体罚令》，载《孙中山全集》第二卷，第225页。

地，对在清朝专制统治下的所谓贱民，"若闽、粤之疍户，浙之惰民，豫之丐户，及所谓发功臣暨披甲家为奴，即俗所谓义民者，又若剃发者并优倡隶卒等"，不得再有歧视，"凡以上所述各种人民，对于国家社会之一切权利，公权若选举、参政等，私权若居住、言论、出版、集会、信教之自由等，均许一体享有，毋稍歧异，以重人权，而彰公理"。①3 月 19 日，孙中山又专门向外交部和广东都督下达杜绝贩卖"猪仔"、保护华侨的命令，"以尊重人权，保全国体"②。这一系列政令对于肃清清朝专制统治影响，保护国民的人权，增强国民的民主意识都具有重要作用。

（3）改革官场旧规，整顿吏治。南京临时政府成立后，针对前清官场的旧规进行了一系列改革。在旧式官场上，行的是跪拜礼，这种反映人格不平等的封建礼节显然不符合革命党人建立资产阶级民主共和国的理想。因此还是在南京临时政府成立前夕的各省代表会议上，刚刚当选为临时大总统的孙中山就"提出废止跪拜礼，普通相见为一鞠躬，最敬礼为三鞠躬"③。这一提议得到了全体代表的一致通过。1912 年 3 月 2 日，孙中山再次令内务部通知中央和地方各部门，要"革除前清官厅称呼"，通知指出："官厅为治事之机关，职员乃人民之公仆，本非特殊之阶级，何取非分之名称"，因此规定"嗣后各官厅人员相称，咸以官职，民间普通称呼则曰先生、曰君，不得再沿前清官厅恶称"。④这种称谓形式的改革，表明了革命党人追求民主平等的良苦用心。为树立廉洁奉公的新风尚，在孙中山的积极倡导下，南京临时政府实行低薪制，"自秘书长以至录事，每人月领三十元，宿食则由政府给办，亦一律齐等。满清官僚气习，扫荡无遗"⑤。此外，南京临时政府还积极"扫除了中国旧官僚讲排场、摆架子的恶习，也减除了一些官僚式的繁文缛节，无论官阶大小都着同样制服，这种制服以后称为中山服，

---

① 孙中山：《令内务部通令疍户惰民等一律享有公权私权文》，载《孙中山全集》第二卷，第244 页。

② 孙中山：《令外交部妥筹禁绝贩卖"猪仔"及保护华侨办法文》，载《孙中山全集》第二卷，第251—252 页。

③ 袁希洛：《我在辛亥革命时的一些经历和见闻》，载《辛亥革命回忆录》第六集，第 288 页。

④ 孙中山：《令内务部通知革除前清官厅称呼文》，载《孙中山全集》第二卷，第 155 页。

⑤ 胡汉民：《胡汉民自传》，第 75 页。

流传至今"①。

　　（4）革除社会陋习。首先是限期剪辫。在孙中山当选为临时大总统当天（1911年12月29日）南京各界市民就一律剪去辫发，以示庆祝。临时政府建立后，孙中山令内务部向各省发文，限令"于令到之日，限二十日，一律剪除净尽"，"以除虏俗而壮观瞻"。② 剪辫一方面彻底否定了清王朝的专制统治，有利于增强广大人民群众对新的国家的归属感；另一方面也确实是一项移风易俗的重要措施，对辛亥革命后社会风俗的嬗变发挥了非常积极的作用。3月2日，孙中山发布《严禁鸦片通令》，要求内务部通饬各省"重申种吸各禁，勿任废弛"③。接着，孙中山于3月11日又令内务部通饬各省劝禁缠足，通令中历数了缠足的危害，指出："当此除旧布新之际，此等恶俗，尤宜先事革除，以培国本。为此令仰该部速行通饬各省一体劝禁。其有故违禁令者，予其家属以相当之罚。"④ 内务部根据孙中山的命令，通饬各省，对劝禁缠足作出了具体的规定。这一命令继承了自维新运动以来禁缠足的思想，推动了民国初年的大规模放足与禁止缠足，对于促进妇女解放，改革社会风俗都起到了重要作用。同时，临时政府内务部还分咨各部及各省都督，要求"无论何项赌博，一体禁除"，并具体规定："凡人民宴会游饮集合各场所，一概不准重蹈赌博旧习。其店铺中有售卖各种赌具者，即着自行销毁，嗣后永远不准出售。责任各该地方巡警严密稽查，倘有违犯，各按现行律科罪，以绝赌风而肃民纪。"⑤ 以上政令的颁布和措施的制定对废除社会陋习，改革社会风气起了很大的作用，促进了民国初年社会观念和社会习俗的变化。

　　在教育和文化方面，南京临时政府也采取了一系列措施，使民国初年在教育和文化建设的某些方面取得了很大的成就，尤其是在教育上，以蔡元培为总长的教育部在非常困难的条件下，保证了各类学校及时开学，并推动教育制度和教育内容的改革，从而奠定了民国初年教育发展的基础。

---

① 李书城：《辛亥前后黄克强先生的革命活动》，载《辛亥革命回忆录》第一集，第199页。
② 孙中山：《命内务部晓示人民一律剪辫令》，载《孙中山全集》第二卷，第178页。
③ 孙中山：《严禁鸦片通令》，载《孙中山全集》第二卷，第155页。
④ 孙中山：《令内务部通饬各省劝禁缠足文》，载《孙中山全集》第二卷，第232页。
⑤《内务部请大总统查禁赌博陋习及禁售各种赌具呈》，《临时政府公报》第31号，1912年3月7日。

为了尽快恢复因战争而中断的各级各类学校的正常秩序，南京临时政府教育部成立伊始，即颁发了《普通教育暂行办法通令》14 条，规定"从前各项学堂均改为学校。监督、堂长，应一律通称校长"。并明确要求"各州县小学校应于元年三月初五日一律开学，中学校、初级师范学校，视地方财力，亦以能开学为宜"，"在新制未颁布以前，每年仍分为两学期"。[1]3 月初，教育部通告各省速令高等专门学校开学。接着孙中山又以大总统名义发文教育部，令教育部通告各省，"将已设之优级初级学校一并开学，其中小学校仍不可听其停闭，速筹开办"[2]。这些旨在使被战火破坏的教育迅速归于正轨的暂行办法和措施，对各级各类学校及时开学和恢复正常教学秩序起了很大的督促和推动作用。1912 年，各级各类学校教育不仅没有因为革命和战争的影响而衰退，反而有一个较大的发展。据统计，1912 年全国学校数达到 87272 所，学生数达到 2933387 人。其中包括初级学校 86318 所，中级学校 832 所，高级学校 122 所。[3]学校数和学生数分别较宣统元年（1909）的 59177 所、1639461 人增长了 47.5% 与 79%。

民国初立，清政府原有的学制和教学内容不能适应新的形势和新的需要，但制定新的学制和教学内容又须有时日，因此，上述《普通教育暂行办法》除规定将学堂改称为学校，并责令各级各类学校及时开学外，还就各级各类学校的课程、教科书、学习年限等作了临时性的规定。这些规定包括：各种教科书务必合乎共和民国宗旨，禁用清学部颁布之教科书；对民间通行之教科书中不符合民国精神的内容，应删改后才能使用；小学读经科一律废止；废止清末各学堂奖励出身制度等。同时颁发的《普通教育暂行课程标准》（11 条）则进一步规定了初等小学、高等小学、中学及师范学校的课程设置、各学年教授科目、每周教学时数及各级学校的暂行课程表。对于高等教育，南京临时政府没有发布统一的规程和标准，但也对其教学内容的改革进行了一些原则规定："本部高等以上各学校规程尚未颁布，各地方高等以上学校应令暂照旧章办理。惟《大清会典》《大清律例》《皇

---

① 《中华民国教育部普通教育暂行办法通令》，《民立报》1912 年 1 月 25 日。
② 孙中山：《令教育部通告各省优初级师范开学文》，载《孙中山全集》第二卷，第 254 页。
③ 黄炎培：《读中华民国最近教育统计》，载舒新城《中国近代教育史资料》上册，人民教育出版社，1961，第 367—368 页。

朝掌故》《国朝事实》及其他有碍民国精神暨非各学校应授之科目，宜一律废止。此外关于前清御批等书，一律禁止滥用。"①

　　以上《暂行办法》和《暂行课程标准》虽带有临时和应急的性质，但其内容却反映了南京临时政府对教育和教育改革的重视，也反映了临时政府代表资产阶级利益和希望进行教育改革的意愿。其中在普通学校的课程设置上，加强了自然科学的课程，增加农工商业、法制经济等新课，取消了读经课，改设国文课。这些都体现了民族工商业发展的要求。在学校制度方面，提倡男女平等、初等小学可以男女同校。这也贯穿着反对封建主义的精神。特别是其中禁用清学部颁布的教科书的规定、删改民间教科书中尊崇清朝廷和旧时官制军制的内容以及避讳、抬头等形式的规定，废止清末各学堂奖励出身制度的规定，体现了临时政府试图将辛亥革命的反清成果在学校教育中反映出来的用意，具有非常明显的革命意义，也是民国初年教育改革开端的标志。

　　南京临时政府还采取了较为宽松、保护"言论自由"的新闻政策。临时政府成立伊始，内务部就颁布了一个《暂行报律》，向新闻界约法三章。这一《暂行报律》对新闻杂志的创办和出版进行了较为严格的限制：其一，规定"新闻杂志已出版及今后出版者，其发行及编辑人姓名须向本部呈明注册"，"否则不准其发行"；其二，流言煽惑关于共和政体，有破坏弊害者，除停止其出版外，其发行人编辑人并坐以应得之罪；其三，调查失实，污毁个人名誉者，被污毁人得要求其更正，要求更正而不履行时，经污毁人提起诉讼，讯明得酌量科罚。其实就这三条内容而言，本无大错。民国初立，报刊依法注册、不得攻击共和政体、不得污毁个人名誉，本是报刊应守之法，对报刊提出这样的要求，也是主管部门应尽之责。然而这一《暂行报律》遭到了新闻界的强烈反对。反对者有的是从西方资产阶级新闻自由、言论自由的原则出发，认为《暂行报律》违背了这些原则；有的则从内务部颁发这一报律的合法性方面表示了质疑。如章太炎说："所定报律，绝不承认。当知报界中人，非不愿遵守绳墨，惟内务部既无作法造律之权，而

---

① 南京临时政府教育部：《教育部禁用前清各书通告各省电文》，《临时政府公报》第32号，1912年3月8日。

所定者又有偏党模胡之失。"① 根据这一情况，孙中山下令宣布此报律无效。他说："言论自由，各国宪法所重，善从恶改，古人以为常师，自非专制淫威，从无过事摧抑者。该部所布暂行报律，虽出补偏救弊之苦心，实昧先后缓急之要序，使议者疑满清钳制舆论之恶政，复见于今，甚无谓也。"② 在其后颁布的《中华民国临时约法》中，规定了"人民有言论、著作、刊行及集会、结社之自由"③。由于采取了宽松的新闻政策，使民国初年的新闻报刊得到了很大的发展，"一时报纸，风起云涌，蔚为壮观"。据戈公振统计，1912年，全国报纸约达500家之多，其中北京约有50家，上海15家，广州13家，福州11家。其他中等城市都各有一两家报纸，全国报刊的总发行量达到4200余万份，形成了中国新闻报刊史上空前的繁荣景象。④

为了用法律的形式把共和国的国体和政体确立起来，孙中山领导的临时政府还制定和公布了许多重要法案，其中最为重要的是1912年3月11日公布的《中华民国临时约法》。《临时约法》共分七章，五十六条。第一章《总纲》共四条，规定："中华民国由中华人民组织之"；"中华民国之主权属于国民全体"；"中华民国领土，为二十二行省、内外蒙古、西藏、青海"；"中华民国以参议院、临时大总统、国务员、法院行使其统治权"。第二章《人民》共十一条，规定："中华民国人民一律平等，无种族、阶级、宗教之区别"；人民得享有人身、居住、财产、言论、出版、集会、结社、通信、信仰等自由，人民有请愿、诉讼、考试、选举及被选举等权利，人民有服兵役、纳税等义务。第三章《参议院》共十四条，规定："中华民国之立法权，以参议院行之"；"参议院以国会成立之日解散，其职权由国会行之"等。第四章《临时大总统副总统》共十六条，其中规定："临时大总统、副总统由参议院选举之"；"临时大总统代表临时政府，总揽政务，公布法律"；"临时大总统代表全国，接受外国之大使、公使"；"临时大总统受参议院弹劾后，由最高法院全院审判官互选九人，组织特别法庭审判之"。第五章《国务员》共五条，规定："国务总理及各总长，均称为国务员"；"国

---

① 章太炎：《却还内务部所定报律议》，载《章太炎政论选集》下册，第580页。
② 孙中山：《令内务部取消暂行报律文》，载《孙中山全集》第二卷，第198—199页。
③ 孙中山：《公布参议院议决临时约法》，载《孙中山全集》第二卷，第220页。
④ 戈公振：《中国报学史》，中国新闻出版社，1985，第147页。

务员辅佐临时大总统，负其责任"；"国务员于临时大总统提出法律案，公布法律，及发布命令时，须副署之"；"国务员受参议院弹劾后，临时大总统应免其职，但得交参议院复议一次"。第六章《法院》，共五条，规定："法院以临时大总统及司法总长分别任命之法官组织之"，"法官独立审判，不受上级官厅之干涉"等。第七章《附则》，规定："本约法施行后，限十个月内，由临时大总统召集国会"；"中华民国之宪法，由国会制定。宪法未施行以前，本约法之效力与宪法等"。①

就《临时约法》各章规定的内容看，很明显是以西方民主国家的宪法，尤其是美国和法国的宪法为蓝本而制定的。它确立了主权在民的原则，保障了人民的权利和自由，并根据立法、行政、司法"三权分立""代议政治"的原则，确立了中国的国家政治制度和政权组织形式。作为中国第一部具有显明的民主性、革命性的宪法，它的制定和公布，宣告了民主共和原则的正义性和中华民国的合法性，彻底判决了二千多年的封建君主专制制度的死刑，开创了中国民主政治的新局面，在中国政治史上和宪法史上都具有划时代的意义。同时，《临时约法》关于人民权利和自由的一系列规定，对于促进人民的觉醒，使他们投入到反对封建专制主义、争取民主自由的斗争中，也具有极其重要的作用。

二、思想观念和社会习俗的变化

辛亥革命推翻清朝政府，结束中国的封建君主专制制度，建立了中华民国，从而出现了民主共和国思潮的新高涨和社会观念的巨大变革。民初，由于旧的国家政权和旧的制度的倾覆，国人在政治上和思想上获得了一次空前的大解放，促使了他们思想观念的变化。

辛亥革命推翻清朝政府，"民国底定、共和政府成立"，国人莫不欢欣鼓舞，他们在欢呼和拥护新生的中华民国的同时，对伴随着新国家、新政府而产生的种种事物均冠以"新"字，以显示其有别于旧时代、旧社会。《申报》1912年元旦在一篇《新祝词》中写道："我四万万同胞如新婴儿新出于母胎，从今日起为新国民，道德一新、学术一新、冠裳一新，前途种

---

① 《中华民国临时约法》，载《孙中山全集》第二卷，第220—224页。

种新事业，胥吾新国民之新责任也。"

这种新的观念首先表现在对君主专制制度的唾弃和对民主共和制度的认同上。南京临时政府成立后，"官府之文告、政党之宣言、报章之言论、街巷之谈说，道及君主，恒必以恶语冠之随之"①。而谈及民主共和，"虽白叟黄童，无不共称中华民国万岁"②。共和国首次以崭新的实体耸立在人们面前，它对促进中国社会摆脱封建思想意识，迈向近代化的进程起着巨大的推动作用。一时间，到处都是"共和"的旗帜和名号，仅上海一地，以"共和"命名的政党、团体就不下十个。以"建设完全共和"为宗旨的团体、会社就更多了。各地会所如林，成员如鲫，社会面貌出现新气象："君主之命运已终，世局统归共和，无待蓍龟而决也。"③尽管其时的绝大多数国人并不真正了解民主共和的含义，也不知道君主制与民主制的根本区别，但他们将民主共和与自己感受到的新的社会气象联系在一起，把自己都还不十分明白的民主共和当成了一种普遍的价值，成为一种判断社会是非和政治得失的标准。辛亥革命后的两次帝制复辟都很快失败，正说明了这一点。与此同时，辛亥革命使人们迸发了空前的政治热情和政治兴趣，开始将个人命运与民主国家的前途联系在一起，体现出一种新的国家观念和国民意识。教育、出版、文艺界大声疾呼将培养国民意识视为至要之急务：上海伶界表示"先身淬励，期备完全国民之资格"；教育界则呼吁废止奴性教育，"养成共和之国民"；"报界之名称则大多开门见山：《民主》、《民权》、《民生》、《民国》、《民立》、《民视》、《民呼》、《民吁》，它们都在'民'字上聚集，为'民权'张目，可见其良苦用心"。④

新的国家观念和国民意识也使人们改变了对于政治的态度，而民主共和国那种前所未有的政治操作形式也对人们政治热情的高涨产生了刺激作用。民国初年，人们的参政意识高涨。通过组党结社来表达人们的政治向往已经成为一种时尚。时人描述当时的情况说："集会结社，犹如疯狂，而

① 梁启超：《异哉所谓国体问题者》，载《饮冰室合集》第8册，专集之三十三，第94页。
② 《民立报》1912年1月3日。
③ 天翼：《共和政体之沿革》，《进步》第1卷第4期，1912年2月。
④ 朱英：《辛亥革命与近代中国社会变迁》，华中师范大学出版社，2001，第68—69页。

政党之名，如春草怒生，为数几至近百。"① 国民公会的宣言反映出通过组织政党来参政以达到建立一种新的政治秩序的用意："今当改革伊始，政治鼎新，易俗移风，端资群力。倘不组织健全之政党，主持正当之舆论，躯壳虽新，精神犹茶……遂乃高张党帜，左右维持，引国政于完美，跻国势于安富，党之为用大矣哉。"② 据杨立强统计，从 1911 年 10 月到 1913 年 4 月，仅上海、苏州、南京、广州、武汉、北京、天津 7 个城市先后存在的政党社团总数就达 386 个，其中政党和政治性社团有 271 个。③ 尤其是长期被剥夺了政治权利的广大妇女，在民主共和思潮鼓舞下，纷纷举足出户，步入社会，联合团体，从而掀起了颇具声势的女子参政运动。武昌起义后，"女界为革命潮流所鼓荡，风气顿开，又以参加种种军事、救济、募饷等实际革命工作，益复认识国民身分与责任之所在，一若迷梦顿觉"④，纷纷将原有的军事、救护等团体改组为要求女子参政的组织。这些妇女团体主要有女子参政同志会、女子后援会、尚武会、上海女子参政同盟会、神州女界共和协济会等。其中以女子参政同志会为代表的激进派多次上书南京临时政府，要求参议院在制定宪法时加入男女平权一条，希望实现妇女马上参政。当其要求遭到否决后，她们竟大闹参议院，其举动之激烈在当时可谓惊世骇俗。而以神州女界共和协济会为代表的温和派则主张以普及女子教育、开办实业为手段，将妇女"养成完全之国民"，至于妇女参政权，她们希望"于参议院存案，俾国会决议时，为女界预留傍听及参加一席。数载后女子之政治知识既具，资格已足，乃可实行"。⑤ 为此，她们创办了女子法政学校，刊发《女子共和日报》，希望提高妇女的政治素养，为将来参政做准备。这些都显示了民初妇女要求摆脱从属他人的地位、进行独立的政治活动的愿望。

国人对平等自由的追求更多地表现在生活观念方面。民国初年，在城市市民社会，特别是在知识阶层中，自由成为一种新的价值取向。"乃自共和

① 丁世峰：《民国一年来之政党》，《国是》第 1 期，1913 年 5 月。
② 《国民公党宣言书》，载上海社科院历史研究所编《辛亥革命在上海史料选辑》，上海人民出版社，1966，第 788 页。
③ 杨立强：《民国初年的政党、党争与社会》，《复旦学报》1993 年第 2 期。
④ 谈社英：《中国妇女运动通史》，妇女共鸣社，1936，第 50 页。
⑤ 《神州女界共和协济社致孙大总统函》，载《辛亥革命在上海史料选辑》，第 918—919 页。

告成后，一般青年，顿脱藩篱，任意放荡，……野马无缰，任其驰骋。"① 广大知识分子特别是青年学生纷纷摆脱封建礼教和封建家庭的羁绊，自由地选择自己的人生道路、配偶和生活方式。自由平等确实带来了民国初年社会生活的一种新的气象，然而这种新气象却遭到了一些封建卫道士的攻击。他们有的对青年追求自由的行为进行歪曲："荡检逾闲，曰行动自由；邪说惑世，煽动乱机，曰言论自由；凌辱父兄，侮慢尊长，曰家庭自由"，甚至"钻穴逾墙，私相爱悦，曰婚姻自由"。② 透过这种歪曲式的攻击，我们正好看到了一种冲破传统束缚、争取平等自由的社会景象。封建卫道士也深知这种现象根源于西方近代的人权、自由、平等的思想："自权力之祸中于人心，破家族，削亲权，乱男女，蔑尊卑长幼，尽弃吾中国数千年之礼俗教治，而从事于其所谓平等自由之说。"③ 这说明人权、自由、平等观念对封建"礼俗教治"和封建家族制度的冲击是何等的强烈。

民初自由、平等观念对社会生活的影响突出表现在婚姻和家庭生活方面。家庭革命、婚姻变革已经成为当时的一股社会潮流。提倡一夫一妻制，反对纳妾，善待私生子女，妇女经济独立，离婚自由，恋爱自由等呼声很高。封建制度对女性的束缚有了一定程度的松弛。一时间，"新学兴而知耻明礼之学说一扫而空，男女之樊篱亦因之大决"④。一些女子纷纷离开家庭，前往经济文化较发达的地区求学求职。"沪多学校，多工厂"，内地妇女"遂相率至沪，父母丈夫不能阻也"。⑤ "吴中自民国以来，风气大开，女子多挟书入校，亦有北至燕冀，南游闽越。"⑥ "湖南女子开始冲破了旧礼教的封锁线，纷纷要求入学，要求有选择配偶的自由，因此女学校逐步有所发展，而自由结婚也不是家长所能阻止的了。"⑦ 民国初年，"妇女解放之声浪日高，粤已有自由女一种产物。女子至成年后，绝不受家庭之束缚，家庭亦不欲

---

① 鸣秋：《革心说》，《大公报》1912 年 10 月 20 日。

② 息影庐：《自由谈话会》，《申报》1912 年 10 月 26 日。

③《时报》1913 年 2 月 27 日。

④《申报》1912 年 9 月 13 日。

⑤《可言》卷三，第 16 页，转引自胡绳武、金冲及《辛亥革命史稿》第四卷，第 125 页。

⑥ 周振鹤：《苏州风俗》，上海文艺出版社，1989，第 83 页。

⑦ 陶菊隐：《长沙响应起义见闻》，载《辛亥革命回忆录》第二集，第 195 页。

束缚之。凡居住婚姻，均任女自由活动。俗谓为自由女"①。在一些开放和经济、文化较为发达的地区，那些追求个性解放的名人、名士或新知识群体中间都视自由结婚为一种美德，出现了许多"抗婚""逃婚"和自由恋爱的故事。与此同时，各地离婚案件数量上升，不仅在上海这样一些通商大埠"审判厅请求离婚案多"，即使在浙江遂安这样的小县城，"近自妇女解放声起，离婚别嫁亦日渐多"。②总之，婚姻自由、妇女解放在民国初年确实形成了一股新的社会潮流。

与婚姻自由互为表里的是简单务实的新式婚礼仪式逐渐取代了传统繁缛的旧式婚礼仪式。如江苏武进，"民国以来，旧式未改，参用新礼，往往有借旅馆及青年社行结婚礼者，此亦嫁娶从俭之好现象也"③。四川泸县，"其仪节简而易行，用费亦少"，奉天"缙绅之族损益繁缛，酌剂中西仪节，谓之文明结婚"。坐花轿、拜天地、闹洞房等落后迷信的习俗在减少或革去。民初文明结婚通行的婚姻仪式是：奏乐、入席，证婚人宣读证书，各方用印，新郎新娘交换饰物（戒指），相对行鞠躬礼，谢证婚人、介绍人，行见族亲礼，行受贺礼，来宾演说等。舆论夸奖这种新礼的好处说："梳一东洋头，披件西式衣，穿双西式履，凡凤冠霞帔，锦衣绣裙，红鞋绿袜，一概不用，便利一；马车一到，昂然登舆，香花簇拥，四无障碍，无须伪啼假哭，扶持背负，便利二；宣读婚约，互换约指，才一鞠躬，即携手同归，无俟相催请跪拜起立之烦，便利三。"④这种新式婚礼的出现并逐渐形成风气反映了社会的一种进步。

在社会习俗方面也体现了崇尚自由、追求个性的时代特征。随着南京临时政府一系列革除社会陋习措施的出台，蓄辫、裹足、吸食鸦片等恶习受到了很大的冲击，虽然不能说这些恶习已经完全绝迹，但废除这些恶习已经成为全社会的一个共同的要求。如剪辫不仅成为革命的象征，也成为时尚的标志，"不剪发不算革命，并且也不算时髦，走不进大衙门去说话，走

---

① 胡朴安：《中华全国风俗志》下篇，河北人民出版社，1988，第374页。
②《遂安县志》，转引自胡绳武、金冲及《辛亥革命史稿》第四卷，第125页。
③ 胡朴安：《中国风俗》上编，九州出版社，2007，第136页。
④《自由女子之新婚谈》，《申报》1912年9月19日。

不进学堂去读书"①。与男子剪辫相应的是女人的放足。民国初年全国出现了一个放足的热潮。"女子裹脚从此解放了,已裹的放掉,已经裹小的也放大,社会上很自然地一致认定,民国纪元以后生下的女儿,一概不裹脚。"② 由于临时政府采取相应措施而得到改变的旧习俗还有封建礼仪和旧的称谓。民国初年,跪拜、请安礼被脱帽、鞠躬礼所取代,"大人""老爷"等体现封建等级制度的称谓被"先生""君"等称谓所取代。

如果说以上这些旧俗恶习的逐渐废除还有政府行政压力的作用的话,另外一些社会习俗的新变化则更能反映出社会革命后人们崇尚自由的时代特征。如民国初年人们服饰装束的变革就颇能反映出这一点。服饰装束除了保暖御寒和遮羞的功能外,也能反映出一个时代人们的精神面貌和审美情趣。在封建社会,服饰被赋予了体现等级关系的政治功能,从而造成君臣、官民、士庶"衣服有制",清朝政府被推翻后,许多象征着封建特权的衣冠饰物多被抛弃;以往服饰上的那种古板、单调、等级森严的局面,开始被生动活泼、千变万化的景象所取代。在民国初年,全国各地"西装东装,汉装满装,应有尽有,庞杂至不可名状","洋洋洒洒,陆离光怪,如入五都之市,令人目不暇给",有的地方甚至出现了"中国人外国装,外国人中国装""男子装饰像女,女子装饰像男""妓女效女学生,女学生似妓女"的情况。③ 这表明人们的服饰装束不再考虑贵贱等级,而更多的是考虑如何自由地表达自己的审美情趣、表现自己的个性。

民初社会习尚演变的一个显著特点,是对西方生活方式的模仿。民国初年,形成了一种谁接受西方的社会生活习尚,谁就是文明、开化的人,属于新派人物,否则就是保守、顽固的风气。因此,追求生活上洋化成为了一种时髦。"革命巨子,多由海外归来,草冠革履,呢服羽衣,已成惯常,喜用外货,亦无足异。无如政界中人,互相效法,以为非此不能侧身新人物之列。""官绅宦室,器必洋式食必西餐无论矣,其少有优裕者亦必备洋服数袭,以示维新。下此衣食艰难之辈,亦多舍自制之草帽,而购外来之

---

① 忍虚:《辛亥革命在贵阳》,《越风》半月刊第 20 期,1936 年 10 月。
② 黄炎培:《我亲身经历的辛亥革命事实》,载《辛亥革命回忆录》第一集,第 68 页。
③ 胡绳武、金冲及:《辛亥革命史稿》第 4 卷,第 110—111 页。

草帽，今夏购草帽之狂热，竟较之买公债券认国民捐，跃跃实逾万倍。"①

　　崇洋的习俗兴起之后，给民初的社会生活带来了很大的影响。"人士趋改洋服洋帽，其为数不知凡几"②，"民国成立，改西装者日益众"③。人们"穿着绸缎者日少"，而对洋货发生兴趣，"洋布、洋伞、洋鞋、呢帽（村民叫荷兰帽）之类的洋货，在上层人物的身上以及他们的屋里一天天增多了"。④人们所用的"博士帽、草帽、卫生帽及毛绳便帽，大都来自外埠"⑤。这种对于西方生活方式的追崇不仅表现在服饰装束方面，还表现在食、住、行等各方面。同西服一样，西餐在民初也颇有吸引力。在上海，"遇有佳客，尤非大菜花酒，不足以示诚敬"。在重庆，"民国光复，罐头之品，番餐之味，五方来会，烦费日增"。在住的方面，西式楼房和西式家具开始进入城市人们的生活。洋楼的广增，使城市改观。沈阳"建筑宏丽，悉法欧西，于是广厦连云，高薨丽日，绵亘达数十里"。杭州"西湖多别墅，且大率为西式之建筑"。上海、天津、北京等大城市的报纸上，经常有洋房招租的广告。人们对洋楼的配套设备，以及室内陈设，也以洋式为考究。在行的方面，传统的代步工具——轿子已经逐渐为火车、电车、摩托车、脚踏车以及洋式马车等西洋的交通工具所取代。

　　民国初年的这种以洋为尚的生活方式的变化是时代的产物。辛亥革命推翻了清王朝，中国传统的社会生活随着清王朝的覆灭而被视为代表着旧统治的、不符合时代潮流的陈规恶俗。旧的生活方式成为革命和革新的对象，而符合新的社会要求的生活方式还没有形成，于是西方的生活方式便为人们所争相仿效。孙中山在给中华国货维持会的信函中曾提到了人们竞相模仿西方服饰的原因是"人民屈服于专制淫威之下，疾首痛心，故乘此时机，欲尽去其旧染之污习。去辫之后，亟于易服，又急切不能得一适当之式以需应之，于是争购呢绒，竞从西制"。这种分析是很有道理的，它正确地指出了社会制度变迁对于社会文化和社会生活的影响。对于当时在服饰方

①《论维持国货》，《大公报》1912年6月1日。
②《潘月樵请用国货》，《申报》1912年3月4日。
③《心直口快》，《申报》1912年5月14日。
④梁若尘：《一个乡村里的革命风暴》，载《辛亥革命回忆录》第二集，第366页。
⑤《醴陵县志》卷六《食货志》，1948年（民国三十七年）。

面"竞从西制",孙中山虽指出其"尚有未尽合者",但他并没有简单地否定西装本身,而是希望根据"适于卫生,便于动作,宜于经济,壮于观瞻"的原则,"博采西制,加以改良"。[①] 这种态度显然是比那种对西方生活方式不加分析地进行攻击、讥讽的态度要客观、合理一些。

三、袁世凯对民主共和制度的践踏和破坏

南京临时政府的成立以及采取的一系列革旧布新举措引起了人们的思想观念和社会习俗的变化。然而,以孙中山为大总统的南京临时政府仅存在三个月就夭折了。1912 年 4 月 1 日,依照此前南北议和期间与袁世凯达成的协议,孙中山正式辞去临时大总统职务,让位于袁世凯。5 日,临时参议院决议临时政府北迁,南京临时政府至此夭折。从此,中国进入以袁世凯为代表的北洋军阀统治的时代。

袁世凯正式就任临时大总统后,首先提上议事日程的是组织内阁。还在南北议和期间,革命党人就提出国务总理必须由同盟会员担任,再由总理提出阁员全体名单,请参议员投票。但袁世凯则坚持由他的亲信、北方和谈代表唐绍仪出任。双方一度争执不下,后经赵凤昌等人的从中调停,最后达成协议,由唐绍仪出任国务总理,唐同时加入同盟会,以满足革命党人提出的国务总理必须由同盟会员担任的条件。唐绍仪内阁甫一成立,袁世凯即提出修正案,要求对南京临时参议院迁往北京前依据《临时约法》通过的《国务院官制》和《各部官制通则》进行修正,而修正的主要内容,是缩小国务总理的权限,扩大大总统的权力:1. 将国务总理"承宣机宜,统一行政"的权限,缩改为"保持行政之统一";2. 将"国务总理于必要时,得中止各部总长之命令处分",缩改为国务总理的"中止"权"只在违背法律、逾越权限时用之";3. 大总统有简任、荐任"分司以上"之官员的权力,"财政军政大问题"直接由"总统府处理,并不报告于国务会议"。后来在通过袁世凯提出的修正案时,出席参议院常会的袁系政府委员宣称,制定全国大政方针,"乃大总统之权限",国务总理并没有这方面的权力。"这样,通过'修正'官制,袁世凯不仅取得了内阁各部分司以上各官的任免权,而

---

① 上引均见孙中山《复中华国货维持会函》,载《孙中山全集》第二卷,第 61—62 页。

且从法律条文解释上取消了内阁得制定大政方针的权力。"①

唐绍仪虽然是袁世凯的亲信，也因为袁的提名和坚持才出任国务总理，但唐毕竟留学过美国，接受过系统的西方思想文化教育，有遵法守法的意识，加上南北议和期间，与革命党人有过较多接触，对以孙中山、黄兴为代表的革命党人的人品才干有一定了解，一定程度上也认同革命党人的主张。所以他出任国务总理后，不仅阁员中同盟会员占了一半，如蔡元培、宋教仁等同盟会领导人都是内阁的重要成员，而且还"事事咸恪遵约法"，依法办事。"袁世凯以每有设施，辄为国务总理依据约法拒绝副署，致不能为所欲为，深滋不悦。"② 比如在裁军问题上，当时袁世凯只主张裁撤南方革命党人的军队，他的北洋军队不作任何裁撤。唐绍仪则认为，裁军要全国一律，"并非若袁总统偏重南方"。对于北洋派与同盟会之间的矛盾，唐绍仪也采取不偏重任何一方的调和态度，并多次告诉袁世凯，加入内阁的同盟会会员，都是拥护他当临时大总统的，"决无他意"。③ 这就自然引起了袁世凯的不满，于是他指使其亲信部下内务总长赵秉钧和陆军总长段祺瑞等人在内阁中不断发难，和唐绍仪唱反调，使唐的施政备受掣肘。比如，唐要坚持《临时约法》有关"国务员于临时大总统提出法律案，公布法律，及发布命令时，须副署之"的规定，而赵秉钧、段祺瑞等人则在国务会议上竭力反对划清总统府和国务院的权限，主张一切都听袁大总统的，国务院只是总统府的办事机构而已。他们还在国务院中不断制造矛盾，尤其与国务院中的同盟会阁员势不两立，凡是同盟会阁员赞同的，他们就反对，凡是同盟会阁员反对的，他们就赞同，致使国务院无法正常运作。时为阁员之一的蔡元培记述当时的情况："同一谋统一也，甲派（指同盟会阁员——笔者注）主开诚布公，得各方面之同意；而乙派（指赵秉钧、段祺瑞等人——笔者注）主因利乘便，以一方为牺牲。同一集权中央也，甲派主限制的，而乙派主极端的；甲派主驯致的，而乙派主袭取的。同一借外债也，甲派主欲取姑与，一方面为取给于本国之筹备；而乙派主为单纯之磋

① 李新、李宗一主编《中华民国史》第二编《北洋军阀统治时期》第一卷 1912—1916（上），中华书局，1987，第 24—25 页。

② 冯自由：《唐少川之生平》，载《革命逸史》第二集，第 302 页。

③《蔡元培在同盟会机关部的演说》，《中国同盟会杂志》第 6 期，1912 年 9 月。

商。其他不同之点，大率如此。"[1] 到后来，赵秉钧、段祺瑞等人索性不出席国务会议，大事小事都不向唐绍仪汇报，而直接报告给袁世凯，在他们眼里，唐绍仪不过袁一仆人而已。袁世凯本人也多次找唐绍仪的茬，想方设法对唐进行打击，甚至无视《临时约法》关于大总统发布命令，须由内阁副署的规定，不经唐绍仪副署，而直接发号施令，根本不把唐绍仪放在眼里。比如，关于王芝祥的改委事件。本来在协商内阁名单之初，唐绍仪就与同盟会达成协议，并得到袁世凯的同意，由同盟会推荐的王芝祥出任直隶都督，作为交换条件，同盟会则放弃陆军总长一职（自南京临时政府成立起，这一职位就由黄兴担任），改由袁世凯推荐的段祺瑞担任。然而当唐绍仪内阁正式成立、段祺瑞如袁世凯所愿当上了陆军总长后，袁世凯则出尔反尔，以冯国璋等北洋军官反对为名，改委王芝祥为有名无权的南方军队宣慰使。唐绍仪不同意袁世凯的做法，认为不能因北洋军官的反对言而无信，失信于民，拒绝在袁世凯委任王芝祥为南方军队宣慰使的命令上副署。按《临时约法》规定，没有国务总理的副署，临时大总统的命令无效。然而袁世凯根本就不管这一套，不经唐绍仪的副署，就直接把委任令给了王芝祥，并要求王芝祥立即走马上任。在此情况下，忍无可忍的唐绍仪于 1912 年 6 月 15 日出走天津，辞去国务总理一职，蔡元培、宋教仁等其他同盟会阁员亦与唐共进退，离开了政府。唐绍仪辞职后，袁世凯本想提名自己的老友、亲信徐世昌为国务总理，但因同盟会的反对，而改提陆徵祥。不久，陆徵祥也因张振武被杀事件而辞职。这样，国务院总理的职位便如袁世凯所愿落到了自己的亲信赵秉钧手中。"这不仅标志着革命派基本失去在北京中央政府的权力，同时也意味着传统文官体制在军人武力压迫下的退缩，袁世凯成为北京政府的主人。'此后，事实上国务院已成了总统府的秘书厅，所有的国务员，都惟总统之命是从，国务总理的有无，本已无关紧要，不过形式上还是非有这么一个装饰品不可。'"[2]《临时约法》所规定的行政体制（责任内阁制）遭到严重破坏。

除了想方设法搞垮唐绍仪内阁、破坏《临时约法》所规定的行政体制

---

[1] 蔡元培：《答客问》，《民立报》1912 年 7 月 27 日。
[2] 汪朝光：《民国初年西式民主实验的破产》，《北京日报》2014 年 4 月 4 日。

（责任内阁制）外，袁世凯还想方设法削弱临时参议院权力，破坏《临时约法》所规定的立法体制。实际上早在 1912 年 4 月 29 日南京临时参议院迁往北京、成为北京临时参议院之前，袁世凯就认为临时参议院权力过大，应"略为改缩"，并命令临时筹备处"将该院院章悉心考核，量为增减"，作为临时参议院在北京正式成立的先决条件。他后来虽然考虑到种种因素而未敢正式提出，"但行动上却经常不经参议院议决，便'巧立官名，以为任用'，公然以命令取代法律，致使'私官日多，直与专制之任官无异，而荒谬绝伦之任官遂亦层出不穷'"①。比如 4 月 10 日，袁世凯无视参议院依据《临时约法》而制定的《各部官制通则》关于各部设次长一人的规定，又不经参议院议决同意，便下令任命张元奇、荣勋为内务部次长。直到 5 月 4 日，袁世凯才将追认咨文送到参议院，要参议院对他之前的违法行为负责。袁世凯这种先斩后奏的违法行为理所当然地遭到了多数参议员的反对，他们指出："以咨文而忽然变更参议院决议案，并无提出修正案，在法律上已不正当"，况增加次长人数案未经提出，即先已任命，"殊于约法相违背"。他们表示："断不能以位置私人之故而增加次长"，"徒为政府增加闲职"，更不能以咨文而即可以变更法律。②其结果，袁世凯不得不下令撤销对张元奇的任命。也许是吸取了这次人事任命失败的教训，他后来提出《现行各省地方行政官厅组织令》时，则乘部分参议员回乡竞选国会议员、参议院不足法定人数而无法开会之机，突然以命令形式加以公布。因为根据《临时约法》第 33 条规定，临时大总统有权制定官制官规，但须交参议院议决。这种违背《临时约法》的有关规定、无视参议院议决权的行为，引起参议员大哗。面对参议员的质问，袁世凯却把责任推给了参议院："临时政府期限已迫"，议会"不足法定人数"，"不得不设法变通，以求终了责任"。③其老奸巨猾，可见一斑。

袁世凯对《临时约法》所规定的立法体制的践踏和破坏，还表现在他对

① 李新、李宗一主编《中华民国史》第二编《北洋军阀统治时期》第一卷 1912—1916（上），第 25 页。
② 《参议院第一、三次会议速记录》，转引自李新、李宗一主编《中华民国史》第二编《北洋军阀统治时期》第一卷 1912—1916（上），第 28 页。
③ 《申报》1913 年 1 月 18 日。

参议院同意权的漠视上。唐绍仪内阁倒台后，袁世凯提名陆徵祥为国务总理。7月18日，陆徵祥带着袁世凯提名的新增补内阁六成员名单到参议院说明理由。因为根据《临时约法》的规定，"临时大总统任免文武职员，但任命国务员、外交大使、公使，须有参议院之同意"。这就是《临时约法》赋予参议院对内阁的同意权。除同意权外，《临时约法》还赋予了参议院对内阁的弹劾权。《临时约法》规定："参议院对于国务员，认为失职或违法时，得以总员四分之三以上出席，出席员三分之二以上之可决弹劾之"；"国务员受参议员弹劾后，临时大总统应免其职"。对内阁的同意权和弹劾权，这是西方民主国家议会普遍具有的权力，体现的是三权分立的原则。然而袁世凯却对此耿耿于怀，认为它限制了自己的权力。他抱怨说："夫用人实行政之本，而国务院为大政所从出。本大总统为国择才，尤深就业，遵据《约法》，必须求同意于议院。""临时政府一年以内，内阁三易，屡陷于无政府地位，皆误于议会之有国务员同意权。"[1] 陆徵祥在说明新增补内阁成员名单的理由时，天南地北，胡扯一气，没有一丝一毫尊重参议员的诚意，再加上人事安排方面的纠纷，引起参议员的强烈不满，增补内阁成员名单因而未能通过。陆徵祥以"无组织内阁之能力"，向袁世凯提出辞职。袁没同意，而是再次提出增补内阁六成员名单，并交付参议院表决。为了保证增补内阁名单顺利通过，而不会重蹈被参议院否决的覆辙，袁则暗中指示北京军警召开特别会议，会议通过的决议声称：如果参议院这次再不通过增补内阁成员名单，他们将呈请大总统解散临时参议院。与此同时，一些北洋将领及其追随者还发布声讨或忠告参议员的布告，给参议员寄送各种匿名传单和恐吓信，要求他们对增补内阁成员名单投赞成票，否则后果自负。面对如此嚣张的赤裸裸的威胁，参议院左右为难，进退失据，"此次若遵于同意，今后参议院将永失其价值……若再不同意，将来难予为继，倘有变动，参议院亦仍是失其价值"[2]。最后，议员们选择了一个折中方案：将非袁世凯亲信的工商总长蒋作宾否决，其他五位则予以通过，这样既给参议院保留了一点脸面，又总体上通过了袁世凯的提名，不至于引起袁世凯

① 白蕉：《袁世凯与中华民国》，载荣孟源、章伯锋主编《近代稗海》第三辑，四川人民出版社，1985，第47、76页。
②《亚细亚日报》1912年7月24日。

的强烈反弹。

《临时约法》规定：《约法》施行后 10 个月内，由临时大总统召集国会，国会组织法及选举法由临时参议院制定。根据临时参议院制定的《国会组织法》，民国国会采取参议院、众议院两院制。参、众两院议员选举从 1912 年 12 月开始，至次年 2 月结束。选举结果，以同盟会为主体并联合其他政党改组而成的国民党取得全胜，在参、众两院均获得多数席位，成为国会中第一大党。这种情况当然是以袁世凯为首的北洋军阀所不愿看到和接受的。因此，正当国民党的实际领导人宋教仁雄心勃勃、准备组建国民党内阁、自己出任国务总理时，于 1913 年 3 月 20 日在上海车站惨遭暗杀，这给即将召开的国会罩上了一层浓厚的阴影。1913 年 4 月 8 日，中华民国第一届国会在北京开幕。

国会开幕后，首先要推选参、众两院的院长、副院长。当时的国会主要有国民、共和、民主、统一四大政党。这四大政党又可以分为两派，国民党是一派，主要由原同盟会员构成，政治上倾向于反袁；其他三党是一派，主要由原立宪派，参与反正的旧官僚、旧军官及退出同盟会的人构成，政治上倾向于拥袁。选举结果，参议院正、副议长由国民党人担任，而众议院的正、副议长则落入其他三党之手。为了对付国民党，后经袁世凯的居间撮合，5 月 29 日，共和、民主、统一三党正式合并为进步党，奉梁启超为领袖。

第一届国会的主要任务是制定一部正式宪法，选举总统，组织正式政府。是先选总统，还是先制定宪法，袁世凯和国民党出现分歧。袁世凯认为应先选总统，而且总统非他莫属。国民党则认为总统的地位和权力都来源于宪法，只有依据宪法的规定来选总统，选出的总统才具有合法性。梁启超也赞同国民党的意见，认为应先制定宪法，但总统仍推袁世凯。1913 年 6 月 30 日，国会决议先制定宪法，并依据《国会组织法》规定，于 7 月初由参众两院各选出 30 人组成宪法起草委员会。7 月 12 日，宪法起草委员会在众议院召开成立大会，不久移至天坛祈年殿工作，直至宪法草案完成。因此宪法起草委员会拟定的《中华民国宪法草案》，一般称之为《天坛宪法草案》，简称《天坛宪草》。宪法起草委员会成立并开始制宪工作不久，二次革命发生，国民党议员产生分化，少部分议员南下参加反袁起义，大多数议员则仍留在北京出席国会。袁世凯一看有机可乘，一方面指示黎元洪领衔，联合直、鲁等十四省都督致电国会，要求速选总统，并做梁启超的工作，要进步党同意先选总统，后制定宪法；另一方面则以取缔国民党相威胁，要留下的国民党议员赞同先选总统的方案。与此同时，在袁世凯的指示下，由袁心腹梁士诒出面，将国会内外的亲袁势力联合起来，组成公民党，9月7日，公民党宣告成立。公民党刚成立，即发表宣言和通电，要求速选总统，以顺应民意。面对内外如此巨大的压力，国会只能同意袁世凯的意见，并加快了选举总统的进程。9月12日，国会决议由宪法起草委员会于五天内制定出总统选举法。19日，宪法起草委员会将总统选举法起草完毕。10月4日，国会讨论通过，并决定6日举行总统选举会。为了保证自己能如愿当选，袁世凯又如法炮制，命令京师军警以保护国会为名，于6日选举总统那天将会场团团围住，同时组织数千人的所谓"公民团"，占据会场的出入口，声称除非袁大总统当选，否则议员一律不能离开会场。袁世凯的倒行逆施，激怒了部分本打算将票投给他的议员，因此投票结果，袁虽然得了471票，但离当选还差99票，只好进行第二轮投票，结果还是欠63票。此时已过正午，有议员要求回家吃饭，下午再投第三轮。但占据了会场出入口的"公民团"大声叫唤，"今天不选出我们中意的大总统，就休想出院"。议员们见状，已知消极抵抗无益，第三轮投票结果袁世凯以507票当选。此时已是晚上9点钟，议员们回到家时，个个已精疲力竭。

除强迫国会违背选举程序，先于宪法制定而选举自己为总统外，袁世凯还对宪法制定横加干预，以便制定一部有利于自己专权的宪法。早在国会制宪工作启动之前，袁世凯就组织了一个宪法研究会，起草了一部《宪法大纲草案》。国会制宪工作启动后，袁世凯派官员将宪法研究会起草的《宪法大纲草案》交给宪法起草委员会，希望以《宪法大纲草案》为基础来起草宪法。《宪法大纲草案》共二十四条，其主旨是赋予总统各种权力，如"大总统有任命国务员及驻外公使之权，无得议会同意之必要"，"大总统得参议院同意，有众议院解散权"，等等，实际上已改《临时约法》的责任内阁制为总统负责制。但后来宪法起草委员会制定的宪法草案，并没有完全采纳《宪法大纲草案》的内容，尽管与《临时约法》比较，宪法起草委员会制定的《天坛宪法草案》赋予了总统较多权力，但在根本上并没有违背责任内阁制的精神，还是一个责任内阁制的宪法。这就理所当然地引起了袁世凯的严重不满。因此 10 月 16 日，亦即国会选举他为总统后的第 10 天，他无视宪法起草委员会已制定出宪法草案这一事实，而向国会提出了《增修约法案》，赋予总统有任命文武官员、宣战媾和及缔结条约等权力。国会则以宪法草案正在审订，不日完成，无须修改约法，"置之不议"。袁世凯当然不会就此罢休。10 月 24 日，正当宪法起草委员会开会时，他指派施愚等 8 人为政府委员，强行出席宪法起草委员会，并宣称根据袁大总统指令，以后宪法起草委员会开会都需要事先向国务院报告，以便国务院派人出席。这一违法的无理要求被宪法起草委员会拒绝后，袁世凯恼羞成怒，决心以武力解决。10 月 25 日，他公开通电各省都督、民政长，要他们就《天坛宪法草案》逐条研究，"于电到五日内迅速条陈电复，以凭采择"，并煽动说："此次宪法起草委员会"，国民党议员占据多数，"闻其所以拟宪法草案，妨害国家者甚多……综其流弊，将使行政一部，仅为国会所属品，直是消灭行政独立之权。近来各省议员掣肘行政，已成习惯，倘再令照国会专制办法，将尽天下之文武官吏，皆附属于百十议员之下，是无政府也"。他表示："本大总统忝受托付之重，坚持保国救民之宗旨，确见及此等违背共和政体之宪法，影响于国家治乱兴亡者极大，何敢默而不言。"最后他要求各省都督和民政长，"对于国家根本大法，利害与共，亦未便知而不言"。[①] 于是在袁世凯的鼓动下，各省都督和民政长纷纷复电响应，有的甚至要求解散国会，捕杀乱党。面对如此威胁，国会还是不为所动。10 月 31 日，宪法起草委员会以法定程序顺利通过了《天坛宪法草案》的三读会。袁世凯见武力威胁不起作用，于是只好图穷匕首见。11 月 4 日，他悍然下令解散国民党，追缴国民党议员证书徽章 400 余件。国会因不足法定人数而被迫休会。11 月 10 日，宪法起草委员会也因不足法定人数而自行解散，《天坛宪法草案》随之胎死腹中。11 月 26 日，袁世凯以国会不足法定人数而无法开会、国家又不能一日无咨询机关为名，下令组建由中央和各省官吏代表组成的政治会议，以行使国会职权。政治会议的代表几乎清一色是他的亲信或追随者，所谓政治会议实际上就是袁世凯的御用咨询机构而已。1914 年

---

① 上引均见白蕉《袁世凯与中华民国》，载《近代稗海》第三辑，第 62—64 页。

1月10日，袁世凯根据"政治会议的决议"，下令解散国会，停止所有议员职务，每人发旅费400元，饬令回籍。

早在国会被解散之前的1913年12月22日，袁世凯就向政治会议提出了《约法增修咨询案》。政治会议认为，《约法》必须修改，由总统提出修改也合法合规，但政治会议是政府的咨询机构，而非造法机关，因而建议袁世凯另外成立"约法会议"，负责《约法》的修改。1914年3月18日，约法会议宣告成立，所当选的57位议员，清一色是北洋系官僚，所以被人戏称为扩大了的"法制局"。3月20日，袁世凯向约法会议提出"修改约法大纲七条"，内容主要是扩大总统权力、限制内阁权力和国会权力，如第二条："《临时约法》大总统制定官制官规，须交议会议决；任命国务员、外交官及缔结条约，须得议会同意，使政府用人行政无活动之余地，亟应修改。此外，紧急命令及紧急财政处分《临时约法》皆无规定，须增加之。"第三条："《临时约法》以国务员特为一章外，更设国务院单行法，是不啻以国务员为政府……"第四条："《临时约法》参议院权限失于广泛……立法机关其权限应从狭小之规定，方为合宜。"①

依据袁世凯提出的这七条"修改约法大纲"，约法会议很快就制定出了所谓《中华民国约法》。5月1日，袁世凯正式公布，同时宣布废除南京临时参议院制定的《临时约法》。由于该约法是在袁世凯的主导下制定的，人们又称它为《袁记约法》。《袁记约法》对《临时约法》最主要的修改，就是改责任内阁制为总统负责制，而且《袁记约法》赋予总统的权力，比起西方民主国家总统负责制下的总统权力还要大得多。《袁记约法》规定："行政以大总统为首长，置国务卿一人赞襄之。"《临时约法》中"凡可以掣行政之肘，如官制官规之须经院议任命，国务员、外交员以及普通缔结条约之须得同意等项，皆与删除。凡可以为行政之助者，如紧急命令、紧急财政处分等，悉与增加"②。大总统经参政院同意，有解散立法院之权，而参政院是"大总统之咨询"机构，主要为大总统服务，并根据大总统的意见，起草宪法草案，审定并有权否决立法院通过的法律。这样大总统不仅可以随时

---

① 记者：《本国大事记·约法会议之开幕及进行》，《庸言》第2卷第4号，1914年4月25日。
② 白蕉：《袁世凯与中华民国》，载《近代稗海》第三辑，第94页。

解散立法院（因为参政院既然是"大总统的咨询"机构，大总统如果提出解散立法院，参政院就不会不同意），而且也掌握了宪法的起草权和法律的通过权，宪法如何起草，法律是否通过，全由总统说了算。西方民主国家总统负责制下的总统要对民意机关（国会）负责，其行政权要受立法权和司法权的制约，以体现三权分立的原则，但在《袁记约法》里，总统则不对任何民意机关负责，只对"国民之全体负责"，而谁是"国民"，由大总统定义，这样大总统就可以"国民"的名义，做他想做的一切，没有任何立法机关和司法机关能制约他。《袁记约法》虽然迫于各方压力，不得不规定成立立法院，其职权是决议法律、预算，答复大总统咨询，受理人民请愿事件，当大总统有谋叛行为时，经总议员五分之四出席、出席议员四分之三同意，可以向大理院提出弹劾之诉讼，但大理院接受与否，则由大总统决定。[①] 如此规定，实际上是取消了立法院对总统的弹劾权，因为没有哪位大总统会同意大理院接受立法院弹劾自己之诉讼的。《袁记约法》赋予总统的这些权力，已远远超出了民主国家的总统负责制，甚至与总统独裁制比较还有过之而无不及。

《袁记约法》公布后，袁世凯即着手组建新的政府。自他接替孙中山出任临时大总统以来，政府政事的中枢表面上在国务院，但实际上在总统府秘书处，国务院的一切政事活动都要听秘书处的。为了根本改变这种名实不符的两张皮局面，袁世凯于 1914 年 5 月 1 日下令撤销国务院和秘书处，另在总统府内成立政事堂，"凡一切军国大事皆由政事堂议决施行"。政事堂设国务卿一人，赞襄大总统政务，承大总统之命监督政事堂事务；设左右丞二人，其地位略低于国务卿，其职责是"赞助国务卿，预闻政务"，直接对大总统负责。政事堂下设法制局、机要局、铨叙局、主计局、印铸局和司务局等六局。袁世凯任命自己的亲信也是老朋友的徐世昌为国务卿，杨士琦和钱能训为左右丞。就政事堂的设置、职能及人员构成来看，与其说是现代国家的政府机构，还不如说它更像清王朝时期的军机处。

除《袁记约法》外，约法会议还根据袁世凯的旨意制定了《大总统选举法》。此前 1913 年 10 月国会制定的《总统选举法》规定，大总统由国会选

---

① 《中华民国约法》，天津《大公报》1914 年 5 月 3—5 日。

举，任期四年，可连任一次，也就是说，总统任期最多也就八年。而约法
会议根据袁世凯旨意制定的《大总统选举法》，则规定大总统任期十年，而
且连任无限制，只要参政院三分之二以上参政同意，大总统即可连任，无
须改选。如果大总统想休息了，不想再干了，那么，他有权提名下任大总
统人选，下任大总统由现任大总统召集的选举会（选举会由参政院参政和立
法院议员各五十名组成）选举产生。如此规定，不仅能确保袁世凯成为终
身总统，而且还可以把大总统职位传给自己子孙，世袭罔替。这与封建君
主制度下的皇帝已没有多少区别了。1914 年 12 月 29 日，《大总统选举法》
由袁世凯正式公布。

自此，南京临时政府所创立的资产阶级民主共和制度已被袁世凯践踏和
破坏殆尽，中华民国只剩下了一个空壳，一个招牌。就是这个空壳，这个
招牌，不久也将随着洪宪帝制的正式上演而被袁世凯彻底抛弃。

第三节 复古与反复古、复辟与反复辟的思想斗争

一、尊孔复古和孔教运动的兴起

袁世凯继孙中山为中华民国临时大总统后，一方面，在政治上践踏和破
坏南京临时政府所建立的民主制度；另一方面，在思想文化上则大搞尊孔
复古，是民国初年尊孔复古逆流沉渣泛起的始作俑者和积极推动者。1912
年 7 月 12 日，亦即南京临时政府北迁刚三个月，袁世凯便在《临时大总统
令》中强调："国势兴衰，视民德之纯漓为标准……诚以礼义廉耻，国之四
维，四维不张，国谁与立。"[1] 两个月后（1912 年 9 月 20 日），袁世凯又颁
布了《通令国民尊崇伦常文》，提倡封建礼教，号召尊崇伦常。他说："中华
立国，以孝弟忠信礼义廉耻为人道之大经。政体虽更，民彝无改。"[2] 1913 年

---

[1] 袁世凯：《临时大总统令》，《政府公报》第 74 号，1912 年 7 月 13 日。

[2] 袁世凯：《通令国民尊崇伦常文》，载中国史学会、中国社会科学院近代史研究所编，章伯
    锋、李宗一主编《北洋军阀（1912—1928）》第二卷，武汉出版社，1990，第 1359 页。

6月22日，他再次颁布《尊崇孔圣令》，明确表示："近自国体改革，缔造共和，或谓孔子言制大一统，而辨等威，疑其说与今之平等自由不合，浅妄者流，至悍然倡为废祀之说，此不独无以识孔学之精微，即于平等自由之真相亦未有当也……天生孔子为万世师表，既结皇煌帝谛之终，亦开选贤与能之始，所谓反之人心而安，放之四海而准者"，并要求"查照民国体制，根据古义，将祀孔典礼，折衷至当，详细规定，以表尊崇，而垂久远"。① 袁世凯的《尊孔令》显然是与南京临时政府教育部所颁布的一系列教育改革通令和章程，尤其是与《中华民国临时约法》所规定的"信仰自由"相违背的，因而理所当然地遭到了罗永绍、郑人康等22名议员"关于祀孔典礼之命令，以为违背约法之信教自由"的质问，并指斥为"蔑视约法、蔑视民意机关，莫此为甚"。② 但是袁世凯不仅没有任何收敛，相反加快了尊孔复古的步伐。这年的11月26日，亦即他以武力逼迫国会选自己为正式大总统不久，颁发《尊孔典礼令》，宣布："所有衍圣公暨配祀贤哲后裔，膺受前代荣典，祀典均仍其旧。"并要求主管部门稽考尊圣典礼故事以备正式祭祀孔圣之用。③1914年1月24日，亦即他下令强行解散国会14天后，袁世凯指使他的御用工具、北洋政府政治会议决议在全国祀孔，并作为大礼，沿用清朝礼仪；各地文庙一律规复尊崇，每县设祀奉官一名。2月7日，他签发《祭孔令》，"佥以为崇祭孔子，乃因袭历代之旧典。议以夏时春秋两丁为祭孔之日，仍从大祭，其礼节服制祭品，当与祭天一律。京师文庙应由大总统主祭，各地方文庙应由长官主祭"④。2月20日，袁世凯又发布《崇圣典例令》十八条，对孔府衍圣公及至圣先贤先儒后裔奉祀官的爵秩、祭祀费，孔庙、孔府官员的设置及俸禄等，都作了详尽的优渥规定。⑤

1914年5月1日，袁世凯正式公布《袁记约法》，同时宣布废除南京临时政府制定的《临时约法》。没有了《临时约法》的"信仰自由"这条紧箍

---

①《大总统发布尊崇孔圣令》，载中国第二历史档案馆《中华民国史档案资料汇编：第三辑 文化》，凤凰出版社，1991，第1—2页。

②《众议员罗永绍、郑人康等质问书》，载《中华民国史档案资料汇编：第三辑 文化》，第3—4页。

③《大总统发布尊孔典礼令》，载《中华民国史档案资料汇编：第三辑 文化》，第6页。

④《大总统发布规复祭孔令》，载《中华民国史档案资料汇编：第三辑 文化》，第6页。

⑤《大总统发布崇圣典例令》，载《中华民国史档案资料汇编：第三辑 文化》，第8—10页。

咒的约束，袁世凯尊孔复古活动也就更加肆无忌惮、胆大妄为。9 月 25 日，他发布《亲临祀孔典礼令》，声称中国数千年来立国的根本在于道德，凡国家政治、家庭伦理、社会风俗，无一不是"先圣学说发皇流衍"，是以国有治乱，运有隆替，"惟孔子之道亘古常新，与天无极"。然而自民国建立以来，由于平等自由学说的传入和流行，导致"纲纪沦弃，人欲横流，几成为土匪禽兽之国"。为了改变这种状况，有必要恢复旧的礼俗制度。故此，诰令宣布全面恢复清朝祀孔礼制，规定每年旧历中秋上丁，举行祀孔典礼。京师由大总统致祭，各省地方文庙，由各省长官主祭。[1] 3 天后（1914 年 9 月 28 日，亦即中秋上丁日），举行了民国以来第一次全国性的大规模的祀孔活动，袁世凯本人也仿历代封建帝王故事，率领文武百官赶到孔庙，头戴平天冠，身着古祭服，于清晨的俎豆馨香之中向孔子牌位行三跪九叩大礼。如果说祀孔是为了求封建之道，那么祭天则是为得专制之位。因此在恢复了祀孔制度后不久（1914 年 12 月 20 日），袁世凯又下令恢复中国封建王朝特定的祭天制度。1914 年 12 月 23 日（冬至），他在文武百官的簇拥下，穿着古怪的祭服，再次仿历代封建帝王故事，到天坛祭天。在此前后，袁世凯还颁发了几道提倡和维护封建纲常名教的诰令。其中 1914 年 3 月 11 日颁发的《褒扬条例》，规定对"孝行节妇"，由政府给予匾额题字褒扬，允许受褒人及其家族自立牌坊。11 月 3 日，他又颁布《箴规世道人心》诰令，宣布"以忠孝节义四者为立国之精神"。

袁世凯下令恢复祀孔、祭天制度，大力宣扬、提倡孔子学说和纲常名教，其目的无非是想利用这些封建时代的礼仪制度和伦理纲常来维系人心，消除资产阶级民主共和思想的影响，以便于自己在政治上实行专制独裁，最终实现从民国总统向封建帝王的"华丽"转身。孙中山在《中华革命军大元帅檄》（1914 年秋）中就一针见血地指出：袁氏"祭天祀孔，议及冕旒，司马之心，路人皆见"[2]。鲁迅后来《在现代中国的孔夫子》一文中也对此作过深刻批判："孔子这人，其实是自从死了以后，也总是当着'敲门砖'的差使的。一看最近的例子，就更加明白。从二十世纪的开始以来，孔夫

---

① 《大总统发布亲临祀孔典礼令》，载《中华民国史档案资料汇编：第三辑 文化》，第 11 页。
② 孙中山：《中华革命军大元帅檄》，载《孙中山全集》第三卷，中华书局，1984，第 130 页。

子的运气是很坏的，但到了袁世凯时代，却又被重新记得，不但恢复了祭典，还新做了古怪的祭服，使奉祀的人们穿起来。跟着这事而出现的便是帝制。"① 所以，随着复辟帝制阴谋的进一步展开，袁世凯尊孔复古活动也愈演愈烈。1915 年 1 月 12 日，《特定教育纲要》要求中小学以"尊孔尚孟"为教育主旨，明确规定小学读《孟子》和《论语》，中学读《礼记》和《左氏春秋》，在大学外独立建设经学院，在各省设立经学会。1916 年元月，根据袁世凯此前颁布的《中华民国临时约法》（即《袁记约法》）和《教育要旨》，教育部制定和公布了《国民学校令施行细则》《高等小学令施行细则》《修正师范学校规程》等法令，规定：在中小学和师范学校增设读经课程；国民学校讲授《孟子》《大学》，高等小学讲授《论语》，师范学校选读《论语》《孟子》《礼记》及《春秋左氏传》。小学的"读经要旨，在遵照教育纲要，使儿童熏陶于圣贤之理，兼以振发人民爱国之精神"。师范学校的"讲经要旨，在讲明吾国古先圣哲相传人伦道德之要，尤宜注意于家庭社会国家之关系，以期本经常之道，适应时世之需"。这样，被南京临时政府教育总长蔡元培明令废止的小学读经又被袁世凯政府恢复了。

在袁世凯大搞尊孔复古的同时，以孔教会的成立为标志的孔教运动也开始兴起于民初的思想舞台上。孔教会的发起人是康有为的门生陈焕章。陈焕章（1880—1933），广东高要人，清末进士，1905 年赴美留学，1911 年以英文《孔门理财论》，获哥伦比亚大学哲学博士学位。1912 年回国后，正赶上袁世凯大力推动和提倡尊孔复古，本来就有尊孔复古思想的他，便根据老师康有为的意图，联合清朝遗老沈曾植、朱祖谋、梁鼎芬等人，于1912 年 10 月 7 日，在上海发起成立了以"昌明孔教，救济社会为宗旨"的孔教会，推康有为为会长，自任总干事。总会初设上海，1913 年迁至北京，次年，再迁至曲阜。教会会务分为"讲习"与"推行"两部，讲习部分经学、理学、政学与文学四类，推行部分敷教、养正、执礼、济众四类，其功能分别是讲道化民、拜圣谈经、考礼正俗、仁民爱物。孔教会成立后，即向袁世凯和北京临时政府教育部、内务部寄出"孔教会公呈"，要求准予立案。不久便收到了教育部、内务部的批文。教育部的批文称赞孔教会，

---

① 鲁迅：《且介亭杂文二集·在现代中国的孔夫子》，载《鲁迅全集》第六卷，第 317 页。

"当兹国体初更，异说纷起，该会阐明孔教，力挽狂澜，以忧时之念，为卫道之谋，苦心孤诣，殊堪嘉许。所请立案之处，自应照准"；内务部的批文肯定"该发起人等鉴于世衰道微，虑法律之有穷，礼义之崩坏，欲树尼山教义，以作民族精神，发起该会，以'昌明孔教，救济社会'为宗旨，并尽纳其事于讲习、推行两部，务去浮文，力求实际，具见保存国粹之苦心。所订开办简章，尚属切实妥叶，自应查照《约法》，准予立案，并仰将详细章程续呈本部核定可也"。① 正是在袁世凯及其政府的大力支持下，孔教会发展迅速，除在国内的一些中心城市和重要县城、乡镇成立了 140 多个分会外，海外如纽约、东京、南洋等地也都建立起了分会或支会。1913 年 2 月，孔教会主办的《孔教会杂志》创刊，依照总编辑陈焕章的说法，该杂志"志在保存国粹，发挥国性，博采孔教之良果，广聚中国之新花"。《孔教会杂志》现能看到的有 13 期，辟有论说、讲演、学说、政术、专著、历史、丛录、文苑、孔教新闻、本会纪事等栏目。自创办之日起，该杂志就成了民国初年宣传和倡导尊孔复古的重要阵地。

除了孔教会，民初成立的尊孔团体还有山西的宗圣会，上海的昌明孔教社、读经会、环球尊孔总教会、尚坚堂，北京孔社、孔教公会、性道会、大成社，青岛的尊孔文社，济南的孔道会，曲阜的经学会等。宗圣会成立于 1912 年 2 月，由赵戴文、景定成等人发起，成员包括了山西的许多军政要人，以宗孔子及群圣贤哲，阐明人道，补助政教，促进人群进化、民族大同为宗旨，设宣讲所，并附设平民循诱学校，发行《宗圣汇志》《宗圣学报》等会刊，孔教会成立后，该会虽然承认孔教会为总会，但又坚持宗圣会的名字不能改。昌明孔教社由杨士琦、谭人凤等人发起成立于 1912 年 5 月，以昌明礼法，改良风俗，普及教育，开通民智为宗旨，设宣讲所和学校，并兴办实业，发行有《扶风日报》。读经会 1912 年 7 月由郑孝胥、王仁东、沈瑜成发起成立，郑孝胥为会长，每周集会，研读《春秋》《礼记》等儒学经典。孔道维持会由贺寿煦等人发起成立于 1912 年 12 月，其宗旨是：尊崇孔道，正人心，息邪说，导孝悌。孔道会 1913 年 3 月由王锡藩、刘宗国等发起创设，会长王锡藩，名誉会长冯国璋、张凤翔，会员有梁启

---

① 《丛录·孔教会立案之部批》，《孔教会杂志》第 1 卷第 1 号，1913 年 2 月。

超、熊希龄、宋育仁等名人，以讲明圣学，敦励行宜，陶淑人民道德，促进社会文明为宗旨，1913年9月第一次曲阜大会后与孔教会合并。孔社成立于1913年4月，由饶智元、恽毓鼎领衔备案，徐琪任社长，名誉社长有徐世昌、王闿运、那彦图等，以阐扬孔学，融会百家，讲求实用，巩固国基为宗旨，除设编译、调查两科外，还设有"信古传习所"与"博闻图书馆"，自称"孔学之发达，自应以本社为权舆"，发行《孔社杂志》，与孔教会很少发生关系。孔教公会由姚子方、王式通等人发起，成立于1913年5月，以阐扬孔教，救济社会为宗旨，设讲习、推行、经理三部。性道会成立于1913年7月，发起人为孔庆霖、赵增厚，其宗旨是涵养性功，燮理阴阳，曾筹设性道院、讲学会。大成社成立于1913年10月，以维孔道，正人心，息邪说，导孝悌为宗旨，提倡祀典，酌设经校，倡办日报，组织宣讲。[①] 在民初成立的各种尊孔团体中，孔教会的影响最大，地位举足轻重。一场颇具声势的孔教运动也因各种尊孔团体，尤其是孔教会的成立为标志而随之兴起。

　　袁世凯及其政府的大力支持，是孔教会成立以及孔教运动兴起的原因之一。此外，南京临时政府取消或废止尊孔读经的法令以及由此引发的一些地方上的反孔过激行为也起了一定的刺激作用。自汉武帝"罢黜百家""独尊儒术"起，孔子所创立的儒学就一直是中国封建社会的正统思想和维护封建君主专制制度的意识形态。辛亥革命推翻清王朝，结束了延续两千多年之久的君主专制制度，建立起资产阶级的民主共和国。儒学所宣扬和提倡的"三纲五常"等一套价值体系不仅已不适应新建立的民主共和制度的需要，而且与革命派所认同和提倡的"民主""自由""平等""博爱"等一套价值体系处于尖锐对立的地位。因此，要维护和巩固民主共和制度，使"民主""自由""平等""博爱"思想深入人心，为广大民众所接受，就必须废除儒学的独尊地位。而要废除儒学的独尊地位，改革普通教育、废除学生尊孔读经是其措施之一。1912年1月19日，亦即南京临时政府刚成立第19天，教育总长蔡元培颁布的《普通教育暂行办法通令》明确宣布：凡

---

① 以上对各尊孔团体的介绍，参见张卫波《民国初期尊孔思潮研究》，人民出版社，2006，第32—34页的"1912—1916年主要尊孔团体简介"。

各种教科书，务必符合中华民国宗旨，前清学部所颁行之教科书一律禁用，小学读经科一律废止。不久（2月8日），蔡元培在《民立报》上发表《对于新教育之意见》一文，对前清学部颁布的以"忠君""尊孔"为主体的教育宗旨进行了批判："满清时代，有所谓钦定教育宗旨者，曰忠君，曰尊孔，曰尚公，曰尚武，曰尚实。忠君与共和政体不合，尊孔与信教自由相违。"指出："孔子之学术，与后世所谓儒教、孔教当分别论之。嗣后教育界何以处孔子，及何以处孔教，当特别讨论之"，并将清季学部颁布的忠君、尊孔、尚公、尚武、尚实的教育宗旨，修改成为符合共和民国精神的军国民主义、实利主义、公民道德、世界观及美育教育。① 内务、教育两部不久也通告全国各省，文庙暂时照旧致祭，但不再下跪磕头，只进行三鞠躬，祭祀时所穿衣服也改用便服。1912 年 7—8 月，民国第一次全国临时教育会议在北京召开，会上蔡元培基于"中国政体既然更新，即社会上一般思想，亦随之改革"② 的认识，代表教育部提出了学校"不拜孔子案"及"仪式规则案"，认为"孔子非宗教家，今以宗教仪式尊之，其不合者一。教育宗教各有目的，今以似是而非之宗教仪式，施于学校，有乖教育目的，其不合者二。立宪国信教自由，今学校以拜孔子之故，致他教子弟不肯入学，有碍教育普及，其不合者三。"提案引起激烈争论。虽然提案最终未获通过，只是决定"教育部尽可于新订规则，不提及祀孔仪式，各地方有沿旧习拜孔子者，亦无甚碍，若公然提出，反觉难于解决"③，但礼拜孔子不再作为硬性规定，学校拜孔与否由学校自己决定，这与清末的学堂尊孔已不可同日而语。这次会议还通过了新的教育宗旨："注重道德教育，以实利教育、军国民主义教育辅之，更以美感教育完成其道德。"④ 依据这一教育宗旨，教育部又先后颁发了《小学校令》《中学校令》《中学校令施行规则》《师范教育令》《大学令》《专门学校令》等，取消了大学以下各级各类学校的读经讲经课程，大学校撤并经科入文科；大学校以上改"通儒院"为"大学院"，使其成为

① 蔡元培：《对于新教育之意见》，载高平叔编《蔡元培全集》第二卷，中华书局，1984，第136 页。
② 蔡元培：《全国临时教育会议开会词》，载《蔡元培全集》第二卷，第262 页。
③《丛录·教育部取消不祀孔议案》，《孔教会杂志》第 1 卷第 1 号，1913 年 2 月。
④《中国大事记·教育部公布教育宗旨》，《东方杂志》第 9 卷第 4 号，1912 年 10 月 1 日。

名符其实的高等研究机构。

在上述法令的影响下，有些省、市、县把孔庙改为学校，将庙产（主要是祭田）充作学校经费。广东、江苏、湖南、四川等地的学校，废除了尊孔读经，把孔庙改为学校或习艺所，停止了祀孔典礼，有的地方甚至出现了一些过激的反孔行为。"如香山县秦荣章，拆毁孔庙，并毁戟门，改筑校舍，平铺操场，两庑先贤名宦，及文武官厅，改建洋楼，召买门窗。浙江处州拆毁学宫，及道冠古今石坊，其石柱石梁，被女校扛去，下作门阈，大成殿前石版，悉数拆尽，两庑木主无存，园亭被人占居。江西省议会，交议黄各废孔议案，谓孔子无可无不可，指为滑头人；谓孔子曰诺，我将仕矣，指为畏势人，尽情评议，语涉戏谑，甚至曲阜祭田，从而觊觎，咄咄逼人，莫敢谁何。夫合肥铜像，重围武士之麻绳；湘乡祠堂，新垩秋魂之木主。共和初建，举动自由，拆庙夺产，竟同儿戏。"①

"冰冻三尺非一日之寒。"尊孔读经虽然被明令取消或废止，但已延续两千多年之久的尊孔读经不是一通或两通命令就能取消或废止了的。因为作为中国封建社会的正统思想和官方意识形态，孔子及其儒学的影响已深入到社会的各个层面和角落，成为中国人的思想信仰和行为准则，不是制度化宗教的儒学实际上却充当着本由宗教来承担的社会教化功能，支撑着中国人的意义世界。在社会经济和思想文化并没有因清王朝的被推翻和中华民国的成立发生根本变动的情况下，南京临时政府就骤然废除孔子及儒学的独尊地位，尤其是一些地方的过激反孔行为，这自然要引起以尊孔派为代表的文化保守主义者的强烈反弹。在以尊孔派为代表的文化保守主义者看来，取消或废止尊孔读经的影响不在于这项政策本身，而在于它从根本上颠覆了传统文化和传统道德存在的基础，即所谓"废四书五经，是废道德也"，"断丧我中国文明之根本也"，因为"中国之人心风俗，礼义法度，皆以孔教为本，若不敬孔教而灭弃之，则人心无所附，风俗败坏，礼化缺裂，法守扫地，虽使国不亡，亦与墨西哥同耳"。②当时正在中国的美国传教士丁义华在《教祸其将发现于中国乎？》一文中写道："民国第一任临

①《论废孔为尊孔之原因尊孔为争孔之原因》，《善导月报》第 6 期，1913 年 11 月 10 日。
②康有为：《乱后罪言》，载《康有为政论集》下册，第 917 页。

时内阁教育总长蔡元培，逞其一偏之心思，欲为惊人之创举，昌言曰，废孔，废孔。于是丁祭不准举行，学校不许拜孔，学田学产没收入官，举国数千年来尊无二上之至圣先师，例诸淫祀妖庙，禁绝无余。于是弦歌绝响，俛舞灭影者几二年。当时之士，莫不痛心疾首，然怵于政府之威严，大都敢怒而不敢言，蔡氏去位，此案全翻，未几而孔教出焉。"①丁义华的说法虽然有些夸大其词，但南京临时政府取消或废止尊孔读经的法令，尤其是一些地方的过激反孔行为引起以尊孔派为代表的文化保守主义者的强烈反弹则是事实，最集中的体现，就是孔教会等各种尊孔团体的成立以及孔教运动的兴起。1913年11月10日发行的《善导月报》第6期曾发表过一篇《论废孔为尊孔之原因尊孔为争孔之原因》的文章，作者在列举了所谓"废孔派"的"废孔"举措，尤其是种种过激的反孔行为后写道："何怪乎崇拜孔子者，咸痛心疾首，奔走骇告，结集团体，以求抵御，于是产出一般反对废孔人物，曰尊孔派是。尊孔派，发源于山东之孔道会、山西之宗圣社、纽约之昌教会、四川之扶轮会、香山之尊孔会，其始并无孔教之新名词也，惟其中大都经师之选，雅负时誉，初非废孔派所能抗手，一时函电纷驰，附骥日多……孔教会既成立矣，陈焕章、严复、夏曾佑、梁启超、王式通等，代表全体，请愿参众两院，立为国教，而各省都督民政长，接踵电请，各从其所是，而不辨其所非，随声附和，曰国教，曰国教。此为废孔派激起尊孔派之原因也。"②

孔教会以及孔教运动的精神领袖是康有为。1913年3月，他在《孔教会杂志》第2号上发表《孔教会序一》，提出孔教会的主要任务，是"以演孔为宗，以翼教为事"③。此后，他又在《孔教会杂志》和《不忍》杂志（1913年3月在上海创刊，康有为自任主编）上连续发表《中华救国论》（1912年6月）、《中华学会报题词》（1913年2月）、《中国以何方救危论》（1913年3月）、《以孔教为国教配天议》（1913年4月）、《中国颠危误在全法欧美而尽弃国粹说》（1913年7、8月）等文，系统阐述了自己的尊孔保教的主张，并要求定孔教为国教，载入宪法。1913年8月第一届国会开会讨论宪法时，

① 丁义华：《教祸其将发现于中国乎？》，《圣教杂志》第3年第1期，1914年1月。
②《论废孔为尊孔之原因尊孔为争孔之原因》，《善导月报》第6期，1913年11月10日。
③ 康有为：《孔教会序一》，载《康有为政论集》下册，第734页。

他指示孔教会向参众两院提交要求定孔教为国教的请愿书。这次请愿虽因多数议员反对而未能成功，但康有为要求立孔教为国教的活动并未因此而作罢。

实际上，早在戊戌变法期间，康有为就提出了设立孔教会，改儒学为国教，立孔子为教主的主张，他自己则当中国的马丁·路德。康有为之所以主张设立孔教会，改儒学为国教，立孔子为教主，其理由主要有三点：（一）西方传教，"其始欲以教易人之民，其后以争教取人之国"。而数十年来，西方天主、耶稣各教横行中国，士民为其所诱者日多一日，"寻至挟教力以割吾地，弱吾国，其患不可胜言"。（二）西方教会之所以能够侵入中国，是因为中国对孔子尊而不亲，各地淫祠杂他鬼神，乡塾不诵孔子之经。（三）国家盛衰与宗教密切相关，若无宗教，"则民如标枝，人如野鹿"，仅靠刑、政，难以治理。①这也是西方所以富强，中国所以贫弱的重要原因。从以上三点理由来看，康有为主张设立孔教会，改儒学为国教，立孔子为教主的目的，是抵制西方殖民者的宗教侵略，并通过统一中国人的信仰，规范人心道德，实现国家富强。所以当1898年春，德国强占胶州湾，帝国主义随后掀起瓜分中国的狂潮时，康有为成立保国会于京师，并明确提出"保国""保种""保教"之主张。"保国"，就是要保大清帝国；"保种"，就是要保中华人种；"保教"，就是要保以孔子为教主的孔教。由于戊戌变法的迅速失败，康有为提出的设立孔教会，改儒学为国教，立孔子为教主的主张没有产生任何实际效果。

如果说戊戌时期康有为主张设立孔教会，改儒学为国教，立孔子为教主的目的，是要利用孔子和儒学来挽救中日甲午战争后日益严重的民族危机，实现国家富强的话，那么，民国初年他提出尊孔保教，并纳孔教入宪法，定为国教的目的，则是要利用孔子和儒学来挽救当时所出现的所谓社会危机、信仰危机和道德危机。

辛亥革命推翻清王朝，结束了已延续两千多年的封建君主专制政体，建立起资产阶级民主共和国，其历史功绩是巨大的。但是，由于旧的秩序因清王朝的被推翻而土崩瓦解，新的秩序又没有因中华民国的成立而建立起

---

① 参见房德邻《康有为与孔教运动》，《北京师范大学学报》（哲学社会科学版）1988年第6期。

来，加上袁世凯上台后对民主制度的肆意践踏与破坏，出现了民初的所谓社会危机。早在 1912 年 6 月，李大钊就有感于新生的共和制度，"如敝舟深泛溟洋，上有风雨之摧淋，下有狂涛之荡激，尺移寸度，原望其有彼岸之可达，乃迟迟数月，固犹在惶恐滩中"的状况，写了一篇题为《隐忧篇》的时文，提出"边患""兵忧""财困""食艰""业敝""才难"六大隐忧，认为这六大隐忧"足以牵滞民国建设之进行"，如果"不早为之所，其贻民国忧者正巨"。他尤其对"潜伏"的"党私""省私"和"匪氛"深感忧惧，但又找不出解决之道，因而希望"凡百君子"能贡献"嘉谋嘉猷"，使"党私""省私"和"匪氛"能"弭于未然"。① 一年后，亦即 1913 年 6 月 1 日，该文在《言治月刊》第 1 年第 3 期上刊出，文后附有记者所写的按语："斯篇成于民国元年六月，迄今将近一纪，党争则日激日厉，省界亦愈划愈严。近宋案发生（指国民党干事长宋教仁被谋杀案——引者），借款事起（指袁世凯的善后大借款——引者），南北几兴兵戎，生民险遭涂炭。人心诡诈，暗杀流行，国士元勋，人各恐怖，而九龙、龙华诸会匪，又复蠢蠢欲动，匪氛日益猖炽，环顾神州，危机万状。抚今思昔，斯文着笔时，犹是太平时也。"② 李大钊的《隐忧篇》和记者为《隐忧篇》所写的按语，反映的正是民国初年日益严重的社会危机。康有为的《中华救国论》也写于 1912 年 6 月，在文中，他站在保守主义的立场上，对当时的社会危机作过如下描述：经辛亥革命的"大乱后，纪纲尽失，法律凌夷，廉耻扫荡，且改为共和，则平等自由之说大昌，暴民恣睢，则犯法干纪之事益盛，况以恶前朝而罢弃旧制，新法律又未定也。人民既无律可守，是益令强猾纵横，良善受害而已。故不独掳杀劫掠，平民无所控诉，乃至昔之贵位，今之长官，亦随意攻杀囚执劫掠抄封焉，甚至就车门而胁长官，挟手枪而乱议院，绝无法纪"③。

日益严重的社会危机，又引发了日益严重的信仰危机。民初著名记者、社评家黄远庸（又名黄远生）就曾指出："晚清时代，国之现象，亦愈甚矣。

① 李大钊：《隐忧篇》，载中国李大钊研究会编注《李大钊全集》第一卷，人民出版社，2006，第1—3页。
②《隐忧篇·按语》，载《李大钊全集》第一卷，第3页。
③ 康有为：《中华救国论》，载《康有为政论集》下册，第718页。

然人心勃勃，犹有莫大之希望，立宪党曰，吾国立宪，则盛强可立致；革命党曰，吾国革命而易共和，则法美不足言。今以革命既成，立宪政体，亦既确定，而种种败象，莫不与往日所祈向者相左。于是全国之人，丧心失图，皇皇然不知所归。"[1] 这种信仰危机在当时很多人身上都有反映。以后来成为现代新儒家代表人物的梁漱溟为例。辛亥革命时，还不到 20 岁的梁漱溟是京津同盟会会员，参加了京津同盟会的反清革命活动。中华民国成立、清帝退位后，他被派到《民国报》做该报的外勤记者。《民国报》是革命党人在天津办的一份报纸，南京临时政府北迁后不久迁入北京，同盟会改组为国民党后，它成了国民党的机关报。由于职业的关系，梁漱溟经常出入各个政党团体的本部，参加各种政治会议，采访各式政客和政党领导人，耳闻目睹了那一幕幕的政治交易。他后来在《我的自学小史》中写道："在此期间，接触最多者当然在政治方面。前此在中学读书时，便梦想议会政治，逢着资政院开会（宣统二年三年两度开会），必辗转恳托介绍旁听。现在是新闻记者，持有长期旁听证，所有民元临时参议院民二国会的两院，几乎无日不出入其间了。此外若同盟会本部和改组后的国民党本部，若国务院等处，亦是我踪迹最密的所在。还有共和建设讨论会（民主党之前身）和民主党（进步党的前身）的地方，我亦常去。当时议会内党派的离合，国务院的改组，袁世凯的许多操纵运用，皆映于吾目而了了于吾心。诸多政治上人物，他不熟习我，我却熟习他。"梁漱溟所见所闻的政治生活中的丑恶现象，与他所想象的政治理想的反差实在太大了。作为一个刚中学毕业初入社会的热血青年，他对此深感失望和苦闷。他后来回忆说："与社会接触频繁之故，（我）渐晓得事实不尽如理想。对于'革命'、'政治'、'伟大人物'……皆有'不过如此'之感。有些下流行径、鄙俗心理、以及尖刻、狠毒、凶暴之事，以前在家庭在学校所遇不到底，此时却看见了，颇引起我对于人生，感到厌倦和憎恶。"[2] 正是这种对于人生感到厌倦和憎恶引起的信仰危机，使梁漱溟于 1912 年下半年两次企图自杀，并最终从"入世"转为"出世"，潜心佛法，过起了隐居生活，希望从佛家的自我疗法中求得精

---

[1] 黄远庸：《论人心之枯窘》，《论衡》第 2 号，1913 年 6 月 5 日。

[2] 梁漱溟：《我的自学小史》，载中国文化书院学术委员会编《梁漱溟全集》第二卷，山东人民出版社，1990，第 686—687 页。

神痛苦的解脱。实际上，不仅仅是梁漱溟，章太炎以及鲁迅等许多热血青年都曾因民国初年的社会危机而悲观失望过，发生过信仰危机。章太炎在家信中写道："今日所观察者，中国必亡，更无他说。余只欲避居世外，以作桃源，一切事皆不闻不问，于心始安耳。"[1] "要之仆所怀者，惟有一死，次则出家为沙门也。"[2] 鲁迅后来在《自选集·自序》中也回忆说，他"见过辛亥革命，见过二次革命，见过袁世凯称帝，张勋复辟，看来看去，就看得怀疑起来，于是失望，颓唐得很了"[3]。

与信仰危机相伴而行的是日益严重的道德危机。1913 年 10 月，发表在《东方杂志》第 10 卷第 4 号上的一篇文章写道："两年以来，政治之罪恶，国民之劣根性，尽态极形，次第暴露。谭者推寻祸始，咸痛心于道德衰亡，而亟思拯救……自消极道德，陵夷衰微，而社会遂无一息之得宁，此古近未有之奇变也。缕举其弊，且更数仆而不能穷。就其最彰著者言之，则有五事焉。"一曰奢侈，二曰圆滑，三曰侥幸，四曰躁进，五曰权诈。"综此五事，渐渍于人心，流衍为风俗。于西洋之新道德，曾未得其形似，而数千年所服膺信守之旧道德，则已弃若弁髦，牯亡殆尽。道德之亡，国亦随之。不待国旗之改色，政权之尽握于外人，而情势则已章灼可见矣。"[4]

为什么民国初年会发生如此严重的社会危机、信仰危机和道德危机呢？这是当时不少思想家和政治人物思考的问题。康有为也不例外。他认为，民国初年之所以会发生日益严重的社会危机、信仰危机和道德危机的根本原因，是辛亥革命以及南京临时政府采取的一系列教育、文化政策（如取消或废止尊孔读经的法令）对以儒家思想为核心的旧的思想文化的冲击和破坏。1912 年 7 月 30 日，他在《致仲远书》中指出："近者大变，礼俗沦亡，教化扫地，非惟一时之革命，实中国五千年政教之尽革，进无所依，退无所据。顷并议废孔教，尤为可骇，若坠重渊，渺无所属。呜呼痛哉！自吾中国以来，未危变若今之甚者也。"[5] 不久（1912 年 10 月前），他

① 1913 年 11 月 4 日家书，载《章太炎年谱长编》，第 452 页。
② 1915 年 4 月 6 日家书，载《章太炎年谱长编》，第 497 页。
③ 鲁迅：《自选集·自序》，载《鲁迅全集》第四卷，第 455 页。
④ 钱智修：《消极道德论》，《东方杂志》第 10 卷第 4 号，1913 年 10 月 1 日。
⑤ 上海市文物保管委员会编《康有为与保皇会》，上海人民出版社，1982，第 369 页。

为《孔教会杂志》所写的"序"中写道："今者共和政体大变，政府未定为国教，经传不立于学官，庙祀不奉于有司，向来民间崇祀孔子，自学政吴培过尊孔子，停禁民间之祀，于是自郡县文庙外，民间无祀孔子者。夫民既不敢奉，而国又废之，于是经传道息，俎豆礼废，拜跪不行，衿缨并绝，则孔子之大道，一旦扫地，耗矣哀哉！""夫人能宏道，非道宏人，无人任之，不殖将落，况今者废教停祀毁庙之议日有闻，甚至躬长教育之司，而专以废孔教为职志者。"①1913 年 3 月，他在《中国以何方救危论》一文中又指出："以今兹之革命，非止革满清一朝之命也，谓夫教化革命、礼俗革命、纲纪革命、道揆革命、法守革命，尽中国五千年之旧教、旧俗、旧学、旧制而尽革之，如风雨迅烈，而室屋尽焚，如海浪大作，而船舰忽沉，故人人彷徨无所依，呼吁无所诉，魂魄迷惘，行走错乱，耳目不知所视听，手足不知所持行，若醉若狂，终之惟有冷死沉溺而已。若今之中国，其情实已然也。"② 这年（1913 年）的 7、8 月间，他在《中国颠危误在全法欧美而尽弃国粹说》一文中再次强调："今中国近岁以来，举国狂狂，抢攘发狂，举中国之政治教化风俗，不问是非得失，皆革而去之，凡欧、美之政治风化祀俗，不问其是非得失，皆服而从之"，从而使"吾国数千年之政治教化风俗之美，竭吾圣哲无量之心肝精英，而皆丧弃之"，这是造成民国初年社会危机、信仰危机和道德危机日益严重的重要原因。③

康有为认为既然辛亥革命以及南京临时政府采取的一系列教育、文化政策对以儒家思想为核心的旧的思想文化的冲击和破坏，是引起民国初年发生如此严重的社会危机、信仰危机和道德危机的根本原因，那么要消除或挽救这些危机，其不二法门，就是成立孔教会，尊孔保教。用康有为写于1912 年 10 月 7 日的《孔教会序二》的话说："今欲存中国，先救人心，善风俗，拒诐行，放淫辞，存道揆法守者，舍孔教末由已。"④ 不久（1913 年 2月 11 日），康有为在《中国学会报题词》又写道："今欲救吾国人于洪水中，必先起其道德之心，必先生其畏敬之念，必使有所至诚至敬，然后其言可

① 康有为：《孔教会序一》，载《康有为政论集》下册，第 732—734 页。
② 康有为：《中国以何方救危论》，载《康有为政论集》下册，第 818 页。
③ 康有为：《中国颠危误在全法欧美而尽弃国粹说》，载《康有为政论集》下册，第 890 页。
④ 康有为：《孔教会序二》，载《康有为政论集》下册，第 740 页。

信也，其行可则也。有可尊信之言，有可服从之行，而后吾国民安之，乃不放僻恣肆，乃为人道而不为禽兽在此也。然则吾国人而求可以尊敬服从者奚在乎……吾今敬告诸君子，诸君子欲不亡中国乎？必自至诚至敬，尊孔子为教主始也。"[①] 因为：

第一，宗教是人类文明的普遍表征，中国的国教就是孔教。康有为说："今万国之人，莫不有教，惟生番野人无教。"[②] 中国也不例外，作为一个有着几千年历史的文明古国，中国也有自己的国教，这就是孔教。"中国数千年来奉为国教者，孔子也。"和其他宗教一样，"大哉孔子之道，配天地，本神明，育万物，四通六辟，其道无乎不在"。早在中古时期，就已"改制立法，而为教主，其所为经传，立于学官，国民诵之，以为率由，朝廷奉之，以为宪法，省刑罚，薄税敛，废封建，罢世及，国人免奴而可仕宦，贵贱同罪而法平等，集会言论出版皆自由，及好释、道之说者，皆听其信教自由。凡法国革命所争之大者，吾中国皆以孔子之经说先得之二千年矣"。当然，由于中古时期，"学校遍都邑，教化入妇孺，人识孝弟忠信之风，家知礼义廉耻之化"，大家都能遵守孔教，按"孔子之经"的要求，"道以德，齐以礼"，"人人皆在孔教中，故不须立会也"。[③] 但进入近代以后，尤其是进入民国以后，面临日益严重的社会危机、信仰危机和道德危机，就必须设立孔教会，拜孔子为教主，否则，"今中国不拜教主，岂非自认为无教之人乎？则甘忍与生番野人等乎？"[④]

第二，道德为立国之本，而孔教"实以人道为教"，具有很强的道德教化功能。康有为指出："夫养性事天，学道爱人，忠信笃敬，可施蛮貊，礼义廉耻，是谓国维，从之则治，违之则乱，行之则存，背之则亡。"[⑤] 中国自古以来便"以道德为尚"，道德是中国的立国之本。国所与立，民生所依，"必有大教为之桢干，化于民俗，入于人心；奉以行止，死生以之，民乃可治，此非政事所能也，否则皮之不存，毛将焉傅"。中国数千年来，其

① 康有为：《中国学会报题词》，载《康有为政论集》下册，第799—800页。
② 康有为：《致北京书》，载《康有为政论集》下册，第955页。
③ 康有为：《孔教会序一》，载《康有为政论集》下册，第732页。
④ 康有为：《致北京书》，载《康有为政论集》下册，第955页。
⑤ 康有为：《中华救国论》，载《康有为政论集》下册，第728页。

"礼义纲纪，云为得失"，一直信奉的是孔子之经，"若一弃之，则人皆无主，是非不知所定，进退不知所守，身无以为身，家无以为家，是大乱之道也"。①又说："盖孔子之道，本乎天命，明乎鬼神，而实以人道为教。《中庸》曰：'道不远人，人之为道而远人，不可以为道。'故凡在饮食男女别声被色而为人者，皆在孔教之中也。"假如人们能够去饮食男女别声被色，那么，有没有孔教也就无所谓了，"孔子之道诚可离也"。但实际上人们是不可能去饮食男女别声被色的，"故无论何人，孔子之道不可须臾离也"。②

第三，孔教是中国的"国魂"，是数千年之文明教化的代表，中国之所以为中国就在于有孔教。康有为指出："夫所谓中国之国魂者何？曰孔子之教而已。孔子之教，自人伦物理国政天道，本末精粗，无一而不举也。其为礼也，陈之以三统，忠质文之迭代也；其变易也，通之以三世，据乱、升平、太平之时出也。体之以忠信笃敬，而蛮貊可行；张之以礼义廉耻，而国维不败；推心于亲亲仁民爱物，则仁覆天下矣。立本于事天养心尽性，则天人一致矣。其直指本心，至诚无息，必自慎独发之，无使隐微之有馁也；其原本天命，上帝临汝，则必自照临有赫，无使旦明之贰心也。"③又说："今中国人所自以为中国者，岂徒谓禹域之山川，羲、轩之遗胄哉，岂非以中国有数千年之文明教化，有无量数之圣哲精英，融之化之，孕之育之，可歌可泣，可乐可观，此乃中国之魂，而令人缠绵爱慕于中国者哉。有此缠绵爱慕之心，而后与中国结不解之缘，而后与中国死生存亡焉。"④"中国一切文明，皆与孔教相系相因，若孔教可弃也，则一切文明随之而尽也，即一切种族随之而灭也。"⑤

实际上，不唯康有为，当时不少人都是站在消除或挽救民国日益严重的社会危机、信仰危机和道德危机的立场上提倡尊孔保教和创立或加入各种尊孔团体的。如陈焕章在《孔教会序》中谈到他之所以发起成立孔教会的动机时说："焕章目击时事，忧从中来，惧大教之将亡，而中国之不保也。

---

① 康有为：《孔教会序一》，载《康有为政论集》下册，第733页。
② 康有为：《孔教会序一》，载《康有为政论集》下册，第732页。
③ 康有为：《中国学会报题词》，载《康有为政论集》下册，第797页。
④ 康有为：《孔教会序一》，载《康有为政论集》下册，第733页。
⑤ 康有为：《孔教会序二》，载《康有为政论集》下册，第738页。

谋诸嘉兴沈乙盦先生曾植，归安朱强邨先生祖谋，番禺梁节盦先生鼎芬，相与创立孔教会。"[1] 杨士鹏在《请速将尊孔教为国教各电文及请愿书提前开议意见书》中写道："孔子之道，言之不能尽，然其要则正人心、维世道也……民国初立，首废其祀，毁其教，无怪乎邪说暴行，纵横布满，不急救正，人心世道，不尽沦于夷狄禽兽不止。……鄙见以为议尊孔教，是今日中华民国为治第一重要，比之选举大总统为尤急。盖总统之速举，固不能挽中华垂危之国脉，国教不速立，即无由生中华已死之人心。"[2] 就此而言，尽管都主张尊孔复古，但康有为和以他为精神领袖的孔教会及孔教运动与袁世凯的动机或目的完全不同，如前所述，袁世凯尊孔复古的目的，是要破坏南京临时政府建立的民主共和制度，并最终实现自己黄袍加身、复辟帝制的政治野心，所以在性质上是政治的保守主义；而康有为和以他为精神领袖的孔教会及孔教运动的尊孔复古的目的，是消除或挽救民国初年发生的日益严重的社会危机、信仰危机和道德危机，因而在性质上是文化的保守主义，二者不能混为一谈。我们以前则未对这两种不同性质的尊孔复古加以区别，不能不说是研究上的一大缺失。

正因为康有为和以他为精神领袖的孔教会及孔教运动的尊孔复古是文化的保守主义，而非是袁世凯的政治的保守主义，所以，康有为一再强调，孔子之道恒万世而常青，适应于共和时代。他在《中华救国论》一文中写道："或者谓儒家经传，多重伦纲，今政改共和，君臣道息，诸经旧义，窒碍难行，其道既不适于今时，其教即难施于世宙，此盖时流之通论，而亦硕学所深疑也。虽然，此未知孔子之大者也。"实际上，"孔子之为道，博大如天，兼备四时"，恒万世而常青，不存在"不适于今时"的问题。孔子作《春秋》，陈"据乱世、升平世、太平世"这"三世之义"，据乱世是君主专制时代，"内其国而贬大夫"；升平世是君主立宪时代，"内诸夏而刺诸侯"；太平世是民主共和时代，"内外大小若一而去天子"。孔子预计"据乱小康之法，只行三千年中，尔后则先行升平，皆平世大同法也。今者共和告成，君主已去，乃由据乱世而入升平之世，孔子自有升平太平大同之道，

---

[1] 陈焕章：《孔教会序》，《孔教会杂志》第 1 卷第 1 号，1913 年 2 月。

[2] 杨士鹏：《请速将尊孔教为国教各电文及请愿书提前开议意见书》，《孔教会杂志》第 1 卷第 9 号，1913 年 10 月。

推诸四海而皆准也"。如果孔子只讲据乱世，而"无平世大同之道，只言修身"，那么不可避免地就存在着"偏而不全，缺而不备"的问题，"即不能曲成不遗也，则置之可也。今孔子有平世大同之道，以治共和之世，吾国人正可欢喜恭敬，讲明而光大之，俾吾四万万人，先受平世大同之乐，而推之大地与万国共乐之"。① 为了说明孔教亦即"孔子之道"适应于共和时代，康有为对孔子思想进行了新的解释：法国经千年封建压制之余，学者乃始倡人道之义，博爱、平等、自由之说，中国言共和、慕法国的所谓新学者，听了以后则惊喜若狂，以为这些中国都没有，于是"揭竿树帜，以新道德焉，以为可易旧道德焉。夫人道之义固美也，《中庸》曰：'仁者人也。'孟子释之曰：'仁者人也，合而言之道也。'故人与仁合，即谓之道。"人道之义，"乃吾《中庸》、《孟子》之浅说，二千年来，吾国负床之孩，贯角之童，皆所共读而共知之"。《论语》曰："仁者爱人，泛爱众。"韩愈《原道》，犹言"博爱之谓仁"，《大学》言平天下，曰"絜矩之道"，《论语》子贡曰："我不欲人之加诸我也，吾亦欲无加诸人。"这些"岂非所谓博爱平等自由而不侵犯人之自由乎？《论语》、《大学》者，吾国贯角之童，负床之孙，皆所共读而共知之"。② 这样，"泛爱众""絜矩之道"等"孔子之道"的传统思想经康有为的如此解释，就具有了资产阶级的人道主义和博爱、平等、自由的新内容。

　　除了在性质上袁世凯的尊孔复古与康有为和以他为精神领袖的孔教会及孔教运动的尊孔复古不同外，袁世凯虽然尊孔，但他并不认为儒学是宗教，也明确反对定孔教为国教，认为"孔子初非神道之宗教，人或不察，必欲形式尊崇，强侪诸释、道、回、耶之列，似失尊孔本意，反使人或得执约法以相绳，何其慎也。……神道宗教有时而衰，人道圣教无时而息，国体日固，孔学日昌"③。这也是袁世凯统治时期，尽管康有为一再呼请，并发动了向参众两院提交要求定孔教为国教的请愿书，但孔教始终不能纳入宪法、定为国教的重要原因。

　　袁世凯的尊孔复古与康有为和以他为精神领袖的孔教会及孔教运动的

---

① 康有为：《中华救国论》，载《康有为政论集》下册，第 727—728 页。
② 康有为：《以孔教为国教配天议》，载《康有为政论集》下册，第 844—845 页。
③《袁大总统致孔社开会祝辞》，《宗圣汇志》第 1 卷第 2 期，1913 年 6 月。

尊孔复古虽然在性质上和儒学是否是宗教的认识上存在着不同，但他们的尊孔复古活动都在客观上引发和推动了民国初年复古主义逆流的沉渣泛起。而复古主义逆流的沉渣泛起又激起了一些思想和政治人物对袁世凯的尊孔复古活动和孔教运动的反对与批判，这正如我们上面引用过的那篇《论废孔为尊孔之原因尊孔为争孔之原因》文章的作者所指出的那样：废孔为尊孔之原因，尊孔又为争孔之原因。1915 年开始的新文化运动从某种意义上说就是对袁世凯的尊孔复古和孔教运动，以及因他们的推动而沉渣泛起的复古主义逆流的一种反动，一种批判。换言之，袁世凯的尊孔复古和孔教运动，以及因他们的推动而沉渣泛起的复古主义逆流，是促使新文化运动兴起的一个重要原因。

二、孔教之争和对复古思潮的批判

上一子目中已经论及，民国初年，兴起过一场颇具声势的孔教运动。随着孔教运动的兴起，各方围绕"孔教是否是宗教""孔教应否立为国教"以及"孔教能否挽救民初社会、信仰和道德危机"等问题展开过激烈争论。

魏晋南北朝时期，"孔教"一词即已出现，《晋书·阮籍传》曾称"老篇爱植，孔教提衡。各存其趣，道贵无名"[①]。此后，随着佛教和道教的发展和兴盛，出现了所谓"儒释道"三教并立的局面，人们开始将儒与佛、道并称，孔教一词在史书中也屡见不鲜，但近代以前，人们主要是在"教育""教化"的意义上、而不是在宗教的含义上使用"孔教"或"儒教"一词。进入近代后，受西方宗教思想的影响，人们开始将"孔教"与西方"基督教"相提并论，并以西方基督教为参照对"孔教"进行新的阐释和改造，形成所谓"新孔教"，其创始者和代表人物便是戊戌变法时期的康有为。章太炎在《示国学会诸生》中就明确指出："孔教之称，始于妄人康有为。"[②]

康有为的孔教思想由来已久。早在 1886 年的《康子内外篇》的《性学篇》中，他就使用了"孔教"一词，并将孔教视为与佛教、耶教、回教一样的宗教："今天下之教多矣：于中国有孔教，二帝三皇所传之教也，于印

---

① 《晋书·阮籍传》（第 5 册），中华书局，1974，第 1386 页。
② 章太炎：《示国学会诸生》，载《章太炎政论集》下册，第 695 页。

度有佛教，自创之教也，于欧洲有耶稣，于回部有马哈麻，自余旁通异教，不可悉数。"[1]1891 年，他在一封信中称"孔子为创教之圣"，确立了孔子的教主地位。1895 年，他在《上清帝第二书》中建议"亟立道学一科"，其主要内容为：由讲学大儒、发明孔子之道者担任国子之官和学政；派举人、诸生为州县教官或乡村讲学生，负责讲明孔子之道；悉改乡落淫祠为孔子庙，并令其会馆"独祀孔子"；派遣高才硕学去外国传布孔子名道。[2]其设立孔教和孔教会的思想已呼之欲出。1898 年，康有为的《孔子改制考》一书问世，不仅把孔子塑造成了一位"托古改制"的改革者，还把他塑造成了一位受命于天、创立"孔教"的"教主"，从而为"孔教"的建立奠定了坚实的基础。百日维新期间，他在《请商定教案法律，厘正科举文体，听天下乡邑增设文庙，谨写（孔子改制考），进呈御览以尊圣师而保大教折》中正式提出设立孔教和孔教会的建议，其要点是：（一）开孔教会，以衍圣公为总理，由入会士庶公举督办、会办、分办，分别管理各级孔教会；（二）皇上举行临雍之礼，令礼官议订尊崇之典，天下淫祠皆改为孔庙，士庶男女膜拜祭祀；（三）选生员为各乡县孔子庙祀生，专司讲学，日夜宣演孔子忠爱仁恕之道；（四）孔教会与礼部的关系，如军机处之与内阁，总署之与理藩院。"以上建议包括了教会机构、宗教仪式、宣道职司、教义内容和政教分离的立教原则，其中除了教义内容之外，均是仿照西方基督教设计的。"[3]由于戊戌变法的迅速失败，康有为设立孔教和孔教会的建议并没有付诸实践。戊戌变法失败后，康有为逃亡海外，在进行"保皇"政治活动的同时，仍未忘记鼓吹孔教，积极为设立孔教会而奔走呼号。1910 年，他在回顾这方面的成就时说："年来孔子之祀，尊孔之会，创发于海外，波靡于美、亚，风发响应，雾沓鳞萃，岁月有加，增华滋盛。"[4]民国成立后，随着孔教运动的兴起，他又成了孔教运动的精神领袖，其孔教思想也有了进一步的丰富和发展。1912 年，康有为在《孔教会序二》一文中批评日本人把英文的

---

① 康有为：《性学篇》，载《康有为政论集》上册，第 13 页。

② 康有为：《上清帝第二书》，载《康有为政论集》上册，第 132 页。

③ 房德邻：《康有为与孔教运动》，《北京师范大学学报》（哲学社会科学版）1988 年第 6 期。

④ 康有为：《论中国宜用孔子纪年》，载康有为撰，姜义华、张荣华编校《康有为全集》第九集，中国人民大学出版社，2007，第 163 页。

"religion"一词翻译为"宗教"是不妥当的，尤其不能只以言"神道"的佛教、耶稣教、回教等为宗教，而否认不言"神道"言"人道"的孔教也是宗教，用他的话说："夫教而加宗，义已不妥，若因佛、耶、回皆言神道，而谓为神教可也，遂以孔子不言神道，即不得为教，则知二五而不知十者也。"因为"凡为圆首方足之人，身外之交际，身内之云为，持循何方，节文何若，必有教焉以为之导。太古草昧尚鬼，则神教为尊，近世文明重人，则人道为重，故人道之教，实从神道而更进焉。要无论神道人道，而其为教则一也"①。正是从"人道之教"也是"宗教"这一观点出发，康有为全面阐述了作为"人道之教"的孔教的内容和特点。

　　继康有为之后，对孔教是宗教进行全面论述的是陈焕章。1912年他出版《孔教论》小册子，该小册子实际上是他的《论孔教是一宗教》和《论中国今日当昌明孔教》两文的合印本。为了说明孔教是宗教，他继承和发展了乃师康有为关于孔教是"人道之教"，"人道之教"也是宗教的观点，他开宗明义便指出："宗教二字，乃日本名词，若在中文，则一教字足矣。"教有"神道之教"，也有"人道之教"，"道虽不同，而皆名之曰教"。孔教则是"神道"与"人道"兼而有之，而以"人道"为主，"故《乐记》曰：明则有礼乐，幽则有鬼神，是孔教之为宗教，毫无疑义。特孔教平易近人，而切实可行，乃偏重于人道耳"。②据此，他对那种认为宗教是迷信，而孔教不迷信，因而不是宗教的观点提出了批评："近人不识教字之义，竟以为惟尚迷信者始得为教，不尚迷信者即不得为教，于是视教字如蛇蝎，以教字为不美不洁之名词，遂谬曰中国乃无教之国，孔子非宗教家，以宗教家尊孔子实是亵渎孔子，又曰孔教不是教。此等谬论，直是狂吠。"③为了说明孔教是宗教，他还从"孔教之名号""孔教之衣冠""孔教之经典""孔教之信条""孔教之礼仪""孔教之鬼神""孔教之魂学""孔教之报应""孔教之传布""孔教之统系""孔教之庙堂"和"孔教之圣地"等十二个方面，论证了作为"神道"与"人道"兼而有之、而以"人道"为主的"孔教"所具有的宗教特质。如他在解释"孔教之名号"时指出："孔教之名号曰儒，儒字

---

① 康有为：《孔教会序二》，载《康有为政论集》下册，第 739 页。

② 陈焕章：《孔教论》，孔教会，1912，第 1—2 页。

③ 陈焕章：《孔教论》，第 3 页。

本为有道艺者之通称，及孔子创教，其名为儒，遂为特别之名词矣。亦犹道字本为普通之玄名，及老子创教，其名为道，遂又为特别之名词矣。"[1] 他在解释"孔教之礼仪"时写道："凡宗教必有仪式，若孔教之仪式，则最为详备矣。《礼经》（俗称《仪礼》）之所著，《礼记》之所述，大小精粗，靡不毕具，事神事人，均有定礼，信乎孔教之为宗教也。"[2] 既然孔教是宗教，那么创立了孔教的孔子理所当然是教主。所以，陈焕章不赞同那种认为孔教是宗教、但孔子不是宗教家，而是教育家、政治家、学问家的观点，并从五个方面论证了孔子是"孔教之教主"，即：第一，孔子以教主自待；第二，孔子之弟子及其后学以孔子为教主；第三，孔子之时人以孔子为教主；第四，后世以孔子为教主；第五，外国人以孔子为教主。[3]

除了康有为、陈焕章外，孔教会的其他一些人也对孔教是宗教作了论证，而且就多数人的论证来看，和康有为、陈焕章一样，也都是从传统经籍中挖掘资源，来比附基督教、佛教，以说明孔教是宗教。如梁成久在《孔子为宗教家之祖说》一文就认为孔子是宗教家之始祖，因为"宗教二字出释典，而释则仿于道，道则本于孔子乎？盖教之称宗，实始于孔子"。司马迁的《史记》有"孔子世家"，孔子以布衣之身"传十余世，学者宗之，此汉初以孔教为宗教之最先觉者"。所以，"孔子之教"是中国最早的宗教。"夫孔子既以宗教起，其家传之已二千余年，则以传后而谓为宗教家之祖。"[4] 但和康有为、陈焕章不同，孔教会成员张尔田则以信仰人的多寡作为判断孔教是不是宗教的标准，用他的话说："宗教者一群人心之最高吸力也。一群有一群所奉之教，不必与异群尽同。孔教是否宗教问题，当视一群信仰者之多寡为衡。"孔子虽然是一介布衣，但他所传的经典，二千年后都还不过时，自"民国创建以来，上自开国巨公，下至贩夫驺卒，无一人敢以非圣诋孔子者，此心同，此理同也"。[5] 孔子所创立的孔教既然得到了"上自开国巨公，下至贩夫驺卒"的信仰，那孔教是宗教也自然无疑。张尔田的弟弟张

---

① 陈焕章：《孔教论》，第 15 页。

② 陈焕章：《孔教论》，第 19 页。

③ 陈焕章：《孔教论》，第 15—20 页。

④ 梁成久：《孔子为宗教家之祖说》，《宗圣学报》第 2 卷第 7 册第 19 号，1917 年 7 月。

⑤ 张尔田、梁士贤：《孔教五首（致甲寅杂志记者）》，《甲寅》第 1 卷第 3 号，1914 年 7 月 10 日。

东荪虽然不是孔教会成员，但他同样也是孔教是宗教的主张者。1913 年 7 月 1 日，张东荪在《庸言》第 1 卷第 15 号上发表《余之孔教观》一文，他指出，"自宗教上观察，孔教果为宗教与否，其难解之处，不在孔教，而在宗教之定义"。尽管由于人们认识的不同，其宗教定义也各不相同，"或偏于仪式方面，或偏于玄理方面，或偏于心理方面，或偏于道德方面"，但这种种不同的定义之中，在性质上有四点是相同的，即：一、神；二、信仰；三、道德及风习；四、文化。以这四点来论孔教，"则虽不能一一相符合"，但大致上是具备的。如第一条"所谓神者"，则有孔子所称之天，及天道以配之。第二条"所谓信仰者"，虽未如他种宗教之盛，然自孟子以降，均极力排除异端，异端之人必减轻其对于孔子之信仰，足见孔教未尝不尚信仰也。第三条"所谓道德者"，则孔子毕生所述，皆道德之教训，其言实为中国数千年道德之大原。第四条"所谓文化者"，更不待言，中国数千年文化，实际上就是孔教之文化的发生和发展。"由是观之"，他得出结论："不仅孔教可为宗教，且其为宗教也，复于中国有莫大之关系。"[①] 此外，一些传教士，如李佳白、李提摩太等人也是孔教是宗教的拥护者，陈焕章的《孔教论》就是由汤化龙题写书名，李佳白、李提摩太作序的。

康有为、陈焕章等人视孔教为宗教、设立孔教会的言论和行为，也遭到了不少人的反对和批驳。其中最有力者是章太炎和蔡元培。早在 1897 年，"梁卓如等倡言孔教"，章太炎"甚非之"。[②]1913 年，针对孔教会的成立以及要求建立孔教的活动，章太炎发表《驳建立孔教论》一文，他开宗明义便写道："近世有倡孔教会者，余窃訾其怪妄，宗教至鄙，有大古愚民行之，而后终已不废者，徒以拂俗难行，非故葆爱严重之也。中土素无国教矣。"[③] 在他看来，"孔子所以为中国斗杓者，在制历史，布文籍，振学术，平阶级而已"[④]，而不是由于他创立了所谓孔教，是所谓教主，"孔子于中国，为保民开化之宗，不为教主。世无孔子，则宪章不传，学术不起，国沦戎狄而

---

① 张东荪：《余之孔教观》，《庸言》第 1 卷第 15 号，1913 年 7 月 1 日。
② 《章太炎先生自定年谱》，上海书店，1986，影印本，第 8 页。
③ 章太炎：《驳建立孔教论》，载《章太炎政论集》下册，第 688 页。
④ 章太炎：《驳建立孔教论》，载《章太炎政论集》下册，第 690—691 页。

不复，民居卑贱而不升，欲以名号列于宇内通达之国难矣"①。他指出，我们尊孔子，应该尊他如何"制历史，布文籍，振学术，平阶级"，从而成为"保民开化之宗"的丰功伟绩，否则，视孔子创立的儒学为宗教，尊孔子为教主，则是"忘其所以当尊，而以不当尊者诬之，适足以玷阙里之堂，污泰山之迹耳"。② 既然孔子创立的儒学本来就不是宗教，孔子也不是什么教主，那么，也就不存在建立孔教的理由："孔教本非前世所有，则今者固无所废，莫之废则亦无所复矣。"③ 该文发表不久，章太炎赴京遭袁世凯软禁，共和党中同人"商允先生讲学"，章氏也以"讲学之事，聊以解忧"，于是有这年12月9日"国学社"的开办。他在国学社之讲学处的墙壁上贴出告示："余主讲国学会，踵门来学之士亦云不少。本会专以开通智识，昌大国性为宗，与宗教绝对不能相混。其已入孔教会而复愿入本会者，须先脱离孔教会，庶免薰莸杂糅之病。章炳麟白。"④ 以示与孔教会划清界限。他还在《示国学会诸生》中明确指出："中土素无国教，孔子亦本无教名，表章六经，所以传历史，自著《孝经》、《论语》，所以开儒术，或言名教，或言教育，此皆与宗教不相及也。三仁异行而皆是，由、求进退而兼收，未尝特立一宗，以绳人物。"⑤

民国建立之初，蔡元培在《提议以内务部之礼教司移入教育部案》中就指出："我国宗教，至为复杂。国民对于宗教之观念，尤为朦混，如相承儒教、道教云云者，率以种种妄诞鄙陋之事，淆杂其间，于宗教之本质，实相刺谬。"⑥ 在担任南京临时政府教育总长期间，蔡元培又将清季学部颁布的忠君、尊孔、尚公、尚武、尚实的教育宗旨，修改成为符合共和民国精神的军国民主义、实利主义、公民道德、世界观、美育教育，并提出了以美育代宗教的主张。因为在他看来，美育是自由的，而宗教是强制的；美育是进步的，而宗教是保守的；美育是普及的，而宗教是有界的。"要之，美学之中，其大别为都丽之美，崇闳之美（日本人译言优美、壮美），而附丽

---

① 章太炎：《驳建立孔教论》，载《章太炎政论集》下册，第692页。
② 章太炎：《驳建立孔教论》，载《章太炎政论集》下册，第692页。
③ 章太炎：《驳建立孔教论》，载《章太炎政论集》下册，第693页。
④ 章太炎：《示国学会诸生·说明》，载《章太炎政论集》下册，第697页。
⑤ 章太炎：《示国学会诸生》，载《章太炎政论集》下册，第694页。
⑥ 蔡元培：《提议以内务部之礼教司移入教育部案》，载《蔡元培全集》第二卷，第167页。

于崇闳之悲剧，附丽于都丽之滑稽，皆足以破人我之见，去利害得失之计较，则其所以陶养性灵，使之日进于高尚者，固已足矣。又何取乎侈言阴骘、攻击异派之宗教，以刺激人心，而使之渐丧其纯粹之美感为耶。"[1]他也不认为儒学或孔学是宗教，用他的话说，"孔子学问文章，政治事业，朗如日月，灿如星辰，果足为百世师表。然究竟孔子是孔子，宗教是宗教，国家是国家，义理各别，勿能强作一谈"。因为，宗教有信仰，或信一神，或信多神，信一神就是一神教，如基督教、回教；信多神就是多神教，如佛教、道教，但"孔子本身对于宗教，已不啻自限界说，以明乎己之非宗教中人，故曰获罪于天无所祷也，丘之祷久也；敬鬼神而远之，子不语怪力乱神"。宗教之成，"必自其教主立宗系，创仪尚，崇专拜"，而"孔子无一是焉"，没有这方面的活动。"故孔子于宗教，其实体无一备焉，其形式无一居焉。谓孔子与宗教尚有关系者耶？既孔子是孔子，宗教是宗教，孔子宗教，二不相关。谓孔教二字，尚能成一名词者耶？故孔教二字，不成名词，按之理论，绝勿能通。"[2]

梁启超对孔教的认识则前后有所变化。戊戌变法期间，作为康有为的得力助手，他对孔教的认识，完全秉承了乃师康有为的观点，认为"秦以前据乱世也，孔教行于齐鲁；秦后迄今升平世也，孔教行于神州；自此以往，其将为太平世乎？《中庸》述圣祖之德，其言曰：洋溢中国，施及蛮貊，凡有血气，莫不尊亲。孔教之遍于大地，圣人其知之矣"[3]。进入20世纪初，他的思想开始发生变化，认为孔教不是宗教，孔子也不是宗教家，并放弃了保教主张。1904年，他以"中国之新民"之名在《新民丛报》上发表《保教非所以尊孔论》一文。该文开篇便写道："此篇与著者数年前之论相反对，所谓我操我矛以伐我者也。今是昨非，不敢自默。其为思想之进步

---

[1] 蔡元培：《以美育代宗教说》，载《蔡元培全集》第三卷，第34页。

[2]《蔡孑民在信教自由会之演说》，《东方杂志》第14卷第3号，1917年3月15日。注：中华书局1984年出版的高平叔编《蔡元培全集》第二卷和浙江教育出版社1997年出版的中国蔡元培研究会编《蔡元培全集》第二卷都收入了该文，但都与原文有较大出入，其原因是这两书采用的都是北京大学新潮社编印的《蔡孑民先生言行录》，而不是发表在报纸上的原文。本书采用的是发表在《东方杂志》上的原文。特此说明。

[3] 梁启超：《新学伪经考叙》，载《饮冰室合集》第1册，文集之二，第62页。

乎？抑退步乎？吾欲以读者思想之进退决之。"[1] 在梁启超看来，主张"保教之议者"，其"弊有数端"：一是"不知孔子之真相"，二是"不知宗教之界说"，三是"不知今后宗教势力之迁移"，四是"不知列国政治与宗教之关系"。[2] 就孔教和宗教的关系而言，他指出，我们判断孔教是或不是宗教，其关键是要搞清楚什么是宗教。"西人所谓宗教者，专指迷信宗仰而言，其权力范围乃在躯壳界之外，以魂灵为根据，以礼拜为仪式，以脱离尘世为目的，以涅槃天国为究竟，以来世祸福为法门，诸教虽有精粗大小之不同，而其概则一也。故奉其教者，莫要于起信，莫急于伏魔。起信者，禁人之怀疑，窒人思想自由也；伏魔者，持门户以排外也。故宗教者非使人进步之具也。"而"孔子则不然，其所教者，专在世界国家之事，伦理道德之原，无迷信，无礼拜，不禁怀疑，不仇外道，孔教所以特异于群教者在是"。所以，"质而言"，孔子是"哲学家、经世家、教育家，而非宗教家"，这也是"西人常以孔子与梭格拉底并称，而不以之与释迦、耶稣、摩诃末并称"的重要原因。[3] 孔子既然不是"宗教家"，那么他所创立的孔教或儒学，理所当然也就不是宗教。孔子不是宗教家，孔教不是宗教，也就不存在保教或不保教的问题，"持保教论者，辄欲设教会，立教堂，定礼拜之仪式，著信仰之规条，事事摹仿佛耶，惟恐不肖"，实际上这不是保孔子，保孔教，而是"诬孔子"，诬孔教，"强孔子以学佛耶，以是云保，则保者必非孔教矣"。他认为，"保教之议者"之所以如此，其原因"无他，误解宗教之界说，而艳羡人以忘我本来也"。[4] 民国初年，作为康有为的弟子，梁启超曾一度加入孔教会，并与陈焕章、严复、夏曾佑、王式通等孔教会的主要成员一道，联名向 1913 年 8 月召开的第一届国会提交了要求定孔教为国教的请愿书。但到了 1915 年前后，他的思想再次发生变化：一方面，他视孔子及其教义为中国文化的代表，民族精神的体现，主张大力提倡孔子及其教义，以解决民国初年日益严重的社会危机、信仰危机和道德危机。为此，他在《大中华》第 1 卷第 2 期上发表《孔子教义实际裨益于今日国民者何在？欲昌明

---

[1] 梁启超：《保教非所以尊孔论》，载《饮冰室合集》第 1 册，文集之九，第 50 页。
[2] 梁启超：《保教非所以尊孔论》，载《饮冰室合集》第 1 册，文集之九，第 51 页。
[3] 梁启超：《保教非所以尊孔论》，载《饮冰室合集》第 1 册，文集之九，第 52 页。
[4] 梁启超：《保教非所以尊孔论》，载《饮冰室合集》第 1 册，文集之九，第 52 页。

之其道何由？》一文，指出："盖中国文明实可谓以孔子为之代表，试将中国史与泰西史比较，苟使无孔子其人者坐镇其间，则吾史殆黯然无色，且吾国民二千年来所以能抟控为一体，而维持于不敝，实赖孔子为无形之枢轴。今后社会教育之方针，必仍当以孔子教义为中坚，然后能普及而有力。彼中外诸哲，微论其教义未必能优于孔子也，就令优焉，而欲采之以牖吾民，恐事倍而功不逮半。"[1] 但另一方面，他又不赞成欲仿西方的基督教，将儒学或孔教视为宗教，而设立孔教会，认为"此又欲推挹孔子以与基督、摩诃末争席，其蔽抑更甚焉"[2]。因为"泰西之有教会，其历史发自罗马，迄今垂千余年，而其最初能胎育此种历史之故，全由其教旨归宿于身后之罪福，有以耸众人之听而起其信，而其本原之本原则尤在，彼创教者自命为超绝人类……而又常为种种神通不可思议之迹，以坚其徒之信仰，其徒之信仰，则凝集为体，薪尽火传，乃衍为历史，以讫于今。凡今世一切教会，其发育之迹，未有外此轨者也"。而孔子及其教义"绝无此等历史"，如果非要"仿效之"，那就"譬诸本无胎妊，而欲抟土以成人"一样，是不会有任何结果的。所以，"欲效彼都教会之形式以推崇孔子，其必劳而无功，明矣"。[3] 梁启超认为"昌明"孔子及其教义"之道"，不是仿效西方基督教，设立孔教会，"其第一义当忠实于孔子，直绎其言，无所减加，万不可横己见杂他说以乱其真。然后择其言之切实而适于今世之用者，理其系统而发挥光大之，斯则吾侪诵法孔子之天职焉矣"[4]。正因为 1915 年前后梁启超的思想再次发生了变化，他从此也就很少参加孔教会的活动了。

实际上，像梁启超这样的既主张大力提倡孔子及其教义，同时又反对将孔子及其教义视作宗教并仿效西方的基督教设立孔教会的大有人在。比如，1913 年 4 月成立于北京的孔社是一尊孔团体，它主张尊孔，提倡孔子

---

① 梁启超：《孔子教义实际裨益于今日国民者何在？欲昌明之其道何由？》，载《饮冰室合集》第 4 册，文集之三十三，第 60 页。

② 梁启超：《孔子教义实际裨益于今日国民者何在？欲昌明之其道何由？》，载《饮冰室合集》第 4 册，文集之三十三，第 61 页。

③ 梁启超：《孔子教义实际裨益于今日国民者何在？欲昌明之其道何由？》，载《饮冰室合集》第 4 册，文集之三十三，第 62 页。

④ 梁启超：《孔子教义实际裨益于今日国民者何在？欲昌明之其道何由？》，载《饮冰室合集》第 4 册，文集之三十三，第 63 页。

之道，但反对将孔子及其教义宗教化，认为这是对孔子及其教义的狭之、亵之，其社长徐琪就曾撰文批评孔教会，"以宗教推孔子，名曰尊孔，适以狭之耳"。因为"孔子之道，弥天际地，但凡生而为人，具有此心，即不读书，皆是孔子之徒。譬如举一乡愚而语之曰：尔是不孝父母、不敬兄长之人，其人必大恚曰：胡可以不孝不弟之名无故加人哉！其心中有一孝悌，此其人即已在孔子范围之中，不必其贯通六经，始谓之从学于孔门也。若宗教则异，是入庙而持斋诵经，方为某教中人，不如是者，则非矣"。既然孔子之道已深入人心，就是贩夫走卒也"已在孔子范围之中"，那就根本没有必要设立孔教会，将孔子之道宗教化，宗教化孔子之道的结果，将有损于孔子之道的博大精神以及在人们心目中的崇高地位。① "孔社对孔教的批驳，代表了当时部分反对孔教的尊孔者的观点。"② 如《京津时报》就刊文认为：宗教化孔子及其教义，名义是"标榜尊之"，实际是"反以亵之"，结果必使"圣道之遭鲁莽而灭裂也"。③

　　与"孔教是否是宗教"的争论相联系的，是"孔教应否立为国教"的争论。康有为、陈焕章以及孔教会的成员都是"孔教应立为国教"的主张者。这又分两种情况，一是以康有为为代表，即认为中国自古以来没有国教，这也是近代以来中国在与西方侵略的斗争中处于下风的重要原因，所以他们主张立孔教为国教，康有为要当中国的马丁·路德。如1898年6月19日，康有为在《请尊孔圣为国教立教部教会以孔子纪年而废淫祀折》的奏折中，就向光绪帝提出了"设立教部教会，并以孔圣纪年，听民间庙祀先圣，而罢废淫祀，以重国教"等主张。④ 从此，立孔教为国教就一直是康有为的不变诉求，也是他于民国初年发起孔教运动的一项主要诉求。因为如前所述，在康有为看来，民国初年之所以会发生社会危机、信仰危机和道德危机都是因为没有立孔教为国教。一位名叫陈宝徵的孔教会会员的文章题目就叫《孔教宜定为国教论》，和康有为一样，他也认为中国没有国教，

---

① 徐琪：《孔社杂志弁言》，《孔社杂志》第1期，1913年12月。
② 韩华：《民初孔教会与国教运动》，博士学位论文，四川大学，2003，第165页。
③《孔社杂志》第1期《录要栏》，1913年12月。
④ 康有为：《请尊孔圣为国教立教部教会以孔子纪年而废淫祀折》，载《康有为政论集》上册，第279页。

是造成民初社会危机、信仰危机和道德危机的一个重要原因。因此，确立国教，则是当务之急，用文章的话说：中国是"合数万万人以为国，众喙如沸，百家腾跃，本不易于为治，况自渐染欧风，慕其人群之活泼，而忘其法律之精密，于是假自由而行罪恶，益嚣然有不靖之势，必悬有一定之国教以为的，而后枢府之施政，群伦之趋向，乃能一遵涂轨，而不至于横溢，纵有诐淫之士出乎其间，而国教所及，铸成舆论，基础乃无虑其动摇矣"。但除孔教外，还有佛教、耶稣教和回教，在这四大教中，他认为最适宜定为国教的是孔教。因为，"今国于大地，唯竞乃存一国之人心，宜尚实不宜崇虚，宜修己不宜迷信，崇虚则短于作用，迷信则习于倚赖，宗教之足以墟人国者，此之由也。然则必尚实修己，乃符乎国教之原则，耶佛与回非所任也，故不言国教则已，言国教则舍孔教莫由"①。一是以陈焕章为代表，即认为孔教自古以来就是中国的国教，但那是不成文之法，现在需要"明定孔教为国教"。如陈焕章在1913年2月发表的《明定原有之国教为国教并不碍于信教自由之新名词》一文中开宗明义就指出："今中国纷纷言立国教矣。然试问中国果为有国教之国乎？抑为无国教之国乎？则必应之曰：有国教之国也。是国教者果为何教乎？又必应之曰：孔教乃中国之国教也。孔教之为国教有据乎？曰：据于历史。"他认为，孔子一百四十五年，魏文侯受经于子夏，"此孔教立为国教之始也"。孔子四百一十二年，汉武帝罢黜百家，表彰六经，"此孔教一统中国之始也"。自此以后，上自帝王，下逮民庶，无不奉孔子为教主，立为师表，号曰圣人，经传立于学官，祭典隆于学校，庠序遍于全国，庙祀奉于有司，凡国家有大事，则昭告于孔子，有大疑，则折中于孔子，一切典章制度、政治法律，皆以孔子之经义为根据，一切义理学术、礼俗习惯，皆以孔子之教化为依归，"故谓中国无国教、孔教非国教者，真不知中国历史为何物者也"。但"孔教之为国教"虽然已"历二千余年之久"，国民也有宗教信仰的自由，然"二者皆不成文之宪法"，所以现在需要"明定孔教为国教"，以"应乎时势之需要"。因为不久之前颁布的《中华民国临时约法》有宗教信仰自由的条文，"而未明著奉孔教为国教。在立法者或以为孔教久为国教，尽人皆知，无待多此一项，而

① 陈宝箴：《孔教宜定为国教论》，《孔教会杂志》第1卷第1号，1913年2月。

不知既有信教自由一条，即当有奉孔教为国教一条与之对待"。否则，桀黠者以为人民既可信教自由，则国家即可无须国教，于是"翻天覆地，竞欲斫丧数千年之国本，以遂其离经畔道之私"；而孔教信徒，亦怵于约法条文，以为既有信教自由的规定，即不能复有国教。这样"我孔教将失其国教之地位，下与各教平列"。更有甚者，"不称孔教为教"。[1] 张东荪虽然不是孔教会会员，但他和孔教会会长陈焕章一样，也认为孔教自古以来就是中国的国教。他在《余之孔教观》一文中写道："中国果宜有国教与否？此问题不待解释者也，盖此乃事实。以吾之见，中国数千年文明之结晶，即为孔教，则孔教即为中国之国教矣。"他认为，人们之所以不认孔教为国教，是因为对国教的"殊多误解"。"第一，须知国教非可以强定者也。"在政教不分之国，是"以政治之力，扶植宗教"，因而强迫人民信教，但在政教分立之国，"则断无强制人民服从宗教之理"。而中国自古以来政教是分立的。"第二，须知信教自由非国民之权利。"信教自由是一种消极的状态，而"此消极状态，无关于国教，诚以国教非以政治之力而定，乃本于国民自觉心而定耳"。所以"国教者，社会上之事业，非政治上之事业"，与"专制"没有必然的联系。[2] 尽管在中国自古以来是否有国教上的认识不同，但无论是康有为，还是陈焕章，他们都主张"确立"或"明定"孔教为国教，并于1913—1914 年和 1916—1917 年先后发动了两次大规模的国会请愿运动，要求纳孔教入宪法，定为国教。

康有为、陈焕章等人"确立"或"明定"孔教为国教的主张提出后，立即遭到了一些人的反对。反对者的理由之一，"确立"或"明定"孔教为国教，不利于学术发展。比如彊斋在《论中国今日不宜以孔学为国教》一文中指出，本来宋代以前中国的学术是很繁荣的，但由于"宋后诸儒讲孔学而狭隘其区域，驯至诸子百家，并成绝学"，乃造成了"神州学术之衰歇"。因此，今欲谋学术之中兴，则非举周秦诸子专家学派，淬厉而光明之不可。这也是十年来学者们得出的共同结论。"今若竟以孔教为国教，则自孔氏一家言外，无论何种学派，皆当视为异端，而在法律所屏黜之列，微独与信

---

[1] 陈焕章：《明定原有之国教为国教并不碍于信教自由之新名词》，《孔教会杂志》第 1 卷第 1 号，1913 年 2 月。

[2] 张东荪：《余之孔教观》，《庸言》第 1 卷第 15 号，1913 年 7 月 1 日。

教自由通例为极端之僻驰，而吾国固有之文明历二千余年而幸获憗存者，自此遂荡为寒烟冷灰，岂惟其书不复传，即语其名而亦无人能知之者矣。"① 反对者理由之二，"确立"或"明定"孔教为国教，有违思想自由、信教自由的原则。梁启超就指出：文明之所以进步，其原因不一端，而思想自由，是其总因。"欧洲之所以有今日，皆由十四五世纪时，古学复兴，脱教会之樊篱，一洗思想界之奴性，其进步乃沛乎莫能御。"② 春秋战国时期之所以人才辈出，"盖思想自由之明效也"。如果"今日之言保教"，定孔教为国教，尽管提出者的尊孔苦心可以理解，"吾亦敬之，而惜其重诬孔子，而益阻人思想自由之路也"。③ 蒋茂森在《驳孔教会力争国教之东电》一文中也一再强调："宗教自由乃世界民主国家奉行之公例"，中国现在也是一个民主国家，按《中华民国临时约法》规定，"吾国既以民为主体，无论何人，苟国籍隶于中华，在今日当有一律之平等待遇……一任国民之信仰，或基督，或孔子，或耶，或回"，只要"无悖于法律，均当同享自由，同受保护"，而孔教会要求立孔教为国教，无疑是与信教自由背道而驰的。④ 反对者理由之三，也可以说是最主要的理由，即"确立"或"明定"孔教为国教，会引起宗教纠纷，甚至战争，不利于国家统一和民族团结。梁启超指出："设立所谓国教，以强民使从者，果尔，则吾国将自此多事矣。"欧洲以宗教门户之故，战争数百年，流血数十万，至今读欧洲的这一段历史，还使人毛悚股栗。"几经讨论，几经迁就，始以信教自由之条，著诸国宪，至于今日，各国莫不然，而争教之祸也几熄矣。"信教自由，不仅能"使国民品性趋于高尚"，而且还有利于"国家团体归于统一"，这也是"吾中国历史有独优于他国者一事，即数千年无争教之祸"的重要原因。⑤ 因为中国自古以来就崇尚信教自由，没有像欧洲国家那样的所谓国教。瞿瀛写道：五族共和是我国立国之元素，而在这五族中，只有汉、满两族信奉孔教，其他如蒙藏信奉的是佛教，回族信奉的是回教，几千年来五族之所以能"耦俱无猜而生息于一

① 瞿瀛：《论中国今日不宜以孔学为国教》，《大中华》第 2 卷第 10 期，1916 年 10 月 10 日。

② 梁启超：《保教非所以尊孔论》，载《饮冰室合集》第 1 册，文集之九，第 55 页。

③ 梁启超：《保教非所以尊孔论》，载《饮冰室合集》第 1 册，文集之九，第 56 页。

④ 蒋茂森：《驳孔教会力争国教之东电》，《大同报》第 11 年第 2 期（总第 497 期），1914 年 1 月 10 日。

⑤ 梁启超：《保教非所以尊孔论》，载《饮冰室合集》第 1 册，文集之九，第 55 页。

种政体之下"，没有发生"宗教相争"，以影响国家统一，其根本原因就在于"信教之自由"。今忽然要定孔教为国教，佛教和回教"虽听人依皈，而不得号为国教，权利之殊，自不能无所轩轾，若此则蒙、回、藏之人，其心必将有所不平。不平之心起，则遇事多所龃龉，而共和之基础遂杌陧而不定，虽苦心联络而终必有爆裂之期。本无嫌隙，而顾以宗教挑拨其感情，是亦不可以已乎"。① 曾有澜认为，如果定孔教为国教，"蒙藏回回必难统一也"。因为，蒙古信仰的是黄教，西藏信仰的是佛教，回回信仰的是回教，"各以其宗教维系人心，固结团体，已历千年于兹矣"。今定孔教为国教，"吾恐蒙藏回回必起而反抗，甚至兵戎相见，流血满地也"。② 任虬在《论孔教不应加入宪法》一文中强调"宪法为国家之根本大法，久为世界所公认，良窳之分，存亡系之"，而信教自由是宪法中体现民权的重要规定，东西各立宪国家莫不如此，没有谁"敢背此公例"。中华民国是"五族共和"的国家，更应该坚守此精神！因为"五族信仰不同，非伊朝夕，不有公正平允之宪法维持而团结之，则离析分崩，国将不国矣"。③ 皕晦诘问主张立孔教为国教者：在中国的老百姓中，除孔教徒外，还有佛教徒、道教徒、回教徒、希腊教徒、罗马教徒、东正教徒、犹太教徒、婆罗门教徒，"凡此诸教，五族共之，不相诋娸，不相菲薄，今仅举其中之一，以为国教，则凡非国教者，将不认为民国之国民乎？"④ 除上述这三条主要的反对理由外，在蔡元培看来，"国教"二字本身就不能成立。因为在现代国家中，"国家与宗教，其所以各有事业，相成而不废者以此，其所以各尽各事，分离而不合者以此。宗教之中，有国家无害宗教之事，国家之中，有宗教无害国家之事，其所以相认而互为赞助者，亦以此"。如果以国家为其界线，就不能再以宗教为其界线，反之亦然。换言之，既论国界，就不能再论教界，不能以某国范围之内，再特指某教，而定其如何如何。反之，既论教界，就不能再论国界，不能于某教范围之内，再特指某国，而定其如何如何。"故国教二字，不能相合，合之则不成名词，强为名词，按之逻辑，亦勿能通。"既然

① 雑藫：《论中国今日不宜以孔学为国教》，《大中华》第2卷第10期，1916年10月10日。
② 曾有澜：《论中国宪法不当规定孔教》，《宪法新闻》第21期，1913年10月19日。
③ 任虬：《论孔教不应加入宪法》，《圣宗学报》第17号附册，1916年11月。
④ 皕晦：《国教评》，《进步》第4卷第6号（总第24号），1913年10月。

"国教"二字都不能成立,所谓定孔教为国教亦就不能成立。①

　　对于康有为、陈焕章等人提出的孔教是宗教的主张,西方传教士有反对的,也有不反对的,有的甚至还持赞同和支持的态度,如我们前面提到的,为陈焕章的小册子《孔教论》作序者就是传教士李佳白和李提摩太。但康有为、陈焕章等人提出的"确立"或"明定"孔教为国教的主张则遭到了绝大多数传教士的反对。他们反对的主要理由,是认为"确立"或"明定"孔教为国教,不符合《中华民国临时约法》所规定的信教自由。比如美国传教士丁义华在《教祸其将发现于中国乎?》一文中就指出:"自由平等,天赋人权也,而信教自由,尤为人权之最要。各教之视其本教,罔不有得之则生,弗得则死之观念,以极端信教自由之国民,一旦为非宗教之孔教,俄然立于一尊之地位,将他教人之自由权,剥夺净尽,是可忍孰不可忍。"②从上述这段言论中可以看出,西方传教士们之所以要反对"确立"或"明定"孔教为国教,最根本的原因,正如丁义华所说的,一旦孔教被"确立"或"明定"为国教,有可能"将他教人之自由权,剥夺净尽",从而危害到基督教和天主教在中国的生存和发展,他们因而"是可忍孰不可忍",于是"以利害切身之故,纷纷然力起反对"。③正是在西方传教士们的鼓动和组织下,"各地基督教团体、个人纷纷通电,反对国教,措辞激烈,历数定国教的危害,指责其违反共和精神,要求政教分离,要求将信教自由写进宪法等,各教会'抗议纷纷,不谋而合'文电交驰,反对之声喧腾于耳鼓"④。在众多的反对声中,耶稣教徒艾知命的《上国务院暨参众两院信教自由不立国教请愿书》较具代表性。艾知命在《请愿书》中指出,一旦立孔教为国教,将带来四大危害:甲、激起宗教之纷争;乙、破坏五族之共和;丙、违背民国之约法;丁、阻碍政治之统一,并对这四大危害进行了充分论述。最后他写道:"总之,中国本不以宗教为重轻,则国教可不必立。而一言五族共和,则国教尤不可立。况孔子为教育家,为政治家,非宗教家,东西学者,言之凿凿,吾国博学通儒,亦咸奉孔子为教育、政治大家,而为开国

①《蔡孑民在信教自由会之演说》,《东方杂志》第14卷第3号,1917年3月15日。
② 丁义华:《教祸其将发现于中国乎?》,《圣教杂志》第3年第1期,1914年1月。
③ 丁义华:《教祸其将发现于中国乎?》,《圣教杂志》第3年第1期,1914年1月。
④ 韩华:《民初孔教会与国教运动》,博士学位论文,四川大学,2003,第147页。

古今之冠，亦安用强名为教，以乱其实哉。"①除天主教和基督教外，佛教、道教和回教对于"确立"或"明定"孔教为国教持的也是反对的态度，其理由也是"确立"或"明定"孔教为国教有违《中华民国临时约法》有关信教自由的条文。

　　康有为、陈焕章等人对于反对者所提出的上述反对理由进行了解释和反驳。陈焕章在《明定原有之国教为国教并不碍于信教自由之新名词》一文中指出："夫信教自由云者，非铲除原有国教之谓，谓国家虽有国教，而人民于国教之外，信奉异教可以自由云尔。然则其自由如何？曰：人民不因信奉异教而被焚杀，不因信奉异教而不得为官吏，立其所欲立之庙，祀其所欲祀之神，诵其所欲诵之经，行其所欲行之礼，讲其所欲讲之教，皆不加以禁制，如是焉耳矣。"中国自古以来信教就是自由的，作为国教的孔教也从来没有干涉过国民的信教自由，信教自由与奉孔教作为国教并不矛盾和冲突。如果《中华民国宪法》"不立信教自由之明文，则不明定孔教为国教亦可也。若有信教自由之明文，而无奉孔教为国教之明文，则偏而不举，流弊实多"。因为"国家之政策有二，一曰积极，一曰消极"。许人民信仰自由，是消极政策；明定国教，是积极政策，"二者并行不悖，相资为用，如车之两轮，鸟之两翼"。许人民信教自由而无国教，则放任太过，离力太大，国家失其中心；有国教而不许人民信教自由，则干涉太甚，压力太重，国家失其和气。"此中国之治道所以为最中和，而其创立公平之法制，若自天生，出于自然，而为世界各国之先进国也。"今若变易"信教自由"与"奉孔教为国教"的"中国旧法"，仅于甲方面用消极政策，明许少数信别教者以自由，而不于乙方面用积极政策，保障最大多数信国教者之自由，必将造成"国本动摇，国性败坏，国粹消亡，国俗乖乱，国情颠倒，将亡国之是惧，何自由之可言。此亦非信别教者之利也"。②陈宝徽则针对那种认为立孔教为国教将引起宗教纷争、从而危害国家统一和民族团结的观点写道：国教主义有绝对国教主义和相对国教主义之分，绝对国教主义"尊一教而

①《艾知命上国务院暨参众两院信教自由不立国教请愿书》，《圣教杂志》第2年第11期，1913年11月10日。

② 陈焕章：《明定原有之国教为国教并不碍于信教自由之新名词》，《孔教会杂志》第1卷第1号，1913年2月。

排斥他教"，如欧洲以前的天主教和耶稣教；相对国教主义"确认一最有力之教以联络国民，而亦不排斥他教"，如宗教改革后英国的耶稣教和法国的天主教，"吾人所主张以孔教为国教"，也是相对国教主义，即"欲垂之宪法，昭示学校，使后生小子，咸辨黑白，而定一尊，而一切宗教，固可守从来之惯习，听其并行于中国，苟非妨害国体，破坏治安，自无事为之干涉也"。①

上述"孔教是否是宗教"和"孔教应否立为国教"之争论的前提，是"孔教能否挽救民初的社会、信仰、道德危机"的问题。我们在上一子目论述康有为之所以主张纳孔教入宪法，立为国教，并于1913—1914年和1916—1917年先后发动了两次大规模的国会请愿运动，其原因就是在他看来，只有将孔教立为国教才能挽救民国初年日益严重的社会危机、信仰危机和道德危机。这也是陈焕章等其他主张"确立"或"明定"孔教为国教者的共识。陈焕章在《论废弃孔教与政局之关系》一文中指出："孔教者，我中国所以立国之本也，我中国人所以相维相系，历数千年而不灭者，繄惟孔教之故。乃民国初立，一利未兴，一弊未除，而惟以废孔教为事，是废除我中国数千年来所恃以相生相养之最大利矣……孔教既废，于是人心大坏，道德全隳，如旧屋之去其基础，而同受倾压；如大水之决其堤防，共遭淹没。全国之中乃无一不受其害者矣。"因此，"明定"孔教为国教，恢复孔教的"立国之本"和"维系人心"之地位，是"挽救危机"的不二法门。比如，他举例道：中国今日所以"上无礼，下无学，贼民兴，丧无日"，原因就在于"废道德"。因为"我中国之道德，出于孔子。孔子者，中国道德之祖也，今政府不奉孔子为教主，不定孔教为国教，是已杀其祖矣，而望其有子孙，岂不谬哉"。现在社会上所提倡的道德根本就不是中国之所谓道德，"中国之所谓道德本乎孔教而言也，今之所谓道德离乎孔教而言也。离乎孔教而言道德，故无所谓道德，惟有权利之竞争而已。亦无所谓权利，惟有嫖赌宴游一往而不可复之消费而已"。既然"中国今日政局之所以败坏"是由于"废道德"，那么，"欲救治之，非返于孔教之道德不可"。② 宁万中在

---

① 陈宝微：《孔教宜定为国教论》，《孔教会杂志》第 1 卷第 1 号，1913 年 2 月。
② 陈焕章：《论废弃孔教与政局之关系》，《孔教会杂志》第 1 卷第 5 号，1913 年 6 月。

"为礼教沦亡，危乱日迫，急宜提倡国教，以正人心而定邦本事"的《上教育部请定国教书》中引用孟德斯鸠的话说：窃闻西儒孟德斯鸠之言曰：专制之国尚威力，立宪之国尚名誉，共和之国尚道德。今天中国虽然已是共和之国，但只有共和之形式，而无共和之精神，"内治未修，外交多故，学风之嚣张，军人之横暴，议院之惰职，政党之争利，士农工商，各失其业，盗贼土匪，无不横行"，这种种乱象，"皆由于道德堕落之故"，所以，"欲除斯弊，颇难着手，从根本以解决，断非提倡国教不能见功"。因为，孔教提倡的"孝悌、忠信、礼义、廉耻之学说也，比之西教之《新约》《旧约》更为纯正"。[1] 尘厂的《孔教救亡论》一文强调：孔教为吾国的根本命脉之所在，其教义早已深入人心，其效力已等于无形宪法，其教旨已普及广大民众，其势力已广及学校教育，"故孔教与吾国"的关系，是"存亡"的关系，"孔教存，吾国万无灭亡之理；孔教亡，吾国万无生存之理"。而民国建立以来的"排弃孔教"行为，已使吾国之"政治现象""社会组织""社会心理"都呈现出了种种"亡征"，如果不再设法挽救，其"亡国之惨祸"将不可避免，而"今日救亡之道，必在昌明孔教无疑"。[2] 作为非孔教会成员的学者，张东荪认为，中国的国情和西方不同，在西方，宗教是宗教，道德是道德，"欲以宗教振兴道德，殊属艰难之业"。但中国不同，"其道德之与宗教有关，乃较泰西为甚，故不可一例论也"。正因为在中国宗教与道德，既有联系，又有区别，"欲挽回中国今日人心"，则不能"屏教育生计政治不顾"，只强调宗教的作用，同时又要认识到，于教育生计政治之外，"宗教亦为有力之原因，振刷宗教，以之唤醒道德堕落，亦一极重要之方法耳，乌可忽哉！"而中国的宗教，就是孔教。所以，倡导孔教，恢复其"国教"的地位，是"挽回今日道德堕落"的一项重要措施。[3]

但和康有为、陈焕章等人相反，在反对"确立"或"明定"孔教为国教者看来，孔教并不能解决民初的社会、信仰、道德的危机问题。段世垣在《再论宪法上不宜定孔教为国教》一文中对主张"定孔教为国教"者所提出的理由，即"曰孔教可以统一人心，曰孔教足以表示国民性，斯二者维系两

---

[1] 宁万中：《上教育部请定国教书》，《孔教会杂志》第 1 卷第 1 号，1913 年 2 月。
[2] 尘厂：《孔教救亡论》（节录《长沙日报》），《孔教会杂志》第 1 卷第 6 号，1913 年 7 月。
[3] 张东荪：《余之孔教观》，《庸言》第 1 卷第 15 号，1913 年 7 月 1 日。

千余年之社会道德，已成历史上一种不文之宪法，舍固有之不文宪法，效颦外人，于民国究奚裨焉？"提出了质疑。首先就"孔教可以统一人心"而言，他指出："统一人心云者，必有统一人心之具。"以孔教的诗书为统一人心之具乎？而六经将绝迹于小学；以孔教的礼乐为统一人心之具乎？而古礼不存，古乐失传；以孔教的纲常名教为统一人心之具乎？而三纲五常因清王朝的被推翻已各堕其一。由此可见，"孔门中所恃以为统一人心之利器，至今日适成弩末，所谓万世师表者，两千余年后已雕敝不适于用，吾不知统一人心说，其机能究何在也"。其次从"孔教足以表示国民之特性"来看，他指出："为斯言者，以为凡国家有一国之特性，如雅典以文化著，罗马以武功称，英吉利以自由名于世。凡此皆历史上所证明，莫之能讳者。"至于孔教是否能代表中国之国民性，"当先研究尊孔之目的，与其尊孔者之属于国家何等社会，而后方可证明孔教之真相"。考查中国古代文化，至孔子集厥大成，后世宗之者，都是把孔子作为"文艺哲学之士"加以尊崇的，明清以降，以孔子为科举之"唯一护神"，故诗书家庭，设奠祭孔，而其他社会不与焉。"思想递嬗，极于污浊，尊孔适以污孔，明道反以晦道。如斯之国民性，而谓孔教足以表彰之，是适所以污蔑孔教，而阐扬隐密丑史中之国民性者也。"既然"尊孔者为国家少数之文学社会"人士，"其支配之能力不出文学社会以外，至下等社会更与孔门无何等之接触"，那么，"而谓孔教足以表示国民性，其言不亦谬哉！"[1] 晻海在《国教评》一文中指出：鉴于民国以来，"人心堕落，道德沦亡，有心人深思其故，觉非以宗教救之不为功"，于是主张立孔教为国教，但实际上这是徒劳的，孔教根本挽救不了所谓"人心堕落，道德沦亡"的危机。这可以从欧美得到证明：欧美有国教之国，用新教者，若瑞典挪威丹麦等，用旧教者，若意大利西班牙比利时等，以及南美中美诸小邦。这些有国教的国家，其人民之道德"果胜于"英美德法这些大自由的国家之人民的道德乎？回答是否定的。英美德法这些大自由国家，其人民之道德"果有逊于"以国力提倡国教、以公款饩给僧侣之诸国的人民乎？回答同样是否定的。"可见国教问题，纯属教之自身荣辱，与人民之道德，风马牛不相关也。"在作者看来，影响人民之道德的不是

---

[1] 段世垣：《再论宪法上不宜定孔教为国教》，《宪法新闻》第21册，1913年10月19日。

孔教，而是政府官员的行为。孔子不云乎：政者正也，子帅以正，谁敢不正？又曰：君子之德风，小人之德草，草上之风必偃。民国建立以来，"为腐败之旧官僚，蝇营狗苟于内，为激烈之新党徒，猖狂桀骜于外，吾人民则惟随其大风之所簸荡，东西南北靡有定向而已。"废孔祀也好，立孔教也罢，都与人民之道德没有什么大的关系。"废孔祀而吾人民之道德，一旦而坠地乎？吾不觉焉。立孔教而吾人民之道德崇朝而登天乎？吾亦不信焉。"总之，关系人民之苦乐利害，从而影响人民之道德的是政府官员和议院议员的所作所为，而不是什么孔教。我们要关注的是"今政府诸公"和"今议院诸公"的"道德之躬行于孔教奚似"，而不是立孔教为国教的问题，是否立孔教以及孔教定不定为国教，都不会对人民的道德产生多大影响。作者还认为，由于帝制的被推翻和共和制度的建立，作为孔教之核心的"三纲五常之大义"，就"不能无根本之摇动"，这并不是康有为、陈焕章等人所说的"道德之沦亡"，而是政治制度变动的结果。也正因为政治制度的变动，人民的道德亦就自然"今不异于前也，何沦亡之有哉！"实际上，中国的积贫积弱，中国人民的积愚积贱，并非始自不尊崇孔教之今日，早在尊崇孔教时（如民国教育部废孔祀以前，历朝帝王尊崇之礼有加无已，清末至升大祀）即已如此。所以，"欲救吾国，使之日富而日强；欲救吾民，使之日智而日贵，当别有其道，即完全信仰自由乃可，而欲持立孔教为国教之法以往，谓可救国与民，则汉唐宋明以来，吾国之得救也久矣，奚待今之君子，始皇然重开此不验之医方，加减一二味，谓足以起死而回生哉？"[1] 蒋茂森的《驳孔教会力争国教之东电》一文认为，孔子生长于专制时代，故其学说是为专制君主服务的，现在已进入民主共和时代，孔子及其学说已不适应当今社会的需要，因此，企图通过立孔教为国教来挽救社会、信仰、道德危机，不过是南辕北辙而已。他在文中写道：国教名义，乃十九世纪新名词，穷其究竟，所以随国而立教者也。中华立国虽久，而易姓主治，不下二十余朝，崇释者有人，崇道者有人，崇儒者亦有人，故谚有儒释道三者并行不悖之称。溯自黄帝建国至于今日，上下五千年，撮其大要，约分三期：第一期为揖让，第二期为专制，第三期为共和。"孔子生于专制时代，

---

[1] 丽海：《国教评》，《进步》第 4 卷第 6 号（总第 24 号），1913 年 10 月。

故立言不外乎尊君，虽学理绰然可观，而瑜瑕不能互掩，惟投历代帝王之所好，遂崇拜以收人心，命脉所在，适足以增长君王之骄奢淫佚，无论如何残暴，为臣庶者，皆当俯首顺受，不敢拂逆其性情，否则寸磔赤族之诛，相沿而至，第此专制之数千年中，国体变更，每随强力以为转移，徒以孔学流衍，入人实深，执政之人，特行崇拜，而为号召人心之计划。"但现在中国已进入历史发展的第三期，亦即民主共和时代。"吾国既以民为主体"，那么，为君主专制服务的孔子及其学说与当今社会的需要已不适应，用它是不可能挽救民初以来的所谓社会、信仰、道德危机的，"昧者不察，狃于故习，欲以管窥之见，抬高孔教，实共和国之罪人矣"。[①]

民国初年发生的这场"孔教之争"，自1912年孔教会成立开始，一直延续到1917年国教案否决，才暂告一段落。怎样评价这场争论？它涉及如何看待孔学或儒学是否是宗教的问题。这是学术界一直争论不休但从未解决的问题。之所以从未解决，是因为什么是宗教，本来就有狭义和广义的界定。狭义的界定，任何一种宗教，都要有自己的教义、仪式、专门的教职人员和教阶制度等；而广义的界定，只要有信仰或终极关怀，就是宗教。对宗教之界定的不同，这是引起"孔教是否是宗教"之争论的一个重要原因。有一位署名CZY生的作者，曾在1915年6月10日出版的《甲寅》杂志第1卷第6号上发表《宗教论》一文，开篇他便写道："狭义的言之，可云儒术本非教；广义的言之，亦可云儒术为教。"具体来说，他指出，与作为世界所公认的三大宗教，即佛、耶、回比较，"儒术"有以下数事不同：一、佛、耶、回三教皆崇拜教主为神，而中国人则认孔子为人；二、佛、耶、回三教皆有专门的礼拜场所供普通人做礼拜之用，而中国的文庙只限于入学者使用，并不及于女子；三、佛、耶、回三教都有执行教务的专职人员，俨然成一职业，而中国则无之；四、佛、耶、回三教各有其教义，"守一尊而排异己"，中国读儒书、信儒术的人，则可自由信仰其他宗教，不受限制。所以，从狭义上讲，"儒术不是宗教"。"然若为广义的解释，则孔子受全国人民之崇拜已二千余年，实已具教主之资格，吾人既设庙祀

---

① 蒋茂森：《驳孔教会力争国教之东电》，《大同报》第11年第2期（总第497期），1914年1月10日。

之，既不能不认孔子为有半神之资格，释加、耶稣、摩哈默德亦不过半神而已。"普通人虽不能入文庙祭祀，但可在家自由地祀拜孔子，这与"吾人敬上帝，亦各人在家行之，初不必集合行之于礼拜堂"是一个道理。所以，"吾国从来本有儒释道三教之称，西人亦谓孔佛耶回为世界四大宗教，盖皆取广义的解释也"。总之，在作者看来，民初以来的"儒术是教非教之争，要由各人下宗教之定义有所异同，所争乃在虚名，于事实固无甚关系"。①应该说，作者的上述认识是很有见地的，清末民初以来，孔教是否是宗教之争，其焦点就在于各人对宗教之定义的认识或取舍不同，康有为、陈焕章就一再强调，孔教是"人道教"，而不是佛教、耶教、回教那样的"神道教"，或者是以"人道教"为主，而兼具有"神道教"的某些功能，但"人道教"也是宗教。而否定"孔教是宗教"的章太炎、蔡元培等人，也主要依据宗教之狭义的界定上来否定孔教是宗教的，认为孔子是哲学家、教育家，而非宗教家，更非所谓教主，因为孔子教人的不是神秘的神、鬼等学说，而是为人为学为政之道。借用《宗教论》一文作者的话说，他们所争"乃在虚名，于事实固无甚关系"。与事实有关的是"定孔教为国教"的问题。也就是这位《宗教论》的作者，他在评述了民初以来的"孔教是否是宗教"之争论后写道："儒术之是教非教亦不必争之事，但余不以定为国教，载于宪法为然耳。"②

就该作者"不以（儒术）定为国教，载于宪法为然"的理由来看，与其他反对者的理由大致相同，即："确立"或"明定"孔教为国教，不仅不利于学术发展，有违信教自由的基本原则，而且易引发宗教纠纷，不利于国家统一和民族团结。应该说反对者们所提出的上述理由是成立的，有充分的说服力，尽管陈焕章等人进行了辩解和说明，但它并没有也不可能从根本上消除人们对于定孔教为国教将产生的负面效应的担忧和质疑，这也是孔教会先后两次发动大规模的国会请愿运动，要求纳孔教入宪法、定为国教，最终都归于失败的根本原因。

实际上，"确立"或"明定"孔教为国教也不是康有为、陈焕章发动孔

---

① CZY 生：《宗教论》，《甲寅》第 1 卷第 6 号，1915 年 6 月 10 日。
② CZY 生：《宗教论》，《甲寅》第 1 卷第 6 号，1915 年 6 月 10 日。

教运动的根本目的。康有为、陈焕章发动孔教运动的根本目的，是要用孔教来统一人心，以挽救他们所认为的民国以来日益严重的社会、信仰、道德危机，"确立"或"明定"孔教为国教只是实现这一根本目的的手段而已。梁启超曾说康有为要求纳孔教入宪法，立为国教，乃是基于"民俗历史"的考虑。所谓基于"民俗历史"的考虑，也就是现实的社会需要。康有为自己就说过，国家无论大小，"莫不有教"。"教宜何从，审其历史风俗之宜、人心之安者，其道至顺，则从之；非其历史风俗之宜、人心之安者，则可以致乱，如是则置之。"① 但正如反对者所指出的那样，孔教是不可能挽救民国以来日益严重的所谓社会、信仰、道德危机的。就反对者所提出的理由来看，他们中已有人认识到，孔子及其学说，是君主专制时代的产物，是为君主专制服务的，而如今已进入民主共和时代，为君主专制服务的孔子学说已不适应当今社会的需要，企图用它来挽救所谓社会、信仰、道德危机，只能是南辕北辙而已。他们中还有人认识到，由于社会的变动，帝制变成了共和，作为孔教之核心价值的"三纲大义"不可避免地受到了挑战，甚至抛弃。与此相适应，广大民众的道德观念也发生了变化，但这种变化并不是康有为、陈焕章等人所说的"道德之沦亡"，而是社会进步的必然结果。如果我们比较下新文化运动兴起后，陈独秀、李大钊等人对于"孔子之道"的批判，不难看出两者有许多相似之处，或者说，陈独秀、李大钊等人对于"孔子之道"的批判，是这一时期反对纳孔教入宪法、立为国教者之思想的继承和发展。

我们在上一子目中已指出，随着袁世凯的尊孔复古和康有为、陈焕章的孔教运动的展开，引发和推动了民国初年复古主义逆流的沉渣泛起。而对这股复古主义思想逆流，民初思想界的一些先觉者进行了初步批判。

首先，是对学童读经主张及复古主义教育思想的批判。1915 年 2 月 20日，吴贯因在《大中华》第 1 卷第 2 期上发表《尊孔与读经》一文，表示他并不反对尊孔，但反对学生读经，尤其是学童读经，因为"孔子之当崇拜，在其道德之美，人格之高，可为社会之模范，若谓其所有言论，亦悉可为今日法，微特不达于势，即返之孔子之本意，亦必不谓然也"。孔子为

---

① 康有为：《孔教会序二》，载《康有为政论集》下册，第 735—736 页。

圣之时，其言论多因时而发，故在甲邦所论之治法，未必可行于乙邦；反之亦然。"当时且然，何况后世。"今既时移势异，就是孔子复生，无论礼法纲常，皆必别有所主张，而不牵拘于古义，若生今日之世，而必欲反古之道，"斯岂孔子之所取耶？"而且孔子的言行，虽多见于经书，但经书只是他言行的一部分而已，"非经所记载者，皆孔子之言行也"。所以，"读经与尊孔，各别为一问题，非尊孔即必读经，而不读经即非尊孔也"。学生是否应该读经的问题，"当先问经之自身，是否有使学生遍读之价值，而尊孔之说不与焉"。在他看来，"经之在今日，仅可借以研究古学，其在专门大学之文科学生，诚属必读之书，若在一般学生，则非必读之书也"。他对当时主张学生读经的种种理由进行了批驳。"其一，以为读经可以矫正风纪。"倡此说的人，目击今之青年，或讲男女平权，或倡婚姻自由，遂使社会之风纪，因之紊乱，故欲以读经补救之。"夫六经之中，诚不少可以矫正风纪之语，然采之以入学校之修身教科书足矣，若必遍群经而读之，不特不能矫正风纪，时或反至败坏风纪也。"因为昔人读书之次序，先读的是《诗经》，而《诗经》中的"国风"，所载男女之事，不可胜数，"故以矫正风纪而论，未见读经之为必要也"。"其二，以为读经可以扶植纲常。"倡此说的人，认为中国数千年来，都以五伦为立国之本，但自共和告成，君臣之伦，先归消灭，而其他各伦，根本上也受其影响，有日以陵夷之势，长此以往，恐纲常废堕，而人欲横流，其祸将烈于洪水猛兽，"而阐发伦理之书，无有精于经者，故当以读经补救之，而不知此亦非对症之药也"。因为"欲维持世道人心有二要件焉，一曰道德，一曰伦理"。道德是亘古不变的，故民德而漓，诚为国家之大患。而伦理是随着时代的变迁而变迁的，旧伦理消灭，新伦理发生，由此而生生不息。"彼经书所载之伦理，果尽合乎今日之时势与否，实一疑问，不能谓古之所尚者，即为今之所尚也。"就以五伦而言，他举例道：忠君一伦，其在经书实以为天经地义，其有敢违背此经义的人，则斥为乱臣贼子，即使不忠之迹未著，亦将持诛心之论，以著其非。而树立此义的原因，是当时民智未开，不能行民主政治，只能行君主政治，行君主政治，如果无忠之一义，以规范其臣民的行为，"恐篡弑相仍，而国随以乱，故忠君一义，在君政时代，实不可少也"。然而今天实行的是共和政体，选贤举能，天下为公，不需要有一世袭的君主，高居民上，"其有敢帝制自为者，将与昔篡弑其君之徒，同蒙大逆不道之罪焉。故忠君一伦，今已不能适用也"。其他如父子之伦、夫妇之伦也都如此。在古代，为亲者，不认其子女有独立之人格；为子女者，纯粹是父母之附属物，意志不得自由，也没有自己的个人私财。今则国家主义发达，而家族主义不得不稍受限制，每一个人，一面为父母之子女，一面又为国家之国民，父母如果虐待子女，国家为人道起见，可以出面禁止，子女只要到了成年，其财产私有、意志自由等个人权利，不得因父母之存在，而被剥夺。"盖亲固当孝，而子之有独立人格，为亲者亦当承认之，则父子之伦，今又微与古异也。"至于夫妇之伦，在古代，无论公权私权，夫妇皆不平等，夫为主，而妻则处于纯然附属的地位。比如，夫有交际自由之权利，而妻则外言不入，内言不出；夫无守身如玉之义务，而妻则必守三从七出之训。"今则文明进步，女子之地位随而改善，故在公权上，妻虽尚无与夫同等之权利，而在私权上，则妻之权利，于或程度实与夫平等焉。则夫妇之伦，今亦微与古异也。"总之，伦理是随时势而变迁的，经中所陈之义，在今日早已不尽为训，"今之所患者，乃在道德之堕落，而不在伦理之变迁"。"其三，以为读经可为通达治理。"倡此说的人，以为通经可以致用，自古为然，"而不知今日欲制治保邦，固不在通经复古也"。因为法与时是变通的，不能一成而不易。故五帝不相沿，三王不相袭，时各有所宜，不能谓古之良法，也是今之良法。六经所载之制度典章，大部分属于帝政时代专制时代之体制，与今日共和时代之体制，"两不相宜，何可轻议模仿？"历史上的王莽改制、王安石变法，打的都是托古的旗号，但都失败了。"以新莽荆公之时，犹不能援引经义，以回复古制，况在政治既经革新之今日，而欲谈经以复古，何其偎耶？"在批驳了主张学生读经的种种理由后，吴贯因又从教育的自身着眼，否定了学生读经的正当性和必要性：第一，文章的体裁笔法，随时代而变迁，古所易解之文，在后世则常难索解，经文佶屈聱牙，成人都读之不易，况且一般学童。第二，经中所陈之义，大部分已不适用于今日，而人的精神有限，多读一无用之书，即少读一有用之书，其结果徒以阻碍学童知识之进步。第三，今日学术分科，有形而上之学问，亦有形而下之学问。在治物理化学工学医学者，强之读经，非惟无益，且使其学归于无成。总之，他认为，"尊孔与读经，渺不相涉，欲培养国民之品格，可令一般学生皆必祀孔，而不必令一般学生皆必读经。且经即应治，亦属专门之学，而非普通之学"。①

　　新文化运动时期的批孔先锋易白沙则对英国人卫西琴所宣扬的复古主义教育思想进行了批判。先是1914年3月5日和4月5日出版的《庸言》第2卷第3号和第4号，连载了严复翻译的英国人卫西琴的《中国教育议》一文。用易白沙归纳卫氏的话说，卫氏在该文中，"尊崇孔子，主张中国教育，只须发挥孔子之精神，不必取法欧美，蹈日本之后尘，失独立之本性"②。严复于卫氏的文章的前面写了一篇"译者案"，说他读了卫氏的文章后，"愈读乃愈惊异，其所言虽不必尽合于吾意，顾极推尊孔氏，以异种殊化居数千载之后，若得其用心中间，如倡成己之说，以破仿效与自由。谓教育之道，首官觉以达神明，以合于姚江知行合一之旨，真今日无弃之言也"。他因而极力向"今日教育家"和广大读者推荐，希望"天下好学深思之人知有此议，以之详审见行之法之短长，其益吾国已为不少"。③严复曾任北京大学首任校长，此时又任约法会议议员。易白沙在读了严氏的译文及其"案语"后，认为"严氏译其文，欲以定今日教育之指针"④，于是写了篇《教育与卫西琴》的文章，发表在1914年6月10日出版的《甲寅》杂志第1卷第2号上，对卫氏所宣扬的复古主义教育思想进行了批判。他写道：近日政府"取消留学生于海外，停办学校于国内"，直接将"教育与革命党"混合为一谈，"视欧化之教育，即革命之教育"，并以此来排斥欧化，提倡复古，"卫氏倡议，不自我先，不自我后，恍惚如阳鸟之随气候而来，奔走燕都，挟尊孔子之道，以干当世。今之燕都，实发挥吾国特性之中心也，尊孔云云，久已司空见惯"。卫西琴于此时提出"孔子之道大于一也"，宣扬复古主义的教育思想，这正好给政府实行复古主义的教育政策提供了支持，"政府更将持之有故，以号于国曰：排欧化非仅中国之特性，即西人亦有焉。彼西方明哲，且期期以为不可，吾反弃吾之特性，以效颦于人之所唾弃，岂非大愚。此论一出，势必反吾国于闭关时代"。实际上，"平情论之"，今日而

① 吴贯因：《尊孔与读经》，《大中华》第1卷第2期，1915年2月20日。
② （易）白沙：《教育与卫西琴》，《甲寅》第1卷第2号，1914年6月10日。
③ 严几道译：《卫西琴中国教育议》，《庸言》第2卷第3号，1914年3月5日。
④ （易）白沙：《教育与卫西琴》，《甲寅》第1卷第2号，1914年6月10日。

言教育之法，除效法欧美外，是没有其他选择的。就此而论，易白沙强调指出："愚为此言，非谓吾之国粹不当保存也。"保存国粹为一事，施行新教育又为一事，二者宜交倚而并行，不应当只保存国粹而不施行新教育。"孔子与教育，亦属两事"，孔子只是教育之一部分，而不是教育之全体，"此非孔子之小，实中国教育范围之大也"。卫氏欲尊中国教育，乃以孔子包括之，"反卑视中国之教育矣"。易白沙认为，儒家教育，实分两种，一为大人之教，一为小人之教，大人者治人，小人者治于人。孔子所讲的那些，大多为治人之教育，"其弟子上可以为天子诸侯，下可以为卿相"。《说苑》就说："孔子言雍也，可使南面。"南面者，天子也。所以说孔子是有帝王思想的。"孔子之后，有二大儒，一为荀子，一为孟子"，而无论荀子，还是孟子，"均有帝王之思"。这就是"儒家治人之教育"。很显然，"儒家治人之教育"是违背共和之精神的，也与现代的教育思想背道而驰，根本不能作为中国的"今日教育之指针"。易白沙还对卫西琴所宣扬的"中国富于神明而贫于物质者也，欧美优于物质而劣于神明者也。……今者以富于神明之中国，转而学物质之新知于西人"，是得不偿失的观点进行了批判。他指出：今日世界之潮流为竞争，中国之地位为危亡，"以危亡之邦，当竞争之世，若犹专言神明，遗弃物质，是诵《孝经》而欲退黄巾之寇也。富于神明之国，不仅不能拒优于物质之国"，而且还应向优于物质之国学习，否则，将会亡国灭种。昔日西罗马灭于峨特、东罗马灭于突厥、印度灭于莫卧尔，以及蒙古、满洲先后入主中原就是最好的例证。"夫峨特、突厥、莫卧尔、蒙古、满洲，皆不得为完全之国，更无物质之可言，乃反为彼之臣妾奴隶，近而数十年，远而数百年之久，然后恢复，岂非以野蛮社会征服文明社会者乎？"而现在的列强，较诸野蛮社会，其强弱相差不是以道里可计算的。"以神明最富之邦家，不能拒野人之蹂躏，乃欲持此以争存于今"，这不是自取灭亡又是什么呢？所以，要保中国之"神明"，就必须学习欧美之物质，这样中国的"神明"才能"永为我有"。中国学习西方之物质，并不会像卫西琴所说的那样，造成中国之"神明"的"退化"。"试观中华民国之神明，较周秦之神明，其相去之程何如耶？岂得曰吾神明之退化，因法西欧物质所致乎？"实际上，学习西方之物质的结果，不仅没有导致中国之"神明"的退化，相反还促进了中国之"神明"的进步。"中国若趋重物质，则神明将发展于无涯之域。"卫西琴之所以反对中国学习西方的物质，宣扬和提倡复古主义的教育，其目的就是要阻碍中国的进步。①

其次，是对恢复礼教主张的批判。恢复礼教，可以说是民初复古逆流的一项主要诉求。针对这一诉求，蓝公武在1915年1月20日出版的《大中华》创刊号上发表《辟近日复古之谬》长文，对此进行了全面批判。他开篇便写道：近来"国内复古之声大盛，皇皇策令，无非维系礼教，济济多士，尽属老成硕望，政府既倡之于上，社会复应之于下，孔教会遂遍布于国中，而参政院亦有奖劝忠孝节义之建议，将使新造之邦，复见先代之治，诚盛业矣。然吾窃有所不解焉。盖时代迁移，则古今易辙；文化相接，则优劣立判。居今之世，而欲复古之治，以与近世列强之科学智识国家道德相角逐，是非吾人所大惑不解者耶"。而在复古的喧哗声中，"又多礼教坠废、纪纲不肃为言"，倡议恢复礼教，"然今日礼教之坠废，纪纲之不肃，皆所以见古之信条，不复能行于今日之左证"，怎么能够"转果为因，而举为复古之理由耶"？接着，他以历史进化论为武器，说明"中国之礼教，所谓忠孝节义者，无一不与近世国家之文化相背反，设中国自安于固陋之习，不欲进于近世国家之文化则已，苟尚不甘长处于危亡之境，而欲力图其文化之发展，则凡足以为今日进步之阻者，不可不廓清而更新之"。具体来说：中国的旧礼教，（一）"与近世国家之有机组织不相容也"。他指出：近世国家之单位在个体之人民，而个人行为之目的则在全体之国家，国家与个人是不能析而为二的。由其全体而观，谓之国家；自其单位而言，谓之个人。既然近世国家之特质如是，今欲以礼教求之，这只能是"背道而驰"。因为"所谓礼教者，其义解虽多，要可一言蔽之曰：报恩服役而已"。若进一步自其精神言之，则臣者君之有，子者父之有，妇者夫之有，受恩顾者恩顾者之有。这在文化还处于"闭关自守"的时代，"固未尝不可以维系纲纪而范围人心"，但到了今日，时移势异，则"适足以阻碍国运之进步、文化之发展而已"。（二）"与近世之经济组织不相容也"。他指出，中古之世，货限于地，人限于业，凡百生计，都有桎梏，无近世所谓职业自由，至其谋生之道，则合家族而为一体，生之者家族，食之者亦家族，无个人独立自营之业。不仅农业如此，即为工为商，亦都是一样，师弟之间，严于家族，而雇佣之间，亦等于主仆。与中世纪之经济组织相适应，其社会组织也没有任何自由可言。一家之中，家长为主，其他则奴仆；一业之中，业师为主，徒佣则奴仆；乃至一邑一国，领主与邑人，帝王与人民，亦主与奴之别，食人者与食于人者之分。在这种社会组织之下，"其所以范围人心而维系社会之纲纪者，自必舍报恩服役之道德以外，无足重者矣"。因此，忠孝节义，在当时实为深入人心之信条，没有人敢于违反。但"近世之经济组织，则大异于是"。科学昌明，而机器生产以起；产业革新，而资本制度以生。于是，师弟之制，变成了自由契约的雇佣制；食人者与食于人者之别，变成了自食其力的平等观；职业限制之制，变成了自由竞争之企业制。由家族经济、地方经济而进于国民经济之域，复由国民经济而将入于世界经济之途。"夫近世经济之组织，既与往日大异，则其社会组织亦必相应而变其所以范围，此社会之道德乃为自尊、为独立、为自由、为明思、为合群、为公德。而古之报恩服役之德，所谓忠孝节义者，乃不复能相容矣。"如果像复古者所主张的那样，要把旧的礼教恢复起来，"准是以行"，那其结果"则吾将见国人食者愈众，而生者愈寡；愚者愈甚，而能者愈绝，谓为立国之经纶，其非背道而驰，以自速于亡而又何哉！"（三）"与近世之法治制度不相容也"。他指出：法治是近世国家的特征，亦是近世文化所具有的显著特色，举国上下，无贵贱长幼之别，法律面前人人平等。"然若中国之所谓礼教云云，则与近世之法治观念实至不相容者也。"以尊卑之别，而有刑罚轻重的不同；以长幼之序，而有刑罚偏颇的差异；乃至亲长操刑戮之权，君上专杀伐之威，其侵国权而背人道，这是很普遍而自然的事情。"夫礼教之与法治，其相背反也如是，则吾中国苟不欲自进于近世国家之文化则已，苟尚有一线图强之心，而欲进比于近世文化之民，则舍排弃其复古之思想以外，又安所适从哉？"（四）"与近世之教育制度不相容也"。他指出：近世之教育制度与中国往日之教育制度有着根本的区别。中国往日之教育，以礼教为旨归，忠臣孝子以外，无事他求，故教育之事，委之家庭，而国家则从不过问；近世之教育，以成健全之国民为旨归，更进则以科学艺术为标的，皆与文化之进步、国运之发展有着非常密切的关系，故教育之事，操之国家，而非私人所得专擅。是以在中国往日，子弟之受教育与否，一

视其长上之施教如何为断。而在今世文化之国，国民受教育与否是国家的
事情，子弟失教，则要追求长上的责任。"此古之礼教与今日之教育制度所
不相容者一。"今之所谓健全国民，与古之所谓忠臣孝子，是不同的。古之
忠臣孝子，只要"能勤慎事"就可以了。而今日之健全国民，则需具独立自
尊之品格，合群尚公之德性，并且对于社会之事物，自然之现象，也要周
知其情状，熟识其理法，然后乃能立于今日文化之世，而不愧为一健全之
国民。"此古之礼教与今日教育不相容者二。"文化是随着时代的进步而进
步的，教育的内容也要顺应时代的进步而变化。古之礼教属于古代的文化，
考其教义与千余年前无异，它的经传所言，犹为两三千年以前之事物，与
今日之文化是不相适应的，"遑论受教之人，无由被其感化。即令受其感化，
人人服膺于礼教，诵孔子之言，行孔子之行"，也不可能"不背谬而生存发
展于其中"。"此与今日之教育所不相容者三。"假如能使中国今日闭关自守
与世界之文化相隔绝的话，中国之礼教可以作为炳耀千古而为不磨之大经
大法。如其不能，"则尧舜禹汤文武周公孔子之道，亦仅属过去之文化，而
非今世所可奉以为教化之法则者矣"。（五）"与今世之人格观念不相容也。"
他指出：先要有了独立之人格，而后才有自由之思想；有了自由之思想，
而后才有发展文化之能力；有了发展文化之能力，而后才有平等受治之制
度。所以"此人格观念，实今世文化之中核"。而"中国之礼教，亘古不重
人格"，君臣父子夫妇之间，是主与奴的关系，是没有所谓人格的。其尤甚
者，是家庭成员中，子弟为长上之所私有，得终其身依长上以为生，而长
上亦得终其身以拘束子弟之心身。这一切都是"礼教使之然者也"。所以，
"中国今日自甘灭种亡国之祸则已，苟尚欲图存于今世，则非先铲除此依赖
之奴性不可；欲铲除此依赖之奴性，则惟有改革此阶厉之礼教"。蓝公武进
一步指出，以上五端，仅就恢复旧礼教的主要危害而言之，实际上，"礼教
之效，国人当早知之矣"。因为甲午以前，中国可以说是礼教之国，然而一
与非礼教之国相接触，无不相形见绌，即使像"蕞尔三岛之日本，亦以师法
欧美，而能割吾台湾，索吾赔款"。复古者之所以主张恢复礼教的一个重要
理由，是说今日中国的"风纪败坏，廉耻道丧，非复礼教不足以振肃纲纪，
而澄清风化也"。但"风纪败坏"并非始于今日，早在辛亥革命以前，甚至
早在戊戌变法以前，其社会风纪就已败坏，那些所谓"服膺礼教"之人，叩

其所知，则除章句训诂以外，虽为学校儿童之所习闻，亦非其所知；考其所行，则除欺世盗名以外，更无足述。假如礼教真的复兴了，这些人将成为"国民之导师"，"是则中国今日之新机，一切皆可因之斩绝，而复归于中世蛮野固陋之旧习"。就此，蓝公武再三强调：居今日之世，"改革之道者，不在复古，而在革新；不在礼教，而在科学；不欲以孔孟之言行为表率，而欲奉世界之伟人为导师"。否则，面临"祸机四伏，强邻日迫"的危局，而主张复古，主张恢复礼教，只能是"自速其亡"而已。[①]

蓝公武的《辟近日复古之谬》一文在《大中华》刊出后，据梁启超说，因其对礼教的批判，尤其是对忠孝节义的批判，"海内人士读之，多骇汗谯诃"，即使他本人，"乍见亦不免失色相诧"。于是，他"思宜有所以折衷之"，便写了篇《复古思潮平议》，发表在 1915 年 7 月 20 日出版的《大中华》第 1 卷第 7 期上。一方面，梁启超对蓝公武提出的一些所谓"诡激之言"提出了批评，认为"此种诡激之言，曷为发生于今日，则固有使之者焉，亦不可不深省者也"。但蓝君"对于忠孝节义，皆若有所怀疑，而对于崇拜孔子，亦若有所不慊，此其持论诚偏宕而不足为训也"。这也是"蓝君之论最骇人听闻者"。因为，在梁启超看来，"忠孝节义诸德，其本质原无古今中外之可言"。这就像古人所说的，"天下之善一也"。凡道德上之抽象名词，若智、仁、勇、诚、明、忠、信、笃、敬、廉、让等，虽然其蕴涵之范围广狭全偏或有不同，但都是美德，则不可否认。就忠孝节义而言，它既非我国所可独专，也非外国所能独弃，"古昔固尊为典彝，来兹亦焉能泯蔑，以忠孝节义与复古并为一谭，揆诸论理，既已不辞，以厌恶复古，故而致疑于忠孝节义，其瞀缪又岂仅因噎废食之比云尔"。孔子是中国文化的集大成者，其教义"所以育成人格者，体用周备，放诸四海而皆准"，尤其是孔子教义对于国家的统一、民族的团结起了非常重要的作用，"且使中国而无孔子，则能否抟捖此民族以为一体，盖未可知"。所以，"居今日而教人以诵法孔子，又岂有幾微足为国民进取之障者。故蓝君此论，实诡激而失正鹄。其说若昌，弊且不可纪极，吾断不能为之辩也"。另一方面，也是最主要的方面，梁启超又对当时兴起的复古逆流进行了批判。他指出，

① 蓝公武：《辟近日复古之谬》，《大中华》第 1 卷第 1 期，1915 年 1 月 20 日。

提倡旧道德（他解释说：道德本无新旧可言，旧道德一词是不成立的，但大家都这么用，他姑且也随大家用之）与提倡新学新政并不矛盾。然近年来，时流之提倡旧道德者，其根本论点则与吾侪似有不同。吾侪以为道德并无中外新旧之可言，愈倾心新学新政，就愈感到旧道德可贵；反之亦然，愈实践旧道德，就愈感到新政新学之刻不容缓。但今之言旧道德者则不然，他们"睹目前社会泯棼之象"，不去深求引起"社会泯棼之象"的原因，而是将一切"府罪于其所不喜之新学新政"，认为如果没有新学新政，"吾国今日固犹是唐虞三代也"。他们还认为，"吾国自有所以善治之道，可以无所待于外，今特患不能复吾故步耳。苟其能焉，他复何求"。正因为"此种见地展转谬演，于是常觉新学新政之为物，恒与不道德相缘"，为"挫新学新政之焰"，他们"往往假道德问题以相压迫"，其结果"引起新学家一部分人之疑惑"，认为"道德论与复古论相缘，凡倡道德，皆假之以为复古地也。非起而与角，则退化之运，将不知所届"。梁启超尤其对一些复古主义者将民初以来的所谓"人心风俗之败坏"归因于新学新政提出了批判。他指出："今都会之地，士大夫群居相语，每一矢口，辄相与太息于人心风俗之败坏，败坏云者，劣于昔之云也。"但就"全国多数小民之风俗"来看，虽不敢说比以前有所改良，但至少没有变坏，变坏的"惟吾曹号称士大夫者流耳"，亦就是那些"日日太息于人心风俗败坏之人，即败坏人心风俗之主动者也"。这些人之所以会成为"败坏人心风俗之主动者"，原因就在这些人都是一些"俨以道德为其专卖品"的"老官僚老名士"。平时他们"诵孔子之书，服忠孝节义之训"，满嘴的仁义道德，但实际上自清末以来，他们利用自己"居要津"的有利条件，"常利用人类之弱点，以势利富贵奔走天下，务斫丧人之廉耻，使就我范围"。社会本已不尚气节，遭此诱胁，也就更加"从风而靡"，于是导致了"人心风俗之败坏"。所以，"平心论之中国近年风气之坏，坏于佻浅不完之新学说者不过什之二三，坏于积重难返之旧空气者实什而七八"。但一些复古主义者却不作如是观，他们"动辄谓自由平等之邪说，深中人心，将率天下而入于禽兽"，把"人心风俗之败坏"嫁祸于新学新政。殊不知，"所谓士大夫居高明之地者，开口孔子，闭口礼教，实则相率而为败坏风俗之源泉"。他还据此批评"今之谋国者"，一方面高喊"尊崇孔子"，"维持礼教"，一方面又"日蹈二十年来之覆辙"，而

"欲求治俗之正本清源","恐未有能济者也"。①

　　民初复古主义者要求恢复礼教的一个重要理由,是说民国建立以来,国民道德已经严重堕落,恢复礼教,可以正本清源,改良民德。1915 年 10 月 10 日出版的《甲寅》杂志第 1 卷第 10 号发表署名"无涯"的《道德进化论》一文,对此进行了批驳。该文开篇便写道:两载以来,前清遗老,辄借口于国民道德之堕落,欲恢复种种之旧制,谓是可以改良民德。这些遗老的真正目的,是要借恢复旧道德,来复辟帝制,这就如同"项庄之舞剑,意在于击沛公,而不在于陪宴饮也"。且撇开前清遗老们的政治目的不论,仅"以道德言之",自达尔文发明进化之理以来,一般学者皆认为世界万事日在进化之中,不独物质日以进化,即道德亦日以进化。"谓今日之民德逊于前代之民德,衡以进化之学理,实相背驰。"实际上,"征诸事实,吾以为入民国以来,国民之道德,实优于前代"。接着,该文从"风纪上""伦理上"和"公德上"三个方面论证了民国以来的民德之进步。在"风纪上",该文指出:中国前此所谓好色者,非只有女色,还有男色,此种"颓风",已行千年之久,"故今日忧风纪凌夷诸大老,其在前清,曾有断袖之嗜好者,盖居之十之七八焉"。但自民国成立以来,"津京之像姑,全皆歇业,此腥闻之秽德,遂不复见于士夫间矣"。尽管在一些"旧老"家里,"或尚蓄有娈童,亦未可知。若新学之士,则实无此嗜好"。男色之风,是紊乱风纪最甚者,今已革去,"此风纪之良于前代者一也"。又就女色言之,自春秋以来,"国家而为官吏置妓,且公许官吏狎妓",是为常态,历朝皆然。今则"政府迭下禁令,子弟而狎妓,父兄认为荡子,昔为国家所公认者,今为国家所严禁,一为比较,社会之风纪,终不能不谓其今胜于前"。"此风纪之良于前代者二也"。今以风纪紊乱为言者,常指责三二时髦女子,与人有暧昧之行为。实际上,男女之间的这种"淫奔之事",不仅自古以来就屡见不鲜,而且在古代还有"女子置面首之事"。但到了民国,"女子置面首之事"已经禁绝。"此风纪之良于前代者三也。"总的来看,今日社会之风纪,并非无腐败之处,不应再谋改良,"特以较之前代,实属后来居上",前清遗老们"以风纪为口实,而思谋复古者,其说实不能成立也"。在"伦理

────────────────

① 上引均见梁启超《复古思潮平议》,载《饮冰室合集》第 4 册,文集之三十三,第 68—71 页。

上"，该文指出，"中国之伦理，其大纲有五，即所谓五伦是也。顾自共和告成，无所谓君，则君臣一伦，当然归于销灭，不能复行提倡，所余者四伦已耳"。就这四伦而言，较之以前，都有进化。如"亲子之伦"，民国以来，"为子者纵极不孝，然弑父之事，则鲜有闻焉"。而在古代，杨广弑父一类的事件并非特例。除弑父外，古代还有父杀子，母杀子，子杀母，乃至兄弟相残的事发生，其根源都是为了权力。再如"夫妇之伦"，"今之女子，无论父兄若何尊贵，断不敢因此之故，于夫婿之外再置面首"。而夫之一面，"今日蓄妾之事，虽未能禁止，然人多知其非"。又如"兄弟之伦"，今日上、中流人士，兄弟相杀之事，闻之未闻；而在古代，这是数见不鲜之事。"要之，今日之伦常，谓其有缺点，宜再谋进步焉，则可；谓其退步焉，实未之见。"前清遗老们"以伦理为口实，而思谋复古者，其说又不能成立矣"。在"公德上"，二十年以前，国民的公德观念，甚为薄弱，清名之士，大半持束身自爱之义，于所谓保全公德图谋公益之事，"或则不之知，或则掩耳不欲问焉"。常言所说的"自家打扫门前雪，休管他人屋上霜"，可以说是"前此国民之薄于公德观念"的最真实的"写真"。今日国民之公德，虽不发达，但与以前比较，还是有不小的进步，如集资以开辟公园，设立图书馆，开设阅报所，谋公共卫生，"此等事业，十之八九焉，为二十年以前所未有，今虽未可云发达，然国人之知注意此等事业，则固有进步矣"。"公德"这一名词，在以前中国的字典里是没有的，是近十余年来，经过新学之士的大力提倡，才开始"浮于一般人之脑中"，然核实种类，大半为新发生之道德。"故欲以公德为口实，而思谋复古者，其说又不能成立也。"该文最后指出：从以上这三个方面可以看出，民国以来的民德，是进化的，而不是退化的，前清遗老们以民德的退化为口实，主张复古，恢复旧礼教，这在事实上根本就不能成立。该文也承认，民国以来的民德也有退化的地方，它主要表现在两个方面，一是官吏之不知廉耻，二是奢侈之风盛行。但这两个方面的退化，"乃由不良之政治促之使然，非天演之法则竟使之倒退也"。因此，要解决这两个方面的民德之退化，关键是要建立良政治，而非复古，恢复旧礼教。①

---

① 无涯：《道德进化论》，《甲寅》第 1 卷第 10 号，1915 年 10 月 10 日。

再次，是对复古主义的所谓"国性论"的批判。"国性"一词首先是由梁启超提出来的。1912 年 12 月 1 日，梁启超在自己主编的《庸言》创刊号上发表《国性篇》一文，他写道："国于天地，必有与立。国之所以与立者何？吾无以名之，名之曰国性。国之有性，如人之有性然。人性不同，乃如其面，虽极相近，而终不能以相易也，失其本性，斯失其所以为人矣。惟国亦然。缘性之殊，乃各自为国以立于大地。苟本无国性者，则自始不能以立国。国性未成熟具足，虽立焉而国不固，立国以后而国性流转丧失，则国亡矣。能合国性相近之数国，冶一炉而铸之，吻合无间，以成一大国性，则合群小国而为大国也。能以己国之国性加于他国，使与我同化，则灭人国以增益吾国也。国性分裂，则国亦随以分裂。一地域或一部分之人失其国性，则国家丧失其一地域或一部分之人，而国以削焉。"[1]该文发表后，"国性"一词迅速传播开来，并被一些人拿来宣扬他们的复古主义思想。有鉴于此，吴贯因写成《说国性》一篇，发表在 1915 年 3 月 20 日出版的《大中华》第 1 卷第 3 期上，对复古主义的所谓"国性论"进行了批判。在该文前面的"著者识"中他写道："国性之论，年来始炽"，其源头是民国元年梁任公先生在《庸言》发表的《国性篇》一文，"谓国性可改良，而不可蔑弃。盖因其时全国离心力发动大剧，故欲以是药之"。但梁先生的国性论，"一面谓国性不可蔑弃，一面尚谓国性可以改良。故梁先生文中，又谓苟教义俗尚，有与外界不能顺应者，必矫正之，是固进化论，而非保守论也。不图今之守旧者，闻有国性名词，以为是可为复古论之张本，而大扬其波。吾惧其以是阻碍国家之进步也，故准据现在之国情，并参酌梁先生国性可改良之义，著为斯篇。凡以见国性必当时求改良，不能作为复古之注解云尔"[2]。

吴贯因指出：一年来，国性之论，喧腾于国中，皆以为吾国自有吾国之国性，必当保存本来之性质，不宜事事模仿外国。不知国之有性，实由国民心理所演成；而国民之心理，受外界种种之激刺，时有变迁。故国民之心理既变，国性亦将随之而变，并不是一成而不变的。"是故国性之为物，

---

① 梁启超：《国性篇》，载《饮冰室合集》第 4 册，文集之二十九，第 82—83 页。
② 吴贯因：《说国性》，《大中华》第 1 卷第 3 期，1915 年 3 月 20 日。

不过表示国民一时之心理，原非历代相承，成一固定之结晶体。而今之持国性论者，几若国性为一有系统之制度，经数千年之继承，未尝有所变化，其立论之点，与宋儒之持道统说者，殆无所异。"他批判"今之持国性论者"所认为的国性是一国文明之所寄，保全吾国固有之国性，亦即保全吾国固有之文明的观点，是"不知文明之观念，因时代而不同，古所见为文明者，今未必见为文明。而以进化之公例推之，无论何种制度与物质，断未有亘古终见为文明者"。比如井田制、科举制、驿站、书院等，这些古代的文明，在今天都被淘汰了，而电话、电报、学堂、轮船、汽车这些古代没有的东西，则成了今天的文明。再如忠君之说，在古代是天经地义的，今因易帝政而为民主，再提倡忠君，则是倡议复辟，是要追求罪责的。又如制艺取士，在古代必遵朱注，而今天则学霍布斯、洛克、边沁、斯宾塞、康德之哲学。那些还抱高头讲章的人，已被人视为顽固党而受谴责。由此可见，所谓"保全国性之说，即保全腐败之制度与习惯而已，其障碍国家之进步"而已。吴贯因还对复古主义的所谓"国性论"在政治上、教育上的种种表现进行了揭露和批判。在政治上，"今之持国性论者"认为，古代有"不少良法"，应"谋恢复之"，他们根本就不懂得"国家之制度，常根据于国体，故国体实为衡量一切制度可否之标准。彼劳乃宣之唱议复辟，在帝政时代何尝非一忠臣，然在民国，断不容有此种之举动，今之时势既不容恢复帝政矣"。在教育上，"今之持国性论者"认为，儒家的经书代表了国性，所以主张学童读经。但实际上，我国有二十五朝之历史，经仅属"五朝之著作"，以前此之年代论经，经不足以代表以往之国性；以国体民情论经，由于经所讲的教义制度已有十之八九不适用于现代，又不足以代表现代之国性。因此，"彼高谈国民教育，欲以学童读经为保存国性者"，完全是逆历史潮流而动的复古行为，"是亦不可以已耶"。总之，吴贯因强调："就进化之公例而论，不特物质随时代而进化，即道德亦随时代而进化。故国虽有性，只宜革新，不宜复古。"①

与"国性论"相联系的，是文化复古论。张东荪对文化复古论进行了批判。他在《政制论（上）》一文中指出："吾见今之论国运者，辄曰五千年之

---

① 吴贯因：《说国性》，《大中华》第 1 卷第 3 期，1915 年 3 月 20 日。

文明，以文化论，中国断无亡理。言固可观，理实未足。"比如，古代的埃及和犹太，文化虽然保存了下来，但国家则早就亡了，仅留下历史上之古迹，"为后人凭吊之资而已"。由此可见，决定一个国家盛衰存亡的并仅非文化而已。我们姑且不论文化复古有无可能，"即使其真能复古，果足以支撑危局否？吾知贤者必不作此答也"。所以，为今日计，"唯有使吾民应乎世界之大势，合乎政治之潮流，而先得充足之知识，美满之能力，于政象能判其良恶，于措施能定其去取而已。其他皆隔膜之谈，无足取也"①。

以上是《青年杂志》创办、新文化运动兴起之前，思想界的一些先觉者对于民初以来逐渐兴起的复古主义思潮的批判。尽管这种批判还是初步的，但它开启了新文化运动批判复古主义思潮之先河，其历史意义应给予充分肯定。

三、帝制复辟思潮以及对它的批判

辛亥革命推翻了清王朝的统治，结束了已延续两千多年的封建君主专制制度，建立起了资产阶级民主共和国——中华民国。然而民国的建立，并没有使清末以来所存在的各种社会危机得到缓解，相反，随着袁世凯上台后所采取的种种倒行逆施政策而有进一步加深的趋势，用张东荪发表于1918年3月15日出版的《正谊》第1卷第3号上的《中国共和前途之最后裁判》一文的话说："迨至共和告成，且转瞬三载。此三年之间，生民之涂炭如故也，产业之雕蔽如故也，干戈之不绝如故也，虐政之未革如故也，金融之停滞如故也，经济之衰颓如故也。"其结果，按照张东荪的说法，不仅原来就怀疑共和、反对共和的人，更有了怀疑共和、反对共和的理由，就是原来"希望共和""讴歌共和"的人，"至此乃大失望矣"，整个社会也因此"由迷信共和之时代，而一转而为厌恶共和之时代。于此时代之下，不惟政府惟违背共和之原理是图，且人民亦复视共和如寇仇。此种时代阶级之发生也，有一必然之公理，曰物极必反"。②张东荪的上述说法或许有些夸大其词，但怀疑、反对共和的人在增多则是客观事实。与此相一致，自民国成

① 张东荪：《政制论（上）》，《甲寅》第1卷第7号，1915年7月10日。
② 张东荪：《中国共和前途之最后裁判》，《正谊》第1卷第3号，1918年3月15日。

立后就始终存在的帝制复辟思潮也乘机兴风作浪起来。

当时反对共和、主张帝制复辟的主要是清朝的遗老遗少，其中包括皇室成员、旧官僚、旧文人等，其言论方面的代表人物有劳乃宣和康有为。劳乃宣（1843—1921），籍贯浙江省嘉兴府桐乡，同治十年（1871）进士，曾先后任直隶知县、宪政编查馆参议、政务处提调、江宁提学使、京师大学堂总监督以及袁世凯内阁的学部副大臣。民国成立后便匿居青岛，以遗老自居，发誓不做民国之官。后来张勋复辟，他被任命为法部尚书，但只短短的 12 天，便与复辟王朝一道被赶下了台。1912 年至 1914 年间，劳乃宣先后撰《共和正解》《续共和正解》和《君主民主平议》三书，"总其辞旨，不外于主张帝制复兴，清命再续"[1]。具体来说，《共和正解》主要是在理论上通过对共和之义的曲解，"意本在于斥民主政体之非，而以维持君主政体为指归"。他认为，共和中国早已有之，周召共和，便是历史上有"共和"二字的最早记载，"本义为君幼不能行政，公卿相与和而修政事，故曰共和，乃君主政体，非民主政体也。故宣王长，共和即罢"。他"又畅诋民主政体"，认为"民主之制果行，则人人有大总统之思想，必互不相下，彼此相争"，并通过对欧美各国的所谓考察得出结论：只要君主不是暴君，就"不必排其君而去之，且就君主之成局改为立宪，不必别行建设，尤事半而功倍也"[2]。这也是南美洲各国之所以动乱不已的重要原因。《续共和正解》则"舍理而言势"，认为"民主制行，已至三年，而国家之变乱日繁"，所以，中国的出路只能是清室复辟。他还骇人听闻地宣称，袁世凯居大总统之位会遭革命党人的报复，有性命之忧，最好的避危方法就是还位于清帝，让清帝复辟，并认为袁世凯"身居总统，实像为清帝复辟计"[3]。他在文中写道："项城之心，实未常忘大清也。革命变起，四方响应，专用兵力，诛不胜诛，故不得已而出于议和，而和议之中首重优待皇室。其为临时总统之时，于革党犹不免迁就之辞，于大清犹未尽尊崇之礼。迨正式总统就职之

① 逷庵：《辟劳乃宣〈共和正解〉〈续共和正解〉〈君主民主平议〉三书》，《雅言》第 1 年第 11 期，1914 年 12 月 5 日。

② 逷庵：《辟劳乃宣〈共和正解〉〈续共和正解〉〈君主民主平议〉三书》，《雅言》第 1 年第 11 期，1914 年 12 月 5 日。

③ 逷庵：《辟劳乃宣〈共和正解〉〈续共和正解〉〈君主民主平议〉三书》，《雅言》第 1 年第 11 期，1914 年 12 月 5 日。

后，凡命令中涉及大清帝后，备极尊严，且将优待条件列入约法之内，其不忘故君实为众所共见，特限于约法，不能昌言复辟，且幼主方在冲龄，不能亲理万幾，亦无由奉还大政，故不得不依韦观望，以待时机也。"① 《君主民主平议》是在以上两书的基础上，进一步说明"君主之制，为古今中外不易之公理"。全书可以用两句话来概括，即："以君主世及为理之当然，以还政清室为救时要药。"② 用劳乃宣的话说："家天下为常，官天下为变，外国之民主，犹中国之禅授，同一非常之举。非常之举，非普通邦国所可常行，能为环球诸国通行之常道者，惟君主之制而已。"③

康有为自戊戌变法失败起，就一直以保皇著称。武昌起义的枪声敲响了清王朝的丧钟后，他先后写了《救亡论》十篇与《共和政体论》，认为共和政体不适合于中国，"若中国而行共和政体乎？则两党争总统之时，每次各率一万万男子而相战，不知经何年而后定也，不知死几千万人也"④。他甚至把他早年反对革命派反清革命时的观点又搬了出来，即中国实行共和政体，必然要引起天下大乱，列强为维护自己在中国的利益，就会瓜分中国，所以中国实行共和政体的后果是亡国。为了实现"保皇"的目的，康有为还在君主专制和民主共和之外，提出了一种新的政体，即所谓"虚君共和"："专制君主以君主为主体，而专制为从体；立宪君主以立宪为主体，而君主为从体；虚君共和以共和为主体，而虚君为从体。故立宪犹可无君主，而共和不妨有君主。既有此新制，则欧人立宪、共和二政体，不能名定之，只得为定新名曰虚君共和也。此真共和之一新体也。"⑤ 并认为这一"虚君共和"的"新体"才适合中国的国情，是中国所应建立的政体。然而出乎康有为意料的是，他提出的这一非驴非马的"虚君共和"的"新体"根本就没有人理睬，就连他的弟子梁启超等人也认为推翻清王朝后，建立

---

① 逯耷：《辟劳乃宣〈共和正解〉〈续共和正解〉〈君主民主平议〉三书》，《雅言》第 1 年第 11
期，1914 年 12 月 5 日。

② 逯耷：《辟劳乃宣〈共和正解〉〈续共和正解〉〈君主民主平议〉三书》，《雅言》第 1 年第 11
期，1914 年 12 月 5 日。

③ 逯耷：《辟劳乃宣〈共和正解〉〈续共和正解〉〈君主民主平议〉三书》，《雅言》第 1 年第 11
期，1914 年 12 月 5 日。

④ 康有为：《救亡论·共和政体不能行于中国论》，载《康有为政论集》下册，第 672 页。

⑤ 康有为：《共和政体论》，载《康有为政论集》下册，第 689—690 页。

共和制度已是大势所趋。但康有为仍不甘心于自己的失败，1913 年他在上海创办《不忍》杂志，先后发表《中国以何方救危论》（1913 年 3 月）、《以孔教为国教配天议》（1913 年 4 月）、《中国颠危误在全法欧美而尽弃国粹说》（1913 年 7、8 月）等文，除系统阐述自己的尊孔保教主张，并要求定孔教为国教，载入宪法外，还借"各国之论议"，对民初的共和制度大加攻击："今欧、美、日人，皆议中国近日之危乱，远过晚清，谓国愈纷而无力统一，国愈贫而无术理财，政府无权不能行治，旧制尽扫而乱状日出，其不承认也以此，其日议借债而不肯借债以此，皆谓中国不适于共和也。一以地大民多，为不宜也；一以民习于专制太久，而不能骤改也；一以旧教伦理太深，而不可骤弃也。"①就中国地大人多，不宜于共和而言，他指出，"共和民权之议，发于法之卢骚，而卢骚以为二万人之国则可行之，今国为四万万人，比于卢骚行共和人数，盖二万倍焉。治二万人之法，与治二万倍二万人之法，得毋有不同耶？得毋有不可行者乎？"他也不赞成那种认为美国能实行共和、中国也能实行共和的观点，因为"美之立国也，自林肯前不设一兵，以其地间于两海也。今请凿西藏、印度、西伯利亚为一大海，而移日本于檀香山，则中国可师美之共和也。华盛顿之时，人民三百万，地仅十三州，自芝加高以东至纽约，今一日铁路程耳。今若中国少人民三万万七千七百万，削地为铁路一日程，则能为美开国时之共和也，否则强邻交侵，而内乱四起，未能立国也"。②在他看来，"凡人莫不有蔽，立前不见后，东望不见西。殆天之无如何者耶？至政治乎，尤深远奥微，故其为蔽尤甚"。所以，专制为蔽，立宪为蔽，共和为蔽，政党为蔽，国会为蔽，民权为蔽，宪法为蔽，当其蔽时，天地变色，尘沙眯目，虽有离娄之明，不能自启也，乃至事过境迁，则三尺之童也能非之。"今之笑君权专制是也，在昔者，则大地数千年之圣贤豪杰，不能外也。岂三尺之童，胜于数千年圣贤豪杰哉？时为之蔽也。"既然任何一种政治制度都"为蔽尤甚"，那么它们之间也就没有好坏优劣之分，关键是看哪一种政治制度更适合当时的需要。这就好像用药一样，"所谓政党、议会、民权、宪法，乃至立宪、

① 康有为：《中国以何方救危论》，载《康有为政论集》下册，第 816 页。
② 康有为：《中国以何方救危论》，载《康有为政论集》下册，第 816—817 页。

共和、专制，皆方药也。当其病，应其时，则皆为用；非其病，失其宜，则皆为灾"。一个人得了重病，不管是什么药，只要能起死回生，虽粪壤亦服之；如果不能起死回生，虽千金重宝之人参也必弃之，"断无有断断于药之贵贱者"。国家也是一样，"今若人人知以救中国为最要之图，则国重而民轻矣，先于为国而后于为民矣，重于为国而轻于为民矣。若然，则凡可以救中国之方药，无美恶，惟救国是宜，则牺牲其一切之良方、一切之良药可也。权国民之公私轻重，凡有损于救中国之术，则舍弃人民之所快意者，舍弃人民之所习恋者，舍弃人民之所自由而必当为之矣。若能如是乎，中国犹有望也"。[①] 尽管不像劳乃宣，康有为并没有公开鼓吹帝制复辟，但在他的字里行间所流露出来的帝制复辟思想则昭然若揭。所以，当时就有人批判他，"康氏纵恋故主，田横五百人死则死耳，何必巧肆如簧之舌，扬专制死灰于光天化日之下也"[②]。

民初的这股帝制复辟思潮兴起后，遭到了主张共和的思想家们的反击和批判。劳乃宣的《共和正解》《续共和正解》和《君主民主平议》三书问世后不久，一位名叫邃窘的作者在《雅言》第 1 年第 11 期上发表《辟劳乃宣〈共和正解〉〈续共和正解〉〈君主民主平议〉三书》一文，对劳乃宣反对共和、鼓吹帝制的言论进行了全面批驳。针对劳乃宣征引"周召共和"之事、曲解共和之义，该文指出："夫共和之义，本自译名而来，直言之民主立宪是也。以中国偶有共和之事，且其事又近于民主，故即取之，以为民主立宪之称。"这就像是"革命"之义一样，本谓革其天所授予之命，而使新者继其天命，政治演进，天命之说，已为识者所不许，革君主而为民主，更何新命授之可言，之所以用之而不疑，就在于"名者实事之宾"，实之所在，名即归之。"若嫌名不称实，则应曰民主立宪，无取于共和之名。今乃以有共和之名，遂谓不当有民主立宪之实，是何异见人以竹木之属为名，遂谓其人不当为禽齿横目之动类，有是理乎？"实际上，劳乃宣曲解共和之义的真正目的，是要排斥民主政体，而维持君主政体。该文也不赞同劳乃宣所说的"欧洲民主之制，原于人民具有法律之知识，自治之能力"，而中国

---

① 康有为：《中国以何方救危论》，载《康有为政论集》下册，第 821—822 页。
② 岑楼：《驳康有为〈中国以何方救危论〉》，《国民杂志》第 2 号，1913 年 5 月 15 日。

人民缺乏"法律之知识，自治之能力"，所以不能实行民主之制的观点，指出：虽然自古以来，中国的"政治所系者，纯在于君主之尊严"，但这并不能说明中国人民就没有自治之能力，"预防水旱，救济流亡，捍卫间阎，禁诘奸宄者，何一不以吾民自治之力为多"，其他如"团练之制，保甲之防"，乡规民约的制定与遵守，也都是中国人民自治能力的体现。由此可见，劳乃宣把"自治之力，独归美于欧美"，而否认中国人民有自治之能力的观点是完全错误的。至于劳乃宣所说的"民主之政，非全国人民皆谙法律不可"，这是"不知全国人民谙法律与否，乃国民文化之别，谓与政体有关则可，谓与国体有关则决不可"。因为政体大致可分为独裁和合议，"一国优秀之士孔多，则合议较胜，反之则独裁为宜"。而"国体之别，则与民之文化无与"。文化足则为合议，君主合议可也，民主合议亦可也；文化不足则为独裁，君主独裁可也，民主独裁亦可也。中国人民的文化是足还是不足，这可以讨论，但它只涉及政体，而与国体无关，不牵涉民主君主之问题。"劳氏不知国体与政制之别"，因而得出了中国人民缺乏"法律之知识"、不能实行民主之制的错误结论。总之，"国体之变更，皆由各种事实所酿成，而与人民之程度无与。足以保障民主立宪与否，虽在人民之程度，又绝与民主君主之说无关"。[①]

　　岑楼的《驳康有为〈中国以何方救危论〉》一文，全面批驳了康有为的《中国以何方救危论》。该文开宗明义道："欲救中国之亡，则行真正之共和政体尚焉；欲享真正共和之幸福，则铲除亡国之官僚尚焉，此吾人对于今日所施之药，当邀识者共许也。"该文认为，自民国建立以来，中国的共和政体之所以"只睹其形式，未享其实际"，其原因并不像康有为所说的那样，是共和不好，或不适于中国国情，而是"大抵所行者，假共和非真共和，所行共和之人，为亡国官僚，非开创元勋。谓予不信，今所谓总统者，国务卿者，官僚耶？元勋耶？明此问题，庶可与论中国危殆之由"。岑楼的文章强调：中国之行共和，绝不是一二人之私意，而是"四万万人知其为立国之良法，不惮艰辛以造成"的。共和既然是四万万人"不惮艰辛缔造之物"，

---

① 连窬：《辟劳乃宣〈共和正解〉〈续共和正解〉〈君主民主平议〉三书》，《雅言》第 1 年第 11
　　期，1914 年 12 月 5 日。

我们也就没有"不保全之，爱护之，期运用于久长者"的理由，民国建立以来共和的"治效不彰"，并不是"人民不能受其运用"，而是"运用者不得其法"，所实行的不是真共和而是假共和。但康有为却不作如是观，"以运用者不得其法之故"，而归咎于"中国不可慕法美之名，以行共和"，这"真乱言耳"。针对康有为提出的任何政治制度都没有好坏之分，无论是民主共和，还是君主专制，对于中国来说，既非人参，也非砒霜的观点，岑楼指出："余又敢为吾国人告曰：共和乃药中之参蓍，专制乃药中之砒霜，服参蓍尚可培养元气，服砒霜未有不裂肝断肠者。康氏著名保皇党人也，其以诐辞邪说，破坏共和也。"在岑楼看来，要改变目前共和"只睹其形式，未享其实际"的局面，"总统不足恃，内阁不足恃，国会不足恃，所可恃者，惟国民耳"。只要国民能"以共和之精神，求自由之幸福"，对于"窃位弄权者声罪致讨之，疲庸不职者纠弹驱逐之，党恶营私者芟夷蕴崇之，澎胀民权，巩固共和"，那么中国就一定能"雄飞于新世界"。①

张东荪也先后在《正谊》和《中华杂志》上发表了《中国共和前途之最后裁判》《三年中政治经验之大暗示》《复辟论之评析》等文，对民国初年兴起的这股反对共和、主张帝制复辟的思潮进行了批判。他指出："于共和政治之下，而议及共和果为适合与否之问题，亦犹于君主政治之下，而议及君主果为善良与否之问题"一样，涉及的也是国体问题，是对"国体发生疑问"，但"君主国则绝不容对于君主而致疑，共和国则不尽然"，如果"以学者研究之眼光以评论共和国体者，则以学术自由之原理，未尝不可"；但如果"以政治上之意味，而怀疑于共和国体者"，那就"构成违背国体之罪，在共和国亦所不容"。当时反对共和、主张帝制复辟的人，不是从学理上，而是从政治上"怀疑于共和国体"，主张帝制复辟的，因而他们构成了"违背国体之罪"。如果避开政治不谈，仅就学理研究而言，张东荪认为，它主要涉及两个问题：一、共和果为善良与否？二、共和果适于中国与否？从第一个问题来看，张东荪指出："欲知共和果为善良与否，不可不先知共和之本质；而欲知共和之本质，不可不知国家之本质。"他通过对国家之本质的考察，得出结论："共和实为善良之政治，其善良之点有三：一、国民

---

① 岑楼：《驳康有为〈中国以何方救危论〉》，《国民杂志》第 2 号，1913 年 5 月 15 日。

之文化进步而有自觉心；二、国民之能力得以自然发展；三、国民之各种利益得以调和。"他也承认共和有弊，但"共和之弊，不在共和，而在共和有真伪之判耳。真共和则绝无弊之可言，伪共和其弊固有胜于专制者矣"。中国之所以会发生诸如"假借国权之名义，以便一人之私图；愚弄全国国民，以扶植私人"等种种弊端，都是因为中国实行的是假共和而不是真共和。再看第二个问题，张东荪指出："人类之进化"的方向是"同一"的，这没有例外。而"共和者，人类文明进化之必然的结果，初不问何种民族而有差别，任何种族，苟其知识发展，而有自觉之心，则必趋于共和而止焉"，中国民族也不能"独外此方向以行"。所以，对于中国民族来说，共和是必然的政治制度，根本就不存在适于或不适于的问题。他也不赞成那种认为中国之所以是假共和，是由于中国人民程度不足，没有达到真共和之要求的观点。他指出：人民程度是相对的，而不是绝对的，"无论任何民族其发达至若何种程度，亦未有无惰性者；且无论任何动力，亦未有不生反动者，则此反动与惰性不过昙花泡影之现象，不足虑也，凡此皆过渡时代之必然的条件。若以此而致疑于共和，是为因噎废食，学者所不取也"。实际上，反对共和的人亦"未尝不明此理"，他们之所以还"喜作推翻共和之语"，完全是出于复辟帝制的政治目的。针对康有为提出的"虚君共和"主张，张东荪指出："立宪之精神在共和，而君主立宪，即虚君共和，其效力固等于共和也。盖民智之发展也，废君主而为共和，此一途也；使君主尸位素餐，等于傀儡，此又一途也。二途之效用相同，故不可得兼，既取其一，则不能同时而取其他。故废君主而改为共和之国，决不能重立君主，而使其如同虚设，以励行宪政也。且复归专制，尤属一时之反动，为背人文之进化。"[1]

民初兴起的这股反对共和、主张帝制复辟的思潮，并没有对政局产生多大影响。因为袁世凯允许人们对共和的怀疑、反对和攻击，但不允许劳乃宣、康有为等人主张的帝制复辟，这是由于劳乃宣、康有为主张的帝制复辟，是要复辟清帝，这与袁世凯自己想当皇帝的野心是矛盾和冲突的，他因而下令严加查办。真正对当时的政局产生过重大影响的是袁世凯亲自导

---

[1] 张东荪：《中国共和前途之最后裁判》，《正谊》第 1 卷第 3 号，1918 年 3 月 15 日。

演的帝制复辟思潮，如果说 1915 年之前，袁世凯迫于形势的压力，还不敢公开做皇帝梦的话，那么，进入 1915 年后，随着《大总统选举法》的制定和正式公布，袁世凯认为复辟帝制、自己当皇帝的时机已经趋于成熟，便暗示一些御用文人、部属爱将，或撰文主张变更国体，实行帝制，或写拥戴书、请愿书，拥戴自己更上一层楼，不当总统当皇帝。因而一时间，要求变更国体、复辟帝制的呼声甚嚣尘上，但其中真正有思想、有理论的文章，是杨度的《君宪救国论》和古德诺的《共和与君主论》。

杨度早年是立宪派的代表人物之一，曾崇尚德国首相俾斯麦国家主义的铁血政策，写过一篇长文《金铁主义说》，也对晚清中华民族观念的提出和发展做出过自己的贡献。1908 年 4 月，因奔丧从日本回国的他得到张之洞、袁世凯的联名保荐，以四品京堂候补的身份在宪政编查馆行走。从此，与袁世凯建立起了联系。他也特别欣赏袁世凯的办事能力，对袁怀有好感。民国建立伊始，杨度曾一度赞成共和，但随着民初的政治危机和社会危机的日益加深，尤其是袁世凯帝制自为的野心开始显露，他又回到了早年的政治立场，即主张君主立宪，并认为这个君主非袁世凯莫属。1915 年 4 月，他以问答体的体裁写了篇长文《君宪救国论》，分上、中、下三篇，上篇述君主立宪的理由，中篇论总统制的缺点，下篇批评清末预备立宪和民国初年的民主立宪。他开宗明义道："由今之道，不思所以改弦而更张之，欲为强国无望也，欲为富国无望也，欲为立宪国亦无望也，终归于亡国而已矣。"[1] 究其原因，就在于"共和之弊"。因为共和国民，习于平等自由之说，这就不可避免地会对政治，尤其是军事产生消极影响，军事讲求的是服从，是等级关系，这也是君主立宪的德国、日本能称雄于世界，而民主共和的法国、美国富而不强的重要原因。"共和必无强国，已成世界之通例。"法国、美国都不能强，更遑论各方面要比法国、美国落后的中国。所以，中国不改弦更张，则强国无望也。[2]法国、美国虽然不是强国，但是富国，"法、美所以致富者，其休养生息数十百年，无外侮内乱以扰之耳"。中国则不然，实行共和，必将内乱不止，而内乱愈多，"工商愈困，实业不振，富从

---

① 杨度:《君宪救国论》，载《杨度集》，第 566 页。
② 杨度:《君宪救国论》，载《杨度集》，第 566—567 页。

何来？"①所以，中国不改弦更张，则富国无望也。"共和政治，必须多数人民有普通之道德常识"，这样才能"以人民为主体"。但中国多数人民，不知共和为何物，亦不知所谓法律以及自由平等诸学说为何物，"骤与专制君主相离而入于共和，则以为此后无人能制我者"，于是随心所欲，无法无天，"其枭桀者则以为人人可为大总统，即我亦应享此权利，选举不可得，则举兵以争之耳"，其结果必然是天下大乱。而要避免这种大乱，"除用专制，别无他策"，所以今天中国虽然实行了总统制，也有了"《约法》及各会议机关，似亦近于立宪，然而立宪者其形式，专制者其精神也"。②而要真正实现立宪，就必须改弦更张，变共和制为君主立宪制，否则，立宪无望也。既然中国不能成为强国、富国是由于不能立宪，中国不能立宪，又是由于共和，废除了君主，那么，今欲"求富强，先求立宪，欲求立宪，先求君主故也"③。换言之，"非立宪不足以救国家，非君主不足以成立宪。立宪则有一定法制，君主则有一定之元首，皆所谓定于一也。救亡之策，富强之本，皆在此矣"④。

为了说明只有君主立宪才能救中国，杨度还对君主立宪制和民主共和制进行了比较，认为君主立宪制下的君主继承不会引起天下大乱，而民主共和制下的大总统继承则会引起天下大乱，这是君主立宪制优越于民主共和制的地方。为什么君主制不会引起天下大乱，而共和制则会引起天下大乱呢？其原因有四：第一，争君主地位的只有少数人，而争大总统地位的则是天下人；第二，继任大总统敌多而助少，继任君主则敌少而助多；第三，继任大总统因有比较而易起竞争，继任之君因无比较则可免竞争，能够自然归一；第四，继任大总统仍需以专制弭永久之乱，而继任之君，一因天下人或追思旧恩，或欢迎新泽，则不存在这一问题。"有此四者，故君主嗣位之时，决无如大总统继任时之变乱也。"⑤

中国要搞君主立宪，但世界上有两种君主立宪制度，一是以英国为代表

---

① 杨度：《君宪救国论》，载《杨度集》，第 567 页。
② 杨度：《君宪救国论》，载《杨度集》，第 568 页。
③ 杨度：《君宪救国论》，载《杨度集》，第 569 页。
④ 杨度：《君宪救国论》，载《杨度集》，第 573 页。
⑤ 杨度：《君宪救国论》，载《杨度集》，第 578 页。

的虚君制，即君主只是名义上的国家元首，国家的行政权力掌握在内阁手中；二是以德国和日本为代表的二元君主制，即君主不仅是国家元首，而且还是国家权力的独揽者。本卷第七章第一节中已经提到，早年立宪派和清政府关于立宪之争，其实质不是我们通常所认为的"真立宪"和"假立宪"之争，而是立什么样的宪之争，清政府主张的是君主大权独揽的二元君主制，而立宪派要求的是君主只是名义上的国家元首的虚君制。其时，作为立宪派的代表人物，杨度主张的也是英国的虚君制。但时移势异，这时的杨度主张的则是德国和日本的二元君主制。他一再强调："我国改为君主以后，其宪法宜取法普、日之间。"具体来说，中国宪法宜采普鲁士之法，略变通之，由君主提出，然后由议会讨论通过。"至于宪法之内容，如紧急命令权、非常财政处分权之类，则可采法日本。君主既有大权，又无蔑视民权之弊，施之今日中国，实为至宜。"① 与赋予君主大权相反，他认为，中国实行君主立宪，"人民之权利，国会之权限，所得几何，非今日所能预定。然有一至要之言曰：宁可少与，不可欺民"；假如人民日后认为权利太少，要求增多，"政府察其程度果进，不妨稍与之，免成反抗之祸"②。

以上就是杨度《君宪救国论》的主要内容。文章写好后，杨度托内史夏寿田转呈袁世凯。杨度提出的改共和为君主立宪、君主执掌大权、人民权利有限、国会权力有限的主张正合袁世凯的心意，故他不仅对此文大加"称善"，将它寄予段芝贵，让段芝贵"秘密付印，并分发各省文武长官参考"，广事传播，扩大影响，而且还亲笔题写"旷代逸才"四字，由政事堂制成匾额，赠予杨度，以资鼓励。得到袁世凯赠予的匾额，杨度受宠若惊，即刻上书袁世凯，称"赐题'旷代逸才'四字，当即敬谨领受。伏念度猥以微材，谬参众议，方惭溺职，忽荷品题，惟被饰之逾恒，实悚惶之无地。幸值大总统独膺艰巨，奋扫危疑，度得以忧患之余生，际开明之佳会。声华谬窃，反躬自疾弥多；皮骨仅存，报国之心未已。所有度感谢下忱，理合恭呈大总统钧鉴"。③

古德诺（Goodnow）是美国著名行政法学家，1913 年 3 月，他被袁世凯

① 杨度：《君宪救国论》，载《杨度集》，第 582 页。
② 杨度：《君宪救国论》，载《杨度集》，第 583 页。
③ 杨度：《谢袁世凯赠匾额折》，载《杨度集》，第 584—585 页。

聘请为法律顾问，这年 5 月，他到达北京，履行顾问的职责。1914 年 2 月，他在袁世凯的御用报纸《亚细亚日报》发表《总统制与内阁制之比较》一文，极力主张改行总统制，建立"稳固强硬之政府"。1914 年 8 月，他因故回国，直到第二年 7 月才返回北京。古德诺回到北京不久，便撰写了鼓吹变更国体、实行君主制的《共和与君主论》一文，并经法制局参事林步译成中文后，发表在 8 月 3 日的《亚细亚日报》上。他认为国体最根本的问题是政权的转移问题，"就政权转移问题观之，君主制所以较共和为胜者，必以继承法为最要之条件，即所谓以天潢之最长者为君主是已"。他在研究和总结了法国、美国实行共和制的成功经验和南美各国尤其是墨西哥实行共和制的失败教训后得出两点结论：第一，行共和制的国家，政权继承之问题要想得到妥善解决，"必其国广设学校，其人民沐浴于普通之教育，有以养成其高尚之智识，而又使之与闻国政，有政治之练习，而后乃可行之而无弊"。第二，民智低下的国家，人民平日很少参与政治，缺乏必要的政治智慧，如果不顾条件而"率行共和制，断无善果"。因为共和制下的大总统不是世袭制，其继承问题得不到妥善的解决，"其结果必流于军政府之专横。用此制者，虽或有平静之一时，然太平之日月，实与纷乱之时期，相为终始"。以此两点考察中国，他指出：中国数千年以来，狃于君主独裁之政治，学校阙如，大多数人民，知识程度不高，而政府又不许他们参与政治，故无研究政治之能力。四年前的辛亥革命，推翻清朝之后，国体"由专制一变而为共和"，脱离了中国大多数的人民知识程度不高、缺乏政治参与的国情，因而"难望有良好之结果者也。向使满清非异族之君主，为人民所久欲推翻者，则当日最善之策，莫如保存君位，而渐引之于立宪政治"。

古德诺进一步指出，辛亥革命后中国虽然建立起了共和制度，但"总统继承问题，尚未解决，目前之规定，原非美满，一旦总统解除职务，则各国所历困难之情形，行将再见于中国"。而只要大总统继承问题"酝成祸乱"，一时又无法扑灭，列强就很有可能进行干涉，"或驯至败坏中国之独立，亦意中事也"。所以他认为，"盖中国如欲保存独立，不得不用立宪政治，而从其国之历史习惯社会经济之状况，与夫列强之关系观之，则中国之立宪，以君主制行之为易，以共和制行之则较难也"。古德诺虽然认为，"中国如用君主制，较共和制为宜"，但他同时又指出：中国"由共和改为

君主"也存在着一定的困难，"而欲得良好之结果者"，就必须具备"下列
之要件"：一、此种改革不可引起国民及列强的反对，以免给列强的干涉提
供口实；二、君主继承之法律，要明确规定，从而"使嗣位之问题，绝无
疑义"；三、政府要有计划，"以求立宪政治之发达"，否则，"虽由共和变
为君主，亦未能有永久之利益"。他并再三强调："以上所述三种条件，皆为
改用君主制所必不可少。"①

与杨度不同，古德诺不仅是美国著名的行政法学家，而且还是袁大总
统袁世凯的法律顾问，如今他撰文主张中国变更国体，改共和为君主立宪，
这不仅说明他的主张是得到袁世凯授意的，而且也说明袁世凯要加快他实
现皇帝梦的步伐了。果不其然。1915 年 8 月 23 日，亦即古德诺的《共和与
君主论》公开发表后的第 20 天，在袁世凯的授意下，杨度联合孙毓筠、李
燮和、胡瑛和刘师培，并借重严复的大名，发起组织筹安会。由杨度撰写
的《发起筹安会宣言书》声称：辛亥革命时，国人激于情感，仓促之中，选
择了共和，而"于国情之适否，不及三思"，其结果导致了民国以来的社会
危机的日益加深，引起人们对中国能否实行共和的怀疑。近来南美洲、中
美洲各国因行"共和"陷于党争，甚至造成国家大乱，而作为世界上共和最
先达之国的美国大学者古德诺博士亦认为中国不适合共和，而主张变更国
体，实行君主立宪。他们发起组织筹安会的目的，就是要"纠集同志，组成
此会，以筹一国之治安，将于国势之前途及共和之利害，各摅所见，以尽
切磋之义，并以贡献于国民"②。第二天（24 日），筹安会又发出通电，要求
"各省将军、巡按使、都统、巡阅使、护军使，各省城商会，上海、汉口商
会"，"派遣代表来京"，讨论国体的变更问题。③ 筹安会打着"学术团体"的
招牌，以"君宪救国"相号召，公开为袁世凯复辟帝制摇旗呐喊。如果说
在此之前，无论是杨度，还是古德诺，他们鼓吹变更国体，打的还是学术
研究或讨论的幌子，那么自此以后，帝制派们鼓吹变更国体，改民主共和
为君主立宪，则已变成赤裸裸的政治诉求。同时，也将袁世凯帝制自为的

---

① 古德诺：《共和与君主论》，《东方杂志》第 12 卷第 10 号《内外时报·关于筹安会之辩论》，
  1915 年 10 月。
② 杨度：《发起筹安会宣言书》，载《杨度集》，第 585—586 页。
③ 杨度：《筹安会通电》，载《杨度集》，第 592 页。

阴谋大白于天下。1915 年 8 月 31 日，亦即筹安会宣布成立后的第 7 天，章士钊撰写《帝政驳议》一文，发表在 9 月 10 日出版的《甲寅》杂志第 1 卷第 9 号上。他开宗明义道："两月以前，愚作《共和平议》，稍稍著论，以明世俗厚诬共和之非。时帝政之说，初见根萌，杨度孙毓筠之流，传闻有密呈劝进，事为东京《朝日新闻》揭载，传笑外邦，杨孙恚焉，驰电辩正，曾几何时，前之讳饰而不肯承者，今且明目张胆，立会布词，号召党徒，唱和表里，此其故何与？"袁大总统也曾多次发表声明，说自己没有帝制自为之心，然而"口血未干，言犹在耳，而今竟以民主帝政见告，立会在政治首要之地，主事皆左右近幸之人，收集党徒，明谋不轨，内结轻佻无行之客，外连专阃强暴之夫，以遂其事。一时之间，奸言并进，叛国之说如云，而言官不敢言，法官不敢问，惟闻明抗者有显祸，阴拒者遭监视，外人之观国者，群谓苟叠达之期，行且不远"[①]。

杨度、古德诺等帝制派鼓吹变更国体，改共和为君主立宪的言论和行为，激起了坚持共和国体不能变的共和派的反对和批判，这其中既有原来的革命派，也有原来的立宪派，以及其他反对帝制复辟的人。本来自"二次革命"后从原来联合推翻清王朝而走向了分裂的原革命派和立宪派，在反对袁世凯帝制复辟的斗争中再次联合了起来。如《甲寅》杂志，是章士钊、陈独秀、谷钟秀等原革命派于 1914 年 5 月创办于日本的一份刊物，1915 年 5 月改在上海出版，杨度、古德诺的文章发表后，尤其是筹安会成立后，该刊成了反对和批判袁世凯帝制复辟思潮的重要阵地，在该刊发表文章的不仅有原革命党人，也有立场近于进步党的人士，如张东荪就有《宪法与政治》一文在《甲寅》杂志第 1 卷第 9 号（1915 年 9 月 10 日）上发表，章士钊本人也在该刊上发表了《共和平议》（第 1 卷第 7 号，1915 年 7 月 10 日）、《帝政驳议》（第 1 卷第 9 号，1915 年 9 月 10 日）和《民国本计论——帝政与开明专制》（第 1 卷第 10 号，1915 年 10 月 10 日）等文章。当时最有影响的文章是原立宪派代表人物、进步党领导人梁启超撰写的《异哉！所谓国体问题者》。民国建立后，梁启超曾一度提倡他早年就提倡过的开明专制论，其领导的进步党也曾一度与袁世凯打得火热，支持过袁世凯镇压"二

---

① 秋桐（章士钊）：《帝政驳议》，《甲寅》第 1 卷第 9 号，1915 年 9 月 10 日。

次革命"、取缔国民党、解散民二国会、实行个人独裁等一系列倒行逆施之举，但随着袁世凯帝制自为野心的逐步暴露，梁启超也对袁世凯提高了警惕。据梁启超自己说，早在 1915 年的正月，袁世凯的儿子袁克定有一天突然宴请他，当他到达宴请的地方时，杨度已先到，席间，袁克定和杨度"谈次历诋共和之缺点，隐露变更国体求余赞同之意，余为陈内部及外交上之危险。语既格格里不入，余知祸将作，乃移家天津"。古德诺的《共和与君主论》一文在《亚细亚日报》发表后，梁启超便在天津寓所连夜写就《异哉！所谓国体问题者》一文，对古德诺变更国体、改共和制为君主立宪制的言论进行了批驳。据说，袁世凯得知梁启超著文反对变更国体的消息后，便以梁太公七十（梁父其时六十六岁）大寿的贺礼为名，派人给梁启超送去 20 万元银票，但被梁启超断然拒绝，梁还将文章誊录一份寄给了袁氏。贿赂不成，袁世凯又派人威胁梁说："君亡命已十余年，此种况味，亦既饱尝，何必更自苦？"梁却笑答："余诚老于亡命之经验家也，余宁乐此，不愿苟活于此浊恶空气中也。"来者语塞而退。① 此后，梁又收到许多"意图架害"的匿名信件，而皆泰然处之，不为所动。《异哉！所谓国体问题者》首先刊发于 1915 年 8 月 20 日出版的《大中华》第 1 卷第 8 期上，接着又在 9 月 3 日的《京报》刊出。由于《大中华》是期刊，发行量不大，阅读人也不多，因而《异哉！所谓国体问题者》在该刊刊出后，没有引起多少社会反响。但《京报》不同，它是发行于北京的一份日报，读者众多，所以《异哉！所谓国体问题者》在该报发表后，立即引起了巨大的社会反响，《国民公报》《申报》《时报》《神州日报》《东方杂志》等各大报刊纷纷转载，一时洛阳纸贵。据上海《神州日报》1915 年 9 月 11 日 "北京通讯"的《国体声中之见见闻闻》披露：《异哉！所谓国体问题者》在 9 月 3 日的《京报》发表后，当日的报纸即"售罄无余。而凡茶馆、旅馆因无可买得，只可向人辗转抄读。又有多人接踵至该报请求再版。后因物色为难，竟售至三角，而购者仍以不能普及为憾。及次日《国民公报》转录，始少见松动。然《国民公报》因限于篇幅，不能登完，故四、五两日每至一机关一社会集合场所，则见彼此见面即问：'君有三号之《京报》否？今昨日之《国民公报》亦可。'于是，

---

① 梁启超：《国体战争躬历谈》，载《饮冰室合集》第 8 册，专集之三十三，第 143 页。

此两日《国民公报》之销场比之三号之《京报》又加多。盖传播绍介之力速于置邮。如此直至六日，购者仍接踵而至，而该报实已无余，乃宣言准于今日（七日）将梁氏之文单印发售。此两三日间，《国民公报》销路畅旺为向来北京报纸所未有"①。

　　这里需要指出的是，梁启超的《异哉！所谓国体问题者》虽然影响很大，并引起了袁世凯的高度重视，但就对袁世凯帝制复辟思潮的批驳而言，则又表现出了较大的软弱性和妥协性，以及对袁世凯所抱有的不切实际的幻想。该文的中心思想是认为，立宪与非立宪是"政体之名词"，共和与非共和是"国体之名词"，二者不能混为一谈，"只问政体，不问国体"，这是政论家必须"恪守"的原则，"无可逾越"。②如果"以为政体诚能立宪，则无论国体为君主为共和，无一而不可也；政体而非立宪，则无论国体为君主为共和，无一而可也"，所以该文反对通过变更国体，来达到变更政体的目的："谓欲变更政体，而必须以变更国体为手段，天下宁有此理论？"③该文在批驳古德诺变更国体、改共和制为君主立宪制的言论的同时，又花费了大量的笔墨，苦口婆心地劝告袁世凯要遵守自己的承诺和声明，当好自己的大总统，不要听信古德诺辈的鼓动，变更国体，帝制自为，否则，将对不起国民对他的信任，也对他本人有害无利。梁启超并不完全反对帝制复辟，认为"欲帝政之出现，惟有二途"：其一，今大总统内治修明之后，百废俱兴，家给人足，整军经武，尝胆卧薪，遇有机缘，对外一战而霸，功德巍巍，亿兆敦迫，受兹大宝，传诸无穷。其二，经第二次大乱之后，全国鼎沸，群雄割据，剪灭之余，乃定于一。他不赞成第二途，而认为第一途是可能的，并对袁世凯充满希望："独至第一途，则今正以大有为之人，居可有为之势，稍假岁月，可冀旋至而立有效，中国前途一线之希望，岂不在是耶？"所以，他一再强调："吾侪国民之在今日，最宜勿生事以重劳总统之忧虑，俾得专精一虑，为国家谋大兴革，则吾侪最后最大之目的，庶几有实现之一日。"④为此，章士钊专门写了篇《评梁任公之国体论》，发

---

① 北京通讯：《国体声中之见见闻闻》，上海《神州日报》1915 年 9 月 11 日。
② 梁启超：《异哉！所谓国体问题者》，载《饮冰室合集》第 8 册，专集之三十三，第 85—86 页。
③ 梁启超：《异哉！所谓国体问题者》，载《饮冰室合集》第 8 册，专集之三十三，第 88—89 页。
④ 梁启超：《异哉！所谓国体问题者》，载《饮冰室合集》第 8 册，专集之三十三，第 94—95 页。

表于 1915 年 10 月 10 日出版的《甲寅》杂志第 1 卷第 10 号上，就《异哉！所谓国体问题者》的一些观点提出了商榷。他在充分肯定了该文的重大影响后写道："顾其文不免有斧凿之痕，启人疑虑。颇闻人言，梁先生草此文，凡数易稿，初稿之词，最为直切，亲爱者以为于时未可，点窜涂改，以成今形。兹虽于大体无病，而悠悠之口，乘间抵巇，肆其毁疵，是诚不可以不辨。"①

如何评价梁启超的《异哉！所谓国体问题者》及其影响和作用？学术界历来存在着下述两种观点。一是基本否定的观点，认为《异哉！所谓国体问题者》主要体现了梁氏根深蒂固的帝制思想，"文章根本没有反对帝制，通篇所谈都是现在变更国体不合时宜"，甚至认为梁启超"不是什么反帝制派，而是货真价实的帝制派；他不是主张清室复辟的旧帝制派，而是倡导袁世凯称帝的新帝制派"。②现在持这种观点的人已不多。二是全盘肯定的观点，认为《异哉！所谓国体问题者》是批袁世凯帝制复辟的檄文，正是在该文的影响下，才有护国战争的发生，甚至认为该文对筹安会和袁世凯称帝的打击，不下于蔡锷领导的护国之役，如《北洋军阀史话》的作者就持这种观点，这种观点得到了越来越多的人的认同。对上述这两种观点本书都不太赞同，因为如前所述，《异哉！所谓国体问题者》批驳了古德诺的变更国体的主张，有反对帝制复辟的积极意义，这不能否定；但同时又表现出了较大的软弱性和妥协性，以及对袁世凯所抱有的不切实际的幻想，这同样是客观存在的事实。《异哉！所谓国体问题者》发表后之所以能引起巨大的社会反响，极大地推动了反对袁世凯复辟帝制思潮和运动的发展，最根本的原因，就在于梁启超自戊戌变法以来就执中国思想界之牛耳，加上他的文笔又十分优美，说理娓娓道来，深入浅出，很有吸引力，因而拥有粉丝无数，如今他第一个（在此之前，反对和批驳帝制复辟的文章，都没有公开点杨度或古德诺的名，更很少涉及袁世凯）公开站出来反对变更国体，反对袁世凯复辟帝制，就不能不在社会上产生巨大的影响力。借用章士钊的话说："梁任公先生号为言论之母，今于国体论'甚嚣尘上''八表同昏'之时，

① 秋桐（章士钊）：《评梁任公之国体论》，《甲寅》第 1 卷第 10 号，1915 年 10 月 10 日。
② 杨维骏：《蔡锷的政治倾向》，《云南社会科学》1983 年第 2 期；孟祥才：《梁启超传》，北京出版社，1980，第 202—203 页。

独为汝南晨鸡，登坛以唤，形大而声宏，本深而末茂，其所以定民志、郛
众说者至矣。"[1]梁启超的弟子蔡锷也曾指出："帝制议兴，九宇晦盲，吾师新
会先生居虎口中，直道危言，大声疾呼，于是已死之人心，乃振荡而昭苏。
先生所言，全国人人所欲言，全国人人所不敢言，抑非先生所言之，固不
足以动天下也。"[2]

概而言之，以章士钊、梁启超为代表的反对变更国体的共和派主要从以
下两个方面批驳了杨度、古德诺等帝制派提出的变更国体、改共和为君主
立宪的思想和主张。

首先，批驳了杨度、古德诺等人提出的君主制优越于共和制的奇谈怪论。

杨度、古德诺等帝制派之所以主张变更国体，改共和制为君主立宪制
的一个重要理由，就是民主共和制下的总统继承易生变乱，而君主立宪制
下的君主继承则变乱不易发生，如古德诺就认为，"继承确定一节，实为君
主制较之共和制最大优胜之点"。但在章士钊看来，"夫继承一事，诚不得
谓非君主制中之一问题"，更不能与其制度的优劣挂起钩来。因为无论是君
主制，还是共和制，都有法律的继承规定，是否引起变乱，与其是共和制
还是君主制无关，共和制下的总统继承有引起变乱的，也有没引起变乱的，
君主制下的君主继承也是一样。[3]汪馥炎同样认为，无论是共和制，还是君
主制，实际上都有可能发生对继承权的争夺，只是"前者之祸，隐于宫闱之
间，常不易见；后者之害，表于大庭之众，皆见其危。前者防乱似密，而
爆祸愈烈；后者竞争虽厉，而衡抵以平"。他尤其重点批驳了那种认为君主
继承制之所以优越于总统继承制的理论依据：即所谓名与权之分。这一理
论认为，天下最引羡慕的是名与权，如果名与权集中于一人，则必然引起
政治竞争，欲免除此祸，最好的方法就是把名与权分开。而在君主立宪国，
君主常有名无权，而内阁则有权无名，"故君主之名，只为人所敬礼，内阁
之权，纵有更迭，尝不及于君身，而君位以安"。但在汪馥炎看来，这一理
论"似将名权之界，分晰太清"。实际上，名与权的关系，是制度的安排问
题，民主共和制下的总统，有大权在掌的总统，也有仅名义上是国家元首

① 秋桐（章士钊）：《评梁任公之国体论》，《甲寅》第 1 卷第 10 号，1915 年 10 月 10 日。
② 蔡锷：《盾鼻集·序》，载《饮冰室合集》第 8 册，专集之三十三，第 1 页。
③ 秋桐（章士钊）：《帝政驳义》，《甲寅》第 1 卷第 9 号，1915 年 9 月 10 日。

的总统；君主立宪制下的君主亦然，这与国体是民主共和制还是君主立宪制没有必然联系。而且也并非共和制就会引起总统继承上的政治动乱，如"美利坚建立共和，累选总统，曾不闻有骚乱之举"。更何况总统是有任期的，取舍操之国民，总统称职，国民就会选他；不称职，国民就不会选他，他亦就不能继续当总统，这要比君主制下君主"世及万系"、即上台下台不取得于国民的选举要更优越。因此，那种认为君主立宪制下的君主继承必然优越于民主共和制下的总统继承的观点，是根本站不住脚的。[①]梁启超也指出，综观历史，既不乏共和制下因总统继承而引发的动乱，也不乏君主制下"陈尸在堂，称戈在阙者"，由此可知"国家安危治乱之所伏固别有在，而不在宪典形式上之共和君主明矣"。[②]他还指出，根据变更国体论者的理论，君主立宪制之所以优越于共和制，是因为在君主立宪制下君主有名无权，权力掌握在责任内阁手中，那么，现在变更国体就有一个棘手的现实问题需要解决，即：如果变更国体后的君主是现任大总统袁世凯，袁世凯会放弃他已执掌的大权而成为一个有名无权的"虚君"吗？如果于"今大总统以外而别熏丹穴以求得之"，那又"将置今大总统于何地"？[③]张东荪对君主制的危害作了揭露，他指出：一国之安靖，在于政治修明，而不在于一人的贤明，更不在于明定"继承之法"，君主制的最大危害，是人治而非法治，一个君主的贤明，并不能保证他的子子孙孙都贤明，保证他的子孙不为恶，一旦为恶，就会造成政治动乱，甚至引发暴力革命。[④]作为一个政治学家，周鲠生从理论和实用两个方面比较了共和制和君主制的优劣。就理论而言，"共和政治较君主政治为自然，而最合于社会进化之原则者也"；从实用来看，"则君主政体之大弊害，共和政体无之；而所谓君主政治之长处，则亦可于共和政治求得之"。由此两方面比较，周鲠生得出结论："共和政体均优于君主政体。"[⑤]

杨度、古德诺等主张变更国体的帝制派还"盛引墨西哥之五总统争立，

---

① 汪馥炎：《国体最终之评判》，《甲寅》第1卷第10号，1915年10月10日。

② 梁启超：《异哉！所谓国体问题者》，载《饮冰室合集》第8册，专集之三十三，第92页。

③ 梁启超：《异哉！所谓国体问题者》，载《饮冰室合集》第8册，专集之三十三，第89页。

④ 张东荪：《对于古博士国体论之质疑》，原载《神州日报》，后为美国传教士李佳白所办《尚贤堂纪事》第6卷第9期转载，1915年9月。

⑤ （周）鲠生：《共和政治论》，《甲寅》第1卷第10号，1915年10月10日。

及中美南美葡萄牙之丧乱，以为共和不如君主之铁证"①。对此，反对变更国体的共和派进行了批驳。梁启超《异哉！所谓国体问题者》指出，墨西哥之所以会发生五总统争立的变乱，其原因在于爹亚士统治墨西哥期间，"假共和之名，行专制之实"，其在职三十年，不是想方设法"培养国本"，而是为了"固位之计，拥兵自卫，以劫持其民"。他担心"军队之骄横"，不忠于自己，便"常挑间之，使互相反目，以遂己之操纵，摧锄异己，惟力是视"。对于爱国之士，他"或贿赂以变其节，或暗杀以戕其生"。他又"好铺张门面，用财如泥，外则广借外债，内则横征暴敛，以致民穷财尽，无可控诉"。早在十年前，梁启超就预测过，"彼（指爹氏）死之后，洪水必来"，这与国体是共和制还是君主制没有必然联系。实际上，"由爹氏之道以长国家，幸而托于共和之名，犹得窃据三十年，易以君主，恐其亡更早矣"。至于中美南美诸国，其历代总统，也和爹氏一样，"皆以武力为得位之阶梯，故武力相寻无已时"，名为共和，实为专制，这是引起变乱的重要原因，而非共和引起变乱。葡萄牙变乱时实行的是君主制，是因为变乱才改为共和。以葡萄牙为例，"谓共和必召乱，而君主即足以致治天下"，这根本是站不住脚的！主张变更国体论者说共和制下的总统选举必然会引起人们对总统之位的竞争，从而引起变乱，但波斯、土耳其、俄罗斯都不是共和制的国家，而实行的是君主制，不存在选举总统的问题，然而"试一翻"它们"近数十年之历史，不乱者能有几稔"。所以，一个国家的治与不治，乱与不乱，"什九恒系于政象，而不系于国体"，我们不能因某些实行共和国体的国家发生了变乱，就据此得出君主制优越于共和制的结论。②章士钊在引述了英国著名学者蒲徕士所著《南美》一书的主要内容后指出，以中南美一些国家的变乱说明共和制不如君主制的观点是不能成立的，因为：第一，中南美实行共和制的国家众多，情况也很复杂，"决非尽恶，第其品级"，可分为"上下中"三种类型，我们不能以"下"这一种类型"乃骂倒全体，指为殷鉴，借作推倒共和之资"。第二，"共和有名有实"，像墨西哥的爹亚士那样，"以共和之名，行无道君主之实者，不得蔽罪共和"，共和

---

① 梁启超：《异哉！所谓国体问题者》，载《饮冰室合集》第 8 册，专集之三十三，第 92 页。
② 梁启超：《异哉！所谓国体问题者》，载《饮冰室合集》第 8 册，专集之三十三，第 92—93 页。

不能为其假共和、真专制担当责任。第三，"共和之弊，只宜于本身救之"。
否则，"古代武断压制之习，为有识者想像之所不及"。他还详细考证了墨
西哥实行共和的历史，并得出结论："凡右所言，皆以明共和无害于墨西哥，
而爹亚士之败，绝非行共和制之所致"，是他"假共和之名，行专制之实"
的结果。[①]

其次，批驳了杨度、古德诺等人提出的共和制不适于中国的观点。

杨度、古德诺等帝制派之所以主张变更国体，改共和制为君主立宪制的
另一个重要理由，是认为共和不适于中国。其观点之一，是说中国人民的
程度不够。对此，章士钊批驳道："今之主张毁弃共和者，大抵蔽罪于中国
人民程度不足。"实际上，所谓程度，乃"比较之词，非绝对之义"。说中
国国民知识水平普遍偏低，还达不到"普通选举之域"，这也许是事实，但
"谓国中乃无一部分优秀分子，可得入于参与政事之林，无论何人，所不能
信"。退一步说，即便承认中国人民程度低，不能实行民主共和，那同样也
不能实行君主立宪，因为君主立宪也"终不得不恃人以为治也"。在章士钊
看来，"理想中之立宪政治，初不以普通民智为之基，而即在此一部优秀分
子之中，创为组织，使之相观相摩，相质相剂，此其基本人物，与世俗所
称开明专制，不必有殊"[②]。林平同样认为，"民智云者乃相对之词，决非绝
对之词"。我国民的民智，固不得以高尚概之，然而一概斥之为低下，"于
理亦未当"。因为"一国之人民，必有一部分优秀特出之分子，断无有通国
皆愚，即亦不能遂言通国皆智，其理一也"。其实，东西洋各立宪国，平时
参与国事发表政见的，并非是一国的全体人民，而只是全体人民中的一部
分或一小部分。"是知民智无绝对之善，亦在其国中一部分之优秀分子，指
导之，纠正之，固不能执比户之氓，尽强其论政也。"[③]汪馥炎强调，"人民
之程度"是没有统一之标准的，"以天演之理例之，人之性不能不为群，群
之治不能不日进，即群即治，即治即进，若程若度，高广无涯，不得足，
且亦无所谓足也。盖足不足云者，无从标其一定之界，而谓达其界谓之足，
不达其界则谓之不足也"。如果像杨度、古德诺所说的那样，人民之程度不

---

① 秋桐（章士钊）：《帝政驳义》，《甲寅》第 1 卷第 9 号，1915 年 9 月 10 日。
② 秋桐（章士钊）：《共和平议》，《甲寅》第 1 卷第 7 号，1915 年 7 月 10 日。
③ 林平：《古德诺博士共和与君主论质疑》，《甲寅》第 1 卷第 9 号，1915 年 9 月 10 日。

适于共和，那么，同样的人民之程度，怎么又能适于君主立宪呢？实际上，与君主立宪比较，共和更有利于人民之程度的提高和发达。因为在共和制度下：第一，国家与政府之界限较易体认；第二，总统之专制较之君主为易铲除；第三，人民在国家之地位尝立于主观，而非客观；第四，政治上有自觉之心，则社会上生平衡之力。"凡此数者，皆非伏处君主之朝所易灿发也。"他并引用华龙光发表在上海《神州日报》上的一篇论国体文章的话说："西哲有言，缺陷者圆满之券也。"正因为有"缺陷"，所以人们要努力奋斗，提升自己，以实现圆满之望，"今人心中已无丝毫之缺陷，更安复有圆满之望乎？"① 周子贤同样强调，共和国家，直接与人民之程度有关系的是两件事：一则议会立法，一则总统选举。"前者虽君主立宪国亦然。后者则共和国所独有，而其为人民之政治运动一也。若谓民化未开，则后者难行，彼前者又安见其当。"② 由此可见，人民之程度不能成为共和不适于中国的理由。张东荪也指出：如果像古德诺所指出的那样，由于中国未厉行教育，中国人民的程度普遍偏低，无法参政议政，那么，"夫未厉行教育者，惟有厉行教育而已"。否则，"若变本加厉，改为专制，适以促成内乱"。③

杨度、古德诺等帝制派认为共和不适于中国的观点之二，是说中国国土过大。针对这一观点，章士钊在《共和平议》一文中写道：说"中国地大，不适于共和"，这不是什么新东西，而是自前清立宪运动发生以来"蔽罪共和之最有力"的言论，其说源自法国的卢梭，"谓二万人口之小国，始能布设共和之政"，而大国则不太适宜。从此，这就成了反对共和的一条"坚结"理由，"不独吾国人持之"，如在法国，拿破仑第三炙手可热之时，参议院承其意旨，草为劝进之表，即"祖述卢梭，以为佐证"。在中国，早年康有为反对孙中山的民主共和主张，其理由也是引卢梭之言，说中国太大，如果实行共和，只会引起天下大乱。实际上，国乱与否，与国大国小无必然联系，小国而乱的不乏其例，国大而治的也不乏其例。"卢梭之讴歌小国者，彼乃有特别理想为之前提。"一是认为国大易起商业竞争，二是国大很难实

---

① 汪馥炎：《国体最终之评判》，《甲寅》第 1 卷第 10 号，1915 年 10 月 10 日。

② 周子贤：《中国国体论》，《甲寅》第 1 卷第 9 号，1915 年 9 月 10 日。

③ 张东荪：《对于古博士国体论之质疑》，原载《神州日报》，后为美国传教士李佳白所办《尚贤堂纪事》第 6 卷第 9 期转载，1915 年 9 月。

行直接民权。然而事实已经证明，卢梭的这两点都值得商榷，其观点不能作为中国不能实行共和的理由之一。①

杨度、古德诺等帝制派认为共和不适于中国的观点之三，是说民国以来共和试验的失败，已经证明共和不适于中国，借用章士钊《共和平议》一文中的话说："蔽罪共和之最有力者，犹有一说，则共和已经试验，确见其不适于吾是也。"对此，章士钊问道：民国以来什么时候真正试验过共和？如果说是在"二次革命"之前，但那时的"政象之纠纷，首由反抗共和之大力，从而鼓荡"，和试验共和没有关系；如果说是在"二次革命"之后，但之后的"政迹不含一丝共和之意"，也没有真正试验过共和；共和既然没有试验过，也就不存在失败或不失败的问题，更不能由此得出共和不适于中国的结论。实际上，"无论何种政制，未有行之绝无弊者"，而且其弊究竟有多大，亦未可料，人们所能做的，就是"精心以行其制，竭力以防其害已耳。而行而防，而防而行，展转相促，斯谓进步"。今有人追论民国元、二年之政象，谓某种为共和所种之毒，某种为共和所生之疣，"即事论事，愚则岂敢否认"，但如果就此认为共和试验已经失败，因与事实不符，就不能不提出质疑。"夫共和表征，最为人所集矢者，宜莫若国会。"但平心论之，国会并没有根本违背共和的原则，民初国会被人最为诟病的是它的乱象，然而"叫嚣嗔突者，国会之恒态也。英之巴力门，可谓高矣，愚曾观之，而其争不已。日本之帝国议会，亦经训练二十余年矣，今年开会，犹几不免于挥拳"。中国开第一次国会时，争论双方"相持之急"下，"所传者亦不过拍案掷墨盒而止"。我们只要翻一翻各国的议会史，此类之事，不胜列举。为什么同样的事发生在别国是正常现象，发生在中国就"仿若已犯天下之大不韪"了呢？回答只有一个，即借此说明中国不适于共和，从而为变更国体提供其理论支撑。② 汪馥炎在《国体最终之评判》一文中也对民国以来共和试验已经失败的观点进行了批驳，他指出"吾国国体，名虽共和，而实与共和之本质，相去千里"，所以民国以来政治乱象的层出不穷，社会危机的日益严重，都与共和没有任何关系，而是实行假共和、真专制

---

① 秋桐（章士钊）:《共和平议》,《甲寅》第 1 卷第 7 号，1915 年 7 月 10 日。
② 秋桐（章士钊）:《共和平议》,《甲寅》第 1 卷第 7 号，1915 年 7 月 10 日。

造成的恶果。"天下许多罪恶，皆缘共和二字以行，吾知稍有人心者，固未尝不痛心疾首，欲替共和呼冤也。"我们不仅不能由此得出民国以来共和试验的失败已经证明共和不适于中国的结论，相反它说明只有实行真正的共和，才有可能减缓日益严重的社会危机，也才有可能真正救中国。[①]

就以上章士钊、梁启超等反对变更国体的共和派对于杨度、古德诺等帝制派提出的变更国体、改共和为君主立宪之思想和主张的批驳来看，应该说是有理有据的，尤其是对帝制派所提出的民国以来共和试验的失败已经证明共和不适于中国之观点的批驳，具有重要的历史意义。因为自民初以来，凡是反对在中国实行民主制度的人，包括以后上台执政的国民党，都是以民初共和试验的所谓失败已证明西方的民主制度不适于中国为理由，反对在中国实行西方的民主制度，而在章士钊等人看来，民初实行的是假共和，真专制，既然民初并没有真正试验过共和制度，也就不存在西方的民主制度不适于中国的问题。这就使那些反对在中国实行西方的民主制度的人所提出的理由失去了存在的可能性。当然，他们的批驳也反映出了他们的一些错误观念，至少是不太正确的观念。比如，他们在批驳帝制派提出的中国人民程度低下、达不到实行共和之要求的观点时，一方面，他们正确地指出，所谓程度，是"比较之词，非绝对之义"，人民的程度会随着共和的实践而得到提高；但另一方面，他们又错误地认为，共和只需要国民中的一部分人或一小部分人有知识就行，而广大国民有无知识、程度高低与否，与共和制的实行没有必然的联系，因为参政议政只是小部分人的事，广大国民无与焉。这是一种典型的精英治国论思想，是对人民参政议政权的忽视。

在批驳杨度、古德诺等帝制派提出的变更国体、改共和为君主立宪之思想和主张的同时，章士钊、梁启超等反对变更国体的共和派还阐述了不能变更国体的理由。

章士钊之所以反对变更国体，改共和为君主立宪，他提出了三条理由：（一）帝王乃历史上之产物，非如饼师作饼，可以顷刻而成。今后之中国，既无人焉，有可为帝王之资，何能复为君主国。（二）在君主思想盛行的时

---

① 汪馥炎：《国体最终之评判》，《甲寅》第 1 卷第 10 号，1915 年 10 月 10 日。

代，"一君统亡，一君统起"，是自然而然的事情。"而今非其时，大抵君权之存，存于人民之迷信"，随着清王朝的被推翻，人民对君权的迷信早已打破，因而也就再没有帝制复辟的理由和可能。（三）中国当时是"内忧外患，险象环生，国家实无余力更容变乱"，如果像杨度、古德诺主张那样变更国体，以君主立宪制取代共和制，必然会引发动乱，甚至革命，从而给人民的生命财产造成重大损失。正是基于上述三个原因，清末时主张君主立宪的人，此时也反对变更国体，搞帝制复辟。[①] 周子贤认为，"变共和为君主"，会对"外交"和"内治"产生十分不好的"恶影响"。就对"外交"的"恶影响"而言，他指出：现在已不是闭关锁国时代，而是世界大交通时代，"试问今后产出之新帝国，其不欲列强承认耶？抑欲之耶？如曰欲之，其能无条件得其承认耶？抑将供牺牲而后得之耶？"中国不仅是一个弱国，而且还处于"多事之日"，列强一定会趁新帝国要想得到承认之机，开出十分苛刻的条件，"以填其欲壑"，从而使中国的权利受到严重损害。这也是被民国成立以来，俄国、英国和日本以中国放弃蒙古、西藏和铁路关税主权换取它们的所谓支持所一再证明的事实。"吾不知中国尚有几何蒙古、几何西藏、几何铁道关税，足餍列强之欲，而买帝国之名也。"从对"内治"的"恶影响"来看，他指出："变共和为君主"对"内治"的"恶影响"主要表现在以下几个方面："一曰内乱之窃发也"，"一曰边陲之多故也"，"一曰财政整理之困难也"；"夫内乱频繁，则人心摇；边陲纷扰，则疆圉危；财政紊乱，则国用不足"。其结果，有识之士多年奔走呼号的"所谓扩充军备，普及教育，发达交通，振兴实业诸大端，势必付诸空文，成为画饼"，中国亦只能"偷安旦夕，坐以待亡而已"。正因为"变共和为君主"会对"外交"和"内治"产生十分不好的"恶影响"，所以他反对杨度、古德诺等帝制派提出的变更国体的主张。[②]

章士钊和周子贤都曾参加过二次革命，属于革命派。那么，清末时的立宪派以及其他人反对变更国体的理由又是什么呢？民国建立前后曾力主开明专制论的汪凤瀛在《致筹安会书》中提出了变更国体的"七不可论"：袁

---

① 秋桐（章士钊）：《帝政驳义》，《甲寅》第 1 卷第 9 号，1915 年 9 月 10 日。
② 周子贤：《中国国体论》，《甲寅》第 1 卷第 9 号，1915 年 9 月 10 日。

大总统曾多次信誓旦旦地表示，要坚持共和，决不帝制自为，一旦变更国体，改共和制为君主制，将使大总统"失大信于天下，悖礼伤义，动摇国本。一不可也"。孙中山、黄兴发动二次革命的理由，是说袁大总统有复辟帝制之心，一旦变更国体，改共和制为君主制，将证明孙、黄发动二次革命的理由是成立的，"天下皆将服孙黄辈有先见之明，顿长其声价，增其信用，是不啻代孙黄洗其谋乱之罪，俾死灰得以复燃。二不可也"。中国有数千万的侨民，这些侨民受西方文化的长期影响，都崇尚共和，反对君主制度，这也是他们长期支持孙中山、黄兴从事反清革命的重要原因，一旦变更国体，改共和制为君主制，现政府将"大失数千万华侨之心理"，并将他们再次推向孙中山、黄兴一边，"使为孙黄之外府，隐助以无限之资财。三不可也"。辛亥革命时，为劝告清帝退位，与其达成优待条件，允许清帝继续使用帝号，如果变更国体，改共和制为君主制，就必然要剥夺清帝帝号，这不仅会"寒满族之人心"，而且亦将大失信于天下，"恐天下从此多事矣。四不可也"。目前中国国穷民贫已到极点，一旦变更国体，改共和制为君主制，就"不得不厚增赋税，繁征苛敛"，"以私天下之故"，加重国民负担，"天道好生，必有尸其咎者矣，五不可也"。现在的官员，大多是忠于民国的，也是愿为民国服务的，一旦更改国体，改共和制为君主制，这些官员"势必洁身引退"，那些"留而不去者"，都是一些"贪荣嗜利寡廉鲜耻之徒"，他们既不爱国，也决不会爱君，"使当国者但与此辈为缘，共图治理，不独义安无望，抑且危险实多。六不可也"。中国积弱积贫，军队落后，目前应付外患都"情见势绌"，一旦变更国体，改共和制为君主制，那些向来对我"虎视眈眈"的列强，很有可能乘机"借词干涉，别有所挟"，甚或瓜分中国，"公等当此，将何以为计乎？七不可也"。有这"七不可"，所以尽管他曾于民国建立前后极力主张过开明专制，但随着形势的变化，他现在反对变更国体，改共和制为君主立宪制。[①] 如前所述，梁启超反对变更国体的一个重要理由，是认为"国体之为物，既非政论家之所当问，尤非政论家之所能问"。为什么说不当问呢？因为当国体处于彷徨歧路之时，政治之

---

① 汪凤瀛：《致筹安会书》，《东方杂志》第 12 卷第 10 号《内外时报·关于筹安会之辩论》，1915 年 10 月。

一大部分，"恒呈中止之状态"，这时候如果政论家进而涉及国体问题，容易"导之以入彷徨歧路"，这就像"欲陟而捐其阶，欲渡而舍其舟"一样，"先自坏其立足之础"。为什么说不能问呢？因为国体之由甲种而变为乙种，或乙种复变为甲种，"其驱运而旋转之者，恒存乎政治以外之势力"。如果时机未到，绝不是政论家之赞成就能促进的；如果时机已至，又绝不是政论家之反对就能制止的。"以政论家而容喙于国体问题，实不自量力之甚也。"在他看来，不仅政论家，就是"实行之政治家"，也不应轻易地涉及国体问题，而应"在现行国体基础之上，而谋政体政象之改进，此即政治家唯一之天职也。苟于此范围外越雷池一步，则是革命家之所为，非堂堂正正之政治家所当有事也"。正是基于上述认识，梁启超一再强调："鄙人生平持论，无论何种国体，皆非所反对，惟在现行国体之下，而思以言论鼓吹他种国体，则无论何时，皆反对之。"[1] 在发表《异哉！所谓国体问题者》同一期（第 1 卷第 8 期）的《大中华》杂志上，梁启超还发表有《国体问题与外交》一文，主要从外交的角度阐述了他反对变更国体的理由。他指出，变更国体会产生两个非常不利的结果：一、会使中国失去参加"欧战"后举行的和平会议的机会，从而将国家的命运交于别人（日本）之手。虽然欧战期间，欧洲列强无暇东顾，不会干涉我国的国体变革，但是欧洲列强"既无干涉之余暇，则亦必无承认之余暇"。因此，即使列强欲正式承认我国变更国体，也必须要等到欧洲和平会议结束之后。而变革国体未经列强正式承认，那就意味着我国将失去"国际团体之资格"；失去了"国际团体之资格"，那也就意味着我国不可能参加讨论"远东问题"的战后和平会议。这样，"恐有自命为远东主人翁者代表我以解决一切，则吾国其从兹已矣"。二、会导致国家的动乱。虽然欧美列强无暇干涉我国的国体变更，但"我肘腋间之一国"既有承认之余暇，也有干涉之余暇，一定会趁此机会谋取更多的"交换利益"，如果"新皇室"不答应它提出的交换条件，即使它"不必积极的干涉"，也会采取"消极的不承认"的态度，这将使"新皇室其既肝食矣"；如果"新皇室"答应它提出的交换条件，那么本来就对这国怀有"恶感"的国民将会把"恶感"发泄到"新皇室"身上，"则新皇室之

---

[1] 梁启超：《异哉！所谓国体问题者》，载《饮冰室合集》第 8 册，专集之三十三，第 86 页。

府怨于民"，在这种情况下，"而谓能长治久安，吾未之前闻"。①

　　章士钊、梁启超等反对变更国体的共和派对袁世凯帝制复辟思潮的批驳以及他们所阐述的之所以反对变更国体的理由，极大地打击了主张变更国体的帝制派的气焰，促进和推动了维护共和国体、反对帝制复辟运动的发展。当然，也遭到了袁世凯当局的钳制和镇压，不仅一些刊发反对帝制复辟文章的报刊被查封，如《甲寅》杂志因集中发表反对和批判袁世凯帝制复辟思潮的系列文章，出版至第 10 期（1915 年 10 月 10 日）即被当局查禁，当时被禁或限制发行的报刊还有上海的《中华新报》《时事新报》《爱国报》，广州的《觉魂报》《通报》等，而且一些反对帝制复辟的报刊作者、编辑也因此受到迫害，如广州《觉魂报》的四名编辑因编发批评帝制的文章被传讯，上海《爱国报》的主笔王血痕因该报发表何海鸣的社论《失态之政府》、指责袁政府为"叛国之万恶政府"而被押送会审公廨"讯办"，发行人简书等潜逃，广州《通报》主笔朱通儒因为发表反对帝制的消息被通缉。梁启超因名气太大，袁世凯还不敢公开加害于他，但对他的一举一动则派人严加监视，用梁启超自己的话说：袁世凯派的"侦探固日日包围于吾侧也"②。在钳制和镇压反对帝制复辟之言论的同时，袁世凯也加快了其帝制复辟的步伐。1915 年 12 月 25 日，袁世凯在北京宣布接受帝制，变更国体，改中华民国为洪宪帝国。维护共和国体、反对帝制复辟的护国战争也因此而打响。此前发表文章反对和批驳帝制复辟思潮的梁启超、章士钊等人都纷纷投入到了护国战争之中，以对洪宪帝制的武器批判取代了批判帝制复辟的思想武器。梁启超策动弟子蔡锷潜回云南，宣布独立，并且出兵讨袁，打响了护国战争的第一枪。护国战争打响后，梁启超帮助护国军拟定计划，起草文告；又与广西都督陆荣廷秘密联络，促其独立；1916 年 5 月 6 日，军务院在广东肇庆成立，梁启超任抚军兼政务委员长，在职期间，军务院的布告、文电大都由梁启超亲自执笔。章士钊也自始就参加了护国战争，肇庆军务院成立后，他出任军务院秘书长，并兼两广都督司令部秘书长。此前共同撰文反对和批驳帝制复辟思潮的原革命派和立宪派，在反对袁世凯帝

① 梁启超：《国体问题与外交》，载《饮冰室合集》第 8 册，专集之三十三，第 98—99 页。
② 梁启超：《国体战争躬历谈》，载《饮冰室合集》第 8 册，专集之三十三，第 143 页。

制复辟的战争中再次实现了联手。与此同时，以孙中山为代表的另一部分原革命党人（中华革命党），也自始就投入到了反对袁世凯帝制复辟的斗争之中。正是在原革命派、原立宪派以及全国人民的共同反对下，袁世凯的皇帝梦仅仅做了 83 天，便不得不宣布终结，护国战争取得阶段性胜利。

第四节　中国向何处去？社会危机下思想界的思考与选择

一、对抗论与调和立国论

对抗论，首先是由梁启超提出来的。1913 年 1 月 1 日，梁启超在第 1 卷第 3 号的《庸言》上发表《政治上之对抗力》一文。该文的起首便写道：电有正负，才能成其电，否则，"断其负线，则仅一正线，不能以发电也"。力有吸拒，吸者自吸，拒者自拒，吸与拒交尽其用，宇宙才能相与维系于不敝，如果"两者有一弛，则乾坤或几乎息矣"。机器要有发动机，有制动机，"轮轮相属，而轮各有牙以锁之，才能运转，非是，则机终不能为用矣"。这就是"对抗力"的原则。这一原则，不仅适用于物理界，"即人道亦有然。人类之所以能建设政治，政治之所以能由专制进为立宪，皆恃此也"。[①]

梁启超进一步指出：对抗力不仅是政治之所以能够由专制而进于立宪的重要原因，也是立宪能否维持的重要条件，"苟一国中，而无强健实在之对抗力以行乎政治之间，则虽有宪法而不为用，是故非独君主国有专制也，即共和国亦有之"。比如，他举例道：英国的克伦威尔执政时期、法国的拿破仑和拿破仑三世执政时期，尤其是墨西哥的爹亚士担任总统时期，以及现在的中南美洲许多国家，"其国体固俨然共和也，而政体实为专制"。究其原因，并不是这些国家没有宪法，也不是这些国家的宪法与其他国家的宪法比较有什么大的不同或差异，实际上中南美洲许多国家的宪法都是以

---

① 梁启超：《政治上之对抗力》，载《饮冰室合集》第 4 册，文集之三十，第 28 页。

美国宪法为蓝本的，甚至什之八九抄自于美国宪法，而是这些国家的人民"无政治上之对抗力"。假如这些国家的"人民稍有政治上之对抗力"的话，这些国家的"政象断不至流于专制，其间因果关系之迹，既历历易见矣"。①

就像电有正负、力有吸拒、机器有发动力和制动力一样，政治的运作中也存在着两种相互对待的力量，这就是政府或国家的"发动力"和人民的"对抗力"。"发动力"和"对抗力"既是一对矛盾，又相辅相成，在政治的运作中缺一不可，如果只有政府或国家的"发动力"，而缺少人民的"对抗力"，或者人民的"对抗力"不强，不能对政府或国家的"发动力"起到抑制作用，那么，政府或国家的"发动力"就会无限膨胀，这也是墨西哥和其他一些中南美洲国家之所以政体成为专制的重要原因。故此，梁启超一再强调："凡言乎对抗力者，其力必为相对的，而无对抗力者，其力必绝对的也。政治上之力而成为绝对的，则其政象未有不归于专制者也。"②

梁启超还分析了"政治上之对抗力以何因缘而萎瘁，以何因缘而销亡"的问题。他指出，在有的国家，如墨西哥和中南美洲的一些国家，政治上之对抗力之所以会萎瘁，甚至于消亡，最根本的原因是强者的"横事摧锄"，用他的话说："由于弱者之不能自振者什之二三，由于强者之横事摧锄者什而七八。"实际上，"真政治家未有畏人之对抗者也"。因为只要遵守政治常轨，按规则出牌，对于政治上之对抗力就没有什么可畏惧的。"惟自审遵常轨不足以与人对抗者，始惮人之对抗我，由惮生嫉，乃不得不设法减削人之对抗力，以图自固。"而削减之法，不出二途，"一曰摧锄窘戮之，务屏其人于政治活动之范围外"，即使允许活动，也加以种种妨害，使"不得立于平等竞争之地位"。在专制国，此手段是明目张胆，不加掩饰的。而在那些"伪立宪国"，如爹亚士时期的墨西哥，"则往往以极阴险极秘密之手段行焉"。"二曰浸润腐蚀之，以爵位金钱移易其志操"，亦就是用收买的方法，"使其对抗力自然消失而无复可惮"。而无论这两途的哪一途，都是对人民政治上之对抗力的"横事摧锄"，其结果"举国皆柔懦巧媚之民，政治现象愈变而愈下，外力乘之，待亡而已"。梁启超据此而大声呼吁："是故爱国

---

① 梁启超：《政治上之对抗力》，载《饮冰室合集》第 4 册，文集之三十，第 29 页。
② 梁启超：《政治上之对抗力》，载《饮冰室合集》第 4 册，文集之三十，第 29—30 页。

之君子，有远识之政治家，终不肯断丧人民政治上之对抗力以自贻毒也。"①

如前所述，梁启超的《政治上之对抗力》一文发表于 1913 年 1 月 1 日，当时正值民二国会的选举如火如荼进行中，以宋教仁为代表的原革命党人，通过与其他几个小党派的联合，改同盟会为国民党，并力图在民二国会的选举中一举获得多数席位，从而实现组阁、重新执政的目的；而以袁世凯为代表的旧官僚则想方设法要扩大自己权力，排斥原革命党人，阻止他们重新执政。正是在这样的背景下梁启超撰写了《政治上之对抗力》一文。有人说此文是针对原革命党人的，即警告原革命党人一旦重新上台执政，不要"滥使强权，以屈彼与我对抗之人"。也有人说此文是针对袁世凯的，即警告袁世凯不要对人民的政治上之反抗力"横事摧锄"，"以自贻毒也"。应该说，这两种观点都对又都不对。因为梁启超所讲的政治上之对抗力，实际上是对西方近代政党政治基本游戏规则，或者说运作方式的一种理论概括，而自清末预备立宪以来，梁启超就始终是西方近代政党政治的提倡者和追求者，可以说《政治上之对抗力》一文所表达的正是他对西方近代政党政治的提倡和追求。但他这时撰写和发表此文，当然亦有他的特殊含意，这就是提醒或警告当局和原革命党人，无论选举的结果如何，无论是上台下台，在朝在野，都要遵守政党政治的游戏规则或运作方式。张东荪曾对梁启超写作此文的原因作过说明："民国初立，昧于此理（即对抗力之理——引者），欲以一势力并吞其他，好同而恶异，于是风潮所掩，全国骚然，绝无休宁。梁任公感之，以政治上对抗力号召于同胞之前。"② 实际上，只要我们认真阅读《政治上之对抗力》一文就会发现，梁启超在文中所举的爹亚士时期的墨西哥和中南美洲其他一些国家的例子，其含沙射影之意味甚明。

然而遗憾的是，也许当时人们所关注的是国会选举，而非其他，梁启超的《政治上之对抗力》一文发表后并没有引起社会反响，直到 1913 年 11 月 16 日，才有张东荪的《对抗论之价值》一文在《庸言》第 1 卷第 24 号上发表。而此时的政治环境与梁启超发表《政治上之对抗力》一文时比较已

① 梁启超：《政治上之对抗力》，载《饮冰室合集》第 4 册，文集之三十，第 32—33 页。
② 张东荪：《读章秋桐〈政本论〉》，《正谊》第 1 卷第 4 号，1914 年 4 月 15 日。

发生重大变动。首先，国民党与袁世凯的关系，因宋教仁的被暗杀和二次革命的发动和失败，走向了彻底决裂，袁世凯强行解散了国民党，孙中山则吸取了辛亥革命和二次革命失败的教训，宣布改组国民党为中华革命党，中华革命党的宗旨就是要推翻袁世凯的统治，再造民国。其次，袁世凯公开走向了专制独裁。如果说在宋案发生之前，袁世凯搞个人独裁，还有所顾忌的话，那么宋案发生后，尤其是他镇压了二次革命后，随着他与国民党关系的彻底决裂，则公开走向了专制独裁。如他强迫国会违背选举程序，先于宪法制定而选举自己为总统，并要求赋予总统绝对权力；强行解散国民党，追缴国民党议员证书，使国会因不足法定人数而被迫休会；等等。再次，袁世凯与进步党的关系发生了变化。前面已经提到，进步党是1913年5月，在袁世凯居间撮合下，由共和、民主、统一三党合并而成。袁世凯居间撮合成立进步党的目的，是利用进步党以对抗民二国会的第一大党国民党，并寻求进步党在此后的总统选举等活动中支持自己。应该说，此后的事实证明，袁世凯居间撮合成立进步党的目的大部分已经实现。但袁世凯解散国民党，使国会因不足法定人数而被迫休会，这也损害了进步党的利益，因为国会的休会使进步党失去了发挥政治影响力的平台。这就必然要引起以梁启超为领袖的进步党人的不满。张东荪的《对抗论之价值》一文就是在这样的背景下撰写和发表的。

张东荪（1886—1973），原名张万田，字圣心，自名东荪，浙江钱塘县（今杭州）人。自幼熟读四书五经，后入日本东京帝国大学攻读西方哲学，辛亥革命前夕回国，参加清政府为留学生举办的新式科举考试，中进士。不久，辛亥革命爆发，南京临时政府成立，出任南京临时政府内务部秘书。南京临时政府北迁后，退出政府，也没有加入后来成立的国民党和进步党，但思想倾向则与梁启超以及进步党比较接近，朋友中亦以进步党人士为多，如他的老朋友蓝公武、张君劢、丁佛言等都是进步党的核心成员。[1]1912年12月，梁启超在天津创办《庸言》杂志（又称《庸言》报，先为半月刊，1914年改为月刊，同年6月停刊），张东荪是主要作者之一。在《对抗论之价值》一文中，张东荪进一步发挥了梁启超关于政治上之对抗力的见解，

---

[1] 参见左玉河《张东荪传》，山东人民出版社，1998，第24页。

并将其概括为对抗论。他开宗明义道：自艮波罗维企发现社会人文之演进，全恃互异之二势力，以为对抗，于是对抗论由自然界一转而应用于人文界。自拉称赫夫发现政治之演进，全恃互异之二党，以为对抗，于是对抗论复由人文界而普及于政治界。有无健全之对抗力，这是决定一个国家是进步还是落后的重要原因。"泰西各国之所以优越于吾国也，未尝不以常保持此对抗之现象以演进之。"与梁启超的"对抗力"比较，张东荪的"对抗论"有两点发挥或不同。第一，梁启超讲对抗力时，只笼统地讲政治上的对抗力，而张东荪则将对抗力分成了两种，一是"无形的对抗"，二是"有形的对抗"，所谓"无形的对抗"，即"国家社会内各分子互相对峙，而使各不相犯之谓也"，也就是社会上所存在的不同的利益群体；所谓"有形的对抗"，指的是反对党，用他的话说："有形之对抗者，政见必有正负二面，遂生相反对之政党。此相反之政党，各标反对之政策以运行，彼此虽为政敌，而必互相尊重。"他认为"近世国家之发达，政治之进步，全赖此两种对抗之势力"，因为，"无形的对抗"力，可使国家内社会上各要素之分配利益，恒得平均，而免偏颇专制之弊；"有形的对抗"力，竞争于政见政策，互相交替，可以促进"国家社会之发达"。第二，张文使用了"对抗党"和"反对党"一词。他指出：共和制的优点，即在三大自由，于此三大自由之下，"对抗之党"始克养成。而政治之进步，就端赖此"对抗之党"亦即反对党的存在。"此研究政治者所公认者也。"在我们前面引用的那段文字中，张东荪又使用了"反对之党"亦即"反对党"一词。而梁启超的《政治上之对抗力》虽然涉及这方面的内容，该文中所讲的"健全的对抗力"，实质上指的就是"反对党"，但"对抗党"或"反对党"一词并没有出现在文中。

和梁启超一样，张东荪也认为，"对抗为政治进化之唯一要素"。但在文明未进化之时，"保持此对抗之道"的是"武力"，"非彼制此，即此制彼，其结果得以混合，混和则进化焉"。而到了文明进化的时代，"保持此对抗之道"的是"竞争"，"彼此之力相等，唯对抗而已，而不能相制，对抗之结果，亦足促文明之进化"。我国以前民智未开，自然的对抗力尚未形成，故政象常为专制。"专制者，不仅君主国有之，而民主国亦有之。"专制使势力趋于一方，从而失其竞争之道，竞争既失，不仅对抗不立，就是"混合"亦不见之事实。因此，要保持对抗力，有三事必须注意：一、相反之二势力，不可使其一而居国家之最高机关，如君主与总统。所以，在君主立宪的国家，君主是没有任何权力的，只是名义上的国家元首；而在民主国，或实行总统制，或实行内阁制。实行总统制的国家，总统只有行政权，没有立法权和司法权。实行内阁制的国家，和君主立宪的国家一样，总统只是名义上的国家元首，行政权掌握在内阁。二、相反之二势力，其竞争必有范围，不可诉之于武力。如果一方面诉之于武力的话，那么，对抗必破，而对抗破的结果必然是专制。三、相反之二势力，必皆有遵守宪法之诚心，于宪法之下互相竞争。因为"宪法即为竞争之围场"，所有竞争都只能在这一围场内进行，"不得越此围场一步"，更不能"破坏此围场也"。

张东荪的对抗论，直接来源于拉称赫夫（Ratzenhofer，今译拉岑霍费尔，1842—1904）的社会冲突理论。用他自己的话说："往者读拉称赫夫之政治学，窃喜其言对抗之理，为从事于政治所不可不知。"[1]拉氏把社会现象归纳为化学的、物理学的和生物学的关系，发现人类的基本动力存在于生物学的本性之中，这种本性使人类始终处于一种"绝对敌性"的状态，冲突是根本的社会过程。如果说在国家形成之前，人类社会的冲突主要表现为强势的种族集团对弱势的种族集团的征服，并在此基础上形成了国家，那么，在国家形成之后，尤其是随着近代工商业的兴起和发展，人类社会的冲突就不再是强者对弱者的征服，而是各种利益集团之间相互在对抗中寻求妥协，对抗力的存在和维持是一个社会正常运转的根本保证。正是从拉氏的社会冲突理论出发，张东荪论证了政治对抗力之含义，并将物理界、生物界的对抗原理，运用到人文界，尤其是政治领域，阐释了政治对抗力的原理、含义及其运用。犹如梁启超，张东荪的此文也是有感而发的。他在文中写道："近者革命告成，共和底定，旧官僚与新暴徒，颇成对抗之势，卒以不善利用此对抗，旋立旋灭，而对抗之现象，乃终不见于吾东亚矣。呜呼！吾国数千年来政治不如彼西欧者，即以无政治对抗之故。今共和告成，而对抗仍复不立。言念及此，吾心滋戚焉。请先自自然界人文界以论对抗之原理，然后及于政治上之应用。"文中的"旧官僚"，指的是袁世凯，而"新暴徒"，指的则是以孙中山为代表的原革命党人。但由于此时的以孙

---

[1] 张东荪：《读章秋桐政本论》，《正谊》第1卷第4号，1914年4月15日。

中山为代表的革命党人于二次革命失败后流亡海外，在国内不能立身，而袁世凯则通过一系列倒行逆施已建立起专制独裁统治，所以，该文主要针对的是袁世凯。他在该文的结束时强调指出："要之，相反之势力，欲保持其对抗焉，必使其不可接触宪法、国家最高机关及武力三者"，一旦接触，其对抗的另一势力，亦即"相手方"，根本就不是另一方的对手，这样对抗之形也就消失了。"是故苟于宪法之下，及国家最高机关之下，武力之外，以行竞争，则对抗可保；对抗保持，始有政治之可言，亦可有进化之可言也。今于民智已开之世，而不急谋对抗之保持，吾知中国将来，未必即此长治永安也，呜呼！"① 这无疑是对袁世凯的警告。继《对抗论之价值》后，张东荪又先后发表《正谊解》《中国共和前途之最后裁判》等文，继续主张和提倡他的对抗论。如他在《正谊解》一文中就一再强调："苟一国中而无强健实在之对抗力以行平政治之间，则虽有宪法而不为用，但见专制之现象而已。"②

梁启超、张东荪的对抗论提出后，得到了不少人的支持。民初的李大钊就赞成这一观点。1914 年 11 月 1 日，他在《中华杂志》第 1 卷第 11 号上发表《政治对抗力之养成》一文，认为"民之所以求获良政治者，亦曰欲享治平之幸福耳。顾此治平之幸福究何所凭依，乃在确有实力足以保障此治平幸福之宪法。此种宪法以何因缘负兹实力，则一以宪法量之有容与否为断。而其量之有容与否，则又以宪法构成之质得其衡平与否为断也"。而"衡平之宪法，成于对抗之势力"。因为"自两力相抵以维于衡平而外，决不生宪法为物。有之，则一势力之宣言，强指为宪法者耳。力存与存，力亡与亡"，根本就不会有什么遵守不遵守宪法、保障不保障治安、克享不克享幸福之可言。"由是言之"，他得出结论："吾民不欲享治平幸福，斯亦已耳，如欲享之，则不可不求衡平之宪法，然则对抗势力之养成，其首务矣。"③ 在该文中，李大钊不仅强调了政治对抗力之养成对于制定一部"衡平之宪法"、从而确保"吾民"能享"治平幸福"的重要意义，而且还就如何养成"政治对抗力"提出了"四大希望"：（一）希望"有力者"自我节制

① 张东荪：《对抗论之价值》，《庸言》第 1 卷第 24 号，1913 年 12 月 13 日。

② 张东荪：《正谊解》，《正谊》第 1 卷第 1 号，1914 年 1 月 15 日。

③ 李守常（李大钊）：《政治对抗力之养成》，《中华杂志》第 1 卷第 11 号，1914 年 11 月 1 日。

自己的"无极之势力"，并将它容纳到"政治正轨"之内，而对于"异派势力，幸勿过事摧残，致政治新运，斩绝中途也"。（二）希望以前为抵制"甲派势力勃兴"，而"迎附乙派势力"者，今当以绝大之觉悟，顺应时势之要求，至少也要做到不拒绝"正当异派势力之发生"，进而"更宜自振独立之精神，以指导专断或暴乱之势力，舍迷途而趋正轨也"。（三）希望以前"滥用其势力，致遭败覆"，至今"仍欲以零碎之血，快意气报恩仇者"，应当"以绝痛之忏悔，放下屠刀，立地成佛"，将其力量纳入政治之正轨，而"勿任狂奔横决，不知自反，以摧国命而躬蹈自杀也"。（四）希望社会各方人士，正义所在，"勿受势位利禄权威之趋策，致为绝盛之势力所吸收，而盲心以从同也"。李大钊的这"四大希望"，分别是针对袁世凯（第一点）、进步党（第二点）、以孙中山为代表的原革命党（第三点）和"社会各方人士"（第四点）提出来的，他进而向袁世凯、进步党、以孙中山为代表的原革命党和"社会各方人士"发出警告：人莫不有良知，"一己之罪恶过失，当依自己之良知祓除之。若并一己之良知而不足恃，是即所谓心死，惟有听其倒行逆施，以自杀其身心性命，自丧其邦家禋祀而已"。[1]

　　后来成为新文化运动之发动者和旗手的陈独秀也是"对抗论"的支持者和倡导者，但他称"对抗力"为"抵抗力"。在《抵抗力》一文中，他论述了什么是抵抗力、抵抗力之价值、抵抗力与国民性、国人抵抗力薄弱之原因及救济法等问题。他指出：万物之生存进化与否，悉以抵抗力之有无强弱为标准，优胜劣败这一规律，适用于一切有生物和无生物，"一息思存，即一息不得无抵抗力。此不独人类为然也"。自政治言之，对外若无抵抗力，必为异族所兼并；对内若无抵抗力，恒为暴徒所劫持。"抵抗力薄弱之人民，虽尧舜之君，将化而为桀纣；抵抗力强毅之民族，虽路易拿翁之枭杰，亦不得不勉为华盛顿，否则身戮为天下笑耳。"自社会言之，群众意识，每喜从同，恶德污流，惰力甚大，往往滔天罪恶，被视为道德之精华。非有先觉哲人，力抗群言，独标异见，则社会莫由进化。自道德言之，人秉自然，贪残成性，即有好善利群之知识，而无抵抗实行之毅力，亦将随波逐流，莫由自拔。虽然中国自古以来就有着很强的抵抗力，这也是中国

---

[1] 李守常（李大钊）：《政治对抗力之养成》，《中华杂志》第1卷第11号，1914年11月1日。

古人能创造灿烂的古代文明、中华民族长期居于世界先进地位的重要原因，但进入近代后，中国人的抵抗力则变得愈来愈薄弱了。究其原因有三："一曰学说之为害也。"老子尚雌退，儒家宗礼让，佛教说空无，义侠伟人，称以大盗，贞直之士，谓为粗横，"充塞吾民精神界者，无一强梁敢进之思，惟抵抗之力从根断矣"。"一曰专制君主之流毒也。"全国人民以君主之爱憎为善恶，以君主之教训为良知，生死予夺，惟一人之意是从，人格丧亡，异议杜绝，"所谓纲常大义，无所逃于天地之间，而民德、民志、民气扫地尽矣"。"一曰统一之为害也。"列帮并立，各自竞存，智勇豪强，犹争受推崇。"政权统一，则天下同风，民贼独夫，益无忌惮，庸懦无论矣。"正是上述这三大原因，造成了今日中国人的抵抗力变得愈来愈薄弱之恶果。吾人如果还有点血性，"不以根性薄弱之亡国贱奴自处"，就应"以热血荡涤此三因，以造成将来之善果"。[①]

　　但与梁启超、张东荪不同，章士钊主张和提倡的则是"调和立国论"。章士钊（1881—1973），字行严，别号秋桐，湖南省善化县（今长沙县）人，幼年入私塾学习，后就读于两湖书院与南京陆师学堂，1903 年与黄兴等人一道创办革命团体"华兴会"，1904 年因参与华兴会的反清起义未遂而被迫流亡日本，入东京正则学校专攻英语，后到英国留学，攻读逻辑学与经济学，直到辛亥革命后才回到国内，曾先后任《苏报》《民立报》《新闻报》《申报》等报刊主笔，参与过《国民日日报》《独立周报》等报刊的创办。二次革命失败后，因反对袁世凯的倒行逆施而再次流亡日本，并于 1914 年 5 月重操旧业，和谷钟秀、陈独秀等人在日本东京创办《甲寅》月刊，是该刊的主编和主要作者，先后在该刊发表《政本》《政力向背论》《国家与责任》《调和立国论》《民国本计论——帝政与开明专制》等主张和提倡"调和立国论"的系列文章。概而言之，章士钊的"调和立国论"主要由"政本论""政力向背论"和"调和立国论"三部分组成。

　　"政本论"是章士钊调和立国论的核心内容。但"政本"的提出则在某种程度上与梁启超有一定的关系。1913 年 5 月 16 日，梁启超在《庸言》第 1 卷第 12 号上发表《多数政治之试验》一文，他开宗明义便问道："今

---

① 陈独秀：《抵抗力》，《青年杂志》第 1 卷第 3 号，1915 年 11 月 15 日。

日国事，最可忧者安在？"① 在他看来，不在人们所说的财政枯竭、国库空虚、外患严重、地方势力膨胀、官僚积弊日深等问题，而在"政本未立"，用他的话说："今日国家忧者诚非一事，然要皆非其至焉者。何则？凡国家必有政本之地，政象之为良为恶，皆自兹出。政本既清，则从政者必得人而能尽其用。从政者既得人且尽其用，则无不可靖之内讧，无不可捍之外患，无不可廓清之宿弊，无不可建树之新猷，区区一时之艰巨，一事之盘错，其不足危及国命明矣。故曰虽可忧，而非其至也。"既然"政本"如此重要，"政本未立"是今日国事最可忧的事情，那么，什么是"政本"呢？从梁启超的解释来看，他所谓的"政本"，也就是政治学上所说的国体。他在文中写道："所谓政本者何物耶？其在君主国，则一人之君主，其政本也，名曰独裁政治。其在贵族国，则少数之贵族，其政本也，名曰寡人政治。其在共和立宪国，则多数之人民及其代表，其政本也，名曰多数政治。独裁政治，他不足忧，而惟君主之昏淫为足忧。寡人政治，他不足忧，而惟贵族之堕落为足忧。多数政治，他不足忧，而惟人民代表之邪曲为足忧。"② 从梁启超的这段话中可以得出结论：他所谓的"政本未立"，也就是说民国虽号为共和，但"多数政治"因"人民代表之邪曲"并没有真正建立起来。章士钊提出"政本"，无疑是受了梁启超的《多数政治之试验》一文论"政本"的影响，但他对什么是"政本"的认识则与梁启超是不同的。"为政有本。本何在？曰在有容。何谓有容？曰不好同恶异。""有容"，亦就是不好同恶异。这是章士钊所认为的"政本"。他指出：民国成立以来，之所以会出现"外患益益迫，财政益益穷，盗贼益益横行，地方政治益益紊乱，工商业益益衰败，官僚私斗益益急激"的局面，甚至在许多方面还不如前清末年，其原因并不像人所说的那样是共和制度不好，不适合于中国，而在于袁政府和国民党都缺少"有容"精神，习惯好同恶异。比如，在国民党方面，"政质为前清所有者，悉毁之而不顾；人物为前清所重者，悉拒之而不接，以致酿成反响，更生政变"。尽管国民党的失败不能完全归因于"新旧社会之不相容"，但"彼未能注意于利益不同之点，极力为之调融，且挟

① 梁启超：《多数政治之试验》，载《饮冰室合集》第 4 册，文集之三十，第 33 页。
② 梁启超：《多数政治之试验》，载《饮冰室合集》第 4 册，文集之三十，第 34 页。

其成见，出其全力，以强人同己，使天下人才尽出己党而后快"，尤其是党人中的一些"所谓暴烈分子者，全然不负责任，肆口谩骂，用力挤排，语若村姬，行同无赖"，其结果"社会之情以伤，阴谋之局以起"，这是国民党失败的重要原因。在袁政府方面，更是变本加厉，无所不用其极，如宋教仁在南中演说批评中央失政，这在欧洲民主国家是再平常不过的事情，但"枢要以之通电天下，指为奸国"，宋教仁也因此而遭暗杀，从而引发了二次革命；议会中议员们反对借款与质问俄约之事，本是议政行为，合理合法，但袁政府则"称为断送国家，残民以逞，列于文告，声罪致讨"；尤其是近日"灭议会，禁党派，废自治机关，用纯乎政府系之议员以修订大法"。其结果是："清议绝灭，正气销亡，游探满街，道路以目"，颁定条例，禁锢记者，新闻失去自由，报刊只能谈论"游观玩好无关宏旨之事"，或者刊载"陈篇说帖尘羹土饭之文"，如此等等。这些都是黑暗的"欧洲中古之所未闻，满洲亲贵之所惮发"的事情。章士钊不禁感叹道："自古为同，斯诚观止"；"暴民专制之所不敢为，而今之君子以为安国至计者也"。[1] 正是国民党，尤其是袁政府的好同恶异，导致了民初政局的动荡和民主共和成了一块有名无实的空招牌。

章士钊进一步指出：如果追根溯源，那么"好同恶异"则是人类本性中的"兽性"，如生物从洪荒之初的万物俱生，到现在的物种大量减少；辛亥革命时期的张勋纵兵南京，千年以前欧洲异族之间的相残，"此无他，好同恶异也"。现在社会之人"恶"他人的财产身份不与己同，便想方设法要使其"尽同于己而后快"，这说明人的"好同恶异"的"兽性"直到今天未被除去，"显之，则用于兵戈；隐之，则施之政治学术"，这也是中国数千年以来治乱循环、社会机能不像欧美那样发达的重要原因。实际上，所谓专制，就是"强人之同于己也。人莫不欲人之同于己，即莫不乐专制"。所以从根源上说，专制也是人的"兽性"引起的"兽欲"而已。而要"遏此兽欲，使不得充其量，以为害于人群，必赖有他力以抗之"。在专制独裁的国家，"抗之以变，则为革命；抗之以常，则为立宪；抗之于无可抗，则为谏诤"。中国从三代到清末，在长达数千年的时间里，"立宪之义，非吾所

---

[1] 秋桐（章士钊）：《政本》，《甲寅》第 1 卷第 1 号，1914 年 5 月 10 日。

有，有之，亦惟革命与谏诤已矣"。但与西方国家革命一次，就进步一次不同，中国"数千年之政争，不出成王败寇"之规律，成者，改朝换代；败者，旧朝继续，无论是成还是败，仍旧是专制独裁。而要改变这种"成王败寇"之规律，就必须大力提倡"有容"，不好同恶异，尤其是要使为政者认识到，"果为同也，有国会不足以为治，无国会亦不足以为治；有约法不足以为治，无约法亦不足以为治；易而言之，立宪既非所期，专制亦无能为役。其极也，国不能保，民即于死，而己身若子孙，亦或与之俱殉焉"。[1]

　　具体来说，章士钊认为，为政"有容"，不好同恶异，关键要在以下两个方面做到"有容"：第一，是对人才的"有容"。他指出："为政在人，人存而政即举，政治之得失，无不视人才之得失为比例差。故政治为枝叶，而人才始为本根。今曰为政未得其方，亦以用才未得其方一语概之足矣。"人才既然如此重要，决定着政治的成败得失，那么，对于人才的选拔和使用，就要"有容"，不好同恶异。他引用穆勒的货栈比喻："必使一国之才，尽趋于栈，则栈力厚，否则贫。"这也就是说，"国有一分之才，即当使之自觅其途，以入于政，而政始良也"。但袁政府则反其道而行之，先是排挤革命党人，使国中一部分聪明才智之士随革命党而出货栈；排去革命党后，"大敌去，而其互相排之局立成"。其结果，是"新进孤立者""洁廉自好者"和"为政有方者"常去，而"窃用威福者""顽钝无耻者"和"黩货乱政者"常留，这是造成"数月以来，政情纷扰"的重要原因。而要改变这种局面，就必须提倡"有容"，要"集天下之聪明才力，共谋以救弊补偏"，使"天下之智勇辩力，各得其所"。[2]第二，是对异己者或反对者的"有容"，亦即承认反对合法。章士钊的《政本》一文在《甲寅》杂志第1卷第1号上刊出后，曾有一位名叫李北村的读者给章士钊写信，认为"政本"的关键是定"国是"，作为异同的标准，否则，"国是不定，则异同之义，终无附丽"，假如甲乙两人意见不同，乙固然恒求异于甲，但未必求同于国是，"其结果仍不免求同于己之私"；甲虽不好同，而且容乙，"而于国仍无毫末之裨也"。所以先定"国是"，以"国是"求同，这才是为政之本，而非章

---

[1] 秋桐（章士钊）：《政本》，《甲寅》第1卷第1号，1914年5月10日。
[2] 秋桐（章士钊）：《政本》，《甲寅》第1卷第1号，1914年5月10日。

士钊所主张的所谓"有容"，亦即不好同恶异。[①] 对此，章士钊在答李北村的信中写道："鄙著《政本》立脚之点，有与足下异趣者，则足下必定同之标准，而愚则以为无标准可定也。……愚之所谓有容，乃在使异者各守其异之域，而不以力干涉之，非欲诱致异者使同于我也。果诱致焉，则是好同恶异矣。"他告诉李北村："愚为政本，只论同异，而不论是非。若以同为是，以异为非，即是好同恶异。故真正立宪国，其政党所守之规律，在认反对党行为之合法。行为合法，以言是非，且实是之而非非之也。足下为有标准说，期合于王者之古训，愚为无标准说，期合于立宪之新义。"[②] 不久，他在《政治与社会》一文中又引用美国自由主义思想家黎白所著《政治伦理手册》的话说："反对者，适法者也，故反对不可无"，只要反对"不至变为徒党阴谋"，就为合法，就应得到法律的充分保护。否则，"适当合法而诚实之反对一失，政治上自由之担保即与之俱失，因之少数者常被压抑，暴政常见流行。盖意见有如空气，任其自由膨胀，毫无害处，一压迫之，而非常之害生矣。国无适当之反对，欲使自由与平和及秩序并行不悖，殆不可能"。[③] 承认反对合法，这是"有容"的重要体现。

　　如果说"政本论"是章士钊调和立国论的核心内容的话，那么，"政力向背论"则是章士钊调和立国论的实现方法。章士钊的"政力向背论"的理论，主要来源于英儒奈端（牛顿）和蒲徕士的向心力与离心力之说。作为著名的天文学家，奈端提出，太阳系中有向心力和离心力这两力以保持运行，太阳作为太阳系的中心，向心力吸引行星向己，离心力曳行星离己，这就是所谓向心力与离心力的平衡作用。后来蒲徕士将奈端的二力之说引入政治领域，"极言作政当保持两力平衡之道"。章士钊对蒲徕士的这一学说评价甚高，认为它是"名言精义，旷世寡俦"。[④] 并以此学说为理论，章士钊提出了他的"政力向背论"。他指出：正如太阳系要正常运转，必须保持向心力与离心力的平衡一样，一个社会要正常运转，也必须保持向心力与离心力的平衡。如果离心力过强过大，就会引起社会群体的分裂，"革命之

---

① 李北村：《政本——致〈甲寅〉杂志记者》，《甲寅》第 1 卷第 2 号，1914 年 6 月 10 日。

② 秋桐（章士钊）：《政本——答李北村》，《甲寅》第 1 卷第 2 号，1914 年 6 月 10 日。

③ 秋桐（章士钊）：《政治与社会》，《甲寅》第 1 卷第 6 号，1915 年 6 月 10 日。

④ 秋桐（章士钊）：《政力向背论》，《甲寅》第 1 卷第 3 号，1914 年 8 月 10 日。

祸"也就随之而起。而要想社会群体不发生分裂，"革命之祸不起"，惟有保持其离心力于团体之内，使不外奔。否则，"苟或排焉，则力之盛衰，原无一定，强弱相倚，而互排之局成，展转相排，展转相乱，人生之道苦，而国家之命亦将绝矣"。所以，向心力和离心力这"两力相排，大乱之道；两力相守，治平之原"。所谓"两力相守"，亦就是保持向心力和离心力的平衡。①

"两力相守，于何守之？"怎样才能保持向心力和离心力的平衡呢？章士钊认为，要实现"两力相守"，保持向心力和离心力的平衡，关键是要制定一部好的宪法，因为"国宪者，……所以构成一社会而宰制之、统合之者也。观其宪法可以卜其政治组织之安否矣"。而宪法有硬性宪法和软性宪法之分。所谓硬性宪法，即视宪法为根本法，一旦制定，就一成而不可变，即使要变，其程序也"异常繁重"。所谓软性宪法，即视宪法在根本法和普通法之间，其法随时可以变易。宪法是硬性还是软性，这"与政力之关系"非常复杂，只有根据一国的向心力和离心力的对比情况，才能决定是采用硬性宪法还是软性宪法。他引用蒲徕士的话说："今试从宪政上以观人国，而问其适于软性宪法，抑硬性宪法，则即二力而详较其实质，乃开宗最要之为，其国向心力较强者，或软或硬，皆足以维持于不敝，二者胡择可决之于他问题，而不置重于此。惟若离心力潜伏其中，且信其滋长而未有艾，是建一硬性宪法，诚为要图。"而要以硬性宪法来约束离心力的滋长，使其"不外奔"，需要注意以下三点：第一，假如宪法偏于集权，设置时要预想到必需之向心力会突破原有的量，从而给它留下增长的空间，但又不能太过，否则会使社会崩坏而不可收拾。第二，如果宪法过硬，所代表的又是过去而非现在的利益，那么，当国中分子的利益因时势的变动而受到影响，甚至"趋于离析"时，而宪法又没有"预为之地，任其自由施展"，则"其法已敝，不复能行"。第三，一国若明分为若干部分，且各部分都要求自治，宪法就要对此加以规定，要防止大部对小部或全体的侵压，既要给各部分以自治权，同时又要使各部分实现"有制限之联合"。②

---

① 秋桐（章士钊）：《政力向背论》，《甲寅》第 1 卷第 3 号，1914 年 8 月 10 日。
② 秋桐（章士钊）：《政力向背论》，《甲寅》第 1 卷第 3 号，1914 年 8 月 10 日。

章士钊还从理论上区分了宪法逻辑上的"性之所之"和事实上的"性之所由赋"对向心力和离心力之平衡的影响，并据此分析和比较了世界上一些主要国家的宪法。通过分析和比较，他非常赞成蒲徕士的看法，认为美国的宪法最为成功。美国宪法的成功之处，既不在于它的政府组织实行的是三权分立，也不在于他的总统选举，"康格雷之作用"，而在于以下两个方面：第一，制宪之时，对社会之各种向心力和离心力有清楚的认识，并"认定离心力之存在，而任其自然发展"，同时，"当其收合所有向心力，施以准绳，制为规则，亦惟以不至惹起分崩之反动为限，匠心所至，并使联邦与非联邦两党，皆踌躇满志以归，以是向心力转增高度"。第二，规定中央政府之职权的语言富有弹性，这样既可从广义上解释，也可从狭义上解释，换言之，中央政府之职权范围，扩而张之也可，化而小之也可，是扩而张之，还是化而小之，可以根据"当时思想情势变迁之度"来决定。据此，他强调：美国宪法对向心力和离心力的处理，"就向心力而论之，为先弛而得张；就离心力而论之，乃欲取而先与"，从而最终实现向心力与离心力的平衡。此种归纳所得之例，"可立为通义，放之四海而准"，值得中国认真地学习和采纳。[①]

无论是"政本论"的为政之本在"有容"，不好同恶异，还是"政力向背论"的"两力相守"，保持向心力和离心力的平衡，其最终目的是要为中国寻找到一条政治出路，这就是"调和立国"。"调和立国"可以说是章士钊的"调和立国论"的宗旨或归宿。他在《调和立国论》一文中写道："调和者，立国之大经也。美儒罗伟谓为政制传之永久所必具之性。愚前论政力向背，已珍重而介绍之。实则此乃政家公言，初非罗氏一人之说，其理由内籀归纳而得，更非一时迁就之谈。吾国惟懵于此义，故共和三年，徒尸其名，而远离其实，吾民之阨于淫威，失其自由，舆情不彰，冤苦莫诉，较之前清末季，专制未改，万万有加，受弊既有自来，则系铃解铃，救其弊者，终属是物。故吾国唯有顿即于亡，否则社会迤演日进，迟速不可知，而要归于调和之域而后已。"[②]

① 秋桐（章士钊）：《政力向背论》，《甲寅》第 1 卷第 3 号，1914 年 8 月 10 日。
② 秋桐（章士钊）：《调和立国论》（上），《甲寅》第 1 卷第 4 号，1914 年 11 月 10 日。

　　要实现"调和立国"，章士钊指出，就必须具备两个条件或前提，这就是"相抵"和"相让"，用他的话说："调和生于相抵，成于相让，无抵力不足以言调和，无让德不足以言调和。"所谓"相抵"，也就是他在"政力相背论"中所提出的"两力相守"，保持向心力和离心力的平衡；所谓"相让"，也就是他在"政本论"中所提出的为政之本在"有容"，不好同恶异。只有做到了"相抵"和"相让"，调和立国才有实现的可能。为了说明"相抵"和"相让"于调和立国的重要意义，他批驳了当时的"爱国说"以及"政府党"和"革命党"的"似是而非之说"，认为无论"爱国说"，还是"政府党"和"革命党"的"似是而非之说"，都缺少"相抵"和"相让"，因而都不是真正的调和，也不可能解决中国日益严重的政治危机。首先来看所谓"爱国说"。该说认为，"外患方深，内讧宜解"，英俄宣战时，爱尔兰、波兰、芬兰等国的自治案，或者停议，或者速决，"而要以和衷共济变为归"，中国的外患"虽与交战国有殊"，但"国中险象百端"，稍有不慎，即有亡国灭种之灾，因此"无余地容有同室阋墙之事，见于今日"，政府应该听从民意，实行改革，革命党也应放弃自己的主张，与政府和解。持此说的不仅有"稳和派"，也有很多"急激者"。但在章士钊看来，此说"其名托调和，实与调和之真性相去万里也"。因为"调和生于相抵，成于相让"，而今革命党八九居海外，进步党亦奄奄无生气，"自力不生，不足言抵，己之权利，剥蚀净尽，本无所有，更胡言让，抵既无从，让复莫傅，本质皆去，名将焉存？故今之人士，漫言调和，愚以为皆童稚可笑，无关痛痒之谈也"。再来看"政府党"和"革命党"的"似是而非之说"。"政府党"说：民国初立时的最大失误是"优容"，比如，"束缚驰骤"的约法不得不勉遵之，"放辟邪侈"的元勋不得不敷衍之，"暴厉恣睢"的都督不得不容忍之，其结果是造成雄才大略的袁大总统"从政期年而一事莫举"，只是在与革命党决裂之后，"始有今日之统一可言"。"革命党"说：吾党第一失误是与袁世凯言和，第二失误是南京临时政府时引用旧官僚，"以致本党藩篱，不期尽撤"，因而到了南北统一之后，对于袁世凯的种种倒行逆施，吾人只能"降心府首，与之提携"，而"迁就愈甚，横决亦愈甚"，因此，今后吾党如获成功，重新执政，"非尽所有旧势力摧陷而廓清之，使无遗孽，不足自保"。对此，章士钊指出，"政府党"和"革命党"的上述之言论，"皆与吾调和之义不相容"。因为如前所述，"调和生于相抵，成于相让"，而"政府党"和"革命党"都极力主张排斥异己，消灭异己，不许异己者存在；"政府党"和"革命党"也都不讲"有容"，好同恶异，所以，要先使"政府党"和"革命党""明其妄"，认识到"两力相守"之理，同时"心存让德"，调和才有可能。①

章士钊的"调和立国论"的思想来源可以追溯到英国的斯宾塞（Herbert Spencer）、莫烈（John Morley）、密尔（John Stuart Mill），美国的罗伟（A.Lawrence Lowell）、黎白（F·Lieber，1798—1872）、蒲徕士（James Brayce）等人那里。如他在《调和立国论》一文中就引用过斯宾塞《群学肄言》一书结语中的这段话："盖蜕嬗之群，无往而非得半者也。其法制则良窳杂陈，其事功则仁暴相半，其宗教则真妄并行，此杂而不纯者，吾英之所有，正如是也。其冲突龃龉，自乱其例，上自国政，下洎学术，所燦然日多者，即以演进方将，损益之以与时偕行之故。义理法制，古之所谓宜者，乃今以世变之更新，而适形其不合。且是之世变，往往即为前时义理法制之所生，特世变矣，而新者未立，旧者仍行，则时形龃尬，设图新而尽去其旧，又若运会未至而难调，此所以常沿常革。方死方生，孰知此杂而不纯、抵牾冲突者，乃为天演之行之真相欤！"② 在引用了这段话后他写道"斯氏之言，即所以著调和之精要也"③，并表示"愚诚愿为斯宾塞，而不愿为米拉波、拉飞咽也"。不久，在《民国本计论——帝政与开明专制》一文中谈到民国初年的调和时再次写道："尝论吾国调和立国之最好机会，莫逾于南北统一之时，盖共和之成，乃新旧两派人僇力拼命而为，斯宾塞之名言曰：'蜕嬗之群，无往而非得半者也。'于是旧者不得太旧，新者不得太新，以沿以革，以质以剂，而高华美满之国制，可望其成，此理想也。而事实适与相反，欲求其故，可得而言。"④ 莫烈和他的《论调和》一书，章士钊不仅在《政力向背论》一文多次提到过，而且在《调和立国论》一文中先

① 秋桐（章士钊）：《调和立国论》（上），《甲寅》第1卷第4号，1914年11月10日。
② 斯宾塞：《群学肄言》，严复译，商务印书馆，1981，第309页。
③ 秋桐（章士钊）：《调和立国论》（上），《甲寅》第1卷第4号，1914年11月10日。
④ 秋桐（章士钊）：《民国本计论——帝政与开明专制》，《甲寅》第1卷第10号，1915年10月10日。

后四次直接引用莫烈的原话①，来说明调和的重要性、紧迫性以及调和的时机成熟与否等问题。如章士钊在强调调和的重要性时引用莫烈的话说："凡一理想之见于世，决非偶然。苟其已至吾前，必将次第往叩他人之门，而求其采纳。吾冥行而得见光明，亦必有他人暗中摸索，去吾不远，吾之发明，特其的耳。"然后他表示："信如是也。则愚即轻微，无足比数，或其所言，亦有不容己者存乎？"②至于他对罗伟、黎白、蒲徕士等人思想和著作的引用，前面已有论及，此不再述。当然，除了西方思想家的调和思想外，中国传统的所谓"执两用中"调和思想，也是章士钊"调和立国论"的思想来源之一，他曾以"两端而执其中"来说明"调和之义"。③

　　章士钊的"调和立国论"提出后，特别是他的"政本论"提出后，赞成者有之，批评者更有之。张东荪就批评章士钊的"政本论"，以不好同恶异为教，是"偏于内而忽于外"。因为，"好同恶异之为恶德而并禁之，此内的也，自律的也，必有外的与他律的同时并臻，然后始得以巩固"。而所谓"外的与他律的"，也就是"对抗力"，只有对那些好同恶异者采取对抗的态度，而且其对抗力与好同恶异者的压迫力不相上下，才能迫使他们"有容"，而不好同恶异。"人有欲我之同于彼者，我必不为之，彼即强之，我亦足以相抗，此彼不相下其势，遂归于平均，由平均而各得以自由矣。我之欲人同于我者，人亦抗之如我，于是各自知好同恶异，为不能行也"。由此可见，"与其劝告欲人之同于己者，自敛其心，则毋宁劝告被人强迫而同于人者，自振其气，以为抵抗"。换句话说，"与其希望强有力者无好同恶异之念，则不如期望社会上各分子各要素各固守其正当之部分，保存固有之势力，维持平均之利益，而不受外力之压迫为愈也"。④周悟民则批评章士钊的立言和关注之点，"似偏于人治，而略于法治；偏于道德方面，而略于法律方面"；"近夫吾国历史之通诠，而非列强文明政治之极则；富于吾国历史之旧观念，而缺于欧美宪政之新教训"。因为章士钊的"政本论"认为，民国以来为政之所以未得其方，是由于用才者好同恶异，从而使人不能尽

---

① 参见郭双林：《论前期"甲寅派"政治调和的意涵及思想来源》，《晋阳学刊》2012 年第 1 期。
② 秋桐（章士钊）：《调和立国论》（上），《甲寅》第 1 卷第 4 号，1914 年 11 月 10 日。
③ 邹小站：《略论民国初期的对抗论与调和立国论》，《晋阳学刊》2017 年第 4 期。
④ 张东荪：《读章秋桐政本论》，《正谊》第 1 卷第 4 号，1914 年 4 月 15 日。

其才，才不能尽其用。但实际上，造成人不能尽其才，才不能尽其用的根本原因，不是用人者好同恶异，而在于民国以来实行的人治，而不是法制，人才"只为少数人一时之势力所卵翼，而不能为国家之法律所保护"。所以，"法治国之人才不求而自至，人治国之人才或求之而不至"。①一位名叫GPK的读者则写信给章士钊，认为他的"有容之说"，根本不能期望于"喜权弄势之徒"，并提出了四条理由。②对章士钊的"调和立国论"，尤其是他的"政本论"提出激烈和全面批评的是原革命党人。如创办于美国旧金山的一份原革命党人的报刊就发表过一篇《好同恶异辨》的文章，批评章士钊"于共和国之政本"，未能"得其精髓"，所提出的"政本论"是"书生一孔之见耳"。该文指出："共和与专制之界线，划如鸿沟，不能混淆，则其为政之本，亦因而绝异。"在专制君主国，以国家为一姓之私产，其君臣之所以器宇褊急，局量狭隘，是因为他们代表的是专制国家之精神，"识者忧之，乃为有容之说以进"。至于共和国家，则首重平民政治，种族混合，阶级全泯，不存在因宗教、种族、阶级等关系而引起的异同，异同既不存在，亦就不存在"有容"或"好同恶异"的问题。"举国民庶，一律平等，焉得谓容？是有容之说，只可对于专制朝家之君相，为永护君统之贡献品，而于平民政治之共和国家，作此杞忧之谈，则为无病而呻，无当于事实，不待言也。"况且好同恶异，有个人和国家两个层次。在个人言之，则好恶之性，人各不同，要以真理为归点。在国家言之，则同是国民，如果人人都能"循依大公至正之轨道，以拥护国家"，那么，其所谓好同恶异也基本相同。例如，在美国法国等共和先进的国家，尽管政党之竞争非常激烈，但"其为政纲之标榜，固莫不以国家为前提也"。所以，当前中国的"建国之本，在夫对于表同情于共和者则好之，示异意于共和者则恶之，是谓好同恶异，非是不足以言建设也"。③

当然，除赞同和批评这两种相互对立的观点外，还有一种观点，是既赞同梁启超、张东荪的"对抗论"和章士钊的"调和立国论"，同时又对梁启超、张东荪的"对抗论"和章士钊的"调和立国论"提出了批评，认为中

① 周悟民：《人治与法治——致〈甲寅〉杂志记者》，《甲寅》第1卷第2号，1914年6月10日。
② GPK：《政本——致〈甲寅〉杂志记者》，《甲寅》第1卷第4号，1914年11月10日。
③ 韩伯思：《政本——致〈甲寅〉杂志记者》，《甲寅》第1卷第5号，1915年5月10日。

国政治最理想的出路，是将梁启超、张东荪的"对抗论"和章士钊的"调和立国论"合二为一起来，使它们互为补充，相辅相成。如汪馥炎的《政本论与对抗论之比较》一文持的就是这种观点。该文开篇便指出："政本论与对抗论，乃吾友章君秋桐与张君东荪所作"，章君秋桐之言"有容"，与张君东荪之言"对抗"，二者皆可摧破好同恶异之观念，然"有容"基于内存之良心，"对抗"本乎外界之势力；"有容"之量必含养而能厚，"对抗"之力则相拒而始平。"两君之说，固各有功于世道，但若能沟通而互发明之，则益显其功用于无穷。"因为，就章君秋桐的"政本论"而言，"有容虽为美德，只可企于上智，非能普遍于中人"，即使在政治修明之国，尽管社会各部分之人士中，具有有容之美德的相对较多，但好同恶异、跃思专制之徒，终不能为其同化而至于无，"徒欲以有容之度量，而克好同恶异者之心理，奈顽梗之不化，即感导之方术，有时而穷，故于有容之外，尤须各觅其正当之途径以保存各部分固有之势力"。如果社会上皆各有一部分之潜势力，能扩大力量，厚其基础，这样纵有野心家欲以所操之一种势力，施以压制，而社会各部分之潜势力，皆足起而与之抗，"则政象决不能趋于专制矣"。从张君东荪的"对抗论"来看，"所谓对抗者，充其力之所能至，可以人为之调和一语，足以尽之"，而此人为之调和，无非是纳其竞争于一定轨道之内，在一定轨道之内而竞争，然后始有调和之可言。比如宪法，就是竞争之轨道，所有政党都要遵循宪法之规定，以政见相竞，在朝在野，轮替执政。否则，如果超出宪法之外，专以武力为竞争之手段，其结果必归于专制不可。由此可见，仅有宪法还不够，还必须具有遵守宪法之规定的美德。"故徒恃对抗之作用，而无有容之美德，含润于人心，犹之专尚法律，而无道德为之维系，其间终亦流于偏颇耳。"所以在他看来，中国政治出路的最理想模式，是"有容"与"对抗"合二为一，相辅相成，这样"有容者，能使好同恶异之观念，有所感而知自敛；对抗者，能使好同恶异之观念，有所慑而不敢行。有容固能保持对抗，对抗尤须蓄以有容；既由有容以化弭人心之专断，复以对抗而保持势力之平均"。近日中国的政局之所以会变得如此之坏，一个重要原因就在于，"人我既无相容之量，而社会复无对抗之机。若能善用章张两君之说以药之，诚救国之不二法门也"。①

以上是梁启超、张东荪的"对抗论"和章士钊的"调和立国论"的主要内容，以及"对抗论"和"调和立国论"提出后所引起的社会反响及讨论。那么，我们应该如何看待和评价梁启超、张东荪的"对抗论"和章士钊的"调和立国论"呢？应该肯定，无论是梁启超、张东荪，还是章士钊，他们提出"对抗论"和"调和立国论"，都是为了给陷入严重危机的民初政治寻找一条出路，即一条既不同于袁世凯的专制独裁，又区别于以孙中山为代表的原革命党人所倡导的"第三次革命"的道路。因为他们既不满意于袁世凯的专制独裁，也对以孙中山为代表的原革命党人所力图发动的"第三次革命"心怀恐惧。但遗憾的是，他们所津津乐道、不惜花费大量笔墨向社会推介的"对抗论"和"调和立国论"，并没有实现的可能性。

先看"对抗论"。如前所述，实现"对抗论"的关键或前提条件，是要形成政治上之对抗力。然而，出于袁政府的"横事摧锄"（梁启超、张东荪的观点），或学术、政治和大一统等原因（陈独秀的观点），政治上之对抗力已经严重"萎瘁"，甚至"消亡"（梁启超、张东荪的观点），或者已变得愈来愈薄弱（陈独秀的观点）。这也是民初以来政治危机日益严重的重要原因。因此，形成有效的政治上之对抗力是当务之急。对此，梁启超、张东荪提出了他们的对策和建议。在《政治上之对抗力》一文中，梁启超提出的对策和建议是："强健正当之对抗力何自发生耶？曰必国中常有一部分上流人士，惟服从一己所信之真理，而不肯服从强者之指命，威不可得而劫也，利不可得而诱也，即以此自厉，而复以号召其朋，朋聚众则力弥于中而申于外，遇有拂我所信者，则起而与之抗，则所谓政治上之对抗力，厥形具矣。"他尤其指出：立宪国之所以能形成健全的政党政治，就在于各政党都"自知对抗力之可贵，则于他人之对抗力亦必尊重之"。所以，其在野时，"常对抗在朝者，而不为屈"；其在朝时，"亦不肯滥施强权，以屈彼与我对抗之人"。如此，"政治得践常轨，国有失政不必流血革命，而可以得救济之道。立宪国之所以长治久安，胥是道也"。②后来梁启超又在《多数政

---

① 汪馥炎：《政本论与对抗论之比较》，《中华杂志》第 1 卷第 10 号，1914 年 10 月 1 日。
② 梁启超：《政治上之对抗力》，载《饮冰室合集》第 4 册，文集之三十，第 31—32 页。

治之试验》一文中提出了"中坚之阶级"的作用问题。而他所说的"中坚之阶级"，并不是马克思主义政治经济学中所讲的占有大量生产资料、剥削工人阶级剩余价值的资产阶级或中产阶级，而是"常为多数国民所敬仰、所矜式"的"少数优异名贵之辈"，实际上就是他前文《政治上之对抗力》中所讲的"上流人士"，说直白些，也就是像他这样的具有一定声望和地位的政治领袖或社会精英。他认为这些"中坚之阶级"，"其言足以为重于天下，而有力之舆论出焉"。"有力之舆论"的形成则是"多数政治成立之大原也"。否则，一个缺乏"中坚之阶级"的国家，如"欲效颦多数政治"，其结果一定是画虎不成反类犬，而成为专制政治，"谓余不信，则我国今日正其试验中也"。因此，他再三强调："国中须有中坚之阶级"，这是"行多数政治而能善其治"的"不可缺之要素"之一。[①] 犹如梁启超，张东荪也把政治上之对抗力的形成，寄托在像梁启超和他这样的政治领袖和社会精英上。他在《正谊解》一文中谈到如何形成政治上之对抗力时，便抄录了上引梁启超的《政治上之对抗力》中的那段文字，只是将文中的"上流人士"改成了"清流人士"而已。[②] 需要指出的是，张东荪虽然摘抄了梁启超的这段文字，但他并没有说明或注明是抄录梁启超的，而他在摘抄其他人的文字时都会注明是某某人的，这说明他的观点与梁不谋而合。民初时的李大钊持的也是此种观点。他的《政治对抗力之养成》一文在谈到政治之对抗力的养成时写道："薪士夫之凡活动于社会中者，各宜自觉其固有之势力，自宅于独立之地位，自营不羁之生活，我无所乞怜于人，人即无要挟于我，虽有势位利禄权威，将焉用也！此种分子活动于社会者渐多，各个之势力，不集而自集，不合而自合，社会中枢，于以确立，以昌学术，以明廉耻，以正人心，以厚风俗，流风所播，应求至普，人心有来复之幾，世运即有回转之势，虽有权谋，莫能抗也。"[③] 把政治之对抗力的形成，寄托于少数政治领袖和社会精英上，希望他们能具有孟子所说的"威武不能屈，贫贱不能移，富贵不能淫"的"大丈夫精神"，保持其独立的人格，并为社会作出表率，这是一种典型的社会精英政治论。古往今来的政治史，尤其是民初的政治史

---

① 梁启超：《多数政治之试验》，载《饮冰室合集》第4册，文集之三十，第35—36页。
② 张东荪：《正谊解》，《正谊》第1卷第1号，1914年1月15日。
③ 李守常（李大钊）：《政治对抗力之养成》，《中华杂志》第1卷第11号，1914年11月1日。

已经证明，仅凭少数政治领袖和社会精英，是形不成有效的政治上之对抗力的。当时就有人对此提出了质疑："对抗力果何自而发生？若谓起于一部分人士，则此一部分人士果何所附丽，有恃不恐，惟服从一己所信之真理，而不服从强者之指命？再进一步言之，一国之中，既有反对之政敌，现据有势位者，无论蓄如何野心，行如何残暴，何以不能不优容政敌，仍竞争于一定范围之内，一定轨道之上？此因非人治所能期，亦非漫无根基之法治所能奏效。"①

实际上，如前所述，梁启超是基于对西方政党政治的基本游戏规则或运作方式的归纳而提出"对抗力"的，后来张东荪将其发展为"对抗论"，而西方政党政治之所以能够形成政治上之对抗力，其根本原因不是少数政治领袖和社会精英具有孟子所说的"威武不能屈，贫贱不能移，富贵不能淫"的"大丈夫精神"，而在于它有广泛的社会基础，这就是具有追求民主与自由天性的资产阶级或中产阶级的大量存在，而中国之所以形成不起有效的政治上之对抗力，也正是由于受外国资本主义和本国封建主义的双重束缚，中国资本主义尤其是民族资本主义自19世纪70年代产生起就举步维艰，发展非常缓慢，资本主义发展缓慢的结果，是以资本主义的发展为经济基础的资产阶级或中产阶级的力量薄弱，人数有限，加上中国的资产阶级或中产阶级又具有天生的软弱性，所以很难形成有效的政治上之对抗力。梁启超、张东荪不从发展资本主义、壮大资产阶级或中产阶级的力量着眼，而把政治上之对抗力的形成寄托在少数政治领袖和社会精英上，这无异于缘木求鱼。后来张东荪自己也认识到把对抗力的形成仅寄托于少数政治领袖和社会精英身上是不现实的。他在《中国之将来与近世文明国立国之原则》中对此有过反省：对抗论"为社会上政治作用之理法，而非国家机关上政治作用之规律"，因而"仍属于社会"，要想形成有效的政治上之对抗力，"必政府之缩小干涉，减少压制，先使社会上有充足之生气，然后以社会活动之地盘，引为政治上之对抗"，才有可能。"不佞今颇省悟，知泛言对抗与调和，而不从社会活气着想，终为无济耳。所谓社会活动者何？凡经济教化道德地方事务学术技艺信仰等，均划出政府管辖之外，政府绝对不与

---

① 觉公：《今后建设国家必由之轨道》，《新中华》第1卷1号，1915年10月1日。

闻，不干涉，而听人民自由处理之是也。"①尽管张东荪还没有认识到促进中国资本主义的发展，从而使资产阶级或中产阶级的力量壮大起来，是形成有效的政治上之对抗力的根本之举，但他"省悟"到"不从社会活气着想"，要想形成有效的政治上之对抗力"终为无济耳"，这无疑是思想认识上的一大进步，值得肯定。

再看"调和立国论"。如前所述，章士钊的"调和立国论"是以"相抵"和"相让"为实现之前提条件的。那么，怎样才能促使"相抵"和"相让"呢？首先就"相抵"而言，章士钊认为，作为掌权者，无论是个人或者是党派，都要像美国宪法制定者那样，"承认离心力之存在，而任其自由发展"，不仅允许异己者或反对党的存在，而且要采取措施，保障他们能够得到自由发展；同时要限制自己的权力，不能大权独揽，因为"大权总揽者，独裁帝制之精神也，其中不容有何种机关分其权能，限其作用，此在庸童小女，可以辨其与近世民主政治，若冰炭之不相能"。作为在野者，要在民主的方式下，想方设法壮大自己，使自己能成为"两力相守"之一的"离心力"，以实现与"向心力"亦即掌权者的平衡。其次从"相让"来看，掌权者要有"让德"，亦就是"有容"，不好同恶异。他尤其强调，"相让"之"首忌"，是"有牢不可破之原则，先入以为之主"。这也是"吾国调和事业之无成功"的重要原因。"政府党"有"政府党"的"根本原则"，即"大权总揽主义"；"革命党"有"革命党"的"根本原则"，即"共和建设主义"。这两种主义是根本冲突的，而"调和者，两让之谓也"。因此，中国要实现"调和立国"，"是宜双方并议，而讲其所为调融和合之方"。但双方究竟应该如何"并议"和"调融和合"，他并没有提出任何方案，只是声明："愚言调和，论其理也，未著其方也。吾惟问调和之理是否可通，并不问其调和之方将于何出。"他称前者为"逻辑之事"，后者为"医术之事"，他只是逻辑学家，而非医生，"愚此论乃慕倍根，并不自称扁鹊也"。②也就是说，他只是提出理论，此理论能否付诸实践，这不是他考虑的问题。章士钊之所以如此，只"慕倍根"，而"不自称扁鹊"，是因为民初以来"政府党"与

① 张东荪：《中国之将来与近世文明国立国之原则》，《正谊》第 1 卷第 7 号，1915 年 2 月 15 日。
② 秋桐（章士钊）：《调和立国论》（上），《甲寅》第 1 卷第 4 号，1914 年 11 月 10 日。

"革命党"恶斗的事实已经证明，双方如冰炭水火毫不相容，没有任何调和的可能性。这也是他在《调和立国论》一文中批驳所谓"爱国说"以及"政府党"和"革命党"的"似是而非之说"时得出的结论。也正因为章士钊已认识到"调和立国"是不可能真正实行的，所以到了新文化运动兴起后，尤其是进入20年代后，他讲调和，主要讲的是文化调和，而非政治调和，更非调和立国。此是后话，于此不论。

如果在对中国政治出路的选择上，张东荪和章士钊还有所不同，张东荪主张的是"对抗论"，而章士钊主张的是"调和立国论"的话，那么，在具体的政治制度设计上，他们则殊途同归，主张的都是"联邦制"，并由此引发了一场联邦制与单一制的争论。

二、联邦制与单一制之争

和内阁制一样，联邦制也是西方的舶来品。早在鸦片战争结束不久，魏源在他的《海国图志》中就对美国的联邦制有过介绍，不过他并没有使用"联邦"一词："粤人称曰花旗国，其实弥利坚即墨利加，又作美理哥，乃洲名，非国名也。西洋称部落曰士迭（即 State 的音译），而弥利坚无国王，止设二十六部头目，别公举一大头目总理之，故名其国育奈士迭国（即 United States 的音译），译曰兼摄邦国。"[1]1864 年，美国传教士丁韪良翻译的《万国公法》一书印行，该书的原著是美国著名国际法学家亨利·惠顿（Henry Wheaton，1785—1848）于 1836 年出版的《国际法原理》，其中涉及美国的联邦制，丁译为"合邦"。"其后，随着西方宪政理论的不断传入，外国的联邦体制及相关学说也越来越多地被介绍到中国。而且，随着中国民族危机的日益深重，美国式的联邦制作为解决危机的方案逐渐得到宣扬。"[2]1894 年冬，孙中山上书李鸿章失败，到檀香山发起成立第一个反清革命小团体——"兴中会"，其纲领为："驱除鞑虏，恢复中华，建立合众政府。"所谓"合众政府"，也就是美国的联邦政府。可见，实行美国式的民主的联邦制度，成了孙中山的革命追求。到了 20 世纪初，经过甲午战争和

---

[1] 魏源：《海国图志》卷六十，第 1650 页。

[2] 李秀清：《近代中国联邦制的理论和实践——北洋军阀时期省宪运动述评》，《环球法律评论》2001 年冬季号。

八国联军侵华战争的打击，延续了两千多年的以君主专制为特征的"大一统"中央集权制度的弊端日益暴露无遗，人们在思考中国未来的政治制度的构建时，联邦制愈来愈为人们所关注和选择。这其中既包括与孙中山政治立场一致的革命党人，也包括与孙中山政治立场对立的立宪派。前者如冯自由，1906 年他发表《民生主义与中国政治革命之前途》一文，明确表示："共和政治也，联邦政体也，非吾党日以为建设新中国无上之宗旨乎？然使吾党之目的而达，则中国之政体将变为法国之共和、美国之联邦。"[1] 后者如梁启超，1902 年著《卢梭学案》，借用卢氏之口，对联邦制给予了充分肯定，"卢梭曰：众小邦相联为一，则其势力外足以御暴侮，内足以护国人之自由，故联邦民主之制，优乎尚矣！……卢氏以为瑞士联邦诚太弱小，或不免为邻邦所侵轹。虽然，使有一大邦效瑞士之例，自分为数小邦，据联邦之制，以实行民主之政，则其国势之强盛，人民之自由，必有可以震古烁今，而永为后世万国法者"。他认为中国如果能够向瑞士学习，也采取联邦制，那么，就能像卢氏所讲的那样迅速强盛起来："我中国数千年生息于专制政体之下，虽然，民间自治之风最盛焉，诚能博采文明各国地方之制，省省府府，州州县县，乡乡市市，各为团体，因其地宜以立法律，从其民欲以施政令，则成就一卢梭心目中所想望之国家，其路焉最近，而其事为最易焉。果尔，则吾中国之政体，行将为万国师矣。"[2] 后来梁启超游历美国，又对美国的联邦制给予了充分肯定，认为它是"共和政体所以能实行持久之原因也"。

1911 年辛亥革命爆发后，一些宣布起义和独立的省份纷纷主张采取联邦制。如山东宣布独立时，山东谘议局向清政府提出 8 条建议，其中最后 4 条的内容为：宪法须注明中国为联邦国体；外官制及地方税皆由本省自定，政府不得干涉；谘议局章程修订，修订后即应为本省宪法，得自由改定之；本省有练兵保卫地方之自由。[3] 贵州的独立文告宣称："本省与各省人民同意组成联邦帝国，以达立宪之希望。"1911 年 12 月公布的《贵州立法院拟定宪法大纲·序言》更进一步明确宣称，中国未来应该追求联邦制的国家体

---

① 冯自由：《民生主义与中国政治革命之前途》，《民报》第 4 号，1906 年 5 月 1 日。
② 梁启超：《卢梭学案》，载《饮冰室合集》第 1 册，文集之六，第 109—110 页。
③ 夏莲居：《山东独立前后》，载《辛亥革命回忆录》第五集，第 294 页。

制:"统观中国领土之大,就现在独立情形推定,将来必为一联邦国。其关于联合上之宪法,为共定宪法;至各省自治之宪法,则为特定宪法。"① 浙江都督汤寿潜、江苏都督程德全联名致电上海都督陈其美,建议仿照美国独立时十三州集会谋求统一的故事,在上海设立临时议会,他们在电文中称:"美利坚合众之制度,当为吾国他日之模范;美之建国,其初各部颇起争端,外揭合众之帜,内伏涣散之机,其所以苦战八年,卒收最后之成功者,赖十三州会议总机关有统一进行、维持秩序之力也。考其第一次、二次会议,均仅以襄助各州议会为宗旨,至第三次会议,始能确定国会长治久安,是亦历史上必经之阶段。吾国上海一埠,为中外耳目所寄,又为交通便利,不受兵祸之地,急宜仿照美国第一次会议方法,于上海设立临时会议机关,磋商对内对外妥善方法,以期保疆土之统一,复人道之和平。务请各省举派代表,迅即莅沪集议。"并提出集议的具体办法:(一)各省旧谘议局各举代表一人;(二)各省现时都督府各派代表一人;(三)以江苏教育总会为招待所;(四)两省以上代表到会即行开议,续到者,随到随与议。另提议讨论大纲三条:(一)公认外交代表;(二)对于军事进行之联络方法;(三)对于清皇室之处置。② 后由独立各省的代表组织的联合会,讨论并通过的《中华民国临时政府组织大纲》,在总统选举和参议院组成方面基本上是以美国独立时十三州会议的规定为蓝本而起草的,具有联邦制的精神。该大纲共21条,其第1条规定:"临时大总统,由各省都督府代表选举之。以得票总数三分之二以上者为当选。代表投票权每省以一票为限。"第8条规定:"参议院每省以三人为限,其派遣方法,由各省都督府自定之。"第16条规定:"参议院未成立以前,暂由各省都督府代表会代行其职权,但表决权每省以一票为限。"这些基本上是对美国独立时十三州会议的规定的照搬。当时人在国外的孙中山也是主张以美国的联邦制为中国革命后的政体蓝本。1911年11月21—23日他在法国巴黎与《巴黎日报》记者谈话时表示:"中国革命之目的,系欲建立共和政府,效法美国,除此之外,无论何项政体皆不宜于中国。因中国省份过多,人种复杂之故。美国共和政体甚合中国之用,

① 夏新华、胡旭晟等整理《近代中国宪政历程:史料荟萃》,中国政法大学出版社,2004,第629—630页。
② 上海社会科学院历史研究所编《辛亥革命在上海史料选辑》,第1051页。

得达此目的，则振兴商务，改良经济，发掘天然矿产，则发达无穷。"①

　　然而当孙中山回到国内，并被推举为中华民国临时大总统后，面对错综复杂的政治军事斗争的形势，他不再提美国的联邦制政体了。1912 年 1 月 1 日，他在《临时大总统宣言书》中，既没有表示要实行美国的联邦制，也没有表示要实行中央的集权制，只是表示："国家幅员辽阔，各省自有其风气所宜。前次清廷强以中央集权之法行之，以遂其伪立宪之术；今者各省联合，互谋自治，此后行政，期于中央政府与各省之关系，调剂得宜。大纲既挈，条目自举，是曰内治之统一。"②后来革命党人制定的《中华民国临时约法》，虽然将孙中山任中华民国临时大总统时期所实行的总统制改成了内阁制，但对于中央与地方关系却没有作出明文规定，只是在第一章"总纲"的第三条明确了"中华民国领土，为二十二行省、内外蒙古、西藏、青海"。这种有意或无意地对中央与地方关系的回避，使《临时约法》失去了在地方政权中的指导地位。

　　《中华民国临时约法》虽然没有对中央与地方关系作出明文规定，但实际上当时的各省还保持着辛亥革命爆发后宣布独立时的自治状态。这种状况的存在，显然不利于国家的统一和政权的稳定。加上资本主义列强乘辛亥革命后的动乱之机，策动一些边疆省份脱离中国，使中国的边疆危机日益严重起来。因此，当时主张联邦制的声音开始消沉，而主张单一的中央集权制的声音高涨起来。如民国初年出现的若干私人拟定的宪法草案，其中包括梁启超的《进步党拟中华民国宪法草案》《汪荣宝宪法草案》《李超宪法草案》《何震彝宪法草案》《席聘臣宪法草案》等，都"不主张联邦制"③。梁启超的《进步党拟中华民国宪法草案》第 1 条规定："中华民国永远定为统一共和国，其主权以本宪法所定之各机关行之。"在该条的"说明一"中清楚地表明："共和上加统一两字者，示别于联邦制也。"④原来主张联邦的梁启超不仅在宪法草案中没有采用联邦制，他还于辛亥革命爆发不久，发

①　孙中山：《在巴黎的谈话》，载《孙中山全集》第一卷，第 563 页。

②　孙中山：《临时大总统宣言书》，载《孙中山全集》第二卷，第 2 页。

③　李秀清：《近代中国联邦制的理论和实践——北洋军阀时期省宪运动述评》，《环球法律评论》2001 年冬季号。

④　梁启超：《进步党拟中华民国宪法草案》，载《饮冰室合集》第 4 册，文集之三十，第 60 页。

表《新中国建设问题》一文，明确表示反对联邦制，而主张单一的中央集权制。他指出："联邦国不过单一国之过渡。究极必求趋于单一，求之而未得，乃以联邦为一时权宜。故联邦云者，必前此仅有群小国，本无一大国，乃联小以为大也。若前此本有一大国，乃剖之为群小，更谋联之为一大，微论不能。既能矣，而手段毋乃太迂曲。"他在一一剖析了"联邦首长之资格""联邦与中央之权限""联邦之区域""联邦与旧朝""联邦与藩疆"等种种"联邦组织"后得出结论："吾国今日所要求者，首在得一强固统一之中央政府。"①1913 年 3 月，宋教仁在为新成立的国民党起草的《国民党之大政见》中也明确宣布"主张单一国制"，并强调"单一国制与联邦国，其性质之判别，尽人能知，而吾国今日之当采单一国制，已无研究之余地"②。

　　然而，到了 1914 年，要求中国实行联邦制的声音再次兴起。其原因是袁世凯继孙中山为中华民国临时大总统后，尤其是在孙中山领导的"二次革命"失败后，极力推行具有鲜明个人独裁特征的中央集权制度，肆意践踏《临时约法》所确立的民主共和制度。正如欧内斯特所指出的那样："1913 年夏天以后，袁不再需要等待时机了。前几个月存在的自由主义制度和省自治已被扫除。接着而来的共和政体的独裁统治，已经按照行政上中央集权和官僚政治秩序的原则建立起来。"③1914 年 5 月，袁又以行政命令的形式公布了新省制，新省制的基本架构是被临时参议院一致否决的虚省三级地方制草案，其主要内容是取消省议会，从而断绝省自治的可能。同时，设立由中央直接任命的巡按使，巡按使的权力要比被临时参议院一致否决的虚省三级地方制省行政长官的权力还要大得多，实际上就是一个只听命于袁世凯的土皇帝。袁的倒行逆施，使人们"开始思考其主张的中央集权思想对近代中国民主政治的危害：一个强有力的中央政府是必要的，但是能够有效控制他们所提议建立的政府的权力的约束制度同样是必要的。失望之余，他们稍微有些清醒，开始悔恨自己当初附和强有力政府与中央集权论而大力批驳地方分权和联邦制的错误。在这种情形下，一些人把关注的目

---

① 梁启超：《新中国建设问题》，载《饮冰室合集》第 4 册，文集之二十七，第 30、34 页。
② 宋教仁：《国民党之大政见》，载《宋教仁集》（下），第 489 页。
③ 费正清编《剑桥中华民国史 1912—1949 年》上卷，杨品泉、张言、孙开远等译，中国社会科学出版社，1994，第 265 页。

光再次投向联邦论、地方分权，形成了联邦论、地方分权的又一次高潮"①。时人丁佛言也曾对联邦论、地方分权论在1914年后的兴起做过如下分析："呜呼！民国之政象，至于今日，其真穷而无所复入矣。当局者日以掩耳盗铃之手段，行其东涂地抹不三不四之政制，识者已知其矫枉过正，必更有加而无已。中流社会之政客学人，非卤莽灭裂，倡第三次革命之谬说，即摇尾乞怜，求为代议制度之恢复，其与当局者之行为比较，亦为唯之与阿，徒多一层舌辩之声浪而已，而其无当于民国国是，固无分乎理论之高下与新旧之差异也。"正是在这一背景下，"既非附和政府，又不偏倚于激烈"的地方分权论，"在今日恰应民国之需要，又为彻上彻下统括一切之根本主张"，因而乘势得以兴起。②

1914年7月，张东荪率先在进步党的机关刊物《中华杂志》第1卷第7号上发表《地方制之终极观》一文。他开篇便写道："中国岂真无救乎？当革命未成，人心以为革命成则中国得救矣。迨辛亥革命告竣，中国固无以异于前清之中国，顾犹以为组织强有力之政府，与夫征伐暴民，则政治有来苏之望也。今则强有力之政府组成矣，暴民亦尽去矣，政治果有丝毫胜于清代者否乎？现象推演至此，当日之策士，欲以一策以救国者，皆坠入失败深渊不能起也。"在他看来，中国之所以有今天的失败，其原因就在于统治者"无自治之决心而抱治他之奢望"。因此，今日欲救中国，使中国能够富强起来，"宜以英美之自治精神提倡于"地方，"事无巨细由地方自办"，充分发挥省一级地方单位的积极性。而"欲举自治之精神"于地方，就"非改正现行制度不可"，尤其要反对时人提出的废省论。因为一旦废省，必然会造成三大危害：一是有利于中央对地方压制，其结果使"民权之蹂躏，自治之扑灭，正如反掌"；二是废省会破坏同省人民长期形成的休戚与共的关系，而"一旦使结晶体为之融散，非徒于自治之精神无益，且足以堕人民之气"；三是废省之后，地方缩小，自治与官治必同属于一机构，从而造成"自治全灭"。总之，张东荪强调指出："自治精神为今日解决地方制之终极

① 龙长安：《近代中国联邦制运动研究——以宪政为视角》，博士学位论文，浙江大学，2008，第42页。
② 丁佛言：《民国国是论》，《中华杂志》第1卷第8号，1914年8月1日。

问题之匙"，"吾以为中国欲图存且强，则非采用英美派之自治不为功也"。①
对于张文，章士钊后来曾有过评论，认为"实一篇联邦论也。作者虽极力
掩之，而其真愈露"，因为"张君主张自治，同时谓自治之精神与联邦无殊，
是张君所主张，实联邦之精神也"。②张东荪自己也承认，其主张的自治与联
邦只是名义不同，并不存在本质的区别，"特以为自治与联邦二者，精神上
实无甚差异，而名义上则绝对不同"③。张文发表后，丁佛言随即在下一期的
《中华杂志》（第 1 卷第 8 号）上发表《民国国是论》一文，对张文表示支
持，认为"张君（指张东荪——引者）对于地方自治与联邦制之论辩，极为
痛快，特只限于地方一面，而未阐发我国地方与国家之特别关系，故仅及
其所当然，而未及其所以然。国人或不免有疑其说者。不佞不揣固陋，窃
欲进此更有所申论，非敢谓补张君之不足，盖为张君之论加以注解焉"。他
指出，政治制度的设计要符合国情，而中国的国情"在地方，中国之地方
实于国家有最多组织之意思，而又于政治上占最大之势力者也"。因此，处
理好中央与地方的关系，是关系到国家能否长治久安的大问题。他并提出
了三点建议："第一，制定宪法，注重中央与地方之权限，其大要，中央取
列举主义，地方取概括主义，但中央须保有一层之高权，为其自由活动之
余地。第二，各省置行政首长，亦无须拘定简任，设省议会，为地方立法
机关，并监督地方政府。第三，中央置国会上院，以各省首长派遣之委员
及各省议会选出之代表组织之，下院以全国人民选出之议员组织之。"④很显
然，这三点是以美国的联邦制为蓝本的，换言之，丁佛言主张的是美国的
联邦制，但他和张东荪一样，也没有直接使用联邦制之名。

当时直接使用联邦制之名的是戴季陶。也是在 1914 年 7 月，戴季陶在
《民国》第 1 年第 3 号上发表《中华民国与联邦组织》一文，他首先介绍了
联邦之概念及效用，以及近世之联邦国家及世界之趋势，接着，他提出"中
国今日之状况，应采用联邦制度，而后乃适于中国之发达是也"，并就中国
"应采用联邦制度"的理由展开了论述，认为联邦制有利于中国的统一和进

---

① 张东荪：《地方制之终极观》，《中华杂志》第 1 卷第 7 号，1914 年 7 月 16 日。
② 秋桐（章士钊）：《联邦论》，《甲寅》第 1 卷第 4 号，1914 年 11 月 10 日。
③ 张东荪：《地方制之终极观》，《中华杂志》第 1 卷第 7 号，1914 年 7 月 16 日。
④ 丁佛言：《民国国是论》，《中华杂志》第 1 卷第 8 号，1914 年 8 月 1 日。

步，"是以吾人所以主张联邦制者，为统一也，为扩张也。欲中国之分裂者，不足以语此；墨守退婴者，亦不足以语此"。①但戴季陶此文发表后没有引起多大的反响。真正有反响并引起人们热烈讨论的是章士钊先后发表在《甲寅》杂志第1卷第4号上的《联邦论》和第1卷第5号上的《学理上之联邦论》。《联邦论》首先批驳了那种指责国民党于辛亥革命后主张联邦制而祸乱中国的观点，并指出，无论是张东荪的《地方制之终极观》，还是丁佛言的《民国国是论》，实际上都"意在联邦"，只是慑于舆论和政局的压迫，"而不标联邦之字样"，以"自治之精神"和"诸省为地方特别制度"代之而已。②《学理上之联邦论》开宗明义道："综计本文所谈，皆关于联邦自身观念。欲知联邦之为何物，兹或不无小补。至物之为美为恶，终俟读者自为权衡。"然后该文引经据典，对联邦制的若干问题从理论上作了深入探讨，并得出三点结论："（一）组织联邦，邦不必先于国；（二）邦非国家，与地方团体相较，只有权力程度之差，而无根本原则之异；（三）实行联邦，不必革命，所需者舆论之力而已。"尽管章士钊一再强调，他作此文的目的，只是要在学理上说明"联邦之为何物……至物之为美为恶，终俟读者自为权衡"，但他在文中还是明确表示，联邦制不仅特别"宜于"中国，而且中国目前也有实行此制的必要性："联邦之说，微露于辛亥革命之际，徒以倡统一者专制舆论，说乃不张，偶有言之，辄指目为暴乱，甚者追论，至今犹觉断断。"然而时至今日，情况发生了变化，"特近顷以来，统一之失，日益章明，智者发策以虑难，贤者虚衷而求治，恍若联邦之制，行之有道，容足奠民生于安利，拯国命于纷纠"。他鉴于辛亥之际联邦之说被压制的教训，希望对于联邦制的学理讨论，"必当听其独立发展，政府不加禁斥之词，社会不表闭拒之态"。因为在他看来，政治有理想和实际的区分，它们对于一种良好的政治制度的建立都是非常重要的，二者缺一不可，"无实际政治无由行，无理想政治无由进。前者政家所为，后者哲家所为"。政学两派，如果能"融和而并迈"，这是最理想的状态。"苟不可得"，政治家也应听任学者们的自由讨论。否则，"一国有政而无学"，其政策措施的制定和实

---

① 戴季陶：《中华民国与联邦组织》，《民国》第1年第3号，1914年7月10日。
② 秋桐（章士钊）：《联邦论》，《甲寅》第1卷第4号，1914年11月10日。

行，"无辨理析义之士盾乎其后，其国将不足以久存"。他也不赞成张东荪和丁佛言两人虽然心仪联邦制，但慑于舆论和政局的压迫，而不敢明标"联邦之字样"，却以"自治之精神"和"诸省为地方特别制度"代之的做法，认为这种名实不符的做法会增加人们对联邦制的怀疑甚至反感："今言者惧人之不悦于其说也，或则始终讳其名不言，或则语以吾名如是，而实则非，犹近情耳。独奈何先翘是名，且告以将举其实，继又宣言惟实是务，不存其名乎？大凡一说见怪于人，出其本相而章显之，怪将不见；而闪烁其词，枝梧其意，是适所以重其怪耳，未见人之信我也。"①

章士钊的文章发表后，立即引起了社会反响。赞成者有之，反对者亦有之。比如，潘力山就连续发表了《读秋桐君学理上之联邦论》（《甲寅》第 1 卷第 7 号）、《再读秋桐君之联邦论》（《甲寅》第 1 卷第 9 号）、《三读秋桐君之联邦论》（《大中华》第 2 卷第 8 期），反驳章士钊的观点。而支持章士钊观点的也大有人在。章士钊、张东荪和丁佛言也先后发表文章，或进一步阐述自己的观点，或对反驳者进行反驳，如章士钊就发表了《联邦论答潘君力山》（《甲寅》第 1 卷第 7 号，署秋桐）、《联邦论再答潘君力山》（《甲寅》第 1 卷第 9 号，署秋桐）等反驳潘力山反驳自己的文章。张东荪则有《予之联邦组织论》（《正谊》第 1 卷第 5 号）、《吾人之统一的主张》（《正谊》第 1 卷第 8 号、9 号）、《就纯理论上讨论邦先存于国之理——答甲寅杂志秋桐君》（《中华杂志》第 2 卷第 1 号）、《吾人理想之制度与联邦》（《甲寅》第 1 卷第 10 号）、《联邦立国论》（《新中华》第 1 卷第 1 号、2 号，署名圣心）、《联邦之性质及其精神》（《新中华》第 1 卷第 1 号，署名圣心）等进一步阐述自己观点的系列文章发表。于是，一场围绕联邦制的争论由此展开。

概括主张联邦论者的观点，他们之所以主张联邦制，主要基于以下几方面的理由：

（一）联邦制优点突出，是一种很好的制度安排。戴季陶的《中华民国与联邦组织》认为联邦制有五大优点："1. 对外能一致，而对内能使地方人民，各发挥其爱乡心，图地方之福利。2. 应统一之事项，归统一国家办理，其范围小而时与其地方直接利害有关者，归地方办理，可随分业之公例以

———————————

① 秋桐（章士钊）：《学理上之联邦论》，《甲寅》第 1 卷第 5 号，1915 年 5 月 10 日。

分科发达。3. 新吸收之人民与固有人民，易于调合，新吸收之土地亦易于治理，故国家版图之扩张，恒较单一国家，近于自然。4. 联邦之行政事务，可以因地制宜。盖联邦内之各州，其自主的行政权限，独立不羁，不适与其地方之政治，不能强行于其地。5. 新政策之试行推广，联邦国易而单一国难。盖一良制度不必全宜于各地也，行之于此地有利者而他处且受害焉。联邦则各部分国家，可以自由采择其有利政策以试行之，一旦有利，他处亦必仿行。"① 这是戴季陶之所以主张联邦制的主要理由之一。张东荪认为，"一国之政治组织，必适于其国之民族心理，而同时又必合乎时代精神，方足为适宜之制度。以民族心理言，基于历史；以时代精神言，源于人意。二者调剂，始克立于不败之地"。而联邦制度，就是这样一种"足为适宜之制度"。因为，联邦制度的精神，第一是"自治"。"自治者，国之命也。近世国家所以异于中古者，皆在自治，一切优美之代议制度皆由自治而出。"第二是"分权"。与单一制国家不同，联邦制国家有"二重之权，所谓国权与邦权是也"。凡一事，必得国与邦之同意，而后可行。"故邦若为恶，国足以干涉之；国若为恶，邦足以抵制之。二权调济，政治得以发达焉。"他再三强调：联邦制的"自治"和"分权"，是"予之主张联邦之……理由也"。② 正因为联邦制是一种很好的制度安排，因此，实行联邦制就不需要通过暴力革命，也不需要先将统一的国家分裂为各邦，只需要通过舆论鼓吹，使人们接受联邦制，然后通过制宪，划分中央地方权力关系，确定省自治权，即可将"地方"转化为"邦"。用章士钊的话说："联邦之成否，惟视舆论之熟否以为衡。舆论朝通，则联邦夕起，舆论夕通，则联邦朝起，初无俟乎革命也。若夫舆论终不可通，联邦即永无由起，虽革命无益也。"③

（二）联邦制特别适合中国国情。戴季陶认为，具有上述五大优点的联邦制，非常适合于有下列现象的国家："1. 中央与地方权力冲突激烈，常生倚轻倚重之现象者，可以联邦组织调剂之，使中央与地方之权，同受宪法上之保障。2. 国土广大，习俗不齐，民情各异之国，可以联邦组织整齐之，使各地方得随其情势，施适当之政治。3. 人民地方色采彰著，爱乡心炽，

---

① 戴季陶：《中华民国与联邦组织》，《民国》第1年第3号，1914年7月10日。
② 张东荪：《予之联邦组织论》，《正谊》第1卷第5号，1914年9月15日。
③ 秋桐（章士钊）：《学理上之联邦论》，《甲寅》第1卷第5号，1915年5月10日。

而地方与地方或地方人民与地方人民间之冲突激烈者，可以联邦组织调剂之，使既可以统一，复可以自治，而地方之冲突，亦可因之减少。4.属土众多，人种风俗宗教各异之国，单一国组织，颇难同化，而背叛之事易起。若联邦组织，程度可以自治者，则可使之自治；程度不足自治者，可以统一国家之力，助其文化发达，使达能自治之程度，则虽人种风俗宗教相异之民族，有自由施政之希望，不致动辄对于并合国，生敌忾心。5.四围之地域团体，利害共同之处多者，联邦组织，易吸收新领土新国民。"①在戴季陶看来，上述这五点现象中国多数是具备的，所以联邦制特别适合于中国。丁佛言指出，晚清以来，中国之所以"扰乱复扰乱，变革复变革"，从君主立宪，到共和革命，再到"排斥德之联邦，并痛恶及于地方分权"，结果是"各个之建设皆如水上泡影，泛若不系之舟，非旋起旋灭，即飘流不定"，一事无成。"此其故，皆因炫于他人国体政体之虚荣，强为效法，而不知自己之国家，非美、德、日而为中国也。"各国有各国之国情，中国亦自有中国之国情，不案国情而舍己从人，非仅共和不适于中国，即君主立宪、君主专制亦不适于中国，"虽有巧匠不能为沙上建屋，亦惟见其旋筑而旋崩塌耳"。那么，什么是中国的"国情"呢？"国情二字，内容包括极为复杂，如一国之历史、地理、种族、宗教、风俗、习惯"等都属于"国情"，但其中起主导作用的，是"含有组织国家之意思，占有政治上之势力者"。这起主导作用的国情，丁佛言称之为"国基"。"国家之特别彩色，即所谓国基是也。"世界各国的"国基"是不同的，甲国有甲国之"国基"，乙国有乙国之"国基"。正是由于"国基"的不同，决定了国与国之间的区别。那么，"我国之国基安在乎？"他认为，中国的"国基"就是"地方"。"中国之地方，实于国家有最多组织之意思，而又于政治上占最大势力者也。"如果与他国比较，他国之地方小，中国之地方大；他国之地方仅为政府划分之行政区域，中国之地方则含有自治之人格；他国之地方无论如何变动，国家自身不受影响，中国之地方一有变动，国家本体即有动摇；他国之地方仅能承受国家之法令，以执行其区域内之行政，中国之地方则更能本其独立之意思，使表现为国家之行为。"故中国之地方者，非地方，乃组织国家之

---

① 戴季陶：《中华民国与联邦组织》，《民国》第 1 年第 3 号，1914 年 7 月 10 日。

主成分，直接构成国家之单位也。"具体来说，"通常之国家，皆以人民为分子，而中国之国家，则先以人民组织地方，而后乃以地方组织其国家；通常之国家必人民背叛，国家始有变革，而中国之国家，地方若有崩离，国家即为解体；通常之国家，地方托命于政府，而中国之国家，政府托命于地方。故他之国家，恒虞人民叛变；而中国之国家，则惟忧地方分裂"。既然"地方"是中国的"国基"，那么要解决中国的问题，就必须要首先解决"地方"的问题："为中国求意思之所在，主权之由来，则舍着眼地方无他法门。以今日中国惟地方有为国家之意思，与组织国家之势力。合各地方为国家之意思，以成国家，则建设巩固。集地方势力，以监督政府，则政治改良。"而要解决"地方"的问题，其不二法门，便是采用美国式的联邦制，美国式的联邦制最适合中国的以"地方"为"国基"的"国情"。因为，美国式的联邦制最能充分发挥"地方"在国家中的"最多组织"能力和政治上的"最大之势力"。上述丁佛言所讲的"地方"，实际上指的都是"省"，用他的话说："吾前之所谓地方者，非指通常地方而言，乃指中国之各省而言。吾国省之为物，在世界各国中最为特别。"于是他以美国的联邦制为蓝本，提出了我们前面已提到的那三点主张，并且认为："由上三法，第一，可免去今日中央与地方权限之淆乱争执也；第二，可免去今日各省之官僚政治而地方得有自由发展也；第三，有上院代表地方，则立法有效，政府行政无须得各省同意。有省议会下议院代表人民，则人民可逐渐得为政治之训练也。"①

（三）联邦制有利于国家统一、地方自治和各项事业的进步。1915 年 1月 1 日，张东荪以"圣心"为笔名，在《新中华》杂志创刊号和第 2 号上连载一篇数万字的长文——《联邦立国论》，认为中国如果采用联邦制，能收七大之利：一、"在合乎历史上之趋势"。中国汉兴以来，就一直采取的是"官治之地方分权"制度，"其分权之标识，即以部分之兵权与财权，保留于地方而见，虽其间制度屡易，而精神无殊。降及有清，愈为明显"。清代之所以能维系数百年的时间，其原因"一在废明代之苛税与虐政，二在地方分权……人民于本地颇有自治之练习"。所以到了辛亥年间，"革命一

---

① 丁佛言：《民国国是论》，《中华杂志》第 1 卷第 8 号，1914 年 8 月 1 日。

起，各省相率独立，完全自治，虽有议废省者，然梗于事实，终莫能行"。到了今天，集权之表面虽成，然实际上，"不过变为官治分权而已"，并没有真正实现集权。"是以知分权为吾立国之本，自始至终，未尝稍变。特官治之分权，必将日减，而民治之分权，必将日增。此历史所示吾人之倾向也。"中国实行联邦制，正是顺应了这一历史趋向，有助于中国的统一和长治久安。他反驳了那种认为"今各省既已殊致，更从而联邦之，不啻促进其分裂"的反联邦论，认为这种观点"实包含二大谬点"："第一，认联邦与统一为背道而驰，殊不知乃同趋一点；第二，认自治与联邦无实质上之区分，殊不知乃大有异同。"他强调：各省存在着不同，这是事实，然而"于此事实之上，欲求统一，舍取自然亲和之法，殆无他途，则绝不容议也"。二、"在明乎政力向背之理，而为之分配"。一国之向心力，生于自然，不是一二人以强制之力能够创造出来的，其至相反，"以强力创造者，非徒不得向心力，抑于离心力反为之增剧矣"。一国之人的团结，也是"由于同情，基于利害"，而"以力限人，不能服其心"，表面上是团结了，但实际上却是一盘散沙，其至钩心斗角。所以，增长向心力的最佳方法，惟有徐徐以引起同情，而同情的基础，是不要有极端的利害冲突，而这惟有联邦制"可以得之"。他批驳了那种认为"今主张联邦，足妄造离心力也"的反联邦论，并强调指出：联邦制不仅不会使已有之离心力继长增高，相反还能"使已有离心力悉数相安，不致再有激进之举"。就此而言，"联邦为促进统一之第一法门"。[①] 三、"在能得真正之统一"。辛亥革命以来，"有心之人，鉴于各省独立，不足以对外，于是统一之呼声日以高，强有力之政府之要求亦日以急"。无论是谋求统一，还是建立强有力政府，这都没有错，关键是"以何法始能得于真际，则为问题耳"。如果"不求何以得统一之道，而徒为统一之欢呼，适足为枭雄所利用，其结果，亦必至不堪设想而后已。此则为二年以来之现象，毋待申述者矣"。实际上，要真正实现统一，建立起强有力的政府，就必须"使国民之一切相异互差之情感利害权利志趣，皆差足自安已耳。而联邦者，即所以使国民一切相异互差之情感利害，皆得而差足自安之唯一方法也"。因为，"统一生于同情，而唤起其同情之感，惟

① 圣心（张东荪）：《联邦立国论》，《新中华》第1卷第1号，1915年10月1日。

在许其自由。俾其自安，使无受压之苦，反抗之念，而有共同利害之自觉，互相扶助之醒悟，积而久之，则利害愈同，情感愈投，而统一愈坚矣"。就此而言，"故曰分权（即联邦）乃得统一之唯一至妙之方法也"。四、"在能启发人民之自治能力"。近世一切的民主政治制度，体现民意是其主旨。但如果不实行"地方之自治"，则中央无论采用何种方法，"要皆不能表示真正民意"。近世欧美对于自治制，凡有两种之区分：一曰独立自治，二曰监督自治。前者于中央不置总辖之机关，一切事务由地方自主；后者反之，于中央置有监督之局所，凡关地方之自治事务，由其督促以行。然近世各国，莫不趋于后者焉。"是则他日之中国，果有自治，亦必采用后者之制为无疑。"因为独立之自治，以中央对于各省则可，而对于各县各乡各市则不可。所以，省得而独立自治，则即为联邦；各县各市各乡各镇之自治，则构成了省"独立自治"的基础。"吾人于此所以主张联邦者，实有二义：一曰非联邦则地方自治不能发展，二曰联邦与自治其概念不尽相同，而联邦尤为自治之保障。"他尤其强调了联邦与自治的区别。"由法理而言，联邦之邦，与地方之自治团体，其性质其程度均有不同。"就性质而论，邦有自主之权，得以自定组织，而自治团体不能焉。从程度来看，邦由宪法而生，自治团体为法令所造。由宪法而生者，在公法上为权利者；由法令所造者，在公法上为机关团体。一可自由毁弃，一不可自由毁弃，"即有变更焉，亦必依宪法上之手续，得其同意，而始可也"。此外，联邦与自治的不同，还表现在，"自治限于行政，而不及于政治，联邦则否"。既然"联邦"与"自治"为二物，像中国这样"地域广漠之国，决不能恃单纯之自治，即可为功"，而必须采用联邦制，"且除以联邦而培养自治之外，其自治不能单独发展也"。五（他误写成了六），"在能建设一刚性宪法，且能维系此宪法，使其有效于实际"。这有两层意义："一曰采用刚性宪法之利；二曰所以使宪法而有效。"中国将来宪法效力之保障，既不在中央，也不在人民，而实在各省。所以说"中国苟欲其宪法为有效焉，舍由各省以为支持之外，殆无他术也"。更易言之，中国若不以各省为宪法之保障，则永不入立宪之途，即使"偶尔立焉，亦必不久也"。他还认为，中国如果要实行宪法政治，就"不可不取联邦制"；如果取了联邦制，"自然亦必用刚性宪法，此又为逻辑上所不可逃避者也"。六（他误写成了七），"在可得控制与平衡之道"。近世国家之精神，唯在控制与平衡之制，"而得此制之道，又以联邦为易，此中国所以不得不采用联邦制者也"。七（他误写成了八）、"在能矫正民主政治之流弊"。近世民主政治，往往因选举权之太广，政党把持之太甚，议会专权之太过度，"致失民主之真精神"。而"联邦为天然之分权"，所以能保障少数人的权利，"少数既得保障矣，则多数自不得思逞，故联邦国可以绝民主专擅之弊"。他还特别强调："民国二年以后，独夫专制虽成，而各省之官治分权未尝稍改"，所以，"此后变政所趋，若一反当日之倾向，而过重民权，则亦必生流弊"，其稳妥的做法，就是在"各省官治分权"的基础上更进一步，采用真正地方分权的联邦制度。①在另外一篇《吾人之统一的主张》的文章中，张东荪主张以地方分权的联邦制求统一，认为地方分权的联邦制对于统一有如下七个好处：一、中央之权不能压制地方，而地方可以得到自由发展。二、地方之权可以徐徐逼迫中央，使之入正常之轨道。三、人民的情感利害得以"杂然并陈"，不致为野心家欺蒙利用。四、有利于议政和开发民智，"以民执政，可排斥官僚矣"。五、地方有充足基础，不致因政局的变化而动摇国本。六、地方能忠顺中央，有利于统一。七、地方人民不致直接受中央之摧残。总之，联邦制最大的好处，"不外各地方独立，使野心家失其利用，一地方之区域狭小，民得自政，足以排斥官僚而已"。②《具体的联邦论》一文的作者则将中国实行联邦制的好处归结为八个方面：一、取地方分治而不取中央集治，可以防野心政治家专擅之弊，有利于巩固国本；二、以自治而不以官治，可以排斥官僚跋扈与腐败，庶政治得以刷新；三、举一国之政分寄于中央及各省，还能使中央和各省"各循其职""各负其责"；四、有利于试验"改创建立之事"，即有不合，也易于改正，"不至牵及全局，以废事失时"；五、有利于增进不同民族的团结，减少民族分裂的危险；六、省议会行一省立法之权，可以减轻国会立法事务之繁冗；七、有利于为国家储备多数政治之人才，以供国家任使；八、聚多数小共和国成一大共和国，"其精神一致贯注，其质点互相密着"，这有利于抵御外来的侵略。③

---

① 圣心（张东荪）：《联邦立国论（续）》，《新中华》第 1 卷第 2 号，1915 年 11 月 1 日。

② 张东荪：《吾人之统一的主张》，《正谊》第 1 卷第 8 号，1915 年 4 月 15 日。

③《具体的联邦论》，《新中华》第 1 卷第 6 号，1916 年 6 月 1 日。

我们前面已经提到，章士钊的文章发表后，赞成者有之，反对者亦有之。在反对者的文章中，真正有分量，并从学理上较为全面地阐述了中国为什么不能实行联邦制的是张君劢的《联邦十不可论》。归纳张君劢和其他反对者的观点，主要有以下几个方面的理由：

（一）联邦制不适合中国的国情。和联邦论者相反，反对者则认为联邦制不适合中国的国情，这是他们不赞成中国采用联邦制的一个重要原因。潘力山就指出，中国早就是一个统一的单一制国家，不存在所谓的"邦"，而"联邦之制，邦必先于国而存在，中国既有国而无邦，不可于已存之国，而更析之为各邦"，所以联邦制不适合中国。[1]张君劢在《联邦十不可论》考察了世界主要实行联邦制的国家，发现"先邦而后国者，其治常一成而不易；先国而后邦者，常颠倒错乱，历数十年而后定"。比如，"先邦后国"的美国、瑞士、加拿大、南非等国，就实现了长治久安，国富民强；而"先国后邦"的墨西哥以及其他的南美等国，就长期动乱不已，国弱民贫。其原因就在于，联邦制适合于美国、瑞士、加拿大、南非等这些"先邦后国"的国家的国情，而不适合于墨西哥以及其他的南美"先国后邦"的国家的国情。适不适合于本国的国情，这是决定一个国家采不采用联邦制，以及采用联邦制后能否成功的重要原因。因为"世界凡称国者，必有其国之本。斯本焉，不可易且不许易者也。不可云者，国情有所不能也。不许云者，法律命令悬为厉禁也。盖一国国体，既有历史之昭垂，民心之向往，其不可易之数，亦既大明。犹以为未足，则于触犯国体之论，必禁之使不行，凡以为国本计而已"。就中国而言，数千年来皆是统一的单一制国家，现在突然要改统一的单一制为联邦制，这就是毁其国本，悖其国情，其结果，中国也必然会像墨西哥以及其他的南美"先国后邦"的国家一样，将陷于长期动乱，国将不国。[2]

（二）中国不具备实行联邦制的条件。根据美国、瑞士等国的经验，张君劢总结出实行联邦制所必须具备的三个条件：一、省或州宪法的厘定。"为各联邦国所同具者，则各州各有宪法是矣"。如瑞士和澳洲是以明文规

① 潘力山：《读秋桐君学理上之联邦论》，《甲寅》第1卷第7号，1915年7月10日。
② 张君劢：《联邦十不可论》，《大中华》第2卷第9期，1916年9月20日。

定，德国和美国则可于宪法之言外求之。二、省或州主权的确立。各联邦国的州"所以能独立有宪法者，以其地位本为主权的也"，也就是"凡宪法上所许与之权限"，由各州独自行使，他人不得干涉。如教育、如警察，这都是各州的主权，各州自主行政，"不待他人督责，而自办既办矣"。三、省或州自治基础的形成。在联邦国，邦是国的基础，而邦下面的城、镇、乡又是邦的基础，"惟城、镇、乡早具自治之基，故邦易以建设于其上，亦惟以邦久享独立之实，故国易以构成于其上"。今天的美国之所以"各邦乃至城、镇、乡三者，各有其行政系统，而无层层相制之苦者，其原因岂不在是耶？"就中国来看，实行联邦制的这三个必备条件无一具备。首先，当今的中央政府实行集权政策，不会允许各省制定省宪。退一步说，即使许之，"则各省是否有定此组织法之能，而不至陷全国于混乱？"如果不能，"联邦之实，安从而举？"瑞士之各区，美国之各州，其祖若宗，传授子孙，"以多少政治经验，乃有此若干条之省宪法。有此宪法矣，而州民之政治知识又能日增月盛，相引弥长，内有以举一州之州政，外有以守宪法之条文"。而在中国，"省权向不在省民，省民亦无自握省权之能"。因此，即有省宪法，也难免不为"豪暴所利用所蹂躏"。其次，省主权的确立需要两个前提：一、省民与省议会的威信能够驱策一省之官吏；二、省官吏又能鞠躬尽瘁，不待督促而能自举一省之政。"不受他人考核而事以毕，此则联邦之所以为联邦，而与行政区域之性质绝不相同者也。"但在中国，省议会甚至中央议会都常常被轻而易举地解散，毫无威信可言，何谈驱策省吏？而各省官吏只知道升官发财而不知政务为何物。在此前提下，"吾不知联邦之制，将安所赖以托命焉"。此外，中国国民的政治知识和经验也远不能和美国、瑞士这些联邦国之国民相提并论，不能发挥其监督的作用。再次，中国的城、镇、乡、县乃至一省的自治事业根本没有启动。也就是说，构成联邦制之基础的城、镇、乡、县的自治是不存在的，没有城、镇、乡、县的自治作为基础，中国的联邦制根本就建立不起来。总之，实行联邦制的这三个必备条件中国无一具备，"已足以将联邦制适于中国之说，自根本推翻"。因为，"省宪法之自定也，主权的地位也，自治之巩固也，乃联邦制之本源也。此而不具，则其他制度无一事可以讨论"。① 如果不顾条件具备与否，硬要采行的话，那么就一定会像民国成立以后，从西方移植而来的责任内阁、议会程序、司法独立、预算同意等制度一样，结果必然是画虎不成反类犬，"非特其制不行，而他弊乘之"。美洲的墨西哥就是前车之鉴。"墨西哥非共和而联邦者乎？既共和矣，则中央应举法治之实。既联邦矣，各邦应收自由发展之功。然而丧乱频仍，治平无日，此皆积极条件之不备，而惟以法律制度为治具之有以致之也。"

（三）联邦制不利于国家的统一。首先，从军事方面看，遍观当时的联邦制国家，除德意志外，皆"不以武力著称于世"。其原因在于：联邦制国家"每以不信任中央为前提，因而于中央之军事活动，必设为种种条文以制限之"。如瑞士的宪法第十三条规定：联邦政府没有设常备军之权，其所有现役军，合官兵共十万人，则由各州按中央法律而组成。其结果，或者中央不设常备军（如瑞士）；或者常备军人数很少（如美国，不得超过十万人）。平常的练兵养兵之权属于地方，如美国，各州自养民兵十一万五千人，如遇战事，则由总统根据需要向各州征调。但这种体制不适合于中国。因为，一方面，"吾国乎外交之地位，视诸国何如？卧榻酣睡者，何止一二国"。面对如此严重的局势，"而不蓄重兵，不采极灵敏极统一之编制，吾不知将何以应付外人"。换言之，如果也像美国、瑞士等联邦国那样，不设置常备军，"则中国军力万无应付列强之望"。另一方面，假如采纳美国、瑞士等联邦国体制，平常的练兵养兵之权属于地方，那么，"窃据兵柄盘踞地方而抵制中央者，必相望于道"。其结果，不仅"无补于国家之军实"，相反还会强化"地方之割据"，给国家的统一造成极大危害。其次，从税收方面看，中央财政的税源有严格限制，限制之外的税归各州所有，如美国中央税源只有关税和国内物产税，除此之外的其他税源都属于各州。而当时中国的财政年年入不敷出，只有靠大举外债度日。各省省吏不仅中饱私囊拒不上缴税收，而且还急催中央拨款拨饷。在统一体制下，中央尚不能有效地监督地方，一旦实行联邦制，"则各省自护之术益工，而可借口之处益甚，不特地方冒滥无摧陷廓清之日，而中央且困于各省政费，而莫能自

---

① 张君劢：《联邦十不可论》，《大中华》第 2 卷第 9 期，1916 年 9 月 20 日。

拔，则为祸之烈，必有不忍言者矣"。各地中饱之弊，也必胜于前清。如此百弊丛生之局，还说可以建设联邦，"非便揣克，则图分裂耳"。再次，从外交上看，中国当时是弱国，只有建立强有力的中央政府，才能集合全国的力量去维护国家的利益。如果实行联邦制，"国家内部之单位益分"，则"外人觊觎之来愈易"。美国、瑞士等国"其外力压迫不如吾国之甚，故虽行联邦，尚不至发生特种变象。若夫吾国乎，国权岌岌不能自保，遑论地方"。中国今日之所以还能见称于世界，"惟恃此统一之外形耳"，如果今日要"将此统一之外形而破之，且进之为联邦，外形破矣，而联邦之实亦无所附丽"。①

这里需要指出的是，反对联邦制者中，很多人也是不赞成废省集权主张的。如张君劢认为，就像"联邦说以极端之各省自主望各省，此非今之各省所能任"一样，"废省说乃以极端之中央统一望中央，此亦非今日之所能行者"。因为自清末以来，政府威信久已失坠，不独集权之说为人厌弃，甚至统一行政如军、财二者世亦怀疑，更何况举全国之省政而授之中央，这必然会招致全国人民的反对。加上中国幅员辽阔，交通落后，一旦取消省的建制，将监督州县的权力归于中央，中央根本无法对州县实行有效的监督，结果不仅不会加强中央集权，相反还有可能使全国成为一盘散沙，严重削弱中央的权力。故此，张君劢指出，中国当时既不能采行联邦制，也不能废省集权，而只能"仍以省为省，而确定其在国法之地位而已"。那么，怎样才能确立省"在国法之地位"呢？对此，张君劢提出了四条措施：第一，确定省之法人权：设置省长和省议会。第二，确定省之行政权：省长只负本省之责，不涉及中央的事务，中央亦不能以自己的好恶变更省长的地位。第三，确定省之立法权：省内立法，决于省议会，凡属省议会之权，中央不得干涉。第四，确定省税与财产权：划定省税与中央税的界限，使省有独立之财源。当然，确立省在国法中的地位，并不像联邦论者所主张的那样，以取消中央对地方的领导和监督为前提。他再三强调，在确立省在国法中的地位时，必须坚持：（一）省长的任命权操之中央；（二）中央有委任省长以国家行政权；（三）省议会与省长冲突时，其解决之法听自中央；

---

① 张君劢：《联邦十不可论》，《大中华》第 2 卷第 9 期，1916 年 9 月 20 日。

（四）省参事会有权审查省长提出的议案，中央得任命三人为参议员；（五）中央政府就统一之行政问题，有权指导省议会；（六）省税以可为地方税者为限，并严格限制省债的发行。①

　　这场兴起于民国三、四年的关于联邦制之争，一直持续到1916年6月袁世凯称帝不成、一命呜呼之后。张君劢的《联邦十不可论》一文就发表在1916年9月20日出版的《大中华》杂志第2卷第9期上。张君劢（1887—1969），原名嘉森，字士林，号立斋，别署"世界室主人"，笔名君房，江苏宝山（今属上海市宝山区）人。早年留学日本，是梁启超的政闻社的重要成员。1913年初，因发表《袁政府对蒙事失败之十大罪》受到当局迫害，而被迫去德国留学，他因此也成了辛亥革命后为逃避袁世凯的政治迫害而不得不流亡国外的第一人，直到1916年4月才应梁启超的召唤回到国内。②由于张君劢在日本和德国学的都是政治和法律，因此他回国后，就有不少人询问他关于联邦制的意见。他便将自己三年前写的《省制条议》一文加以修改扩充，以《联邦十不可论》为题发表在梁启超主编的《大中华》杂志上。有学者认为，张君劢的《联邦十不可论》是20年代以前反对联邦制、主张中央集权制的代表作，反映了当时"已倒向北洋军阀、代表资产阶级上层保守力量的知识分子"，即梁启超一系的进步党人的政治倾向。③但本书认为，说张君劢的《联邦十不可论》反对联邦制则是，说它主张绝对的中央集权制则非。因为就张君劢所提出的"仍以省为省，而确立其在国法之地位"之主张的具体内容来看，实际上他主张的是一种既非联邦制、亦非严格意义上的中央集权制的政治制度。张君劢本人在《联邦十不可论》中也认为，他的"仍以省为省，而确立其在国法之地位"的主张，是参酌世界之陈规而提出的一种适合我国实情的新政制，这种新政制的"集权之度，不必如俄法；分权之方，大异夫德美"，他并且相信，只要按他所主张的那样，确立省"在国法之地位"，就能在维护旧有一统之基的前提下，实现各省的自由发展。④

---

① 张君劢：《联邦十不可论》，《大中华》第2卷第9期，1916年9月20日。
② 有关这方面的内容，可参见郑大华著《张君劢传》第一章第三、四节，中华书局，1997。
③ 徐矛：《中华民国政治制度史》，上海人民出版社，1992，第432页。
④ 张君劢：《联邦十不可论》，《大中华》第2卷第9期，1916年9月20日。

　　怎样评价这场争论呢？首先，章士钊、张东荪等人之所以主张联邦制，主要是鉴于袁世凯的倒行逆施所引起的政治危机，他们认为只有联邦制才能既避免袁世凯搞帝制复辟，又能够防止第三次革命的发生，并解决长期未能解决的中央与地方的紧张关系，从而使中国政治走上正轨；潘力山、张君劢等人之所以反对联邦制，是认为联邦制不仅不能解决当时的政治危机，相反还会使危机进一步加深，甚至危害国家统一。可见双方都是为了回答中国向何处去这一自鸦片战争以来思想界就一直试图回答而始终未能找到圆满答案的问题。同样，无论是主张联邦论者，还是反对联邦论者，他们也都未能找到圆满答案、做出圆满回答。其次，这场争论虽然是有关中国向何处去的争论，是一场政治之争，但又具有浓厚的学理色彩，论辩的双方都注意到了"国情"对于选择何种制度的重要意义，张东荪、丁佛言之所以主张联邦制，尤其是美国式的联邦制，是因为在他们看来，美国式的联邦制最适合中国的以"地方"为"国基"的"国情"；而潘力山、张君劢之所以反对联邦制，其中也包括美国式的联邦制，是因为在他们看来，联邦制只适合于"先邦后国"的国家，而与中国数千年来皆是统一的单一制国家的"国情"不符。重视"国情"对于选择何种制度的重要意义，这是这场争论的特点之一。当然，由于双方立论的立场不同，他们对什么是中国"国情"的认识也是不同的。张东荪、丁佛言认为中国的国情是"地方"，亦即省，而潘力山、张君劢认为中国的国情是单一制国家的长期存在。此外，双方也都比较注意从学理上论证主张联邦制或反对联邦制的理由，如张东荪的《联邦立国论》，从七个方面论述了中国采用联邦制的好处，而张君劢的《联邦十不可论》，则从十个方面阐述了中国为什么不能采用联邦制，双方都显示出了较为扎实的政治学的理论功底；而章士钊与潘力山两人，主要就联邦制的名实问题以及物理与政理的关系一来一往进行了论辩，涉及的是逻辑学问题。

　　关于联邦制的争论，虽然延续到了袁世凯称帝不成、一命呜呼之后，但袁世凯称帝，使人们认识到，中国的当务之急，不是在学理上讨论是联邦制还是单一制更适合中国的国情，更有助于国家统一、地方自治的各种事业的进步，而是如何挫败袁世凯帝制复辟的图谋，维护民国的共和国体。因此，随着倒袁斗争的兴起，无论是主张联邦制的人，还是反对联邦制的人，他们大多都投入到了倒袁斗争的行列，如张君劢，就是应梁启超的要求，放弃了拿德国博士学位的机会，而回到国内参与倒袁武装斗争的。与此同时，原来主张联邦论最为积极的张东荪则依据无数次前车之鉴作出预测，倒袁之后，政治"必呈一群龙无首之象，演一地方割据之局，一切大权将丛集于多数之各省都督，此各省都督又将分派别，团为数党，一方自握兵符，号召本土，他方联络邻省，外树声缘，于是庶政之兴废，恒视各都督之意向，以为依违之准绳。于此种状态之下，倡分权不能更益之也，倡集权不能以削之也，倡联邦不能为联邦也，倡统一不能为统一也，倡法治不能遽行也，倡议会大权亦不能遽行也，倡军民分治更不能遽行也"[1]。后来的历史证明，张东荪的预测是多么准确。袁世凯倒台后出现的政治乱象和地方分裂势力的膨胀，再次使人们认识到，继续提倡联邦制已不合时宜，于是，"集权论虽未大张旗鼓，而联邦论大有偃旗息鼓之观"[2]。张君劢的《论联邦十不可论》也就成了这场关于联邦制之争的最后绝唱。联邦论的再次兴起，并发展成为联省自治运动，则是在新文化运动兴起后的 20 年代。

三、中国的出路：政治革命乎？社会改造乎？思想启蒙乎？

袁世凯上台后对民主共和制度的肆意践踏和破坏，标明辛亥革命已经失败，至少遭受了严重的危机和挫折。中国向何处去？这个自鸦片战争以来就不断为中国人所思考和回答，而又没有得出最终答案的问题，再次引起了人们的思考和回答。辛亥革命为什么会失败，中国的出路究竟在哪里？由于人们的政治、思想和文化取向等方面的不同，其思考和回答也是不同的。

最早看清袁世凯假共和、真专制之面目，而认识到辛亥革命已经失败的是孙中山。当然，孙中山的认识也有一个过程。他辞去临时大总统职务时，并没有清楚地认识到辛亥革命已经失败，相反认为他所领导的这场革命已经取得很大的胜利。《在南京参议院解职辞》中他说："三月以来，南北统一，战事告终，造成完全无缺之中华民国，此皆中国国民及全国军人之力所致。在本大总统受职之初，亦不料有此种之好结果。亦不料以极短之

---

[1] 圣心（张东荪）：《今后之政运观》，《新中华》第 1 卷第 6 号，1916 年 6 月 1 日。
[2] 李大钊：《省制与宪法》，《宪法公言》第 4 期，1916 年 11 月 10 日。

时期，而能建立如此之大事业。"① 他并充满信心地认为："在我们的面前，尚有大量工作必须完成，俾使中国能以伟大强国的身分与列国并驾齐驱。"② 而这"大量工作"之一，或者说是最重要的工作，就是发展实业，实现他的"民生主义"。早在孙中山就任临时大总统之前，他就认为："满清时代权势利禄之争，吾人必久厌薄。此后社会当以工商实业为竞点，为新中国开一新局面。"③ 就在他解除临时大总统职务的同一天，在南京同盟会会员为他举行的饯别会上他发表演说时，又向同盟会会员们明确表示：三民主义中的民族、民权两主义已"因清廷退位而付之实现"，"唯有民生主义尚未着手"，当前的任务就是要致力于比政治更紧要的"民生主义"事业，而"民生主义"的主要内容就是"平均地权"。同时，他还提出借外债以发展实业和修筑铁路，"国家欲兴大实业，而苦无资本，则不能不借外债"，借的外债如果不用在发展实业上则有害，反之则有益。他对发展实业充满信心，认为从前因清政府的种种限制，实业发展不起来，现在清政府被推翻了，建立起了民主共和国，种种限制已被取消，因此，实业的发展可以预期。他在演说中还一再声明：他尽管解除了临时大总统职务，但"解职不是不理事"，他以后将以民国国民的身份，专门从事发展实业的社会活动，以从根本上来巩固民国。④ 为此，孙中山从解除临时大总统职务后第三天（即 4 月 3 日）起，便在胡汉民等人陪同下，先从南京赴上海，继到武汉，再至福州、广州，最后前往华北各地，每到一处，他都要对"社会革命""平均地权""振兴实业""铁路国有"等问题发表演说。有人统计，从 1912 年 4 月到该年年底的 9 个月时间里，孙中山在各地共作过 40 多场演讲，其中有关民生主义、社会主义、实业建设等问题的演讲就不少于 25 次。⑤ 这正如孙中山在同年 7 月中、下旬接见纽约《独立杂志》记者、传教士李佳白所说的那样，他当时正集中思想和精力，"从社会、实业与商务几个方面重建我们的国家"，"希望看到人民大众的生活状况获得改善，而不愿帮助少数人去增殖

---

① 孙中山：《在南京参议院解职辞》，载《孙中山全集》第二卷，第 317 页。

② 孙中山：《致康德黎夫人函》，载《孙中山全集》第二卷，第 231 页。

③ 孙中山：《致民国军政府电》，载《孙中山全集》第一卷，第 547 页。

④ 孙中山：《在南京同盟会会员饯别会的演说》，载《孙中山全集》第二卷，第 318—324 页。

⑤ 尚明轩主编《孙中山的历程——一个伟人和他的未竟事业》（下），解放军文艺出版社，1998，第 13 页。

他们的势力，直至成为财阀"。① 孙中山尤其对修筑铁路特感兴趣，他认为要发展实业，就必须先修筑铁路，因为交通为实业之母，而铁路又为交通之母，修筑铁路是发展中国财源的第一要策。为此，他专门到上海和黄兴商讨修筑铁路的事情，并亲自草拟了一份修筑全国铁路网的计划。这年（1912年）的 8 月，孙中山应袁世凯邀请，到北京与袁"商谈国是"。袁世凯为了讨好孙中山，给孙中山以国家元首的隆重待遇，对孙中山提出的每一项主张，他都无不表示赞成。孙中山本来就对袁世凯存有一定幻想，又加上袁对他表面极为尊敬，使他对袁大生好感，不仅发电报给在上海的黄兴，认为对袁"绝无可疑之余地"，敦促黄兴"千万先来此一行"，到北京先见见袁世凯，然后再去湖南。② 而且还天真地向袁表示，支持袁当十年总统，练精兵百万，自己"十年不预政治"，"专求在社会作成一种事业"，即修筑铁路，他立志要在十年内修筑二十万里铁路，"使中国全境，四通八达"，成为全球第一强国，不再受外国列强的欺负。袁世凯也投其所好，9 月 9 日任孙中山为全国铁路督办。在京期间，宋教仁在联合其他几个小党的基础上，改同盟会为国民党，并推孙中山为理事长。孙中山正热衷于自己的铁路建设事业，表示不愿过问党事，不久即委托宋教仁为代理理事长，而自己以全力投入筑建铁路工作。他夜以继日地规划铁路建设，钻研铁路资料，到处发表演说，宣传他的修筑铁路的计划和主张。这年秋天，他还先后深入到华北、华中的北宁路、津浦路和胶济路等铁路沿线，进行实地考察，并完成了全国各地铁路干线分布的设计工作。10 月 14 日，他在上海正式成立中华铁路总公司，同时设立了铁路督办办事处，着手筹措修筑铁路的经费。按照他的设想，修筑铁路所需要的大量经费主要通过三种方式来解决：一是直接向外国人借款，自行筑路；二是成立中外合办公司，订立招股章程，招股筑路；三是将路批给外国人修筑，经营一定时期后，由中国政府采取有偿或无偿的方式收归国有。他并且强调，无论采取哪种方式，都要以维护国家主权完整和国家根本利益不受侵害为前提。他曾就借款和招股与一些外国银行、公司和个人进行过接触，但都没有取得成果。

---

① 孙中山：《中华民国》，载《孙中山全集》第二卷，第 392—393 页。
② 孙中山：《致黄兴电》，载《孙中山全集》第二卷，第 450 页。

　　然而正当孙中山为实现他的社会改革尤其是发展实业、修筑二十万里铁路的理想而四处奔走之时，发生了宋教仁在上海车站被人刺杀事件。[1] 宋案发生时，孙中山正在日本考察日本的铁路建设。当得知宋教仁被刺杀的消息后，他立即从日本赶回上海，血的教训使他终于认识到：要实现民主，维护共和，就非去袁世凯不可，从而主张以武力倒袁，发动"二次革命"。他回到上海的当天晚上就在黄兴的寓所召开国民党主要干部分议，讨论宋案问题。他提出乘袁世凯还没有做好充分准备的时机，采取"先发制人"的策略，立即组织讨袁军，兴师讨袁，保卫辛亥革命成果。但此时国民党内部意见分歧。因南京临时政府时期的军队这时都已遣散殆尽，黄兴对武力讨袁没有信心，主张"法律倒袁"。国民党在南方掌握实权的几个都督，除江西的李烈钧外，其他人都不积极，胡汉民以"时机未至"拒绝首先在广东宣布独立，陈其美以没有海军防守为借口也不同意在上海首先起兵。大部分国民党议员，为保住自己的地位，支持"法律倒袁"。与国民党内部分歧举棋不定相反，袁世凯则在积极准备用武力镇压革命党人。他不顾国民党和社会舆论的反对，打着"善后"的招牌，以中国的盐税和海关税等收入为抵押，向英、法、俄、日、德借得贷款二千五百万镑。当一切准备就绪后，同年6月，他借口国民党的三个地方都督（江西李烈钧、广东胡汉民、安徽柏文蔚）曾通电反对"善后大借款"，下令免除他们的职务，同时分兵三路南下，企图一举消灭国民党在南方的势力。在袁世凯步步紧逼面前，国民党的部分领导人终于接受了孙中山武力倒袁的主张。1913年7月17日，江西都督李烈钧接受孙中山的指令，从上海回到江西湖口，组织讨袁军，发布《讨袁檄文》，宣布独立。"二次革命"就此爆发。"二次革命"是孙中山发动的一次武装斗争，是维护民主共和制度的一次努力，但由于敌我力量悬殊，国民党内部又不能统一，再加上广大国民还没有看清袁世凯假共和、真专制的本质，社会的主流意识不支持武装反袁，结果"二次革命"起兵不到两个月就被袁世凯镇压下去，孙中山、黄兴等人再次成为通缉"要犯"，在国内无法安身，去了日本。

　　孙中山到了日本后，对"二次革命"迅速失败的原因进行了认真分析，

[1] 关于宋教仁被刺杀以及整个宋案，可参考尚小明《宋案重审》，社会科学文献出版社，2018。

他认为"二次革命"之所以迅速失败有两个方面的原因：第一，是武昌起义后，没有按照他的革命程序论，先实行军法之治（军政时期），再实行约法之治（训政时期），最后实行宪法之治（宪政时期）。因此，不仅反革命和旧势力没有被打倒和清除，相反还占据了政府的要害部门，广大国民也没有经历过地方自治的训练，缺乏行使政治权力的能力和经验。第二，是同盟会尤其是国民党"立党"时，"徒眩于自由平等之说，未尝以统一号令、服从党魁为条件"[①]，结果造成党内纪律涣散，行动不能统一，党员不听他的号令，这是"二次革命"迅速失败的重要原因。有鉴于此，他决定改组国民党为中华革命党，以便重新集结革命力量，发动"共和国三次革命"。经过半年多积极筹备，1914 年 6 月 22 日，在东京召开了中华革命党第一次大会，到会的有八省逃亡到日本的革命党人，孙中山被推为总理。7 月 8 日，中华革命党在东京举行了成立大会，并公布了孙中山手书的《中华革命党总章》。《总章》规定：中华革命党"以实行民权、民生两主义为宗旨"；"以扫除专制政治建设完全民国为目的"；革命过程必须按"秩序"分为"军政时期""训政时期"和"宪政时期"三个时期，不能逾越；在宪法颁布前，"一切军国庶政，悉归本党党员负完全责任"；并按入党先后，分党员为"首义""协助"和"普通"三种，各有不同的政治权利，即在起义后实行宪政的时期，首义党员有参政执政的优先权利，协助党员有选举权和被选举权，普通党员只有选举权。《总章》还要求入党人员按指印、立誓约，表示绝对服从党魁即孙中山本人。[②]孙中山将国民党改组为中华革命党，虽然改变了原来党人涣散的局面，但把党员分为三种，并要求入党人按指印、立誓约、表示绝对服从党魁亦即孙中山的做法，严重违背了民主原则，具有浓厚的会党色彩，因而遭到一些老资格的革命党人如黄兴、李烈钧、谭人凤等的反对，他们没有参加中华革命党。这严重地影响了中华革命党的战斗力。尤其是黄兴，自同盟会成立之日起，就一直是孙中山的得力助手，在同盟会中具有崇高威望，其地位仅次于孙中山，人们一般都把他和孙中山并称为孙黄。黄兴的不参加，影响了不少人。中华革命党的党员人数最多时只

---

① 孙中山：《致陈新政及南洋同志书》，载《孙中山全集》第三卷，中华书局，1984，第 92 页。
② 孙中山：《中华革命党总章》，载《孙中山全集》第三卷，第 97—98 页。

有 500 人左右，根本无法与同盟会以及后来的国民党的人数和实力相提并论。

中华革命党成立后，即在孙中山领导下，开始了维护民主共和、反对袁世凯专制统治的斗争。他通过总结"二次革命"失败的教训，认识到掌握军队的重要性，用他的话说，国是未定，革命党人必须要拥有不受别人欺侮的实力，"质言之，即是武力"，必须以革命的武力来反对反革命的武力。同年 9 月，孙中山仿照同盟会制定《中国同盟会革命方略》的故事，又亲自拟定了中华革命党的《革命方略》，并于 1915 年夏召开本部各部长会议，决定组织中华革命军，先后派陈其美、居正、胡汉民、于右任等回国，分别组建中华革命军东南军（上海）、东北军（青岛）、西南军（广州）和西北军（陕西三原）四个总司令部，组织和发动反袁起义。据不完全统计，仅 1915 年间，中华革命党发动的起义就有十多次。尽管这些起义由于规模小，没有深入发动群众，都相继归于失败，但它们成了护国战争的先声。反对袁世凯帝制复辟的护国战争爆发后，孙中山领导的中华革命党是护国战争中的一支重要力量。

武昌起义发生时，梁启超还在国外流亡，直到 1912 年 9 月底才从日本启程回国，于 10 月 8 日抵达天津，结束了长达 14 年的流亡生活。梁启超回到国内之时，正值第一届国会选举的前夕，各政党经过合纵连横，形成了三个大的政党，一是由同盟会联合其他几个小政党而形成的国民党，二是由共和建设讨论会联合国民协会等几个小政党而形成的民主党，三是由统一党、民社、国民协进会、民国公会等五个政党联合而形成的共和党。在这三个政党中，国民党属于激进派，民主党和共和党属于温和派，都是拥袁的政党。自立宪运动以来，实行政党政治，便是梁启超孜孜以求的政治目标，中华民国的成立则给他实现自己的政治目标创造了条件。而要将其目标变成现实，就必须组建起国内的第一大党，并在第一届国会的选举中取得多数席位，这样才有可能组建起属于自己的政党内阁，推行自己的政治主张。但当时国民党的影响力要在民主党和共和党之上。为了改变这种状况，梁启超在袁世凯的支持下，开始在基本理念相同的民主党和共和党中展开活动，希望两党合并，成立一个统一的政党。早在梁启超回国之初，袁世凯即答应月给他三千经费，供其组党使用，还答应他在民主、共和两党合并后提供经费二十万元。在梁启超的积极活动和袁世凯金钱的推动下，共和、民主两党合并的洽谈取得较大进展，决定新党成立后以黎元洪为总理，梁启超为协理。梁启超对此十分满意，他曾踌躇满志地表示："共和、民主两党大约两旬后联合成立。两党员皆有'哀鸣思战斗，迥立向苍苍'之意，选举胜利可期。然自兹以往，当无日不与大敌相见于马上，吾则必须身先士卒也。"① 然而第一届国会选举之前，民主党和共和党的合并工作并没有完成。第一届国会选举的结果，国民党获得胜利，成为国会中的第一大党。共和党和民主党不合并，这既不利于梁启超的政党政治的理想实现，也不利于袁世凯统治的稳定。于是，梁启超进一步加大了共和党和民主党合并工作的力度，并且把统一党也纳入了进来。在共和、民主、统一三党举行的"恳亲会"上，梁启超告诉与会者："三党在国会中联合尚居少数，此种现象极为危险，外界之原因姑不论，内部之团结亦未能巩固。故院内之失败，第一乃由三党分立之故"，为了亡羊补牢，三党必须"乘此机会急谋合并"。② 经过梁启超的一番努力，尤其是袁世凯的居间撮合，1913年5月29日，共和、统一、民主三党宣布合并，成立进步党，选举副总统黎元洪为理事长，梁启超、伍廷芳、孙武、那彦图、汤化龙、王庚、蒲殿俊、王印川等九人为理事，但实际的领导人是梁启超。梁启超在进步党成立大会上说："前此三党之精神，三党楬橥之主义，为彼此相同有二者：第一，欲将全国政治导入轨道；第二，欲造成一种可为模范之政党，以立政党政治之基础。……此进步党之所由成立也。"③ 6月18日，梁启超主持该党讨论时局问题，会后发表《进步党之大方针》，主要内容为：一、拟推选袁世凯为正式大总统；二、主张改组内阁，宣称该党"有掌握政权之雄心"，并认为"非本党掌握政权，不足以产生强善政府"；三、认为"宋案"应以"法律解决"，反对法庭传讯国务总理、嫌疑人赵秉钧到案；四、支持"善后大借款"，但主张对"借款须严督用途"。④

梁启超将三党合并成立进步党的出发点，是要争取国会多数，谋求进步党组阁，以实现自己的政党政治的目标。因此，进步党成立后，在国民党

① 丁文江、赵丰田编《梁启超年谱长编》，第652页。
②《盛京日报》1913年4月24日。
③《时报》1913年6月3日。
④《时报》1913年6月19日。

因"宋案"而产生的与袁世凯的一系列的矛盾和斗争中，进步党始终持的都是支持袁世凯、打击国民党的立场，甚至支持袁世凯对"二次革命"的镇压。这也符合袁世凯支持梁启超将共和、统一、民主三党合并成一党的初衷。当然，袁世凯也是投之以李，报之以桃。1913 年 7 月 31 日，亦就是"二次革命"正式爆发后不久，袁世凯任命梁启超在戊戌维新时期就结识的老朋友、进步党人熊希龄为国务总理，梁启超、汪大燮、张謇等三位进步党人，分别出任司法总长、教育部长和农商部长，与袁世凯的北洋集团的成员一起，组成所谓"第一流人才内阁"。入阁之初，梁启超雄心勃勃，以为政党政治的实现就在眼前。他曾替国务总理熊希龄起草过一份《政府大政方针宣言书》，开宗明义便宣布本届政府以为国家建设奠定坚实基础为根本目标："凡为治者，必先慎查国家所处之地位，所遇之时势，乃就国民能力所及，标准之以施政，然后其政策乃非托诸空言。今之言治者动曰：我国破坏之时告终，建设之时方始。斯固然也。然希龄等今日不敢语于建设，但得竭其绵薄，以立建设之基础，为愿已足。譬诸筑室，必须得一室所占之地面，此地面可以任我自由处置。次乃被除其草莱，平治其瓦砾。次乃庀材木瓦石鸠工匠，然后从事于构建也。"① 并提出了进步党人在外交、内政、经济、教育等方面的一系列大政方针和措施，如：贯彻法治精神，建设法治国家，实行责任内阁制；司法独立，军民分治，废省改道，实行地方自治；整顿财政，发展实业和交通；制定工商法规；等等。梁启超自己在担任司法总长期间，也是任劳任怨，刻苦工作，除负责司法部的工作外，他还参与了财政和行政改革方面的事务，"排日到总统府、国务院、司法部三处，日接客数十，夜则拟法案，心尝注目在废省与整顿财政两事"②，以致两月后头发变白。然而好景不长，仅过了 3 个多月，亦即 1913 年 11 月 4 日，袁世凯便以国民党发动二次革命为借口，下令解散国民党，追缴国民党议员证书徽章 400 余件，致使国会因不足法定人数而被迫休会。为了解决国会无法开会的危机，梁启超与汤化龙、张謇一起联袂谒袁，建议以候补议员递补国民党议员留下的空缺，以维持国会继续存在。人们常说：飞

① 梁启超：《政府大政方针宣言书》，载《饮冰室合集》第 4 册，文集之二十九，第 109 页。
② 丁文江、赵丰田编《梁启超年谱长编》，第 681 页。

鸟尽，良弓藏；兔死狗烹。袁利用梁启超和他的进步党打击国民党的目的已经达到，于是一不做，二不休，干脆于 1914 年 1 月 10 日，下令解散国会，停止包括进步党议员在内的所有议员职务，每人发旅费 400 元，饬令回籍。2 月 12 日，熊希龄宣布辞职，梁启超亦随即离开政府。至此，梁启超的政党政治的理想彻底破灭。

1914 年 2 月 15 日，也就是熊希龄宣布辞职、梁启超随即离开政府的第三天，《庸言》杂志第 2 卷第 1、2 号合刊发表了署名为"梁任公谈、记者笔述"的《述归国后一年来所感》一文。梁启超告诉记者："一年来之中国，其状态变迁之剧烈，盖不可思议。如观电影百戏，倏忽曼衍，目无留瞬，一刹那间，已成陈迹。如备四时之气管于一室，掀以万钧之机，忽而沸度，忽而冰点，居室中者，喘汗肤粟，疲于奔命。夫过去之迹则既若是矣。而后此之迁流，又莫测其所届。故举国彷徨迷惑，几无一人得安身立命之地，则社会杌隉之象，终无已也。今喘息似稍定矣，其状乃如百戏场中，止乐垂幕，观场之人经过度之震荡摇眩后，则疲倦欠伸之态四作。又如号咷偃舞之后，扶头作酒恶，故于沉默之中，含一种萧索惨淡之气。气象之不良莫过此矣。"如果将梁的这段话与我们上引的他替熊希龄起草的《政府大政方针宣言书》的那一段话作一比较，其心态可谓是天壤之别。那时的梁启超信心满满，有要为国家建设奠定坚实基础而大干一场的雄心壮志；而此时的梁启超则因受其政党政治之理想彻底破灭的打击，心中满是失落和失望。据他回国一年来的观察，中国之所以会"构成此种气象"，其原因有四：一是"人才之不经济"，二是"制度试验之彷徨"，三是"社会事业之萎靡"，四是"思潮之浮浅及不调和"。而"制度试验之彷徨"，又与"社会事业之萎靡"有着密切的关系。因为，"制度者，社会之产物也。制度之为用，虽时或可以匡正社会状态之一部分，然万不能离社会以创制度，更不能责制度以造社会。十年来之中国，日日以离社会创制度为事，其极也，乃取凡与我社会绝不相容之制度，无大无小，悉移植之。植而萎焉，则咎制度之不善，而更谋改植。故凡百制度，日日皆在试验中"。其结果，"无论何种制度，皆不能植深基于社会，而功用无自发生"。据此，他认为，中国不谋新的出路则已，要谋新的出路，就必须改弦更张，从原来的重视"制度试验"，转而重视社会改造，重视社会运动。他指出，民国成立以来的社会运动，表面上"甚磅礴郁积，如政团，如其他慈善学术之团体，如私立学校，如报馆，如公司，其蓬茁于各地者，不可胜量"，但实际上绝大多数是"旋起旋灭，若浮沤之相续"，极少数虽然保存了下来，"皆直接间接与中央政府或地方政厅为特别关系，而仰其补助卵育以自活"，尤其是一些本应和政府不发生任何关系的政党和股份公司，"其托生命于中央政府或地方政府者乃什而八九"。在他看来，"社会事业，宜求其基础于社会"，如果以"政府为基础"的话，那么就犹如"螟蛉托子于果蠃，虽辛勤悯鸒，而终非类"一样，"在法固不能谓之为社会事业"。当然，在当时的条件下，要全面发展社会事业是不现实的，他因而主张，"宜先发生规模紧小之社会事业，或可以乘载之而无倾踬，待其体已具，而徐图恢廓也"。① 从以上梁启超的谈话中可以看出，随着政党政治之理想的彻底破灭，他已经初步认识到，政治制度的基础在社会，不从社会改造入手，政治改造不会取得任何结果。换言之，政治改造应让位于社会改造，发展社会事业，才是中国的当务之急。

　　无独有偶，也是在发表梁的谈话的这期《庸言》上，著名报人黄远生同样表达了与梁启超类似的主张。《庸言》本是梁启超回国不久在天津创办的一份杂志，他自任"主干"，亦即主编。1914 年 2 月《庸言》杂志改组，由黄远生代替梁启超为杂志"编辑人"。黄远生于是在改组后的第一期（即第 2 卷第 1、2 号合刊）上发表《本报之新生命》一文，以为改刊宣言。他在该文中表示："事到今日，吾人已深知一社会之组织美恶，决非一时代一个人一局部之所为，在此大机轴中，一切材料及动静，无不为其因果，而向者之徒恃政论或政治运动，以为改革国家之道者，无往而非迷妄。故欲求症结所在，当深察物群，周知利病。"这就像医生看病一样，如果连病人的脏腑脉络都不一一"诊察解剖"，仅凭局部的诊断就"以概全身"，给病人开出药方，而号称自己是良医，病人的病治不好，责任不在自己，而在病人。对这样的所谓良医，"世人未有不骇然笑者"。所以，今后《庸言》的"纪事造言，决不偏于政治一方"，"于政治的记述以外，凡社会的理论及潮流，与社会事实，当为此后占有本报篇幅之一大宗也"。②

---

① 梁任公谈、记者笔述《述归国后一年来所感》，《庸言》第 2 卷第 1、2 号合刊，1914 年 2 月 15 日。注：该文没有收入《饮冰室合集》。

②（黄）远生：《本报之新生命》，《庸言》第 2 卷第 1、2 号合刊，1914 年 2 月 15 日。

梁启超的《述归国后一年来所感》和黄远生的《本报之新生命》在《庸言》杂志刊出后，他们所表达出的重视"社会改造"的思想和主张并没有引起人们太多的关注，真正引起人们关注的是一年后，亦即1915年2月20日，梁启超发表在《大中华》杂志第1卷第2期上的《政治之基础与言论家之指针》一文。梁启超开宗明义便写道："此问题实际庸腐之问题也，吾拈此问题何意？吾方欲稍辍其积年无用之政谭，而大致意于社会事业，吾且望国中之政论家亦稍改其度焉。吾又惧误会者，以为是导民以漠视政治也，故为此篇，以申明政治基础在于社会之义。"他指出，"政治基础在于社会"，还是"社会基础系于政治"？更申言之，是"先有良政治，然后有良社会"，还是"先有良社会，然后有良政治"的问题，向来都是言论家争论不休的问题，"皆各持之有故，言之成理"，但他持的是"政治基础在社会之说"。之所以如此，是因为在他看来，欲"求得良政治之法"，只有两条途径：其一，就是"希望昊苍忽赐我以聪明睿智圣文神武之主权者"，而且其人还要如佛典所说的观世音那样，除"千眼千臂，举一切政治无巨无细，皆自举之"外，还能"一一悉应于吾社会之要求"。这样"良政治"有可能实现。其二，"必由生息此国之人民，分任此国之政治"。其人民能知政治为何物，能知政治若何为良，若何为恶，并且"人人皆有为国家求良政治之诚心，人人皆有为国家行良政治之能力，苟其心有不诚，力有不逮者，将不能见容于政治界"。这样"良政治"也有可能实现。但无论第一条途径，还是第二条途径，最后都要落实于社会，这样"其结论已复返于社会矣"。实际上，"平心论之，政治与社会，迭相助长，如环无端，必强指其缓急先后之所存，无论毗于何方，皆不免偏至之诮"，是强调"政治基础在于社会"，还是强调"社会基础系于政治"，关键取决于"言论者"的立场，"若为立于国家机关之人人说法耶，则当昌明社会托命于政治之义，使其知责任之所存；若为国家机关以外之人人说法耶，则当发挥政治植基于社会之义，使其知进取之所自"。在他看来，今日的"言论家"，如果"欲与政府当局言也，则吾敢信其决无反响"；如果"欲与多数国民言也，言一不慎，则或无反响，或生恶反响，二者必居一于是"。这"恶反响"又分两种，"其一，听吾言信吾言者，梦想吾所描写之政象，欲求其实现焉而终不可得，则以为国事遂无可望，乃嗒然若丧颓然自放，以致国家前途最有希望之人，皆流为厌世一派，此一种恶反响也。其二，听其言信吾信者，梦想吾所描写之政象，欲求其实现焉而终不可得，于是乃激而横决，日图推翻现在之政局，或革变现在之国体，以陷国家于奇险之境，此又一种恶反响也。第一种反响既已可伤，第二种反响则尤可惧"。就此而言，梁启超强调指出："要而论之，在今日欲作政谭，无论若何忠实稳健，而终不免略带一种刺激煽动之性质"，其结果"则国家所受者，实利少而害多"。① 所以，今日的"言论家"与其在那里天天作使国家"利少而害多"的所谓"政谭"，还不如沉下心来，做一些实实在在的社会事业，尤其是要重视于社会教育，为国家培养出具有现代政治素质和能力的政治家和国民。梁启超还批驳了以下两种观点：一是认为"今日之政象岌岌不可终日，岂能待此十年树木百年树人之计？恐端绪未就，而国之乱且亡已见矣"。二是认为"在今日政象之下，恐所谓社会事业者，终未由进行"。针对第一种观点，他指出：如果不从事社会事业，重视社会教育，"而率国人日日为无意识无根蒂之政治活动"，难道就能免于亡国吗？既然也不能免，那么与其坐等亡国，还不如努力于社会事业，"虽国亡后而社会教育犹不可以已，亡而存之，舍此无道也"。针对第二种观点，他指出，"难则有之，不能则未必也"。如果"吾侪十年以来，苟非专以政治热鼓动国人，而导之使专从社会上谋立基础，则国中现象，其或有以异于今日，亦未可知"。但遗憾的是，包括他本人在内的"举国言论家"，"目光专集注于政治，致使驯愿者惟求仕宦，耗其精力于簿书期会，或且熏染恶俗，日趋堕落"，其结果造成了政府腐败，国将不国。对此，"吾侪以言感人者，又宁得不分尸其咎。"② 总之，他希望"全国聪智勇毅之士，共戮力于社会事业，或遂能树若干之基础，他日虽有意外之变乱，犹足以支。而非然者，缠演十年来失败之迹，而国家元气虽屡斫而不可复矣"③。

《政治之基础与言论家之指针》一文发表后，立即以其鲜明的"社会改造"优先于"政治改造"的思想和主张，以及对十年来"举国言论者"专注

① 梁启超：《政治之基础与言论家之指针》，载《饮冰室合集》第 4 册，文集之三十三，第 32—34 页。
② 梁启超：《政治之基础与言论家之指针》，载《饮冰室合集》第 4 册，文集之三十三，第 39 页。
③ 梁启超：《政治之基础与言论家之指针》，载《饮冰室合集》第 4 册，文集之三十三，第 40 页。

于"政谭"而很少关注和从事于社会教育事业的严厉批评引起了社会反响，赞成者有之，不赞成者亦有之。不赞成者中以章士钊的立场最为鲜明。我们前文已经提到，章士钊曾参加过"二次革命"。"二次革命"失败后，他流亡到了日本。后来，孙中山改组国民党为中华革命党，他和黄兴以及不少革命党人没有加入。他和黄兴以及不少革命党人之所以没有加入中华革命党，一方面，是由于他们不能接受中华革命党把党员分为三种，并要求入党人按指印、立誓约、表示绝对服从党魁亦即孙中山的做法；另一方面，在思想上，他们也不赞同孙中山提出的立即进行"第三次革命"的主张。因为在他们看来，"二次革命失败之后，国民党之势力被摧毁殆尽，缺乏革命的实力；甫经革命之乱，人心思定，一般社会公众颇厌倦革命之再发生，缺乏发动革命的社会基础；袁世凯的统治暂时比较稳固，暴力革命可能会沦为军事冒险，没有多大的成功希望，故对于马上开展暴力革命持保留态度。他们觉得，民主政治挫折的一个重要原因是新式政治精英本身学识不够，对于近代政治的根本精神何在，缺乏体认，在试验民主政治中存在种种失误，尤其是缺乏调和立国之精神，对于异己之力量缺乏有容的态度，结果为丛驱雀，使民主势力分裂，未能为联合的斗争，遂使官僚腐败势力坐得渔翁之利。因此，他们主张新式精英尤其是继续政治改造的同志，先修炼自身，提高自身知识与能力，同时阐明近代政治'制治之本'，向国人阐发近代国家原理、调和立国之理，逐步使民主政治的基本精神、基本游戏规则为社会公众尤其是政治精英所接受，从而能在时机到来之时，顺利地建立民主政治。若不去做这些工作，不提高自身，只顾埋头革命，则将来革命之后，未必有善果"①。正是基于上述认识，他们先后创办了《正谊》和《甲寅》杂志，积极从事阐发近代国家原理的宣传，提倡调和立国论和联邦制，并为此与主张"对抗论"和单一国制的张东荪、张君劢等人展开过论争。同时，他们还发表了大量倡导政改、针砭时弊的文字。换言之，他们虽然不赞成孙中山所主张的"第三次革命"，但他们关心政治、热衷政治的初心则始终如一。因此，梁启超的《政治之基础与言论家之指针》一文发表后，章士钊即在1915年6月10日出版的《甲寅》杂志第1卷第6号上

---

① 邹小站：《政治改造与社会改造：民初的思想争论》，《史林》2015年第1期。

发表《政治与社会》一文，就梁启超的"社会改造"思想和主张提出了不同看法。用他的话说："梁任公先生在《大中华》杂志作《政治之基础与言论家之指针》一首，以申明政治基础在于社会之说。前辈为文，岂敢妄施驳议，虽然愚爱前辈，愚尤爱真理，为中国前途计，不敢嘿尔息也。"① 除章士钊外，竹音、张东荪等人也先后在《甲寅》杂志上发表《社会之自觉心》（第 1 卷第 6 号）和《政制论（上）》（第 1 卷第 7 号）、《政制论（下）》（第 1 卷第 8 号）等文，不赞同梁启超的观点。我们前面已经提到，张东荪曾加入过孙中山为临时大总统时的南京临时政府，临时政府北迁后，他没有随之北上。后来，国民党和进步党相继成立，他也没有加入国民党和进步党，但思想观念上则与进步党比较接近，他的"对抗论"就与梁启超一脉相承。然而在"政治改造"和"社会改造"的问题上，他则不太赞同梁启超的"社会改造"优先于"政治改造"的思想和主张。他在《政制论（上）》中写道："新会梁任公近于《大中华》杂志抒发新意，以为空谭政制非徒无补于实际，且导入危途，国家必将受害。平心而论，所见诚不为尽谬，吾非好辩，然窃不能无疑。"② 概而言之，章士钊、张东荪等人不赞成的理由主要有以下几个方面：

第一，政治与社会的关系是相辅相成的关系，政治离不开社会，社会亦离不开政治，脱离政治的社会改造或脱离社会的政治改造都是不可的。章士钊指出：梁启超强调"政治基础在于社会"，但同时梁"亦承认之，惟于今之政治无法可设，不得不转而诉之社会，冀先植政治上不拔之基。此其用心，盖亦甚苦。然欲为此，当先假定一前提焉，政治与社会，两两离立，尔为尔政治之事，我为我社会之事，俟吾社会发达，至于可以加力政治之时，再行结合，以建新国"。然而，这一"前提"根本就不成立。因为，就政治与社会的关系而言，"政治不良，由于社会不良；社会不良，又由于政治不良"，两者"互相为因，互相为果"。既然梁启超的立论前提就不成立，那么他的"政治基础在社会"的立论也就不能成立。③ 竹音同样认为："社会与政治，迭相因果，决无先后缓急之序。谓政治万能，不复措意

① 秋桐（章士钊）：《政治与社会》，《甲寅》第 1 卷第 6 号，1915 年 6 月 10 日。
② （张）东荪：《政制论（上）》，《甲寅》第 1 卷第 7 号，1915 年 7 月 10 日。
③ 秋桐（章士钊）：《政治与社会》，《甲寅》第 1 卷第 6 号，1915 年 6 月 10 日。

于社会，固属迷信；而专注社会，因放弛其政治之责任，亦未可为觉悟。"[①]
第二，既然政治与社会是互为因果的关系，因此，其改造是以社会为主，
还是以政治为主，不能一概而论，而应视具体情况具体分析。章士钊指出：
社会和政治是互为因果的关系，但"因"有绝对（一因）和相对（多因）
之别。如果是绝对的，只有一因，那么，其"互限改良之事于不可能"；如
果是相对的，有多因，"则当熟察并著之因，与本因之大小轻重何若，而后
可决改良之事，当从何始"。如社会之不良，政治是其本因，并且是唯一之
因，那就必须从政治入手；如政治之不良，社会是其本因，并且是唯一之
因，那就必须从社会入手。"苟若社会不良之本因小且轻，则改良之道可以
不从政治着手，否则不可避；如政治不良之本因大且重，则改良之道不可
不从社会着手，否则非所急。"[②]梁启超"避政治而言社会，同时又确言政治
不良"，但没有分析引起政治不良之因是一因还是多因。如果只是社会这一
因，作者强调社会改造的重要性当然是对的；但如果是多因，那么，除社
会改造外，"政治改良之说"就不可或缺。第三，以政治改造社会易，以社
会改造政治难。中国要想起死回生，就离不开政治改造，言论家要担负起
政治改造的责任。竹音写道："吾闻以政治启导社会其力易，以社会牖进政
治则事难。试观列代世风，往往经数十鸿儒哲士敦厚之不足者，而一二暴
君污吏破坏之有余。"所以"士居今日"，就应"平心为策国之谈"，既"不
必空蹈监督政治之虚名，亦不可太为现时政象所拘束"。要知道，"社会机
能，不进则退。我既弛其国民应肩之责任，而彼搢绅之士，遂愈玩法律于
股掌之上，竟无一人为之过问，是社会先未改良，而政象凌夷更不可收拾
矣"。[③]张东荪指出："欲国强民富"，这是"无分乎上智下愚"的全国人民的
共同要求。而要实现这一要求，就离不开"良政治"，这是"不待诘而自明
者"的道理。所以，"吾人之生，自朝至夕，其有所求，求良政治也。凡吾
同胞休养经营，同有所求，求良政治而已"。[④]章士钊认为，梁启超提出的要
重视社会事业，这本身并没有错，但在目前政治权力无孔不入，只有政治，

---

① 竹音：《社会之自觉心》，《甲寅》第 1 卷第 6 号，1915 年 6 月 10 日。
② 秋桐（章士钊）：《政治与社会》，《甲寅》第 1 卷第 6 号，1915 年 6 月 10 日。
③ 竹音：《社会之自觉心》，《甲寅》第 1 卷第 6 号，1915 年 6 月 10 日。
④（张）东荪：《政制论（上）》，《甲寅》第 1 卷第 7 号，1915 年 7 月 10 日。

并无社会的情况下，欲从事社会改造，就必须从政治改造入手。他举例说，禁止鸦片，是很纯粹的社会问题，然而中国人早就丧失了不吸鸦片的自由了。因为，鸦片种植关系着政府的饷源，在政府天天督促农民大量种植的情况下，不从事政治改造，禁止鸦片之类的社会事业就不可能取得任何成效。他还对梁启超的"言论家不当倡为政治改良之说"的理由之一，即政府和官员不愿听"言论家"的"政谭"，也没有时间听"言论家"的"政谭"，所以"言论家"的"政谭"对政府和官员不起任何作用，提出了质疑。他指出："愚则以谓某论之当倡与否，是为一事；某论之见容与否，又为一事。若必料定吾说之将见容，遂从而倡之，此宵小逢迎或策士揣摩者之所为，岂足以当独立言论之目。言论家之天职，亦在使其言论与时代潮流相合，可以见诸实行已耳。至真获实行与否，非其所当问也。果不获行，此他人之咎，于言论之真值何与也。且言论之真值，每以不获实行而愈见其重。"这样的例证在中外历史上比比皆是，不足为奇，"言论家"决不能因政府不愿听、没有时间听自己的"政谭"，就放弃"倡为政治改良之说"的责任。[①] 第四，梁启超所希望的理想社会是可企而不可求的社会。实际上，只要有一部分优秀分子存在，"良政治"的实现就有可能。章士钊指出：梁启超所理想的社会，是举国之人都要有很高的政治素质和政治能力。"此种社会，诚为良矣，然以欧美社会程度之高，其实际是否能如先生所言，愚犹以为疑问。今求之吾国不得，而遽以政治罪恶，全然诿诸社会，谓非获此，政治可以不谈，愚诚不解。"实际上，"政治之本，固在人民，而谓举国之人，其智足以辨别政治良恶，始有良政治可言，断非笃论"。因为，"当世文明各国"，实行的还是少数政治，"今吾之民智诚低，然不得谓国中乃无一部优秀分子"。只要有"一部优秀分子"，"良政治"就完全有可能实现。关键是要使这一部分优秀分子担负起政治改良的责任。[②] 张东荪则强调了对广大民众进行政治教育于"良政治"的重要意义。他写道："夫欲一国之人民，知自国之政治，当以何者为宜，则决非任择一人，而可随意叩之也。必其民先有充实之知识，富足之判力，对于世界政治，有明晰之印象，

---

① 秋桐（章士钊）：《政治与社会》，《甲寅》第 1 卷第 6 号，1915 年 6 月 10 日。
② 秋桐（章士钊）：《政治与社会》，《甲寅》第 1 卷第 6 号，1915 年 6 月 10 日。

对于本国国情，有深切之体验，夫然后始得辨政治之良楛，而能定取舍之方针。"而这需要对"一国之人民"进行政治教育，以"启发其对于政治之兴味。苟其兴味得继长增高，则知识必渐以发展，而政治得日臻完善"。[①] 对广大人民进行政治教育，这当然是"政谭"。因此，梁启超否认"政谭"的作用，而一味强调社会改造优先的观点是不能成立的。

和章士钊、张东荪等人不同，杜亚泉则是梁启超的社会改造优先于政治改造之思想和主张的支持者。其实，早在辛亥革命前夕的宣统三年（1911）二月，杜亚泉就发表过《减政主义》一文，主张"减并官厅，减少官吏，减省政务"，一句话，也就是"减缩政治范围"，让社会自由发展。他指出，在西方和日本，原来信奉的都是政府万能主义，无论大事小事，政府无所不为，无所不能。但近年来，减政主义在西方和日本兴起，因为西方和日本的有识之士认识到："欲矫繁复政治之弊，节政费以养民力，减政权以顺民情"，就必须实行减政主义，"一方面去人民依赖政府之心，以破除政府万能主义之迷误；一方面消人民嫉视政府之念，以防止无政府主义之蔓延"。这也是"政治学上重要之论题"。就我国而言，自预备立宪以来，"摹拟他国之繁复政治，包举一切，而能力不足以副之，弊害已形，致反对之声一时哄起"，但同时又因人们的反对而"因噎废食之举"也开始显露出来。在此情形下，减政主义对中国来说就非常必要，是当务之举，一方面要减政放权，政府不要大包大揽，而应集中力量办几件应办之事；另一方面，要防止"因噎废食之举"，致使预备立宪半途而废。[②] 1913 年 1 月，杜亚泉又在《东方杂志》第 9 卷第 7 号上发表《再论减政主义》一文，重申"减政主义"的主张。他开篇便写道："吾民国目前之大问题凡三"，一是"对外问题"，即：俄库协约如何取消、英藏交涉如何对付的问题。二是"对内问题"。这又可分为二个问题：一是内政如何整理的问题；二是财政如何救济的问题。"三问题之中，对外问题，关系于国家之实力，必内政统一，财政宽裕，国力稍充以后，方能为根本上之解决。"而眼下之急务，则是"对内之二大问题"的解决。"而欲解决对内之二大问题，则吾请更以减政主义

① （张）东荪：《政制论（上）》，《甲寅》第 1 卷第 7 号，1915 年 7 月 10 日。
② 杜亚泉：《减政主义》，《东方杂志》第 8 卷第 1 号，1911 年 2 月。

进。"减政主义的宗旨，"在减少政务，减缩政费。就民国一年来之政治现象观之，适与此主义为反对之趋势"，这也是引起"今日内政之所以纷歧，财政之所以竭蹶"的重要原因。所以，尽管自己"深知此主义不能为吾国多数政论家所赞同"，但由于自己"益深信此主义之有裨益于吾国，故不厌其辞之复"，希望以此引起大家的关注。① 正因为杜亚泉自辛亥革命前夕以来就始终是"减政主义"的主张者和倡导者，而减政主义与社会改造思想有不少相通或相似之处，如都主张减缩政治范围，让社会自由发展，因此，梁启超的《政治之基础与言论家之指针》一文 1915 年 2 月 20 日在《大中华》杂志第 1 卷第 2 期上发表后，杜亚泉即在 1915 年 7 月出版的《东方杂志》第 12 卷第 7 号上发表《命运说》一文，支持梁启超的"社会改造"之思想和主张。他写道："吾人今日之国家，存耶？亡耶？进步耶？退化耶？前途幽渺而不可知。往者忧国之十，奔走骇汗，以求政治上之改革，而今何如耶？污浊之社会中，决不能产出善良之政治。于是向之以改革政治为惟一之希望者，今则以改革社会为最大之鹄的矣。"他并明确表示，自己赞成和支持"向之以改革政治为惟一之希望者"的这一转变，社会是政治的基础，社会改造应优先于政治改造。② 除杜亚泉外，当时赞同梁启超社会改造之思想和主张的还有吴贯因、丁佛言、李大钊等人。

　　这里需要指出的，尽管梁启超、章士钊、张东荪、杜亚泉等人在社会改造与政治改造关系的认识上，亦即是社会改造优先，还是政治改造优先，或是政治改造与社会改造并重等问题上，存在着差异和不同，但他们都认识到国民在社会改造或政治改造中的重要作用，因而主张在社会改造或政治改造的过程中，重视对国民的思想改造，亦就是我们所说的思想启蒙。比如，与章士钊政治立场高度一致、也是《甲寅》杂志创办人之一的谷钟秀，1914 年 1 月 15 日在为《正谊》所写的《发刊词》中就写道："一国之政治，一国人民集合体之返影也。故一国之政治良善，必其一国人民智识道德皆称是，相靡相切，自不期共底于休明之域。政治之窳败也亦然，虽政府为众矢之的，而一国人民智识道德之缺乏，亦实有以感召之。吾独不

---

① 伧父（杜亚泉）:《再论减政主义》,《东方杂志》第 9 卷第 7 号，1913 年 1 月 1 日。
② 伧父（杜亚泉）:《命运说》,《东方杂志》第 12 卷第 7 号，1915 年 7 月。

解吾国人民，自改建共和以来，横目蚩蚩，对于政治上之变动，若秦越之不相关。激急之徒，偶有触发，则又不计及政治上之利害得失，甘为暴乱而不顾，是智识之蔽也。椎鲁之氓，因迫于饥寒，率流为盗贼，闾阎无宁日。优秀之士绅，出而以奸诡狡猾相尚，横行朝市，而贪鄙之风，苟偷之习，群恬然不以为怪，是道德之梏也。"因此，他认为，"吾国人民，苟欲亡国则已，如其不然，必尽反以上之所为，进而锻炼其智识，砥砺其道德，冀养成完全共和国民之资格，以铸造良好之政治"。这也是他们之所以要创办《正谊》的目的之一。张东荪强调，获得"良政治"的前提，是"人民皆有判别政治良恶之知识，决定政策取舍之能力"。而要做到这一点，就必须对人民进行思想启蒙，为他们输入有关知识。"居今日而曰为人民输入知识"，第一当启发他们对于政治的兴味，一旦兴味有了继长增高，其知识必将渐以发展，政治也就会日臻完善。而启发人民的兴味之道，首在去除对他们的压制，次要给他们留有活动的机会。"于是人民不畏大力之强制而有基础之自由，本此自由而为活动，则兴味必日以增，知识亦必日以密。良政治乃于此中得之矣。"[1] 在竹音看来，中国的"良政治"之所以很难建立起来，一个重要原因，是对"培植民质"的忽视。"曩者吾国国民好以感情用事，而于政治上之利害得失，习焉不察，有触即兴。一旦有大力者，负之以趋，则又震于威势，相率盲从。社会有此弱点，最易为强者所利用。"所以，重视"培植民质"是建立"良政治"的先决条件，使国民"先于国家义利之辨，知之绝莹，而复陶熔其智识，砥砺其德性，庶不愧为共和国民之人格。所谓培植民质者此也"。具体来说，通过"培植"，国民要做到以下六点：一曰知耻，二曰闻过，三曰用才，四曰尚法，五曰广言，六曰讲学。做到了这六点，便"人人知护国卫道之义，时时怀惕息自励之心"。其结果，"民质既坚，政力自厚，潮流所向，众意所归。政府纵欲逆众意而独断，更安能遏潮流而倒行耶？"否则，不重视"民质"的"培植"，而"日望政治加良"，这"是反宾夺主，务标忽本之下策也"。因此，他希望"言论家"能放弃一切不着边际的空谈，多做一些实际的"培植民质"的工作。用他的话说："余论至此，而又忆及曾涤笙有言：转移习俗，而陶铸一世之

---

[1] （张）东荪：《政制论（上）》，《甲寅》第 1 卷第 7 号，1915 年 7 月 10 日。

人，非特处高明之地者然也。凡一命之士，皆与有责焉。"①

自戊戌变法开始，梁启超就特别重视对国民的思想启蒙，他先后创办和主编过《时务报》《知新报》《清议报》《新民丛报》《庸言》《大中华》等报刊，尤其是他在《新民丛报》上连载的《新民说》，被称为中国的《人权宣言》，影响过胡适、毛泽东、梁漱溟等出生于甲午战争前后的整整一代中国人。实际上他提出社会改造优先于政治改造的思想和主张，其中也包含重视对国民思想启蒙的内容。因为，如我们已指出的那样，他一再强调：只有当"人民能知政治为何物，能知政治若何为良，若何为恶"，并能"起而负荷政治"责任，"人人皆有为国家求良政治之诚心，人人皆有为国家行良政治之能力"时，"然后良政治可以得见"。正是从这一认识出发，他主张"言论家"要担负起社会改造的责任，大力发展社会教育事业，为国家培养出具有现代政治素质和能力的政治家和国民。1915 年 10 月，曾在《庸言》上发表过与梁启超的社会改造思想和主张相类似言论的黄远生，又叫黄远庸，在致《甲寅》杂志记者的信中写道："愚见以为居今论政，实不知从何处说起。洪范九畴，亦只能明夷待访。果尔，则其选事立词，当与寻常批评家专就见象为言者有别。至根本救济，远意当从提倡新文学入手。综之，当使吾辈思潮，如何能与现代思潮相接触，而促其猛省。而其要义，须与一般之人，生出交涉，法须以浅近文艺，普遍四周。史家以文艺复兴，为中世改革之根本，足下当能语其消息盈虚之理也。"② 在该信中，黄远生（黄远庸）提出了四个重要的思想：一是重视"新文学"的功能，主张"根本救济……当从提倡新文学入手"；二是如何使"吾辈思潮"，"能与现代思潮相接触，而促其猛省"；三是"文艺"要"浅近"，通俗易懂，能"普遍四周"；四是在中国思想史上，最早提出了"文艺复兴"一词，并认为它是"中世改革之根本"。这四个重要思想，后来为新文化运动所继承和发展。不久（11 月），黄远庸又在《东方杂志》上发文称："今日无论何等方面，自以改革为第一要义。夫欲改革国家，必须改造社会；欲改造社会，必须改造个人。社会者国家之根柢也。个人者社会之根柢也。国家吾不必问，社会吾

---

① 竹音：《社会之自觉心》，《甲寅》第 1 卷第 6 号，1915 年 6 月 10 日。
② 黄远庸：《通讯·释言·其一》，《甲寅》第 1 卷第 10 号，1915 年 10 月 10 日。

不必问，他人吾亦不必问，且先问吾自身。吾自身既不能为人，何能责他，更何能责国家与社会……继自今，提倡个人修养，提倡独立自尊，提倡神圣职业，提倡人格主义，则国家社会虽永远陆沉，而吾之身心固已受用不尽矣。"[①]认为个人是社会的基础，改造社会要从改造个人始，而改造个人的内容，是"提倡个人修养，提倡独立自尊，提倡神圣职业，提倡人格主义"。这些也都是后来的新文化运动所主张和提倡的。杜亚泉赞成和支持梁启超提出的社会改造的思想和主张，但同时又认为，"改革社会，谈何容易耶！一齐众楚之中，群醉独醒之日，稍有经验者，知此事之无能为力矣。欲挽救将来之国势，不如造成未来之国民"，亦就是对国民进行思想启蒙。从十年树木、百年树人的规律出发，他尤其重视对儿童的思想启蒙，用他的话说："改革社会，不可不自改革儿童始也。此固今日教育家之职志也。"他也承认，对儿童进行思想启蒙的难度，"或更甚于成人"，因为"儿童之性质，一部分关系于父母之遗传，一部分关系于家庭之教养，其根深蒂固于未生以前及有生以后者"。但这是中国未来的唯一出路："当此存亡关键之时"，通过对儿童的思想启蒙，"或能发见新生命力，以自拔于危乱之境。否则，天之所废，孰能兴之？欲改革固难，即改革亦无济。吾侪观于数十年来改革之非人，与改革事业之无效果，不能不叹命运之所以压迫吾侪者，至艰且巨，而吾人知能之力，实甚弱而微也"。[②]只有儿童才是中国的未来。吴贯因的《在野之政治家》一文提出，对国民进行思想教育和启蒙，是"在野之政治家"义不容辞的义务。文中写道："论政者动以国势之不振，归咎于当道者之不得其人。不知国家之为物，非仅以政府少数人组织之，实合全国之人以共组织之。全国之人既皆为组织国家之分子，即共负有政治上之责任。所谓天下兴亡，匹夫有责者，非理想上之佳话，而事实上之问题也。"既然全国之人皆负有政治上之责任，那么，不特在朝者有在朝之政治事业，在野者亦有在野之政治事业。一国之政治腐败，不仅仅是当道者之罪，一般之人亦都是有罪的。所以，"欲改良政治，不徒当警觉政府，使为政治上之改革。尤当提醒国民，使负政治上之责任。此等责任，凡为国

---

① 黄远庸：《忏悔录》，《东方杂志》第 12 卷第 11 号，1915 年 11 月。
② 伧父（杜亚泉）：《命运说》，《东方杂志》第 12 卷第 7 号，1915 年 7 月。

民者固责无旁贷"。但是大多数国民，都是后知后觉者，"苟无先觉者"对他们进行思想教育和启蒙，"熙攘之众，安知风从。故欲使全国之人感政治之趣味，沉馥浓厚，竞起而为政治上之活动，则提倡指挥之人物，断不可少"。这种"提倡指挥之人物"，也就是"在野之政治家"。因为"在野之政治家"与人民比较接近，这有利于发挥他们的启蒙和教育的"功效"。"此在野之政治家所以为时代之骄儿，而今日所相需最殷者也。"该文希望"在野之政治家"不要辜负时代的期望，担负起对国民进行思想教育和启蒙的责任来。[1]

"自觉"或"自觉心"一词当时已经常广泛出现在人们的文章中，有的甚至将"自觉"或"自觉心"纳入了文章的题目，如陈独秀的《爱国心与自觉心》（《甲寅》第1卷第4号，1914年11月10日）、梁启超的《敬举两质义促国民之自觉》（《大中华》第1卷第7期，1915年7月20日）、竹音的《社会之自觉心》（《甲寅》第1卷第6号，1915年6月10日）、李大钊的《厌世心与自觉心——致〈甲寅〉杂志记者》（《甲寅》第1卷第8号，1915年8月10日）、杜亚泉的《吾人今后之自觉》（《东方杂志》第12卷第10号，1915年10月10日）等。尽管人们对"自觉"或"自觉心"的具体解释有所不同，但都包含有思想认识、思想觉悟、思想觉醒、思想启蒙的内容。陈独秀的《爱国心与自觉心》写道："今之中国，人心散乱，感情智识，两无可言。惟其无情，故视公共之安危，不关己身之喜戚，是谓之无爱国心。惟其无智，既不知彼，复不知此，是谓之无自觉心。国人无爱国心者，其国恒亡。国人无自觉心者，其国亦殆。二者俱无，国必不国。呜呼，国人其已陷此境界否耶？"[2]陈独秀这里所讲的"自觉心"，无疑是指思想的反省或觉悟。梁启超的《敬举两质义促国民之自觉》一文指出："吾常言，国民贵有自觉心。何谓自觉心？吾先哲所谓'自知者明'，即其义也。"有无自觉心，这是人与动物的根本区别之一。牛不能知牛，马不能知马，而人则能知人。"既能知人，斯能知我。"圣贤豪杰之所以能够立德立功，就在于他们"自知其明，故能善推其所为，而自践其所当践"。与个人一样，一

---

[1] 吴贯因：《在野之政治家》，《大中华》第1卷第7期，1915年7月20日。
[2] 陈独秀：《爱国心与自觉心》，《甲寅》第1卷第4号，1914年11月10日。

个国家之所以能"卓然自树立于世界"，也就在于其国民"具有知己知彼之明"，亦即"国民自觉心"。要使这种"国民自觉心"能够"普遍而明确，则非国中士君子常提命之而指导之不可"。而"国中士君子"要能真正担负起"常提命之而指导之"的责任，"其眼光一面须深入国群之中，一面又须常超出国群之外"。具体来说，要能回答以下两个问题，即："一曰吾国曷为能至今存耶？二曰吾国今后何道以自存耶？"能回答第一个问题，"则能知吾国民之所长而思发挥之"；能回答第二个问题，"则能知吾国民之所短而思补救之"。"夫如是，而国不尊荣未之闻也。"[1] 梁启超所讲的"自觉心"，与陈独秀所讲的"自觉心"一样，指的是思想上的反省和觉悟，而"国中士君子"的责任，便是对国民的这种思想上的反省和觉悟"常提命之而指导之"。所谓"常提命之而指导之"，也就是思想启蒙的意思。李大钊的《厌世心与自觉心——致〈甲寅〉杂志记者》一文认为，"东西文明之融合，政俗特质之变革，自赖先觉者之尽力，然非可期成功于旦夕也。惟吾民于此，诚当自觉。自觉之义，即在改进立国之精神"。具体来说，"吾民今日之责，一面宜自觉近世国家之真意义，而改进其本质，使之确足福民而不损民"；"一面宜自觉近世公民之新精神，勿谓所逢情势，绝无可为"。[2] 显而易见，文中的所谓"自觉之义"，是一种思想和精神的觉悟、觉醒或认识。杜亚泉的《吾人今后之自觉》一文所要国民自觉的是"奋斗主义"。他认为，"吾国今日，几于无人不抱悲观主义矣，委心任运，颓废因循，无贤不肖，殆同一辙"，这是造成国家危机的一个重要原因。因此，他在文中大力提倡奋斗主义，即：人"立足于地舆之上，断无可以自甘放弃之余地，亦无可以稍事逸豫之时期，自昔已然。而当此寰海交通争存激烈之际，则尤一息尚存，此志不容少懈者也"。而"吾人所宜自觉者"，正是这种"奋斗主义"。他希望国人能够认识到，"吾国今日非奋斗不足自存，已无疑义"。[3]

1914 年至 1915 年前后，以梁启超、章士钊、张东荪、杜亚泉、李大钊、陈独秀为代表的思想家们对国民之思想改造的重视和讨论，尤其是"自

---

[1] 梁启超：《敬举两质义促国民之自觉》，《大中华》第 1 卷第 7 期，1915 年 7 月 20 日。
[2] 李大钊：《厌世心与自觉心——致〈甲寅〉杂志记者》，《甲寅》第 1 卷第 8 号，1915 年 8 月 10 日。
[3] 高劳（杜亚泉）：《吾人今后之自觉》，《东方杂志》第 12 卷第 10 号，1915 年 10 月。

觉"或"自觉心"一词的广泛使用，具有重要的思想意义，它预示着一场前所未有的思想启蒙运动即将到来！中国近代思想史也将翻开新的一页，进入一个新的时期！

本卷主要征引报刊、文献和参考书目

一、主要征引报刊

申报＼国闻报＼时务报＼湘报＼湘学报＼知新报＼清议报＼新民丛报＼民报＼
国粹学报＼天义＼新世纪＼庸言＼不忍＼孔教会杂志＼正谊＼甲寅＼国民杂志＼中
华杂志＼大中华＼东方杂志＼新中华＼觉民＼浙江潮＼湖北学生界

二、主要征引文献

中国史学会. 鸦片战争［M］// 中国近代史资料丛刊. 上海：上海人民出
版社，1957.

中国史学会. 太平天国［M］// 中国近代史资料丛刊. 上海：上海人民出
版社，1957.

中国史学会. 义和团［M］// 中国近代史资料丛刊. 上海：上海人民出版
社，1957.

中国史学会. 中法战争［M］// 中国近代史资料丛刊. 上海：上海人民出
版社，1957.

中国史学会. 戊戌变法［M］// 中国近代史资料丛刊. 上海：上海人民出
版社，1957.

中国史学会. 辛亥革命［M］// 中国近代史资料丛刊. 上海：上海人民出
版社，1957.

中国史学会. 洋务运动［M］// 中国近代史资料丛刊. 上海：上海人民出
版社，1961.

张振鹍．中法战争［M］//中国近代史资料丛刊续编．北京：中华书局，
　　1996．

中国第一历史档案馆．鸦片战争档案史料［M］．上海：上海人民出版社，
　　1987．

中国第一历史档案馆．鸦片战争档案史料［M］．天津：天津古籍出版社，
　　1992．

宝鋆，等．筹办夷务始末：同治朝［M］//沈云龙．近代中国史料丛刊：
　　第六十二辑．台北：文海出版社，1973．

中华书局编辑部，李书源．筹办夷务始末：同治朝［M］．北京：中华书
　　局，2008．

齐思和，等．筹办夷务始末：道光朝［M］．北京：中华书局，1964．

朱寿朋．光绪朝东华录［M］．北京：中华书局，1958．

全国人大常委会办公厅研究室．中国近代不平等条约汇要［M］．北京：中
　　国民主法制出版社，1996．

罗尔纲．增补本李秀成自述原稿注［M］．北京：中国社会科学出版社，
　　1995．

太平天国历史博物馆．太平天国印书［M］．南京：江苏人民出版社，
　　1979．

王庆成．天父天兄圣旨［M］．沈阳：辽宁人民出版社，1986．

北京太平天国历史研究会．太平天国史译丛：第一，二，三辑［M］．北京：
　　中华书局，1981，1983，1985．

广东太平天国研究会．太平天国与近代中国［M］．广州：广东人民出版
　　社，1993．

廉立之，王守中．山东教案史料［M］．济南：齐鲁书社，1980．

王明伦．反洋教书文揭帖选［M］．济南：齐鲁书社，1984．

陈振江，程啸．义和团文献辑注与研究［M］．天津：天津人民出版社，
　　1985．

国家档案局明清档案馆．义和团档案史料［M］．北京：中华书局，1959．

中国第一历史档案馆．义和团档案史料续编［M］．北京：中华书局，
　　1990．

中国社会科学院近代史研究所近代史资料编辑室．庚子记事［M］．北京：

中华书局，1978.

山东省历史学会. 山东近代史资料：第三分册［M］. 济南：山东人民出版社，1961.

马礼逊夫人. 马礼逊回忆录［M］. 顾长声，译. 桂林：广西师范大学出版社，2004.

故宫博物院明清档案部. 清末筹备立宪档案史料［M］. 北京：中华书局，1979.

荣孟源，章伯锋. 近代稗海：第三辑［M］. 成都：四川人民出版社，1985.

阿英. 晚清文学丛钞：小说戏曲研究卷［M］. 北京：中华书局，1960.

郭绍虞，罗根泽. 中国近代文论选［M］. 北京：人民文学出版社，1959.

张枬，王忍之. 辛亥革命前十年间时论选集：第一,二,三卷［M］. 北京：生活·读书·新知三联书店，1960，1963，1977.

中国第一历史档案馆，北京师范大学历史系. 辛亥革命前十年间民变档案史料［M］. 北京：中华书局，1985.

丁守和. 中国近代启蒙思潮［M］. 北京：社会科学文献出版社，1999.

中国人民政治协商会议全国委员会文史资料研究委员会. 辛亥革命回忆录：第一——六集［M］. 北京：文史资料出版社，1961，1962，1963.

中国社会科学院近代史研究所文化史研究室丁守和. 辛亥革命时期期刊介绍：第三集［M］. 北京：人民出版社，1983.

中国人民政治协商会议湖北省委员会. 辛亥首义回忆录：第一辑［M］. 武汉：湖北人民出版社，1979.

上海社会科学院历史研究所. 辛亥革命在上海史料选辑［M］. 上海：上海人民出版社，1981.

吴玉章. 辛亥革命［M］. 北京：人民出版社，1961.

冯自由. 革命逸史［M］. 北京：中华书局，1981.

中国第二历史档案馆. 中华民国史档案资料汇编：第三辑 文化［G］. 南京：江苏古籍出版社，1991.

中山大学历史系中国近代现代教研组，研究室. 林则徐集：公牍［M］. 北京：中华书局，1963.

中山大学历史系中国近代现代教研组，研究室. 林则徐集：奏稿［M］. 北京：中华书局，1965．

龚自珍．龚自珍全集［M］．上海：上海人民出版社，1975．

包世臣．安吴四种［A］．刻本．1888（光绪十四年）．

魏源．魏源集［M］．北京：中华书局，1976．

魏源．魏源全集［M］．长沙：岳麓书社，2011．

魏源．圣武记［M］．韩锡铎，孙文良，点校．北京：中华书局，1984．

魏源．海国图志［M］．陈华，常绍温，黄庆云，等点校注释．长沙：岳
　　麓书社，1998．

梁廷枏．海国四说［M］．骆驿，刘骁，点校．北京：中华书局，1993．

徐继畬．瀛寰志略［M］．上海：上海书店出版社，2001．

徐继畬．松龛先生全集［M］//沈云龙．近代中国史料丛刊续编：第
　　四十二辑．影印本．台北：文海出版社，1977．

姚莹．中复堂全集［M］//沈云龙．近代中国史料丛刊续编：第六辑．台
　　北：文海出版社，1974．

姚莹．东溟奏稿［M］//沈云龙．近代中国史料丛刊续编：第六辑．台北：
　　文海出版社，1974．

太平天国史料［M］//沈云龙．近代中国史料丛刊续编：第三十六辑．台
　　北：文海出版社，1976．

吟唎．太平天国革命亲历记［M］．王维周，王元华，译．上海：上海人
　　民出版社，1997．

容闳．西学东渐记［M］．长沙：岳麓书社，1985．

曾国藩．曾国藩全集：奏稿［M］．长沙：岳麓书社，1987．

曾国藩．曾国藩全集：诗文［M］．长沙：岳麓书社，1986．

黎庶昌：曾国藩年谱［M］．长沙：岳麓书社，1986．

李鸿章．李鸿章全集［M］．海口：海南出版社，1997．

左宗棠．左宗棠全集［M］．长沙：岳麓书社，2014．

苑书义，孙华峰，李秉新．张之洞全集［M］．石家庄：河北人民出版社，
　　1998．

张之洞．劝学篇［M］．北京：华夏出版社，2002．

郭嵩焘日记［M］．本社，校点．长沙：湖南人民出版社，1981—1983．

郭嵩焘诗文集［M］．杨坚，点校．长沙：岳麓书社，1984．

郭嵩焘奏稿［M］. 杨坚，校补. 长沙：岳麓书社，1983.

郭廷以. 郭嵩焘先生年谱［M］. 台北："中央研究院"近代史研究所，
　　1971.

曾国荃. 曾国荃全集［M］. 梁小进，整理. 长沙：岳麓书社，2006.

采西学议——冯桂芬 马建忠集［M］. 郑大华，点校. 沈阳：辽宁人民出
　　版社，1994.

王韬. 弢园尺牍［M］. 北京：中华书局，1959.

王韬. 弢园文录外编［M］. 上海：上海书店出版社，2002.

丁凤麟，王欣之. 薛福成选集［M］. 上海：上海人民出版社，1987.

夏东元. 郑观应集［M］. 上海：上海人民出版社，1982.

赵树贵，曾丽雅. 陈炽集［M］. 北京：中华书局，1997.

何启，胡礼垣. 新政真诠——何启 胡礼垣集［M］. 郑大华，点校. 沈阳：
　　辽宁人民出版社，1994.

陈义杰. 翁同龢日记：第一册［M］. 北京：中华书局，1989.

本社. 章太炎全集：（三），（四）［M］. 上海：上海人民出版社，1984，
　　1985.

汤志钧. 章太炎政论选集［M］. 北京：中华书局，1977.

汤志钧. 章太炎年谱长编［M］. 北京：中华书局，1979.

汤志钧. 康有为政论集［M］. 北京：中华书局，1981.

姜义华，张荣华. 康有为全集［M］. 北京：中国人民大学出版社，2007.

蒋贵麟. 康南海先生遗著汇刊［M］. 台北：宏业书局，1987.

康有为. 孟子微［M］. 北京：中华书局，1987.

康有为. 大同书［M］. 北京：中华书局，1956.

康有为. 康南海自编年谱［M］. 北京：中华书局，1992.

王栻. 严复集［M］. 北京：中华书局，1986.

赫胥黎. 天演论［M］. 严复，译. 北京：商务印书馆，1981.

孟德斯鸠. 孟德斯鸠法意［M］. 严复，译. 北京：商务印书馆，1981.

斯宾塞. 群学肄言［M］. 严复，译. 北京：商务印书馆，1981.

吴汝纶. 吴汝纶全集［M］. 施培毅，徐寿凯，校点. 合肥：黄山书社，
　　2002.

蔡尚思，方行. 谭嗣同全集［M］. 增订本. 北京：中华书局，1981.

梁启超. 饮冰室合集［M］. 北京：中华书局，1989.

丁文江，赵丰田. 梁启超年谱长编［M］. 上海：上海人民出版社，1983.

湖南省哲学社会科学研究所. 唐才常集［M］. 北京：中华书局，1980.

李慈铭. 越缦堂读书记［M］. 由云龙，辑. 北京：商务印书馆，1959.

胡珠生. 宋恕集［M］. 北京：中华书局，1993.

苏舆. 翼教丛编［M］. 上海：上海书店出版社，2002.

广东省社会科学院历史研究室，中国社会科学院近代史研究所中华民国史
　　研究室，中山大学历史系孙中山研究室. 孙中山全集［M］. 北京：中华
　　书局，1981—1986.

邹容. 革命军［M］. 北京：华夏出版社，2002.

胡汉民. 胡汉民自传［M］. 台北：传记文学出版社，1987.

中华书局上海编辑所. 秋瑾集［M］. 北京：中华书局，1960.

湖南省社会科学院. 黄兴集［M］. 北京：中华书局，1981.

陈旭麓. 宋教仁集［M］. 北京：中华书局，1981.

湖南省哲学社会科学研究所古代近代史研究室. 宋教仁日记［M］. 长沙：
　　湖南人民出版社，1980.

刘晴波，彭国兴. 陈天华集［M］. 长沙：湖南人民出版社，1958.

刘晴波. 杨度集［M］. 长沙：湖南人民出版社，1986.

高平叔. 蔡元培全集［M］. 北京：中华书局，1984.

中国李大钊研究会. 李大钊全集［M］. 北京：人民出版社，2006.

鲁迅. 鲁迅全集［M］. 北京：人民文学出版社，1981.

胡适，季羡林. 胡适全集［M］. 合肥：安徽教育出版社，2003.

中国文化书院学术委员会. 梁漱溟全集［M］. 济南：山东人民出版社，
　　1989—1993.

毛泽东选集［M］. 北京：人民出版社，1991.

毛泽东文集［M］. 北京：人民出版社，1999.

斯诺. 西行漫记［M］. 北京：生活·读书·新知三联书店，1979.

“中央研究院”近代史研究所. 海防档：福州船厂（二）［M］. 台北：“中
　　央研究院”近代史研究所，1957.

孙毓棠. 中国近代工业史资料：第一辑［M］. 北京：科学出版社，1957.

三、主要参考书目

任继愈．中国哲学史［M］．北京：人民出版社，1985．

张岂之．中国思想史［M］．西安：西北大学出版社，1989．

侯外庐，赵纪彬，杜国庠，等．中国思想通史［M］．北京：人民出版社，
　　1957．

冯契．中国近代哲学史［M］．上海：上海人民出版社，1989．

胡绳．从鸦片战争到五四运动［M］．北京：人民出版社，1981．

郭汉民．晚清社会思潮研究［M］．北京：中国社会科学出版社，2003．

吴雁南，冯祖贻，苏中立．清末社会思潮［M］．福州：福建人民出版社，
　　1990．

吴雁南，冯祖贻，苏中立，等．中国近代社会思潮（1840—1949）［M］．
　　长沙：湖南教育出版社，1998．

桑咸之，林翘翘．中国近代政治思想史［M］．北京：中国人民大学出版
　　社，1986．

罗荣渠．现代化新论：世界与中国的现代化进程［M］．北京：北京大学
　　出版社，1993．

李侃，李时岳，李德征，等．中国近代史［M］．第四版．北京：中华书
　　局，1994．

陈旭麓．近代史思辨录［M］．广州：广东人民出版社，1984．

陈旭麓．近代中国社会的新陈代谢［M］．上海：上海人民出版社，1992．

王尔敏．中国近代思想史论［M］．北京：社会科学文献出版社，2003．

张锡勤．中国近代思想文化史稿［M］．哈尔滨：黑龙江教育出版社，
　　2004．

彭明，程啸．近代中国的思想历程（1840—1949）［M］．北京：中国人民
　　大学出版社，1999．

李华兴．中国近代思想史［M］．杭州：浙江人民出版社，1988．

李泽厚．中国近代思想史论［M］．北京：人民出版社，1979．

费正清，刘广京．剑桥中国晚清史（1800—1911年）［M］．北京：中国社
　　会科学出版社，1985．

葛兆光．中国思想史［M］．上海：复旦大学出版社，2001．

冯天瑜，黄长义．晚清经世实学［M］．上海：上海社会科学院出版社，
　　2002．

葛荣晋．中日实学史研究［M］．北京：中国社会科学出版社，1992．

熊月之．西学东渐与晚清社会［M］．上海：上海人民出版社，1994．

熊月之．中国近代民主思想史［M］．修订本．上海：上海社会科学院出
　　版社，2002．

周武，吴桂龙．晚清社会［M］//熊月之．上海通史：第5卷．上海：上
　　海人民出版社，1999．

邹振环．晚清西方地理学在中国：以1815至1911年西方地理学译著的传
　　播与影响为中心［M］．上海：上海古籍出版社，2000．

马廉颇．晚清帝国视野下的英国——以嘉庆道光两朝为中心［M］．北京：
　　人民出版社，2003．

茅海建．天朝的崩溃——鸦片战争再研究［M］．北京：生活·读书·新知
　　三联书店，1995．

王庆成．太平天国的历史和思想［M］．北京：中华书局，1985．

夏春涛．天国的陨落——太平天国宗教再研究［M］．增订版．北京：中国
　　人民大学出版社，2016．

丁伟志，陈崧．中西体用之间：晚清中西文化观述论［M］．北京：中国
　　社会科学出版社，1995．

李细珠．晚清保守思想的原型——倭仁研究［M］．北京：社会科学文献出
　　版社，2000．

苑书义．李鸿章传［M］．北京：人民出版社，1991．

李长莉．先觉者的悲剧［M］．上海：学林出版社，1993．

乐正．近代上海人社会心态（1860—1910）［M］．上海：上海人民出版社，
　　1991．

刘振岚．戊戌维新运动专题研究［M］．北京：首都师范大学出版社，
　　1999．

吴廷嘉．戊戌思潮纵横论［M］．北京：中国人民大学出版社，1988．

王晓秋．戊戌维新与近代中国的改革——戊戌维新一百周年国际学术讨论
　　会论文集［C］．北京：社会科学文献出版社，2000．

刘泱泱，郭汉民，赵烈安，等．魏源与近代中国改革开放——纪念魏源

200 周年诞辰国际学术研讨会论文集［C］. 长沙：湖南师范大学出版社，1995.

顾卫民. 基督教与近代中国社会［M］. 上海：上海人民出版社，2010.

顾长声. 传教士与近代中国［M］. 上海：上海人民出版社，1981.

顾长声. 从马礼逊到司徒雷登：来华新教传教士评传［M］. 上海：上海书店出版社，2005.

张力，刘鉴唐. 中国教案史［M］. 成都：四川省社会科学院出版社，1987.

林华国. 历史的真相：义和团运动的史实及其再认识［M］. 天津：天津古籍出版社，2002.

陈万雄. 五四新文化的源流［M］. 北京：生活·读书·新知三联书店，1997.

郑师渠. 晚清国粹派文化思想研究［M］. 北京：北京师范大学出版社，1997.

戈公振. 中国报学史［M］. 北京：中国新闻出版社，1985.

龚书铎. 近代中国与近代文化［M］. 长沙：湖南人民出版社，1988.

龚书铎. 中国近代文化探索［M］. 北京：北京师范大学出版社，1988.

龚书铎. 近代中国与文化抉择［M］. 北京：北京师范大学出版社，1993.

王奇生. 中国留学生的历史轨迹：1872—1949［M］. 武汉：湖北教育出版社，1992.

朱日耀，宝成光，等. 中国近代政治思想史［M］. 长春：吉林大学出版社，1990.

耿云志，等. 西方民主在近代中国［M］. 北京：中国青年出版社，2003.

高瑞泉. 中国近代社会思潮［M］. 上海：华东师范大学出版社，1996.

章开沅，林增平. 辛亥革命史［M］. 北京：人民出版社，1980.

林增平. 资产阶级与辛亥革命［M］. 长沙：湖南出版社，1991.

汪敬虞. 十九世纪西方资本主义对中国的经济侵略［M］. 北京：人民出版社，1983.

金冲及，胡绳武. 辛亥革命史稿：第一，二卷［M］. 上海：上海人民出版社，1980，1985.

丁守和. 辛亥革命时期期刊介绍［M］. 北京：人民出版社，1982.

吕实强. 中国官绅反教的原因 1860—1874［M］. 台北："中央研究院"近代史研究所，1966.

张玉法. 清季的立宪团体［M］. 台北："中央研究院"近代史研究所，1971.

张玉法. 清季的革命团体［M］. 台北："中央研究院"近代史研究所，1975.

迟云飞. 宋教仁与中国民主宪政［M］. 长沙：湖南师范大学出版社，1997.

李新. 中华民国史：第一编 中华民国的创立［M］. 北京：中华书局，1981，1982.

李新，李宗一. 中华民国史：第二编 北洋政府统治时期［M］. 北京：中华书局，1987.

郑大华，彭平一. 社会结构变迁与近代文化转型［M］. 成都：四川人民出版社，2008.

张卫波. 民国初期尊孔思潮研究［M］. 北京：人民出版社，2006.

薛君度. 黄兴与中国革命［M］. 杨慎之，译. 长沙：湖南人民出版社，1980.

周锡瑞. 改良与革命：辛亥革命在两湖［M］. 杨慎之，译. 北京：中华书局，1982.

本卷出版说明

　　本卷第三章第三节的第四子目"在洋务和维新之间：郭嵩焘洋务思想的形成与发展"的初稿是由我已毕业的博士生、湖南中医药大学副教授邵华提供的；第五章的第二节"反'洋教'思想及其局限"、第三节的第一子目"义和团运动的兴起和清政府对策的演变"、第二子目"义和团运动的反帝爱国思想"和第三子目"义和团运动的盲目排外"的初稿是由我已毕业的博士生、湖南大学博士后刘明提供的；第六章的第四节"启蒙的实例：国民观的产生及其意义"是由我与我已毕业的研究生朱蕾合作撰写的。

　　我在湖南师范大学的 2017 级硕士生杨彤彤、程莎莎、楚依，2018 级硕士生丁洁、杨航、史聪玲，2019 级硕士生程顺、赵林、刘文博，以及我在中国社会科学院近代史研究所的 2019 级博士生曹萌、李艳伦，帮助校对本卷的所有引文，尤其是程顺、赵林、刘文博贡献最大；我已出站的博士后、湖南师范大学青年教师周游通读了本卷，改正个别笔误；我已出站的博士后、湖南大学教授刘平认真校对了全书，并对文字做了处理。

　　在此，表示衷心感谢。